上海市级专志

上海广电（集团）有限公司志

上海市地方志编纂委员会　编

上海社会科学院出版社

1. 2002 年 10 月 8 日，广电集团总部新址揭牌仪式
2. 广电集团总部外景

1
2

1. 上海广电信息产业股份有限公司金星电视总厂彩色电视机生产线一角
2. 彩色电视机生产线场景

1
2

1. 彩色电视机生产线基板测试
2. 彩色电视机生产线整机测试
3. 彩色电视机生产线自动贴片车间

1
2
3

1. 彩色电视机热老化流水线
2. 彩色电视机生产线信号室
3. 彩色电视机信号调试

1
2
3

1. 彩色电视机生产企业计算机管理中心
2. 彩色电视机画质评价
3. 上海旭电子玻璃有限公司彩色显像管玻壳生产线
4. 上海永新彩色显像管股份有限公司彩色显像管生产线

1
2
3 4

1. 彩色显像管生产线场景之一
2. 彩色显像管生产线场景之二

1

2

1. 2004 年 8 月 10 日，广电 NEC 第一块 TFT-LCD 屏点灯实验成功
2. 2004 年 9 月 1 日，广电 NEC 第五代液晶屏成功诞生

1

2

1. 2004 年 11 月 9 日，SVA 第五代 TFT-LCD 屏及系列产品获工博会金奖
2. 2006 年 10 月，中国大陆第一块自主研发 47 英寸高清电视液晶屏在广电 NEC 诞生

1

2

1. SVA 新型平板彩电之一：高清数字液晶电视机（LCD-TV）
2. 2003 年，SVA 40 英寸高清数字液晶电视机（LCD-TV）亮相工博会

1

2

1. SVA 新型平板彩电之二：高清数字等离子电视机（PDP-TV）
2. SVA 高清数字等离子电视机（PDP-TV）

1

2

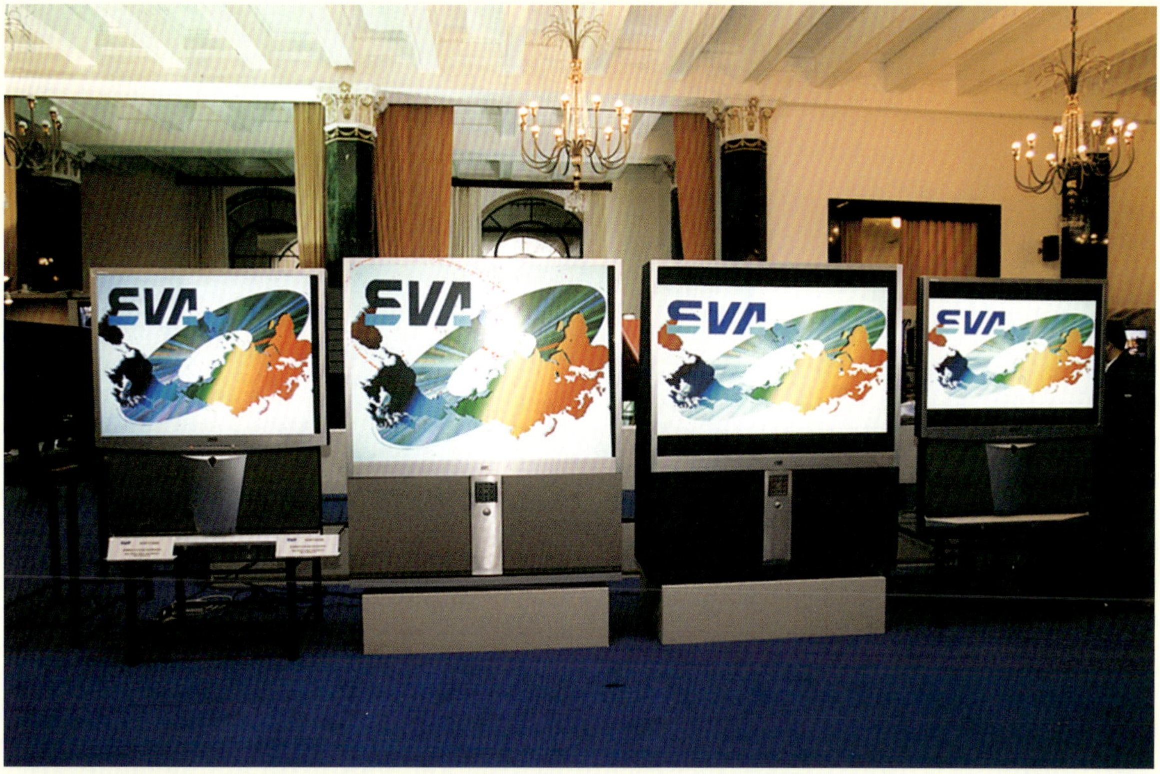

1. SVA 新型平板彩电之三：高清数字光学反射式背投影电视机（DLP-TV）
2. SVA 高清数字光学反射式背投影电视机（DLP-TV）

1

2

1. 广电集团卫星通讯地面接收站
2. 2006 年 8 月 2 日，上海市白玉兰远程医学管理中心揭牌

1
2

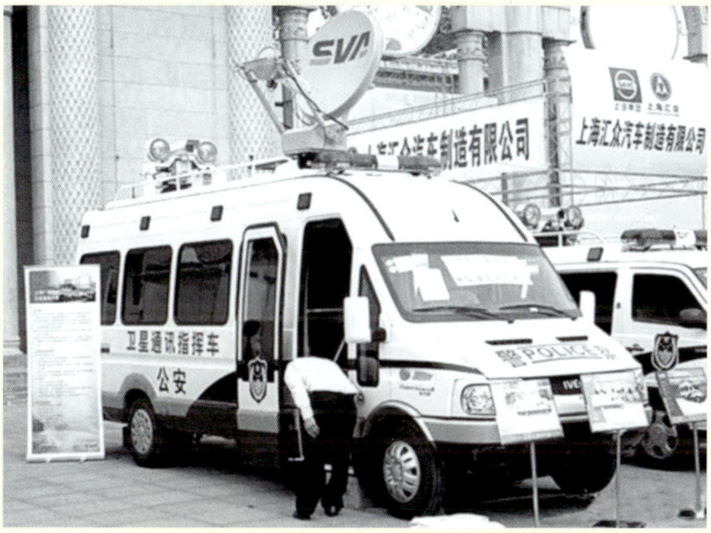

1. 白玉兰远程教育网络演示系统
2. SVA 卫星通讯指挥车
3. 2005 年 4 月，SVA 森林防火应急通讯系统现场演示

1
2 3

1. 2003 年 12 月 28 日，上海广电 NEC 液晶显示器有限公司揭牌
2. 2004 年 5 月 12 日，广电 NEC 土建工程基本竣工

1

2

1. 广电 NEC 建设工地
2. 广电 NEC 特气监控室
3. 广电 NEC 外景

1
2
3

1. 2004 年 5 月 12 日，广电 NEC 工艺设备开始安装调试
2. 2004 年 7 月，广电 NEC 进行首次工艺流向测试
3. 2004 年 9 月 7 日，广电 NEC 管理信息系统上线仪式

1 2
3

1. 2004 年 10 月 7 日，广电 NEC 生产线系统上线仪式
2. 2004 年 10 月 8 日，广电 NEC 生产线投产仪式

1
2

1. 2004 年 11 月 25 日，SVA 液晶显示器市场正式启动
2. 2006 年 9 月 8 日，广电 NEC 新增 33KS/M 生产能力项目竣工投产庆典

1

2

1. 2006年11月28日，电气硝子玻璃（上海）广电有限公司奠基仪式
2. 2006年11月28日，电气硝子玻璃（上海）广电有限公司打下第一桩

1

2

1. 2006 年 8 月 22 日，上海广电富士光电材料有限公司合营合同、章程签字仪式
2. 2007 年 7 月 25 日，上海广电富士光电材料有限公司奠基仪式

1

2

1. 2008 年 5 月，上海广电富士光电材料有限公司进入工艺设备安装调试
2. 2008 年 6 月，广电富士（CF）完成工艺设备安装调试
3. 2008 年 7 月 31 日，广电富士（CF）彩色滤光片第一款样品出品

1

2

3

1. 2005 年 11 月 8 日，上海平板显示产业基地成立暨上海广电 NEC 液晶显示器有限公司竣工仪式
2. 2006 年 3 月 28 日，中国国际平显展览会在沪举行

1
2

1. 2007 年 8 月 27 日，国家信息产业部副部长娄勤俭（右）和上海市副市长杨雄（左）为国家（上海）平板显示器件产业园揭牌
2. 2007 年 8 月 27 日，闵行区区长陈靖（右）和广电集团总裁顾培柱（左）签署产业园建设合作框架协议

1

2

1. 2003 年 1 月 20 日，广电集团中央研究院大厦打下扎实第一桩
2. 2006 年 5 月，上海广电（集团）有限公司中央研究院建成

1

2

1. 2005 年 12 月 23 日，广电集团中央研究院液晶研究所成立
2. 2005 年 12 月 23 日，广电集团董事长徐为煸（左）和总裁顾培柱（右）为广电集团中央研究院液晶研究所揭牌

1

2

1. 广电集团党委召开党建工作研讨会
2. 2006年2月10日，在广电集团一届五次职代会上，董事长徐为熄（左）与工会主席江兵（右）共同签订“广电集团集体合同”
3. 2008年2月29日，广电集团第三次团代会在广电会展中心召开，集团领导与新一届团委委员合影留念

1
2
3

1. 追求卓越——广电 NEC 员工检验产品质量
2. 精业敬业——上海松下等离子显示器有限公司员工把好质量关

1
2

1. 广电集团部分劳模和劳模集体代表
2. 2002 年 8 月 6 日，广电集团企业文化研讨现场

1

2

1. 广电集团的首次升旗
2. 2005 年 3 月 25 日，广电集团领导在行为准则承诺书上签字

1

2

1. 纪念广电集团资产重组十周年文艺汇演
2. 纪念广电集团资产重组十周年文艺汇演的表演

1

2

1. 《创新每一天——SVA 企业文化理念系统介绍》
2. 《上广电（SVA）员工行为准则员工读本》

1

2

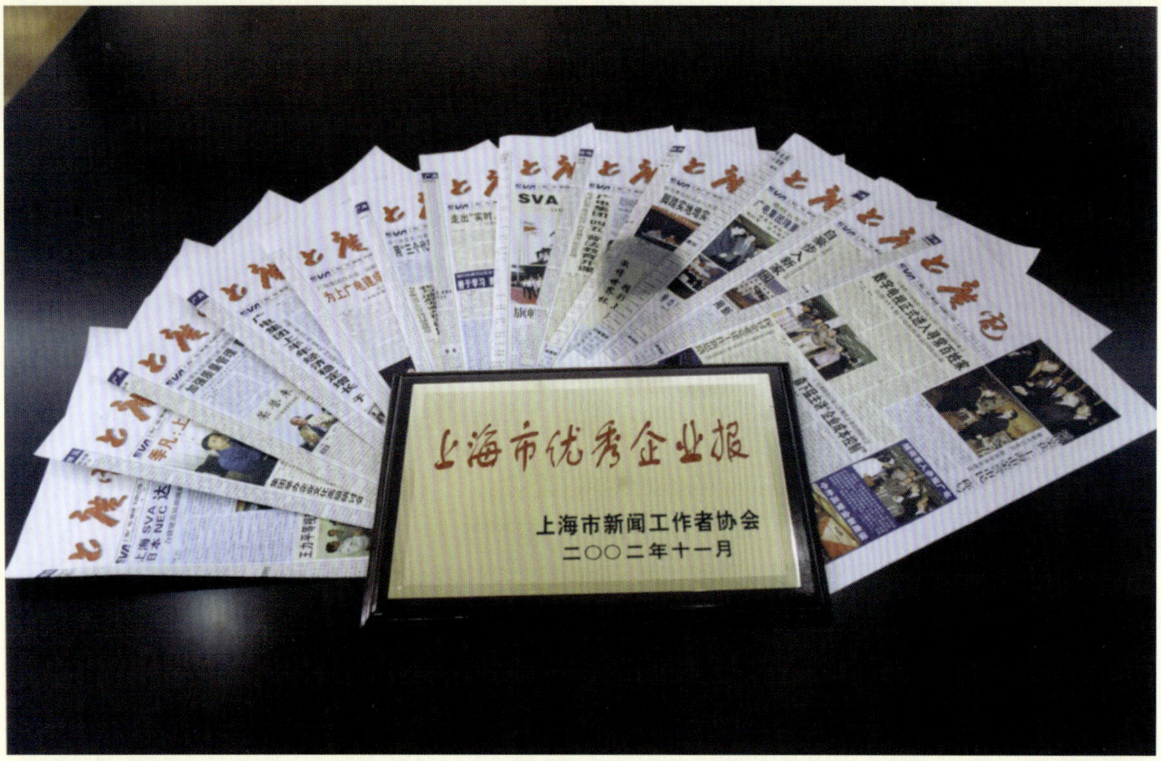

1. 《上广电》报连续获得上海市优秀企业报称号
2. 广电集团企业管理制度

1

2

《上海市级专志·上海广电(集团)有限公司志》编纂委员会

《上海市级专志·上海广电(集团)有限公司志》编纂办公室

《上海市级专志·上海广电(集团)有限公司志》
内部审定专家

徐为熗　王　强　顾培柱　江　兵　蒋松涛　程学胜　陈　靖　侯　刚
沈　巍　陈　栋

《上海市级专志·上海广电(集团)有限公司志》
评议专家

组长　马坚泓
成员　(以姓氏笔画为序)
于文新　王　红　冯谷兰　关增建　李玉丹　张永林　周　瑾
姚志贤　崔志仁

《上海市级专志·上海广电(集团)有限公司志》
审定专家

组长　蒋以任
成员　(以姓氏笔画为序)
乔丽华　关坚韧　汤国珍　余莉萍　汪时维　姚春海　聂建华
谭雪明

《上海市级专志·上海广电(集团)有限公司志》
验收单位和人员

验收单位　上海市地方志办公室
验收人员　洪民荣　姜复生　过文瀚　黄晓明　黄文雷

业务编辑　肖春燕　赵明明

凡　　例

一、本志以马克思列宁主义、毛泽东思想、邓小平理论、“三个代表”重要思想、科学发展观、习近平新时代中国特色社会主义思想为指导，遵循实事求是的原则，力求发挥志书存史、资治、教化的积极作用。

二、本志记述上海广电(集团)有限公司(简称广电集团)在1997年、2009年两次重组间发展、改革和调整的历程。主要内容起始于1997年，下限至2009年。部分内容上溯至1958年，个别事项下延至2010年12月。

三、本志横排门类、纵述史实。设11篇41章。卷首照、总述、大事记，志文采用记、述、志、传、图、表、录等体裁表达，以篇、章、节、目等层次排序。之后设专记，卷末设编后记。

四、本志一篇内多次应用同一名称时，首次出现用全称括注简称，其后则用简称。

五、本志根据“生不立传”的原则，对广电集团领导干部、劳动模范等均不立传。在相关篇章设人物简介及人物表。

六、本志引用的注册资本、资产总额、负债总额、净资产、主营收入、净利润等统计数据采用当年价。

七、本志资料来源为上海市档案馆、上海仪电(集团)有限公司档案室、上海仪电资产经营管理(集团)有限公司档案室、《上广电》报，少数由个人提供及网络摘取。

八、本志行文规范参照《〈上海市志(1978—2010)〉编纂行文规范》执行。

目　　录

Contents

总　述

1997年3月7日，上海市委、市政府对上海广电（集团）公司（简称广电集团）进行重组，将广电集团从上海仪电控股（集团）公司（简称仪电控股）分离出来；3月18日，经过重组后的广电集团作为全国120家单列企业集团及上海市经委直属集团公司正式运转。

广电集团的组建始于1995年。1995年6月，隶属仪电控股的上海广电股份有限公司（简称广电股份）为了加速产业结构和组织结构调整，实现资本结构优化配置，加快建立现代企业制度的步伐，提出《上海广电（集团）有限公司组建方案》。同年10月11日，仪电控股向上海市经济委员会上报《关于报请审批组建上海广电（集团）有限公司的请示》。10月23日，上海市经济委员会批复同意组建广电集团。当时成立的广电集团是由仪电控股出资的国有独资公司，与1993年改制上市的上海广电股份有限公司合为一体，注册资金8.5亿元。出于外部市场竞争日趋激烈，加之企业内部经营不善，机制未能理顺，历史遗留问题负担日益加重，加上流动资金短缺、信贷支持缺乏等原因，广电集团及广电股份面临前所未有的困难，生产经营出现了严重危机，至1996年年底，广电股份总负债38.87亿元，处于资不抵债的困境。由于家电产业是当时上海重点发展的六大支柱产业之一，广电集团又是上海家电行业最重要的企业，特别是广电集团所属广电股份的主导产品——金星彩电也是上海家电行业的标志性产品之一，所以广电集团的产业发展在一定程度上关系到上海家电行业的振兴和发展。广电集团所面临的严重困难和问题，引起了上海市委、市政府的高度重视。

1997年3月7日，中共上海市委、市政府决定对广电集团进行重组，将广电集团从仪电控股分离出来，改制为由上海汽车工业（集团）总公司、上海广播电影电视发展总公司、仪电控股、上海实业（集团）有限公司多元投资的大型电子企业集团。广电集团拥有职工2.7万人，总资产248亿元。广电集团控股有上海广电股份有限公司、上海真空电子器件股份有限公司（简称真空电子），及上海广电金星电子有限公司、上海永新彩色显像管有限公司、上海索广映像有限公司等50多家企业。3月18日，经过重组后的广电集团作为全国120家单列企业集团及上海市经委直属集团公司正式运转，办公地址在斜土路1646号。2002年10月8日，广电集团总部迁入莘庄工业园区金都路3800号。

2009年6月3日，上海市国资委下发《关于对上海广电（集团）有限公司实施重组的通知》，由仪电控股收购广电集团所持上海广电电子股份有限公司、上海广电信息产业股份有限公司以及其他资产。

1997年重组至2009年再次重组，历经13年，其间，广电集团不懈努力，专注于走产业发展之路，实现了由模拟技术向数字化技术转变、由传统CRT产品（阴极射线显像管产品）向新型平板显示产品转变、由单纯制造业向信息服务业转变。从一家传统电视机制造企业，逐步向新型平面显示器研发和制造中心迈进，成为中国电子信息行业处于领先地位的信息产品制造商和信息服务提供商，列入中国电子信息百强企业。

一

1997年广电集团重组后，进入三年调整期。其中，1997年是“恢复性调整”阶段，1998年是“提高性调整”阶段，1999 年是“发展性调整”阶段。三年间，广电集团实施了不同的调整目标，工业总产值实现连年增长：1997 年实现 207 亿元、1998 实现 271.3 亿元、1999 年实现 374 亿元，为广电集团后三年发展夯实了基础。

1997 年 3 月，市委、市政府对广电集团进行资产重组，将广电集团从仪电控股中分离出来实行单列；同时经市国有资产监督管理委员会授权，将仪电控股拥有的广电股份和真空电子的国有资产股份划转广电集团。同时对广电集团实行投资主体多元化。市委、市政府对广电集团资产重组提出明确目标：以探索现代企业制度建设为出发点，在抓好资产结构、组织结构改组的同时，努力抓好各项生产经营管理的“改制”或“改造”，加强各项基础管理工作，使之与企业的改组、改制和改造相适应，切实把“三改一加强”贯穿在资产重组的各个环节。

1997 年 3 月至 1998 年年初，广电集团以重组“一年见成效”为目标，实施恢复性调整。

整合企业内部资产 出于历史原因，广电集团内部有大量的沉淀资产。为推进资源向战略发展产业积聚，广电集团对存量资产采用剥离、转移、重组等方式进行整合。首先，对真空电子原有产业进行大规模改造，对 5 家无效益、无市场的企业(上海灯泡厂、上海电子管厂、上海电子管二厂、上海电子管四厂、上海显像管玻璃厂)实施空壳化，同时剥离有效资产，重组新的企业，重点发展有市场前景的产品；而后重新整合原来比较分散的配套加工生产线，组建新的 SMT(表面贴装技术)贴片中心等公司，使之配套成为一个产业，既支持整机的发展，又解决富余劳动力再就业问题。其次，为加快产业调整，广电集团将广电股份下属上海无线电四厂、上海无线电十八厂通过出让、破产、回购等资产运作，进入破产还债程序；对上海电子管厂和上海录音器材厂实施股权收购和人员分流。以上资本运作为广电股份和真空电子改善资产质量，恢复上市公司融资能力，争取更多社会资本支持奠定了基础。

确立产业发展方向 广电集团充分利用资产重组带来产业重组和发展的良好条件，实现产品与用户结合、信息工业与信息服务业结合、生产与资本运作结合、国内市场与海外营销结合的配套关系，初步确立信息网络产品、家用电器、汽车电子、新型显示及绿色照明四大立足高新技术的新的产业发展方向。

确定销售战略 广电集团确定“守住上海市场，稳住华东市场，走向全国市场，逐步开辟海外市场”的销售战略。通过改革销售体系运行机制，加快营销网点和体系建设，在全国建立 40 多个销售机构和 500 个直销网点，同时在全国范围内开展三次大规模促销活动，推出一系列维修服务新举措。金星彩电销售量大幅回升，1997 年实现彩电销售 80 万台，比 1996 年上升 62%，上海市场占有率上升到 25%，名列榜首，在全国排名从第 11 位上升到第 5 位，基本实现重组确定的彩电产销目标。广电集团经济运行质量明显提高，完成了恢复性调整目标。

调整开发体制 按照上海市委、市政府将“三改一加强”贯穿资产重组各个环节的要求，为尽快实现新品开发和产业结构调整的突破，广电集团对开发体制进行重大调整，根据高科技发展和现有产品开发的不同要求，分层建立开发机构。集团成立开发公司；在美国建立两家合资设计公司，借助外脑和国外先进技术；同时在生产企业内设立开发中心，初步形成适应集团长远发展的开发机制。新品发展速度明显加快，1997 年完成彩电新品开发 29 项，其中大屏幕彩电 21 项，超过前三年彩电新品开发总和；彩电新品产销量占产销总量的 80%；数字化技术开发取得一定进展，DVD 播放机、数字投影电视等完成样机开发，为数字化产品形成规模生产打下基础。

1998 年 3 月 1 日，广电集团召开干部大会总结重组一年的工作情况。广电集团在经营发展、机制转换等方面发生明显变化：1997 年实现工业总产值 207 亿元，比 1996 年增长 47.5%，并保持强劲的发展势头；效益明显提高，1997 年实现利润 6.48 亿元，两家上市公司广电股份和真空电子都取得明显的经济效益；市场开拓成效显著，全国的营销体系基本形成，制订一系列营销策略，形成一支较强的营销队伍。广电集团实现重组“一年见成效”的目标，为后续发展打下扎实基础。

1998 年，广电集团以重组“两年变面貌”为目标，实施提高性调整。

世界电子技术从模拟技术向数字化技术转变的发展趋势为广电集团加速产品更新换代、抢占国内电子技术领域新的制高点提供了机遇。面对新的技术发展方向，广电集团不断改善自我，迅速进入新的发展领域。

确立“两大课题” 广电集团围绕“面向新世纪，自强创辉煌”的主题，提出 1998 年和后三年重点要解决好两大课题：一是产业战略性调整，抢占高科技制高点，大力培育新的支柱产业，推动广电集团在新的、更高层次上实现可持续发展；二是加快企业机制转换，通过改组、改制、改革和加强科学管理，优化内部机制，提高企业市场适应能力，提高经济效益，提高运行质量，寻求企业最优运行机制，推动企业进入自我发展的良性循环。广电集团在产业发展和市场拓展上，形成强劲的产品开发能力和市场拓展实力，充分发挥品牌、技术、信息的优势，形成集团“哑铃型”发展的新格局，使彩电在国内市场占有率达到 10%～15%，新兴高科技产业占集团总产值的 20%，在集团内形成传统产业、新兴产业、合资企业共同发展的产业群。

建设“三大机制” 围绕发展目标，广电集团全面推进经营机制、产品开发机制、人才机制三大机制建设。一是在经营机制方面，围绕经营者竞争激励机制，通过改革分配方案等试点，在上市公司等一些重点企业实行资产经营责任制。二是在产品开发机制方面，重点抓住新品产业化这个关键接口，把市场效益作为衡量开发成果的直接标准，从动力机制上调动科技人员积极性。1998 年彩电新品率达到 70%，数字技术产品开发和应用取得实质性进展。三是在人才机制方面，坚持大胆引进和放手使用两个原则，一批优秀人才脱颖而出，从人才市场、海外留学生中引进一批硕士和博士生。

建立“四大产业” 广电集团初步建立信息产业、汽车电子、绿色照明、新型显示产业四大产业发展框架，在保持原有家电产业发展的同时，高起点地对集团产业发展进行规划，数字化信息项目和新型显示、汽车电子等一批事关集团长远发展和后劲的项目得到实质性推进。汽车电子项目签约，PDP(等离子显示板)合作开发得到推进，T5 荧光灯、液晶显示、有线电视数字化改造等都取得一定突破。同时，彩电新产品开发速度继续加快，开发彩电新品 28 项，数码彩电等新品相继上市。全年实现工业总产值 271.3 亿元，比 1997 年增长 36.2%；销售收入完成 157.2 亿元，比 1997 年增长 25%；利润总额 6.6 亿元。广电集团基本实现资产重组“两年变面貌”的要求。

1999 年，广电集团高起点、高目标、高层次地实施发展性调整。以提高经济效益为中心，以数码技术和信息产业为发展重点，进一步推进机制转换、改革和结构调整。

明确“以数字化产业”为轴心 通过不断实践和调整，广电集团形成以数字化信息产业为轴心，新型显示器件(电子器件)和汽车电子为两翼，带动传统家电产业齐飞的产业结构基本框架，信息产业的重要地位越来越凸显，一些项目取得实质性进展。成立广电信息技术有限公司，三网合一项目进入部分小区，液晶显示器件项目在松江工业开发区启动，与美国摩托罗拉和德国 VDO 公司合资的汽车电子项目进入启动阶段，家用电器加快产业结构调整和升级。广电集团明确科技发展战略思路，成立集团技术中心，建设和形成科技创新体系框架，同时在数字化技术开发方面取得较大进展，完成 DVD 等数字化产品开发和上市。

建设“以人为本”的激励机制 广电集团积极培育“引得进、留得住、流得出”的人才机制。大力引进人才，建立人才发展基金，建立博士后工作站，尤其注重通过高科技项目和重点项目从市场引进人才，组织“引进国外智力、管理人才”活动。同时，坚持“责、权、利”统一，大胆改革现行分配制度，调动人员积极性，在真空电子、销售中心、金星公司等一些重点企业实施经营者年薪制等激励机制，严格资产经营责任制。在产品开发机制上，以新品产业化为重点，以市场效益为开发成果的衡量标准，采取技术股权等办法，对有成绩的开发人员进行重奖，拉大分配差距，充分调动科技人员积极性。

实现经济效益大幅提升 广电集团坚持科技创新，发展有市场、有质量、有效益的高科技产品，通过加强营销、质量、成本等基础管理，狠抓亏损企业的扭亏增盈工作，实现经济效益大幅提升。1999年主要经济指标工业总产值完成374亿元，比1998年增长37.9%；销售收入完成229亿元，比1998年增长37.5%；出口创汇完成7.45亿美元，比1998年增长15.6%；利润总额17亿元，比1998年增长142%。全年集团利润总额比1998年增长142%，年销售额1 000万元以上的国有和国有控股的亏损企业全部扭亏。

1997—1999年，在上海市委、市政府支持下，广电集团抓住重组机遇，坚持“三改一加强”，夯实发展基础。通过产业结构“改造”，明确产业发展方向，形成紧密而有机的产业发展链，原有传统的产业结构向立足于高新技术的更高层次产业结构提升。通过资产结构“改组”，推进增量资产和存量资产向战略发展产业积聚，将重组获得的增资部分、新获得的金融资金以及通过资本市场得到的融资等，集中用于发展产业。通过经营机制“改制”，把众多机制转换统一到人这一核心因素上来，由“转人”来“转机制”，形成“以人为本”机制转换的良好局面。通过基础管理“加强”，建立多元投资主体的组织体制，改变过去行政式似管非管的状态，从利益激励出发，抓好以成本管理和质量管理为重心的基础管理工作。按照现代企业制度要求，逐步理顺法人治理结构；产业有了长足进步，形成一批骨干企业和重点产品；市场营销网络的框架基本形成，海外市场进一步发展；科研开发体系进一步贴近市场，新品产业化步子进一步加快；人才结构发生重大变化。这些阶段性成果基本达到市委、市政府对广电集团资产重组的希望和要求。

二

2000—2002年，是广电集团夯实基础的三年。广电集团认真分析自身产业特点和电子信息产业发展趋势，立足于充分发挥上海电子工业的产业优势、技术优势和资本优势，决定把产业发展聚焦在世界一流的数字技术上。基于这一前瞻性的理念，广电集团确立了信息网络产品、家用电器、电子部件和汽车电子四大重点发展产业，围绕重点发展产业，从夯实基础上下功夫。2000年，广电集团在全国电子信息百强企业中名列第四；至2001年年底，广电集团所属企业净资产升值为189亿元，完成工业增加值110亿元；2002年，广电集团出口创汇20亿美元，比2001年增长34%。

2000年，是广电集团产业发展进入新阶段的开始。广电集团对产业发展进行高起点的规划，坚持技术创新，提升企业的市场竞争能力，提出“产业升级、管理创新”的目标，进一步明确发展战略、组织结构和业务流程。信息产业被确定为广电集团发展主导产业，宽带业务、成品业务、器件业务和海外业务四大业务板块被列为建设重点。

创建三层开发机制 广电集团坚持技术创新、机制创新和机制转换相结合，优化资金、设备、技术和人才等资源配置。在开发机制上，围绕战略发展规划，根据短期、中期、长期产品开发的不同要求，成立三个层面的开发机构。第一层面开发机构最贴近市场，是以数字处理技术为核心的视听类产品和以光电子技术为核心的新型平板显示器件研发机构，针对不断变化的消费市场，开发适销对路的产品，满足市场需求。第二层面开发机构主要承担后继产品的技术开发，是以数字压缩、解压缩技术为核心的数字网络终端产品开发和以双向宽带数字网络技术研究、产品开发及工程实施为主的研发机构。第三层面是被认定为国家级企业技术中心的广电集团技术中心和广电集团在美国等地投资的技术实验室，为广电集团各级研发部门提供技术支撑和国际先进技术的梯度转移及开发。在融资渠道上，广电集团建立新的技术创新投融资体制，建立"科技开发基金"作为中长期开发项目融资，并拨出5 000万元作为首期开发基金；提供免息贷款扶植列入重点发展计划、产业化前景明显的项目；对于市场容量大、技术较为成熟的产品设计和开发，要求承担单位科研投入不低于销售收入的3%，采取集团和承担单位共同出资方式来投入开发。

推出数字技术产品　广电集团从企业实际出发，坚持以质取胜、以新取胜、以综合优势取胜的原则，根据市场需求，不断推出具有创新意义的数字技术产品，以技术创新更新老产品，拓展市场新空间。先后完成视频类新品开发32项，陆续开发出含有帧存储的100赫兹数码倍场彩电；开发生产带有VGA接口、具有世界先进水平的多媒体彩电；开发生产数字成分更高、带信息收集功能的第二代图文电视；实现金星彩电全部产品数码化；开发出全平面大屏幕数码彩电及数字卫星彩色电视接收机等一系列数字化视频产品。随着彩电这一龙头产品的复苏与增长，大屏幕彩管等相关产业也同步发展，建成并投产年产100万只29英寸彩管的生产线，扩建一条年产40万只28英寸和32英寸(16∶9)、29英寸和33英寸(4∶3)大屏幕彩管四个品种的彩管生产线，开发生产100赫兹彩管及中分辨率彩管。彩管发展也带动彩色玻壳、彩管荫罩的发展。彩色电视机、彩色显像管、显像管玻壳三大板块业务都超过历史最好水平，在上海一度滑坡的彩电市场占有率又回升至第一位。广电集团形成"推出一批、培育一批、储存一批"的新品梯度发展库。在第一届上海国际工业博览会上，展出了三网合一系统、高清晰度电视试播样机系统、72英寸数字反射式背投影机等多项具有国际先进水平的创新产品。广电集团还通过合资、增资、收购等投资和资产运作方式，投资超过3亿美元，筹建和启动一批创新项目，引进PDP、LCD(液晶显示器)、VFD(真空荧光显示屏)等新型平板显示技术，并与跨国公司通过合资合作引进汽车电子产品技术。

2000年，广电集团在全国电子信息百强企业中名列第四；在国家外经贸部公布的中国出口额最大200家企业和进出口额最大500家企业中均名列第六，在全国电子行业中名列前三。广电集团进入良性循环、自我发展的新阶段。

2001年，全球经济发展速度趋缓，国内行业价格战愈演愈烈。广电集团从战略高度认识到市场拓展的重要性，克服行业价格战带来的销售疲软困难，实施重大技改和重点科技项目，推进企业资源整合，扩大适销对路产品的生产规模，向市场提供更新更好的产品和服务。

实施重点技改和科技项目　广电集团完成30亿元固定资产投资项目和重大技改项目：三星真空(VFD)项目、液晶显示器(LCD)项目，初步构建打开市场所必需的技术和销售平台；完成松下等离子PDP项目一期装配线建设，达成产品出厂销售：永新彩管五期大屏幕全平彩管生产线续建项目投入试生产；旭电子玻璃四期大屏幕彩管玻屏和彩显玻屏生产线技改项目池炉点火进入试生产。广电集团参与上海市实事工程——高清晰度数字播出实验、数字电视APEC配套工程；"模数兼容电视"研究项目中标；SVA—IBM战略合作协议签字，SVA—IBM家庭网络实验室启动；新一代高密度激光视盘机EVD样机通过专家鉴定。完成重大科技创新项目申报34项，申报知识产权50项。开通ISP服务，标志广电集团进入互联网接入服务商行列；推出95877国际互联网络接入服务特服号,并取得VSAT(甚小地球天线)卫星经营许可证和网上广播电影电视(IPTV)经营许可证,为拓展信息服务经营范围和服务内容创造了条件。

建立以SVA品牌为核心的文化体系 广电集团开始建设以SVA品牌为核心的文化体系,建立起一整套企业识别系统,集聚SVA品牌效应。通过明确品牌定位,不断创新技术,提升质量标准,形成以增加产品价值为目的的品牌战略,争取三年内在国内塑造"四高"品牌形象,即"设计高品位、制造高质量、产品高可靠、服务高素质"。通过明确品牌身份,建立系统的品牌识别、定位符号,确立阶段性品牌传播策略,建立全方位品牌资产,结合企业文化建设,形成一整套的企业文化理念。同时,通过海外战略的实施,构筑SVA的国际化品牌形象。

实现重要资源整合 广电集团完成两家上市公司更名:上海广电股份有限公司更名为上海广电信息产业股份有限公司(简称广电信息),上海真空电子器件股份有限公司更名为上海广电电子股份有限公司(简称广电电子)。广电信息完成增资扩股,募集资金22亿元。对主要投资单位以"广电"和"SVA"命名,统一企业标识。广电集团收购原广电股份销售中心。整合广电金星电子和广电数字音像两家公司的组织结构、生产能力,实现"将传统制造业改造成OEM/ODM(原始设备制造商/原始设计制造商)加工基地"的目标。广电集团斥资2亿元对上海西门子、广联电子等公司进行生产能力调整、扩充,为进一步抓住国际制造中心向中国转移的机遇奠定基础。

通过扩大适销对路产品生产规模的投入,广电集团经济增长继续保持良好势头。2001年完成工业增加值110亿元,比2000年增长52%;销售收入383亿元,比2000年增长24.6%。对外出口增长迅速,出口创汇17.5亿美元,比2000年增长49.6%。广电集团总资产由年初312亿元增至355亿元,增长13.4%。

2002年,在中国加入WTO(世界贸易组织)的大背景下,广电集团确立建成国际化大集团的战略目标,以培育核心竞争力为主线,以产品质量和工作质量为抓手,以提高经济效益为中心,抓住新品产业化和实施预算管理两项重点,全面提高"营销、科技、管理"三方面能力,着重加强基础管理,夯实经营基础和管理基础,积极应对"入世"挑战。

强化以预算为核心的基础管理 确立预算管理监控体制。广电集团成立以总裁任主任、财务总监具体负责、集团各部门参与的"战略和预算推进联合小组",通过走访业务单元,分析经济运行情况,促进预算目标的实现。集团常务管理委员会和总裁办公会专门确立例会制度,分季度对预算执行状况进行深入细致的研究,协助业务群寻找运行中的薄弱环节,确定纠正偏差的方法,推动预算计划和指标的落实。强化产业化责任制。广电集团对列入预算的产业化项目全部进行考核,提高新业务考核指标在集团总裁和主要业务负责人业绩合同中的分值比重,使各级经营者目标明确、责任到位,全面推进产品结构调整。利用计算机软件对预算执行进行监控。广电集团实现基于企业资源计划(ERP)系统模块下的本部财务预算和核算计算机化,对三级公司61家业务单元进行面对面的财务数据采集、录入指导。

加快自主知识产权的研究 广电集团建立中央研究院和四个技术开发平台,形成5~10项能支撑当前主营业务的关键技术,培育1~2项核心技术,扶植2~3项成果转化的产业化项目,申报专利50项。中央研究院年内研制出NTSC制式抗多径(ECHO)技术四个型号样机,送交美国市场。建立卫星传输技术开发和实验平台,进行直播卫星上行技术研究,重点在系统加密及用户管理技术方面取得突破,在远程教育网上投入使用。在家庭网络技术开发平台开展数字电视、多媒体、普及计算、高密度记录等关键技术研究,与IBM合作的家庭网络技术研究实现用GPRS手机操纵实验室家电的演示。与电科集团共同开发高密度光盘录放技术(EVD)取得突破,完成EVD产业化样机并小批量生产，引起海内外关注。在场助热电子发射显示(FAHED)技术方面实现从基础理论研究向实样器件突破，制成10英寸显示屏样机。合资研发有机电致发光显示(OLED)技术，开发出手机用单色显示屏样品。一批新技术、新产品通过市级鉴定。在加大科研投入的同时，对技术管理人员进行知识产权专业培训，建立集团专利技术保护网络体系。

提高SVA品牌知名度 在战略规划指导下，广电集团制订销售和品牌规划以及分步骤实施计划。同时根据2002年产业化重点工作，制订每项产品每个型号的区域市场推广计划，制订年度产品广告宣传和企业形象宣传计划，确定每年进行滚动修订。对SVA出口产品加强扶植指导，积极探索与国际大公司合作建立国际国内销售网络的新路。为适应国际化大集团的要求，海外公司也按照集团统一的市场开拓和品牌宣传战略规划，积极布局，寻求国外销售代理商，或在海外建立合资销售公司，提高SVA品牌知名度。通过制订和实施品牌战略，强化SVA产品高质量、高保证的内涵，SVA产品高品质设计、高质量制造，SVA向市场提供的高可靠产品、高素质服务逐步被市场认可。

吸引外资升级产业 广电集团与日本NEC签订合资生产第五代TFT－LCD(薄膜晶体管液晶显示器)生产基地的项目意向，设立年产50万大片薄膜晶体管显示器的目标，这是广电集团产业升级的重大项目，年内完成投资合同签署，并向市有关部门申请立项。广电集团与澳洲电讯签订合资合作意向，年内成立合资公司，此项目标志广电集团在充分利用现有科技网络资源的基础上，迈出向电信增值服务进军的步伐，是广电集团战略规划实施的重要步骤。

建设人才开发体系 广电集团新一轮产业升级，一批新项目的实施，都需要引进大批适用人才。根据产业发展需要，广电集团对人才发展进行新的规划，强化机制和体制建设，制订中央研究院辅助人员配置、市场策划人员引进时间表，加快建设国际化经营者群体队伍、专业技术骨干队伍和高级技工队伍。围绕重点项目实施，加快人才队伍特别是专业技术和高级管理人才队伍的引进和培养，以支撑项目的实施和运行。同时，加紧培养后备干部，把青年干部放到一线岗位进行锻炼，加快实岗锻炼与逐步到位的步伐，实现各级现职领导后续有人的目标。

2002年，广电集团完成销售收入381.8亿元，比2001年增长16.5%；出口创汇19.8亿美元，比2001年增长34%；利润总额20亿元。集团可控业务全面增长，主营业务收入102.6亿元，比2001年增长16.8%；净利润7 214.2万元，比2001年增长25.8%。集团科技投入率达到5%，固定资产和技术改造投资20亿元，宽带业务群销售收入达到2.5亿元。

三

2003—2005年，是广电集团初具发展规模的三年。面对多变的国内外市场竞争形势，广电集团以加快产业升级为重点，凝聚战略发展目标，集中优势资源，全力推进TFT－LCD产业链建设。三年中实现销售收入和出口创汇连续递增：2003年实现销售收入381.8亿元，出口创汇19.8亿美元；2004年实现销售收入432.3亿元，出口创汇25.3亿美元；2005年实现销售收入450亿元，出口创汇26亿美元。

2003年，是广电集团推进产业升级的重要一年。广电集团围绕“产业升级、走向世界，管理创新、追求卓越”的工作目标，开创主营业务新局面，构筑起产业升级的新格局。

形成产业升级格局 广电集团确定发展以TFT－LCD为核心的新型平板显示产品有了实质

性进展。作为产业升级的核心,10 月 17 日,广电集团出资 75%,总投资 9.55 亿美元的广电 NEC 液晶显示器建设项目获得国家发展改革委员会批准,并于 12 月 18 日正式开业,该项目是中华人民共和国成立以来电子行业投资规模最大、跨入门槛最高的项目,产品针对全球液晶电视和液晶显示器市场。上海松下等离子显示器年生产能力 5 万台向 24 万台提升的二期建设项目建成,该公司产品的国内市场占有率达 33%,高居同类产品榜首。

国内外业务稳步发展 广电集团高端产品等离子电视 PDP - TV、液晶电视 LCD - TV 是 SVA 主营业务新亮点,紧盯市场占有率前三甲位置。FPD(平面显示器)项目也呈现良好发展前景。广电电子利用募集资金,先后合资兴建的广电液晶、三星真空荧光显示和松下等离子三个新型平板显示器生产项目呈现良好的发展前景。集团海外业务实施"将高端产品出口发达国家和向发展中国家梯度转移传统产业"的战略,SVA 品牌的 PDP - LCD 批量进入美国市场,SVA 巴基斯坦合资公司开始赢利,SVA 保加利亚公司正式成立,SVA 南非公司实现利润 130 万美元。

质量管理和科研开发出新果 广电集团与广电信息一起对高端视频产品质量稳定工作进行了整改和落实,新产品整机直通率大幅提高,产品质量提升,赢得了市场竞争力。中央研究院无线高频传输技术研究平台完成模拟电视抗多径干扰系统及应用产品的鉴定,初步搭建数字电视抗多径干扰系统平台;集成电路研究平台设计出用于抗多径干扰的现场可编程逻辑门阵列(FPGA)集成电路;家庭网络技术平台被 IBM 选定为合作伙伴,与 SVA 捆绑开发的 iHome(智能家居)软件在美国发售。具有自主知识产权的 EVD 获得上海工业博览会创新奖。集团申请专利和软件登记总数 227 件,比 2002 年上升 55.5%,其中发明专利 145 件。

SVA 品牌知名度显著提升 广电集团用创新思维规划 SVA 品牌,品牌经营在前。通过建立 SVA 产品市场地位,划分品牌传播区域和对象,树立起清晰有力的品牌形象。SVA 高端彩电产品销售成为市场热点,PDP(等离子电视)、LCD(液晶显示)、DLP(背投电视)三大类高端产品销售均创下历史月销量之最。近千台 SVA 等离子(PDP)产品发往美国抢占圣诞市场,全年出口美洲、欧洲和澳洲市场的 PDP 产品超过 1 万台。随着高端产品在国内外市场销量的不断增加,SVA 品牌知名度得到显著提升。上海申花 SVA 足球队和上海 SVA 女足也分别取得 SVA 冠名后的最好成绩,SVA 品牌的社会影响力不断得到提升。

2004 年,广电集团实现凝聚战略发展目标、建设光电子产业基地和加快科技创新等任务和目标。同时,在体制和机制改革、产业链调整等方面进行积极探索。集团全年实现销售收入 432.3 亿元,出口创汇 25.3 亿美元,实现利润 16.4 亿元。

推进光电子产业发展战略规划实施 广电集团重大建设项目 TFT - LCD 生产线建设仅用 17 个月时间完成从打桩到初步量产,中国大陆第一块第五代 TFT - LCD 显示屏在广电 NEC 公司诞生。项目刷新中外同类产品建设史上两个纪录:一是同等规模建设期最短,二是良品率在 80 天内突破 70%的水平。广电 NEC 合资项目建成,连同先前建成的国内唯一一条含屏的 PDP 生产线,广电集团再次在国内同行中取得产业升级领先优势,这标志着广电集团主营产品在传统产业向先进制造业转变中迈出扎实的一步。广电集团"建成国内领先、世界一流的光电子产业研发和制造基地"的战略决策,得到上海市委、市政府有力支持,发展光电子产业列入《上海市优先发展先进制造业行动方案》。

加强科研开发和专利工作 广电集团中央研究院完成数字视音频技术开发平台、基于媒体处理器的家庭移动信息系统等市级以上研究项目 13 项。广电电子成功争取到市"科教兴市"29 个重点科研项目之一的"有机电致发光显示器(OLED)"研究项目,完成 0.9 英寸 OLED 全彩手机外屏的样屏开发节点工作。广电集团全年申报专利、软件版权435项(其中发明专利402项),申请数为2003年的2倍;建立专利数据库并通过验收。参加"数字电视标准工作组"等16个国际、国内标准起草工作,牵头起草上海地区《高端彩色电视机的分类规范》。广电NEC的TFT-LCD显示屏获得第六届上海国际工业博览会金奖。

强化业绩考核机制 广电集团以确立和检查、考评上市公司年度重点工作为抓手,根据授权委托和法人治理结构规范的要求,充实、完善对上市公司和直属子公司经营者业绩考核制度,修订实施集团本部员工业绩管理办法。通过动态考核,把薪酬和业绩紧密挂钩,通过推进职业经理制和强化内部制度管理,完成资本整合和业务重组,经营效益取得转折和突破。

2005年,广电集团集中优势资源,全力推进TFT-LCD产业链建设,积极稳妥推进传统产业的整合和经营机制转换,加快研发、物流、信息、人才平台建设,加快形成核心竞争力。集团全年实现销售收入450亿元,主营业务收入105亿元,实现出口创汇26亿美元。

全力推进TFT-LCD产业链建设 围绕发展核心业务,广电集团加快优势资源向以TFT-LCD面板为核心的上下游配套产业链集中,全面推动广电NEC达纲生产和扩产准备,并启动平板显示产业基地建设。广电NEC在单一15英寸显示屏基础上相继开发出17英寸显示屏以及26英寸电视屏、47英寸电视屏。积极促成上海平板显示产业基地成立,与国外玻璃基板和彩色滤色膜生产商确定合资意向。为促进以建设TFT-LCD产业链为重点的发展战略得以健康实施,结合上市公司股权分置改革,广电集团对永新彩管等3家与战略发展方向不符的企业资产进行收购,优化广电电子的资产结构;完成11户企业股权转让、资产剥离,对集团销售公司资产进行清理。同时,广电集团完成CRT整机生产布局调整和平板整机生产基地整顿,建成年产20万台LCD-TV产品生产线、132万台LCD-Monitor(液晶监视器)产品生产线、13万台PDP-TV产品生产线、3万台DLP-TV产品生产线,并在上海松江九亭工厂形成100万台CRT彩电的生产能力。广电集团通过引进职业经理人和销售工作模块化等尝试,初步打通高端产品研发、制造、销售各环节,形成纵向一体化管理体制。广电集团年内顺利完成股权结构调整,注册资本由20.9亿元扩大到34.54亿元,进一步增强资本实力。

创新产学研合作机制 广电集团聚焦FPD产业,加快与高校的优势互补,共同探索产学研合作模式,发挥各自特长和优势,建成产学研共同发展、合作创新的运行机制。广电集团与复旦大学签署战略合作框架协议和建立TFT-LCD工程研究中心;与上海大学组成产学研联盟,重点在TFT-LCD、OLED等方面增强合作力度,开展TFT-LCD生产线本地化设计的应用性研究和低温多晶硅(LTPS)基础理论前瞻性研究。广电光电子公司成立中央研究院液晶研究所,引进以台湾地区研发人员为核心的TFT-LCD面板研发团队,与广电NEC公司签署开发新品协议。中央研究院进行核心技术和关键技术攻关,15英寸TFT-LCD面板用TCON芯片流片研制成功;IE2芯片流片研制成功并批量生产,图像显示处理技术获得长足进步;开发出MPEG-2转AVS转码器、AVS卫星数字电视接收器,为下一步制造和服务打下基础。广电集团强化科研过程管理,编制重点研发项目管理办法,修订科技工作管理规范。实施专利管理办法,将专利发明与技术人员职称评定、技术奖励挂钩,进一步调动技术人员职务发明的积极性。集团全年专利申请379件,其中发明专利260件,版权软件登记13件,获得专利授权54件。

编制市场导向的集团"十一五"发展规划 集团战略、科技、财务、人力资源等职能部门通力协作,以市场发展趋势为导向,利用麦肯锡信息库资源,编制广电集团"十一五"发展规划及其发展总体目标:以发展TFT-LCD产业为核心战略,致力于形成以平板显示器件为核心的从材料、器件到成品强有力的产业链,全面建成国家级“平板显示产业基地”,形成完整的 TFT-LCD 产业链,基本形成消化吸收再创新的研发机制。

四

2006—2009 年,是广电集团全面转型阶段。

2006 年,上海市政府实行依托大产业、大项目、大基地提升先进制造业竞争力,运用新技术、新装备、新工艺提高先进制造业技术含量的重大举措——做强 TFT-LCD 产业、加快产业链和平板显示产业基地建设。面对这一新机遇、新挑战,广电集团集中优势资源,加快建设新型平板显示器产业链,力争早日建成国家级“平板显示产业基地”。

建设 TFT-LCD 产业链 广电集团 TFT-LCD 产业链上、中、下游主要配套项目取得重要进展。上海旭电子玻璃有限公司完成玻璃基板(后道工序)生产线改造并开始供货;广电光电子公司与日本电气硝子、住友商事合资的玻璃基板合资工厂签约并开始土建;广电电子与日本富士胶片的彩色滤色膜合资工厂签约;广电集团与美国楷登(Cadence)公司合资的集成电路合资公司签约并开业,自主研发的 TCON 芯片进入产业化阶段。广电 NEC 公司开发 9 英寸等新品种,实现低成本化,逐步提高国内配套率和产品合格率。为实现生产能力最大化,广电 NEC 公司实施内部技术改造,将月产能由 52 K(千)提高到 60 K,并拓展 TV 屏市场,26 英寸和 20.1 英寸 TV 屏供应占国内市场三成。广电 NEC 公司五代线增资扩产项目进入试生产。广电集团完成平板显示产业基地规划整体方案,保证玻璃基板项目、彩膜项目建设,启动重点配套的 S2 生产线项目,落实模组厂合作对象和建厂方案。平板显示产业基地申报国家级产业基地获得批准。广电电子参与 TFT 上游产业建设,加强偏光板等项目招商引资力度。广电信息与显示器、TV 整机厂建立 OEM 等优势互补的合作关系,加快整机产品开发,启动基地园区内整机厂的规划和建设,为 FPD 整机规模生产奠定基础。

紧抓科技研发和自主创新 广电集团建立起一支 TFT-LCD 面板自主研发队伍,基本建立面板研发的软硬件平台,形成可以同时开发两款面板产品的能力,年内先后完成 19 英寸宽屏(8 毫秒)显示器屏和国内第一款 47 英寸宽屏高清液晶电视屏(试验样机)的自主开发。中央研究院建立面向 TFT-LCD 面板的 IC 产品开发平台,完成 GateDriver 芯片、Source 芯片和 17 英寸面板 TCON 芯片的产品设计;实现 15 英寸面板 TCON 芯片产业化。广电电子大功率 LED 芯片项目的启动,市“科教兴市”项目“有机电致发光显示器(OLED)”研究项目完成节点工作目标并通过市科学技术委员会验收。广电信息规范整机研发流程,实行机芯统一,改进生产工艺,形成有鲜明特征的 SVA 系列产品,提高市场竞争能力。全年完成平板显示类产品 77.18 万台,比 2005 年增长 210%,其中 LCD 产品 74.8 万台,历史上首年超过传统 CRT 整机业务。广电集团召开科技大会,制订科技战略,明确“十一五”期间重点研发方向、重点研发领域和重点研发项目,并制定有关知识产权管理、科技项目奖励和领军人物管理办法等配套激励政策。与上海交通大学签订战略合作框架协议,联合组织平板显示专业培训班,并申报上海市联合培养研究生基地。中央研究院承担的国家数字电视编解码标准(AVS)已被批准为国家标准。全年集团主控企业共申请专利 136 件,其中发明专利 74 件,登记软件版权 28 件。

建立市场运营体系 广电集团成立市场部,加大对市场发展趋势的研判,加强 SVA 品牌运作和推广，提高企业适应市场变化的快速反应机制。广电集团在中国国际工业博览会上获得两项创新奖、两项铜奖和优秀组织奖。广电信息抓住电视播送数字化机遇，实施《销售公司改革方案》，建立围绕市场需求的产品设计体系，在统一机芯基础上丰富产品系列，建立以客户为中心的营销体系，实行扁平化销售模式，减少销售环节，调整销售策略和产品结构，实现低端产品出规模、高端产品出效益，做大 SVA 品牌产品市场。

优化管控模式　广电集团强化战略决策中心作用，在追求投资回报最大化目标下，更多地追求总体战略控制和协同效应的获取。在强化财务指标考核和控制的同时，通过战略规划、融资及预算控制、投资和人力资源管理等方式对业务群进行管控。在管理体制和管控模式上，进一步处理好集团战略管控和完善投资企业法人治理结构的关系，制定并试行《集团公司委派董事、监事管理办法》和实施细则，加强对派出董事、监事的管理，制订对投资企业（包括合资企业）的管控标准和管控流程，强化投资企业对集团战略规划的执行力。集团加强预算管理，建立预算编制规范，指导及协助下属业务群根据战略规划制订相应业务预算；提高预算分析能力，建立财务数据库，加强对预算执行情况的跟踪、评估和分析。为发挥产业链整体优势，集团制定和实施产业业务协调规定，由财务经济部和科技质量部牵头，通过联席会议等形式，初步形成集团系统主要产业业务协调机制。广电集团还对海外企业的管理渠道和要求进行了明确。全面梳理集团制度体系，修订、形成五大管理规范和十项司务工作制度，完成集团内部控制规定的制定和员工手册修订工作。

建设"四个平台"　建立战略管控和产业协调机制，建设研发、人才、信息和融资四个平台。研发平台：积极利用国内外科研资源，形成 TFT 面板研发平台，基本建成高端电视产品开发平台，重点推进集成创新和引进消化吸收再创新，形成一批具有自主知识产权的核心技术。人才平台：形成以业绩和能力为导向的人才评价标准，制订和试点企业高级经营管理人员长效激励机制，规范、完善集团系统业绩管理体系和不同性质企业薪酬管理原则；加强核心人才的培育，重视年轻干部培养、选拔和使用，在考核及激励上体现市场化和优胜劣汰的原则，在干部中推行过错与责任相对应的责任问责制度。信息平台：开展集团业务监控及决策分析平台（BI）二期建设和集团门户及综合信息共享服务平台（EIP）优化，基本形成集团完整的企业数据库，功能与展现形式有了更多的改善。融资平台：积极拓展融资渠道，增加融资方式，完成光电子公司私募工作，同时提高运营质量，恢复上市公司融资功能。

2007 年，广电集团加快 TFT－LCD 产业链建设，稳步实施 CRT 产业调整，积极推进 TFT－LCD 产业联合发展，继续推进科技研发和自主创新，加快产业升级步伐，努力提高经济运行质量和核心竞争力。

建设 TFT－LCD 产业链和产业基地　广电集团按照"做强中游、拉动上游、推动下游"的战略方针，努力打造 TFT－LCD 产业链。通过控股发展中游面板产业，力求做强做大，形成规模优势，进入行业前列；通过合资合作方式有选择地进入上游产业，逐步掌握关键资源和相关核心技术，保证原材料供应稳定性，降低物流和采购成本，增强面板业务竞争力；通过调整产品组合和市场营销体系，将自有品牌与合作加工相结合，扩大下游 TFT－LCD 彩电和显示器整机业务规模，为中游面板生产提供稳定需求，使其保持较高的产能利用率，增强抵御市场需求波动风险的能力。彩色滤色膜合资工厂进入厂房建设和设备采购阶段，主体厂房接近结构封顶；玻璃基板合资工厂完成厂房建设、设备安装调试和试生产。自主研发的 15 英寸 TCON 芯片进入小批量生产，并向广电 NEC 公司供货，19 英寸宽屏 TCON 和 642CHSource 驱动芯片开发也有所进展。广电集团会同闵行区完善上海市平板显示产业基地总体规划，经国家信息产业部批准，上海莘庄工业区成为"国家（上海）

平板显示器件产业园”。产业基地的道路、公共管线等公共基础设施开工建设。

制订《科技研发战略》 广电集团制订发布《科技研发战略》和鼓励科技创新、加强科技研发的相关政策。拟订《科技领军人才的管理办法实施细则》《科技创新项目奖励管理办法实施细则》,并评审选出集团首批科技领军人才候选人。实施《知识产权管理办法》,成立专利标准化研究室,组织TFT-LCD相关专利技术研究。与AMT公司合作制订集团重点单位知识管理方案。积极推进与上海大学等高校联合建立“平板显示技术国家工程研究中心”。对集团系统有关TFT-LCD面板、LED背光源、驱动IC、数字卫星直播接收机(DTH)的研发和生产进行业务协调,一批重点自主研发项目取得进展。

调整CRT产业结构 由于全球CRT产业加速滑波,广电集团做出从CRT产业上中游调整退出的决定。成立CRT产业调整工作领导小组和相应专题工作小组,制订和完善调整方案,先后实施3家企业调整停产,为全市节能减排作出贡献。

2007年第二季度,液晶面板市场有所回升,使广电集团占最大比重的TFT-LCD业务得到改善经营状况的机遇。广电集团在原有产品品种基础上,从加强内部管理入手,努力提高产品合格率和产销量,积极克服资金紧缺和上游材料供应困难,从5月起开始实现当月盈利。TFT-LCD面板业务完成销售收入77.47亿元。全年集团实现销售收入138.21亿元,比2006年增长6.24%。

2008年,广电集团进一步聚焦TFT-LCD核心产业发展,做好做强主营业务;加快科技创新和机制转换步伐,加快资产和业务整顿,切实改善经济运行质量,努力为后续可持续发展打好基础。

发展TFT-LCD产业 广电集团聚焦核心业务,努力提升TFT-LCD五代线的持续赢利能力。提高广电NEC公司的营销管理、现场制造管理的能力与水准,努力消除瓶颈因素,提高产品合格率和设备利用率,同时做好客户管理和供应链管理工作,提升实际产能和产品盈利能力,做好新产品生产技术准备,满足市场需求。在推进产业链配套和基地建设中,按计划进度推进彩色滤色膜合资工厂项目建设并开始试生产;玻璃基板合资工厂实现挖潜增加产能10%的目标,最大限度地满足市场需求。

整合研发体系 广电集团积极培育一支支撑产业发展的高素质技术人才队伍,以中央研究院为核心,形成以我为主、兼收并蓄、开放合作、以TFT-LCD技术开发为主的技术研发平台,并争取成为国家液晶技术工程中心。组织TFT-LCD产品技术、工艺技术和组线技术的开发,以形成更多自主知识产权,逐步培育核心技术能力,增强技术话语权。

整合非核心业务 全面梳理集团和各业务群的非核心业务。在分析、评估非核心业务状况的基础上,有针对性地制订调整和退出计划,分步有序地推进部分非核心业务的调整工作。通过改制、剥离退出等方式,盘活存量资源,大幅度降低银行贷款规模和财务费用,集中资源和精力发展核心业务。集团加强对各业务群和调整企业的指导,发挥广电资产公司对非核心业务运营和管理的职责,稳妥做好人员分流安置工作,规范做好各类资产处置工作,有效整合集团内部物业、物流、设备资产等方面的资源。

2009年年初,全球金融危机造成液晶面板行业系统性调整。广电集团积极开发新产品,努力推动产业链整合。广电NEC公司顺应市场需求,设计开发18.5英寸、23.6英寸等多款新品。集团多措并举,努力破解各种瓶颈问题,推进平板显示产业的健康持续发展。

2009年6月3日,上海市国资委发文对上海广电(集团)有限公司实施重组,由仪电控股收购广电集团所持广电电子、广电信息以及其他资产。由此,广电集团回归仪电控股,两次重组间隔

13年。

13年中，广电集团立足于电子信息制造业，不断创新发展，致力于信息技术产业的升级换代，不失时机地领先进入TFT－LCD液晶面板领域，建成了第五代液晶显示器生产线，自主研发成功47英寸高清液晶屏，进入网络信息技术服务产业领域，成为信息电子产品制造和信息技术服务为一体的复合型企业。曾以年营业收入306亿元在全国电子百强企业中排名第四位，并连续多年排名前十。

13年中，广电集团坚持党的领导、加强党的建设，企业党组织围绕经济工作中心发挥政治核心作用，努力提高领导班子的政治素质和党员队伍的纯洁性，坚持抓好干部队伍建设、党员队伍建设，党组织的创造力、凝聚力和战斗力得以增强，从政治上、思想上和组织上为集团发展提供了坚强保证。广电集团曾荣获“全国思想政治工作优秀企业”、集团党委荣获“上海市先进基层党组织”等荣誉称号。

13年中，广电集团高度注重品牌建设和企业文化建设，通过建设以SVA品牌为核心的文化体系，将SVA品牌定位于国际知名品牌，成为全球领先平板显示产品供应商，树立企业清晰有力的品牌形象；形成了具有广电集团特色的核心价值观“需要就是价值”、企业精神“创新每一天”及其一整套的企业文化理念；并建立起一整套企业识别系统，短短几年就积聚起SVA品牌效应，上广电SVA整体形象在国内外形成较高知名度。2004年6月，在世界品牌价值权威机构“世界品牌实验室(WBL)”评审中，SVA品牌以66.22亿元(人民币)列《中国500最具价值品牌》家电行业第11位。2006年，上海公布“2005年度上海名牌产品”，SVA品牌多项产品成为新一轮上海名牌，SVA连续十年入选上海名牌产品。2007年，在“2007中国消费电子市场年会”上，SVA平板电视产品被评为“2006中国消费电子消费者满意品牌”。

大事记

1995 年

10 月 11 日　上海仪电控股(集团)公司(简称仪电控股)接上海广电股份有限公司《关于组建上海广电(集团)有限公司的请示》,报请上海市经济委员会(简称市经委)审批。

10 月 13 日　市经委发文同意组建上海广电(集团)有限公司(简称广电集团)。

1996 年

6 月 12 日　中共上海市委副书记、市长徐匡迪,副市长蒋以任带领市府有关委办及市工商银行、财政局、社保局、劳动局、证管办等负责人到广电集团所属电视一厂现场办公。现场办公会议之后,上海市政府经研究给予广电集团十条优惠政策。

12 月　中共中央政治局委员、上海市委书记黄菊就广电集团资产重组作出批示,并提出改善法人治理机构、明显减轻公司债务、明显补充流动资金、明显提高资产质量、明显增强企业活力等资产重组五条原则。

1997 年

1 月 2 日　中共上海市委副书记、市长徐匡迪,副市长蒋以任到广电集团现场办公,研究广电集团振兴方案。明确由常务副市长和副市长蒋以任分工负责广电集团资产重组工作,并由市委副秘书长、市政府副秘书长黄奇帆具体负责此项工作研究。

2 月 25 日　上海市政府召开专题办公会议,讨论决定实施广电集团资产重组。中共上海市委、市政府确定广电集团党的关系隶属于工业党委,行政关系隶属于市经委,为正局级单位。

2 月 27 日　中共上海市委组织部、市工业党委在仪电控股宣布中共上海市委、市政府对广电集团实行资产重组的决定。

3 月 4 日　广电集团资产重组筹备组成立,并于 3 月 5 日召开筹备组第一次会议。

3 月 7 日　根据中共上海市委、市政府决定,广电集团实行资产重组。广电集团从仪电控股分离出来,改制为由上海汽车工业(集团)总公司、上海广播电影电视发展总公司、仪电控股、上海上实(集团)有限公司多元投资的大型电子企业集团,作为由上海市经委直属的集团公司(正局级)。并由上海市国有资产监督管理委员会授权,将仪电控股持有的上海广电股份有限公司、上海真空电子器件股份有限公司国有资产划转给广电集团。

是日　中共上海市委决定:徐为熩任广电集团党委书记,不再担任仪电控股党委副书记;崔振佳任广电集团党委副书记、纪委书记,不再担任仪电控股纪委书记。

3 月 12 日　上海广电股份有限公司、上海真空电子器件股份有限公司就国家股持股人变更事宜发布公告,两家上市公司的国家股持有人由原仪电控股变更为被国务院列入全国单列大型企业集团试点的广电集团。

3月13日　上海市政府决定,徐为煽任广电集团董事长,郁子冲兼任广电集团副董事长;顾培柱、刘鸿超任广电集团副总裁;徐建国兼任广电集团监事会主席,张成钧兼任广电集团监事会副主席。

3月18日　广电集团召开资产重组后第一次领导干部务虚会。集团公司本部部室负责人及上海广电股份有限公司、上海真空电子器件股份有限公司党政工班子成员出席会议。

3月21日　中共上海市委常委、副市长蒋以任到广电集团现场办公,并宣布广电集团领导班子组成人员名单。中共上海市委组织部副部长、人事局局长黄耀文,市经委主任徐志毅,市经委副主任徐建国等出席办公会议。

3月25日　广电集团党委下发《关于集团公司机构设置的通知》,集团公司机构设置为一室三部:办公室、科技规划部、经济运行部、组织人事部。

4月1日　中共上海市委副秘书长、市政府副秘书长黄奇帆在衡山宾馆主持召开广电集团投资方会议。会议审定了《上海广电(集团)有限公司章程》,审议了《关于投资上海广电(集团)有限公司的协议》,审定了《上海广电(集团)有限公司第一届董事会组成人员的报告》等。

是日　上海广电股份有限公司召开第二届董事会第五次会议,一致同意将全资子公司上海无线电四厂、上海无线电十八厂的资产出售给广电集团。

4月16日　上海市第一中级人民法院民事裁定:上海无线电十八厂破产。

4月18日　广电集团召开第一次董事会会议。会议通过《关于重组上海广电(集团)有限公司方案的决议》,审议通过《上海广电(集团)有限公司章程》等事项。会上,各投资方正式签署《关于投资上海广电(集团)有限公司的协议》。

4月19日　上海《解放日报》《文汇报》《上海电视台》等媒体集中报道了广电集团资产重组的重大新闻。

5月9日　广电集团召开1997年度两个文明建设工作会议暨党政干部大会。

5月15日　上海市徐汇区人民法院民事裁定:上海无线电四厂破产。

6月19日　上海旭电子玻璃有限公司成功研发生产出国内第一个29英寸彩色显像管屏,这标志该企业已具备29英寸彩壳的配套能力。

6月26日　中共上海市委副书记孟建柱,市委常委、组织部部长罗世谦以及市委各部门负责人到广电集团检查工作,并召开会议听取工作汇报。

7月22日　中共中央政治局委员、上海市委书记黄菊视察上海旭电子玻璃有限公司。

7月30日　广电集团监事会召开第一次会议。

10月15日　广电集团成立高新技术产业化领导小组。

10月17—18日　广电集团工会第一次代表大会召开。崔振佳受集团工会筹建组委托作工作报告,上海市工业党委书记吴明,市总工会副主席王耀羲,广电集团党委书记、董事长徐为煽出席会议并讲话。会议选举产生广电集团工会第一届委员会和经费审查委员会,崔振佳当选为广电集团工会主席。

10月23日　广电集团与上海真空电子器件股份有限公司签订产权转让合同,广电集团收购上海真空电子器件股份有限公司所属上海电子管厂整体产权。

10月24日　国家电子工业部部长胡启立到广电集团视察工作,听取工作汇报,视察上海广电设计开发公司、上海真空电子器件股份有限公司，并参观了新品陈列室。

11月29—30日　共青团上海广电(集团)有限公司第一次代表大会召开。会议选举产生广电集团第一届团委领导班子，马祖飞当选团委书记。

12月8日　上海永新彩色显像管有限公司第三期工程生产线建成，生产出第一批29英寸彩色显像管。

12月30日　上海市杰出青年岗位能手现场会暨颁奖仪式在上海广电股份有限公司金星电视总厂举行，团市委书记薛潮为金星电视总厂技师刘旭东等颁发“1997年上海市杰出青年岗位能手”称号证书。

是年　广电集团完成工业总产值207亿元，比1996年增长47.5%，实现利润6.48亿元，实现“重组一年见成效”的目标。

1998年

3月1日　广电集团召开“资产重组情况汇报会”。中共上海市委常委、副市长蒋以任，市委副秘书长、市政府副秘书长黄奇帆，市经委主任徐志毅以及各委办和投资单位负责人出席会议。广电集团党委书记、董事长徐为熗汇报广电集团资产重组后的工作情况，蒋以任副市长作了重要指示。

3月2—6日　广电集团及其所属单位参加在上海展览中心举办的“第五届上海市‘四新’产品博览会”，展示广电集团资产重组后科技开发的成果。

3月5—17日　上海真空电子器件股份有限公司副董事长周家春作为第九届全国人民代表大会代表，赴北京出席全国人大九届一次会议。

3月20日　上海市总工会发文同意广电集团工会第一届委员会、经费审查委员会选举结果。广电集团工会第一届委员会由卜振春、邬培斐、刘训芳、李慈祖、林华勇、周克明、崔振佳等7人组成；崔振佳任主席，李慈祖任常务副主席，邬培斐、林华勇任副主席。林华勇任经费审查委员会主任。

4月　上海真空电子器件股份有限公司副董事长周家春荣获全国五一劳动奖章及1997年度上海市劳动模范称号。

5月13日　上海市政府副秘书长、市经委主任黄奇帆一行到广电集团现场办公。广电集团汇报资产重组后的生产经营情况，黄奇帆对广电集团经营发展提出要求。

6月22日　上海索广映像有限公司一期工程项目建成投产。该项目可年产60万只21英寸彩色显像管和50万台彩色电视机。上海市计划委员会、市经委、市外国投资工作委员会领导出席工程竣工仪式。

是月　上海索广电子有限公司获1996—1997年度第二届“上海市工业企业优秀企业形象单位”称号。

9月29日　上海市工业党委发文同意钱佩勇为广电集团副总裁人选。

10月8—9日　徐为熗率集团有关人员赴京，向国家发展计划委员会和信息产业部汇报工作。国家计委主任曾培炎、信息产业部副部长曲维枝及有关司局负责人听取汇报，并对广电集团的发展提出具体要求。

10月6日　金星电视总厂改制为多元投资的上海广电金星电子有限公司。

10月9日　上海市工业党委发文推荐赵定玉任广电集团监事会主席。

12月11日　中共中央政治局委员、上海市委书记黄菊，市委常委、副市长蒋以任，市委常委、市委办公厅主任宋仪侨，市政府副秘书长、市经委主任黄奇帆陪同吉林省委书记王云坤视察上海永新彩色显像管有限公司。

12月14日　上海市"纪念党的十一届三中全会二十周年暨上海电视工业发展二十年大型座谈会"在国内引进第一条彩色电视机生产流水线的上海广电股份有限公司金星电视总厂举行。黄奇帆出席并讲话。

12月21日　广电集团与德国曼内斯曼威迪欧股份公司合资建立上海威迪欧汽车电子有限公司项目正式签约。蒋以任出席签字仪式。

12月31日　经上海市工商行政管理局核准，上海广电股份有限公司金星电视总厂更名为上海广电金星电子有限公司。

是年　上海永新彩色显像管有限公司29英寸NF彩色显像管(73S×701Y22/DC01)获上海市优秀新产品一等奖。

是年　广电集团实现工业总产值271.3亿元，比1997年增长36.2%；销售收入完成157.2亿元，比1997年增长25%；利润总额6.6亿元。广电集团基本实现资产重组"两年变面貌"的要求。

1999年

2月25日　中共中央政治局委员、上海市委书记黄菊就上海工业新一轮发展到广电集团所属上海广电金星电子有限公司进行工作调研。市委常委、市委秘书长宋仪侨，市政府副秘书长、市经委主任黄奇帆，市工业党委书记吴明等随行调研。黄菊一行视察了公司多媒体实验室、设计开发中心和彩色电视机生产流水线。

3月21日　广电集团召开面向21世纪发展战略研讨会。中共上海市委常委、副市长蒋以任，市政府副秘书长、市经委主任黄奇帆等市领导以及上海社会科学院等单位专家出席会议并发言。

6月25日　上海永新彩色显像管有限公司建成国内首条国产大屏幕彩色显像管生产线并投产。

6月26日　中共中央总书记江泽民在青岛主持召开六省一市"国有企业改革和发展座谈会"，广电集团党委书记、董事长徐为熄参加会议，并作题为《抓好资产重组机遇　深化改革促进发展》的发言。

7月22日　上海索广映像有限公司举行开业典礼。国家发展计划委员会主任曾培炎，上海市副市长蒋以任，市委秘书长宋仪侨，市政府副秘书长、市经委主任黄奇帆，日本驻沪总领事市桥康吉，日本索尼社长出井伸之等出席并参观了生产线。

8月27—29日　广电集团在上海展览中心举办"腾飞的上海广电——形象展示活动"，同时进行新产品展销。蒋以任参观广电新品展示会。

9月　上海真空电子器件股份有限公司彩色等离子显示器(PDP)项目获批立项，这是国内第一个获准建设的彩色等离子显示器项目。

11月18日　上海广电液晶显示器有限公司成立。

11月25日　上海真空电子器件股份有限公司增发A股获中国证券监督管理委员会批准，向原有股东及机构投资者配售1.29亿股A股，共募集资金12.78亿元人民币。

11月26—27日　上海真空电子器件股份有限公司在上海凯悦大酒店和北京中国大饭店分别

举行增发新股(A股)推介会。

12月13日　上海市首届国际工业博览会在上海展览中心举行。广电集团所属企业上海广电金星电子有限公司、上海广电数字音响电子有限公司、上海JVC电器有限公司等多家企业参会。黄菊等领导参观集团公司产品展示台。

12月28日　广电集团召开技术创新大会。徐为煽作专题报告，黄奇帆出席并讲话。会上，举行了广电集团博士后工作站、市级技术中心、国家级技术中心揭牌仪式。

是日　上海旭电子玻璃有限公司举行大屏幕玻屏生产线工程SA30池炉工程点火仪式。中共上海市委常委、副市长蒋以任，云南省常务副省长牛绍尧等参加点火仪式。

是年　广电集团工业总产值完成374亿元，比1998年增长37.9%；销售收入完成229亿元，比1998年增长37.5%；出口创汇完成7.45亿美元，比1998年增长15.6%；利润总额17亿元，比1998年增长142%。全年集团利润总额同比增长142%，年销售额1 000万元以上的国有和国有控股的亏损企业全部扭亏。

2000年

1月27日　上海广电液晶显示器有限公司在松江区举行厂房工程奠基暨打桩开工仪式。

4月16日　上海真空电子器件股份有限公司与清华大学合作开发场助热电子发射平板显示器(FAHED)项目新闻发布会在衡山宾馆举行。中共上海市委常委、副市长蒋以任，市政府副秘书长、市经委主任黄奇帆等出席。

5月14日　中共中央总书记江泽民在上海主持召开党建工作座谈会，广电集团党委副书记崔振佳在会上作了题为《积极探索多元投资主体企业党组织发挥政治核心作用的新途径》的交流发言。2001年5月11日，中共中央组织部专门印发广电集团党委《积极探索多元投资主体企业党组织发挥政治核心作用的新途径》等三家单位的党建工作经验，希望各地认真借鉴。

是月　上海索广电子有限公司获1998—1999年度第三届上海市工业企业优秀企业形象单位。

9月6—7日　上海广电股份有限公司召开主题为“数字、信息、网络”的新品展示暨新闻发布会，推出包括DRTV、HDTV、TFT、DLP等在内的一批高清晰度数字电视产品。黄奇帆出席并讲话。

10月1日　上海市首次高清晰度电视技术演示活动在浦东国际会议中心举行，上海广电股份有限公司自行研制开发的高清晰度数字电视(HDTV)产品在演示活动中得到应用并获得成功。

10月10日　蒋以任一行到广电集团现场办公。听取集团经济工作汇报，并视察新产品开发情况。

10月25日　上海真空电子器件股份有限公司与日本松下公司合资建立上海松下等离子显示器有限公司的合营合同及章程签字仪式在波特曼大酒店举行。国家信息产业部副部长娄勤俭，中共上海市委常委、副市长蒋以任出席仪式。

11月28日　上海真空电子器件股份有限公司与韩国三星公司共同投资的上海三星真空显示器有限公司生产基地土建工程开工典礼在松江工业区举行。

12月2日　上海广电股份有限公司和美国应确信公司合作成立上海广电应确信公司签约仪式在波特曼丽嘉酒店举行。上海市经委副主任俞国生出席签约仪式。

12月20日　中国证券监督管理委员会批准上海广电股份有限公司增发不超过1.3亿股A

股,实际获得资金22.3亿元。

12月25日　上海广电股份有限公司增发A股首场推介会,在上海金茂大厦举行。

12月26日　中共上海市委常委、副市长蒋以任,云南省副省长黄炳生出席白玉兰远程网开通仪式并剪彩。

是年　上海永新彩色显像管有限公司73厘米NF多媒体彩色显像管获上海市优秀新产品一等奖。

是年　广电集团在全国电子信息百强企业中名列第四;在国家外经贸部公布的中国出口额最大200家企业和进出口额最大500家企业中均名列第六,在全国电子行业中名列前三。

2001年

1月1日　上海数字高清晰度电视(HDTV)节目首次试播,上海广电金星电子有限公司为节目试播提供了100台新开发的HDTV电视机。

1月19日　由上海广电股份有限公司和德国西门子共同投资建设的西门子工业园在浦东金桥正式建成。上海市副市长蒋以任、德国西门子公司总裁冯必乐为西门子工业园揭牌。

是月　上海广电股份有限公司成功增发1.3亿股A股,获得资金22.3亿元。

是月　广电集团主办的内部刊物《上广电》报创刊,并获上海市连续性内部资料准印证(B)第0102号。

2月22日　上海松下等离子显示器有限公司厂房一期工程开工典礼暨奠基仪式在浦东金桥出口加工区75号地块举行。

2月28日　上海三星真空电子器件有限公司在香格里拉大酒店举行真空荧光显示器(VFD)生产线建设协议签字仪式。上海市政府副秘书长、市经委主任黄奇帆,韩国驻上海总领事申国昊出席仪式。

4月7日　上海上视女足冠名为上视SVA女足,冠名仪式在上视大厦举行。

4月17日　上海市市长徐匡迪召开市长办公会议,专题讨论数字电视进展情况。

是日　中共中央政治局常委、国务院总理朱镕基在上海考察时,由徐匡迪陪同,专程到浦东软件园观看广电集团的数字电视演示,并听取集团关于数字电视的发展情况汇报。

是日　国务院副秘书长马凯到广电集团调研,了解广电集团高新技术开发进展情况。

4月20日　广电集团党委召开"三讲"(讲学习,讲政治,讲正气)学习教育活动动员大会,党委书记、董事长徐为煸作动员报告,上海市国企"三讲"指导检查组组长罗关龙出席会议并讲话。

是月　上海旭电子玻璃有限公司党委书记、常务副总经理孙伟获1998—2000年度全国五一劳动奖章和上海市劳动模范称号。上海永新彩色显像管有限公司总经理周家春、上海广电金星电子有限公司电路设计师翁峻青、上海广电液晶显示器有限公司工程师冯珏、上海广电销售中心季凡、上海广电健洋网络有限公司郑豪杰获1998—2000年度上海市劳动模范称号。上海广电金星电子有限公司技术开发中心、上海索广映像有限公司整机制造部B3线、上海旭电子玻璃有限公司第二制造课成型系获1998—2000年度上海市劳动模范集体称号。

5月18日　中共中央政治局委员、国务院副总理吴邦国在中共上海市委书记黄菊,市委副书记、市长徐匡迪陪同下参观上海广电液晶显示器有限公司,并题词:"追求卓越"。

5月23日　全国人大常委会副委员长邹家华到上海广电液晶显示器有限公司视察,并题词:

“精益求精”。

5月24日　广电集团、上海广电股份有限公司和IBM在新锦江大酒店签订《普及运算技术领域战略合作框架协议》。

6月8日　上海永新彩色显像管有限公司转制为中外合资股份制企业，更名为上海永新彩色显像管股份有限公司。

6月28日　上海广电股份有限公司、上海真空电子器件股份有限公司分别在上海证券交易所挂牌更名为上海广电信息产业股份有限公司、上海广电电子股份有限公司。原股票简称“广电股份”(600637)变更为“广电信息”，“真空电子”(600602)变更为“广电电子”，“真空B股”(900001)变更为“上电B股”。

是月　广电集团党委获“上海市先进基层党组织”称号。

7月12日　上海市副市长周禹鹏视察上海真空电子数字技术发展有限公司。

7月26日　广电集团与普华永道签署管理信息化项目合作合同，正式启动管理信息化工程。

是日　国内最大的VFD(真空荧光显示器)企业——上海三星真空电子器件有限公司启动建设。

8月21日　由上海广电信息产业股份有限公司与阿拉伯联合酋长国RUBA公司共同投资设立的SVA—RUBA电子有限公司在巴基斯坦拉合尔市举行厂房奠基仪式。

8月27日　吴邦国在黄菊、徐匡迪陪同下到上海西门子移动通信有限公司考察。

是月　上海广电信息产业股份有限公司技术中心研发的“数字音视频技术开发平台”项目通过国家级项目论证。

9月12日　广电集团召开企业文化推进大会，宣布和推出SVA企业文化核心理念。

10月　上海旭电子玻璃有限公司获“全国质量管理先进企业”“全国质量效益型先进企业”“上海市质量管理奖企业”等称号。

11月20日　中国科学院和广电集团合作协议签字仪式在中科院学术交流中心举行。

11月29日　上海旭电子玻璃有限公司成功开发29英寸、34英寸超大屏幕彩色显像管玻壳，该产品填补了国内空白，产品质量也达到国外同类产品水平。

12月11日　上海松下等离子显示器有限公司第一批等离子电视机(PDP)产品顺利下线。

12月19日　上海申花SVA文广足球俱乐部在上海国际新闻中心正式揭牌成立，广电集团成为上海申花SVA文广足球俱乐部第一大股东。

是年　上海旭电子玻璃有限公司34英寸CPT彩色显像管屏锥玻壳获上海市优秀新产品一等奖。

是年　广电集团完成工业增加值110亿元，比2000年增长52%；销售收入383亿元，比2000年增长24.6%；出口创汇17.5亿美元，比2000年增长49.6%；广电集团总资产由年初312亿元增至355亿元，增长13.4%。

2002年

1月1日　经国家外交部同意、上海市人民政府批准，广电集团获得外事审批权，凡系统内企业的外经贸活动由广电集团外事办审核，报集团董事长批准即可。

1月29日　广电集团和澳大利亚电讯公司签订合作协议，共同发展宽带业务。中澳两国大使出席签字仪式。

是月　广电集团获得“全国思想政治工作优秀企业”称号。

是月　在上海市第四届最佳工业企业形象单位评选中，上海索广电子有限公司获得“最佳企业形象单位”称号，上海永新彩色显像管股份有限公司获得“优秀企业形象单位”称号。

2月21日　上海市政协主席王力平，副主席谢丽娟、左焕琛等到上海松下等离子显示器有限公司参观考察。

是月　中共上海市委决定：顾培柱任广电集团党委副书记；江兵任广电集团纪委书记。

3月28日　上海三星真空电子器件有限公司举行开业典礼，国内规模最大的真空荧光显示器(VFD)生产线正式建成投产。

3月29日　广电集团以“新世纪、新科技、新广电”为主题在上海展览中心友谊会堂举行集团公司资产重组5周年庆典活动。中共上海市委、市政府主要领导出席。广电集团党委书记、董事长徐为熅作关于ihome多媒体演讲。

是日　广电集团中央研究院成立。中共上海市委常委、副市长蒋以任，市政协副主席宋仪侨为中央研究院揭牌，广电集团党委书记、董事长徐为熅为美籍华裔顾大伟博士颁发中央研究院院长聘书。

是月　经广电集团工会一届十次全委会选举、上海市总工会批准：增补江兵为广电集团工会委员、常委，并任工会主席。

是月　上海索广映像有限公司生产的ES29M9S彩色平面电视机获“国家级重点新产品”证书。

4月4日　广电集团与美国微软公司签订全面合作协议，以推进应用软件、多媒体及网络技术的发展。集团副总裁顾培柱、微软中国公司副总经理黄斌代表双方签字。

4月18日　广电集团与日本NEC在西郊宾馆签署合资合作意向书，共同投资建设薄膜晶体管液晶显示器(TFT-LCD)工厂。上海市副市长严隽琪出席签约仪式，并会见合资双方高层领导。

是月　广电集团党委书记、董事长徐为熅，上海广电电子股份有限公司副总经理蔡涵芳当选为上海市第八次党代会代表。

是月　广电集团销售中心彩电维修技师季凡获得全国五一劳动奖章、“上海工业十大工业标兵”称号。

是月　上海永新彩色显像管股份有限公司研制的73厘米多媒体彩色显像管(73SX705Y22、73SX706Y22)获“上海市科学技术进步奖”一等奖。

是月　上海市人民政府决定：王清华任广电集团监事会主席。

6月7日　上海市工业党委书记吴明、市经委主任唐登杰及市经委各部室负责人到广电集团现场办公，听取工作汇报。

6月13日　由广电集团和德国海拉集团共同出资建设的上海广电海拉有限公司正式开业，专业生产并销售汽车零部件。

6月27日　广电集团在上海广电金星电子有限公司举行首次SVA司旗升旗仪式。

7月1日　广电集团旗下两家上市公司广电电子(600602)、广电信息(600637)入选上证180指数。

是月　广电信息高清晰度激光视盘系统(EVD)研发成功，并通过国家鉴定成为国家行业标准。

8月20日　广电集团第一届职工代表大会第一次会议在好望角大酒店举行。上海市工业党委书记吴明、市总工会副主席李毓毅出席并致词。

9 月 24 日　上海数字电视联合实验室成立仪式在广电集团田林园区举行。上海市副市长严隽琪、市政府副秘书长杨雄为联合实验室授牌，并参观数字电视产品成果展示和数字电视机顶盒生产现场。是日，上海信息家电协会发布了《上海数字电视终端接收设备通用技术规范》。

是月　广电集团在上海市第六届彩电节上推出三大新品：高清晰数字光学反射式背投电视（DLP）、等离子数字电视（PDP）和液晶数字彩色电视（TFT），这标志着产品技术实现由模拟技术向数字技术的转变。

10 月 8 日　广电集团总部迁入莘庄工业园区金都路 3800 号。

10 月 29 日　广电集团和中国联通上海分公司共同对外发布消息，确立战略合作关系，联手开拓电信业务。

11 月 27 日　第四届上海国际工业博览会展品评选揭晓，上海松下等离子显示器有限公司的彩色显示器（PDP）获得金奖。

是月　《上广电》报获 2001—2002 年度“上海市优秀企业报”称号。

12 月 3 日　广电集团董事长徐为熄与日本三井物产社长枪田松莹在西郊宾馆签署《战略合作协议》，合资建立上海广电物贸有限公司。是月 20 日，集团公司和日本三井物产签署《上海广电物贸有限公司合资合同》。

12 月 17—18 日　由上海市人民政府、中国科学院、中国工程院主办，上海广电（集团）有限公司承办的第 27 期东方论坛“新一代数字信息技术”在上海银河宾馆举行。论坛邀请国内外专家就数字高清晰电视、无线电传播技术和光存储技术的应用和发展进行研讨。

12 月 20 日　全国政协副主席胡启立一行视察广电集团，参观广电集团产品陈列室和 ihome 产品演示室。

是月　广电信息卫星数字接收机通过市级鉴定，并获国家发明专利和欧洲认证。

是月　《上广电》报获“中国企业内部报刊优秀版面”奖。

是年　上海松下等离子显示器有限公司 42 英寸逐行扫描等离子显示屏获上海市优秀新产品一等奖。

是年　广电集团完成销售收入 381.8 亿元，比 2001 年增长 16.5%；出口创汇 19.8 亿美元，比 2001 年增长 34%；利润总额 20 亿元。集团可控业务全面增长，主营业务收入 102.6 亿元，比 2001 年增长 16.8%；净利润 7 214.2 万元，比 2001 年增长 25.8%。集团科技投入率达到 5%，固定资产和技术改造投资 20 亿元，宽带业务群销售收入达到 2.5 亿元。

2003 年

1 月 19 日　广电集团召开“SVA 全球供应商大会”。会议宣布 100 亿元采购订单，引起世界各国电子器材供应商的关注。

1 月 20 日　广电集团中央研究院大厦开工典礼在田林路 140 号广电三期工业地块进行。上海市经委副主任俞国生，广电集团党委书记、董事长徐为熄为工程开工剪彩并讲话。

1 月 27 日　广电集团董事长徐为熄与日本生命保险相互会社会长伊藤助成共同签署《广电日生人寿保险有限公司合资合同》，上海广电日生人寿保险有限公司成为第一家进入中国市场的中日合资人寿保险公司。

2 月 28 日　广电集团与中国银行上海分行签署 50 亿元银企合作协议，为广电集团产品升级提供资金支持。

3月28日　广电集团工会在海鸥饭店召开第二次代表大会。集团工会主席江兵作工作报告，广电集团党委书记、董事长徐为煾致辞，上海市人大常委会副主任、市总工会主席陈豪，市工业党委书记吴明出席并讲话。会议选举产生广电集团工会第二届委员会和经审委员会，江兵当选为第二届工会委员会主席。

3月28日　中共上海市委副书记、市长韩正，副市长唐登杰等在徐为煾陪同下视察上海松下等离子显示器有限公司。

4月　广电集团与保加利亚BTTO－VA电子公司在保加利亚大特尔诺沃市签署建立SVA—BG公司合资协议。合资公司主要在当地生产和销售SVA音视频产品。

5月11日　中共上海市委副书记、组织部部长王安顺到广电集团视察，并参观新品展示厅及TFT－LCD项目建设工地。广电集团党委书记、董事长徐为煾，党委副书记、常务副总裁顾培柱汇报广电集团发展改革情况。

5月20日　上海市副市长唐登杰、市政府副秘书长江上舟、市经委副主任王坚到广电集团调研。徐为煾、顾培柱汇报广电集团经济运行及抗击非典工作情况。

是日　上海市政协副主席宋仪侨一行到广电集团开展"孵化成果的辐射效应"专题调研。徐为煾、顾培柱汇报工作，并陪同参观ihome实验室。

6月3日　上海市人大常委会副主任朱晓明一行到上海索广电子有限公司视察，了解企业经济运行情况，并参观生产线。

7月11日　由广电集团承担的2002年度上海市高新技术产业科技开发项目"抗色散技术及相关产品的研究和开发"中的"KDJ1－03抗多径干扰解码器"通过技术鉴定。上海市经委副主任俞国生、广电集团常务副总裁顾培柱出席鉴定会。

是月　2002年度上海市优秀新产品奖评选揭晓，广电集团三个产品获一、二、三等奖。上海松下等离子显示器有限公司生产的42英寸等离子显示器获一等奖，上海广电数字音像电子有限公司生产的卫星数字电视接收机获二等奖，上海广电信息产业股份有限公司平面显示器分公司生产的数字光学反射式背投电视接收机获三等奖。

9月1日　SVA激光视盘机(DVD)被授予"中国名牌产品"称号，这是上海广电(集团)有限公司获得的第一个国家级名牌产品荣誉。

9月26日　广电集团工会主席江兵赴京出席中国工会第十四次全国代表大会。

是日　国务院批准广电集团关于薄膜晶体管液晶显示器(TFT－LCD)项目的可行性报告，并原则同意该项目享受国家超大规模集成电路产业优惠政策。

9月28日　中共上海市委常委、政法委书记、市公安局局长吴志明到广电集团视察，并在徐为煾陪同下参观广电卫星基地。

10月24日　中共上海市委主要领导主持召开专题会议，听取广电集团关于薄膜晶体管液晶显示器(TFT－LCD)项目情况的汇报。上海市副市长唐登杰，市委副秘书长胡延照、赵为民，市政府副秘书长徐建国等领导出席会议。

是月　上海市国资委党委批准：顾培柱任广电集团总裁，马坚泓任广电集团党委副书记，蒋松涛任广电集团副总裁。

11月3日　上海广电三井物贸有限公司正式营业。

11月7日　共青团上海广电(集团)有限公司第二次代表大会召开。刘军代表广电集团第一届团委作工作报告，广电集团工会主席江兵致贺词，党委副书记马坚泓出席并讲话，团市委常委、青工部部长李华，集团公司监事会主席王清华出席会议。会议选举产生第二届团委领导班子，赵晓锋当选为共青团广电集团第二届委员会书记。

11月18日　由上海广电信息产业股份有限公司等九家家电企业联袂推出的高清晰度、高保真影碟机播放机(EVD)在北京人民大会堂宣布正式投放市场。EVD影碟机的核心技术完全为中国自主知识产权。

12月3日　上海广电日生人寿保险有限公司正式投入营运。广电集团董事长徐为煺、总裁顾培柱出席开业庆典。庆典之前，上海市副市长周禹鹏会见日本生命保险相互会社会长伊藤助成。

12月9日　上海松下等离子显示器有限公司举行二期工程建成投产仪式，彩色等离子显示器年产量从6万台增加到24万台，实现翻两番的目标。上海市副市长姜斯宪在投产仪式前会见松下电器产业株式会社社长中村邦夫。

12月10日　广电集团与日本三井物产长期战略协议签约一周年之际，日本三井物产在东京举办“走进中国，走进上海”大型战略研讨会。广电集团董事长徐为煺出席会议并作了题为“发展中的SVA”的专题演讲。

12月14日　上海广电NEC液晶显示器有限公司“TFT-LCD”项目银团贷款签约仪式在香格里拉大酒店举行。中国银行上海分行、工商银行上海分行、建设银行上海分行、浦发银行、交通银行上海分行、民生银行上海分行等6家银行参与贷款，贷款总额为646亿日元。

是月　上海广电NEC液晶显示器有限公司在香格里拉大酒店举行开业庆典活动。国家信息产业部副部长娄勤俭、上海市副市长唐登杰、日本驻上海总领事杉本信行为广电NEC揭牌。广电NEC总投资1 146亿日元(约合人民币80亿元)，是国内第一条第五代薄膜晶体管液晶显示器生产线，由广电集团和日本NEC共同投资，广电集团控股75%。

是年　广电集团实现销售收入381.8亿元，出口创汇19.8亿美元。

2004年

1月2日　上海证券交易所首次宣布上证50指数样本股名单，广电电子(600602)、广电信息(600637)双双入选。

2月2日　上海市政协主席蒋以任到上海广电NEC液晶显示器有限公司在建TFT-LCD项目工地视察。广电集团党委书记、董事长徐为煺，总裁顾培柱等陪同参观视察。

2月20日　上海市人大常委会副主任、市总工会主席陈豪一行到上海广电(集团)有限公司进行工作调研。广电集团党委书记、董事长徐为煺，总裁顾培柱，工会主席江兵陪同调研。

是月　上海广电NEC液晶显示器有限公司第五代薄膜晶体管液晶显示器(TFT-LCD)项目被列为2004年度上海市重大工程建设项目。

3月9日　中共上海市委常委、副市长周禹鹏，市发改委主任蒋应时，市外经贸委主任潘龙清等，到上海广电(集团)有限公司了解和指导上海广电NEC液晶显示器有限公司第五代TFT-LCD项目建设情况。徐为煺、顾培柱作工作汇报，并陪同视察广电NEC建设工地。

3月23日　上海广电电子股份有限公司与日本株式会社住友金属微电子举行签约仪式，合资建立上海住金微电子有限公司，专业生产新型平板显示器用印刷电路模块。广电集团总裁兼上海广电电子股份有限公司董事长顾培柱、日本株式会社住友金属微电子社长北村悦夫分别代表双方签字。

4 月 6—8 日　广电集团党委副书记、总裁顾培柱参加上海市党政代表团赴云南学习考察，并代表集团公司向思茅、文山、红河等地捐赠 SVA 电视机。

4 月 21 日　上海市召开 2001—2003 年度劳动模范表彰大会。上海广电销售中心季凡、上海电视电子进出口公司姚小波、上海永新彩色显像管股份有限公司张洪棣、上海夏普电器有限公司孙雅珍、广电集团中央研究院王国中、上海广电信息产业股份有限公司平显分公司郑永福、上海广电海晶电子有限公司谭伟嘉等获“上海市劳动模范”称号；上海松下微波炉有限公司技术开发设计一科、上海 JVC 电器有限公司计画仓库、上海索广映像有限公司显像管制造部 1＃生产线涂屏 C 班、上海广电电子股份有限公司电器分公司电子枪工场总装班获“上海市劳动模范集体”称号。

5 月 12 日　上海广电 NEC 液晶显示器有限公司第五代 TFT－LCD 项目土建工程基本竣工，开始安装调试 TFT 工艺设备。

5 月 19 日　由广电集团中央研究院承担的“上海广电(集团)有限公司专利数据库”项目通过专家验收。

6 月 2 日　上海市人大常委会副主任胡炜一行到广电集团就实施《上海市科技进步工作条例》进行检查调研。

6 月 17 日　上海市人大常委会副主任刘伦贤一行 40 余名市人大代表到广电集团视察工作，了解科技研发公共服务平台建设情况。

6 月 28 日　《中国 500 最具价值品牌》在北京揭晓，SVA 品牌以 66.22 亿元人民币的价值位列家电行业第 11 位。该排名由世界品牌价值权威机构“世界品牌实验室(WBL)”及被誉为经济联合国的“世界经济论坛(WEF)”共同评审发布。

7 月 26 日　第 18 届(2004)全国电子百强企业揭晓，广电集团以年营业收入 306 亿元在全国电子百强企业中排名第四位。

7 月 29 日　上海市副市长胡延照、市经委主任徐建国等实地考察上海广电 NEC 液晶显示器有限公司第五代 TFT－LCD 项目建设情况。徐为煾、顾培柱陪同考察。

是月　上海市科教党委副书记、市科委副主任俞国生一行到上海广电电子股份有限公司平板显示技术研发中心就科教兴市重大项目进行专题调研。

8 月 10 日　上海广电 NEC 液晶显示器有限公司首次工艺试投第一块 TFT－LCD 屏点灯实验成功，标志着广电 NEC 生产线(S1)第一批 22.5 K 设备已具备制作 TFT－LCD 屏的能力。

8 月 19 日　中共上海市委主要领导一行到正在建设中的上海广电 NEC 液晶显示器有限公司第五代薄膜晶体管液晶显示器(TFT－LCD)生产线项目实地调研。徐为煾、顾培柱作工作汇报，并陪同参观生产线。

9 月 1 日　上海广电 NEC 液晶显示器有限公司第一批无缺陷的 TFT－LCD 屏试投成功，共产出 9 块无缺陷屏。这标志中国大陆首条第五代 TFT－LCD 生产线制造的首批显示屏成功诞生。

9 月 22 日　中共上海市委副书记、市长韩正到广电集团调研，并实地考察广电 NEC 液晶显示器项目建设情况。副市长胡延照、市政府秘书长杨定华、市经委主任徐建国等陪同调研。徐为煾汇报广电 NEC 项目建设情况。

是月　《上广电》报获“中国百佳优秀企业内刊特等奖”。

10 月 8 日　上海广电 NEC 液晶显示器有限公司第五代薄膜晶体管液晶显示器(TFT－LCD)生产线正式投产。该生产线自 2003 年 5 月开工建设，仅用了 16 个月就完成厂房建设、设备安装调试和试投料生产，并形成每月2.25万张(1 100毫米×1 300毫米)液晶显示屏的生产能力。

10月13日　上海市政协、市质量技术监督局联合举办“标准化与提高上海城市综合竞争力”论坛暨上海市标准化优秀成果展示会。广电集团申报的《KDJ1－03型抗多径干扰解码器(模拟)》企业标准获一等奖。

10月20日　上海市政协主席蒋以任、副主席黄关从等一行到上海广电NEC液晶显示器有限公司考察。徐为熄、顾培柱陪同考察。

11月9日　上海广电NEC液晶显示器有限公司第五代TFT－LCD显示器及系列产品获第六届上海国际工业博览会金奖。

11月19日　为上海广电NEC液晶显示器有限公司配套的上游企业上海广电住金微电子有限公司正式开业。广电集团总裁兼上海广电电子股份有限公司董事长顾培柱出席开业仪式并致词。

11月25日　SVA液晶显示器市场全面启动仪式在金茂大厦举行。广电集团向媒体宣布，SVA首批5款液晶显示器进入中国市场，这标志着国内首条完整光电子产业链全面形成。

是月　《上广电》报获2003—2004年度“上海市优秀企业报”称号。

12月8日　上海永新彩色显像管股份有限公司举行第5 000万只彩色显像管下线仪式。

12月17日　上海广电信息产业股份有限公司与阿拉伯联合酋长国RUBA公司在锦江小礼堂举行《SVA—RUBA模塑制品有限公司合资意向书》签约仪式。巴基斯坦总理阿齐兹、上海市市长韩正出席仪式。

12月22日　全国政协副主席胡启立到上海广电NEC液晶显示器有限公司视察，徐为熄汇报广电NEC的生产情况。

12月25日　广电集团颁布《上广电(SVA)员工行为准则(试行)》，并自2005年1月1日起试行。

是月　中共上海市委、市政府将发展光电子产业列入《上海市优先发展先进制造业行动方案》。

是月　由广电集团中央研究院、上海广电通讯网络有限公司共同组建的广电数字卫星综合信息直播技术实验室在广电卫星基地正式挂牌成立。

是年　广电集团中央研究院KDJ1－03型抗多径干扰解码器(模拟)获上海市标准化优秀技术成果一等奖。

是年　广电集团实现销售收入432.3亿元，出口创汇25.3亿美元。

2005年

1月27日　广电集团保持共产党员先进性教育活动动员大会召开。广电集团党委副书记、总裁顾培柱主持会议，党委副书记马坚泓作动员报告，上海市国资委保持共产党员先进性教育活动督导组组长罗自强作专题报告。

3月7日　上海市政协副主席宋仪侨一行视察上海广电NEC液晶显示器有限公司。广电集团党委书记、董事长徐为熄，总裁顾培柱陪同视察。

3月11日　上海松下等离子显示器有限公司获中国首届“电子企业质量百强奖”。

3月15日　广电集团与美国楷登公司签订合作意向协议。

4月8日　由上海证券交易所和深圳证券交易所联合发布沪深300指数样本股名单，上海广电

(集团)有限公司控股的广电电子(600602)、广电信息(600637)双双入选。

5月28日　由中国电子视像行业协会组织，上广电SVA、TCL、长虹、创维、海尔、海信、康佳、厦华、熊猫9家彩电企业举行峰会，达成彩电行业发展共识并组成彩电业联盟。国家信息产业部副部长娄勤俭出席并讲话，广电集团总裁顾培柱出席。

5月20日　广电集团签约第十一届上海电视节，SVA高清晰度产品成为电视节播放指定产品。广电集团党委副书记马坚泓出席签约仪式。

5月31日　国家信息产业部副部长蒋耀平一行到上海广电NEC液晶显示器有限公司调研。上海市信息委主任傅文彪陪同调研，顾培柱陪同参观TFT生产线。

6月17日　第十九届(2005)全国电子百强企业揭晓，广电集团以年营业收入340亿元在全国电子百强企业中排名第五位。

6月28日　国家信息产业部发布20项电子行业标准，上海广电(集团)有限公司ihome实验室参与了《家庭网络平台》标准的制订，并有两项自主知识产权技术“控制用户从网络下载软件的方法”“通过互联网实现家用电器设备远程控制的系统和方法”被标准采用。

7月22日　广电集团召开保持共产党员先进性教育活动第一批总结暨第二批动员会议。广电集团纪委书记、工会主席江兵主持会议，徐为熜作第一批教育活动总结和第二批教育活动动员报告，罗自强出席并讲话。

是月　中共上海市委组织部决定：崔志仁任广电集团监事会主席、党建督察员。

是月　上海广电信息产业股份有限公司获得国家质量监督检验检疫总局颁发的“税控收款机”生产许可证。8月17日，SVA税控机一次通过验证测试。

是月　为加快TFT-LCD平板电视产品的发展，推进CRT电视产品整合，广电集团CRT-TV产品生产整体转移至上海广电电器有限公司九亭基地。

是月　上海广电投资管理有限公司正式更名为上海广电光电子有限公司，主要承担广电集团TFT产业投资和管理的职能。

8月30日　国家商务部副部长马秀红一行视察上海广电NEC液晶显示器有限公司。徐为熜陪同视察。

9月5日　上海广电信息产业股份有限公司所属上海广电电器有限公司举行“经营者持股签约仪式”，这是广电集团系统首次尝试股权激励措施。

10月8日　上海市副市长胡延照就上海光电子产业基地建设到广电集团现场办公。徐为熜、顾培柱作工作汇报。

是日　上海市副市长杨雄到广电集团就建设光电子产业基地和参与卫星直播地面公司组建事宜进行调研。徐为熜、顾培柱作工作汇报。

10月14日　广电集团和甲骨文中国公司签署战略合作备忘录。双方商定共同运用成熟的IT技术，进一步提高企业资源管理技术，推进上海光电子产业基地的建设。

10月25日　SVA第一“芯”诞生。由广电集团中央研究院自主研发成功为TFT-LCD显示器配套的TCON(时序控制)芯片，这标志着广电集团在TFT-LCD领域拥有了芯片自主开发能力，为TFT-LCD的自主设计和持续开发打下了基础。

10月29日　中共中央政治局委员、国务院副总理曾培炎到上海广电NEC液晶显示器有限公司视察。国务院副秘书长汪洋，中共上海市委常委、市委秘书长范德官，上海市副市长胡延照等陪同视察。徐为熜、顾培柱作工作汇报。

11月4日　第七届上海国际工业博览会举行“平板显示产业发展的机遇和挑战”SVA主题报告会。顾培柱作主题演讲。

11月5日　在第七届上海国际工业博览会上，上海市促进整机业与集成电路设计业联动项目举行签约仪式，广电集团中央研究院签约参与芯片研发和应用。

11月8日　广电集团举行上海平板显示产业基地成立暨广电NEC竣工仪式。中共上海市委、市政协主要领导，国务院信息化工作办公室、市人大、市政府和闵行区等领导出席仪式。上海广电(集团)有限公司党委书记、董事长徐为熄，闵行区区长陈靖分别致辞。国务院信息化办公室副主任陈大卫、上海市副市长胡延照为上海平板显示产业基地成立揭牌。广电集团总裁顾培柱介绍广电NEC建设情况及上海平板显示产业基地规划。

11月11日　广电集团与楷登公司签署战略合作协议。广电集团董事长徐为熄、楷登公司首席执行官麦克·J.菲斯特出席并代表双方签约。

11月14日　广电集团董事长徐为熄一行赴巴基斯坦拉合尔市参加SVA—RUBA模塑成型有限公司奠基仪式，与巴基斯坦旁遮普省总督一起为SVA—RUBA模塑成型有限公司揭牌。

11月29日　在上海市推进实施品牌战略工作会议上，上广电、宝钢、上汽、上海电气等被上海市政府授予先进制造业十大品牌。胡延照出席会议并讲话。

是月　由上海市工业经济联合会、市商业联合会、市企业联合会联合举办的上海市“领军人物”评选活动揭晓，徐为熄当选为“上海市先进制造业领军人物”。

12月2日　广电集团成立全面转型指导委员会和全面转型工作推进小组。

12月8日　广电集团召开全面转型专题会议，麦肯锡公司作专题咨询报告。会议明确，广电集团将从传统的家电制造业转变为以TFT-LCD产业为核心、拥有核心竞争能力的领先企业。

12月23日　广电集团中央研究院液晶研究所挂牌成立。广电光电子和广电NEC签署联合设计开发新品意向书，共同开发TFT-LCD新产品。

是年　上海广电通信技术有限公司完成导航兼直升机引导雷达的研制任务，这填补了国内空白。

是年　广电集团中央研究院“AVS：合理利用JVT标准形成自主知识产权优势”项目获上海市标准化优秀学术成果一等奖。

是年　广电集团实现销售收入450亿元，出口创汇26亿美元。

2006年

1月25日　广电集团发布“十一五”战略规划纲要。纲要提出：“到2010年，上海广电(集团)有限公司主营业务收入达到100亿美元，SVA(上广电)品牌成为平板显示行业知名品牌，上海广电(集团)有限公司成为具有国际竞争力的大型企业集团。”

是月　上海广电电子股份有限公司实施股权分置改革方案。

2月22日　上海广电信息产业股份有限公司召开临时股东大会，审议通过《上海广电信息产业股份有限公司股权分置改革暨定向回购部分国家股方案》。

2月27日　广电集团“十一五”规划以契约化方式开局。广电集团党委书记、董事长徐为熄，总裁顾培柱分别与广电集团分管领导、业务群和本部职能部门负责人签署“十一五”规划第一年业绩合同，揭开“十一五”规划实施的序幕。

4月14日　由上海广电电子股份有限公司承担的上海市科教兴市项目“OLED平板显示器件”通过上海市科委验收。

4月20日　“SVA－PDP5501T”电视机获2006年中国等离子电视年度大奖，上海广电信息产业股份有限公司获2006年中国数字电视年度杰出贡献奖。

5月15日　广电集团推出《全面转型实施方案》，提出优化业务模型、建立核心能力、完善组织基础与管理体系三项战略举措。

5月27日　上海广电光电子有限公司与日本国电气硝子株式会社(NEC)、住友商事株式会社、住友商事(中国)有限公司三家日资企业在西郊宾馆共同签署合资协议，成立电气硝子玻璃(上海)广电有限公司。合资企业落户莘庄工业区平板显示产业基地，专业从事TFT液晶面板用玻璃基板的生产以及相关的研发和销售。

5月30日　广电集团与美国楷登公司签订上海广电集成电路有限公司合资协议。合资公司从事开发用于TFT－LCD液晶面板和高端电视用途的专用集成电路及光电子产品相关的集成电路。9月，上海广电集成电路有限公司正式开业。

是月　广电集团中央研究院数字电视开发室主任环翾荣获上海市五一劳动奖章。

6月9日　广电集团召开科技大会，并举行广电集团与上海交通大学的“战略合作框架协议”签字仪式。上海市副市长严隽琪出席。徐为熿作科技创新专题报告。《上海广电(集团)有限公司“十一五”科技战略规划纲要》发表。

是日　广电集团与日本大和证券SMBC株式会社签署合作框架协议。是日，大和证券SMBC与上海广电光电子有限公司、日本电气株式会社(NEC)签署协议，向上海广电NEC液晶显示器有限公司增资2 500万美元。

6月16日　上海市经委副主任乐景彭、广电集团总裁顾培柱赴保加利亚大特尔诺沃市出席SVA—BG公司竣工典礼。

6月22日　上海广电光电子有限公司与台湾宝成集团全资子公司Mindtech Investments Ltd.签署协议，成立上海广电元盛电子有限公司，专业生产TFT－LCD模块。

6月28日　国家标准化管理委员会主任刘平均一行访问广电集团，了解自主创新及标准化工作情况。

8月16日　上海广电NEC液晶显示器有限公司“新增33 KS/M(每月新增33千大张)生产能力项目”投产，生产规模由原来的60 KS/M扩大至90 KS/M，年生产能力达到1 215万只液晶屏及模块(以15英寸计)，从而成为中国大陆第一大TFT－LCD生产商。

8月22日　上海广电电子股份有限公司与日本富士胶片合资成立上海广电富士光电材料有限公司合营合同、章程签字仪式在西郊宾馆举行。该公司是中国大陆首家大尺寸TFT－LCD用彩色滤光膜(CF)专业生产企业。

9月8日　上海广电NEC液晶显示器有限公司举行“新增33 KS/M生产能力项目”竣工庆典。上海市副市长胡延照、国家发改委高技术产业司司长许勤、日本电气株式会社专务铃木俊一、广电集团董事长徐为熿为项目竣工投产启动按钮。

是月　广电集团中央研究院推出业界第一台可商用的AVS标清转码器。同时，自主研发的MPEG－2到AVS转码器获国内客户首个订单，实现产业化突破。

10月23日　由广电集团完全自主研发的47英寸液晶高清电视屏，也是中国大陆第一块完全自主研发的大尺寸液晶屏，在上海广电NEC液晶显示器有限公司第五代TFT－LCD生产线上诞生。

是月　广电集团自主研发成功19英寸宽屏液示屏(客户样机)。

11月5日　广电集团47英寸液晶高清电视屏亮相第八届中国国际工业博览会，并获创新奖。

11月28日　广电集团与日本电气硝子(NEG)等共同投资成立的电气硝子玻璃(上海)广电有限公司项目打下第一根桩，这标志着TFT－LCD液晶面板玻璃基板项目正式开始建设。

是月　广电集团中央研究院推出业界第一台可商用的AVS标清编码器，这标志着广电集团中央研究院已掌握AVS标准核心编解码技术。

是月　上海广电通讯网络有限公司签约“上海市政府卫星应急保障系统建设”项目。该项目是市政府应急指挥室项目的重要部分，可为决策、指挥、处理突发公共安全事件提供系统支持。

是月　《上广电》报获2005—2006年度“上海市优秀企业报”称号。

12月5日　由上海松下等离子显示器有限公司试制成功的首批400台42英寸高清标准等离子电视机下线，填补了国内42英寸高清等离子电视机的市场空白。

12月20日　广电集团中央研究院AVS系列产品荣获“2006年度中国音视频产业应用创新大奖”。此奖由中国电子视像行业协会和中国音视频产业技术与应用趋势论坛组委会共同颁发。

是月　上海广电通讯网络应用分公司自主研发“SPACE－CAST远程教育系统V3.0”项目，获上海市2006年度“登山行动计划”——《上海市重点新产品证书》。

是月　《上广电》报获“全国优秀企业报”称号。

2007年

1月　上广电、京东方和昆山龙腾签署TFT产业整合意向书，拟以各自拥有的TFT－LCD业务共同组建新的或选择目前已存在的公司作为专业化公司。

3月12日　广电集团总裁顾培柱在2007年亚洲显示国际会议(平板显示技术和产业发展论坛)上发表演讲，全面分析中国内地TFT－LCD产业发展现状，指出中国发展TFT－LCD产业是必然选择。

3月13—15日　首次在中国大陆召开的亚洲显示国际会议举办“信息显示技术”展览会，广电集团展出15、17、19英寸，宽屏20.1英寸和26英寸等液晶面板系列产品。

4月3日　广电集团在广电会展中心举办“新起点，新跨越”10年回顾展，并举行广电集团资产重组10周年庆祝活动。

4月4日　根据中共上海市委、市国资委工作部署，市委巡视组、市国资委考核组进驻上海广电(集团)有限公司，正式启动市委、市国资委对广电集团领导班子的巡视考核工作。

4月12日　上海广电富士光电材料有限公司正式成立。

4月25日　中国共产党上海广电(集团)有限公司代表会议在广电会展中心召开。徐为熄、丰颖当选为上海市第九次党员代表大会代表。

4月27日　中共上海市委、市政府召开2004—2006年度上海市劳动模范表彰大会。广电集团中央研究院环翾、上海广电信息产业股份有限公司平显分公司翁峻青、上海百嘉电子有限公司杨恺、上海广电通信技术有限公司钱佩娜、上海广电通信网络有限公司李峰、上海永新彩色显像管股份有限公司张兴旺等6人获劳动模范称号；上海松下等离子显示器有限公司氧化镁(MGO)蒸着工序班组、上海西门子移动通信有限公司海外项目部、上海广电(集团)有限公司中央研究院流媒体事业部、上海广电电子股份有限公司平板中心 OLED 项目组等 6 个集体获劳模集体称号。

是月　上海市国资委党委决定：聂建华任广电集团党委副书记。

5 月 21 日　经上海市国资委党委推荐、广电集团董事会讨论决定，聘任马坚泓为广电集团副总裁。

是月　国家发改委正式批准上海科技网络通信有限公司的 CPN 驻地网建设项目。

6 月 4 日　国家信息产业部发文批准，上海平板显示产业基地所在的莘庄工业区为国家级电子信息产业园——国家(上海)平板显示器件产业园。

6 月 19 日　中共上海市委书记习近平在闵行区调研时到国家(上海)平板显示器件产业园视察上海广电 NEC 液晶显示器有限公司，听取关于平板显示产业发展情况的汇报。

8 月 22 日　上海广电光电子有限公司科技中心研究开发的"47 英寸 LED 背光源宽屏液晶模组"在第四届中国国际半导体照明论坛暨展览会上展出，这标志着广电集团在 TFT－LCD 关键技术方面的开发能力步入新阶段。

8 月 27 日　广电集团举行国家(上海)平板显示器件产业园揭牌仪式。国家信息产业部副部长娄勤俭，中共上海市委常委、副市长杨雄出席仪式并揭牌。

9 月 1 日　电气硝子玻璃(上海)广电有限公司开始试生产。是月 20 日向上海广电 NEC 液晶显示器有限公司提供第一批认定样品。10 月 1 日，电气硝子玻璃项目正式建成投产。

10 月 12 日　广电集团召开领导干部会议。市国资委党委书记、市国资委主任杨国雄宣读市委、市政府、市委组织部和市国资委党委有关文件：决定王强任广电集团党委书记、副董事长，傅新华任广电集团总裁、董事。

11 月 15 日　广电集团中央研究院携手上海广电通讯网络有限公司与山西大众移动电视有限公司正式签订"基于 AVS 标准的地面数字电视系统应用平台建设合同"。至此，基于 AVS 标准的地面数字电视标清系统成功迈入产业化应用阶段。

11 月 27 日　上海广电通讯网络有限公司卫星分公司荣获"2007　中国卫星应用产业优秀 VSAT 运营企业"和"2007　中国卫星应用产业优秀系统集成商"两项殊荣。

是月　《上广电》报获"上海市二十佳企业报"称号。

12 月 25 日　上海市政协主席蒋以任、副主席宋仪侨率政协委员一行二十多人到上海广电 NEC 液晶显示器有限公司调研劳动保障工作。

2008 年

1 月 17 日　上海市政府有关领导到上海广电 NEC 液晶显示器有限公司进行实地调研，听取国家(上海)平板显示器件产业园规划、TFT－LCD 产业链建设以及自主新产品研发成果等情况汇报。

1 月 25 日　经政协第十届全国委员会常务委员会第二十次会议审议通过，广电集团总裁傅新华为政协第十一届全国委员会委员。

2 月 21 日　上海市政府有关领导到广电集团调研 TFT－LCD 产业发展情况。市政府副秘书长肖贵玉、市经委主任王坚、市国资委副主任张成钧等参加调研，广电集团总裁傅新华、党委书记王强分别汇报产业发展情况和党建工作。

2 月 29 日　共青团上海广电(集团)有限公司第三次代表大会召开，选举产生第三届团委领导班子，赵晓峰当选为团委书记。

3月14日　第二届中国制造业CIO年会暨2007年中国制造业信息化岁末盘点颁奖典礼在北京举行。上海广电通讯网络有限公司获“优秀供应商奖”，该公司的ERP项目获得“应用领先奖”。

是月　上海市通信管理局向上海科技通信网络公司颁发“因特网数据中心业务(IDC)”经营许可证。

4月24日　广电集团中央研究院技术管理部被全国总工会命名为全国“工人先锋号”。

4月28日　广电集团中央研究院院长助理环翾荣获全国五一劳动奖章。

5月13日　四川汶川5·12地震发生后，广电集团开展一系列抗震救灾活动。广电集团党政发出《关于向四川地震灾区募捐活动的通知》，上海广电通讯网络有限公司应急救援卫星通信系统紧急调至四川德阳地震灾区，将现场实况传送到抗震救灾指挥中心。

5月15日　上海广电通讯网络有限公司卫星分公司派技术人员随同上海医疗队赶赴抗震救灾第一线，参与远程医疗救助工作。广电集团党政下发《关于做好集团受灾员工家属丧亡统计工作的通知》，要求及时开展救助。

5月17日　经上海广电通讯网络有限公司员工的连续奋战，沪川卫星系统调试成功，实现上海和四川的音视频链接，方便了上海市领导和当地医疗队的联络。

5月22日　上海广电通讯网络有限公司第二批技术救助队赶赴抗震救灾第一线，并于24日赶到四川省人民医院开展通信保障工作。即日，中共中央政治局常委、国务院总理温家宝接见包括上海广电通讯网络有限公司技术救助队在内的医护人员和后勤保障人员。据统计，广电集团企业、员工共捐款714万元。

6月17日　中国(国际)数字音视频产业与投融资论坛在上海举行。广电集团中央研究院展示了多款AVS最新技术成果，其中“双国标”AVS地面数字电视终端一体机成为亮点。

是月　上海广电光电子有限公司科技中心成功开发高性能19英寸宽屏LED背光源液晶屏。

是月　广电集团中央研究院研发的DTH机顶盒产品通过国家广电总局的入网许可测试，并获得入网许可证。

7月31日　上海广电富士光电材料有限公司第一款样品试制完成并送客户认定，彩色滤光片(CF)项目建设进入收官阶段。

8月8日　第29届奥运会在北京举行，上海松下等离子显示器有限公司的1 500余台显示器服务奥运会赛场。

8月12日　上海广电富士光电材料有限公司第二条生产线进入安装调试阶段。

8月22日　上海市国资委党委决定：聂建华任广电集团纪委书记，余莉萍任广电集团财务总监。

9月3日　广电集团工会举行二届十六次全体委员(扩大)会议，选举聂建华为广电集团工会主席。上海市总工会副主席杜仁伟、市委组织部副部长杨伟良、广电集团党委书记王强出席会议。

11月28日　由上海广电电子股份有限公司与上海大学携手共建的“上海大学—广电电子平板显示联合工程技术中心”落成仪式在上海大学举行。

是月　《上广电》报获2007—2008年度“上海市最佳企业报”称号。

12月7日　广电集团中央研究院液晶技术研究所成立。

12月12—18日　广电集团工会召开第三次代表大会。会议选举产生新一届工会委员会、经审委员会，聂建华当选工会主席。

12月29日　国家广播电视“村村通”设备采购项目招标揭晓，广电集团成功中标50.2万台。

2009年

2月　广电集团中央研究院主持制定的两项“机道分离”标准《数字电视机道分离技术规范》《数字电视机道分离测试规范》通过专家组审定，进入报批程序。

3月24日　国家林业局在北京召开全国林业信息化工作会议，上海广电通讯网络有限公司SVA便携式卫星通信系统作为全国林业信息化的优秀成果展示。

3月26日　广电集团召开干部会议，传达中共上海市委专题会议精神，部署广电集团托管重组工作。

4月17日　上海广电通信技术有限公司研发的新型船用导航雷达产品通过技术鉴定，并填补国内技术空白。

4月27日　广电集团中央研究院技术管理部部长仲登祥获得上海市五一劳动奖章。

是月　在全国家电下乡产品(彩电)项目招标中，SVA液晶彩色电视机10种型号全部中标。

5月7日　上海广电NEC液晶显示器有限公司与台湾晶达光电签订合作协议，共同开拓专业应用面板高利润细分市场。

5月26日　2009(第三届)华东区方案商年会在浦东张江高科技园区举行，上海广电通讯网络有限公司获得“2008年度华东百佳方案商”称号。

5月　广电集团中央研究院研制完成嵌入式AVS编码器功能样机，实现全格式视频数据的采集、压缩和复用。

6月3日　上海市国资委下发《关于对上海广电(集团)有限公司实施重组的通知》，由上海仪电控股(集团)公司收购广电集团所持上海广电电子股份有限公司、上海广电信息产业股份有限公司以及其他资产。

6月10日　上海市发改委在广电集团中央研究院召开TFT－LCD驱动芯片研发及产业化项目验收会，TFT－LCD驱动芯片项目通过验收。

是月　广电NEC攻克技术难关，顺利导入0.5毫米轻薄型玻璃基板。

8月　广电NEC充分发挥LCD技术开发实力，完成多款产品设计，LED背光液晶屏厚度最薄至10毫米。

是年　上海广电NEC液晶显示器有限公司的第五代薄膜晶体管显示器(TFT－LCD)生产线在托管重组中以25亿元转让给中航技集团(深圳天马)。

第一篇

资产重组

概　述

1995 年 6 月，上海广电股份有限公司（简称广电股份）为了加速调整企业产业结构和组织结构，实现资本结构优化配置，加快建立现代企业制度的步伐，提出了《上海广电（集团）有限公司组建方案》，拟组建上海广电（集团）有限公司（简称广电集团）。同年 10 月 11 日，上海仪电控股（集团）公司（简称仪电控股）向上海市经济委员会上报了《关于报请审批组建上海广电（集团）有限公司的请示》。10 月 23 日，上海市经济委员会批复同意组建广电集团。

广电集团是仪电控股出资设立的国有独资企业，是以资产为纽带、与产品结构相关的有限责任公司（其中广电股份的国有资产仍为仪电控股的国家股）。广电集团以法人出资对广电股份及其 24 家全资公司形成控股关系，对 18 家合资企业形成参股关系。所以，广电集团实际与广电股份合为一体。1995 年广电集团注册资本 8.5 亿元，1994 年销售收入 53.5 亿元，出口创汇 11 794.98 万美元，实现利润 13 005 万元。广电集团主要从事家电类、电脑类、通讯类产品及电子元件、配件产品的制造和销售。

1997 年 3 月 7 日，上海市委、市政府决定：同意广电集团从仪电控股中分离出来，并实行资产重组。3 月 12 日，经上海市国有资产监督管理委员会授权，将仪电控股所属广电股份和上海真空电子器件股份有限公司（简称真空电子）的国有资产合计 12.61 亿元划转给广电集团。同时，市国资委将广电集团 12.61 亿元国有资产分别划转并授权上海汽车工业（集团）总公司持有 5.16 亿元、上海广播电影电视发展总公司持有 2.06 亿元、上海实业（集团）有限公司持有 1.33 亿元、仪电控股持有 4.06 亿元。

3 月 18 日，资产重组后的广电集团作为全国 120 家单列企业集团及上海市经委直属集团公司（正局级）正式运转。办公地址在斜土路 1646 号。

第一章　资产重组背景及动因

第一节　资产重组背景

1995年下半年开始，外部市场竞争日趋激烈，而企业内部经营不善，机制未能理顺，历史遗留问题的负担日益加重，加上流动资金短缺，信贷支持缺乏，广电集团及广电股份面临前所未有的困难，生产经营出现了严重危机。

资产损失严重，已资不抵债。至1996年年底，广电股份总负债38.87亿元，账面资产负债率为82.7%，实际资产负债率高达123%。

主营产品产销量严重下降。据统计，1994年，广电股份的主导产品金星彩电产销量为126万台，到1996年年底，当年仅生产金星彩电40万台，销量不足60万台，跌入了历史低谷。

企业亏损严重。1996年，广电股份主营亏损达到1.77亿元，并且导致为其配套的真空电子也陷入了很大的困境，1996年真空电子当年主营亏损也达近4 000万元。

资金状况严重恶化。1996年，广电股份应收货款高达15.8亿元，企业经营陷入恶性循环。广电集团无论在资金、技术，还是在市场开拓上都无法形成竞争优势。

对此严重恶化的经营状况，广电股份在1996年年度报告中作了以下说明：一是公司实施调整，产品统一销售尚处磨合期，广电销售系统的作用未能有效发挥；二是公司生产量未达规模，各种费用虽有下降，单位产品负担费用却上升；三是公司的新产品开发一时还跟不上市场的变化；四是公司资金紧张，影响了生产经营的正常运行；五是处理历史遗留问题负担很重。

然而，由于家电产业是当时上海重点发展的六大支柱产业之一，广电集团又是上海家电行业最重要的企业，特别是广电集团所属的广电股份的主导产品——金星彩电也是上海家电行业的标志性产品之一，所以，广电集团的产业发展在一定程度上关系到上海家电行业的振兴和发展。广电集团所面临的严重困难和问题，引起了上海市委、市政府的高度重视。因此，广电集团的资产重组也提上了议事日程。

第二节　资产重组动因

一、建立现代企业制度

广电集团资产重组的第一个主要动因是要探索建立现代企业制度。上海市委、市政府要求广电集团在资产重组过程中，以探索现代企业制度建设为出发点，在抓好资产结构、组织结构改组的同时，努力抓好各项生产经营管理的“改制”或“改造”，加强各项基础管理工作，使之与企业的改组、改制和改造相适应，切实把“三改一加强”贯穿在资产重组的各个环节。

【实行单列】

将广电集团从仪电控股中分离出来实行单列，同时经上海市国资委授权，将仪电控股拥有的广电股份和真空电子两家上市公司的国有资产划转广电集团。

【完成投资主体多元化】

广电集团由原来仪电控股一家控股变为由上海汽车工业(集团)总公司、上海广播电影电视发展总公司、上海上实(集团)有限公司和仪电控股共同持股;除了仪电控股保留一部分股权,不注入新的资金外,其他三家公司共注入资金8.29亿元。其中,上海汽车工业(集团)总公司投资5亿元,上海广播电影电视发展总公司投资2亿元,上海上实(集团)有限公司投资1.29亿元。

重组后的广电集团直属市工业党委和市经济委员会领导的大集团(正局级),资产关系在各投资主体,由集团公司董事会运作。广电集团完善了法人治理结构,从国有独资公司改组为上海支柱产业中第一家投资主体多元化的产业集团,按现代企业制度规范运作。董事由各投资主体委派,董事长由上海市委、市政府任命;总裁由董事会聘任,监事长由市经委和市国资办委派,报市委、市政府批准。

【实现债务重组】

在广电集团资产重组中,市政府给予政策支持,其中包括"试行国有企业兼并破产"和"土地空转改革试点"两项政策。"试行国有企业兼并破产"政策促使企业建立"兼并破产、减员增效"机制,实行部分破产和部分兼并;"土地空转改革试点"政策帮助广电集团置换了土地使用权,为改善资产质量和信贷融资创造了条件。通过这两项政策的试行,广电股份资产负债率从1996年的82.7%下降至1999年的70%左右,帮助整个广电集团的资产质量在一定程度上得到优化。

【落实配套措施】

主要配套措施有以组合融资方式向彩电生产企业注入流动资金,促进彩电的生产和销售的正常运转;建立广电集团再就业服务中心,接纳拟破产企业的职工,通过享受有关政策,减轻企业负担;对广电集团进行土地房产注入;用足中央批准广电集团成为国家120家试点企业集团的相关政策,抓紧申办财务公司和落实主办银行。

由于广电集团资产重组坚持现代企业制度改革方向,坚持"三改一加强"的原则,在有关方面通力合作下,通过增资、减债和分流三大举措,上述四项配套措施迅速落实到位,资产重组得到平稳实施,为资产重组后广电集团生产经营的正常运转和加快发展铺平了道路。

二、形成产业发展优势

广电集团资产重组的第二个主要动因是要形成产业发展优势。资产重组为广电集团的发展创造了极好的外部条件,但是要真正推动广电集团的可持续发展,还要靠坚持改革,坚持创新,加快形成产业发展优势。为此,广电集团紧紧抓住资产重组带来的重大机遇,坚持走产业发展道路,坚持深化企业改革和管理创新,推动主营产业的快速发展。主要体现在以下三个方面:

【提高综合运作能力】

广电集团资产重组后,总资本达到20.9亿元,成为上海支柱产业中第一家投资主体多元化的产业型大集团,同时也提升了广电集团的综合运作能力。譬如:广电集团与上汽集团的结合,可进行汽车电子与汽车的配套生产，实现产品与用户结合；与上海广播电影电视发展总公司结合，可进行广播卫星设备与广播电视播放的配套，实现生产厂家与电视网络的结合；与上海实业的结合，可进行产品生产与资本运作结合，推进国内市场开拓与海外营销的配套。综合运作能力的进一步提高，为广电集团发展家电、通讯产品、卫星电视技术、汽车电子及海外投资创造了良好条件。

【扩大集团发展规模】

广电集团资产重组后，即被列入全国120家大型集团试点单位，可以享受一系列优惠政策。在资产重组中，上海市委、市政府又给予许多优惠政策扶持，为广电集团的振兴发展创造了条件，促进了发展规模的进一步扩大。广电集团除了拥有广电股份和真空电子两家上市公司外，在重组之前，两家上市公司已经与夏普、索尼、松下、休斯、西门子、JVC等跨国公司合资组建了一大批合资企业，其中有上海夏普电器有限公司、上海索广映像有限公司、上海索广电子有限公司、上海旭电子玻璃有限公司、上海西门子移动通信有限公司、上海亿人通信终端有限公司、上海休斯网络系统有限公司、上海松下微波炉有限公司、上海永新彩色显像管有限公司等30余家企业。产品有夏普空调、夏普洗衣机、夏普冰箱、索尼彩电、索尼摄录一体机、西门子基站及移动电话、西门子电话机、松下微波炉、建伍音响等。经过重组，广电集团成为具有真空器材、音视频整机、家用电器、通信设备、计算机等产品生产的大型集团企业。

【增强企业市场竞争能力】

广电集团资产重组后，从长远发展着手对产销体制进行重大调整。广电股份和广电销售中心、金星电视总厂加强产品销售、资金回笼和售后服务的力度，一是抓市场开拓和营销网络建立，在全国主要大中城市建立40多个直销点，形成彩电销售网络和规模效应，掌握销售的主动权和主导权；二是提高销售质量，实行现款销售，实现销售量和资金回笼量的双增长；三是抓好基础管理，提高产品质量，彩电开箱合格率从原来的92%上升到96%；四是对黑白电视机生产结构和销售体系进行调整。

第二章　资产重组过程及举措

第一节　资产重组过程

一、重组提出

1996年6月12日上午，上海市市长徐匡迪、副市长蒋以任带领市政府有关委办负责人到广电集团现场办公。徐匡迪视察彩电生产现场，并主持现场办公会。仪电控股董事长张林俭、广电股份总经理俞浩铨汇报企业生产经营情况和面临的困难。徐匡迪指出，企业面临的困难，政府各部门要给予大力支持，但更重要的是企业本身，最重要的是转换好机制。主要做好三方面工作：一是抓好内部管理，二是搞好市场营销，三是不断开发新品。现场办公会议后，市政府经研究给予广电集团十条优惠政策。但是虽经努力，企业经营情况仍未好转。

1996年12月，中共中央政治局委员、上海市委书记黄菊就广电集团资产重组作出批示，限期振兴广电，并提出资产重组五条原则：一要明显改善法人治理结构，从原来国有独资公司改组为国有多元投资有限责任公司，使其真正成为符合现代企业制度要求的国有大集团公司；二要明显减轻公司债务；三要明显补充流动资金；四要明显提高资产质量，通过注入优质资产，置换处理不良资产，提高公司资产质量；五要明显增强企业活力，使企业的资本运作能力、市场营销能力、产品开发能力和职工凝聚力都得到明显增强。

1997年1月2日，徐匡迪、蒋以任再次到广电集团现场办公，研究广电集团和金星彩电振兴方案，并指出：广电股份这样一个全国有影响的上市公司和金星彩电作为上海六大支柱产业中的标志性产品及品牌不能垮！否则，在政治、经济、社会各方面都会产生极大的负面效应。此时，广电集团资产重组已经到了水到渠成之时。徐匡迪指派分管副市长分工负责广电集团的资产重组工作，并决定由上海市委副秘书长、市政府副秘书长黄奇帆负责此项工作。

二、重组筹备

1997年春节前后，在黄奇帆主持下，市委、市政府组织有关部门和专家反复商量，广泛听取各方面意见，经过五易其稿，最终拟定了广电集团资产重组的实施方案。

1997年2月25日下午，市政府分管副市长召开专题办公会议，正式决定广电集团实施资产重组。

1997年2月27日下午，市委组织部和市工业党委、市经委领导到仪电控股宣布关于广电集团进行资产重组的决定。希望广电集团按照市委、市政府的决定，尽快完成资产重组和体制重组工作，使重组中各项措施到位，资本结构和企业组织结构趋于合理，市场竞争能力有明显增强，产品质量、品种有显著突破，企业效益有较大提高，1997年实现扭亏为盈，重振上海家电行业的雄风。

1997年3月4日，广电集团成立资产重组筹备组，并于3月5日召开第一次会议。

1997年3月21日，蒋以任到广电集团现场办公，宣布广电集团领导班子的组成人员。会议指出，广电集团资产重组是市委、市政府的重大决定，也是改革和发展的重大措施，是振兴上海家电工业破釜沉舟、背水一战的大决策。会议要求一抓发动，大家都要从政治的高度认识这次重组的重大意义，要立足于发展，在发展当中解决困难；二抓实事，重点抓市场、成本、新品开发三项工作，要明确今年的目标、发展方向和措施，要进一步开拓市场和确定新品开发战略目标，并建立新品开发的激励机制；三抓改革，要围绕建立职工能进能出、竞争上岗、国有资产保值增值、覆盖全社会的保障机制、企业优胜劣汰、经营者择优录用五项机制的要求进行改革，建立适合市场经济发展的法人治理结构；四抓班子，新班子要有良好的精神状态，要团结一致，同舟共济，分工协作，振兴广电，不辜负大家的期望。

1997 年 4 月 1 日，黄奇帆在衡山宾馆主持召开广电集团投资方会议。市工业党委副书记、市经委副主任徐建国，上海汽车工业（集团）总公司总裁陈祥麟，上海实业（集团）有限公司董事长蔡来兴，上海广播电视局副局长李民权，仪电控股副董事长周永清，上海国资委副主任张成均及投资方其他代表和市经委企管处等出席会议。会上，广电集团董事长徐为熄汇报广电集团重组的进展情况。会议审定《上海广电（集团）有限公司章程》《关于投资上海广电（集团）有限公司的协议》，审议通过了《上海广电（集团）有限公司第一届董事会组成人员报告》。

1997 年 4 月 18 日，广电集团第一届董事会召开第一次会议，各投资方正式签署《关于投资上海广电（集团）有限公司的协议》。

1997 年 4 月 19 日，上海市各大报纸、电视台、电台发布广电集团资产重组的新闻。

三、重组实施

广电集团的资产重组主要采取的举措分成外部和内部两个方面。

外部主要举措是广电集团实行单列，广电股份、真空电子的国有资产划归广电集团，广电集团实行投资主体多元化。

内部主要举措有两方面：

一方面是进行内部资产整合。广电集团在资产重组中，将广电股份下属的上海无线电（简称上无）四厂、十八厂进行出让、破产、回购等资产运作。上无四厂、上无十八厂原为广电股份全资子公司，由于严重亏损已资不抵债，无力偿还到期债务，分别于 1995 年、1996 年停产。为了减轻广电股份的债务负担，提高资产质量，1997 年 4 月 1 日，广电股份将上无四厂、上无十八厂的产权（含资产和负债）出让给广电集团，经上海市人民法院批准，两企业进入破产还债程序。1997 年 4 月 16 日，上海市第一中级人民法院民事裁定：宣告上海无线电十八厂破产；1997 年 5 月 15 日，上海市徐汇区人民法院民事裁定：宣布上无四厂申请破产一案进入破产还债程序。另外，广电集团对上海电子管厂和上海录音器材厂也实施收购，并进行了相应的人员分流，减轻历史包袱。通过以上资本运作，广电股份核销巨额债务，资产负债率从 1996 年的 82.7%下降到 1999 年的 70%左右，真空电子的资产负债率也下降了 6 个百分点，从而改善了资产质量，为恢复上市公司的融资能力，争取更多社会资本支持奠定了基础。

1998 年 10 月 6 日，为进一步理顺股份公司与企业的资产关系，规范企业行为，增强上市公司的实力和活力，广电股份将金星电视总厂改制为多元投资的有限责任公司——上海广电金星电子有限公司。

另一方面是组建各类多元投资经济实体。广电集团在资产重组中，通过股权转让、吸收入股、改制改造等方式，组建了各种类型的多元投资的经济实体。其中，通过吸收入股、股权转让等方式，组建了广电设计开发有限公司、上海广电软件信息有限公司等经济实体；上海电视电子进出口公司在股本结构上,也进行了多元化投资的公司化改制。另外,广电集团所属企业在资产重组之前,还与夏普、索尼、松下、休斯、西门子、JVC等跨国公司合资组建了近30家中外合资企业。

第二节　组织架构与所属企业

一、董事会、监事会

1997年3月13日,上海市人民政府发文同意:徐为熄任上海广电(集团)有限公司董事长,郁子冲兼任上海广电(集团)有限公司副董事长,顾培柱任上海广电(集团)有限公司副总裁,刘鸿超任上海广电(集团)有限公司副总裁,徐建国兼任上海广电(集团)有限公司监事会主席,张成钧兼任上海广电(集团)有限公司监事会副主席。并要求按规定程序办理任职手续。

1997年4月1日下午,黄奇帆在衡山宾馆主持召开的广电集团投资方会议上,审定了上海广电(集团)有限公司第一届董事会、监事会组成人员名单。

上海广电(集团)有限公司第一届董事会成员:上海广电(集团)有限公司徐为熄、上海汽车工业(集团)总公司郁子冲、上海广电(集团)有限公司王成明、上海汽车工业(集团)总公司胡安生、上海汽车工业(集团)总公司刘榕、上海广播电影电视发展总公司李广祥、上海仪电控股(集团)公司周永清、上海实业(集团)有限公司陈增棠。由徐为熄任广电集团董事长,郁子冲兼任广电集团副董事长,顾培柱、刘鸿超任广电集团副总裁。

上海广电(集团)有限公司第一届监事会成员:上海市经委副主任徐建国、上海国资委副主任张成钧。由徐建国兼任广电集团监事会主席,张成钧兼任广电集团监事会副主席。

二、集团本部组织架构

1997年3月25日,广电集团党委下发《关于集团公司机构设置的通知》,集团公司机构设置为一室三部:办公室、科技规划部、经济运行部、组织人事部。

具体组织架构如下:

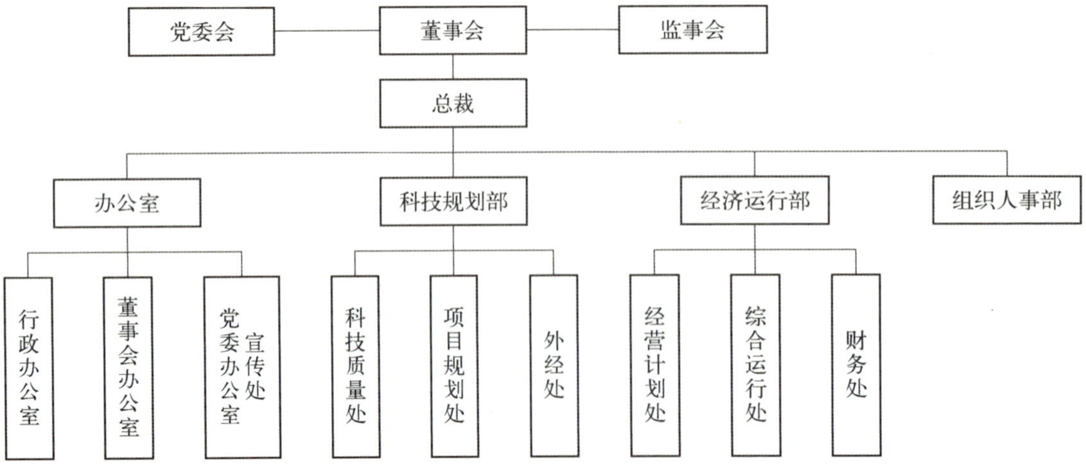

图1-2-1　上海广电(集团)有限公司机构设置

三、下属成员企业

1997年3月，广电集团资产重组后划归的企业主要有上海广电股份有限公司和上海真空电子器件股份有限公司两家上市公司，广电股份下属35家全资企业或合资企业，真空电子下属17家全资企业或合资企业。

广电股份下属企业有上海广电股份有限公司金星电视厂、上海录音器材厂、上海广电销售中心、上海广电供销公司、上海广电对外技术合作有限公司、上海广电房地产有限公司、上海广电股份有限公司浦东分公司、上海广电惠众实业公司、上海广电通信设备公司、上海凯歌洗衣机厂、上海凯歌雷达通信设备厂、上海广飞模塑成型厂、上海凯歌汽车电子设备厂、上海广电美中餐饮娱乐公司、上海飞跃微波炉厂、上海飞跃通信厂、上海电视调谐器厂、上海飞跃照明厂、上海录像器材厂、上海夏普电器有限公司、上海西门子移动通信有限公司、上海索广电子有限公司、上海JVC电器有限公司、上海健伍电子有限公司、上海联合电子公司、上海休斯网络系统有限公司、上海西门子通信终端有限公司、上海广信旭电机有限公司、上海金星三相电机有限公司、上海广电系统集成有限公司、上海索广映像有限公司、上海忠麟电子企业有限公司、上海星发国际贸易有限公司、上海凯歌实业公司（原上海无线电四厂）、上海飞跃实业公司（原上海无线电十八厂）。

真空电子下属企业有上海灯泡厂、上海电子管厂、上海电子管二厂、上海电子管三厂、上海电子管四厂、上海显像管玻璃厂、上海海燕无线电厂、上海家齐工贸实业公司、上海海达房产经营公司、上海海昌国际有限公司、上海海晶电子有限公司、上海嘉汇达房地产开发经营有限公司、上海松下微波炉有限公司、上海松下电子应用机器有限公司、上海永新彩色显像管有限公司、上海汤姆斯机车有限公司、上海旭电子玻璃有限公司。

第三章　资产重组成果及效应

第一节　资产重组成果

1997年广电集团重组后，进入三年调整期。其中，1997年是“恢复性调整”阶段，1998年是“提高性调整”阶段，1999年是“发展性调整”阶段。通过三年的调整，广电集团在产业重组和资产整合两个方面取得了显著成绩，为后三年发展夯实了基础。

一、产业重组

广电集团充分利用资产重组带来的产业重组和发展的良好条件，发挥五大投资主体的产业、资金实力优势，实现产品与用户结合、信息工业与信息服务业结合、产品生产与资本运作结合、国内市场与海外营销结合的配套关系，初步确立了新的产业发展方向，即发展信息网络产品、家用电器、汽车电子、新型显示及绿色照明四大立足高新技术的产业发展框架。其中，广电股份从上汽集团获取了汽车电子的市场份额，有力支持了汽车电子产业的发展；与广播电影电视发展总公司合作的“三网合一”工程，也为广电集团发展信息网络服务产品提供了良好的发展机遇，一批事关广电集团长远发展和后劲的项目得到实质性推进。

二、资产整合

出于历史原因，广电集团内部有大量的沉淀资产，广电集团在资产重组中积极实施存量资产调整，采用剥离、转移、重组等方式，推进资源向战略发展产业积聚。一是真空电子对原有产业进行大规模改造，把五家无效益、无市场的企业（上海灯泡厂、上海电子管厂、上海电子管二厂、上海电子管四厂、上海显像管玻璃厂）实施空壳化，把有效资产剥离重组新的企业，重点发展有市场前景的VFD（真空荧光显示器件）和T5（细管径日光灯）、微波硫灯等产品；二是对原来比较分散的配套加工生产线重新整合，组建了新的SMT（表面组装技术）贴片中心等，努力使配套成为一个产业，既支持音视频整机的发展，又同时解决富余劳动力再就业问题。

同时，资产结构进一步改善。按照市政府确定的资产重组要求，在市有关方面的支持配合下，企业破产工作进展顺利，并于1997年7月初结束。据初步测算，通过资产经营、债务重组，广电股份资产负债率由1996年的82.7%下降到1997年的76%，净资产由1996年的8.59亿元增加到1997年的9.33亿元，广电股份的资产结构得到初步改善。

第二节　资产重组效应

广电集团完成资产重组后，上海市委、市政府的各项决策基本落实到位，各级企业的生产经营工作取得了实质性成效。

一、企业生产经营改善

广电集团于1997年3月重组以后，生产经营情况逐月好转。据统计，1997年1—6月累计完成工业总产值96.58亿元，比1996年增长55%；完成现价销售产值57.6亿元，比1996年增长37%，累计实现工业产品产销率96%，比1996年同期提高7个百分点。

1997年1—6月，广电集团所属合资企业完成工业总产值81.9亿元，比1996年增长76.5%。合资企业产销高速增长拉动整个广电集团产销量的大幅上升。

图1-3-1　广电集团资产重组当年，彩电销售突破80万台

1997年1—6月，广电集团共生产彩电28.08万台，比1996年同期增长3.5%；作为新增长点的VCD产品，1997年1—6月累计生产6.62万台，销售4.49万台，也有较大幅度增长。

1997年1—6月，广电集团资金回笼率为101.48%，应收账款总量逐步下降，回笼资金质量也比较高，其中，现汇占资金回笼总额的46.24%，银兑占资金回笼额的18.93%，至6月末，库存彩电16.3万台，比1996年同期减少30%左右。

广电集团资产重组后，市场开拓力度加大，着手建立新的销售体制模式，重点抓全国直销网络的建设。截至1997年6月底，广电销售中心已建立38个驻外销售机构，比年初的10个增加了28个直销点，销售形势明显好转。在上海市场，金星彩电的销量又回升到第一位。

图1-3-2　SVA数字产品成为市场关注热点

图1-3-3　SVA品牌新品展示

1997年上半年，广电集团完成产品开发体制的调整，成立由广电集团投资的设计开发公司，并在金星电视总厂内成立了专门从事彩电开发的技术中心，从而促使新品开发速度明显加快。仅仅在1997年1—5月，广电集团就开发彩电新品8种，立即生产并投放市场的新品有4种。另外，数字投影电视DLP、卫星电视接收机等后继新产品也都已取得明显进展，为市场销售储备了一批新产品。

二、企业管理效应提升

广电集团资产重组的目标是建立“产权明晰、权责明确、政企分开、管理科学”的现代企业制度。实践证明，广电集团重组以后，把资产重组与现代企业制度建设紧密结合，使现代企业制度建设不断深入，建立了法人治理结构，真正体现了“管理创新”的内涵。

1997 年，广电集团通过资产重组，建立起国有多元投资的主体，并按现代企业制度要求，建立法人治理结构，形成了现代企业制度框架。其中，广电集团设立了股东会和董事会，明确了股东会是公司的最高权力机构，行使决定经营方针和投资计划，选举和更换董事，批准董事会和监事会报告，批准年度财务预算、决算方案和利润分配方案及修改公司章程等 11 项职权。广电集团五家投资主体代表着不同股东单位的利益，都派代表进入董事会，并按照《公司法》行使权利和承担义务，按照市场规则思维办事，减少了行政干预，从而使出资者地位也得到有效确立。

通过资产重组，做到出资者到位，法人治理所依赖的组织结构及其以科学决策管理为特征的运作模式得到实实在在的体现，广电集团在决策、执行、监督三个管理层面的管理思路更加清晰，为集团科学决策提供了切实有力的保证。同时，投资主体的多元化使董事会成员来自各投资主体，相互之间不存在管理上的隶属关系，从而能够减少各股东单位的顾虑，他们敢于发表意见，促使董事会成为真正的决策机构，形成了股东会、董事会与高级管理人员意见的多重结合，建立了相互制衡的约束机制。

通过资产重组，广电集团把“引得进、留得住、流得出”的人才机制建设作为各项机制建设的核心，不断深化以人才机制为核心的企业机制建设。

建立面向社会的人才招聘机制 广电集团结合重组和新的产业发展定位，通过上海人才市场举办了两次大型人才招聘专场，广电集团下属几十家企业数百个岗位进场招聘，按市场机制择优录用了一批专业技术及管理人才，包括留日博士等高层次复合型人才。

建立人才引进网络 与社会各人才中介机构和高校合作，与厂长经理人才公司、中国国际技术智力合作公司等近 10 家社会中介及猎头公司合作，多渠道广泛地吸纳人才，同时与清华大学、上海交通大学、南京邮电学院等高校建立专业人才供求网络，使项目开发与高校专业优势相结合。

借用外脑加强技术合作 包括利用外国专家为企业带来项目和培训人才，譬如，从美国索尼公司引进资深的技术人员，帮助发展 HDTV(高清晰度电视)项目；利用外脑，为科研项目开发提供技术支撑，譬如，与华东计算机研究所合作开发家用网络计算机；跑出国门，就地引智，譬如，广电集团在美国建立了两个实验室，就地利用国外的科研力量，开发新品。

实行高层次人才双向选择 在开放的人才引进过程中，广电集团注重流动机制的建设，使用合格的留下来，不合格的流出去。广电集团一些重要部门的重要岗位，不断由流进来的人才担当起来，不合适的人员也在不断的流动中寻找新的立足点。这种开放的人才流动格局不断提高集团人才队伍的素质，使广电集团的发展从人才价值的发挥中收益。至 2000 年上半年，广电集团通过各种渠道，集聚了包括 18 名博士、57 名硕士及一大批具有实践经验的各类技术、管理人才，初步形成一支层次较高、结构合理、有一定专业水平及能力的队伍。

三、企业经营能力增强

【资本运作能力】

在广电集团资产重组过程中，投资多元化后给集团带来了新注入的资金，仅新注入的资本金就达到 8.29 亿元。同时，通过破产、兼并、剥离、重组等存量资产调整，不断改善广电股份、真空股份两家上市公司的资产质量，减轻历史包袱，使其逐步走上良性发展道路，为恢复资本市场融资功能积极创造条件。

此外，上海市委、市政府还在再就业政策上给予极大的支持。重组后三年，广电集团实施企业破产 5 家、企业兼并 1 家，核销银行呆坏账 15 亿元。消化分离富余员工 1.8 万人，使广电集团主导产品的人均劳动生产率得到显著提升，从 10 000 名工人年产 100 万台 21 英寸彩电提高到 2 000 名工人年产 120 万台彩电，而且其中 50%以上是大屏幕彩电，单位产量的人员费用明显降低。

通过资产重组，广电集团下属两家上市公司真空电子、广电股份恢复了融资功能。1999 年 11 月 25 日，上海真空电子器件股份有限公司增发 A 股获中国证券监督管理委员会批准，向原有股东及机构投资者配售 1.29 亿股 A 股，共募集资金 12.78 亿元人民币。2000 年 12 月 20 日，中国证券监督管理委员会批准上海广电股份有限公司增发不超过 1.3 亿股 A 股，实际获得资金 22.3 亿元。

通过增资、减债、人员分流三管齐下，广电集团实现有效资产重组，一个以资产关系为纽带、层次清晰的组织架构日趋明朗。广电集团成为五家国有企业集团多元投资的国有企业集团；广电集团之下是广电股份、真空电子两家上市公司；上市公司之下是各种多元投资、多种所有制实现形式的企业，其中包括近 30 家与国际跨国公司合资建立的企业。由此，广电集团凭借 20.9 亿元国有资本，成功控制并调动 55 亿元社会资本，拉动外部资本高达 80 多亿元，广电集团国有资产有效地达到了“以一制七”的效果，国有资本运作能力得到显著提升。

【科技发展能力】

资产重组使广电集团“站”了起来，技术创新使广电集团逐步“强”了起来，增强科技发展能力是广电集团产业升级和可持续发展的必然选择。

制订科技创新的目标体系　资产重组后，广电集团制订科技创新目标体系，包括高新技术产品产值占集团总产值比重、新品产值率、科技开发经费投入率等细化指标，使各项工作紧扣目标体系，按全面目标管理方式加以推进。同时，广电集团围绕产业发展方向，确立科技创新的重点，抓好重点行业、产品的技术改造和引进，并围绕这一重点，实施一批科技开发、成果转化、引进吸收和技术改造项目。彩电品种基本实现模拟产品的数字化，显示产品的平板化也走出产业化步伐，家用产品的网络化已在部分领域得到实现，传统产业向信息产业转化工作得到扎实推进。

建立多层次的科技创新体系　资产重组后，广电集团以市场为导向进行资源重组，建立优势集中的、分层次的科技创新体系，变封闭式科技开发模式为开放式科技创新模式，形成根据不同时期高新技术发展和现有产品开发的具体要求，建立起三个层次的科技创新机构。第一层次开发机构最贴近市场，针对千变万化的市场情况迅速作出反应，开发适销对路的产品，满足市场的需要，该层次的开发机构有以视听类产品研究开发为主，以数字处理技术为核心的广电股份开发中心；以新型平板显示器件研究开发为主，以光电子技术和电真空技术为核心的电真空股份开发中心。第二层次开发机构是承担广电集团今后三年或五年内后继产品的技术开发，形成新的经济增长点，该层次有以数字网络终端产品研究开发为主的广电设计开发公司、上海广电信息技术有限公司。第三层次是广电集团在美国的技术实验室,借助外脑和国外先进技术,为其他两个层次的研究机构提供最新的技术支撑,推动国外先进技术向国内梯度转移。

建立多渠道科技创新投融资体系 中长期开发项目由广电集团建立的“科技开发基金”拨款投入,形成的效益按一定比例提取充实基金。1999 年,广电集团拨款 5 000 万元建立开发基金,支持 HDTV 等项目的开发。列入广电集团重点发展计划的项目,广电集团给予贷款扶持。对于技术较为成熟的产品开发以承担单位投入为主。同时,广电集团还积极承担国家和上海市高技术开发项目,争取政府有关部门的资金支持。

建立创新队伍和创新机制 随着各层次科研机构的建立和新项目、新企业的发展,集团技术人员队伍不断壮大,并建立博士后工作站。1999 年,广电集团引进博士生 6 名,硕士生 36 名,以及青年教授等一批各类优秀人才。同时,围绕科技创新,确立适合市场的用人机制,为有用人才创造良好的工作条件和成长环境,建立和完善各项人才激励机制。广电集团重组后着力培育自身核心技术的开发能力,发展拥有自主知识产权的技术。譬如,在引进平板显示技术、组织消化吸收的同时,通过与清华大学等合作,进行风险投资,自主研究开发具有国际先进水平的 FED 产品,项目得到顺利实施。同时,广电集团各研究机构积极跟踪国际先进技术,及时运用到新产品开发中。

在实施资产重组的当年,广电集团完成彩电新品开发 29 种,超过前三年彩电新品开发的总和。同时,在数字化技术开发方面取得较大进展,完成 DVD、数字投影电视等数字化产品样机的开发,社会网络信息终端等产品上市,汽车仪表总成等进入实施阶段。新品产值率由 1996 年的 10%上升到 1998 年的 27%,1999 年上半年新品产值率超过了 40%,比 1998 年同期提高了 16 个百分点。

【基础管理能力】

广电集团实施投资主体多元化之后,改变过去行政式似管非管的状态,围绕现代企业制度建设,狠抓以成本管理和质量管理为重心的基础管理,不断提高管理创新的水平。

按照现代企业制度要求夯实基础管理 广电集团资产重组以后,在推进“三改一加强”过程中,始终重视加强基础管理工作,质量、成本、预算管理一直被列为年度重点工作。譬如,金星电子公司开展“学邯钢,倒推成本,建立内部模拟市场”活动,对生产和采购体系进行调整,严格生产现场管理,压缩采购成本,建立一整套管理体系和成本核算方法。同时进一步加强财务管理,加快资金周转,使制造和管理成本大幅度降低,成为重要盈利企业。又如,永新彩管公司围绕质量、品种、成本、服务四大市场竞争的支撑,狠抓基础管理,并提出“以人为本、严格管理”的理念,公司蝉联上海市文明单位、上海市最佳工业企业形象单位、市质量管理标兵企业等。

截至 1999 年,广电集团通过 ISO9002 体系认证的企业占生产企业总数的 60%,37 个产品通过国际品质认证,60 个产品通过国内品质认证,彩电开箱合格率持续保持在 98%以上,早返率低于 3%。在预算管理方面,广电集团努力夯实基础工作,花大力气对历史遗留问题和企业家底进行排摸理清,为业绩考核提供科学依据。

在加强基础管理中体现管理创新的要求 在质量管理方面,金星电子公司通过“质量排行榜”,对质量指标倒数的车间、流水线和人员实行动态内部下岗。由于措施动真、方法科学,彩电生产质量明显提高。在成本管理上,金星电子公司连续几年开展内部市场核算,对下属成品制造业务,结合信息技术和世界范围制造加工业发展的新趋势,开展电子采购试点工作,不断降低制造成本。在预算管理方面,广电集团将消化历史水分纳入预算编制内容,并创新设计相关预算表式,制定系统严密的规章制度，加以严格实施。

【市场拓展能力】

广电集团资产重组以后，抓住主营产品金星彩电，不断加大市场建设力度，提高市场拓展能力，营销网络和营销体系得到不断完善。

完善市场网络体系　1997年前，金星彩电进驻全国各大城市商场的只有570家，到1999年年底，已进驻外省市1 470家商场，并逐步完善上海郊县的销售服务体系。

建立企业信息体系　建立快速反应市场动态的企业信息体系，广电集团在形成售前策划、售中促销、售后服务为一体的两级考核、三级网络营销体制的基础上，建立计算机服务信息网络，形成物流、资金流和营销数据的计算机处理系统，营销管理水平显著提高。

加强技术服务工作　为规范技术服务达标责任制，广电集团加强各种形式的技术服务考核机制，进一步加强营销服务队伍的建设，成立营销服务培训部，对销售人员进行业务培训，并积极开展争创上海市文明班组活动，成效明显。

拓展海外业务市场　广电集团对海外企业的发展和资产状况进行清查，对海外市场拓展能力进行分析，制订海外发展战略规划。同时，按照海外市场拓展和业务发展要求，不断推进海外市场布点工作，着手建立英国公司，为广电集团发展外向型经济打下基础。

第二篇

主营业务

概　述

上海广电(集团)有限公司(简称广电集团)是一家产品门类众多的产业集团,曾经是上海工业系统的重要支柱产业。1997 年资产重组以后,广电集团通过结合深化国企改革、提高外资利用水平、加快产业结构调整、推进科技创新、运用先进管理理念等一系列措施,初步建立适应市场经济发展要求的现代企业制度,基本建成高效合理的专业化配套协作体系,实施向信息产业转型的布局,从一个传统电视机制造企业,逐步向新型平面显示器研发和制造中心转型,成为信息产品制造商和信息技术服务提供商。

广电集团旗下拥有真空电子器件、音视频整机、平板显示器件、信息技术服务四大主营业务。主要产品有各种规格彩色及黑白显像管(CRT)、真空照明产品、真空荧光显示器(VFD)、薄膜晶体管液晶显示器(TFT - LCD);数字/模拟电视机(包括阴极射线管电视机、等离子电视机、液晶电视机、数字光处理投影电视机等)、播放器(包括录像机、家用组合音响、VCD、DVD、机顶盒、汽车收音机等)、移动和台式电话机及基站设备、船用雷达等。信息技术服务业务有 VSAT 等双向卫星通讯、网上广播电影电视(ICP)、互联网接入服务(ISP)、ERP、OA 等企业信息化系统集成、上海市信息化应用综合服务平台——白玉兰网、数据中心(IDC)等。

第一章　真空器件业务

第一节　沿　　革

上海广电电子股份有限公司[简称广电电子，也就是原上海真空电子器件股份有限公司(简称真空电子)]是广电集团旗下的上市公司，也是真空器件业务的主要平台。公司前身是上海市仪表电讯工业局所属行政性的电真空器件工业公司，主要生产显像管和电光源两大类产品，是全国电真空行业的重点骨干企业。

图 2-1-1　上海永新彩色显像管股份有限公司

1986 年，为了适应全国彩电工业快速发展的需要，国家电子工业部和国家计委批准上海市建设一个年产 100 万只 18 英寸彩色显像管项目。该项目需要至少 5 亿元投资，且根据中外合资法的规定，注册资本不得低于总投资的 1/3，一般合资企业的外资比例不低于 25%。按照该要求，企业自筹资金必须达到 1.35 亿元。当时，电真空器件工业公司下属“六厂一所”(即上海电子管厂、上海电子管二厂、上海电子管三厂、上海电子管四厂、上海灯泡厂、上海显像管玻璃厂及上海电真空器件研究所)，没有一家企业有单独投资该项目的能力。经上海市政府有关部门与公司共同研究，决定以其中五家工厂为基础，组成资产经营一体化的经济实体，同时公开向社会发行股票(A 股)，募集项目所需的部分资金 5 000 万元人民币。于是，1987 年 1 月，上海电真空器件工业公司作为国有大中型企业，率先发行 A 股，由全民所有制企业转变为股份制企业——上海真空电子器件股份有限公司。

真空电子利用募集的 5 000 万元人民币资金和部分银行贷款，与香港永新技术开发公司合资，共同在上海成立一家年产 100 万只 18 英寸彩管的上海永新彩色显像管股份有限公司(简称永新彩管)。该公司于 1990 年顺利建成投产，当年生产 18 英寸彩管 60 万只，盈利 3 500 万元；1991 年年产达到设计纲领，生产 103 万只彩管，盈利 1.6 亿元，公司获得很大的经济效益。

为了适应市场上 21 英寸、25 英寸大屏幕彩电的需要，经国家机电部和国家计委批准，真空电子决定进一步发展 25 英寸大屏幕彩管和彩管玻壳等配套件的生产。但是，大屏幕彩管和彩管玻壳都是高技术和投资密集的产品，当时只有日本等少数发达国家能大规模生产。要发展大屏幕彩管和玻壳，必须引进国外先进技术和装备，进行技术改造，需要投入数亿元的资金，而且主要是外汇资金。为此，1990 年 8 月真空电子向市政府主管部门提出，利用公司已试行股份制的有利条件，采用向境外投资者发行股票的方法，吸收外资用于彩管玻壳等方面的技术改造。这一请求得到市政府和人民银行等主管部门的支持。1991 年 11 月，公司在已有 2 亿元人民币股本金总额的基础上向境外发行 1 亿元人民币特种股票(B 股)。

20 世纪 80 年代以后，真空电子经历了两次重大经营方向调整。第一次是 80 年代初，确定以黑白显像管为主导产品，同时经营光源类产品。第二次是 90 年代初，确立以彩色显像管及彩色玻壳为主导产品。

1987—1989 年是中国黑白显像管发展的高峰期，也给真空电子带来较好的经济效益。进入 20 世纪 90 年代后，黑白显像管市场形成先扬后抑的走势。1995 年达到最高峰，当时全国产量 1 200 万只，真空电子产量达到 385 万只，全国销量 1 100 万只，真空电子销量为 350 万只。1996 年以后，黑白电视机市场需求急剧下降，导致全国黑白显像管产量骤减，行业大幅滑坡，全国产量骤减至 600 多万只，1997 年下滑到 570 万只。真空电子的黑白显像管产量也出现大幅度萎缩，1997 年产量下降到 100 万只。在产量下降的同时，产品价格也一路暴跌，14 英寸黑白显像管从 1995 年的 130 元/只下跌到 1999 年的 60 元/只，17 英寸黑白显像管从 1995 年的 240 元/只下跌到 1999 年的 100 元/只。

表 2-1-1　1993—1998 年黑白显像管玻壳和电子枪产量情况表　（单位：万只）

产品＼年份	1993 年	1994 年	1995 年	1996 年	1997 年	1998 年
黑白显像管	318.80	367.26	386.42	158.48	101.16	102.34
黑白玻壳	379.70	462.85	503.83	435.95	—	—
黑白电子枪	412.26	453.07	500.00	212.20	—	—

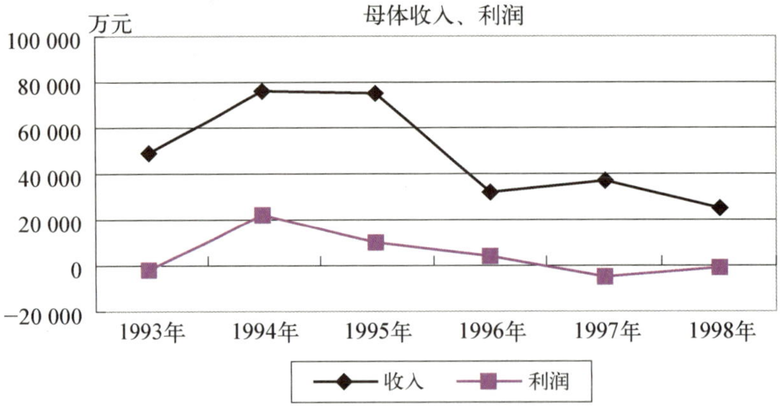

图 2-1-2　1993—1998 年真空电子主要业务收入和利润情况图

从上表可以看到，真空电子的主要产品黑白玻壳、黑白显像管和黑白电子枪的产量逐年萎缩，尤其是 1996 年以后各类产品数量都大幅减少。1996 年以前，黑白显像管及配套产品是真空电子主营业务收入和利润的主要来源，分别占母体主营业务收入和利润的 70%和 90%左右。由于产量下降，业务收入降低，1997 年公司利润出现亏损。为此，真空电子不得不对黑白显像管生产进行大幅调整，四条黑白显像管生产线调整为一条。

同时，1990 年以后在彩电产业的带动下，中国的彩管产业有了较大发展。1992—1996 年，国内彩管年产量以 21.64%的平均速度增长，1998 年的产量已达 2 708 万只。其中，永新彩管与国内大多数彩管企业比较，其产品结构比较符合市场需要。从永新彩管在 1998 年的产品结构图(见下图)可以看到，大中屏幕彩管占全部产量的 1/2 强，远高于行业平均水平。

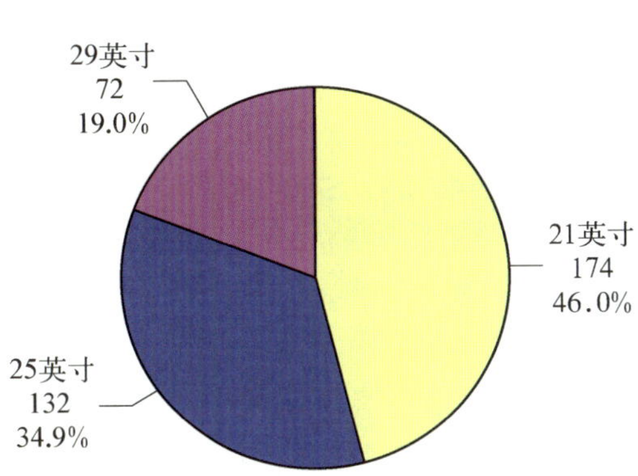

图 2-1-3　1998 年永新产品结构(单位：万只)

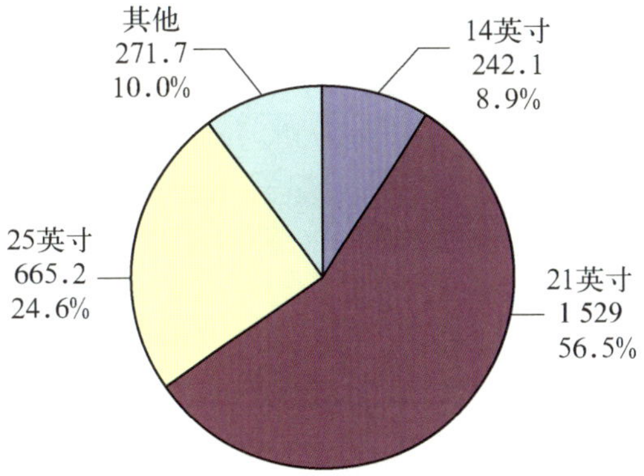

图 2-1-4　1998 年永新彩管产量(单位：万只)

因为彩管品种能与彩电市场同步，且产品合格率远高于行业平均水平，永新彩管的市场竞争优势非常明显。以 1997 年为例，永新彩管产品销售利润率为 14.55%，行业平均水平为 9.62%；净资产利润率为 36.3%，行业平均水平为 15.68%；总资产利润率为 13.4%，行业平均水平为 7.25%。从而，真空电子逐步确立以彩色显像管及彩色显像管玻壳为主导产品，同时培育绿色照明业务作为新的增长点，并大力发展以 PDP、LCD 及 VFD 为代表的新型平板显示产品，在显示器件行业的产业结构调整和产品升级换代中占据先机，继续成为行业龙头。

第二节　彩色显像管

20 世纪 90 年代到 21 世纪初，真空电子彩色显像管的产销大致经历了三个阶段：80 年代末到 90 年代中后期的产销两旺期；90 年代中后期到 21 世纪初的产品结构调整期；2003 年后因平板显示技术的替代而产销逐年下降，2007 年彩色显像管全面停产调整。

一、彩色显像管玻壳

【旭电子玻璃彩管玻壳生产线建成】

真空电子所属上海旭电子玻璃有限公司(简称旭电子玻璃)是一家专业生产彩管玻壳的合资企业，1994 年成立，1996 年建成投产。旭电子玻璃由于建设初期起点高，适应市场能力比较强，产品品种能随市场变化及时调整。至 1999 年年底，旭电子玻璃有彩屏池炉一座，彩屏生产线三条，彩锥池炉一座，彩锥生产线二条，能够生产 14 英寸、15 英寸、20 英寸、21 英寸、25 英寸、29 英寸等 6 种尺寸的彩管玻壳。1997—1999 年，彩色显像管玻壳生产销售取得不错的业绩(见下表)。

表 2-1-2　1997—1999 年彩管玻壳生产销售情况表

年　份	彩锥(万只)	彩屏(万只)	销售收入(亿元)	净利润(亿元)
1997 年	793.79	558.97	10.7	0.89
1998 年	884.6	635.85	11.8	0.92
1999 年	1 061	761	13.35	2.5

【大屏幕彩色显像管玻壳形成规模化生产】

1997年6月19日,旭电子玻璃成功研发生产出第一只29英寸彩色显像管屏,标志着企业已具备29英寸彩色显像管玻壳的生产能力。

1999年12月28日,旭电子玻璃大屏幕彩色显像管屏生产线工程SA30池炉工程点火投产。2000年,旭电子玻璃完成总投资4.5亿元的大屏幕彩管显像管屏生产线扩建项目(二期项目)的建设,新增年产29英寸～34英寸大屏幕彩管玻屏、16∶9宽屏彩管玻屏和全平面彩管玻屏120万只的生产能力。

2001年,旭电子玻璃研制开发的AS牌CPZ34F68、CFL34F13彩色显像管屏、锥和AS牌CPZ29K61、CFL29I13彩色显像管屏、锥新项目获得成功,并形成生产能力。29英寸大屏幕彩色显像管玻壳日产量超过4 000只,34英寸超大屏幕彩色显像管玻壳日产量超过3 000只。超大屏幕彩色显像管玻壳生产技术填补了国内空白,达到国外同类产品品质水平。

2003年6月11日,旭电子玻璃新型全平面(大屏幕)屏锥玻壳作为2002年度《上海市引进技术的吸收与创新计划》项目通过上海市经委鉴定验收。该项目开发的产品均达到国际同类产品先进水平,而且产品生产技术成熟,工艺装备及工艺文件齐全,产品标准采用国际标准,并形成规模化生产能力。

二、彩色显像管

【生产概况】

永新彩管建成投产后,无论是产品产量、销售收入还是利润都快速增长。1997年广电集团资产重组后,永新彩管的彩管生产和销售仍然保持高速增长态势。

表2-1-3 1997—1999年彩色显像管生产情况表

年　份	彩色显像管产量(万只)	同比增长率(%)
1997年	298.69	17
1998年	377.68	26.4
1999年	427	13.5

图2-1-5 彩色显像管生产线一角

另据统计,1990—1998年永新彩管销售收入和产量的年增长率分别达到25.9%和22.0%,资产总额从1990年的6.64亿元增加到1998年的32.53亿元,净增3.90倍。然而,20世纪90年代,国产彩管行业虽然取得很大发展,但是仍存在严重的结构问题。比如:1998年彩色显像管生产主要集中于中小屏幕,21英寸彩色显像管产量占50%以上,供求较为平衡,但大屏幕彩色显像管所占比重较低,满足不了大屏幕彩色电视机生产企业的需要。到1999年上半年,国内彩色显像管市场发生很大变化，25 英寸彩色显像管已供过于求，29 英寸彩色显像管供求基本平衡，29 英寸以上彩色显像管及全平面彩色显像管供不应求，彩色显像管产品更新换代速度越来越快。因为小屏幕彩色显像管供过于求，大屏幕彩色显像管供求相对比较平衡，因此大屏幕彩色显像管的盈利能力远高于中小屏幕彩色显像管。

1998 年，永新彩管拥有 4 条彩色显像管生产线，其中大中屏幕彩色显像管占全部产量的 50% 以上，远高于行业平均水平，而且 29 英寸 NF 彩色显像管的质量指标已达到国际同类产品水平。

表 2－1－4　1998 年永新彩管彩色显像管生产线产能情况表　（单位：万只）

彩色显像管生产线	年生产能力
18 英寸～21 英寸 FS 彩色显像管	170
25 英寸 FS 彩色显像管	130
29 英寸 NF 彩色显像管	70
超大屏幕彩色显像管	40

由于永新彩管特别注重市场需求，努力做到主要产品与彩电市场同步，而且产品合格率远高于行业平均水平，因此永新彩管的竞争优势非常明显，也取得较好的经济效益。

【生产重点项目】

为了满足彩色电视机市场的快速发展需求，作为彩色电视机关键部件的彩色显像管，尤其是大屏幕彩色显像管的生产也需及时作出调整。为此，永新彩管先后实施了以下重点项目：

“永新彩管三期工程”项目　该项目是 29 英寸彩色显像管生产线。1997 年下半年完成全部土建和设备安装，同年 12 月 8 日 29 英寸彩色显像管生产线建成投产。该项目为永新彩管增加年销售收入约 11 亿元，增加年利润 1.8 亿元。

“永新彩管四期工程”项目　该项目是 34 英寸及 16∶9 超大屏幕彩管生产线项目，被列为上海市工业重大骨干及高新技术产业化项目。1999 年 3 月，专用设备进场进行安装调试，6 月整条生产线联动试车，7 月进行试生产。2000 年 34 英寸及 16∶9 超大屏幕彩管生产线全面建成投产，生产能力和产品质量都达到了设计要求，而且成功生产出中国第一只 M78 超大屏幕彩管。该项目不仅是国内首条国产大屏幕彩色显像管生产线，生产技术达到 20 世纪 90 年代国际先进水平，填补了中国超大屏幕彩色显像管生产的空白，而且为永新彩管带来可观的经济效益。

“永新彩管五期工程”项目　2000 年，永新彩管实施增资及大屏幕全平彩色显像管生产线技改项目。该项目总投资 8 亿元人民币，被列为 2001 年度上海市重点工程。2001 年 8 月 23 日，永新彩管第一只 29 英寸全平彩色显像管下线，标志着永新彩管具备了生产“全平彩色显像管”的能力。该项目完成后，实现了 29 英寸纯平彩色显像管，32 英寸（16∶9）高清晰度彩色显像管（HDTV），33 英寸、34 英寸大屏幕纯平彩色显像管玻屏等新品的兼容生产，其中 29 英寸全平彩色显像管生产线年生产能力 130 万只。

【永新彩管产品升级】

永新彩管不断推进产品升级，高科技产品的生产技术和生产规模在国内彩色显像管行业保持领先地位。

73 厘米多媒体彩色显像管 在 2002 年上海科学技术奖励大会上，永新彩管研制的 73 厘米多媒体彩色显像管(73SX705Y22、73SX706Y22)荣获“上海市科学技术进步奖”一等奖。该成果结束了国内不能自主开发大屏幕多媒体彩管的历史，大大提高了国产彩色显像管产品的国际竞争力。

33 英寸多媒体彩色显像管 2003 年 5 月，永新彩管 33 英寸多媒体彩色显像管(M78CSBB00X01)研制项目通过上海市经委验收。该产品通过电子枪束斑的改进和 DY 行频的提高，使彩色显像管的角部聚焦性能得到提高，能用于计算机 SVGA 显示格式和 SDTV 的数字电视显示。

34 英寸纯平彩色显像管 2003 年 9 月 8 日，永新彩管第一只 34 英寸纯平彩色显像管下线。34 英寸纯平彩色显像管诞生于原 34 英寸超平彩色显像管生产线，永新彩管于 2003 年 7 月实施了 34 英寸超平彩色显像管生产线的柔性化技术改造，可以根据市场需求及时进行品种切换，实现纯平和超平两个彩色显像管品种的兼容生产。同时，也标志着永新彩管最具创造性的改造项目获得圆满成功。

29 英寸纯平彩色显像管 2005 年 2 月，永新彩管 29 英寸纯平彩色显像管(A68CPBB/M68CPBB)被上海市经委、市财政局、市知识产权局认定为可享受鼓励政策的“2004 年上海市专利新产品”。

32 英寸纯平精细节距彩色显像管 2005 年 12 月，永新彩管 32 英寸纯平精细节距彩色显像管经国家科技部等部门的审批，获得国家重点新产品奖。

21 世纪初，随着平板显示器技术的日益成熟，显像管(CRT)的技术替代不可避免，显像管电视机已经不能满足市场需要。2003 年以后，显像管电视机的销售量大幅下降。2004 年年底，国内所有彩电企业都打出平板彩电的旗号，显像管彩电机大量滞销，全国彩色显像管行业库存量比 2003 年上升 367%。此后，国内彩色显像管企业迅速凋零，彩色显像管产量逐年下降。2007 年开始，包括永新彩管在内的中国八大彩管企业相继停产。

2007 年 6 月 22 日，广电集团成立显像管产业调整领导小组，决定 2007 年年底前对广电集团系统内的三家显像管器件企业永新彩管、旭电子玻璃、新芝公司实施调整停产。2007 年 7 月，旭电子玻璃、新芝公司实施全面停产；2007 年 9 月 10 日，永新彩管实施全面停产。此次调整也是广电集团加快从显像管(CRT)产业向新型平板显示产业转型的重要举措。

第三节 真空照明产品

一、汽车灯

20 世纪 50 年代，随着汽车工业的快速发展，汽车灯泡的需求量日益增加。1958 年，天和电珠厂(上海电子管七厂前身)、保生电泡厂分别研制汽车照明前大灯和中小型汽车指示灯，成为上海首批汽车灯泡专业生产企业。

20 世纪 60 年代，天和电珠厂与上海玻璃瓶五厂试制并生产封闭式汽车前照灯，型号为 QD176，12 伏 50/40 瓦，以后又试制 QD142 前照灯。这两种产品是集反射器、配光器及光源为一体的具有灯具性能的灯泡，曾打入国际市场。随后又按英国标准试制了功率更大的 75/50 瓦灯泡，得到外商好评。

1973年，上海灯泡四厂科技人员在国产2526、2438型前照灯基础上，研制成功国际上称为R2的汽车防眩目灯泡。该灯具有光效高、寿命长、耐振动、近光防眩目、远光亮度高等优点，替代了进口产品。1976年，该厂成立H4汽车前照卤钨灯研制小组，于1977年7月研制成功H4汽车前照卤钨灯。该灯是20世纪80年代汽车前照灯的升级换代产品，体积小，不易破损，光输出稳定，其照度比R2产品提高一倍。

1976年，上海电子管七厂在国家第一机械工业部的支持下，和长春第一汽车制造厂、北京汽车制造厂、北京汽车灯厂组成屏蔽型封闭式汽车前灯泡联合试制组，1979年5月完成产品三轮试验，1980年批量生产，并在全国汽车灯具行业同类产品评比中获第一名。此后，上海电子管七厂、上海拖拉机汽车研究所及上海光明玻璃厂等单位又联合研制成功QF142封闭式汽车防眩目灯泡系列，为上海和国内汽车灯泡生产向系列化和国际标准化发展奠定了基础。1980年，上海电子管七厂和上海电视一厂合并，汽车灯生产业务纳入上海电子管四厂。

广电集团资产重组以后，真空电子针对传统产品业务的实际情况，采取“加强管理、降低成本、开发新品、拓展市场”的措施，取得较好的实效。1997年真空电子投资150万元，汽车密封灯顺利实现扩产，增产120万只，增收1 860万元，增利120万元。

1999年，真空电子车灯分公司根据市场需求，研制成功粘结型封闭式卤素灯，并获得国家专利，在车灯内销市场疲软的情况下，扩大出口外销，外销量比1998年增加167%。

然而，由于真空电子主营业务不断转型发展，为了集中有限资源发展平板显示业务，国有资产逐步从传统老产品中退出，汽车灯的生产基本呈现逐年减产的趋势。2004年，广电电子按照“突出主业、精简高效”的原则，对缺乏市场竞争优势和能力的老企业、老产品进行调整，汽车灯业务的生产经营至此全部停止。

二、荧光灯

20世纪60年代，国产荧光灯生产规模发展迅速，在YZ 15～40瓦普通荧光灯的基础上，发展了YZ 65～125瓦高功率荧光灯、YU 30～40瓦U形荧光灯、YH 20～40瓦环形荧光灯、YHG 20～100瓦黑光灯四大系列产品。其间，1963年，上海电子管厂研制成功高功率荧光灯；1964年，研制成功U形荧光灯。1982年，在荧光灯全国评比中，上海电子管二厂的海光牌荧光灯获全国第一，年产量达600万支。

广电集团资产重组以后，真空电子积极发展绿色照明产品，对日光灯产品进行系列化发展，形成从12～54瓦六种规格的日光灯管产品系列。1997年，生产各种型号日光灯352.70万支，比1996年增加21%；以后几年都稳定在200万支以上，其中1998年213.77万支，1999年208.7万支，2000年235.9万支。同时，真空电子积极研制绿色光源产品，1997年自行开发了T8灯，1998年上半年上海电子管二厂成功研制一体化T5直管型荧光灯，成为国内少数能够生产T5荧光灯的厂家之一。

一体化T5直管型荧光灯是当时最流行的第二代电光源产品，被指定为电光源发展方向的新一代绿色节能照明光源产品，符合国家产业政策和环保政策。T5直管型荧光灯具有输出功率大、光通亮高等特点，可广泛应用于空港、车站、体育馆、汽车、飞机等大型产品装配线及需要高照度场合。

1998年，上海电子管二厂一体化T5直管型荧光灯项目被国家经贸委列为“重点行业结构调整专项规划项目”,经抽样测试和寿命试验,各项参数全部达标,各项指标接近 PHILIPS 产品水平,产品合格率达到国际先进水平的 85%以上。2001 年,一体化 T5 直管型荧光灯作为技术创新项目通过市级设计定型,专家认为该产品科技含量高,具有高亮度、低光衰、长寿命等优点,属国内首创,达到国际先进水平。该产品系列通过设计定型,使真空电子形成 24~80 瓦 T5 直管型荧光灯产品系列的生产能力。

2004 年,广电电子为了集中有限资源发展平板显示业务,国有资产逐步从传统老产品中退出,荧光灯业务的生产经营全部停止。

第四节　超扭曲液晶显示器(STN - LCD)

一、概况

上海海晶电子有限公司(简称海晶电子)是真空电子下属一家前后工序完整的 STN - LCD(超扭曲向列液晶显示器)专业工厂,主要生产高档 STN - LCD 和小尺寸的 STN - LCD。自 1996 年 STN - LCD 生产线开通以后,产品品种发展到 600 多种,并形成完整的销售网络。海晶电子于 1997 年生产液晶显示屏 712.84 万片,比 1996 年增加 124%;1998 年生产液晶显示屏 562.44 万片,但因为产品价格下跌严重削弱了盈利能力,净利润亏损 658 万元;1999 年生产液晶显示屏 778 万片,实现销售收入 2 878.94 万元,净利润亏损 289.96 万元;2000 年生产液晶显示屏 110 万片,实现销售收入 410 万元,净利润 0.78 万元,实现扭亏为盈。

真空电子所属上海广电液晶显示器有限公司(简称广电液晶)成立于 1999 年 11 月 18 日,2000 年年初开始厂房建设,10 月提前试生产。2001 年,广电液晶全面完成项目建设,开始小批量生产超扭曲液晶显示器(STN - LCD),并先后开发了 8 大类新品共 17 个品种,产品适用于移动电话、寻呼机、掌上电脑(PDA)、手持终端、办公自动化(OA)、掌上游戏机、工业自动化、车用仪表等。2001 年,广电液晶共生产各类 STN - LCD 液晶显示屏 71 万片,销售 43.7 万片,实现销售收入 1 056 万元。2003 年 3 月,广电液晶研发成功第一款彩色 STN;2004 年 6 月,广电液晶第一款 TFT 产品研发成功并在年底迅速转为量产;2005 年 3 月,广电液晶研发成功第一款双彩 STN。广电液晶年销售额也逐年提升至 5 亿元。

海晶电子、广电液晶两家企业跻身 STN - LCD 领域,产品得到上海西门子、联想、阿尔卡特等多家著名企业的认可,为真空电子发展更高档的 LCD 产品打下了基础,推动了广电集团液晶显示产业的发展。

二、主要产品

超扭曲液晶显示器(STN - LCD)及模块是液晶显示器 LCD 的中档产品,其技术较成熟,性能不断提高,比低档液晶显示器更能满足较广的市场需求;同时,与高档液晶显示器相比具有较大的价格优势和较高的经济效益。STN - LCD 拥有广阔的应用领域,主要运用于笔记本电脑、PC 机、工作站,液晶投影机、摄像机、手机、BP 机、掌上 PC 机等。

真空电子于 20 世纪 80 年代初就能生产 STN - LCD 液晶显示屏,有着丰富的 LCD 生产经验,并具备制作 STN - LCD 的基础工艺技术。

第五节　真空荧光显示器(VFD)

一、概况

真空电子所属上海电真空器件研究所早在20世纪80年代就开始研制VFD产品，积累了丰富的生产工艺技术，并拥有年产60万片的生产能力。2002年3月28日，由真空电子与三星SDI(香港)有限公司共同投资的上海三星真空电子器件有限公司建成投产。真空荧光显示器(VFD)项目的建成投产，实现了由原先以二极管VFD产品为主向以三极管VFD产品为主的转换，增强了市场竞争力，产生了良好的经济效益。三星真空成为索尼、夏普、汤姆逊、爱华、三星电子、LG等世界著名大企业的主要供应商之一。

2004年上半年，三星真空实现销售收入1.57亿元，实现利润320万元，达到投产以来的最高水平。

由于产品主要原材料依靠进口，虽然通过加快材料国产化步伐，使材料成本占总成本的比例由原来的43%下降至37%，但公司长期处于盈亏边缘。2007年6月，三星真空董事会决议，公司经营范围发生变化，转为投产锂电池项目，专门生产笔记本电脑用电池。公司名称由“上海三星真空电子器件有限公司”更改为“上海三星广电电子器件有限公司”。

二、主要产品

【真空荧光显示管(VFD)】

真空荧光显示管是世界上应用最广泛的新型平板显示器件之一，具有显示信息量大、色彩丰富、发光亮度高等特点，广泛应用于VCD、DVD、音响、空调、微波炉、冰箱、汽车音响等电子产品领域。三星真空的VFD生产线主要生产中高档的薄膜VFD，产品能显示18种颜色，其中白色和粉色产品是其独有的品种，具有很高的科技含量。生产线可年产薄膜VFD产品2400万片，规模为国内最大、世界第三。

【无排气管真空荧光显示器】

三星真空生产的“无排气管真空荧光显示器”采用基板玻璃打孔排气的新工艺，使VFD产品外侧不再有短小易碎的排气管，克服了有排气管VFD产品的先天不足。无排气管VFD产品具有占用空间小、易安装、运输储存方便的特点，满足了显示器件向轻、薄、小方向发展的趋势。2003年9月20日，“无排气管真空荧光显示器”通过了上海市科委组织的新产品鉴定，各项性能指标均达到国际先进水平。日生产能力可达3.2万只，年生产能力800万只。

第二章　音视频整机业务

第一节　沿　　革

上海广电信息产业股份有限公司[简称广电信息，也就是原上海广电股份有限公司（简称广电股份）]是广电集团旗下的上市公司，也是音视频整机业务的主要平台。公司前身是上海市仪表电讯工业局所属行政性的上海市广播电视工业公司，主要从事音视频类及通讯类设备、网络、IT类产品的研发、生产、销售及服务，是中国电子信息行业的大型骨干企业之一。

1978年12月，上海市仪表电讯工业局所属上海市电视工业公司成立，统一管理分散在轻工、仪表、电子、手工等系统的主要电视机生产企业50家单位，经调整改组，初步形成电视机从配套到整机专业化一条龙生产。

1981年8月，上海市电视工业公司和上海市电子设备工业公司合并成立上海市广播电视工业公司，公司集中了“凯歌”“飞跃”“金星”“红灯”“上海”“春雷”“海燕”七大名牌商标的产品，年产收音机482万台、录音机17万台、电视机104万台，分别约占全国总产量的12%、30%、35%。上海市广播电视工业公司成立后，以引进、消化、吸收国外先进技术为契机，全面提高行业的生产技术水平。其间，用于电视机生产体系改造的投资为1.87亿元，外汇3 649万美元，建成上海电视一厂一条年产20万台彩色电视机的生产线，成为国内从日本引进彩色电视机技术和设备的三家工厂之一。此后，上海无线电十八厂、上海无线电四厂各建成一条年产15万台彩色电视机的生产线，从而在上海形成上海电视一厂“金星牌”、上海无线电十八厂“飞跃牌”、上海无线电四厂“凯歌牌”，黑白电视机年产200万台、彩色电视机年产70万台的能力。此外，公司系统各专业配套单位也同步改造印制线路板、电子调谐器、彩色电视机行输出变压器、录音机磁头、录音机机芯等生产线。通过引进改造，上海的广播电视产品在高质量的基础上形成大批量生产能力。

1986年11月，为实行行业管理，扩大企业自主权，属于行政性的上海市广播电视工业公司被撤销。1990年5月，上海广播电视（集团）公司成立，该公司的紧密层主要企业包括上海电视一厂、上海无线电四厂、上海无线电十八厂、上海录音器材厂、上海电视电子集团公司、上海仪表电子工业供销公司广播电视分公司、上海广播电视工业对外技术合作公司。

1987年，在全国第一届电子百强企业排名中，上海电视一厂、上无四厂、上无十八厂的销售名列前茅，分别名列第一、第二、第三名。1987—1991年，上海电视一厂的电视机销售排名蝉联五届全国第一。

1992年4月，上海广播电视（集团）公司改制为股份制公司——上海广电股份有限公司，1993年3月16日在上海证券交易所挂牌上市。

第二节　彩色电视机

一、概况

20世纪90年代，国内彩色电视机行业发展进入关键时期，机遇与挑战并存。一方面，国家数字电视计划和信息家电(IA)计划为产业发展带来新的契机;另一方面,国内彩电生产低水平重复建设的问题日渐显露,供求失衡的矛盾不断加剧。尤其是1996年以后,彩电市场大打价格战,彩电价格一降再降,大范围降价销售就达到6次,部分产品价格接近生产成本。53厘米彩电价格跌破1 000元,基本没有利润;64厘米彩电价格跌破2 000元,只能保本;只有74厘米以上彩电才有10%～15%的毛利率,行业效益受到明显影响。广电股份所属上海无线电四厂、上海无线电十八厂彩电相继停产,1996年广电股份彩电产销量严重下滑,资产负债率高达82.5%,亏损达1.7亿元,成为上海第一家报亏的上市公司。

图2-2-1　20世纪80—90年代,广电股份生产的各种型号金星电视机

1997年,广电集团实施资产重组以后,广电股份首先抓市场开拓和营销网络的建立,在全国建立了40多个直销机构和500个直销网点,变铺底销售为现款销售,实现销售量和资金回笼量两个增长;同时调整产品结构,增加大屏幕品种,提高产品质量,使彩电开箱合格率从原来的92%上升到96%,迅速扭转低迷的销售态势。1997年销售金星彩电80万台,比1996年增长62%;库存压缩13万台,应收账款压缩3亿元;金星彩电在上海市场的占有率从1996年的9%上升到1997年年底的25%,名列榜首;在全国的排名从第11位上升到第5位。

1999年是集团资产重组后的第三年,广电股份完成工业总产值276亿元,销售收入167亿元,利润1.18亿元,与重组前的1996年相比,分别增长174%、129%和167%,成功摆脱生存困境。然而,彩电市场的回暖并没有改变彩电供大于求的大局,如果不提升彩电产品的技术含量,不增加产品的附加值,彩电业务仍难以维持正常的产销水平。

为此,1998年以后,为应对国内彩电"价格大战",广电股份注重提升新品技术含量,抓住"数字技术"革命契机,着力开发适销对路、紧贴市场、满足用户需求的产品,上市了一批数字高清晰度电视机,积极推进彩色电视机产品技术走上数字化、信息化、网络化发展轨道。

二、主要产品

【金星数字高清晰度彩色电视机】

数字高清晰度电视(High Definition Television),简称HDTV,可提供相当于标准清晰度电视画面5倍的信息量,最高清晰度超过1 300线,相当于模拟电视画面清晰度的2～3倍,具有极高的图像分辨率和清晰度,采用16∶9图像模式的宽屏显示效果更符合人们的视觉习惯。此外,还有音频质量高、抗干扰能力强、传输效率高、可提供全新的数据业务等特点。广电集团资产重组之后,广电股份抓住模拟视频技术向数字视频技术的转变给彩电业务带来的新机遇,加速技术创新,推出了一批数字化、信息化、网络化产品。

图2-2-2　金星多媒体数字高清晰度彩色电视机

D2901FZ 金星彩电 1998 年,D2901FZ 金星彩电顺利上市。这是广电股份第一个应用第一代数字技术开发的具有高画质、带有 DSP 音响效果的数字高清晰度电视机,也是应用飞利浦公司 TDA8844 单片技术开发的高品位彩电。该机型在 1998 年上海彩电节上排名销量第一,并获得国家级优秀新产品奖。D2901FZ 金星彩电的开发成功标志着广电股份的彩电产品从"模拟技术"向"数字技术"转变的开始。

D2912FNZ 金星彩电 D2912FNZ 金星彩电成功吸收、消化、运用了多项数字技术,也是国内率先研发成功并上市的具有开关机拉幕功能的数字高清晰度彩电。

MD2910FNZ 金星彩电 MD2910FNZ 金星彩电是第一代多媒体数字高清晰度彩电。该机型还成功运用先进的倍行频、倍场频技术,画面无闪烁,清晰自然,并可作为计算机显示器使用。

MD2930FNZ 金星彩电 MD2930FNZ 金星彩电是第二代多媒体数字高清晰度彩电。该产品以 MD2910FNZ 为技术平台,加入维纳斯网络浏览器,具备了上网浏览功能。

PCTV 金星彩电 国内率先推出的 PCTV 金星彩电是电脑电视一体化彩电。该产品顺应了彩电数字化、信息化的发展趋势,使彩电具有更广泛、更灵活的使用范围。

图 2-2-3 2001 年港汇广场 SVA 新品展销

图 2-2-4 广电股份各种数字彩电琳琅满目

图 2-2-5 2001 年港汇广场 SVA 新品展销

图 2-2-6 2001 年港汇广场 SVA 新品展销

【SVA 数字高清晰度彩色电视机】

2001 年 1 月 1 日,上海数字高清晰度彩色电视(HDTV)节目开始试播。上海有 100 户居民用数字高清晰度电视机(HDTV)观看了首期试播,普通有线电视用户只要配备数字高清晰度显示器和 HDTV 级机顶盒,就能收看到数字高清晰度电视节目。试播中,广电股份提供的多种数字高清晰度电视接收设备都获得成功。广电股份宣布,将陆续向上海市场推出一批高清晰度、数字化、信息化、网络化、拥有国家专利权的视频类产品以及相配套的外接设备,其中有 HD2936FZ“精解像”、HD3201FNZ“大境界”等高清晰度数字彩电;同时,为了适应数字化改造传统产业的需求,形成上海广电的“双品牌”产业,决定以后上市的数字化、信息化、网络化音视频产品均以上海广电“SVA”为产品品牌,常规的音视频类产品仍以“金星”冠名。

2001 年春节前夕,广电股份生产的 SVA 高清晰度数字彩电 HD3201 率先面市,并于 3 月下旬批量生产。为了保证高清晰度数字电视(HDTV)的正式播出,迎接 10 月 20 日在上海举行的 APEC 会议,2001 年 4 月 17 日,上海市市长徐匡迪召开市长办公会,专题讨论数字电视进展情况,广电集团在会上汇报数字电视的发展情况。徐匡迪对上海市数字电视工作作了具体指示,并决定由广电集团向国务院总理朱镕基汇报数字电视的进展情况。当天下午,朱镕基在参观浦东软件园时,专门在广电集团展台观看数字电视演示,听取广电集团关于数字电视发展情况的汇报,并给予首肯。

为了使参加 APEC 会议的代表能在下榻宾馆收看到上海的最新数字节目,2001 年 4 月,市有关部门在上海国际贵都大饭店举行上海市数字电视系列产品推介会。广电股份在推介会上展出最新的数字高科技电视系列产品,其中有 HDTV 高清晰度彩电、DRTV、LCD 液晶显示器、平面触摸查询机、微型计算机、BOOKPC、DVD、DLP 投影仪等最新的数字产品。

在高清晰度数字电视试播中,SVA 高清晰度数字彩电主要有以下产品:

HD3201FNZ SVA 彩电　这是一款全数字化视、音频处理,具有多种数字视、音频性能增强功能的高清晰度数字彩电,采用国际上最先进的基于帧存储器的第三代数字视频处理电路,具有数字动态三维降噪、图像静止、放大、九画面浏览、瞬间图像留影等特殊功能,并采用 100 赫兹扫描技术,消除大面积图像的闪烁感,图像更加稳定。产品具有国际多种制式的数字立体声双伴音制式(包括中国丽音和香港丽音制式)、VGA 显示功能、自动音量控制系统、多功能遥控中英文彩色屏幕显示、三路 AV 输入、一路 S－VHS、输入一路 AV 输出、三路功放声道输出(左、右声道和超重低音声道)、定时开关机和定时闹钟等多种功能。同时具有全制式国际线路和全频段 CATV 的接收功能,可全自动、手动选台,存储 100 个频道节目。

MD2936FZ SVA 彩电　这是一款采用精解像技术而使传统彩电更新换代的精细显示多媒体彩电。HD2936FZ“精解像”彩电含有高新技术,可直接作为电脑显示器。机芯采用先进的图像显示处理技术,彻底攻克了模拟彩电画面闪烁、行结构明显等难题。该机使用的关键技术是把隔行扫描 50 赫兹场频的电视信号制式变换成数字逐行扫描 60 赫兹,双倍提升而使扫描线数达到 1 250 线,提高了原有的电视信号像素,实现了精密显像。由于应用最新的运动图像预测、运动图像补偿技术,不论是电视节目还是其他视频信号,都可以明显感受到画质的细腻度、画面的稳定度是以往彩电无法比拟的。

【高清晰度数字平板电视机(DLP、LCD、PDP)】

随着彩电行业从低价竞争走向高端技术竞争,电视消费市场的重心从传统的 CRT 电视机转向平板显示电视机,其中背投影电视机、液晶电视机、等离子电视机等多项高端产品先后投放市场。

广电信息充分利用已经掌握的高清晰度数字平板显示技术,先后研发生产出中国第一台内置

图 2-2-7　2001 年 5 月,广电信息推出中国第一台内置 TV 接收等离子电视机

图 2-2-8　LCD1501 液晶彩色电视机、彩色显示器

TV 接收的 LCD 液晶彩电、世界上技术领先的高清晰度数字光学反射式背投电视,并率先切入 PDP 等离子产品领域,制造出最新一代 PDP 等离子彩电。2002 年,广电信息逐步推出一批数字平板彩电上市,主要有数字光学处理系统背投电视机(DLP-TV)、液晶电视机(LCD-TV)、等离子电视机(PDP-TV)等高端电视新产品,在业内率先形成产品系列和产业规模。

DLP-TV 背投电视　大屏幕高清晰数字光学反射式背投影电视机在技术上可分为三代,第一代是三管背投式电视机,第二代是光源投射型液晶投影电视机,广电信息自主研发上市的"奇镜"DLP 背投为第三代背投电视的代表。SVA HDRTV5008 大屏幕高清晰数字光学反射式背投电视机采用世界上最先进的数字光学处理系统(Digital Light Processing,简称 DLP)。DLP 技术最初应用在太空领域,是一种全数字化图像再生方式,采用数字变频加逐行扫描方式,每秒钟可以显示 60 幅图像,微镜反射率超过 90%,投影的图像亮度和对比度高,色彩鲜艳,解决了清晰度问题。该款产品具有 100%纯数字图像显示方式,零扫描线,无闪烁,高亮度、高对比度,像素间距小于 1 微米,1 024×768 高分辨率,宽视角,无辐射,低能耗,绝对环保,超长使用寿命等特点。"奇镜"DLP 背投电视完全解决前两代投影管背投彩电亮度不足、画面闪烁等弱点,以一种高亮度且均匀、高清度且柔和、画面鲜艳而无闪烁的全新彩电形象露面,其效果接近电影胶片放映效果。2002 年,广电信息已经形成了 42 英寸、50 英寸和 62 英寸,同时具有 4∶3 和 16∶9 两种规格的高清晰度背投电视机产品系列,并批量投产上市。

LCD-TV 液晶数字电视　2002 年,广电信息在推出第一台 15 英寸内置 TV 接收的高清晰液晶数字电视机后,又相继推出 17～30 英寸系列液晶彩电。广电信息 SVA 液晶彩电的亮度为 250 尼特,对比度 400∶1,可视角度≥160 度,保证了色彩的真实性和色阶的准确度,同时图像显示十分犀利,分辨率达到甚至超过标准显示器的指标。具有 100～200 套节目储存、齐全的多媒体接口(AV、S 端子、色差分量、VGA、有线电视接口),时尚典雅的外观设计和多角度旋转、悬挂等功能。同时具有超轻超薄,重量只有普通显像管电视机的 1/7,厚度只有普通显像管电视机的 1/5,图像纯正,红外线智能数码遥控等功能。

2002 年 5 月,上海市 21 辆 920 路公交车全部安装广电信息提供的 SVA LCD1505Z 车载液晶数字电视,车厢内前后各悬挂一只液晶显示屏,清晰、稳定的画面及时传播新闻、娱乐及股市行情,这是中国大陆数字车载电视进入公众场合的首次尝试。

图 2－2－9　车载液晶显示器

图 2－2－10　SVA 车载液晶显示器

PDP－TV 等离子数字电视　2001 年 5 月，广电信息率先推出了 SVA 高清晰度多媒体等离子数字电视机（PDP HD4206 型）。该等离子数字电视采用国际上最先进的技术，内置电视接收装置，无需另配射频转接器。具有采用先进的 72 赫兹逐行扫描技术，彻底解决电视画面闪烁的现象；不受磁场影响，具有更好的环境适应能力；24 位真彩色显示，可实现 1 670 万种颜色，还原性好，灰度丰富，能提供格外亮丽、均匀平滑的画面；独有的有线电视 RF 输入接口创 PDP 产品之先例；体积更小、重量更轻，且无 X 射线辐射等特点。与普通电视机相比具有以下明显优势：由于各个发光单元结构完全相同，不会出现显像管常见的图像几何变形；克服了传统显像管屏幕中心比四周亮度高的弱点，屏幕无亮区、暗区之分，亮度完全均匀；视角高达 160 度，突破了普通电视机的视角局限。

三、CRT 彩电生产实现整体转移

进入 21 世纪后，广电信息以 TFT－LCD 显示应用终端产业为企业发展核心，经过几年的深化和产业结构调整，已拥有国内彩电生产厂商中唯一完整的 LCD、PDP、DLP 等平板显示产业链。尤其是广电集团 TFT－LCD 新型平板显示产业的全面投产，为广电信息借助 TFT－LCD 上游资源，快速发展平板电视、LCD 显示器业务提供了产业竞争优势。

图 2－2－11　2005 年 4 月，广电电器 CRT－TV 生产实现整体转移

2005 年，广电信息主营业务产品以 TFT－LCD、PDP 和 DLP 为代表的高端视频类产品的销售额占比达到 11%，新增销售收入近 10 亿元，等离子彩电（PDP－TV）、液晶彩电（LCD－TV）和背投彩电（DLP－TV）等高端产

品在全国彩电市场占有率均位居前三位。从而加快推动了广电信息的主营业务由传统的显像管(CRT)电视产业转向以LCD产品为核心的平板显示产业转变的步伐。

2005年年初,为集中企业优势资源全力发展TFT-LCD为主的平板显示终端业务,进一步推进以LCD-TV和LCD-Monitor为重点的平面显示类产品发展,广电信息决定把显像管(CRT)彩电的生产经营从田林路140号整体转移到松江九亭上海广电电器有限公司(简称广电电器)。

2005年4月,广电电器完成车间改造、流水线拆迁、生产准备等一系列工作;5月上旬,包括自插、手插、机芯、组件、整机在内的所有生产流水线全部就绪;5月8日,新的CRT电视生产线正式投产。7月的日产量从投产当天的130台迅速上升至3 000台以上,月产量从5月的1.1万台上升到5.7万台;生产品种从5月的5个提升至16个。据统计,5—7月累计销售CRT电视机11.7万台,6、7月的销量都超过5万台,累计实现销售收入1亿元。在产量和品种不断提升的同时,产品质量也有明显提高和改进,产品开箱合格率基本稳定在98.5%~99%。由于采用市场化订单运作,订单方式从原来的月度计划逐步过渡到周计划,生产批次结束周期从原来的60天缩短到30天;部品采购从原来的1 000多家供应商精简至118家,生产用料投入与产出接近100%,使得CRT-TV生产重新形成盈利能力。

第三节 播放器

进入21世纪后,广电信息专注于数字广播电视系统研发,掌握了数字电视机顶盒技术、单向和双向有线数字电视调谐器技术、地面无线(DVB-T,VSB)数字电视调谐器技术、数字电视数据广播接收技术、数字电视有条件接收技术(同密、多密)、数字电视中间件技术等,陆续开发生产包括数字卫星电视接收机顶盒、具有自主知识产权的EVD、全球首台涵括自动延时及刻录功能的高端DVD接收机和播放机等一批数字播放器终端产品。

一、数字视盘机(DVD)

广电信息所属上海广电数字音像电子有限公司(简称数字音像)是一家专业生产各类激光影碟机的专业公司,通过引进数字视盘机(DVD)整机、机芯关键生产设备和自行设计生产DVD整机和机芯,形成了适应国内外数字家庭影院市场发展需求的系列产品,达到单班年产50万台整机、80万套机芯的生产能力。

数字音像根据海外市场需求以及客户的不同要求开发新品,力求提升新品技术含量。该公司生产的DVD产品,开机画面OSD语言选择从中英文扩展到意、德、西、法等六种语言选择;从单一的音视频输出到YUV—SCART的变化,再到产品结构功能上的变化,尽力满足海外客户需求。2001年,该公司开发新品16种,销售新品率达到100%,出口110万台DVD整机,新增销售收入8亿元,实现利润1 200万元。

图2-2-12 2001年,广电数字音像DVD海外市场销售大增

二、卫星数字接收机(DVB－S)和光盘录像机(DVR)

2002年12月，数字音像推出卫星数字接收机(DVB－S)和光盘录像机(DVR)，并通过上海市级技术鉴定和生产定型。卫星数字电视接收机BS2000A机型的软件系自主开发，具有9种语言OSD显示，卫星天线方向控制等功能，经德国技术监督协会(TUV)和中国国家通信导航设备质量监督检验中心测试符合国际和国家标准。该机型获得进入欧洲市场所需要的CE认证，并获得一项国家发明专利、一项实用新型专利和四项外型专利。2002年出口欧洲市场5万余台。光盘录像机(DVR)采用了视音频信号的数字化处理、MPEG－2压缩、复用及解压缩、解复用、时移等技术。2003年9月1日，SVA激光视盘(DVD)获"中国名牌"称号。

图2－2－13　AVS卫星数字电视机顶盒吸引众多消费者

三、高清晰度高保真播放机(EVD)

2002年7月，广电信息高密度激光视盘系统(EVD)研发成功，并通过国家鉴定成为国家行业标准。EVD系统是一项拥有自主知识产权，掌握核心技术、控制标准的制定和修改权的新产品项目。EVD系统不仅能支持高清晰度电视节目的存储和播放，而且具有网络浏览功能，支持汽车交通导航、家庭信息网络平台和游戏机功能。

2003年11月18日，广电信息、新科电子、厦新电子等9家家电企业在人民大会堂召开新闻发布会，宣布高清晰度高保真影碟机——EVD播放机的11种不同机型正式投放市场。广电信息经过近4年的研发，解决了技术体系开发、核心芯片研制生产、整机产业化规模生产等多道困难，在EVD产业化项目上取得巨大进展，完成批量EVD试生产。2003年年底，SVA两个主要机型EVD－8000和EVD－8100大批量投放市场。

图2－2－14　2003年11月，广电信息EVD正式投放市场

四、SVA数字高清晰投影仪

2001年3月，广电信息开发成功专门为移动放映者设计，适合在商务、教学、单位会议等多种场合以及家庭娱乐使用的数字高清晰投影仪(SDP－2000)。该产品应用美国富可视(InFocus)公司数字光源处理技术(DLP),与其他同类产品相比具有高亮度、重量轻、图像清晰、色彩鲜艳、使用寿命长等多种优点。它改变以往投影机的透视原理,内置美国德州仪器公司特有的数字微镜,具有48万个像素镜片进行反射,在相同的1 000～1 500流明的光亮度下,光效率达到70%以上,填补了数码投影机没有国产品牌的空白。该机具备多种功能:内置2.5瓦扬声器,能投射出家庭影院级质量的投影效果;UBS的M1-DA连接器为未来技术升级做好准备;配有DVI数字与模拟连接线,只需一个连接器,就可支持数字及模拟信号的输入;外部尺寸只有31.8厘米×22.9厘米×9.9厘米,重量只有3.4千克,可与笔记本电脑一起放入软箱包内方便携带。

五、纯数字摄像机

2001年,广电信息所属上海索广电子有限公司(简称索广电子)步入从模拟到数字的产品转型期,各类数码8毫米摄像机种相继导入。2001年,索广电子新机种除DV外,模拟机种为6个,D8机种为10个,首次出现数字式机种数量多于模拟机种。其中,DCR-TRV11E(DV数字摄像机)是国内同行业中首个导入的具有代表性的纯数字摄像机机种。

图2-2-15　2001年,索广电子DCR-TRV11E数字摄像机

DCR-TRV11E数字摄像机外观轻巧(尺寸为169毫米×63毫米×88毫米),携带方便,具有10×的"蔡司"镜头,可向上翻转180度、向下翻转90度的3.5英寸LCD,M系列锂电池,记忆棒储存,DV接口以及RS-232接口等功能。该机采用数字编码方式,水平清晰度高达400线以上,加上静态图像的捕捉功能,若将图像记录在MS上,再通过本体与电脑的连接,可运用所附软件轻松对图像进行编辑处理。此外,该机采用jig拨号和MENU菜单按钮组合,操作十分简便;外部DVS端子及AV输入设计,更使本体与其他家电的配合使用成为可能。

六、数字音响

2001年4月,上海JVC电器有限公司(简称上海JVC)推出最新研发的三款数字组合音响系统产品FS-SD550/770/990R,该系列产品运用在电脑中广泛使用的CDR/RW(刻录式光盘)音频播放功能,把电脑的部分功能与音响产品有机结合,成为音频领域里的首创。

FS-SD550/770/990R系列产品主要功能包括:CD-R/RW(CD-R/RWPlayback)播放、FM/AM收音、扬声器副低音音频信号输出、可供MD磁盘录音的音频信号光学输出端子以及模拟音频信号输入/输出各一路,并可用于MD/AUX等其他外接音响设备。FS-SD550/770/990R的开发与设计本着科技以人为本,强调人性化理念,同时具有其他特殊功能:8.5厘米全频带扬声器采用4层方型导线所绕制的宽边音圈,在直筒式的磁钢中放入一铜套,降低了失真,使高音音质细腻,低音音质丰满,均衡度更好。3款机种的音箱喇叭各具特色:FS-SD550R圆锥体喇叭振盆采用聚乙烯石蜡混合材料,降低低音失真和分离振动;FS-SD770R圆锥体喇叭振盆采用新型陶瓷粉末石蜡混合材料,振盆力度强,灵敏度高，柔韧性好；FS－SD550R圆锥体喇叭振盆采用高分子聚酰胺材料，振盆材质坚硬且柔韧性强，同时外壳采用欧洲樱桃木材质，既确保丰满的音质，又提升了产品档次。3款机种均采用异丁烯橡胶喇叭护圈，延长扬声器的使用寿命，时钟(定时)唤醒功能，音乐启动10秒轻轻唤醒你。

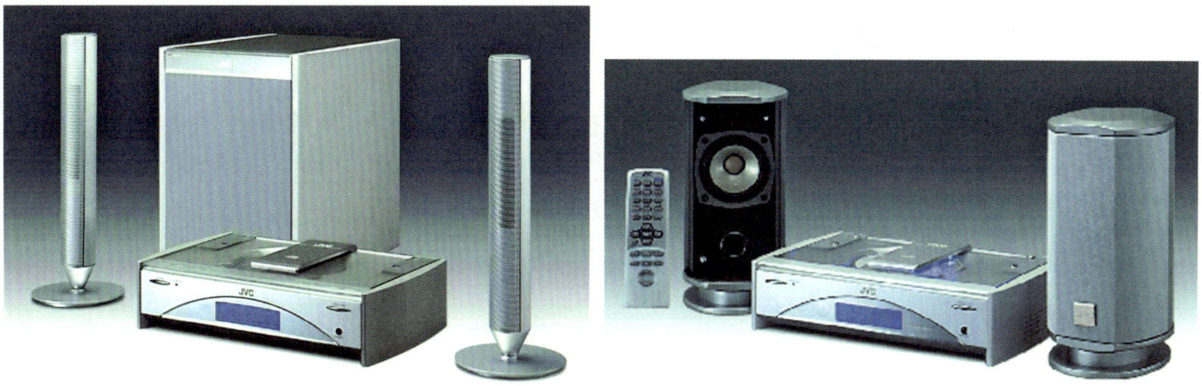

图2－2－16　上海JVC系列音响

七、汽车音响设备

广电信息所属上海广电凯歌汽车电子设备厂是研发生产汽车音响设备的专业工厂，致力于满足国内中低档汽车升级换代的市场需求，不断提升产品质量与档次，并为一汽、二汽等国内多家知名汽车制造企业配套。该厂先后开发出了10大类新品，共50余种型号，如：具有数字显示、电子调谐、CD播放功能的派生机、电调数显机型、单碟CD机、公交调频专用收音机等。

4B981型汽车调频98.1兆赫收音机是一款专门用于公交车的汽车音响设备。通过对同类产品的分析，该产品采用高端技术，灵敏度高，音质优美，2001年率先在上海920路公交车上使用，受到司售人员和乘客的一致好评，后在上海公交车上全面安装使用。

第四节　船用雷达

一、概况

上海无线电四厂从20世纪60年代开始研发生产船用导航雷达。1964年年底，上无四厂研制成功电子管式凯歌牌751型船用导航雷达，1965年9月，首部751型船用导航雷达正式交付解放军东海舰队使用。1980年，751型船用导航雷达被评为上海市优质产品。1966年，上无四厂研制成功晶体管752型船用导航雷达，该雷达被评为1979年国家第四机械工业部优质产品、1981年上海市优质产

图2－2－17　董事长徐为熇(右二)考察雷达生产企业

图 2-2-18　科技人员在测试雷达新品

品。1970 年,上无四厂开始试制 753 型船用导航雷达系列产品并逐步形成系列化,1981 年被评为国家第四机械工业部和上海市优质产品,1982 年获国家质量银质奖。80 年代,上无四厂还研制成功凯歌 757 型船用导航雷达,1985 年被评为国家电子工业部和上海市优质产品,1988 年获国家质量银质奖。1984 年 2 月,上无四厂成功引进船用避碰雷达制造技术和自动雷达标绘仪制造技术,研制成功凯歌牌 K3012、K3022 型船用导航雷达(又名 753C 型),1987 年 9 月正式装船使用,1988 年通过设计定型。

1996 年,船用雷达业务从上无四厂分离出来,成立隶属于广电股份的上海广电凯歌雷达通讯设备厂。1999 年,该厂搬迁至苍梧路 9 号。2004 年更名为上海广电通信技术有限公司(简称广电通信技术)。

二、主要产品

1998 年以前,广电通信技术的主要产品为第一代雷达产品。第一代雷达产品为引进装备,主要是在 20 世纪 80 年代引进英国台卡—雷卡公司技术和部品,国内定点生产,相当于国外在 20 世纪 70 年代的产品,总体技术水平相对落后,后来由于关键进口元器件断货,1998 年第一代雷达产品基本停产。第二代雷达是第一代雷达的国产化产品。1999 年,广电通信技术开始全面生产第二代雷达,主要产品如下:

【754 导航兼直升机引导雷达】

754 导航兼直升机引导雷达的主要功能:一是导航功能,为本船提供海面目标信息,保障航行安全;二是直升机引导功能,能够对直升机进行定位和引导。1996 年 11 月,该产品经专家组严格审核通过鉴定。2005 年,对 754 雷达做出适应性改进,提升距离,改用光栅显示,增加字符显示,形成 754A 系列雷达并列装。

【760B 导航雷达】

760B 导航雷达是 760 系列导航雷达中的大型雷达,也是 RM1290 导航雷达的国产化产品,系 21 英寸彩色高清晰度光栅扫描雷达。该产品主要用于大、中型船只的导航、定位。760B 导航雷达与 754 雷达的应答接收机等组合,还能完成对舰载直升机的引导。760B 导航雷达还能与 760C 自动雷达标绘仪配合使用。1999 年 6 月,该产品通过鉴定。

【760C 自动雷达标绘仪】

760C 自动雷达标绘仪是 D-ARPA 自动雷达标绘仪的国产化。760C 自动雷达标绘仪可作为 760 系列导航雷达的显控终端,既可作为 760B 导航雷达的主显示器对雷达进行操控,又可作为

760B 导航雷达的分显示器使用，系 29 英寸彩色高清晰度光栅扫描自动雷达标绘仪。该产品具有导航、避碰（ARPA）等功能，供中型、大型船只作为新装备或换装用。760C 自动雷达标绘仪的对外接口与 D－ARPR 完全兼容，可以直接替代 D－ARPA。2000 年 7 月，该产品通过鉴定。

三、主要技术成果

广电通信技术专注于导航雷达的研制及生产，承担了多项导航雷达相关的科研工作，并取得以下主要技术成果：

2005 年，承担完成引导距离更远的导航兼直升机引导雷达的科研生产任务，填补国内空白。

2009 年，承担完成 XX1 型舰导航雷达综合显控设备的科研生产任务，其中应用多雷达组网、视频拼接等多项先进技术，产品在国内处于领先水平。

第三章　新型平板显示业务

进入 21 世纪后，伴随着平板电视的快速兴起，CRT 电视在彩电市场的占有率逐步下降，尤其是液晶电视以其更大的屏幕、更薄的厚度、更高的分辨率，使得高端电视产品中很难再找到 CRT 电视的影子。2000 年，广电集团制定了“产业升级、管理创新”的发展方针，“产业升级”就是指从传统的 CRT 产业升级到以 TFT－LCD 为核心的平板显示产业。为此，广电集团对平板显示技术和产品研发投入大量财力、物力和人力，并率先研发成功 DLP 背投彩电、LCD 液晶彩电、PDP 等离子彩电。2003 年年初，广电集团更加明确地提出，以液晶项目为新的抓手，大力发展新型平板显示器件及其终端产品，加快形成从器件、成品到系统集成服务的强有力的产业链和产品品牌，全力建设世界级的平面显示制造基地。与此同时，广电集团与日本电气株式会社（NEC）合资的薄膜晶体管显示器（TFT－LCD）项目正式启动，标志着广电集团开始从以 CRT－TV 产业链为代表的传统产业向以 TFT－LCD 为核心的平板显示产业的转型。

TFT－LCD（Thin Film Transistor－Liquid Crystal Display）一般指薄膜晶体管显示器。TFT－LCD 产业的特点是资本密集、技术密集，技术更新快、产品周期短，产业链长、关联产业联系紧密，专利壁垒高，国际化分工程度高。TFT－LCD 产业供应链的构成如下图：

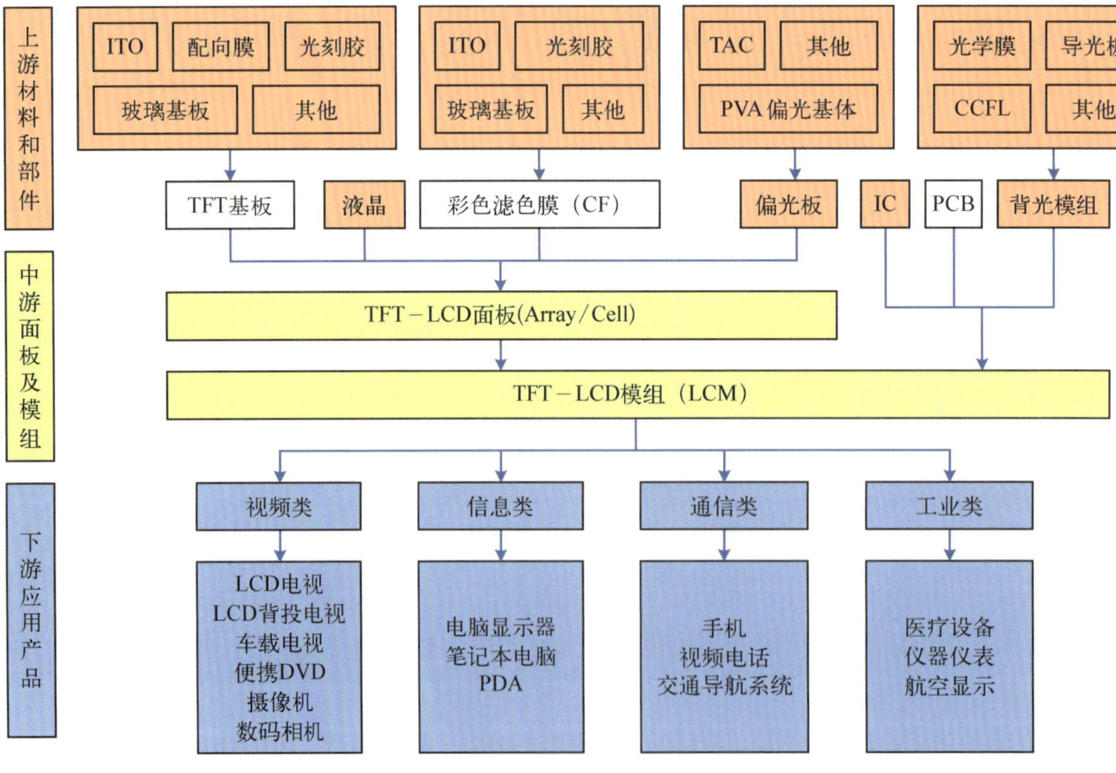

图 2－3－1　TFT－LCD 产业供应链的构成图

广电集团主要打造以 TFT－LCD 面板为核心的上、中、下游产业链，平板显示业务主要包括：

薄膜晶体管液晶显示器(TFT－LCD)、TFT 液晶面板用玻璃基板、彩色滤光片(CF)、TFT－LCD 模块等产品。

第一节　薄膜晶体管液晶显示器(TFT－LCD)

上海广电 NEC 液晶显示器有限公司(简称广电 NEC)是广电集团旗下的合资企业,也是薄膜晶体管显示器(TFT－LCD)研发生产的主要平台。该公司由上海广电光电子有限公司和日本电气株式会社(NEC)双方投资设立,其中,广电光电子占股 75%,NEC 占股 25%。广电 NEC 经营范围为 TFT－LCD 屏及其模块的设计、开发、制造、销售及售后服务。

一、概况

2003 年 5 月 5 日,广电 NEC 薄膜晶体管显示器(TFT－LCD)项目开始打桩建设。2004 年 4 月厂房建设完成,5 月开始生产线设备迁入、安装与调试,9 月 1 日第一块液晶屏下线,10 月开始试生产。该生产线是中国大陆第一条第五代薄膜晶体管显示器生产线,设计加工能力为每年 62.4 万大张玻璃基板(玻璃基板尺寸为 1 100 毫米×1 300 毫米),可年产用于液晶显示器、笔记本电脑和液晶电视屏及模块约 652 万个(按 15 英寸显示器换算),年销售额可达 10 亿美元。2005 年 8 月,公司开始全面量产。随着生产线验收合格和全面竣工投产,广电 NEC 积极开发市场需求产品,除主打产品 15 英寸显示屏外,还研发成功 17 英寸、19 英寸显示屏以及 26 英寸电视屏。2005 年 10 月,15 英寸显示屏销量超过 72 万只,占全球市场四成份额,位列世界第一。

二、生产线及产品

广电 NEC 液晶显示屏(TFT－LCD)项目全面引进 TN 模式和 SFT 模式 TFT－LCD 屏及模块的生产技术和专利,技术上属于第五代产品。其生产线及产品具有以下特点:

关键技术指标均居世界领先。生产线采用日本 NEC 提供的 TFT－LCD 技术,在亮度、对比度、视角和响应速度等方面的关键技术指标均居世界领先地位,其阵列工序的生产合格率也居世界前列。

生产效率高。同样生产 15 英寸产品,在玻璃投料数相同的情况下,五代线产能是三代线的 4 倍。

符合大尺寸趋势要求。在合理经济切割的前提下,五代线适用于生产 15 英寸以上的产品,而四代线只能生产 19 英寸以下的产品。

投资相对较低。投资 1 条五代线的费用,只比投资 1 条四代线增加约 30%的费用。

节约能源和原材料。由于产能增加、原材料利用率提高,单个产品的平均能耗与成本均有所下降,同样生产 1 个 15 英寸产品,成本可比三代线下降 10 美元以上。

该生产线生产的产品有三个特点:一是玻璃基板尺寸为 1 100 毫米×1 300 毫米,产出效益高,成本低;二是采用液晶滴下技术,以大片方式形成填充液晶的盒子,有利于提高生产率;三是 4MASK(4 层掩膜板)工艺占 40%,5MASK(5 层掩膜板)工艺占 60%,与全部采用 5MASK 相比可减少生产线投资和运行成本。

图 2-3-2　广电 NEC 生产场景

表 2-3-1　广电 NEC 薄膜晶体管显示器产品规格情况表

型　号	15 英寸屏(老规格)	15 英寸屏(新规格)	17 英寸屏	26 英寸电视屏
模式	TN	TN	TN	SFT
模式	非 PSWG	PSWG	PSWG	626.0×373.0×51.0
分辨率	XGA(4∶3)	XGA(4∶3)	SXGA(5∶4)	WXGA(16∶9)
响应速度	25 毫秒	16 毫秒	12 毫秒	8～12 毫秒
亮度	250 坎德拉/平方米	250 坎德拉/平方米	270 坎德拉/平方米	500 坎德拉/平方米
对比度	400∶1	400∶1	450∶1	600∶1
视角	130°(水平)/120°(垂直)	130°/120°	130°/120°	170°/170°

三、TFT-LCD 生产线建成投产

2004 年 7 月 15 日，广电 NEC 首次生产工艺调试正式启动以后，经过 15 天的工艺调试，各项调试工作基本完成，TFT-LCD 生产线进入生产调试及正式投产阶段。以下为 TFT-LCD 生产线建成投产后的主要节点：

【首批第五代液晶屏成功下线】

2004 年 9 月 1 日，广电 NEC 第一批无缺陷的 TFT-LCD 屏在模块厂房成功完成。S1 生产线采用世界上最先进的第五代生产线设备，并采用世界上最前沿的 4 层掩膜板工艺和 ODF 工艺，第一批屏是一次试投的制品，共产出 9 块无缺陷屏。当天挑选 5 块屏送往广电信息制作成整机。至此，中国大陆首条第五代 TFT-LCD 生产线制造的第一批显示屏成功下线。

【第五代液晶显示屏生产线投产】

2004 年 10 月 8 日，广电 NEC 第五代液晶显示屏生产线投产。广电 NEC 一期项目建成投产后，形成每月生产 2.25 万大张(1 100 毫米×1 300 毫米)液晶显示屏的生产能力。三期工程完成后，可达到月产 5.2 万大张、折合 15 英寸液晶显示屏 990 多万只的生产能力。

【TFT－LCD 液晶屏获工博会金奖】

2004 年 11 月 4 日，在第六届上海国际工业博览会上，广电 NEC 生产的第五代 TFT－LCD 显示屏及系列产品获得金奖。获工博会金奖的 SVA 第五代 TFT－LCD 屏及系列产品主要包括：广电 NEC 利用中国大陆第一条五代线生产的 TFT－LCD 屏及模块、广电中央研究院自主开发的 TFT－LCD 显示器件图像增强处理芯片及 CardBus 接口适配芯片、广电信息生产的 LT3202P4 高清晰液晶彩色电视接收机、TFT－LCD 电脑显示器、TFT－LCD 媒体播放机、TFT－LCD 车载数字电视等整机产品。

图 2－3－3　SVA 第五代 TFT－LCD 屏及系列产品获 2004 年工博会金奖

【SVA 液晶显示器市场正式启动】

2004 年 11 月 25 日，SVA 液晶显示器市场全面启动仪式在上海金茂大厦隆重举行。SVA 推出首批 5 款液晶显示器率先进入中国市场，标志着从液晶显示技术研发、生产到自有品牌营销，上广电以第五代液晶显示屏生产线为核心的国内首条完整光电子产业链全面形成。

【薄膜晶体管显示器(TFT－LCD)项目竣工】

2005 年 11 月 8 日，广电集团在广电 NEC 举行隆重仪式，庆贺上海平板显示产业基地成立暨上海广电 NEC 液晶显示器有限公司竣工。广电 NEC 由第一桩到第一屏仅用了两年时间，15 英寸液晶屏销量已占国际市场四成，居第一位。

【广电液晶研究所挂牌成立】

2005 年 12 月 23 日，广电集团在中央研究院举行“中央研究院液晶研究所成立暨广电光电子公司与广电 NEC 联合设计开发新品意向书签字仪式”，广电集团董事长徐为熄、总裁顾培柱揭牌。液晶研究所主要承担 TFT－LCD 新产品设计和开发，为广电 NEC 提供适销对路的液晶新品。

【新增 33 KS/M 生产能力项目建成投产】

2006 年 8 月 16 日，广电 NEC“新增 33 KS/M 第五代薄膜晶体管液晶显示屏生产能力项目”完成所有设备和工艺的联动调试，正式投入试生产。9 月 8 日，新增产能项目正式竣工。完成增资扩产 33 KS/M 项目后，广电 NEC 可生产 TN15 英寸、17 英寸、19 英寸和 SFT26 英寸、27 英寸宽屏等各种规格液晶显示屏，每月可增产 3.3 万大片玻璃基板(产品规格 1 100 毫米×1 300 毫米)，年加工能力增加 39.6 万片，达到 102 万片。本次扩产项目，广电 NEC 充分利用现有厂房空间、生产设施和配套条件，自行调整工艺布局，购置必要设备仪器，达到 1 215 万台液晶屏及模块(以 15 英寸计)

生产能力。扩产项目投资增加 38.4%，产能提高 88.8%，以最少投资获得最大产能。新增 33 KS/M 扩产项目的提前完成，标志着广电 NEC 完全具备依靠自身力量实现扩产增线的能力，是将五代线技术充分消化吸收后转化为自我生产能力最直接的体现。

【47 英寸液晶屏试制成功】

2006 年 10 月 23 日，完全自主设计开发并在第五代 TFT－LCD 生产线上生产的 47 英寸液晶高清电视屏在广电 NEC 开发成功，这标志着广电集团 TFT－LCD 液晶屏产品步入一个新的阶段。经测试，该新品各项指标均达到设计值，与市场上高端国际品牌的 47 英寸液晶电视屏处于同等水平。

【广电 NEC 各项指标创新高实现盈利】

2007 年 6 月，广电 NEC 继 5 月份销售额达 7.5 亿元并实现盈亏平衡后，各项指标继续创新高：销售额 8.5 亿元；投片 80 KS，产出 917 KP，销售 1 000 KP，库存量 163 KP；风险品在库金额从 1 月底的 6 858 万美元降低到 2 146 万美元，下降 68.7%；应收账款平均账期刷新历史新低，逾期应收账款占应收账款比率从 1 月份的 36%降到 11%。广电 NEC 二季度一举实现盈利。

【顺利导入 0.5 毫米轻薄型玻璃基板】

2009 年 6 月，广电 NEC 顺利攻克技术难关，0.5 毫米玻璃基板通过 Array 侧量产条件下的搬送测试。广电 NEC 的产品以 Monitor 和 TV 为主，之前使用的玻璃基板厚度一直为 0.7 毫米。为了适应 Notebook 和小尺寸液晶屏等产品多元化的需求，广电 NEC 成立专门的项目小组，成功解决如 Sputter T0 腔室碎片、Inline PR 烘箱碎片、PR 涂胶不均等重大疑难课题，实现基板量产条件下的正常作业。同时，积极组织力量开展课题攻关，解决了 cell 工程配向、ODF 装置工艺搬送和后工程切断等技术难题，顺利导入 0.5 毫米玻璃基板。

【LED 背光屏新品厚度薄至 10 毫米】

广电 NEC 充分运用技术实力，整合优势资源，重新部署战略重点，做出涉足 LED 背光液晶显示屏及工控屏领域的重要决定。2009 年 6 月，广电 NEC 完成多款产品设计规划，其中 15.6 英寸 LED 背光液晶屏厚度最薄可做到 10 毫米，足以匹敌行业内任何厂家。同时完成从 15 英寸到 26 英寸超薄型和普通型的产品设计规划。

第二节　TFT 液晶面板用玻璃基板

一、概况

电气硝子玻璃(上海)广电有限公司(简称电气硝子玻璃)是广电集团所属上海广电光电子有限公司与日本国电气硝子株式会社(NEG)、住友商事(中国)有限公司联合投资的合资企业，专业从事 TFT 液晶面板用玻璃基板的生产以及相关的研发和销售。该公司生产的 TFT－LCD 平板玻璃是 TFT－LCD 面板上游最关键的组件之一，可为 TFT－LCD 面板生产企业和上游彩色滤色膜(CF)生产企业配套，是广电集团平板显示产业链中的重要一环。

二、主要产品及生产情况

2007年5月，电气硝子玻璃TFT－LCD液晶用玻璃基板项目厂房建设完工后，仅用46天就完成生产设备的安装和调试；9月1日开始全线联动调试；9月20日进入试生产状态，并向广电NEC提供第一批认定样品；10月1日开始正式量产。电气硝子玻璃第一期产能为每月加工14万片第五代TFT液晶用玻璃基板。电气硝子玻璃产品规格多样，主要产品是0.7毫米的5代玻璃基板，同时有0.5毫米的5代玻璃基板和4.5代玻璃基板的生产技术准备。

电气硝子玻璃实现量产以后，生产逐步正常，生产效率迅速提升，合格率达92%以上。其中加工“三大”不良率低于1%，是日本电气硝子玻璃加工生产线的最好水平。玻璃基板产品品质稳定，先后顺利完成广电NEC、昆山龙腾光电、上海剑腾彩膜厂等国内客户的产品认定，实现批量供货销售。同时，电气硝子玻璃还通过不断改善合格率和提升加工速度，使生产线产能在原有设计产能基础上提高40%以上，月产能超过200 K。据2008年2月的统计，电气硝子玻璃连续三个月实现盈利。

电气硝子玻璃的成功投产，不仅填补了国内TFT－LCD液晶用玻璃基板生产的空白，而且改变原来完全依靠国外进口玻璃基板的状况，对上海平板显示产业的发展具有重要意义。

第三节　彩色滤光片(CF)

一、概况

上海广电富士光材料有限公司(简称广电富士)是广电集团所属广电电子与日本富士胶片合资成立的中国大陆首家大尺寸TFT－LCD用彩色滤光片(CF)专业生产企业。该公司生产的第五代(1 100毫米×1 300毫米)TFT－LCD用彩色滤光片，广泛用于国内笔记本电脑、液晶显示器及电视等TFT－LCD的生产配套。

二、主要产品及生产情况

2008年6月25日，广电富士第一条CF生产线(PHASE1)工艺设备完成生产线联线冷调，所有生产线完成联线热调。7月31日，第一款样品试制完成并获得广电NEC的客户认定。2009年1月和3月，第一款15英寸样品和第二款19英寸宽屏样品又分别通过广电NEC的客户认定。2009年5月，向广电NEC分别提供15英寸和19英寸宽屏各100大片进行客户批量认定，其中CF引起的不良都控制在4‰以内，达到行业中较好水平。客户批量认定的通过，标志着广电富士已掌握CF制造的技术，并具备量产能力，第一条生产线(PHASE1)正式投产。该公司可实现月产第五代(1 100毫米×1 300毫米)TFT－LCD用彩色滤光膜7万张，从而改变了中国大陆CF完全依靠进口的历史格局，并可满足广电NEC第五代TFT－LCD生产线70%以上的彩色滤光片配套需求。

广电富士还积极配合广电NEC的市场开拓，完全依靠自己的技术能力完成首款10.1英寸样品的开发和试制工作，一次性通过客户的技术认定，并申请数项发明专利。2009年6月，第三款样品顺利通过客户认定，标志着广电富士已经具备独立的产品设计开发能力。

2009年7月，广电富士投入量产实现销售。公司与京东方(BOE)、龙腾光电(IVO)达成产品供

图 2-3-4 广电富士第二条生产线设备搬入安装

应的长期战略协议，并完成前期技术交流、工厂检查和开发产品的技术规格确认。2009 年 8 月，广电富士分别向 BOE 和 IVO 提供首款样品供客户认定，同时，开始为他们的 TV 用 CF 产品开发进行技术准备。

2008 年全球金融危机爆发，摧垮了液晶面板市场的盈利周期，液晶面板企业普遍出现巨额亏损。2009 年 3 月，中共上海市委、市政府决定，广电集团由上海仪电控股(集团)公司托管重组。广电 NEC 第五代薄膜晶体管显示器(TFT-LCD)生产线因严重亏损，在重组中以 25 亿元转让给中航技集团(深圳天马)。

第四章　宽带网络业务

宽带网络业务群是广电集团一个新兴业务群。宽带网络业务与原有的视频整机、显示器件、海外等业务群组成广电集团的四大业务群，成为广电集团发展产业的重要部分。1999年，广电集团组建上海广电通讯网络有限公司（原名上海广电信息技术有限公司，以下简称广电通讯），收购上海广电健洋网络有限公司、上海科技网络通信有限公司，并于2002年9月正式成立广电集团宽带网络分公司。宽带网络业务群设有宽带网络运营、远程网络应用、卫星网络应用、数据中心（IDC）等业务板块，拥有“天网”卫星通信网、“地网”光纤城域网的业务优势，是一家全方位的IT服务提供商。宽带网络业务群担负着广电集团打造电子信息行业新的价值链、从传统家电制造企业发展成为电子信息企业的重任。

第一节　IT信息服务

一、概况

广电通讯成立后，秉着“追求卓越，创新每一天”的精神，不断探索、创新，从原来“三网合一”实验室到广电有线网络集成商，发展成为集IT产品和服务、网络运营、产品分销为一体的ICT服务企业，为广电集团产业结构调整和产业升级作出了积极贡献。

1999年7月23日，中国建设银行上海市分行与广电通讯签订银企合作协议，全面推进“三网合一”系统建设。《文汇报》以“上海三网合一获重要进展”为题作了报道。《新华每日电讯》以“上海推出三网合一系统”为题，《经济参考报》以“三网合一上海广电梦先圆”为题，报道了广电通讯推出“SGIT三网合一系统”的情况。《解放日报》《通信产业报》《上海经济报》等宣传媒体也作了相关报道。

广电通讯“三网合一”系统的具体功能有：(1) 有线电视接入；(2) 社区特色信息服务；(3) VOD点播；(4) Internet接入；(5) 网络管理；(6) IP电话；(7) Internet上网等。“三网合一”系统不仅在业界引起关注，而且进入市场，上海新建的俐玛小区、香港丽园小区、金星苑都实施了“三网合一”系统。2000年1月17日，广电通讯与上海石油化工股份有限公司联合开发石化有线宽带网络，标志着广电通讯进入有线网络产业化升级改造行业。2000年12月开拓酒店VOD运营业务，2001年5月开拓互联网接入（ISP）业务，2002年1月进入产品销售领域，全面代理AVAYA产品。至此，广电通讯初步形成IT服务和IT运营的业务方向。

二、产品及服务

2005年，广电通讯经过6年的发展，在IT信息服务领域自主研发了一系列产品，并将研发的产品与解决方案整合。其中包括：智能小区信息系统、电话回传视频点播系统、有线通（Cable modem）、宽带网络终端业务支撑系统、流媒体资源管理系统、办公自动化系统（OA）、网站信息发布

与管理系统、视频会议系统、城市景观系统等,有6项软件进行著作权登记,形成4个完整的解决方案:

【运营商解决方案】

该方案主要向各地的广电、电信等网络运营商的数据网建设、HFC网络改造提供整体改造方案和系统集成工程服务,同时提供网络运营方案。

【电子政务解决方案】

该方案为各地各级政府宽带网络提供软硬件设备、整体电子政务的咨询与规划。主要包括:规划和业务流程改善咨询、基础设施建设、软件技术支持、应用软件集成。

【企业信息化解决方案】

该方案向各大型企业提供内部办公网络、生产管理网络和包括ERP在内的软件开发和应用。

【教育信息化解决方案】

该方案提供各级教育机构、学校的网络和电化教育解决方案。

广电通讯还先后获得高新技术企业、软件企业、系统集成资质、涉密系统集成资质、建筑智能化资质等认定,通过ISO9001质量体系认证,拥有驻地网、国际联网业务(ISP)、互联网信息业务(ICP)、网上电影电视类节目(IP播放权)等特别行业许可证。

第二节　宽带网络运营

一、概况

上海科技网络通信有限公司(简称科技网)是广电集团宽带网络业务群内从事网络基础营运的企业,也是上海地区大型宽带网络服务提供商(NSP),拥有大规模的城域宽带网络平台——上海科技网。主要提供10/100兆比特/秒(Mbps)互联网宽带接入服务(FTTB+LAN)、数据中心(IDC)服务(专业化服务器托管、网络带宽批发)、虚拟专网(VPN)服务,并拓展诸如视频会议、电子商务、远程教学、远程医疗、网上证券等各种特色增值服务。

图2-4-1　科技网IDC机房

1995年,上海市科委建立宽带ATM试验网络——上海科技网。2000年11月,广电集团和上海科技投资公司共同出资成立城域数据网络通信企业——上海科技网络通信有限公司。当时的科技网完全是一个试验网络,设备陈旧,结构不合理,稳定性极差,每天故障几十次,虽有几十个单位用户,但没有任何合约关系,出口带宽12兆(M),网络速度极慢。自2001年1月科技网正式投入商业运营以后，经过3年的发展，从一个简单的企业级试验网发展成为上海城域网行业中初显竞争力的商用网络运营商。2003年，科技网共有网络节点45个，自主产权光纤941公里，租用光纤348公里(机房98%是租用，光纤95%是架空光纤)，接入用户达到248家，IDC用户33家，邮箱用户2014家，销售收入比2002年翻了一番，成本比预算降低20%。

二、产品及服务

科技网主要提供以下产品和服务：

【FTTB+LAN】

FTTB+LAN技术，即敷设光纤到大楼、五类线到用户端，是一种基于优化高速光纤局域网技术的宽带接入方式。科技网FTTB+LAN接入方式的特点如下：用户以100 M接入到节点交换机，实现互联网高速接入；以光纤作为传输媒介，从根本上解决网络瓶颈问题，让网络畅通无阻；网络的交互性能好，能够传送高品质的视音频业务，有足够的宽带支持用户WEB网站；实现24小时不间断上网，无须拨号，无须占用电话线；终端设备不需要做大额投资，只需要10/100兆的网卡；费用低廉，具有较高性价比。科技网接入的类型有512 K、1 M、2 M、10 M、100 M。

【虚拟专网(VPN)】

虚拟专网(Virtual Private Network，VPN)是利用公共网络基础设施，通过"隧道"技术等手段达到类似私有专网的数据安全传输。VPN具有以下优点：降低成本，企业不必租用长途专线建设专网，不必大量的网络维护人员和设备投资；容易扩展，网络路由设备配置简单，无需增加太多的设备，省时省钱；完全控制主动权，VPN的设施和服务完全掌握在企业手中，企业可以把拨号访问交给网络供应商(NSP)，自己负责用户的查验、访问权、网络地址、安全性和网络变化管理等重要工作。科技网是大型的NSP，在上海拥有先进的、成熟的宽带城域网络平台，为各类用户提供完整的VPN解决方案及服务。

【主机托管】

主机托管业务是将服务器及相关设备托管在科技网数据中心内，共享一流的网络带宽、高标准的机房设备、环境和优质的服务，从而提高网站的访问速度和稳定性。高品质的机房、足够和可靠的电力[两路市电+不间断电源(UPS)+柴油机供电系统]、带宽，必要的保安、消防、空调设备，以及专业技术人员，使客户能放心地专注于自己的核心业务。2006年7月，科技网新建的网络中心机房和IDC机房正式投入使用。新机房面积300平方米，可放置100个标准机柜，采用N+1备份方式的专业风冷恒温恒湿精密机房空调系统，并配置专业电信机房级的独立气体消防系统和先进的监控系统，达到电信级A类机房标准。

【空间租用】

科技网采用高端配置的Web服务器，Win2000 + IIS + SQL SERVER和LINUX + APACHE+PHP+MYSQL，支持ASP、JSP、PHP、CGI、JMAIL，并可根据用户需要定制。免费提供1个FTP账号，支持FTP上传、方便站点更新维护。

【域名申请与解析】

域名申请与解析业务即代理用户申请国内和国际域名,包括.cn、.cc、.tv、.biz、.info以及中文国际域名、中文通用域名。同时可根据用户需要进行域名解析或域名的重新指向。

【企业邮局】

科技网的高性能企业级邮件系统给企业提供"空间+软件+服务"的全面一站式服务,从根本上解决企业在收发邮件中存在的管理问题,满足企业级用户对邮件交换的需求;同时作为企业电子商务的信息交换平台,企业员工均有以公司域名为后缀的邮箱地址,企业拥有自己域名的邮箱,可以在所有商务邮件上冠以公司特有的后缀,在电子商务上创出自己的品牌,全面提升企业整体形象。

【视频会议】

科技网宽带视频会议系统是以宽带IP网为传输承载方式、面向桌面用户、可运营可管理的宽带IP桌面型视讯业务平台,主要为桌面用户提供具有较高视音频质量、灵活会议控制功能、简单便捷操作的可视化即时通信服务。

【Voip业务】

Voip业务是利用用户已有的宽带网络,使用先进的IP软交换技术,为用户提供经济可靠的语音通信服务。借助IP软交换技术,实现IP电话网与PSTN的无缝对接,充分体现一网多用的特点,能提供包括市内电话、国内长途和国际长途电话在内的各种基本及增值语音通讯服务。主要优势有保持电话原拨打习惯,无需加拨特服号及密码,高效方便;可直接拨打市内、国内、国际长途电话,长途电话资费标准按国家IP电话资费标准执行,且无市内电话接驳费;用户若办公地址变更可保持电话号码不变等。

第三节　远程网络应用

一、概况

2000年,上海市人民政府协作办公室发起建立白玉兰远程网,并由上海市教委、市经委、市农委、市科委、市民宗委、市计生委、市卫生局、市环保局、市妇联、市希望工程办与上海广电健洋网络有限公司(简称广电健洋)共同参与实施。

广电健洋由广电集团、广电电子于2000年3月共同出资成立,主要从事宽带网络接入服务。在白玉兰远程网的实施建设中,广电健洋采用具有国际先进水平的SPACECAST系统,通过卫星、光缆、综合业务数字网(ISDN)、有线电视网和多媒体计算机,实现远距离、交互式、大范围的教育、医疗活动。2003年12月25日,广电集团、广电健洋、广电通讯签订相关协议,由广电通讯收购广电健洋100%股权。

二、产品及服务

2000年12月26日,上海市委常委、副市长蒋以任,云南省副省长黄炳生出席白玉兰远程网开通仪式并剪彩。白玉兰远程网开通后由广电通讯负责运行。广电通讯加强技术开发力度,促进网络平台、传输技术、教育软件、用户终端的不断完善，努力打造图像传输清晰、运行稳定可靠、管理功能齐全、操作简单便捷的远程教育平台。白玉兰远程网选择以卫星 KU 波段 IP 流媒体传输为主、地面网络回程为辅的技术路线，运用现代信息技术，实现远距离异地交互的“天地合一”技术平台。该网采用广电通讯自主开发的 SPACECAST 卫星远程教育软件技术，具有传播速度快、地域空间跨度大、辐射受益范围广的特点。系统营造一个实时互动的虚拟教室环境，可以通过卫星—Internet 方式，向偏远地区的所有教学点提供交互式服务；授课采用大量多媒体课件，形式生动活泼；课件实时截屏传输，真实还原老师上课场景。

1999 年开始，白玉兰远程网和市卫生局合作，利用 SPACECAST 系统提供医生培训服务。上海市近 60 家区县中心以上医院都连接到白玉兰远程网，外省市任何一家医院只要配备上海远程医学网的系统，就能共享上海 60 家医院的医疗资源，进一步提高远程医疗的质量和服务水平。此后，广电健洋又组建了上海市劳动局职业教育培训中心远程教育网。

2001 年，白玉兰远程网在云南红河、文山、思茅三地州建立 32 个教学点，在三峡地区建立 2 个教学点，向云南万山红远程教育网赠送 800 套远程教育软件，加上上海和全国其他地区的远程医疗咨询和远程医学教育点，白玉兰远程网在全国十几个省市拥有 300 多个用户点，共计培训课程达 150 小时，接受培训 3 000 人次。

2002 年，上海市援藏工作领导小组把援建日喀则地区中专校教学楼建设项目交给上海市教委。上海市教委特别推荐白玉兰远程网，由广电健洋负责建立西藏第一个白玉兰远程网培训点，负责整个教学楼工程的远程网络建设。同时，广电集团指定广电健洋负责卫星基地项目的具体组建。白玉兰远程网向云南等对口支援地区进行各类教师业务培训，共计培训课程近 200 小时。

2003 年 5 月 28 日，上海市政府援建日喀则地区中专校教学楼竣工典礼和白玉兰远程教育网开通仪式在广电健洋演播厅举行。白玉兰远程网全年进行教师、环保、计划生育、医学、干部培训、妇女综合素质等远程培训累计超过 900 小时，并通过云南 141 个远程教学点对 3 400 多名希望小学教师进行远程培训。

2004 年，广电通讯实施远程教学点设备更新，并重新规划远程点建设规模，逐步做到对云南对口地区的全覆盖，形成包括双向卫星、卫星接收地面回程、卫视通卫星接收等覆盖地市州、县、乡(镇)、村的多级远程教学网络。当年建成各类远程培训点 1 000 多个，全年实施远程培训共计 900 多小时，培训人数 3 万名。包括：上海市教委对西藏 750 名教师连续 10 天的培训，上海市环保局对云南三期 150 名专业人员的技术培训，上海市希望办对云南希望学校 2 500 名教师的培训，上海市卫生局对 5 000 名医生 500 多课时的远程培训，上海市农委对 99 个乡镇 8 000 名农民的农业实用技术培训，上海市妇联对上海市郊及云南 2 万名妇女的综合素质培训。

图 2-4-2　2005 年 3 月 29 日，广电通讯白玉兰远程网管理中心揭牌

2005 年 3 月 29 日，白玉兰远程网管理中心成立，全面承担日常运行、组织协调和规划发展工作。根据云南教育系统的要求，白玉兰远程网增加教育培训内容，开设 10 个教育栏目，有 100 个以上的白玉兰远程网教学点组织收看。全年通过白玉兰远程网开展的教育培训工作累计超过2 000小时,培训人数超过5万名。9月,白玉兰远程网教育频道正式开通,共安排近15个栏目450个小时的节目。10月,"进村入户"远程培训开始试点,在云南思茅和文山安装11套卫视通设备。11月,开始每天晚上播放适合农村收看的农业实用技术、妇幼保健、常见病防治、科普教育等内容的培训节目,累计播放近200小时。全年安排"全科医生""护理知识""精神卫生"等专题远程培训1 000多小时,培训人数超过2万名。2005年6月,白玉兰远程网作为中国智力扶贫的成功范例,在亚太经合理事会于北京举办的"信息时代知识传播和扶贫国际研讨会"上进行交流,获得国内外政府官员和学者的关注和好评。

2006年,白玉兰远程网全年播放超过3 000小时,其中白玉兰教育频道850小时,白玉兰农村频道试播480小时,上海市教委和环保局组织的专业培训100小时,职业技能培训100小时,上海市郊农业和妇女培训600小时,"全科医生""精神卫士""继续教育"等专题远程培训1 600小时,培训人数超过6万人次。

2007年,白玉兰远程网已具备全面发展的基础条件:一是建立"天地合一"技术先进、运行稳定的远程教育平台,满足远程教育培训对软硬件技术的需要。二是建立远程培训网络维护和节目播放体系,保障远程教育培训的高质量运行。三是建立覆盖对口地区的有规模的远程教学点网络体系,能够全方位开展远程培训。四是建立远程培训课程开发和课件整合的社会合作体系,上海的优质教育资源得到对口地区人民的欢迎。五是建立白玉兰远程网有效管理体系,加强远程培训的组织管理,提高远程培训的针对性、系统性和有效性,为对口地区社会经济发展提供人才储备。

第四节　卫星网络应用

一、概况

广电通讯卫星网络分公司是广电集团授权的小型卫星地面站(VSAT)业务经营部门和广电通讯重点业务单元,负责上海广电卫星通信基地的日常管理。上海广电卫星通信基地于2003年年初投资建成,2004年5月正式运行,位于上海莘庄工业区。广通卫星基地是当时国内规模最大的VSAT卫星通信系统之一。卫星基地拥有两套世界上最先进的VSAT卫星通信系统[休斯(HUGHES)公司的DiRECWay系统和卫讯(VIASAT)公司的Linkstar系统],可以同时支持上万个用户基于IP的卫星交互式多媒体宽带应用。机房建设充分考虑安全性和电磁兼容性,天线、射频系统、基带系统及电源均采用多种冗余备份手段,使之具有极高的可靠性、安全性、稳定性,基地设有客户服务中心和呼叫中心,为客户提供优质售后服务。卫星网络分公司集网络运营和应用服务于一体,可以为客户提供完整的系统解决方案。

图2-4-3　2005年5月,"卫星多媒体"传输技术项目通过市经委验收

二、卫星网络业务技术配置情况

【主站系统】

天线　主站天线两副，互为备用。一副是口径为 9 米的双向天线，带进口伺服跟踪系统，一副是口径为 7.3 米的双向天线，带进口伺服跟踪系统。

射频单元　为保证射频系统的高可靠性和高可用度，主要设备均采用多种冗余配置。750 W 高功率放大器为 2∶1+1 配置；上变频器有两组，各为 1∶1 的配置；下变频器和 L 波段下变频器均为 2∶1 配置；LNA 为两组，各为 1∶1 配置。

性能优异的射频设备监控系统　监视主站射频系统的工作状态和工作参数，并能够对设备的参数或状态进行在线修改或控制。

DiRECWay 宽带卫星平台　这是休斯公司集多年 VSAT 经验的顶级之作的新一代双向平台。星状网络的一个主站可支持超过十万个小站。DVB－S 宽带出境载波支持 IP 广播/组播，速率从 5 Msps、10 Msps、20 Msps 至 30 Msps 可调。支持多媒体业务、内置网络安全系统、三重 DES 加密、有条件接入控制、可定义服务等级、公平接入控制、自动登录系统。Linkstar 系统是一个宽带的、星型的双向卫星网络，实现全双向非对称的数据传输。

出境载波　采用 DVB－MPE 方式的 TDM 流，速率为每秒 5～42.5 Msym。

入境载波　FM－TDMA，支持 turbo 编码，速率为每秒 156、312、625、1 250 Ksym，支持额定带宽(Bandwidth-On-Demond)，低功耗的卫星终端小站(RCST)支持 1/2W Ku-band RFT，TCP spoofing-10 Mbps throughput at terminal 支持 web-based 或 SNMP based NMS 支持入境载波的 QoS 和主站的 QoS server。

【远短小站建设】

DiRECWay 系统支持　包括 DW6000 系列、DW4000 系列、DW3000 系列、DW2000 系列、DW1000 系列。

Linkstar 系统支持　包括 Linkstar 双向小站、支持 DVB－S 标准的单向小站。

【运营保障】

电源系统　带自动切换的来自不同电源的双路高压进线，容量为 1 000 KVA*2；配置 3 台 IMV 公司 80 千伏安不间断电源系统，按照 2+1 方式运行。在满负荷的工作状态，系统供电时间不少于 2 小时；配置英国生产的功率为 500 千伏安的柴油发电机组，以备长时间断电期间系统供电需求。

机房设施　严格按照电信运营标准设计，所有通讯机房均采用钢板屏蔽。

温、湿度控制系统　机房专用的温度、湿度控制系统，使机房内处于稳定的温度、湿度环境，保证设备安全运行。

消防、安防系统　在主要机房设置气体灭火系统和预作用喷淋系统；机房配备集中式门禁控制和多重安保系统，并由专业公司负责相关安全工作。

运营管理　机房内 24 小时有人值守，网络运营中心(NOC)可以监控到射频、中频、网管等设备参数和状态。基地设有客户服务中心和呼叫中心，配备多名经验丰富的高级工程师，为客户提供电话、网络和现场等多层次的优质服务

与地面网络的连接 卫星基地与科技网通过光纤网络直连,并可以接入中国电信、中国网通、中国联通、中国移动等各家电信运营网络。

卫星资源 上海广电卫星网络租用亚洲卫星公司的亚洲4号通信卫星的Ku-Band转发器,租赁总带宽数10兆赫。并与鑫诺卫星、中国卫星集团、亚太卫星等卫星运营商保持密切的合作关系。

三、主要产品及服务

【BXZ-0608卫星应急通讯系统】

2006年6月,广电通讯成功开发BXZ-0608卫星应急通讯系统。该系统具有传输数据VOIP语音、传真、视频显示回放、网络互联、GPS全球定位等功能。

图2-4-4 卫星通讯车内部配置

结合森林火场抢险救灾的现实情况,为确保救火队员能够在第一时间将准确的火场信息传送给救灾指挥部,国家森林防火办专门印发了关于“建议全国推广使用广电通讯BXZ-0608卫星应急通讯系统”的文件。该系统不仅在全国森林防火系统中得到认可,同时受到全国应急网、电力监控、边防、公安、水利、民防、资源勘探等行业的关注。2006年10月,广电通讯成功签约“上海市政府卫星应急保障系统建设”项目,该项目是市政府应急指挥室项目的重要部分,可为市领导决策、指挥处理突发公共安全事件提供系统支持。在2006年中国国际工业博览会上,BXZ-0608卫星应急通讯系统获得铜奖。

【SVA卫星直播机顶盒】

为了解决国内2/3的农村看不好电视、听不好广播的问题,实现卫星直播电视“村村通”目标,广电通讯开发成功“SVA卫星直播机顶盒”。2007年3月,在第十五届中国国际广播电视信息网络展览会(CCBN 2007)期间,广电通讯作了题为《直播卫星电视“村村通”项目——上广电工作汇报》的主题讲演,汇报广电集团在“村村通”项目实施中的做法和成果,并就SVA卫星直播机顶盒技术性能满足ABS-S上星测试节目的兼容性成功进行上星演示,得到与会领导和专家的高度认同。直播卫星机顶盒(ABS技术)的研发成功,为国家直播卫星电视及“村村通”项目实施奠定了坚实基础。

【SVA便携式卫星通讯系统】

SVA便携式卫星通讯系统在四川汶川“5·12”特大地震中发挥了巨大的通信联络作用。这套自主研发的卫星应急通讯系统有两个部分组成:BXZ-0608便携式卫星应急通讯系统和0.98米背负式卫星天线。BXZ-0608便携式卫星应急通讯系统集卫星终端、视频编码、VOIP网关、微波图像、显示器、GPS等电子设备于一便携箱内,配合便携天线使用,可开展视频会议、图像采集、卫星电话、互联网访问等服务。同时,系统为用户预留各网络接口,实现数据传输,具备与卫星地球站之间的实时双向通讯功能。整个系统具有防震、防尘、初级防水等功能，兼具外形美观、携带方便、安装简单等特点，整个便携箱重量 12 公斤左右，多种功能模块的固定连接有效降低了操作复杂度，能够为各种卫星应用特别是突发公共事件的通信应用提供及时、迅速、可靠的宽带多媒体通信服务。0.98 米背负式天线使用铝材质制造，包括 ODU 馈源在内，总重量在 20 公斤以内，可由一人背负前行。天线总共由六片天线锅面组合而成，不用时可以收到袋中，形成背负式形态。天线收起尺寸为 720 毫米×400 毫米×350 毫米，底部有背带，所有连接件使用插销，整个安装过程可在 15 分钟内完成，满足用户在应急情况下快速投入使用的需求。此套应急系统还配备小型手提式汽油发电机。

第三篇

合资合作

概　　述

上海广电(集团)有限公司(简称广电集团)重组后,上海真空电子器件股份有限公司和上海广电股份有限公司由广电集团控股,两家企业的合资合作企业一并进入广电集团。所属合资企业最早始于1987年,是国家“七五”期间立项建设的彩色显像管生产、销售、研究、开发的大型骨干企业之一——上海永新彩色显像管有限公司。20世纪90年代以后,先后合作过的世界著名企业品牌有德国西门子,日本索尼、松下、夏普、NEC、旭硝子,韩国的三星、LG等。涉及的产业门类主要有第五代TFT-LCD生产技术和研究技术、通信网络产品及系统设备、通信终端产品制造、彩色等离子显示器、真空荧光显示器(VFD)、彩色显像管和彩色显像管玻壳、大屏幕专业化安防监控产品研发、影视设备。此外,家用类产品有微波炉和微波炉用磁控管及相关的电子电器产品、摄录一体机、数码摄像机、空调器、空气净化器、除湿机、电冰箱、洗衣机,等等。

广电集团坚持对外合作战略,不断扩大合作领域,合资企业占广电集团“半壁江山”。通过与国际著名大企业的合资合作,学习了合资企业先进的管理理念,使广电集团企业管理水平不断提高,技术创新能力不断增强,制造产业得到快速发展。

第一章　广电集团和日本松下的合资合作

广电集团与日本松下合资成立的企业共有三家：上海松下等离子显示器有限公司(简称松下等离子公司)、上海松下微波炉有限公司(简称松下微波炉公司)、上海松下磁控管有限公司(简称松下磁控管公司)。松下等离子公司是2001年上海市重大建设工程项目之一，生产的彩色等离子显示器为世界上最先进的大屏幕自发光显示器件之一，是当时中国国内唯一的从零部件、屏、模块到成品一条龙生产的企业，所生产的42英寸高清等离子电视机填补了国内空白。松下微波炉公司主要经营范围是家用微波炉和相关产品以及零部件，相关的原辅材料，销售自产产品，并提供产品售后服务，公司生产能力接近日本松下全球销售量的50%。松下磁控管公司主要经营范围是家用微波炉用磁控管和相关的电子电器产品及其零部件，是国内唯一一家生产家用微波炉磁控管的中日合资企业，电磁兼容磁控管与变频磁控管达国际先进水平，微波炉用磁控管年产能力达1 200万只。

第一节　上海松下等离子显示器有限公司

一、合资概况

松下等离子公司成立于2001年1月20日，由日本松下电器产业株式会社、上海广电电子股份有限公司(简称广电电子)、上海工业投资(集团)有限公司(简称上海工投)和广电集团共同投资，坐落在上海市浦东新区金桥出口加工区，是2001年上海市重大建设工程项目之一。

松下等离子公司投资总额9 877万美元，注册资金7 000万美元。投资比例是：中方3 430万美元，占注册资本的49%；日方3 570万美元，占注册资本的51%。其中，广电电子投资2 442.3万美元，占34.9%；上海工投投资626.3万美元，占8.9%；广电集团投资361.4万美元，占5.2%。公司引进日本松下的技术和设备，生产等离子(PDP)屏、模块及各种应用等离子(PDP)的显示器、多媒体显示器、彩色电视机等相关产品及零部件的开发、生产、销售和售后服务。公司生产的彩色等离子(PDP)显示器为世界上最先进的大屏幕自发光显示器件之一，是当时中国国内唯一的从零部件、屏、模块到成品一条龙生产的企业。

图3-1-1　上海松下等离子显示器有限公司

2003年7月，广电电子对松下等离子公司增资3 386.4万美元，使彩色等离子显示器(PDP)年产能力由5万台增加至24万台。广电电子所持松下等离子公司股比由34.9%变更为41.9%。

2004年,广电电子对松下等离子公司增资1 268.6万美元,进行后基板生产线扩产改造项目。广电电子所持松下等离子公司股比由41.9%变更为43.01%。

二、经营成效

1999年9月,彩色等离子显示器(PDP)合资项目获批立项,这是国内第一个获准建设的PDP项目。

2001年2月22日,松下等离子公司厂房一期工程开工典礼暨奠基仪式在浦东金桥出口加工区75号地块举行。

2001年12月11日,松下等离子公司第一批PDP产品顺利下线。

2003年8月,彩色等离子屏(PDP)生产线第二期工程建成投产。月生产等离子屏(PDP)2万台,年产24万台42英寸彩色等离子显示器(PDP),实现了翻两番的目标。2003年松下等离子公司生产的产品在中国市场份额占30%以上,销售份额在同类产品中名列第一。产品除供应国内市场,还出口日本、欧洲等国家和地区。

2004年4月1日,松下等离子公司实现月产等离子显示屏(PDP)2万台,合格率达到广电集团考核标准。2004年12月,生产整机达8 500多台,销售等离子(PDP)整机9 200多台,实现满产多销的预期目标。年度净利润达到1.25亿元以上,合格率达88%。

2004年4月,松下等离子公司生产的"42英寸逐行扫描等离子屏"通过由上海市经委组织的新产品鉴定会。这项产品具有"非对称单元结构""深黑滤光层"等独特的专有技术,各类技术指标均达到国际先进水平。新产品投放市场4.56万台,实现销售额7.40亿元。

2004年12月9日,松下等离子公司举行二期工程建成投产仪式。彩色等离子显示器年产量从6万台增加到24万台,实现翻两番的目标。仪式前,上海市副市长姜斯宪会见松下电器产业株式会社社长中村邦夫。

2005年7月18日,松下等离子公司自2001年12月诞生第1台等离子(PDP)电视机,经过43个月吸收PDP制造的新工艺、新技术,迎来第10万台等离子(PDP)电视机的顺利下线。

2006年年初,松下等离子公司引进生产M9型PDP新技术,进行大规模设备和工艺改造。在技术革新项目中重点突破工艺瓶颈,攻克纵线不良技术难关,使纵线不良率从2006年年初的2.5%下降到0.6%,PDP合格率提高了1.9个百分点。通过推广优秀操作法,提高等离子(PDP)电视机的生产效率,使原来每人日均生产6台提高到10台。至2006年年底,松下等离子公司获得经济效益2 703万元。

2006年12月5日,松下等离子公司首批400台42英寸高清等离子(PDP)电视机下线,该款(TH-42PV65C)等离子(PDP)电视机的清晰度达到720线标准,显示屏采用1 366×768像素的格式,比国际高清电视标准提高了33%的像素。该批符合国内高清晰度标准的等离子(PDP)电视机试制成功,填补了国内同类产品的市场空白。

2007年4月,松下等离子公司实现中国标清等离子(PDP)显示屏852×480像素(SD)向符合中国高清等离子(PDP)显示屏1 366×768像素(WHD)的转换。5月,松下等离子公司生产出WHD等离子(PDP)屏14 700多只,屏检合格率从4月的61%提升至93%,提前一个月实现产品升级的预期目标。6月,TH-50PV70C高清等离子(PDP)电视机试生产成功,该型号产品是专门为中国设计的高品质产品。

2008 年 8 月 8 日，第 29 届奥运会在北京隆重开幕。在北京奥运会比赛现场和转播现场，松下等离子产品被众多媒体所采纳，在北京国际广播中心安装了 13 台 103 英寸的松下等离子显示器，在其他比赛现场安装的松下等离子(PDP)显示器有 1 500 台之多。公司派出技师前往北京国际广播中心，参加北京奥林匹克广播公司(BOB)承担的北京奥运新闻转播的技术保障工作。

2008 年 9 月 29 日—10 月 5 日十一长假期间，松下等离子公司生产的等离子(PDP)电视机全国销售量大增，突破 2007 年 38 500 台的历史纪录，实现销售 66 536 台，是 2007 年同期的 172%，市场占有率达到 30%以上。10 月 6、7 日节后两天的销售量仍达到 5 366 台。

2008 年，松下等离子公司实现利润 12 044 万元，比 2007 年的 5 624 万元增长 114%，这是在全球金融风暴大背景下，等离子(PDP)电视机主导产品售价下降 30%的情况下取得的成就。松下等离子公司通过突破技术质量瓶颈、降低成本，大幅释放整机产能，使销售不降反升：等离子(PDP)电视机产量从 2007 年的 38 万台上升到 95 万台；整机新品从 2007 年的 44 种上升到 56 种；等离子(PDP)屏产量从 2007 年的 24.4 万只上升到 28 万只；WHD 屏合格率从 2007 年的 89%上升到 92%以上；费用成本削减从 2007 年的 5 400 万元上升到 6 020 万元；销售额从 2007 年的 30 亿元上升到 59.66 亿元，增长 95%。

2009 年，松下等离子公司完成 42 英寸 WHD 屏向 50 英寸 FHD 屏的技术升级，完成包括“NeoPDP”在内的 56 种新产品的开发生产，形成较完整的 PDP 整机 42 英寸、46 英寸、50 英寸、58 英寸、65 英寸、85 英寸、103 英寸系列。

2009 年，松下等离子公司推出 NeoPDP G10 和 S10 系列平板电视，NeoPDP 凭借先进的技术和人性化的功能再度掀起购买热潮，2009 年 1—6 月份销售量达到 39.8 万台，比 2008 年 1—6 月份的销售量增长了 36.3%。

三、主要产品

【TH－42PW4CZ 型 42 英寸(106 厘米)宽屏幕等离子(PDP)显示器】

2001 年年底，松下等离子公司在生产流水线上成功制造出第一台等离子(PDP)显示器，这是世界上最先进的大屏幕显示器件之一。松下等离子(PDP)产品主要有民用和商用两种，并有两大特点：一是先进的数码处理，包括纯黑驱动系统和应变亮度增强系统。纯黑驱动系统的特点是能大大减少预放电器的放电强度，有效降低黑色电平，实现等离子(PDP)领域最高的对比度：3 000∶1；应变亮度增强系统极大地扩展了从黑白到白色峰值的所有影像的动态范围，使画面具有清澈、自然、明亮、生动的效果。二是多媒体显示，包括先进的数码信号处理、3 次元逐行扫描、无闪烁画面、兼容 UXGA 个人电脑信号等。此外，独特的静音设计、超薄、轻量设计以及屏幕保护器、低电力消耗等特点具有很高的技术含量。

【TH－42PA20C 型宽屏幕等离子(PDP)电视】

2005 年，松下等离子公司推出 TH－42PA20C 型宽屏幕等离子(PDP)电视，具有高达 4 000∶1 的对比度和 1 536 的超高灰度等级。该产品使用日本松下独家开发的“等离子真实还原技术”，“应变亮度增强系统”能够自动检测图像各个部位的亮暗程度，使图像更清澈明亮；将“纯黑驱动系统”演进为“新纯黑驱动系统”，进一步提高了对比度；将“纯伽玛校正”技术进化为“超级纯伽玛校正系统”，可以进一步提高图像暗黑部位的灰度层次，使图像的灰度层次由原来 1 024 的高灰度级别进一步提高到1 536;使用对输入的隔行扫描图像信号进行3D逐行扫描转换的电路,即"先进的3次元逐行扫描"。该功能是在输入的每3场画面中,抽取邻近的10条扫描线进行比较,计算和制造出最佳的新扫描线,将其插入原来的隔行扫描线之中,形成稳定平滑、清晰流畅的逐行扫描图像。

【TH－50PV70C型高清等离子屏(WHD)电视】

2007年6月,松下等离子公司的TH－50PV70C高清等离子(PDP)电视试生产成功。该产品是专为中国设计的高品质产品,设计简约、时尚,一体式卧式音箱在屏幕下方,前面板采用上翻设计方式,隐藏了前置的按键和接口,主要接口都位于机身后部,可以全方位满足用户在机顶盒、DVD播放连接方面的需要。分辨率为1 366×768像素,0.67毫米×0.67毫米,与液晶电视机的主流分辨率相一致,色泽还原逼真,可达约289亿色彩,动态画面清晰无拖影。控制菜单的预设模式非常简洁,操作方便,有图像、声音、设定菜单和语言等主要选项,在遥控器上即可完成全部操作设定。

【等离子(PDP)产品形成系列】

2007年9月5日,松下(中国)有限公司在上海艺术中心召开"2007年度松下视听产品新闻发布会",推出最新研发生产的32英寸、37英寸、42英寸、50英寸、58英寸、62英寸和103英寸VIERA系列等离子(PDP)电视机。

【NeoPDP G10和S10系列平板电视】

2009年,松下等离子公司推出NeoPDP电视机。G10以及S10系列产品采用新开发的荧光粉,发光效率提高50%,使得NeoPDP的使用寿命达到10万小时,按照一天使用8小时计算,G10以及S10系列NeoPDP可以正常使用30年。产品依靠全新的V Real Pro4芯片处理能力,将子场驱动扩大到600赫兹,将原先的8次放电提升到12次放电,大大超越了480赫兹的子场驱动技术。G10以及S10系列电视的动态清晰度均可以达到业界最高1 080线,在观看电视时,无论动态还是静态画面都能达到全高清的清晰度。

四、荣获奖项

2002年11月27日,在第四届上海国际工业博览会展品评选中,松下等离子公司的"42英寸逐行宽屏彩色等离子(PDP)屏"获金奖。

2005年3月11日,中国首届"国际电子质量论坛暨中国电子企业质量百强排行榜"颁奖,松下PDP公司荣获"中国电子企业质量百强奖"。

第二节 上海松下微波炉有限公司

一、合资概况

松下微波炉公司成立于1994年8月22日,由上海扬子江电子有限公司和日本松下电器产业株式会社、日本松下住设机器株式会社合资组成。上海扬子江电子有限公司由上海真空电子器件股份有限公司、南京三乐电器总公司、成都国光电子管总厂合资组成，其中，上海真空电子器件股份有限公司占80%股权，南京三乐电器总公司和成都国光电子管总厂各占10%。松下微波炉公司坐落在上海市浦东张江高科技园区A4－1地块，占地面积3.5万平方米。

图3－1－2 上海松下微波炉有限公司

松下微波炉公司投资总额24.92亿日元，注册资本16亿日元。投资比例：上海扬子江电子有限公司出资6.4亿日元，占40%；松下电器产业株式会社出资4亿日元，占25%；松下住设机器株式会社出资5.6亿日元，占35%。公司主要经营范围：家用微波炉和相关产品以及零部件，相关的原辅材料，销售自产产品，并提供产品售后服务。

1995年4月14日，公司一届二次董事会决定：松下电器产业株式会社和松下住设机器株式会社合并；公司正式生产SKD(半散件组装)。2010年10月14日，公司特别董事会决定：松下微波炉公司和松下磁控管公司联合经营。2012年2月16日，松下微波炉公司正式吸收合并松下磁控管公司，注册地点：上海浦东新区龙东大道888号、898号。吸收合并后投资总额为59.94亿日元，注册资本为34.43亿日元，投资比例是：松下电器产业株式会社16.658亿日元，占48.4%；松下电器(中国)有限公司4亿日元，占11.6%；上海扬子江投资发展有限公司13.772亿日元，占40%。

二、经营成效

2001年1—7月，松下微波炉公司出口微波炉80多万台，其中变频式微波炉占85%以上，产值突破5 000万美元，在全国微波炉行业中名列前茅。公司开发的各种型号微波炉达200种，出口美国、日本、加拿大、澳大利亚、新加坡和中国香港等20多个国家和地区，出口额大幅度上升。上半年，生产能力达到年产190万台，接近于日本松下全球销售量的50%。

在2000年100万台生产能力的基础上，2001年，松下微波炉公司从美国引进一条铆接生产线，新建一条装配生产线，形成200万台的生产能力。公司针对海外市场在产品造型、功能、价格上的新要求，先后开发了变频、大容量、低成本系列微波炉，品种达160余种，容积为17～56升，功率为700～1 300瓦，机械、电脑、烧烤、感应等功能齐全，还开发了美国家庭时新的OTR微波炉(抽排油烟和微波炉一体机)，满足不同国家和地区、不同饮食习惯的顾客需求。2001年，松下微波炉公司出口达175万台，创汇1亿美元，取得公司成立后的最好业绩，并被评为上海市出口创汇百强企业，成为上海的出口大户之一。

2002年7月24日，松下微波炉公司第500万台微波炉顺利下线，标志松下微波炉公司的新品开发、生产能力、市场拓展都有了快速发展，“全球松下微波炉生产基地”正在形成。

2003年1—2月，松下微波炉公司创产销量历史新高。产量达38.89万台，完成计划的109%；销量达37.62万台，完成计划的110%；出口达25.74万台，完成计划的115%。

图 3-1-3　松下微波炉生产线

2004 年 5 月 10 日,松下微波炉公司第 1 000 万台微波炉顺利下线,中日投资方到现场表示祝贺。

2004 年 8 月 22 日,松下微波炉公司成立 10 周年。10 年中,公司累计产销微波炉 1 100 多万台,开发新品 950 多个,实现利润 7 650 多万元,累计出口创汇 4.887 亿美元,成为松下全球普及型微波炉的生产基地。

2005 年 1—4 月,松下微波炉公司产量完成 109 万台,是 2004 年同期的 120%;销售 105 万台,是 2004 年同期的 115%;实现利润 713 万元,是 2004 年同期的 146%。4 月份单月产量达 35 万台,创造了公司月产量历史最高水平。

2005 年 9 月 7 日,松下微波炉公司的变频蒸汽微波炉正式投放市场。变频蒸汽微波炉是公司第三代新品,也是全球最新的微波炉产品。蒸汽微波炉性能优良,外观设计别具匠心,产品一经推出,立刻受到广大消费者的青睐。根据松下(中国)有限公司销售系统的统计,9 月 20 日—10 月 10 日,与 2004 年同期同等价位的产品销售相比,销量增长了 40%,提高了松下微波炉的市场份额。

三、主要产品

【NN-G354MF 电脑式烧烤微波炉】

这是 2004 年公司推出的新品。整体外观采用欧美流行风格设计,拥有时尚的镜面炉门、符合力学原理的门拉手、炫目的银色外罩,是厨房一体化装修的新居家庭之理想选择。产品可以自由选择三级程序组合功能,在微波的火力段和烧烤火力段中任意选择三段火力,可以是微波加烧烤加微波,也可以是烧烤加烧烤加微波等方式,组合成一套程序,同时一次设置完成,微波炉会自动执行设置程序直到烹饪结束。三段料理程序组合功能突出体现了松下技术的科技含量。

【蒸汽微波炉】

2008 年公司推出蒸汽微波炉。设置有专门的蒸汽发生器,使用高功率加热器对蒸汽发生器内的水进行加热,数十秒内便可使炉腔内布满高温蒸汽。同时,通过精密传感器对炉腔温度实施监控,并以此控制加热器的加热时间和加热温度,确保烹调所必需的蒸汽量,适量的蒸汽还会使食物表面不干燥,保留营养和美味。产品所搭载的 8 眼红外感应传感器可以实时监控炉腔内多达 152 个点的温度,使蒸汽的发生量始终处于最佳状态;还搭载上下烧烤管,可以正反两面同时对食物进行烹制烧烤,免除了用户不停翻动食物的麻烦。在微波加热方面,产品采用了流行的平板结构,免除了玻璃转盘。

四、荣获奖项

2002 年 6 月 19 日,上海市外商投资企业协会在上海国际贸易中心对 2001 年度上海市外商投资先进企业进行表彰，松下微波炉公司获“上海市外商投资先进企业”。

2004年2月17日，上海市政府和市外经贸委召开工作会议，表彰2003年度上海市外经贸先进单位和个人。松下微波炉公司获出口百强企业铜奖。

第三节　上海松下磁控管有限公司

一、合资概况

松下磁控管公司前身是上海松下电子应用机器有限公司，成立于1994年7月6日，由上海扬子江电子有限公司和日本松下电子应用机器株式会社合资组成。上海扬子江电子有限公司由上海真空电子器件股份有限公司、南京三乐电器总公司、成都国光电子管总厂合资组成。上海松下电子应用机器有限公司坐落在上海市浦东张江高科技园区A4－1地块，占地面积2万平方米。

上海松下电子应用机器有限公司投资总额15亿日元，注册资金10.5亿日元。投资比例是：上海扬子江电子有限公司投资4.2亿日元，占40%；日本松下电子应用机器株式会社投资6.3亿日元，占60%。公司主要经营范围：家用微波炉用磁控管和相关的电子电器产品及其零部件、材料，销售自产产品，是国内唯一一家生产家用微波炉磁控管的中日合资企业。

2003年7月，经中日投资双方协商，对上海松下电子应用机器有限公司增加投资。公司注册资金由10.5亿日元增至16.93亿日元，投资总额由15亿日元增加到33亿日元。新增资金用于实施扩产以及新型号产品的引进项目。2005年10月25日，公司董事会决定，上海松下电子应用机器有限公司更名为上海松下磁控管有限公司。

二、经营成效

2001年上半年，公司生产销售磁控管165万只，为全年计划的204%；实现利润1 650万元，为全年计划的295%，是2000年同期的304%。2001年公司建立年产450万只磁控管的生产体系，进一步扩大生产规模，降低成本。

2003年，公司磁控管产量增至600万只，产值、利润均有大幅度增长。

2006年，松下磁控管公司成为国内最大的集设计、制造、销售各种家用微波炉用磁控管和相关电子电气产品及其零部件的企业，年产能力达到1 200万只家用微波炉用磁控管。公司创建了磁控管应用技术实验室，为客户提供配套的技术服务，拥有普通型F系列、电磁兼容型G系列、变频系列磁控管产品。随着各国对安全与电磁兼容的要求越来越严格，公司根据客户要求，开发了新产品J型系列磁控管，具有高效率、低辐射、低成本的特点，为公司提供了更大的市场空间。

三、主要产品

【电磁兼容磁控管与变频磁控管】

2002年，上海松下电子应用机器有限公司引进日本松下电子应用机器株式会社的设计思想，结合实际推出家用微波炉用的环保型变频磁控管和电磁兼容磁控管。变频磁控管将变频技术应用于磁控管中，对磁控管重新设计，提高了磁场强度，增加了微波输出功率，使其在高频上能稳定工作,同时改变了滤波盒和散热片的结构,降低了磁控管的工作温度,增加了通风散热性。电磁兼容磁控管在原有形式基础上进行改进,有效抑制了1千兆赫兹～18千兆赫兹的谐波噪声和150千赫兹～1千兆赫兹的噪声。对散热片结构进行调整,在降低磁控管工作温度的同时,保证了磁控管的屏蔽效果。通过用户报告表明,该磁控管通过电磁兼容测试,在全频段有较强的抑噪能力。电磁兼容磁控管和变频磁控管都达到国际先进水平,销售数量大幅度增加。

第二章　广电集团和日本索尼的合资合作

广电集团和日本索尼合资成立的公司共有两家：上海索广映像有限公司（简称索广映像）、上海索广电子有限公司（简称索广电子）。索广映像是国内唯一生产 21 英寸、25 英寸、29 英寸、34 英寸、38 英寸系列平面彩电和 41 英寸、43 英寸、48 英寸及最大屏幕 61 英寸液晶彩电的厂家。索广电子主要生产摄录一体机、数码摄像机等音频视频电子产品，是世界著名的全类型摄像、摄录产品生产制造企业之一。

第一节　上海索广映像有限公司

一、合资概况

索广映像成立于 1995 年 12 月 27 日，由上海广电股份有限公司、上海真空电子器件股份有限公司、索尼株式会社合资组成，坐落在上海市浦东新区金桥工业区南区，占地面积 106 208 平方米。

图 3-2-1　上海索广映像有限公司

索广映像总投资 4.10 亿美元，注册资金 1.03 亿美元。投资比例是：上海广电股份有限公司投资 2 051.6 万美元，占 20%；上海真空电子器件股份有限公司投资 1 025.8 万美元，占 10%；索尼投资 7 180.6 万美元，占 70%。公司生产索尼牌视像产品，设计、开发、组装、制造家用影视设备、彩色显像管、高分辨率显示器及显示管、视频投影机、广播电视节目制作设备、应用电视设备、电子计算机外部设备、电视会议系统、网络摄像设备等产品及相关的零部件，在国内外销售公司产品并提供售后服务，是国内唯一生产 21 英寸、25 英寸、29 英寸、34 英寸、38 英寸系列平面彩电和 41 英寸、43

英寸、48 英寸及最大屏幕 61 英寸液晶彩电的厂家。

1996 年 10 月,索尼株式会社转让索广映像 25%股权给索尼(中国)有限公司。1999 年 9 月,索尼株式会社转让索广映像 45%股权给索尼(中国)有限公司。2009 年 8 月,上海广电电子股份有限公司转让索广映像 10%股权给上海广电信息产业股份有限公司。

二、经营成效

1998 年 6 月 22 日,索广映像一期工程建成投产,可年产 60 万只 21 英寸彩色显像管、50 万台彩色电视机。

1999 年 7 月 22 日,索广映像举行开业典礼。

2001 年,继 CRT 彩电、CPD 彩显及 21 英寸柱面 CRT 出口以后,纯平 29 英寸、34 英寸贵翔彩色显像管也大量出口海外市场,包括美国、日本、澳大利亚、马来西亚、印度、泰国、南非等国家。索广映像生产的 CRT 先后在索尼系统内获得“最佳市场品质奖”。

2003 年,索广映像新增手插生产线,并实施废止铅焊锡。完成 4 条无铅焊接手插生产线与 2 条无铅焊接自插生产线建设,计划到 2004 年 3 月 100%达成完全无铅化生产,比索尼环保行动计划的要求提前整整一年实现废止含铅焊锡使用的环保目标。

2004 年,索广映像推出普及机型的“YJB”项目,标志索尼在中国再次延伸彩电产品线,覆盖了从高端到普及的全方位产品线。这次推向市场的是 AR29X80C、AR29M80C 新款 29 英寸贵翔平面特丽珑彩电。从 5 月 31 日正式投产到 6 月 8 日开始销售,短短一周时间内的市场需求就达到 6 000 台。两款产品一上市即引起市场青睐,各大家电卖场供不应求,出现大批用户预购的火爆场面。

2004 年 5 月,索广映像变更组织结构,整合资源,成立负责推进生产革新活动的专门组织——“生产革新 GP”。革新小组每周组织人员围绕某一课题集思广益、集中开展现场改善活动,短短数月完成革新成果 94 项,创造直接利益 60 万元。

2005 年 9 月 1 日,索尼中国 TVOC(电视业务中国运营本部)在索广映像正式启动,打造适合本土发展需要的集商品计划、设计、研发、生产、销售和服务为一体的综合性运营平台,实行最佳且快速的运作,为中国消费者带来更多具有高附加值的产品和服务。2007 年 4 月 3 日,索尼公司 D&E 设计中心在索广映像举行开业典礼,日本设计者与中国本土设计人员开始进行与监控系统相关联的摄像机设计,走出了在中国建立设计、生产一环体制,扩大索尼专业视像业务的重要一步,实现了出产中国设计的产品。4 月 20 日,索尼公司生产销售 SMT 实装机的“索尼上海贴片技术中心”在索广映像隆重举行开业典礼,生产最新的 SMT 实装机线体,为中国客户提供新机器、新技术的培训,也可以让顾客直接试用。贴片技术中心为索广映像增设实装线体和扩大实装生产的内制化。

2007 年 9 月,索广映像 LCD 电视机生产 8 万台,比 8 月的产量翻了一番多,创造了电视机月度出货的最高纪录。

三、主要产品

【SONY 贵翔液晶背投电视】

2005 年,索广映像推出 SONY 贵翔液晶背投电视。液晶背投被称为继液晶电视(LCD - TV)、等离子电视(PDP－TV)之后的第三大类薄型电视,尺寸一般都在42～60英寸,机身厚度仅为30～40厘米。在外型上,液晶背投电视机身轻巧,在体积上摆脱了CRT背投电视臃肿的机身。SONY液晶背投电视利用成熟的液晶投影技术,色彩还原性好,亮度、对比度和视角都优于CRT背投,一般液晶背投的分辨率达1 280×768,而最新上市的贵翔液晶背投的分辨率高达1 386×788。索广映像推出KF－WE42、KF－WE50、KF－WS60三款大屏幕液晶背投机型,分别为42英寸、50英寸和60英寸,具有贵翔引擎、记忆棒播放功能以及S－Master纯数码功放技术实现三维空间环绕声等特性。

【索尼V440A系列液晶电视机】

2008年3月,索尼KLV－40/46/52V440A系列液晶电视机在索广映像出产,由日本东京SEG设计部门、TVOC以及索广映像协同出品。V440A系列液晶电视机共有40英寸、46英寸、52英寸3个型号,产品具有1 920×1 080全高清分辨率、WCG－CCFL背光源、10 bit液晶面板驱动、BE2图像处理引擎,并在以往WAX3F系列的基础上,增加了BRAVIA照片秀、智能图像调节、DIGITAL MEDIA PORT数码媒体接口等新功能,为用户提供了更多的高附加值人性化功能。

图3－2－2　索广映像生产线

【SONY家用/商用投影机】

2008年,索广映像推出两个全新投影机种——VW系列(VW40/VW60)和NewF系列(FH300L/FW300L)。VW系列是索尼首次在中国生产的家用投影机,NewF系列以超高亮度以及全高清分辨率成为商用投影机的标杆产品。VW40/60以国际标准24 fps(每秒24幅画面影像)输出,还原逼真的动态影像画面,产生高达35 000∶1(VW60)动态对比度。用户可以通过索尼研发的"高级光圈2"的手动调整光圈功能,享受最高的操作弹性,还可以通过HDMI端子的连接,操作VPL－VW60及索尼指定的家庭影院产品,方便家庭的视听娱乐享受。FH300L/FW300L采用智能双灯系统,VPL－FH300L实现了2 048×1 080的高分辨率、VPL－FW300L实现7 000 lm的高亮度,外观设计为全新圆形,可实现投影机与安装环境和谐统一的视觉效果,该系列产品成为高端商务顾客的首选。

【索尼32英寸、37英寸S400A液晶电视机】

2008年4月,索尼映像推出32英寸、37英寸S400A液晶电视机。产品采用全新BE2图像处理引擎,在WAX3的基础上,增加了智能图像调节、BRAVIA SYNC等新功能,并提供3个HDMI接口。在机芯设计上采用一块主机板的设计理念,使安装更加方便和快捷;在外观设计上第一次采用高光的面框。在4月底至5月初的黄金销售期,索尼液晶电视机在中国市场共售出9万余台,夺得全国大尺寸液晶电视(32英寸以上)销售额第一。

【索尼 EMH、Cumin 系列液晶电视机】

2008 年 12 月，索广映像推出全新的 EMH 系列(46V4800/52V4800)和 Cumin 系列(40Z4500/46Z4500/52Z4500)产品，这是对应高清数字电视而生产的机型。2009 年 2 月中旬，两款高清机型销售 4.3 万多台。两款新品具有接收数字信号的高频头，支持 1 920×1 080 的分辨率，在图像处理上采用了 BRAVIA ENGINE2 的引擎，在音质上拥有高保真声音处理系统，并附带 DLNA 网络接口、DMPORT 数字音频输出等功能。可观赏来自外接装置图像，使用数字电子节目指南。Cumin 系列(40Z4500/46Z4500/52Z4500)带有触摸式的按键功能。

【SONY S550A 系列液晶电视】

2009 年，索广映像推出 SONY S550A 系列液晶电视机，共有 26 英寸、32 英寸、37 英寸 3 个型号。产品采用 SONY BE3 引擎以提高整机画质，具有 3D 梳状滤波(32/37 英寸)、PIP/PAP 等功能，音质方面具有模拟环绕立体声以及 5 段均衡调节。与上一代产品相比，具有更为丰富的输出/输入接口以方便用户使用。

四、荣获奖项

1996 年，获上海市经委“上海市重点新产品奖”。

1997 年，获上海市对外经济贸易委员会(简称市外经贸委)“1997 年度上海市企业进出口额 52 名”。

1998 年，获上海市外国投资工作委员会(简称市外资委)、市外经贸委“上海市先进技术企业”，市高新技术企业(产品)认定办公室“上海市高新技术企业”，市政府“上海市出口创汇二等奖”，中国外商投资企业协会“全国外商投资双优企业”。

1999 年，获“索尼 DC 企业显示器生产金奖”，中国质量协会用户委员会“产品质量服务‘用户满意’奖”，市统计局“上海销售收入前 500 家工业企业(第 22 名)”，市外商投资企业协会“上海市十大人均高利税中外合资企业(第 9 名)”。

2000 年，索尼 ES29M9S 彩电产品获“上海市优秀新产品”称号。

2001 年，获市外资委、市外经贸委、市外商投资企业协会“外商投资企业营业额前 20 名企业”称号、“全国外商投资双优企业”，上海市高新技术企业(产品)认定办公室“上海市高新技术企业”。

2002 年 3 月，在市经贸委举行的国家重点及市重点新产品颁证仪式上，索广映像生产的 ES29M9S 彩色平面电视机获 2001 年度国家级重点新产品。

2003 年，获市政府“2002 年度上海市建设工业新高地争先创优活动优秀企业”，市外资委、市外经贸委、外商投资企业协会“外商投资企业营业额前 20 名企业”称号。

2004 年，获市外资委、市外经贸委、外商投资企业协会“2003 年全国外商投资双优企业”，SONY 环境委员会“2003 年度环境努力奖”。

2005 年，获市外资委、市外经贸委“外商投资先进技术企业”。

2006 年，获市外资委、市外经贸委、市外商投资企业协会“上海市外商投资双优企业”。

2007 年，获市外资委、市外经贸委“2007 年度上海市外商投资先进技术企业”。

2008 年，获市商务委“2008 年度上海市外商投资双优企业”，市商务委、市外商投资企业协会“2008 年度外商投资先进技术企业”。

第二节　上海索广电子有限公司

一、合资概况

索广电子成立于1993年9月17日，由上海广电信息股份有限公司与日本索尼株式会社共同投资，坐落在上海市闵行区剑川路930号，占地面积1.6万平方米。是世界著名的全类型摄像、摄录产品生产制造企业之一。

图3-2-3　上海索广电子有限公司

索广电子投资总额1 250万美元，注册资本500万美元。投资比例是：上海广电信息产业股份有限公司占30%，日本索尼株式会社占70%。公司主要生产摄录一体机、数码摄像机、激光视盘机、数码相机、数字录放机和其他音频视频电子产品、通信产品、电脑产品及其生产设备与零组件，销售自产产品和相关零组件。合资公司还提供索尼产品的维修技术服务、咨询服务及技术服务，从事非配额许可证管理、非专营商品的收购出口业务。

1998年2月25日，日本索尼株式会社转让索广电子30%股权给索尼(中国)有限公司。1999年8月18日，日本索尼株式会社转让索广电子40%股权给索尼(中国)有限公司。2001年7月17日，合资公司增资，注册资本由500万美元变更为1 000万美元，投资总额由1 250万美元变更为2 500万美元。2004年11月5日，合资公司增资，注册资本由1 000万美元变更为1 300万美元，投资总额由2 500万美元变更为3 250万美元。2006年12月12日，合资公司增资，注册资本由1 300万美元变更为1 600万美元，投资总额由3 250万美元变更为4 000万美元。

二、经营成效

2001年，索广电子进入从模拟到数字的转型期，在国内同行业中首次引进纯数字机种DCR-TRV11E(DV数字摄像机)，这成为一个里程碑。2001年公司新机种生产计划中，除DV外，模拟机种为6个，D8机种为10个，第一次出现数字式机种数量大于模拟机种。

2003年，索广电子创建10周年。企业发展主要经历了初创期、开发期和发展期3个阶段。

2002年实现利润8 038万元,超过董事会原定目标的241%,比2001年增长41.02%,创下公司成立后的最好成绩;2003年1—9月,实现利润达1.19亿元,比2002年同期增长99.3%。

初创期,公司在生产8毫米摄录一体机机芯的基础上,陆续生产用于CD的光学拾音头,1996年摄录一体机产量达到13.1万台,光学拾音头产量达1 200万台。1996年企业进入开发期,相继开始VCD视盘机、内销高保真组合音响、数码相机、CD/VCD/DVD视盘机、数字式相机和数字式摄录一体机的生产,这标志索广电子从生产制造模拟产品转向数码产品,并逐步迈向数字式产品,企业经营规模得到扩大:摄录一体机年产量从1996年的11.9万台发展到2000年的64.5万台;光学拾音头从1996年的累计产量1 000万台到2000年的累计产量6 200万台。1996—1998年连续三年名列上海市外资企业出口创汇第一位,2000年实现出口创汇3.51亿美元,比1999年同期增加30.34%。2001年企业进入发展期,加大新产品导入力度,拓展产品领域,开始涉足内销汽车音响、内销网络录音机的生产制造。10年中,公司建立和壮大技术开发。1998年建立生产技术中心,后升级为技术开发中心。2002年,技术开发中心技术人员与日方人员共同研制摄录机机芯和磁鼓等部件,并自行开发研制30种类别的设备部品,首次向索尼海外相关公司输出,实现了吸收消化日本索尼技术零的突破。

2004年6月,索广电子光学拾音头(OP)累积生产1亿台。自1994年8月开始生产OP以来,OP生产机种经历了HiFi、VCD、PS1、PS2、DVD-R用的变化。

2007年2月,索广电子实现摄录一体机高端生产技术装备和工艺开发及改进,投资总额1 161万元,2009年7月完成,达到国际先进水平。

2009年3月,索广电子自1994年9月开始生产的摄录一体机累计生产达到1 000万台。

三、主要产品

【DCR-TRV11E数字摄像机】

2001年,索广电子引进纯数字机种DCR-TRV11E,即数字摄像机(DV)。产品外观轻巧,尺寸为169毫米×63毫米×88毫米,携带方便,适合10×的“蔡司”镜头,有可向上翻转180度、向下翻转90度的3.5英寸LCD,M系列锂电池,具有记忆棒储存、DV接口以及RS-232接口等功能。机身为银白色,采用数字编码方式,水平清晰度高达400线以上,加上静态图像的捕捉功能,若将图像记录在主存储器(MS)上,再通过本体与电脑的连接,可运用所附软件对图像进行编辑处理。人机界面下采用jig拨号和MENU菜单按钮组合,操作简便,外部DV、S端子及AV输入设计,使本体可与其他家电配合使用。

【车载娱乐系统】

2005年3月,索广电子推出CDX-V5800车载VCD娱乐系统,这是一款主流车用市场的普及型机型,可播放多种影音格式,包括VCD、CD、CD-R、CD-RW及MP3,可满足驾驶者多方面的影音娱乐需求。CDX-V5800采用索尼独有的S-MOSFET晶片,芯片体积比传统芯片大1.3倍,能更好地散热和隔热,超级输出功率达到52瓦。产品设置了一些人性化功能,EQ3(七种3段内置均衡器)提供多种预设均衡模式和影音环境;DSO(虚拟音效空间)根据不同车辆情况及个人喜好,制造汽车虚拟音效空间;ESP(电子防震系统)采用最佳防震组件布局设计,提高了耐用性。

【DVD 数码摄像机】

2005 年 10 月，索广电子推出突破性外观设计的 DVD 数码摄像机 DCR－DVD7E，该机抛弃传统摄像机的设计框架，外形圆滑轻薄，轻盈便携。机身侧面的握手处体现人体工学原理，可单手拿捏，操作轻便。机身后背面 2.5 英寸混合型触摸式液晶屏让使用者能完成各种角度拍摄。DCR－DVD7E 最大的特点是配备了“易摄通（Easy Handycam）”功能，大部分功能设定转为自动模式，屏幕上字体相应变大以方便观看，只需按下“易摄通”按钮即可开始拍摄，即使初学者也能享受拍摄乐趣。DCR－DVD7E 具备 10 倍光学变焦和 120 倍数码变焦，配备索尼独有的先进电子画质提升技术和超级防抖技术。产品还可将影像录制在 8 厘米 DVD+RW 的光碟上。

图 3－2－4　索广电子生产的 DVD805E 数码摄像机，被誉为“全能大王”

【系列摄录一体机】

2009 年 5 月，索广电子形成 SONY 系列摄录一体机。DCR－SR47E 是 SD 规格的硬盘摄像机，是 2009 年标清摄像机市场的主力机种，硬盘容量高达 40 GB，产品新增了热启动（HOT BOOT）功能，使机器可以在 1.3 秒内迅速启动；内置 USB HOST 功能，可以外接刻录机，将影像刻录到光盘上。该产品推出 3 款彩壳机种，有红、蓝色的机型。DCR－SX40E 是使用内置 Flash 或外插记忆棒作为媒体的非高清 Flash 摄像机，机身小巧，光学变焦倍率大，尺寸为 53 毫米×59 毫米×113 毫米，光学变焦倍率达 60 倍。随机 Flash 闪存大小为 4 G，实现 1.3 秒高速启动，可直接连接刻录机，将 Flash 内的动画刻录成 DVD。

四、荣获奖项

1998 年 6 月，获 1996—1997 年度第二届上海市工业企业优秀企业形象单位。

2000 年 5 月，获 1998—1999 年度第三届上海市工业企业优秀企业形象单位。

2001 年 4 月，获上海市政府颁发的 2000 年度上海市出口创汇一等奖，以 3.51 亿美元的出口额位列市外经贸委 2000 年度上海市外商投资企业出口 50 强第三位，以 6.92 亿美元的进出口总额位列 2000 年度上海市企业进出口额 100 强第七位。

2002 年 6 月，获 2000—2001 年度第四届上海市工业企业最佳企业形象单位。

2009 年，获上海市高新技术企业认证。

第三章　广电集团和德国西门子的合资合作

广电集团与德国西门子合资成立的企业共两家：上海西门子移动通信有限公司（简称西门子移动）、上海亿人通信终端有限公司（简称亿人通信）。西门子移动是最早进入浦东新区金桥开发区的高科技企业之一，主要提供3G、4G网络接入、传输等通信网络产品及系统设备，产品和服务面向中国和全球市场。亿人通信的业务主要包括电话机设计和生产、网络设备的销售、信息服务开发，生产并通过完善的西门子销售网络在国内和国际市场销售有绳和无绳电话机。

第一节　上海西门子移动通信有限公司

一、合资概况

西门子移动成立于1993年5月，由西门子（中国）有限公司、上海广电股份有限公司、上海邮电管理局、飞利通信科技实业总公司共同投资，坐落于上海市金桥经济技术开发区川桥路777号，公司占地面积为5.5万平方米，是最早进入浦东新区金桥开发区的高科技企业之一。

图3-3-1　上海西门子移动通信有限公司

西门子移动注册资本6 000万德国马克，投资比例是：西门子股份有限公司投资3 600万马克，占60%；上海广电股份有限公司投资1 560万马克，占26%；上海邮电管理局投资600万马克，占10%；飞利通信科技实业总公司投资240万马克，占4%。公司经验范围：提供3G、4G网络接入、传输等通信网络产品及系统设备，提供通信网络完整的工程安装及售后服务及解决方案，产品和服务面向中国和全球市场。

2000年，上海邮电管理局将持有的西门子移动股权转让给上海移动通信有限责任公司。2000年，公司增资至1.2亿马克。西门子股份有限公司投资增至7 200万马克，广电股份增至3 120万马克，上海移动增至1 200万马克，飞利通信科技实业总公司增至480万马克。2001年，公司增资至1亿欧元。西门子股份有限公司投资增至6 000万欧元，广电股份增至2 600万欧元，上海移动增至1 000万欧元，飞利通信科技实业总公司增至400万欧元。2002年，投资股东更名，上海广电股份有限公司更名为上海广电信息产业股份有限公司，飞利通信科技实业总公司更名为电信科学技术第一研究所。2007年，投资股东更名，上海移动通信有限责任公司更名为中国移动通信集团上海有限公司。2008年，投资股东更名，诺基亚西门子（中国）有限公司更名为诺基亚西门子通信（上海）有限公司。

二、经营成效

2001 年 1 月，西门子工业园在浦东金桥出口加工区正式落成，占地总面积达 5.5 万平方米，集办公、生产和仓储等于一体。上海市副市长蒋以任和德国西门子总裁冯必乐为工业园揭幕。西门子移动为中国移动和中国联通在全国 26 个省份建成 34 个 GSM 移动网络，西门子工业园的建成为公司进一步发展奠定了基础。

2001 年 3 月，西门子移动通过 ISO14001 环境管理体系认证。西门子移动在耗能、耗水、生产等方面厉行节约，拒绝危害环境的材料，比如：降低移动电话生产中塑料损耗 20%，移动电话包装中不使用泡沫材料，公司不使用一次性餐具。

2001 年 4 月，西门子移动和中国移动、中国联通合作连续签下四项大单，为中国移动和中国联通扩容 GSM 网以及建设智能网。签订的项目包括：和中国移动安徽分公司签署总值 1.6 亿美元的合同，为其进行第六期 GSM 扩容并提供设备建设虚拟专网，该网是西门子移动为中国移动建设的第一个虚拟专网项目；和中国联通及其 18 家分公司签署智能网第三期扩容合同；和中国联通黑龙江分公司签署第六期扩容合同，总价值超过 9 550 万美元；在实施扩容工程期间，西门子移动还为合肥、阜阳和蚌埠的网络进行优化，帮助安徽移动建设虚拟专网以扩大用户容量，吸引更多的企业用户群；西门子移动还参与安徽第一期到第六期网络建设工程，保持着安徽移动 GSM900 唯一供应商的地位；与中国联通的合作从早期的辽宁、北京、福建等 6 家分公司扩展到黑龙江、陕西、四川等 18 家分公司，至此，中国联通和西门子移动推出的付费业务遍及全国 21 个省市、自治区，并实现全国漫游；西门子移动还是黑龙江联通 GSM 网络第一期到第五期扩容工程主要的供应商，黑龙江联通网络覆盖乡一级以上行政区域，用户数超过 100 万。

2003 年 6 月，西门子移动先后与中国移动安徽、上海移动分公司签署合同，总价值近 3 亿元人民币。西门子移动为两家公司提供包括基站扩容设备、软硬件升级及其工程服务。为安徽移动通过 BS240XL 基站对安徽移动 GSM900 扩容，覆盖安徽全省 17 个地市；为上海移动进行 BR6.0 软硬件升级，大幅度提高上海移动网络 BSC 基站控制器的容量和处理能力。

2004 年 7 月，西门子移动 CF6262 - Leopard 产品投入试生产，实现月产 70 万台的生产能力。CF62 - Leopard 手机创下多项第一，是西门子移动第一台完全独立研发的翻盖式手机，是第一次由北京研发总部独立承担研发和生产支持的项目，是第一次完全在上海工厂进行原形机生产、试生产、生产启动的产品。在此之前，所有西门子移动的产品都是在德国完成前期的试生产才引进上海生产的。

2004 年 9 月 28 日，西门子移动第 5 000 万台手机下线。西门子移动是西门子在德国本土以外的最大手机生产和出口基地，在过去 11 年中，由最初大部分元器件依靠进口，发展到本地化率超过 75%；从仅有 1 条移动电话生产线发展到 16 条生产线；手机年产能力从 1.2 万台到 1 800 万台，平均每天就有 6 万台移动电话下线。

2008 年 4 月初，合宁线进行动态检测试验，动车组试验列车上线运行创造了中国铁路史上最高时速——282 公里。在试验中，诺基亚西门子的 GSM - R 网络在网络性能方面得到充分验证。作为整个合宁线四电集成项目中重要的组成部分，诺基亚西门子 GSM - R 专用移动通信系统为全线的铁路运营指挥提供了重要的安全保障，包括无线列调、电调、区间维护、应急抢险等功能，同时还为 CTC 调度集中提供诸如车次号校核、调度命令传送等功能，GSM - R 项目的顺利实施确保了整个合宁线的按时按质完成。

2008年4月14—16日，德国DQS认证机构对西门子移动进行ISO 9001(质量管理体系)、ISO 14001(环境管理体系)和OHSAS 18001(职业健康与安全管理体系)的外审。此次审核是西门子移动三个管理体系整合进入诺西公司体系及认证统一管理模式后的第一次外审，审核组一致通过三个体系的审核。

三、主要产品

【产品门类】

无线基站设备、移动用户终端设备、公众移动通信系统设备、数字通信产品、数字网络系统设备及相关的工程设计、施工、安装、开通和维护业务。

【核心业务】

移动通信系统及电信网络增值业务系统、固网传输接入设备以及相关工程技术服务等。

【知识产权】

软件著作权25项，实用新型专利4项，发明专利1项。具体产品包括：4G：TDD LTE产品包括FZHA/FZHM/FZHI/FZHC/FZHJ，覆盖800兆赫兹～2.6千兆赫兹频率范围系列产品，产品销往中国、美国、俄罗斯、澳大利亚、印度等全球市场；FDD LTE产品包括FRGQ/FRIG/FRCD/FRGH/FRHE/FRHD，覆盖800兆赫兹～2.6千兆赫兹频率范围的各系列RRU产品，产品销往欧洲、北美、东南亚、日本、印度等全球市场；微基站RRU产品由美国研发中心研发，包括FWGB/FWHE/FWIB/FWHD/FWHR等，覆盖800兆赫兹～2.6千兆赫兹频率范围的系列产品，产品销往日本、中国、伊朗、北美、东南亚等全球市场。

【TD-LTE 4/6/8(FZOB、FZHC、FZHA)通道射频单元】

这是基于NSN FlexiBTS硬件平台的新一代4G无线通信基站，包含收发信机及数字信号处理(数字滤波、抽取等)功能。TD-LTE基站产品能配置成5、10、15、20兆赫兹带宽。每个通道的最大发射功率为10瓦，接收通道具有分集接收功能。TD-LTE射频单元通过光纤(OBSAI RP3或CPRI)和系统单元进行连接。能进行用户数据、时钟信号、控制信号等传输。如果配置成20兆赫兹带宽的双载波，需要4个6 Gbps RP3-01/4.9 Gbps CPRI接口，并具有波束成形特性。TD-LTE 4/6/8通道射频单元的工作频率为2.5、2.3和2.6千兆赫兹。

【西门子“闪亮拍”手机】

2003年1月，西门子移动生产的首部带闪光灯相机的三频彩信手机西门子S57上市。西门子S57独有的“闪亮拍”相机，可拍摄夜晚或黑暗环境下的精彩瞬间，不仅可以通过手机传递与亲朋好友即时分享，还能通过GPRS及内置电子邮箱管理将影像从手机传送到个人电脑；“闪亮拍”还拥有金属质感阶梯式键盘配合优雅别致的流线造型，并配合悦耳动听的和弦铃声。

【数字无绳电话——Gigaset C88】

2003年3月，西门子移动在中国市场推出第一部无绳电话Gigaset C88，标志西门子移动集团全面启动中国的无绳电话业务。西门子无绳电话业务是欧洲市场第一品牌，Gigaset C88 最新款数字无绳电话是西门子领先市场的代表性产品。产品采用数字技术，具有极强的抗干扰性，高清晰度的话音质量完全可以与有线电话媲美，而且有 96 个可选通话信道增强通话的保密性，通话时间 10 小时，待机时间长达 200 小时，通话范围可达 300 米。同时还具有三线话机显示、来电显示、来电等待及来电震动提示等多项先进功能。其"带机能力"可接驳 4 台话机，话机间可进行互相通话转移，也可同时使用举行电话会议。

四、荣获奖项

1996 年，获上海市销售收入 500 强工业企业。

1999 年，获上海市外商投资"十大"高营业额企业，全国外商投资双优企业。

2000 年，获上海市出口创汇三等奖，上海市外商投资出口创汇先进企业，上海市外商投资高营业额先进企业，全国外商投资双优企业。

2001 年，获上海市外贸出口百强企业金奖，外商投资出口创汇前 20 名企业，外商投资高营业额前 20 名企业，上海市外商投资出口创汇先进企业，全国外商投资双优企业，上海市外商投资高营业额先进企业。

2002 年，获上海市出口创汇前 20 名企业，上海市外贸出口百强企业铜奖，上海市高营业额前 20 名生产企业，全国外商投资双优企业。

2003 年，获上海市外贸出口百强企业金奖，中国企业信息化 500 强，外商投资先进技术企业，上海市外商投资高营业额先进企业，全国外商投资双优企业，上海市外商投资出口创汇先进企业。西门子移动董事、总裁兼首席执行官彼得·博格(Peter Borger)获得"国家友谊奖"(2005 年他成为首批获得"永久居留证"的外国人之一)。

2004 年，获中国企业信息化 500 强，上海外商投资高营业额先进企业，全国外商投资双优企业，上海外贸出口百强企业金奖。

2005 年，获上海市外贸出口百强企业银奖，上海市外商投资双优企业，上海市高新技术企业，上海外商投资先进企业。

2006 年，获上海市外商投资双优企业，上海市进出口额 1 000 万美元以上及创利税 1 000 万元人民币以上的企业，上海外商投资先进技术企业。

2007 年，获上海高新技术企业，上海市外商投资先进技术企业，上海进出口额 1 000 万美元以上及创利税 1 000 万元人民币以上的企业。

2008 年，获上海市外商投资双优企业。

第二节　上海亿人通信终端有限公司

一、合资概况

亿人通信的前身是上海西门子通信终端有限公司，成立于 1995 年 5 月 18 日，由上海广电股份有限公司和德国西门子公司合资成立。公司坐落在上海市浦东新区川桥路 500 号。

上海西门子通信终端有限公司注册资本 600 万德国马克。其中，西门子持有 60%股权，广电股

图 3-3-2　上海亿人通信终端有限公司

份持有 40%股权。公司业务包括电话机设计和生产、网络设备的销售、信息服务开发,生产并通过完善的西门子销售网络在国内和国际市场销售有绳和无绳电话机。

2001 年 1 月,德国西门子公司股权撤出,变更为上海广电信息产业股份有限公司和广电集团(美国)唯典公司共同出资,其中广电信息出资 75%,美国唯典公司出资 25%。1 月 15 日,公司更名为上海亿人通信终端有限公司。公司与美国唯典公司合作有线电视网络接入设备——电缆调制解调器,并成为首家通过美国有线实验室(Cable Labs)的权威认证的企业。2007 年,广电集团(美国)唯典公司歇业,将持有的 25%股权转让给广电集团(美国)SGEG 公司。

二、经营成效

2001 年,亿人通信与美国唯典公司合作,共同开发世界领先的有线电视网络接入设备,投放市场的电缆调制解调器(Cable modem)可以使用户轻松实现 VOD 视频点播、高速上网,是“三网合一”实现后理想的宽带接入设备。开发的机顶盒可处理并接收高清晰电视,使普通模拟电视亦可接收数字电视节目。电缆 IP 电话则可通过有线电视网络接入国际互联网,直接与世界各地通话。

2001 年 11 月 27 日,上海市经委在亿人通信召开现场会,对列入 2001 年上海市引进技术的吸收与创新计划的 ICM1150 线缆调制解调器项目进行验收。该产品是通过购买美国博通(BroadCom)公司的设计,由亿人通信对软硬件技术加以消化吸收后设计开发的、适应国内应用要求的新项目,产品自 8 月批量生产以来累计出厂达到 6 000 台,取得良好的销售业绩。专家组认为产品达到国内领先、国际先进水平。

由亿人通信生产的西门子电话机在中国电话机市场名列前茅,70%以上的产品销往世界 50 个以上国家和地区,在西门子供应全球电话机业务方面起着重要作用。2000 年 4 月,公司生产的第 1 000 万台电话机诞生,标志其生产能力已达到 450 万台。2000 年 10 月—2001 年 9 月,西门子电话机产销两旺。

2003 年 1 月,国家质检总局公布 2002 年度国家免检产品及其生产企业名单,155 家企业的产品被授予免于质量监督检查资格。亿人通信生产的 SIEMENS 牌 HA、HCD 系列电话机,被列入国家免检产品名单。

2007 年,亿人通信全年开发 8 个新品,有 5 个实现销售收入,开发速度和效率得到很大提升。由于开发新品数量递增,不同新品的试制、不同类型产品的频繁换线,制约了企业的生产率,降低了 SMT 设备的利用率。公司进行改善活动,深入生产流水线 SMT 作业每一个细节、每一个岗位,降低换线时间。新品“工商银行 95588 电话银行自助终端”项目按照原来的开发速度，最快需要一年才能完成，最后只用半年不到就顺利开发成功，开发速度创新纪录。

2008 年 6 月，德国西门子 SHC 公司、意大利电信公司对亿人通信 Shark PRO 型电话机新产品进行审核认定。包括对质量管理系统认证、新产品测试文件审核确认、生产过程质量控制等进行严格审核。亿人通信完善的研发、生产、质量控制体系受到审核小组高度评价。此后，亿人通信接到意大利电信第一批 1 万部 Shark PRO 型电话机订单，于 6 月中旬交付意大利电信使用。

2009 年 7 月，亿人通信被市科委推荐为 20 家“加速企业创新计划”试点企业之一，被列入企业可以通过“加速企业创新计划”试点平台，运用先进的创新管理工具，了解企业自身创新管理的现状，掌握创新管理的规律和知识，加速提升企业的创新能力，培育企业的核心竞争力。

三、主要产品

【1996 年涉及的产品门类】

有绳模拟电话机（Euroset 8x2 系列、Euroset 8x5 系列、Euroset2000 系列、Euroset5000 系列、Gigaset6000 系列）；网络电话机 IP Phone；有线电视解调器 Cable Modem；网络交换机。

【西门子 Euroset 8x2 系列电话机】

1996 年由亿人通信技术团队与德国设计团队联合设计开发，8x2 系列中包括基础型的 802、免提型的 812、增强型的 825、答录机 835 等主要机型。功能从基础的电话机涵盖至免提、屏显、来电显示和数字答录功能的高端机。1996 年投放市场之后一直是高端商务场所办公使用的首选。

图 3-3-3　亿人通信生产线

【ICM1150 线缆调制解调器】

2001 年 3 月，亿人通信研制开发的 ICM1150 线缆调制解调器，通过著名的 Cable Labs 的 DOCSIS1.0 认证，这是中国内地此类产品首家获得这项认证。ICM1150 线缆调制解调器基于 DOCSIS 标准，可以在多种环境下使用，能使公司和家庭通过有线电视接入宽带网络，使用户高速接入互联网进行数据交换。

【超氧抗菌电话机】

2003 年 5 月，亿人通信经过数年开发，推出一款具有抗菌作用的西门子电话机。该款电话机一改普通话机使用塑料外壳的惯例，在外壳中加入高科技的银离子添加剂，对常见的易附着在电话机表面的大肠杆菌、金色葡萄球菌等各种细菌具有有效的杀灭作用。经工业品检测权威机构——上海工业微生物研究所的认证，其有效抑菌率高达 82%，并且完全对人体无害。该技术在国内通信行业的应用处于起步阶段。

【春夏秋冬晶彩电话机】

2005 年 3 月,亿人通信推出 4003 系列电话机。其外形迥异于普通电话机流行已久的方形,具有类似机翼的曲线,与春夏秋冬四季配套的粉、蓝、橙、白四季色彩,晶彩电话机被誉为“精彩四季”。

四、荣获奖项

1995 年,西门子 Euroset 802 获德国 iF 工业设计大奖。

2005 年,Gigaset6020 中无需外接电源及电池的来电显示电话机获国家发明专利。

第四章　其他主要合资合作企业

第一节　上海夏普电器有限公司

一、合资概况

上海夏普电器有限公司(简称上海夏普)前身为上海夏普空调机器有限公司,成立于1992年5月,由上海电视一厂(后更名上海金星电视机厂)和日本夏普株式会社投资组建。坐落在上海市浦东新区金桥经济技术开发区金海路1111号,企业占地面积16万平方米。被国家经贸委等六部委确定为"国家大型一档企业",并进入美国《财富》杂志"中国最受赞赏的外资企业"排行榜。

图3-4-1　上海夏普电器有限公司

上海夏普投资总额2 950万美元,注册资本1 180万美元。投资比例是:日本夏普株式会社占60%,上海电视一厂占40%。主要生产产品:空调器、空气净化器、除湿机、电冰箱、洗衣机。2009年8月3日,广电集团将持有的上海夏普30%股权连同相应的权利和义务转让给上海广电信息产业股份有限公司。

二、经营成效

1997年12月,上海夏普首批电冰箱、洗衣机上市。

1999年,上海夏普完成电冰箱、洗衣机生产技术引进项目,生产厂房、自动化流水线和设备总投资65 745万元,形成年产60万台风冷式电冰箱和60万台全自动及滚筒洗衣机的生产能力,项目具有国际先进水平,填补国内空白。

2001年12月,被称作日本夏普"独门暗器"的"派离克"技术在上海夏普投入运用,这是日本夏普第一次在全球范围内运用这一世界首创技术。"派离克"技术由日本夏普研发,在43个国家申请了专利。这项技术是通过正离子和负离子分解,消灭有害物质,将其转化为无害的水蒸气、二氧化碳和氮气等,该技术在日本工业界、学术界获得各类奖项与好评,经国家权威机构上海市预防医学研究院检测表明具有杀菌效果。上海夏普在2002年生产的冰箱中有40%应用这项技术,2003年达到100%,并延伸到空调等其他产品。

2001年12月18日,上海夏普第100万台冰箱诞生,这台"派离克"新品冰箱生产下线,实现了从量的突破到质的飞跃。从1997年10月生产第一台冰箱,到第100万台冰箱的产生,上海夏普产品从单一品种发展到5个系列93种型号;日产量从百余台到超越千台。

2002年1月,上海夏普两款新型号小容量冰箱:BCD-141WBJ、BCD-141WDJ通过节能产品认证。继2001年4种型号冰箱首获中国节能产品认证中心颁发的节能产品认证证书后,通过一年全部完成从286升大容量到141升小容量全系列冰箱的节能改造,共有10个型号的冰箱全部通过节能认证。

2003年3月,上海夏普出口总值达到4 800余万元。其中,空调累计出口达16.6万台,出口总值近3 000万美元。上海夏普出口产品由原来单一的空调,发展为包括冰箱、洗衣机、除湿机、吸尘器、微波炉、电饭煲在内的多种产品。其中空调、微波炉主要销往日本、美国、东南亚,其他产品主要销往日本、东南亚一带。上海夏普产品的年出口量递增20%。

2007年,上海夏普通过改变生产用酒精包装,由传统的盐水玻璃瓶包装改为小型泵机抽取酒精灌装入喷壶中,从根本上解决了公司每年产生22.57吨无价废弃物问题,节约处理废弃物金额2.4万元,费用减少4.5万元。该成果在中国电子质量管理协会举办的"中国电子信息行业第二十七次质量管理小组/质量信得过班组代表大会"上作为质量控制(QC)成果发表,并获一等奖。

三、主要产品

【全封闭式无孔内筒洗衣机】

2001年9月,上海夏普推出代表世界一流技术、国内首创的新一代全封闭无孔内筒洗衣机——"水玲珑"系列。一般的洗衣机在排水、脱水时为了能使水排出,其内筒壁需要开孔。"水玲珑"系列则采用夏普独特的无孔内筒技术彻底解决了因为有孔而使衣料受到挤压,与内孔发生摩擦导致衣物受损的情况。它的无孔技术使其水槽和内筒间没有循环水,从根本上杜绝了细菌的滋生,彻底消除了二次污染。产品节水40%,节约洗涤剂27%,省电约10%,成为真正意义上的环保节能型洗衣机。"水玲珑"系列还改变了一贯的中心循环水流,设计循环上冲水柱动力,带动洗涤的衣物环绕翻滚,使及物的缠绕率降低了46%,洗净度提高了10%。

【"派离克"冰箱】

2001年12月,上海夏普引进日本夏普独创的"派离克"正负离子群技术,通过分解方式杀灭冰箱中的害菌,去除食物的异味,确保蔬菜瓜果等的新鲜洁净度,延长食物的储存周期。正负离子群发生装置与冰箱压缩机同步运行,迅猛的正负离子群随循环风传遍冷藏室和冷冻室,使冰箱内的每一寸空间都得到净化。

【"银泉水玲珑"系列洗衣机】

2005年1月,上海夏普新推出"银泉水玲珑"系列洗衣机,发挥银离子去除细菌的功效,从源头上减少异味的产生。在 XQB62－8815 洗衣机的进水口旁，装载有两块纯银电极板的银离子发生器。在最后的漂洗进水程序时，有微弱的电流在两个电极中通过产生银离子，覆盖在衣物表面形成离子保护层，并且在衣物干燥后银离子层也不会挥发消失，持久抵御细菌侵害衣物。XQB62－8815 采用无孔内筒技术，洗完后内筒壁上形成保护层，解决了衣物变形问题；采用无需耗电的记忆内存条，待机状态下记忆洗涤程序实现“零”耗电。全封闭无孔内筒设计可节约 30％的水和洗涤剂。

【变频空调】

2005 年 4 月，上海夏普生产变频空调 AY－X125YL 产品，制冷能效比 4.19，制热能效比为 4.14，远远高于国家规定节能标准限值 2.6，可节省电力约 45％。该产品开机即以最大功率运行，快速达到设定温度，夏天迅速制冷，冬天快速制热，迅速满足温度需求，相比普通空调制冷制热速度慢、频繁停机，更显优势。产品具有夏普独有的派离克技术，可达到净化空气的效果。

图 3－4－2　上海夏普空调生产线

四、荣获奖项

2004 年 2 月，获 2003 年度上海市出口百强企业银奖。

2010 年 1 月，获上海市节水型企业称号。

2010 年 6 月，获金桥出口加工区“最具可持续发展潜力五星企业”、日本夏普集团“超级绿色工厂”(SGF)称号。

2010 年 8 月，获全国轻工业企业信息化先进单位。

2010 年 12 月，获上海市高新技术企业称号。

第二节　上海广电 NEC 液晶显示器有限公司

一、合资概况

上海广电 NEC 液晶显示器有限公司(简称广电 NEC)于 2003 年 12 月 28 日揭牌，由广电集团与日本电气株式会社(NEC)共同投资建立。坐落在上海市闵行区华宁路 3388 号，拥有中国大陆第一条第五代薄膜晶体管液晶显示器生产线，被列为 2004 年度上海市重大工程建设项目。

项目始于 2002 年 4 月 18 日，广电集团与日本 NEC 在西郊宾馆签署合资意向，共同投资建设薄膜晶体管液晶显示器(TFT－LED)工厂。7 月 25 日，广电集团与上海市莘庄工业区经济技术发展有限公司在莘庄工业区签署《土地使用权出让意向书》，广电 NEC 厂址确定。2003 年 2 月 26 日，广电 NEC 合资经营合同、章程签字仪式在广电集团总部举行。5 月 5 日，TFT－LCD 项目打下第一根桩，厂房建设开始。10 月 17 日，TFT－LCD 项目《可行性研究报告》经国务院批准，国家发改

图 3-4-3　广电 NEC 液晶显示器有限公司

委批复同意。11 月 3 日,公司工商登记完成,获得上海市工商局颁发的营业执照。12 月 28 日,广电 NEC 在香格里拉大酒店举行开业庆典。

广电 NEC 总投资 1 146 亿日元(约合 9.55 亿美元),注册资本 500 亿日元(约合 4.17 亿美元),其中广电集团出资 75%,NEC 出资 25%。广电 NEC 是中华人民共和国成立以来电子行业投资规模最大、跨入门槛最高的项目,合资公司针对全球液晶电视和液晶显示器市场,以 TFT-LCD 的技术研发、批量生产、组装、市场营销为主要业务,运用世界上成熟的第五代 TFT-LCD 生产技术和研究技术,生产用于液晶显示器、笔记本电脑、液晶电视等的显示屏及模块。

二、经营成效

2004 年 2 月,广电 NEC 第五代薄膜晶体管液晶显示器(TFT-LCD)项目被列为 2004 年度上海市重大工程建设项目。

2004 年 3 月 27 日,广电 NEC 首批液晶显示屏模块产品出货,首批 1 080 片产品装车启运,发往全球最大的显示器 OEM 制造商冠捷电子集团。

2004 年 5 月 12 日,广电 NEC 项目土建工程基本竣工,开始安装调试 TFT 工艺设备。8 月 10 日,0 次工艺试投第一块 TFT-LCD 屏点灯实验成功,标志着广电 NEC 生产线(S1)第一批 22.5 K 设备已具备制作 TFT-LCD 屏的能力。9 月 1 日,第一批无缺陷 TFT-LCD 屏试投成功,标志中国大陆首条第五代 TFT-LCD 生产线制造的首批显示屏成功诞生。10 月 8 日,广电 NEC 第五代薄膜晶体管液晶显示器(TFT-LCD)生产线正式投产,形成每月 2.25 万张(1 100 毫米×1 300 毫米)液晶显示屏的生产能力。

2004 年 9 月 1 日,广电 NEC 第一批无缺陷的 TFT-LCD 屏在模块厂房成功完成。第一批屏是 1 次试投的制品,共产出 9 块无缺陷屏。当天挑选出 5 块屏送往广电信息制作成整机。至此,中国大陆首条第五代 TFT-LCD 生产线制造的第一批显示屏成功诞生。

2004 年 10 月 8 日,广电 NEC 生产线一期项目投产。这条生产线自 2003 年 5 月开始动工建设,仅用 16 个月就完成厂房建设、设备安装调试和试投料生产,创下国内外同等规模 TFT-LCD 生产厂的建设奇迹。一期项目建成,形成每月生产 2.25 万大张(1 100 毫米×1 300 毫米)液晶显示屏的生产能力。

2005 年 3 月,15 英寸 PSWG 型液晶显示屏样机试制成功。4 月,17 英寸 PSWG 型液晶显示屏样机试制成功。5 月,15 英寸 PSWG 型液晶显示屏样机开始量产。6 月,17 英寸 PSWG 型液晶显示屏样机开始量产。8 月 21 日,公司通过英国标准协会(BSI)的审核,获得 ISO9001：2000 质量管理体系证书。9 月,26 英寸液晶电视屏样机试制成功。10 月,15 英寸液晶屏产量达到 72 万片,合格率超过 90%。11 月 8 日,上海平板显示产业基地成立暨广电 NEC 竣工。

2005 年，广电 NEC 生产开始放量，6 月 23 万片、7 月 32 万片、8 月 46 万片、9 月 62 万片、10 月 72 万片。广电 NEC 的 15 英寸液晶屏供货量已占全球市场的四成，成为 15 英寸液晶屏市场份额最大的企业。

2006 年 8 月 16 日，广电 NEC“新增 33 KS/M 生产能力项目”投产，标志生产规模由原来的 60 KS/M 扩大至 90 KS/M，年生产能力达到 1 215 万台液晶屏及模块（以 15 英寸计），成为中国大陆第一大 TFT－LCD 生产商。9 月 8 日，广电 NEC 举行“新增 33 KS/M 生产能力项目”竣工庆典。10 月 23 日，广电集团科研人员自主研发的 47 英寸液晶高清电视屏在广电 NEC 第五代 TFT－LCD 生产线上诞生，这是中国大陆第一块完全自主研发的大尺寸液晶屏。

在 2006 年 11 月 1—5 日举行的中国国际工业博览会上，广电集团展出中国大陆第一款完全自主设计开发的 47 英寸液晶高清电视屏。这是广电集团科技人员经过 6 个月的奋战，在广电 NEC 第五代 TFT－LCD 生产线上生产的。经测试，产品达到市场上高端国际品牌 47 英寸液晶屏同等水平。

2007 年 6 月，广电 NEC 创造销售历史新纪录，销售量突破 1 000 KP（千张），其中 15 英寸液晶屏销售量突破 640 KP，销售总收入突破 8.5 亿元，15 英寸液晶屏产品的全球市场占有率（包括液晶显示器和液晶电视）首次达到 47%，为全球首位。

2008 年 1 月，广电 NEC 产出 962 K，创下公司成立后的新高。3 月又刷新纪录，产出 984 K。一季度完成销量 2 727 K，销售收入达 3.1 亿美元，均创下单季历史新高。19 英寸宽屏销量达到 1 364 K，占比达到 50%。15 英寸液晶屏的市场占有率突破 50%，继续保持全球第一。

2008 年 11 月，按照《国家发展改革委办公厅关于继续组织实施新型平板显示器件产业化专项有关问题的通知》要求，国家发展改革委对申报项目进行了审理，广电 NEC 薄型 19 英寸液晶面板产业化项目列入新型平板显示器件产业化专项。

2009 年 1 月，广电 NEC 冷冻机节能改造项目完成调试，经检测，冷冻水泵及冷却水泵的功耗降低了 49.1%，冷却塔的能耗优化控制也使风机功耗降低了 56.3%，整个冷冻机系统能耗降低了 15.3%。

2009 年 2 月，广电 NEC 研发成功 10.1 英寸 MINIBOOK 面板，并开始小批量量产与市场销售，由此，广电 NEC 进入专业电视面板市场。10.1 英寸 MINIBOOK 面板研发从 2008 年 12 月开始立案，至 2009 年 2 月试制成功，产品研发时间相比行业常规值缩短了近 4 个月。

2009 年 5 月 7 日，广电 NEC 和台湾晶达光电就工控屏领域合作达成协议。双方合作不同于普通的单向面板采购，而是运用双向互动的合作模式，晶达光电向广电 NEC 采购面板的同时，广电 NEC 可以销售晶达光电的产品。随着 15 英寸专业应用面板的成熟稳定发展，广电 NEC 将根据客户需求推广 10.1 英寸、15.6 英寸、17 英寸、19 英寸等公司全线产品。

图 3－4－4　广电 NEC 生产场景

2009 年，广电 NEC 累计申请专利 151 项，其中发明专利 129 项、实用新型专利 22 项，并获得 5 项实用新型专利授权。2009 年 4

月,广电 NEC 获得由上海市闵行区知识产权局颁发的“2008 年度专利申请优胜奖”。

三、主要产品

【高色域快速响应液晶面板】

2008 年 11 月,在中国国际工业博览会上,广电 NEC 推出“Green Product”和“High Performance”两个系列新品。其中一款 19 英寸宽屏高色域、快速响应的液晶显示模块达到国际领先水平,其响应速度为 3 毫秒,色域度达到 92%,将快速响应和显示色彩高色域两个重要的技术指标融合在一起。产品在设计和制造过程中,申请发明专利 5 件。

【10.1 英寸 Netbook panel、15 英寸 Touch panel】

10.1 英寸 Netbook panel 是广电 NEC 在 2009 年投入量产的一款新品,仅用 2 个多月时间完成研发,作为广电 NEC 进军笔记本电脑市场的“敲门砖”。15 英寸 Touch panel 是针对工控类市场推出的对应产品,采用 5 线电阻式触摸屏,具有触控精度高的特点,能够满足大部分工业类客户的要求。

【0.5T 轻薄型玻璃基板】

2009 年 7 月,广电 NEC 攻克技术难关,0.5T 玻璃基板通过了 Array 侧量产条件下的搬送测试,标志广电 NEC 轻薄型玻璃基板的导入迈出实质性一步。经判断分析,Array 工程的设备不需要进行任何改造就能适用 0.5T 基板的量产,这不仅为公司节省了一大笔经费,而且大大缩短了导入周期。

四、荣获奖项

在 2004 年 11 月 9 日第六届上海工博会上,广电 NEC 第五代 TFT - LCD 屏及系列产品获金奖。

2006 年 3 月,广电 NEC 第五代 TFT - LCD 屏生产工艺及技术荣获“上海市信息化优秀项目”。

2007 年 10 月,广电 NEC 获“上海市外商投资先进技术企业”。

第三节　上海广电富士光电材料有限公司

一、合资概况

上海广电富士光电材料有限公司(简称广电富士)成立于 2007 年 4 月 12 日,由广电电子与日本富士胶片株式会社(简称富士胶片)共同投资。公司位于上海闵行莘庄工业区国家(上海)平板显示产业园内,占地面积约 7.8 万平方米,是中国大陆首家大尺寸 TFT - LCD 用彩色滤光膜(CF)专业生产企业。

项目始于 2006 年 2 月 6 日,广电电子和富士胶片共同签订彩色滤光片(CF)项目合作意向书;8 月 22 日,广电电子与富士胶片在西郊宾馆举行广电富士合营合同和章程签约仪式;12 月 29 日,国家发改委向上海市发改委出具项目核准批复，CF 项目申请报告核准工作完成。2007 年 4 月 6 日，CF 项目筹建组取得国家商务部《关于同意设立上海广电富士光电材料有限公司的批复》；4 月 10 日，取得外商投资企业批准证书；4 月 12 日，公司获得上海市工商局颁发的企业法人营业执照，合营公司正式成立，并进入 18 个月的项目建设期；11 月 12 日，举行 CF 生产线项目主厂房结构封顶典礼暨洁净厂房合同签约及开工仪式。

图 3－4－5 上海广电富士光电材料有限公司

广电富士投资总额 2.67 亿美元，注册资本 1.45 亿美元。投资比例是：广电电子投资 7 500 万美元，占 75%；富士胶片投资 2 500 万美元，占 25%。公司集研发、设计、生产及销售各种 CF 及其关联产品为一体，月生产能力达 80 K(1 100 毫米×1 300 毫米)，主要生产液晶显示器用彩色滤光膜。2009 年 6 月，广电电子将所持广电富士 75%的股权转让给上海广电光电子有限公司。

二、经营成效

2007 年 6 月，广电富士大尺寸 TFT－LCD 用彩色滤光片(CF)生产线，被列入 2007 年度上海市先进制造业重点推进项目。这是市经委从 500 多个项目中精选出的 57 个工业商业项目之一，作为上海市先进制造业、现代服务业重点推进项目。

2008 年 2 月 28 日，洁净车间施工完成，第一条生产线(PHASE1)工艺设备按计划搬入进场；6 月 25 日，PHASE1 工艺设备完成生产线联线冷调，所有生产线完成联线热调；7 月 31 日，第一款样品试制完成并送广电 NEC 作客户认定；8 月 12 日，第二条生产线(PHASE2)工艺设备开始搬入安装。

广电富士项目建设中，实际厂房建筑面积比可行性报告缩减了 1.2 万平方米，厂房高度从 4.5 米降低到 4.2 米，同时还优化了动力系统的配置，为运营阶段能源费用的节约奠定了基础。筹建组一次次对工艺布局进行优化，最终生产线产能从原先的每月 70 K 提高到每月 80 K，从原先生产一个品种调整为可同时生产两个品种。经过对技术方案和建设方案的一系列优化，投资总额得到有效控制，且比可行性报告下降。

2008 年，公司建成投产后加大研发投入，坚持技术改造，先后进行了 0.4 基板的改造、PS1 与 PS2 线的改造、增加 OC 线等线，累计投入改造费用超过 1.5 亿人民币，每年投入约占总产值的 10%，不仅提升了产线的柔性，更使产线能够适应小品种、多批次的定制需求。同时，推进精细管理，以提升良率、稼动率、降低消耗为目标导向，推进智能制造，公司通过电子看板，打造透明车间，实现智能生产，进一步提升产线柔性，降低生产成本，逐步走向智慧、绿色制造。

2009 年 1 月和 3 月，广电富士分别通过第一款样品 15 英寸和第二款样品 19 英寸(宽屏)的客户(广电 NEC)样品认定，进入项目建设的最后阶段——客户的批量认定阶段，标志着广电富士已经具备 CF 量产的能力。5 月，向广电 NEC 分别提供 15 英寸和 19 英寸(宽屏)各 100 大片 CF 进行客户批量认定。其中,19 英寸(宽屏)投 60 片,产出模组 720 片中无 CF 相关不良;15 英寸投 80 片,产出模组 1 280 片,其中 CF 引起的不良控制在 4‰以内,均达到行业中较好水平。客户批量认定的通过标志着广电富士掌握了 CF 制造的技术。

2009 年上半年,广电富士进行第三款 10.1 英寸样品的开发和试制,完全依靠自己的技术能力完成首款 10.1 英寸样品的开发和试制,并一次性通过客户的技术认定,而且申请发明专利数项,标志着广电富士已经具备独立的产品设计开发能力。

2009 年 5 月下旬,广电富士无尘室 FFU(无尘室内气流推动主要运作单元)改造工程全面展开。由于工程在已具备基本生产能力的无尘室内施工,增加了工程施工难度。公司只用 2 天时间,完成 12 条主线,几百台、套设备的包装和保护工作。施工材料正式进场时,中方和日方员工对所有进场的施工材料进行严格而缜密的清洁和擦拭工作,做到不遗漏任何一件不符合无尘条件的材料进场,每日巡查粘贴胶带包装状态,每小时对全线 60 多根毛刷进行浸润工作,对施工区域进行监护。经过一个多月有条不紊的施工,圆满完成全部改造施工任务,改造后的无尘室 FFU 进一步提升了产品良率。

三、主要产品

【G5 TFT－LCD 面板配套彩膜】

按照终端产品用途可分为功能手机、智能手机、影音器材 MP3/MP4、平板电脑、车载显示、笔记本电脑、桌面显示器、电视、工业控制显示九大类。按照彩膜结构技术,可分为 TN 模式面板配套彩膜、IPS 模式面板配套彩膜,以及带有触控功能的彩膜。典型的三类产品如下:(1) 桌面显示器用彩膜 1907 型,分辨率为 1 440×900,色彩饱和度为 72%;(2) 平板电脑用彩膜 7WX 型,分辨率为 1 280×800,色彩饱和度为 51.5%;(3) 智能手机用彩膜 5.55 型,分辨率为 1 920×1 080,色彩饱和度为 75%。

【彩色滤光片(CF)】

这是在玻璃基板上制作出许多红、绿、蓝的像素,每个像素对应液晶显示器上的一个画素。当白色背光通过这些像素后,变成红、绿、蓝光,构成了彩色显示的三基色光。不同比例的三基色光在人眼中混合,即构成丰富多彩的各种色彩。

图 3－4－6　广电富士联线热调

彩色滤光片结构为玻璃基板上制作抗反射的遮光层,即为 BM 层,再依序制作上红、蓝、绿(R、G、B)三原色的彩色滤光膜层,然后在滤光膜层上溅镀上透明薄膜(ITO),最后在薄膜上涂布间隔柱(PS)。彩色滤光片的工艺实现方法是颜料分散法和转印法,并通过光刻法形成三色画素。彩色滤光片是组成 TFT－LCD 面板的关键零部件,可以使 TFT－LCD 有彩色的显示图像。

广电富士在彩色滤光片制造工艺中,采取颜料分散法和富士胶片独有的热转印法技术。其中,在 BM(黑底)、R(红色滤光膜)、G(绿色滤光膜)、B(蓝色滤光膜)的工艺上,采取颜料分散法技术,其优点是工艺、材料和设备技术成熟,供应链完整,可以灵活应对不同客户对色度等技术指标的不同要求。在 PS(间隙柱)工序上采取热转印法,其优点是膜厚的均匀性比较好,膜厚的精度比颜料分散法高三倍以上,可以提高间隙柱高度的一致性和精度,适应液晶面板对清晰度不断提高的要求,也为未来大尺寸 CF 的技术发展趋势——转印法结合喷墨法的工艺进行技术准备。

第四节　上海三星广电电子器件有限公司

一、合资概况

上海三星广电电子器件有限公司(简称三星广电)的前身是上海三星真空电子器件有限公司(简称三星真空),成立于 2001 年 2 月 28 日,由广电电子与三星 SDI(香港)有限公司共同出资。坐落在上海市松江工业区。

图 3－4－7　上海三星广电电子器件有限公司

项目始于 2000 年 11 月 28 日,三星真空生产基地土建工程开工典礼在松江工业区举行。2001 年 2 月 28 日,三星真空在香格里拉大酒店举行合资合同、章程签字仪式。2002 年 3 月 28 日,三星真空举行开业典礼,国内规模最大的真空荧光显示器(VFD)生产线正式建成投产。

三星真空总投资 9 600 万美元,注册资金 3 200 万美元。投资比例是:广电电子投资 1 435.05 万美元,占 45%;三星 SDI(香港)有限公司投资 1 753.95 万美元,占 55%。公司主要开发、制造和销售的薄膜真空荧光显示屏(VFD),是世界上应用最广泛的新型平板显示器件之一。产品应用于音响、影碟机、家用电器、衡器、工业仪表等领域。公司年产 VFD 2 600 万片,是国内最大的 VFD 生产基地。

2007 年 6 月,根据公司董事会决议,三星真空经营范围发生变化,开始投产锂电池项目,专门生产笔记本电脑用电池。公司名称由上海三星真空电子器件有限公司更名为上海三星广电电子器件有限公司。

二、经营成效

2004 年上半年,三星真空实现销售收入 1.57 亿元,实现利润 320 万元,达到投产后的最高水平。公司通过加快材料国产化步伐,使材料成本比重由原来的 43%下降至 37%。

2005 年 1 月,经上海市高新技术企业(产品)认定办公室认定,三星真空为 2004 年度上海市高新技术企业。

2006 年 5 月,三星真空新建的 VFD 模块厂房正式竣工。6 月 2 日,韩国设备抵达并开始安装,6 月 7 日设备组装调试完毕,6 月 12 日进行小批量试生产。6 月 15 日,三星真空举行 VFD 模块生产线投产仪式。

2007年3月，三星真空在原有厂房内进行电池厂房改建。6月3日完成设备安装，开始试运行。6月18日进行试生产。7月6日，锂电池产品正式生产，19日举行出货仪式。

2007年9月，三星广电新增项目——锂电池封装实现当月盈利，10月产量达17.7万台笔记本电脑用锂电池，从厂房改建到正式生产，半年实现盈利。项目一期共建五条生产线，月产20万台笔记本电脑用锂电池。2006年在全世界同类产品市场占有率排名中，三洋第一、索尼第二、三星第三。2007年，三星超过索尼排名第二，其中三星广电生产的笔记本电脑用锂电池占其总生产量的40%。

三、主要产品

【真空荧光显示管(VFD)】

这是世界上应用最广泛的新型平板显示器件之一，具有显示信息量大、色彩丰富、发光亮度高等特点，广泛应用于VCD、DVD、音响、空调、微波炉、冰箱、汽车音响等电子产品领域。三星真空的生产线主要生产中高档薄膜VFD，产品能显示18种颜色，其中白色和粉色产品是其独有的品种，具有很高的科技含量。生产线可年产薄膜2 400万片，其规模为国内最大、世界第三。三星真空成为索尼、夏普、汤姆逊、爱华、三星电子、LG等世界著名大企业的主要供应商之一。

图3-4-8　三星电子的VFD生产线

【VFD产品系列】

三星真空从PANEL VFD单一类别发展成为拥有PANEL VFD、CIG VFD、MODULE VFD系列产品，囊括所有VFD产品领域的高、精、尖技术产品，产品应用于音响、影碟机、家用电器、衡器、工业仪表等领域。产品先后通过QS9000质量体系认证和IS014000环境体系认证，2005年2月，一次性获得ISO/TS16949体系认证。

第五节　上海永新彩色显像管股份有限公司

一、合资概况

上海永新彩色显像管股份有限公司(简称永新彩管)的前身是上海永新彩色显像管有限公司，成立于1987年12月，由真空电子、永新彩管(香港)有限公司、上海久事公司、上海电气(集团)总公司、上海工业投资(集团)有限公司合资经营。公司占地面积14.7万平方米，建筑面积16.6万平方米。是国家“七五”期间立项建设的彩色显像管生产、销售、研究、开发的大型骨干企业之一。

永新彩管注册资本131 381万元人民币。投资比例是：真空电子投资59 121.45万元，占45%；永新彩管(香港)公司投资32 845.25万元，占25%；上海久事公司投资6 569.05万元，占5%；上海电气(集团)总公司投资31 531.44万元，占24%；上海工业投资(集团)有限公司投资1 313.81万元，占1%。公司是以开发、生产彩色显示器件为主业的技术密集、知识密集型特大企业，主营产品有 47 厘米、54 厘米(FS)、64 厘米(FS)、73 厘米(NF)、M78 厘米、W76 厘米(16∶9)等系列彩管和多种型号全平面彩管。2000 年最高销售总额 54 亿元,最高利润总额 5.01 亿元,最高产量 485 万只。

图 3-4-9 上海永新彩色显像管股份有限公司

2006 年 6 月 13 日,广电电子(原真空电子)将所持有永新彩管的 45%股权转让给广电集团。公司股东上海电气股份有限公司更名为上海机电股份有限公司。变更后,广电集团占永新彩管股比 45%,永新彩管(香港)有限公司占 25%,上海久事公司占 5%,上海机电股份有限公司占 24%,上海工业投资(集团)有限公司占 1%。

2007 年 4 月 11 日,公司股东上海机电股份有限公司将所持有的 24%股权转让给上海电气(集团)总公司。转让后,广电集团占永新彩管股比 45%,永新彩管(香港)有限公司占 25%,上海久事公司出资占 5%,上海电气(集团)总公司占 24%,上海工业投资(集团)有限公司占 1%。

二、经营成效

1997 年 12 月 8 日,永新彩管第三期工程生产线建成,生产出第一批 29 英寸彩色显像管。

1999 年 6 月 25 日,国内首条国产大屏幕彩色显像管生产线在永新彩管建成,并投入生产。

2000 年,永新彩管实施增资及大屏幕全平彩管生产线技改项目(五期项目),总投资 8 亿元,新建一条 29 英寸全平彩色显像管生产线,生产能力为每年 130 万只,可同时兼容生产 32 英寸(16∶9)、33 英寸全平彩色显像管。

2001 年 6 月 8 日,永新彩管转制为中外合资股份制企业,更名为上海永新彩色显像管股份有限公司。

2001 年 8 月 23 日,永新彩管第一只 29 英寸全平彩色显像管下线。这是公司“五期”项目经过近一年建设获得圆满成功的标志,证明永新彩管已经具备生产“全平管”的能力。

2001 年 10 月,21 英寸全平管研制项目正式立项,被确定为公司 2002 年技术创新“一号工程”。经过 10 个月的攻关,整个荫罩模具开发经历了“原始参数→模具开发→成型荫罩→样管测试→模具修正”过程,2002 年 7 月 19 日,永新彩管自行设计、开发的 21 英寸全平显像管诞生。

2003 年 5 月,永新彩管 33 英寸多媒体彩色显像管(M78CSBB00X01)研制项目通过上海市经委验收。33 英寸多媒体彩色显像管通过电子枪束斑的改进和 DY 行频的提高,使显像管的角部聚焦性能得到提高,能用于计算机 SVGA 的显示格式和 SDTV 的数字电视显示。

2003 年 1—6 月,永新彩管销售量 335 万只,创历史新高,销售收入 22.1 亿元,利润 1.15 亿元,上半年实现“双过半”。永新彩管年生产能力从 420 万只提升到 650 万只,5 条生产线全部符合柔性化生产,可以根据市场需求及时调整各种型号的生产,已经拥有 21 英寸、25 英寸、29 英寸纯平、29 英寸超平、34 英寸 5 个国内主流产品的制造能力。2003 年上半年,永新彩管在国内市场销售额排名第二位,市场占有率达 16%~17%。

图 3-4-10　永新彩管生产场景

2003 年 9 月 8 日,永新彩管第一只 34 英寸纯平彩色显像管下线,标志着永新彩管规模最大的改造项目获得成功。34 英寸纯平管诞生于原 34 英寸超平管生产线,公司从 7 月底开始对其进行柔性化技术改造,实现纯平和超平两个管种的兼容生产,可以及时根据市场需求变化进行品种切换。永新彩管已具备 5 种管种 12 个品种的彩管生产能力,年产量达到 660 万只。

2003 年,永新彩管推行"精益生产",通过资源的综合利用,如冷冻机的热回收、低封炉热排风回收加热纯水系统,项目投资 52 万元,节约蒸汽每小时 1.43 吨,全年节约能耗费用 106 万元,半年收回项目投资。通过对天然气置换前期工艺调研,以 L5 生产线 3 个月精益生产试点测算,创造经济效益 1 500 万元。

2004 年,永新彩管独创一种清洗工艺,调配出一种既能达到生产工艺要求,又能满足国家环保标准的新型清洗剂,有效控制了清洗剂对环境的污染。公司通过对各种试剂进行比较后,选定对 4130D 和 CW3360 两种清洗剂进行试验,从少量试验到小批量直至大批量的清洗,最后选择的 4130D 不仅清洗效果好,各项技术指标均达到使用要求。公司还设计制作了一台新的清洗设备,安装调试完成后进行 3 个月的试运行,结果再次证明新的清洗剂完全符合使用要求和环保要求,这项工艺使永新彩管成为国内首先使用 4130D 清洗剂进行阴极清洗的企业,填补了国内空白。

2004 年上半年,永新彩管在以生产 29 英寸纯平彩管为主的 L5 线上试点推行精益生产,取得年增 1 500 万元经济效益的显著效果。下半年,又相继在其他 4 条线上推行精益生产,至 10 月,整个公司的生产运行纳入精益生产轨道,公司实现产销两旺。月生产彩管 69 万只,实现销售 74 万只,创下了历史最高纪录。永新彩管推行精益生产,从经营管理理念、思维模式到生产运行方式、工作流程,更趋精细化、科学化,更加注重效率和效益。"让永新精益起来""消灭浪费、创造价值、追求完美""行动创造价值、坚持成就素养"等精益生产的理念和口号,成为员工的共同语言,"消灭浪费、追求精益"成为员工的共同行动。

2004 年 12 月 8 日,永新彩管第 5 000 万只彩管下线,这一数字具有里程碑的意义。

2005 年 2 月,上海市经委、市财政局、市知识产权局认定"2004 年上海市专利新产品"可以享受鼓励政策,永新彩管的 29 英寸纯平彩色显像管(A68CPBB/M68CPBB)入列。

2005 年 4 月,上海高新技术产业开发区管委会办公室公布 2004 年度总收入超过 25 亿元的高新技术企业名录,永新彩管以 44.01 亿元总销售额位列第八位,成为上海高新技术产业发展的中坚力量。

2005 年 12 月,永新彩管 32 英寸纯平精细节距彩色显像管经国家科技部等上级主管部门的审批,获得国家重点新产品奖。

三、主要产品

【73 厘米多媒体彩色显像管】

适应数字电视以及多媒体家庭显示终端发展需要,产品取得电子束的计算机模拟技术、电子束的动态真空系统模拟技术、曝光校正透镜的计算机设计及开发技术、电子枪零件开发技术、内藏式电压分配器的开发及评价技术、电子枪组装工夹模具开发技术等关键技术。永新彩管这一成果结束了国内不能自主开发大屏幕多媒体彩管的历史，提高了国内产品的国际竞争力。

四、荣获奖项

2002 年 2 月，永新彩管获“上海市优秀工业企业形象单位”。

2002 年 4 月，永新彩管研制的 73 厘米多媒体彩色显像管（73SX705Y22、73SX706Y22）荣获“上海市科学技术进步奖”一等奖。

2002 年 7 月，永新彩管“上永牌”在上海市名牌产品推荐委员会发布的上海名牌产品 100 强名单排序第 12 位。

2003 年 3 月，上海市工商行政管理局在《解放日报》上发布公告：经上海市著名商标认定委员会第七次会议复审通过，并经上海市工商行政管理局审定，“上永牌”再次被认定为上海市著名商标。公司还获得上海市工商行政管理局授予的“2002—2003 年度免检企业资格证书”。

2004 年 7 月，永新彩管再次荣获“上海市外商投资双优企业”称号，在全市 1 323 户“双优”企业中，永新彩管位列“2003 年度上海市外商投资高营业额先进企业”（生产企业）第 15 位；8 月，永新彩管获 2003 年度“上海市工业企业 500 强”、“三高”（高出口创汇、高营业额、高人均利税）企业。

2005 年 2 月，永新彩管获 2004 年度上海市“双爱双评”活动十佳先进企业，同时被授予“上海市专利示范企业”的称号；3 月，“上永牌”入选 2004 年上海名牌产品 100 强；永新彩管 29 英寸纯平彩色显像管荣获首批“上海市专利新产品”证书，在 88 个获证新产品中位居第二；12 月，公司荣获“2005 年上海市用户满意企业”，32 英寸纯平精细节距彩色显像管获得国家重点新产品奖。

第六节　上海旭电子玻璃有限公司

一、合资概况

上海旭电子玻璃有限公司（简称旭电子玻璃）成立于 1996 年 11 月，由真空电子、日本旭硝子株式会社、日本丸红株式会社、上海久事公司共同投资，是专业生产彩管玻壳的合资企业，大屏幕彩管和彩显管玻屏项目成为上海市 2001 年重大工程建设项目。

旭电子玻璃总投资 23 615 万美元，注册资本 8 069 万美元。投资比例是：真空电子出资 2 420.7 万美元，占 30%；日本旭硝子株式会社出资 2 420.7 万美元，占 30%；日本丸红株式会社出资 2 017.25 万美元，占 25%；上海久事公司出资 1 210.35 万美元，占 15%。公司主要产品是彩色阴极射线管用玻壳。

二、经营成效

1997 年 6 月 19 日，旭电子玻璃成功研发生产出中国第一只 29 英寸彩色显像管屏，标志企业已具备 29 英寸彩壳的配套能力。

1999 年 12 月 28 日,旭电子玻璃举行大屏幕玻屏生产线工程 SA30 池炉工程点火仪式。

2000 年,旭电子玻璃完成总投资 4.5 亿元的大屏幕彩管玻屏生产线扩建项目(二期项目)。4 月竣工投产,新增 29 英寸～34 英寸大屏幕彩管玻屏、16∶9 宽屏彩管玻屏和全平面彩管玻屏,年生产能力 120 万只。

2000 年,旭电子玻璃完成总投资 2.48 亿元的大屏幕彩管玻屏 SA31 生产线技改项目。在二期基础上增加一条生产线,可新增玻屏年生产能力 120 万只,2001 年年初开始试生产。

2001 年 11 月 29 日,旭电子玻璃成功开发 29 英寸、34 英寸超大屏幕彩色显像管玻壳,该产品填补了国内空白,产品质量也达到国外同类产品品质水平。

2001 年,旭电子玻璃投资 7.5 亿元建设 29 英寸彩色显像管玻屏项目,于 12 月建成。

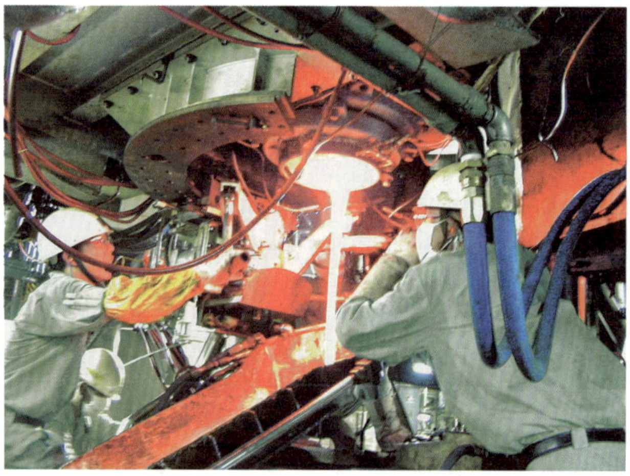

图 3-4-11　上海旭电子玻璃有限公司一线工人常年工作在高温环境中

2001 年 11 月,旭电子玻璃成功研制开发 AS 牌 CPZ34F68、CFL34F13 彩色显像管屏、锥和 AS 牌 CPZ29K61、CFL29I13 彩色显像管屏、锥新项目,填补了国内空白,达到国外同类产品品质水平。作为国内彩色显像管用玻壳中最新的品种,既可用于普通家用电视机显像管,又可用于多媒体显像管。旭电子玻璃的 29 英寸大屏幕彩色玻壳日产量超过 4 000 只,34 英寸超大屏幕彩色玻壳日产量超过 3 000 只,具备了大批量生产能力。

2001 年年底,旭电子玻璃完成大屏幕彩管、彩显管玻屏项目,该项目是上海市 2001 年重大工程建设项目。这项技术改造项目总投资 9.5 亿元,包括一个 240 平方米玻璃熔炉(SA40 池炉)和三条屏生产线及部分动力设施。2001 年 12 月 8 日,SA40 池炉建成点火,三条屏生产线之一的 SA41 线于 2002 年 1 月 1 日滴料试压成功。项目全部投产后,旭电子玻璃年产彩管、彩显管玻屏达 1 500 万只,形成规模生产。

2003 年 5 月 12 日,旭电子玻璃 SA10 玻锥池炉冷修扩建提前完成。SA10 玻锥池炉是旭电子唯一的锥炉,1996 年 3 月投产,原面积 117 平方米,设有 SA11、SA12 两条玻锥生产线。该炉原设计生产 19 英寸以下玻锥产品,出料量 150 吨/日。其中一条线于 2000 年经改造,以生产 34 英寸玻璃为主,出料量也提升到 190 吨/日。该炉投产后共出料 40 万吨,生产 14～34 英寸玻锥 5 525 万只。4 月 1 日 SA10 锥炉停炉冷修扩建,按惯例一般需要 90 天左右,旭电子玻璃在 60 天内即完成,5 月 12 日池炉点火,6 月 1 日 SA11 线滴料投产,6 月 4 日 SA12 线滴料投产。

2003 年 6 月 11 日,旭电子玻璃新型全屏面(大屏幕)屏锥玻壳作为 2002 年度“上海市引进技术的吸收与创新计划”项目通过上海市经委鉴定验收。专家认为,项目开发的产品均达到同类产品的国际先进水平,产品的生产技术成熟,工艺装备及工艺文件齐全,形成了自主的生产技术;产品标准采用国际标准,已能适用于大批量生产,市场前景广阔。

2004 年 7 月 8 日,旭电子玻璃 SA20 屏炉停炉放料进行冷修。50 天完成拆砌、70 天竣工投产,创下了玻璃池炉冷修的新纪录,为旭电子玻璃全线产品早日投放市场抢得时间,确保了公司年度生产任务和利润指标的实现。

2004年7月,旭电子玻璃创出制造新纪录265件,SA10、SA30、SA40池炉良品入库重量16 883吨,比6月增加9%;8月创出制造新纪录192件,SA10、SA30、SA40池炉良品入库重量15 828吨,比6月增加3%。1~8月与2003年同期相比,玻锥(CF)成品率增长13%、玻屏(CP)成品率增长34%,销售额142 885万元,增长19%;利税30 261万元,增长91%。

2004年,旭电子玻璃重复用水率为93.2%,间接冷却水循环利用率为97.3%,均达到较高水平。

2006年12月,旭电子玻璃完成产品达20 144吨,是2006年入库重量最高的一个月,是以前4个炉子的总产量。同时综合步留率也达到很好水平,其中SA10池炉CF(锥)为84%,创全年最高;SA90池炉CP(屏)为76.1%,是该池炉冷修以后的最高。数据表明,旭电子玻璃12月取得产量、质量双突破。

三、主要产品

【16：9扁平管】

产品改变CRT过于方正呆板的传统形象,收看感觉上“疑似”宽银幕电影,与新型平板显示一样,贴近人们新的观赏趋势。

【SLIM扁平管】

改善了CRT厚与重的缺点,将锥体与管颈大为压缩,使得整机厚度明显变薄,重量减轻,便于放置与搬动。

四、荣获奖项

2000年,被评为上海市十大人均高利税企业和十大高营业额企业。

2001年10月,获2000年全国质量管理先进企业、2000年度全国质量效益型先进企业、2000年上海市质量管理奖企业。

2001年,被评为上海市节水型企业。

2002年2月,获2001年度上海市建设工业新高地争先创优活动优秀企业。

2004年12月,在2004年全国电子工业第24次质量管理及质量信得过班组表彰会上,被评为全国质量管理小组活动先进单位,旭电子玻璃“求实创新”“泰山”和“登峰”三个质量管理小组获二等奖。

2005年2月,旭电子玻璃34英寸纯平彩色显像管屏锥玻壳被上海市经委、市财政局、市知识产权局认定为2004年上海市专利新产品。

第七节　上海乐金广电电子有限公司

一、合资概况

上海乐金广电电子有限公司(简称乐金广电)成立于1995年8月15日,由广电股份、乐金电子

图3-4-12　上海乐金广电电子有限公司

(中国)有限公司、韩国LG电子株式会社共同投资。坐落在上海市浦东新区金桥出口加工区云桥路600号,是集专业化安防监控产品研发、生产和销售于一体的高科技电子企业。

乐金广电投资总额3 447万美元,注册资本为1 357万美元。投资比例是:广电股份占30%,乐金电子(中国)有限公司占25%,韩国LG电子株式会社占45%。公司主要生产产品是DVD视盘机、地面广播机顶盒、卫星广播机顶盒等音视频类产品。产品遍布美洲、欧洲、中东、亚洲等40多个国家和地区,出口比例90%以上。

二、经营成效

2001年4月,乐金广电提出"跳跃2400"的目标口号,录像机、DVD、VCD机的出口数量猛增到166万台,与2000年同期相比增加了211%;外贸出口额12 335美元,与2000年同期相比增长了204%。

2003年1月,韩国LG电子在中国启动"LG电子奖学金计划",这是LG电子首次在中国高等学府设立奖学金,奖金总额近100万元人民币。乐金广电在复旦大学和上海交通大学两所大学设立了"LG奖学金"。

2003年4月30日,乐金广电5号流水线诞生第1 000万台成品。乐金广电最初投产VCR,2000年转型生产VCD,2001年开始以DVD为主导产品,并成为LG电子专门生产DVD的海外基地,月生产能力从最初的几千台猛增至几十万台。

2003年6月,乐金广电自主开发的第一款DVD机型——DV7211PA正式投入量产,标志乐金广电具备独自开发能力。从2002年8月酝酿开发计划,12月主芯片方案确定后,内销Model自主开发THEME正式启动。

2003年,乐金广电DVD产品销量攀升,内销量超过40万台,比2002年增长78%;出口外销量比2002年增长一倍;出口创汇金额突破3亿美元,比2002年增长60%;全年销售收入达28亿元。4月,成立仅一年多的设计开发部就成功开发出6个7000系列DVD新型号,以超薄的外形设计、自由播放和超强的读片功能,赢得了LG总部和广大顾客的好评。

2004年1月15日,乐金广电第一次自主开发的DVD-P8000系列产品出库。这次出库的DV8700A型DVD-P共计10 000台,运往荷兰鹿特丹。

2004年3月,乐金广电产销量突破75万台,季度超过189.6万台,刷新多项纪录。DVD、VCR复合机等84种型号的产品总产量达到75.4万台(套),与2003年3月相比增长76%,相当于1999年公司的全年产量;第一季度总产量是2000年全年产量的1.14倍;3月销售额达到4 145万美元,与2003年3月相比增长31.75%;3月出口创汇3 905万美元,与2003年3月相比增长34.4%;季度累计销售额超过1亿美元,与2003年3月相比增长35.42%,出口累计金额达到9 860万美元。

2004年9月,公司生产销售再创历史新高,月产量76.1万台,销售额4 800万美元。

2004 年 11 月 20 日，乐金广电第 2 000 万台 DVD 产品的问世，是继 2003 年第 1 000 万台产品下线后短短一年内实现的第二次量的飞跃。

2004 年，乐金广电销售额达 32 亿元人民币，销售 DVD 近 700 万台，排名全球 DVD 销售量第一，全球 DVD 市场占有率达到 33%。

2005 年 2 月 8 日，乐金广电 SONY 刻录机出库。作为 DVD 的专门生产工厂，公司成功自主开发内销 WorldWide 型号，并于 2004 年 4 月开始生产 DVD 刻录机。通过不断努力，生产出 SONY DVD 刻录机，向 DVD－R 专门生产基地转型，进入生产高档产品行列。

2006 年 10 月，乐金广电通过中国质量认证中心审核，获得“ISO14000：2004 环境管理体系认证”证书。

三、主要产品

【录像机】

1996—1998 年，录像机销售额 72 084.87 万元，出口销售额 66 114.24 万元，利润总额 660.05 万元。

【影碟机】

1999—2009 年，影碟机销售额 2 321 190.58 万元，出口销售额 2 181 550.17 万元，利润总额 14 569.85 万元。

【移动 DVD 影院】

2005 年 4 月，乐金广电推出移动 DVD 影院 P－88，机身厚度仅 28 毫米，被称为“掌上电影院”。产品具有新的防震技术，在异常颠簸的环境中能正常播放，在火车或飞机上也能享受影音。P－88 可播放 MPEG4 网络电影，并可全面兼容 MPEG4、DVD－VIDEO、DVD±R/RW、CD、VCD、MP3、CD－R/RW、电子相册和 WMA 以及最新的碟片。LG 移动 DVD 采用 TFT 显示屏，与普通液晶屏相比具有反应时间快、广视角、高清晰、高亮度等特点，产品采用外置式条形高容量可充锂电池，可支持 3.2 小时播放时间。

【RH－728 刻录机】

2005 年 9 月，乐金广电拥有 250 G 超大内置硬盘的 DVD 刻录机 RH－728 诞生。不用刻录光盘，也可连续不断保存 356 个小时的高清晰电视节目。产品通过电视节目定时录制功能，可随意刻录相当于 400 集电视剧的电视节目。该产品拥有多项和数码时代特征相符合的实用功能：继承了 LG 的双格式刻录，同时支持 DVD－R/RW 和 DVD+R/RW 两种格式的读取和刻录，刻录碟片的可选择空间更广。其次，还能刻录 D9 格式的碟片，可以一次保存更长时间的节目。RH－728 具有的 8in2 记忆卡读取功能，能够兼容流行的 CF 卡、SD 卡等 8 种不同制式的存储卡，可以与各种数码设备交换数据，无论是数码相机拍的照片还是 DV 机拍摄的视频片断，都可以通过它刻成碟片，永久保存。轻松简单的刻录编辑功能，能够将保存的电影电视节目以及 DV 拍摄的视频进行剪辑，制作成电影作品。

【DG－979S DVD 播放机】

2005 年 12 月，乐金广电推出“影视＋游戏”的 DG－979S DVD 播放机。产品采用吸入式技术，与传统抽屉式 DVD 相比具备操作方便、使用寿命长、运行平稳、读片准确等优势，提升了 DVD 产品的性能。双制式逐行扫描、智能定位、自动导航等功能，内置 AC－3 和 DTS 双解码器，能兼容多种碟片。DG－979S 还应用最新的 DIVX 技术，能够轻松读取风靡网络的 MPEG4 电影，为消费者提供了更多样、更时尚的视听选择。高清晰视频输出功能，可将普通 DVD 画质向上转化为 HDTV 的高清画质。产品最突出的特点在于内置了多款经典游戏，在保证品质的前提下，给用户提供更多的娱乐方式，赋予 DVD 机更高的娱乐价值。

四、荣获奖项

2001 年 4 月，乐金广电被上海市人民政府授予上海市 2000 年度出口创汇三等奖。经上海市对外经济贸易委员会审定，2000 年度乐金广电的进出口额排名上海市第 38 名，出口额排名第 34 名，外商投资企业出口排名第 17 名。

2003 年，乐金广电全年申报发明专利 207 项，名列全国申请专利百强企业第 35 位，获得上海市工业企业知识产权工作先进单位。

2003、2004 年，乐金广电被市外资委和市外经贸委授予“外商投资先进技术企业”称号。

2004 年 2 月 17 日，市政府和市外经贸委表彰 2003 年度上海市外经贸先进单位和个人，乐金广电获外经贸工作金奖。

2005 年，乐金广电实现销售额近 35 亿元人民币，出口创汇超过 4.1 亿美元，名列上海市百强企业，上海市外商投资企业第 18 位，获得上海市政府颁发的出口创汇金奖。

第四篇

SVA 品牌

概　　述

上海广电（集团）有限公司（简称广电集团）和SVA品牌始于1996年11月，由上海广电股份有限公司（简称广电股份）申请注册。1997年3月广电集团资产重组，广电股份归广电集团所属。当时SVA与金星、凯歌、飞跃等知名品牌同属广电众多品牌之一，影响力并不大。2001年，广电集团根据产业发展需要，提出建设以SVA品牌为核心的文化体系，出台了《SVA商标（司标）管理规定》，对商标（司标）进行统一管理。2002年，广电集团在快速发展中显现出下属业务群和业务单元的产品缺乏整合的问题，遂提出SVA品牌战略规划。SVA品牌战略的目标是：将SVA品牌建设成为国际知名品牌，成为全球领先平板显示产品供应商。SVA品牌定位是：设计高品位、制造高质量、产品高可靠、服务高素质。SVA传播的最终目标是：树立企业清晰有力的品牌形象，建立品牌市场地位，使消费者给予推崇认可。广电集团通过建设以SVA品牌为核心的文化体系，建立了一整套企业识别系统，短短几年就积聚起SVA品牌效应。

第一章　SVA 品牌战略

20 世纪 90 年代，广电集团下属企业产品品牌众多，有 SVA、金星、凯歌、飞跃等，但很多产品品牌已没有市场影响力，比较有集中度的主要是两个：SVA 和金星。

SVA 和金星商标原来都为广电股份所有。金星商标是传承商标。2001 年，广电集团进行资源整合，在品牌战略决策中决定由多品牌向单一品牌发展，扩大 SVA 的产品范围，最终将 SVA 品牌建设成为广电集团的主打品牌。2001 年 10 月，广电集团决定收购上海广电信息产业股份有限公司(简称广电信息)所属上海广电股份有限公司销售中心及“SVA”“金星”商标。2001 年 11 月 28 日，广电信息在上海影城召开 2001 年第一次临时股东大会，通过关于向广电集团出售销售中心产权和“SVA”“金星”商标权的决议议案。11 月 30 日，完成产权转让合同。广电集团由此开始建设以 SVA 品牌为核心的文化体系。

第一节　SVA 品牌战略制定

一、战略规划

2002 年，广电集团制定 SVA 品牌战略规划。提出通过品牌定位，不断创新技术，提升质量标准，形成以增加产品价值为目的的品牌战略。三年内在国内塑造“四高”品牌形象，即“设计高品位、制造高质量、产品高可靠、服务高素质”，同时，通过海外战略的实施，五年内构筑 SVA 的国际化品牌形象。通过明确品牌身份，建立系统的品牌识别、定位符号，确立阶段性的品牌传播策略，真正建立起全方位的品牌资产。

二、产品要求

在国内电子信息产业中众多品牌纷争的时代，广电集团应用创新思维规划 SVA 品牌，品牌经营在前，加速新产品的开发。SVA 品牌的主要载体是视频类产品，随着宽带网络等新产业的壮大成熟，SVA 品牌向宽带网络新产业和服务业领域发展。在产品转变过程中，重点把握住使用 SVA 品牌产品的管理。

SVA 品牌对产品的基本要求主要体现在四个关键方面：产品质量，让消费者对品牌满意，“SVA”的高品质意味着“零缺陷”；产品开发，挖掘消费者潜在需求，建立产品开发销售协助同盟，生产适销对路的产品；品牌使用，“SVA”品牌的产品性能全球统一；产品包装，突出工业造型设计，提升产品品牌形象。

三、战略目标

广电集团的品牌战略目标是：创建长期化的竞争优势以实现持续发展，从单纯的制造加工转向谋取附加值,从短期竞争转向长期竞争,从国内市场转向全球市场,从低档市场竞争转向中高档市场竞争等。品牌发展中长期发展目标:将 SVA 品牌建设成为国际知名品牌,成为全球领先平板显示产品供应商。最终形成:

——全球化的品牌知名度和影响力;

——国际化的品牌形象;

——专业化的平板显示行业品牌特征。

第二节　SVA 品牌战略任务

一、品牌建设

广电集团在确立 SVA 品牌战略任务时提出,品牌与顾客是企业面对的最主要的关系。营建品牌顾客关系是一种品牌行销的方式,实施品牌战略,要尽一切努力争取顾客,提高顾客忠诚度。同时提出五种方法建立客户关系:方法一,树立顾客至上的经营观念,彻底抛弃把顾客看作是实现企业经济效益的手段的看法;方法二,利用 ERP 系统,建立客户信息管理服务系统,搜集整理顾客信息,建立顾客资料库;方法三,加强对社会公众事业的赞助,取得顾客对 SVA 品牌的认同;方法四,强调对老顾客的重视,从情感上满足顾客的深层次需求,使服务向纵深发展;方法五,树立优良的品牌品质以及鲜明的品牌特色,对顾客的购买行为形成难以抗拒的亲和力和感召力,以此来确立 SVA 卓越的品牌地位。

二、品牌标识

2002 年,广电集团对 SVA 品牌进行精确的设计,包括三个部分:

SVA

品牌视觉(VI)设计:

SVA 以全球高科技 IT 产业的流行色——蓝色为基准,突出了 SVA 的高科技 IT 的形象,SVA 以英文字母构成,不添加其他图案,简洁明快,给人较强的视觉印象。

行为识别(BI)设计:

阴阳模式。阴:品牌的核心价值;阳:特点和属性。理性方面:代表质量、可靠性;感性方面:代表自由、时尚。

理念识别(MI)设计:

S——Surpass,也就是“超越”:塑造“创新每一天”的企业精神,拓展思维空间;V——Value,也就是“价值”:确立“需要就是价值”的经营哲学,不断追求卓越;A——Action,也就是“行动”:培养“重在行动,贵在创新”的企业作风,把希望变为现实。

第三节 SVA 品牌战略定位

一、品牌定位

广电集团品牌定位准确而鲜明：抓住传统模拟音视频产品向数字化产业转变、单机产品向网络产品转变、传统家电向信息家电转变的契机，打造 SVA 品牌影响力。同时，SVA 也是广电集团进军宽带网络技术服务领域的核心服务品牌，用 SVA 品牌打通和连接制造与服务的价值链和产业链。真正体现 SVA 品牌定位“设计高品位、制造高质量、产品高可靠、服务高素质”，志在成为国际知名品牌。

SVA 品牌定位的内涵：

——SVA 品牌是科技的、进取的、国际的、海派的；

——SVA 品牌与企业具有上海海派文化中全球视野、严谨规范、开放进取、文化包容的精神内核和独立个性，是国际化大都市上海的骄傲品牌与典范企业。

二、品牌架构

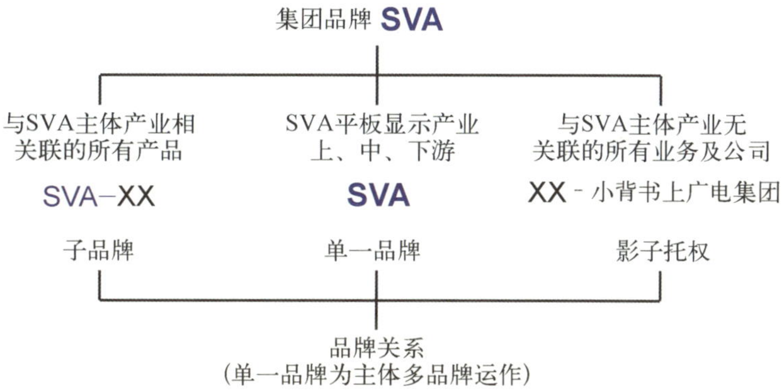

图 4-1-1 SVA 集团品牌架构

广电集团品牌架构如上图所示。

品牌架构的建立，使广电集团 SVA 品牌定位与 SVA 电视品牌的一致性与延伸性和谐统一。“全球领先平板显示产品供应商”“上海的·世界的”SVA 品牌定位，包容了广电集团上、中、下游整个产业链的各业务品牌，有了一个基于 SVA 集团核心竞争优势的价值主张，使品牌资产的积累有了明确的方向。在未来 B2C（商家对消费者的电子商务）业务自有品牌发展有了很大的延伸空间，而不会偏离核心品牌的定位。

图 4-1-2 1998 年上海彩电节，以金星为代表的一批数字彩电在市场上刮起了“数字风”

集团品牌定位是 SVA 电视品牌传播很

好的支持：上海背景、上海文化、上海气质，广电集团是唯一有屏资源的平板电视制造商，这体现了SVA的核心竞争优势。SVA电视品牌定位能够很好地互补集团品牌人性化、时尚化的活跃因子，通过SVA电视B2C的业务模式，消费大众认知SVA电视品牌，进而认知SVA集团品牌。

图4-1-3 1999年首届工博会上，广电集团下属企业产品以各自品牌参展

图4-1-4 2001年，在上海第三届国际工业博览会上，SVA以整体品牌形象参展

第二章 SVA 品牌传播

第一节 SVA 品牌传播推广

一、分类传播

对于 B2B(商家对商家的电子商务)企业级用户,主要通过事件传播、展会传播、新闻传播。

传播主题:“全球平板显示产业供应商——中国的·世界的”。

传播计划:广电集团重组 10 周年回顾展;赞助上海电视节;参加 DisplaySearch(显示器研究)行业论坛;参加国内外展会:美国 CES(消费电子产品)电子展、亚洲显示国际会议暨展览会、青岛电子消费展、中国国际工业博览会、香港秋季电子展、深圳高交会;参加或赞助平板行业高峰论坛;高调发布科技成果;新闻发布会。

对于 B2C 普通个人消费者,主要通过户外传播、渠道促销。

传播主题:“尽显本色”。

传播计划:设立路牌广告和在高架上设立户外广告;集团内部楼宇发布品牌宣传广告、专题新闻传播、电视电台的企业形象或产品宣传 TVP 片、企业自身网站建设。网络传播:免费下载 TVP 企业形象片;以产品单位为主的终端促销活动。

对于企业员工,主要是内部传播。

传播主题:“企业价值观统合工程”。

传播计划:开展“发现需要”行动、品牌专题培训、品牌宣传活动。

二、分步推广

2002 年,广电集团设立了集团商标司标管理办公室,负责品牌的长期规划及具体推广工作。品牌推广理念为“以公关宣传为主要手段,辅以全国营销管理网络和媒体网络,与产品推广结合树立品牌”。规划以稳固品牌为基础,在全国争取最大化的知名度,初步建立 SVA 品牌的信任感;以尖刀产品加深品牌与消费者的关系,各领域齐头并进,强化品牌整体价值,将品牌力转化为销售力,强化国际感,成为真正的国际著名品牌。

SVA 品牌的推广分为四步:

第一步:制订品牌长期规划,明确品牌推广的主旨。鉴于广电集团核心技术能力还处于培育和初成阶段,所以品牌战略定位于高品质,不过分强调产品的技术水准,而在于创造最优质的产品满足社会需求。前期先将质量过硬、技术较新的高品质主营产品使用 SVA 品牌,随着 SVA 品牌知名度提高,通过有偿许可的形式扩大至所有主营企业和部分合资企业,最终朝着品牌运营商方向发展。

第二步:策划和寻找消费者与媒体共同的兴趣点。SVA 把策划看成是寻求消费者与媒体共同兴趣点的过程,消费者关心自己将要获取的实际利益:好的产品、好的服务、好的生活享受;媒体注意传播事件的新闻性,通过强化素材的新闻性,使之成为品牌推广的有力工具。策划过程中注重为品牌与产品挖掘个性化的定位,并新奇快速地使品牌在消费者中留下深刻的印象。将定位、产品价格、分销、公关、促销推广等各种策略视为有机部分,寻求它们之间的整合力,产生“1+1>2”的营销力。

第三步:利用双网优势迅速扩大影响。SVA 的品牌推广依赖于网络管理和媒体网络。广电集团利用投资 SVA 申花足球俱乐部的契机,通过与另一投资方文广集团的紧密合作,加大 SVA 的媒体宣传,树立 SVA 的产品形象。同时,利用集团在宽带网络中的优势,实现品牌数字网络营销策略,充分利用经信息化改造后的 Intranet(内联网)和 Internet(互联网)进行无缝连接,通过网络进行品牌的深度和广度营销,通过网络营销,可集成供应链、销售链、服务链,国内市场和国外市场,有效地开展客户关系管理。特别是通过电子商务,建成虚拟的国际营销网络,以弥补广电集团不完善的国内外实体营销网络。

第四步:寻找强大的品牌冲击波。SVA 在品牌推广上将有限的事件策划成层次分明的冲击波。通过塑造 SVA 的高品质品牌形象,同时,运用海外战略扩大品牌的辐射范围和影响范围,在五年内构筑 SVA 的国际化品牌形象。

第二节　SVA 品牌传播目标

一、传播目标

SVA 品牌传播确立了主要目标和最终目标。

主要目标是解决消费者对 SVA 品牌的全面认知不足及概念性的模糊,改善与提升 SVA 品牌的“品牌力、科技力、产品力、促销力、公信力、执行力”。品牌传播风格上下统一,主题连贯一致,品牌资产持续积累,品牌认知逐步提高。

最终目标是:树立企业清晰有力的品牌形象,建立 SVA 产品市场的地位,使消费者给予推崇认可,从而达到促进企业可持续发展的目的。

二、传播形式

SVA 品牌传播范围划分区域和对象,不同对象采用不同传播形式。

传播区域以“上海为主,辐射华东”。传播对象分为两类:第一类是“B2C 大众消费市场”,针对 B2C 大众消费者业务模式为核心的 SVA 集团下游终端业务,主要采取平面传播、公关软文、媒体配合、促销活动、户外广告、行业展会等形式,强化 SVA 的品牌号召力,使消费大众更深入了解、感受、选择 SVA 产品。第二类是“B2B 企业消费市场”,针对 B2B 企业消费者业务模式为核心的 SVA 集团中、上游业务,采取参加行业年会及展会等公关活动,以公关新闻为主、平面传播为辅的传播形式。

三、传播途径

传播途径主要有六条:

事件传播：通过具有吸引力和创意性的活动或事件，成为大众关心的话题、议题，吸引媒体的报道与消费者的参与，达到提升企业形象以及销售商品的目的。

展会传播：利用展会中行业集市、观众集聚的效应，突出企业的自身特点，宣传企业产业发展、品牌形象，形成与强势竞争对手的差异化宣传。

新闻媒体：巧用网络平台，争取与新闻界人士沟通的机会，借用媒体舆论的力量，树立企业的良好形象，实现企业的目标。

户外传播：采用具有产业属性独特的广告语，获取客户一瞬间的记忆，深埋在客户心中，以展现企业的形象、核心价值、个性。

渠道促销：通过终端产品、形象、销售人员的有形展示，不断增加B2C消费客户的体验点和兴趣点，达到立竿见影的效果。

内部传播：策划全员参与的活动，发起内部员工对企业发展献计献策，从发现需要出发，深刻理解企业价值观，进而以价值观指导来认识、关注、思考企业未来。

四、传播体系

传播体系分为两个方面：企业外部和企业内部。

企业外部：主要包括企业形象方面和产品形象。企业形象重点在“事件”：开业庆典、赞助活动、新闻发布、公益活动。政策市场、资本市场、合作伙伴等作为传播体系。产品形象抓住几个重点。“展会”：国内行业展、国外行业展、行业论坛；“媒体”：报纸、杂志、广播、电视、互联网、TVP；“户外”：路牌广告、楼宇广告、车身广告；“促销”活动：终端促销、公关促销、社区促销；“产品”：LOGO应用、传播物料。以B2C普通个人消费、B2B企业级用户作为传播体系。

企业内部：重点在“内部传播”。包括品牌的专题活动、专题培训、主题报道。以企业员工作为传播体系。

第三节 SVA品牌传播客户

一、目标客户

企业目标客户分为四大类型：

上游客户：TFT-LCD材料供应商。包含液晶材料厂商、基板玻璃厂商、彩色滤色膜厂商、透明电极厂商、偏正片厂商、背光系统厂商。

中游器件生产厂商：包含广电NEC、广电液晶、平板中心、永新彩管、旭电子玻璃。

成品厂商及其他：包含广电电器、索广电子、广电通信、广电计算机、广电通讯。

最终用户：包含B2C普通个人消费者、B2B企业级用户、政策、资本市场等。

二、传播策略

在品牌传播中，采用四大策略。

纵联品牌策略：由经营者控制整个增值过程，从产品开发到商品零售，最典型的就是将产品以自身的品牌通过专卖店销售。SVA纵联品牌可直面消费者,最直接听取消费者对产品设计、质量、价格、服务及其形象等方面的批评和建议,并能够迅速、准确地反映给设计、生产及决策部门。SVA纵联品牌能够快速适应市场,有效进行商品调配和与运输,减少了分销商、零售商之间的摩擦成本,并把这种成本降低所形成的实惠传递给消费者,提升SVA品牌的价格竞争力。SVA纵联品牌不仅能够从销售到服务为消费者提供同样品质的商品和服务,在产品的包装、色调和风格方面也能做到完全一致,保证产品的协调性和完整性,利于品牌形象的凸显和提升。SVA纵联品牌不仅实现了店面的统一设计、广告的统一制作与发布,还能够提供统一的市场地位和统一的企业理念、员工风貌、企业形象,给消费者形成强烈的视觉效果和环境氛围,增加亲切感和信任感。

品牌联合策略:将两个或更多的品牌有效组成协助联盟,一个品牌可以借助于另一个品牌,通过相互借助来提高品牌的社会接受力,这种效应比单独出击大得多。广电集团品牌联合策略采取两种方式:与跨国制造性公司的合资合作生产和产品营销过程中,强调互动和"双赢",对产品推出"联合品牌",针对不同市场推出各自品牌,同时,广电集团的核心品牌产品进入跨国制造性公司的全球销售网络。与跨国商业企业的合作,建立广泛的战略联盟,比如美国沃尔玛、法国家乐福等,分销商不仅拥有自己的品牌,而且其品牌价值往往还很高,不易取代。品牌战略涵盖于市场营销的各个环节,而分销商与市场和消费者直接打交道,直接掌握市场。有效地利用国内外已经存在的社会营销资源,快速推进广电集团品牌建设。

品牌模块营销策略:将品牌分成若干模块,并将它们称为"不可或缺模块"和"可选择模块",然后根据不同的市场需求、文化传统、风俗习惯、消费观念,确定"可选择模块",与"不可或缺模块"进行充分有效的组合,使其能够最大限度地兼顾不同消费者的需求,赢得更多消费者的青睐。这样,既保证了品牌核心部分的稳定性,同时又促进了产品外围的兼容性。"模块营销"的核心在于不轻易放弃任何一个顾客,并最大化地迎合消费者多样化的需求,使同一产品在不同市场上能在保持共性的前提下发展个性。

多品牌、品牌延伸与主副品牌策略:由多品牌逐渐向单一品牌发展,扩大SVA的产品范围,最终将SVA品牌建设成为广电集团的主打品牌。原来部分产品使用"金星"等传统品牌,根据SVA品牌的发展情况,设定这些品牌的退出时限。品牌延伸:"SVA"品牌从制造品牌向服务品牌延伸。主副品牌:主品牌"SVA",针对不同类型的产品可以附加相关的副品牌,可有效帮助消费者识别同一品牌下不同产品,保证品牌的统一性和个性化。由多品牌逐渐向单一品牌发展,品牌延伸和主副品牌策略的实施,对广电的"SVA"品牌的整合营销起到了重要作用。

第三章　SVA 品牌管理

第一节　SVA 品牌商标管理

一、管理原则

2001 年，按照品牌战略规划要求，广电集团规范司标的使用和商标的注册申请、授权使用、品牌推广、商标注销等管理流程，出台 SVA 商标（司标）管理规定，对 SVA 商标（司标）进行统一管理。在商标（司标）管理规定中，确立了管理原则：有偿使用原则、品牌价值提升原则，体现广电集团对商标授权使用单位的商品达到高品位的设计、高质量的生产、高素质的服务要求。

二、授权原则

广电集团司标、商标管理规定所涉及的“SVA”，既是商标又是司标。SVA 司标的授权使用有四条原则：原则一，SVA 司标由广电集团统一管理，集团经济运行部是集团司标归口管理机构；原则二，以 SVA 作为司标或司标组成部分的公司，需按《CIS 手册》要求规范公司的形象识别系统，并每年以书面形式将使用情况回复集团司标日常管理机构；原则三，对于未按或未完全按《CIS 手册》的要求规范公司形象识别系统的公司，经集团主管司标事务的领导批准后，由集团司标日常管理机构向司标使用单位发出书面整改建议并限期整改；原则四，集团司标日常管理机构将整改单位的整改情况及时书面反馈主管领导，根据集团领导的批示，跟踪相关单位、部门的落实情况。

三、使用原则

广电集团 SVA 商标及司标管理规定建立了对下属公司使用 SVA 商标及司标的使用许可制度。SVA 作为注册商标，其所有权属广电集团，商标司标管理机构负责审核和许可下属公司使用 SVA 商标、司标。使用 SVA 注册商标及司标需满足 6 个条件：（1）使用 SVA 注册商标的产品必须符合广电集团产业发展的战略，具有较强的市场竞争力。（2）该产品的技术和质量符合广电集团的相关要求。（3）广电集团或被许可使用注册商标的子公司对外投资要使用 SVA 商标时，原则上该投资项目必须由广电集团或其子公司控股。特殊情况下使用需经管理机构授权批准。（4）SVA 商标、司标作为无形资产，对下属公司使用其作为商标或司标，一般应贯彻有偿使用的原则。下属公司使用 SVA 作为商标或司标，需向广电集团商标司标管理机构提出商标司标使用申请，经商标司标管理机构审核通过、总裁签发后方可使用。SVA 商标及司标使用权的转让由商标司标管理机构负责。（5）对经同意使用 SVA 作为商标或司标的下属公司，广电集团与下属公司需签订《准予商标司标使用协议》，明确责任和义务。（6）集团公司为 SVA 商标司标的唯一所有权人。下属公司经商标司标管理机构同意后，仅拥有 SVA 商标司标的使用权，无权行使对 SVA 的商标司标转让。

第二节　SVA 商标、司标图文标志

广电集团品牌形象识别系统《BIS 手册》中规范的图文基本组合如下：

SVA 标志图形、标准字体、标准色彩等各形象要素基本组合构成了品牌识别形象的基础。这是品牌形象传达中最核心的视觉元素组合，以确保其在应用设计系统项目的权威与识别性，使品牌形象得以正确地塑造，并在社会公众中建立一致与统一的认知。

一、标志图形

广电集团品牌形象识别系统《BIS 手册》中规范的 SVA 标志图形如下：

图形诠释是 S——Surpass，也就是超越；V——Value，也就是价值；A——Action，也就是行动。

SVA 标志图形，源自对 SVA 名称及内涵的视觉再现与诠释：图形的形态通过对英文字体笔画的有机分割和色彩的运用，赋予视觉上更丰富的想象空间。整体造型犹如一艘在海面上扬帆远航的巨轮，微感倾斜的图形字体在稳健中蕴涵动力和速度感，表达的是 SVA 这艘科技产业巨轮全速驶向未来。

SVA 图形运用蓝色系，蓝色是大海与天空的色彩，具有上海的地域特色，更具有面向世界、面向未来的科学、理性、国际化的概念，传达了 SVA 的产业属性——高科技。

深蓝色象征了智慧、专业、科技和稳健、可靠。穿插于其间的天蓝色彰显了企业的活力、成长和未来，进一步表达了 SVA 作为国有大型企业所具有的坚实、稳重而又不失活力和创造力的个性。

二、标识字体

广电集团品牌形象识别系统《BIS 手册》中规范的标准字体如下：

中文专用标准字体在整个品牌形象识别系统中是一种独有并强化象征功能的视觉与信息要素，有着仅次于标志图形的形象要素地位。中文专用标准字体是与标志图形相协调、统一的专门开发的设计字体，以达到在整个传播活动中加强象征功能、塑造具有独特表现力与统一性的视觉形象的目的。

第四章 SVA品牌成果

第一节 产 品 市 场

2000年9月6日，在浦东国际会议中心，广电股份首次推出以“数字、信息、网络”为主题的SVA产品，从此，“SVA”这一醒目的标志亮相上海各大商场，是年底，邻近省市的大商场也展出了SVA产品，上广电的SVA产品通过其品质效应逐渐引起商家及消费者密切关注。

2001年1月，在迎新世纪上海广电新品推介会上，广电股份宣布：陆续向上海市场推出一批高清晰度、数字化、信息化、网络化、拥有国家专利权的视频类产品以及相配套的外接设备，新品上市全部采用SVA为产品品牌，SVA形成国际知名品牌格局。

2002年10月，中美合作生产的全球首台“SVA”自动延时及刻录功能的高端DVD接收机和DVD播放机，在上海广电数字音像电子有限公司出产。产品芯片具备世界上最先进的自动延时和刻录功能，实现了DVD的智能型数字化。“SVA”高端DVD于年底批量应市，年产能力达到250万台，且大部分出口国际市场。SVA走到了国际业界的前面。10月31日，上广电在北京举行SVA高端彩电战略发布会，向新闻媒体介绍了上广电在高端彩电领域的众多优势：其一，完全掌握了高端视频产品的核心技术；其二，产能结构已与市场接轨，生产设备和流水线已达世界先进水平；其三，构筑了电子商务采购网络，有效降低了高端产品的生产成本。SVA决定向全国高端彩电市场进军，成为中国高端彩电市场的龙头。

2003年1月19日，广电信息召开“SVA全球供应商大会”，SVA开出100亿元的采购订单。日本三井、松下、东芝、富士通，美国富可视(Infocus)、凌云逻辑(Cirrus Logic)，欧洲ST，韩国三星、LG以及国内为SVA配套的250多家主要供应商参加会议。100亿元的采购订单涉及CRT电视、PDP等离子电视、DLP背投电视产品、LCD－TFT液晶电视等高端视频类产品的零部件，DVB机顶盒、DVR数字硬盘刻录产品、DVD视盘机以及电话机的零部件。

2003年2月，SVA高端彩电产品销售成市场热点，PDP、LCD和DLP三大类高端产品销售均创历史月销量之最。广电销售公司先后在百脑汇广场、东方商厦、港汇广场和商务中心家电城举办SVA新品大型展示展销会，东方商厦销售SVA彩电近100万元，商务中心家电城SVA产品月销售额超过200万元。

2003年3月，上海传真机公司首批数千台以SVA为品牌的四款普通纸传真机PF－720、PF－730、PF－770、PF－780正式面世。产品采用总经销商买断经营的方式销往全国各地市场。四款传真机获得中国质量认证中心颁发的3C认证证书。

2003年4月11日，“领先岂止一步——SVA上广电第三次高端视频产品新品发布会”在北京举行。全球最大屏幕的等离子电视、国内最大屏幕的液晶彩电、超大屏幕数字背投彩电、具备数码存储卡浏览技术的高清晰度数字彩电、具有自主知识产权的国内第一台商品化EVD等在内的六大类十三款高端视频产品，给人以强烈震撼。其中，63英寸等离子彩电是全球最大的等离子彩电，代表了中国设计和生产高端等离子电视技术和能力的最高水平；40英寸显示屏幕液晶电视是国内最大的液晶数字电视，15毫秒超快相应速度创下业内响应速度的最新纪录；第二代DLP背投产品使用六色倍速色轮、新一代HD2“DMD”芯片，并改进了光路设计，这一代产品配合广电拥有完全自主知识产权的高清晰度EVD光碟播放机所展示的效果令人叹为观止。

2003年5月12日，由广电数字音像与上海全景数字技术有限公司共同研发的SVA牌DVD-5288有线数字电视接收机通过市信息办专家技术鉴定，产品填补了市场空白，为上海逐渐形成该类产品的产业化奠定基础。

2003年7月，由广电数字音像自行设计生产的150台30英寸LCD电视出口美国，被安装在美国房车UBS上，赢得了客户的青睐，同时也为SVA高端产品争取美国的市场空间和利润空间奠定了良好基础。

2003年9月，SVA传真机销量达4万台。SVA小龙马传真机于3月正式面世，短短5个月从项目的策划到产品上市，到销量达到4万台，销出的几万台SVA传真机的返修率不到2‰，SVA传真机走过了其他著名品牌要用3～5年才走完的路。9月17日，广电信息在广州召开“享受生活、领先岂止一步”SVA上广电高端电视第四次新品发布会，向华南地区发布了总共22款SVA高端新品。DLP电视机和液晶电视机都有最新型号推出。其中40英寸液晶电视和EVD高密度多媒体光盘播放机和数字照片电视都是首次在公众媒体面前亮相。EVD播放机能够播放HDTV级别的高清晰度图像信号，同时还可以全面兼容并提升DVD/VCD的播放质量，SVA在高端数字电视领域又一次走在了产业界的前头。

2003年12月，近千台PDP产品发往美国市场，SVA等离子彩电抢占美国圣诞市场。全年PDP产品的出口量已超过1万台，相继出口美洲、欧洲和澳大利亚市场，深得当地消费者青睐。12月，广电计算机公司自主生产制造的首批150台SVA笔记本电脑新品SVA MOB1555成功下线，广电计算机和上海迅懋电子有限公司签订了SVA MOB1555笔记本电脑核心代理商协议，并在阳光大道、和雍、隆凯等笔记本专卖连锁店经销，在徐家汇、五角场的电脑卖场和浦东、东上海电脑卖场都有销售。12月23日，市经委主持召开SVA EVD项目及产品的技术鉴定会，市广播科学研究所、东方明珠移动多媒体公司及上海大学等单位组成的专家组评审鉴定，SVA EVD D-8100通过技术鉴定。该产品申请了23项发明专利和一项外观设计专利，并荣获“2003年国际工业博览会创新奖”，产品总体水平达到国际先进、国内领先水平。12月24日，SVA进入保加利亚麦德龙超市，17英寸、30英寸LCD电视、家庭影院和DVD等SVA产品占据超市内最显眼的位置。12月26—28日，中国光电子产品展览会在上海光大会展中心举行，上海广电通信技术有限公司(原凯歌雷达厂)作为SVA唯一一家厂商参展，参展产品4平方米的LED全彩屏向市场发出一个强烈信号——上广电开始LED显示屏的市场角逐。

2004年1月，上海市场SVA彩电旺销。销售总量突破2万台，高端产品突破千台，其中PDP销售达350台，实现开门红。2004年1—5月，广电销售公司SVA高端产品DLP、PDP、LCD的销量比2003年同期分别增加47%、135%、133%，高端产品销量总计比2003年同期增加121%。据赛诺公司统计数据资料显示，SVA高端产品继续处于行业内第一集团军地位。

2004年5月，SVA以高附加值的产品开拓高端彩电市场新空间，进入澳大利亚高清电视领域。出口2个货柜的产品系型号为HD3201FZ的76厘米100Hz高清数字电视，该电视采用了适用于16∶9高清电视图像的显像管，支持1 080i 50 Hz/60 Hz及720 p 60 Hz高清信号并配有电脑VGA输入端口。5月，上海传真机公司推出一款国际领先、国内首创的高端产品SVA CTF-501数字无绳电话传真机。SVA开创了在国内采用2.4 G数字技术的先河。广电计算机“SVA数字电视接收系统”陆续在本市50多家“可的”便利店亮相，该产品被美国肯德基快餐集团正式认可，5月起在上海各大肯德基分店安装。

2004 年 6 月，由搜狐 IT 和中国国际广播电视信息网络展览会联合主办、中国电子报和大中电器协办的“首届中国数字电视公众评选”活动揭晓，SVA HD4210T 入选最佳等离子数字电视之列。

2005 年 8 月 17 日，SVA 税控机仅用 1 小时 20 分钟就一次性通过后台管理系统符合性验证测试，创造了测试时间最短的新纪录。

2005 年 9 月，SVA 液晶面板市场占有率明显上升。SVA 借助与 NEC 的战略合作，具备了从技术研发到液晶面板生产、显示屏加工以及产品营销的全套能力，三星、AOC、LG、唯冠等液晶显示器厂家已经大批量采用 SVA 15 英寸液晶屏。SVA 15 英寸液晶面板的市场占有率大大提高。

2005 年 10 月 25 日，广电中央研究院自主开发的 Tcon 芯片诞生，标志着广电集团在 TFT-LCD 技术领域拥有了自主研发能力，为广电 TFT-LCD 的自主设计和可持续开发迈出了第一步。

2005 年 11 月 4—9 日，在第七届上海国际工业博览会上，广电中央研究院开发制造的 MP4 亮相，成为展出产品的一大亮点，SPOOT——视博特，一个闪亮的名字正式与观众见面。SPOOT 不但外观新颖时尚，更加注重的是实用性，它具备掌上影院功能、MP3 随身听功能、MINI 录像机功能、录音笔功能、数据存储功能、AV 输出功能、电子相册、八种语言。

2006 年 4 月 20 日，由国家信息产业部、中国视像行业协会举办的“2006 中国数字电视年度大奖”在北京揭晓。SVA 荣获两项大奖：PDP 5501T 获 2006 年等离子电视年度大奖，广电信息获 2006 年中国数字电视年度杰出贡献奖。

2006 年“五一”期间，SVA 推出“真爱”系列促销活动。广电销售公司销售收入比 2005 年增长 16.9%。促销活动模拟 FIFA2005 世界杯电玩比赛现场，最新推出的 5508 和 5018 两款大屏幕 DLP 背投电视直播模拟决赛实况，在港汇广场、浦东八佰伴还进行了产品展示和游戏互动，创销售新业绩。

2006 年 12 月，广电计算机公司新研发设计了一款 SVA 液晶数字媒体播放机。此款播放机集双屏机柜、19 英寸液晶显示器、17 英寸液晶显示接触屏、LED 电子显示屏、微型计算机、双打印机为一体，并具有广告信息液晶显示。9 月底已完成小批量试制并交与用户使用。该产品广泛运用于各类商厦、办公楼宇、商务中心等公共场所。

2007 年 3 月 28 日—4 月 1 日，由国家广播电影电视总局主办的“第十五届中国国际广播电视信息网络展览会”在北京召开，SVA 直播卫星机顶盒登场亮相。

2008 年 4 月 15 日，在北京召开的“2008 中国突发公共事件防范与快速处置研讨会”上，广电通讯参展的 SVA 卫星通讯指挥车备受关注。指挥车将双向卫星通信系统、供电系统、应用系统、配套系统通过特有技术集成安装于普通车辆，实现对突发和紧急事件的处理，可以开展包括视频会议、网络语音电话（Voip）、图像采集、数字微波通信等在内的多项卫星通信应用。

2008 年 7 月 11 日，广电通讯接到国家发改委、广电总局有关“直播卫星村村通”的工作任务，为边防战士赶制 250 套直播电视卫星接收设备，以确保广大边防官兵能够在“八一”前夕观看到中星九号传送的电视节目。7 月 19 日，广电通讯捐赠的 250 套卫星电视接收机顶盒顺利发往各边防哨所，边防官兵不仅能在“八一”前观看到中星九号传送的电视节目，而且还能和全国人民一起收看到北京奥运会的电视转播节目。7 月 26 日，国家广电总局、总参边防局、北京军区、兰州军区、沈阳军区和广电信息有关领导一起，分赴伊犁、包头、大连等地边防哨所和海岛，参加了设备捐赠仪式。

2008年9月,SVA卫星数字机顶盒实现量产,达22 500台。从7月实现批量生产,7月和8月分别完成300台和700台样机的生产任务,三个月从300台跃至22 500台,这是中央研究院技术成果实现产业化发展的一个成功实践。

2008年10月,广电销售公司推出两款19英寸新品液晶电视,由于新产品外观时尚、功能强大、促销价格适中,受到市场热捧。国庆期间,在上海、江苏、浙江三个地区,SVA 19英寸液晶新产品销售量突破3 500台,新品上柜两天就出现脱销现象。上海永乐销售19英寸液晶电视机1 358台,其中SVA产品销量为582台,占43%;国美、苏宁销售的SVA 19英寸液晶电视机均占销售量的39%,整体市场占有率为35%左右,SVA创下单品销量第一的先例。

2008年11月,广电光显技术有限公司研制开发的"SVA触摸式电子白板",获得国家知识产权局颁发的"一种红外触摸屏的自检系统"和"一种红外触摸屏的故障快速查找方法"两项专利。产品可以与电脑、投影仪和电子白板设备联机,有效地开展教学、会议、培训、科研交流等工作。

2009年2月,SVA品牌19英寸液晶电视销售7 500多台,22英寸液晶电视销售2 200多台,32英寸液晶电视销售4 500多台,42英寸等离子销售1 500多台。其中新开发的400余台26英寸液晶电视在短时间内销售一空。在市人大十三届二次会议期间,SVA作为唯一国内彩电品牌参加商品展销,共提供展示产品12款,以畅销的优质液晶、等离子产品为主,受到人大代表们的关注,有100多名代表购买了SVA产品,其中19英寸液晶电视占86%。春节前夕,广电集团和广电信息电子销售公司领导还慰问了解放军驻沪部队,将环保型高科技的大屏幕电视赠送给解放军指战员。

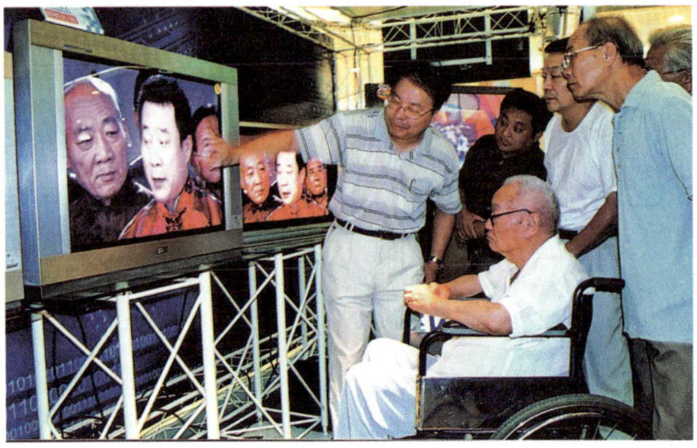

图4-4-1 SVA新产品吸引大量参观者

2009年4月,全国家电下乡产品(彩电)项目招标在网上公示招标结果,广电信息参加投标的SVA液晶彩色电视10种型号全部入围,中标区域分别为安徽、北京、重庆、福建、河南、吉林、江苏、陕西、上海、浙江共10个区域。

图4-4-2 精彩纷呈的电脑游戏吸引众多小观众

图4-4-3 客户仔细端详显示屏

图 4-4-4　2002 年世界杯期间，SVA 数字光学反射电视墙在徐家汇汇金广场亮相，令球迷大饱眼福

图 4-4-5　2006 年 5 月，SVA“五一”促销活动在徐家汇港汇广场举行，观众参与现场的游戏互动，体验了 SVA 产品性能

第二节　展 会 效 应

2001 年 7 月 30 日，“2001 年上海数字电视展示周”在徐家汇汇金广场开展。广电集团作为展会的主要参展商之一，展出产品包括 LCD 液晶彩电、DRTV 高清彩电、PDP 等离子彩电等，并假展示周之际，开展了产品、服务推介与展示活动。展示周标志上海数字电视产业的发展进入了一个更高阶段，数字电视产品将成为新的消费热点。

2001 年 8 月 8—11 日，首届亚洲信息技术展览会(CeBIT Asia)在上海光大会展中心举行，广电集团作为上海信息产业的代表参加了这次展览会。集团下属广电通信、广电应确信、广电计算机、科技网、亿人通信等企业的高新产品显示了 SVA 品牌实力，平面显示器分公司的等离子电视机也亮相展览会。这次展览会是德国汉诺威展览公司首次将 IT 界的盛会移师亚洲国家，来自 22 个国家和地区的 400 家参展商全面展示了电信通信技术、网络技术、办公室自动化技术、软件、互联网和电子商务、消费电子产品等领域的产品和解决方案。

2002 年 10 月，“2002 年保加利亚秋季科技博览会”在保加利亚第二大城市普罗夫第夫召开。广电集团的参展扩大了 SVA 品牌在东欧市场的知名度和影响力。10 月 15 日，广电集团组团参加第 92 届广州商品交易会，展出的 SVA 最新 T3 型 PDP，15 英寸、17 英寸液晶电视和 DRTV 背投彩电等高端产品，第一天就出现国外客商等候业务员的场景。由 SVA 自行开发电路的 HD4208T3-PDP 是 SVA 展台的最佳亮点，一位澳大利亚客商表示出极大的合作意向并要求签约，一位德国客户不但签订意向合同还执意买走了展示用的样机。广交会结束后，有近 20 位客商来厂参观订货，签订并履行的合同金额达 200 万美元。

2003 年 9 月 6 日，第七届上海彩电节开幕。展会展出的都是最新款的等离子、液晶和背投等高端彩电，高端彩电销售量占到 10%左右。SVA 高端彩电销售额遥遥领先，占 SVA 销售总量的 20%。

2004 年 1 月 8—11 日，2004 年国际消费电子展在美国拉斯维加斯隆重举行，上广电参加并展出高端 SVA 系列产品。SVA 展台以薄、平、大为特点，VR-20CG、VR-30 两款 TV-LCD 型号采用了V芯片控制,EV-1703、EV-1503两款LCD具有400∶1的对比度,性价比很高,引来商务洽谈。

2004年5月15—17日,中国武汉国际广播电视信息网络展览会暨武汉国际数字电视技术推广会于武汉国际会展中心举行。广电销售公司以全系列SVA品牌高端产品参展并进行产品推广,被媒体喻为"SVA现象"。

2004年6月15—18日,第十五届中国哈尔滨经济贸易洽谈会在哈尔滨国际会展中心展开,广电集团携最新款SVA高端电视产品参加盛会。代表业内最高水平的SVA高清晰数字光学电视HDRTV5508、HDRTV6209、HDRTV5010成为展区内最亮的明星。从15英寸到40英寸全系列高清晰数字液晶电视、从42英寸到63英寸的5款高清晰数字等离子电视机,受到专业展商赞叹。6月18—21日,亚太区规模最大的消费类电子制造业专业展会"2004中国国际电子家电博览会"在青岛国际会展中心召开,SVA参展新品有50英寸DLP电视幕墙、HDRTV等一系列高清晰数字光学电视机产品、新品LCD2602领衔的15～40英寸全线液晶电视,以及各型号的高清晰数字等离子产品。在参展商的各种等离子、液晶和高端背投产品中,SVA以完整的产品线和无与伦比的视觉效果,成为"青岛博览会"的一个亮点。

2004年9月4日,第八届上海彩电节开幕。广电集团以"SVA上广电'精'典数字视觉享受"为主题,采用现代温馨居家生活为背景的高端电视产品展示现场,设在商务中心主入口处的左右两侧,SVA以全系列的产品阵容向消费者演示了高清晰画质和上海有线电视播放的数字信号节目。当天,曲阳家电城SVA产品现场开票销售160多台,其中,PDP销售20余台,LCD实现销售30余台。

2005年1月29日—2月6日,以"SVA数字新生活"为主题的迎新春展销活动在商务中心、市百六店广场举行。活动期间,商务中心、市百六店的销量均比2004年同期翻了一番,热销带动了整个徐家汇地区的销售,汇金百货、东方商厦的销量也明显上升。与此同时,江苏、广州、深圳等分公司的迎春展销活动也热闹非凡。1月29日,由上海市商业信息中心主办的"上海市场畅销品牌2005新品发布会"在正大广场的黄金大道上隆重召开,SVA液晶电视机被评为2004年时尚产品。

2005年9月3日,第九届上海彩电节开幕。"网络变身与泛网络时代"是这届彩电节的主题,在商务中心主入口处的左右两侧,SVA以全系列产品向消费者演示了高清晰画质的大屏幕系列电视机,在商务中心的二楼,采用现代温馨居家生活为背景的高端电视展示现场,吸引了众多观众和商家的眼球。

2005年11月4日,第七届上海国际工业博览会在上海国际博览中心举行。广电集团以"太平盛视,美丽人生"为主题展示了平板显示产业的全面发展,展品范围从上游产品TFT-LCD驱动芯片到TFT-LCD屏体、各种尺寸手机屏的中游产品以及时尚流行的MP4、各种尺寸液晶电视、大屏幕等离子电视、电视墙、背投电视、多媒体广告机等"平板"显示应用产品。

2007年7月6—10日,中国国际消费电子博览会在青岛隆重举行,广电集团组队参展。SVA品牌展示了"简雅""石钻"和"彩色心情"三大系列最新款的平板电视产品、广电计算机的系列多媒体信息终端产品,集团自主研发和生产的TFT-LCD系列显示屏以及自主研发的TFT-LCD专用集成电路,向业界和消费者呈现了强大的产业链实力。7月10日,为期四天的"2008中国国际消费电子博览会(SINOCES)"在青岛国际会展中心举办。广电集团携广电NEC、广电集成电路、广电信息、广电通讯等单位以SVA整体品牌形象组团参展。SVA重点展示了完整的TFT-LCD上下游产业链,特别显眼的是SVA抗震救灾活动主题区,吸引了众多前来观展领导的关注。

2009年3月11—13日,FPD China 2009在上海国际展览中心举行。广电集团所属12家

TFT-LCD产业关联企业联合参展，全面展出了TFT-LCD配套用上游材料零组件、全系列面板模组及终端应用产品。SVA以“绿色、省电、轻薄”最新技术吸引众多眼球，47英寸LED背光源全高清液晶电视屏能耗可降低60%以上；26英寸宽屏液晶面板厚度仅10毫米，节电30%以上；15英寸触摸屏广泛应用于ATM机和公共查询系统等工业应用领域；上海广电电子股份有限公司平板中心展出3.5英寸AMOLED(主动式有机发光显示器)技术处国内领先地位。同时，还首次展出了10.1英寸液晶面板，这代表SVA开始进入笔记本电脑领域。2009年3月21日，第十七届中国国际广播电视信息网络展览会(CCBN2009)在北京中国国际展览中心开幕，广电信息配合国家广电总局广播科学研究院参与了“广播电视科技成就展区”的展示。作为中国直播卫星“村村通”工程首批中标的企业，广电信息展示了从天线、低噪声下变频器(LNB)以及专业型和普及型直播卫星数字机顶盒的全套接收设备。3月底，上广电提前交付了70%以上的产品，遥遥领先于其他中标企业，为进一步参与国家直播卫星“村村通”项目奠定了坚实基础。3月24日，国家林业局在北京召开首届全国林业信息化工作会议，上海广电通讯网络有限公司卫星网络分公司独立研制的SVA便携式卫星通信系统作为全国林业信息化优秀成果应邀参加展示，这是一款一体式卫星通讯系统，不仅具备Voip电话/传真、视频传输、网络互联、GPS全球定位等多种功能，还增加了微波接收模块，与单兵图传系统配合，可实现微波图像传输功能。

第三节　品牌荣誉

2001年4月7日，广电信息和上视SVA女足冠名签字仪式在上视大厦举行。SVA上广电和STV上海电视台强强联手，为上海女足产业的开发和女足事业的发展创造了良好的条件，原上视女足更名为“上海上视SVA女足”。

2001年12月19日，上海申花SVA文广足球俱乐部在上海国际新闻中心揭牌成立，标志在中国足球八年职业化进程中创下辉煌成绩的申花足球俱乐部进入一个新的发展阶段，对于正处在产业升级、管理创新发展阶段的广电集团是一大越新。俱乐部以SVA品牌为依托，以文化为支撑，探索工业、文化和体育三者结合的新型产业运作方式。

2002年7月10日，SVA进入上海名牌产品100强。上海市名牌产品推荐委员会对2001年推荐的365项上海名牌产品生产企业，以综合经济实力为重点，按企业的销售收入、利润和无形资产价值以及市场占有率等经营指标进行综合评估，推出了中国加入WTO后首批上海名牌产品100强。SVA进入100强行列，包含的产品有彩色电视机、计算机、应用电视监视设备、影碟机、船用导航雷达、汽车收放音机、汽车报警器等产品。

2002年7月23日，广电信息和上海SVA女足俱乐部举行冠名续约签字仪式，连续第二年冠名赞助上海女子足球队。2002年1月1日，上海上视SVA女足改名为上海SVA女足，俱乐部由电视台独家管理改为与市体育局共建的形式。

2003年4月，上海市商业委员会信息中心公布“2002年上海市场畅销品牌”，SVA品牌名列其中。畅销品牌分家电通讯、服饰、日用品、食品等几大类，SVA彩电名列家电通讯类首位。

2003年9月1日，在国家质量监督检验检疫总局召开的中国名牌暨质量兴市表彰大会上，SVA牌激光视盘机(DVD)被授予“中国名牌产品”称号，这是广电集团推进SVA品牌战略后获得的第一个国家级名牌产品荣誉。

2004年2月，2003年上海名牌产品推荐名单公布，SVA的13类产品被列入上海名牌产品推荐名单。SVA品牌的彩电(含等离子、液晶、背投)、液显、网络安全设备、INFiNiTE系列数据通讯产品、微机、应用电视监视设备、影碟机及音响、凯歌船用导航雷达、汽车报警器、收放音机、线缆调制解调器、电话机、车载液晶显示器等产品榜上有名。其中线缆调制解调器、电话机和车载液晶显示器是本次新入选的三类产品。

2004年5月20日,第十届上海电视节组委会与SVA合作签约仪式在上视大厦举行。双方表示,要通过真诚合作进一步提升上海电视节的影响力。

2004年5月,团中央机关旧址纪念馆(渔阳里)经过全面整修扩建对外开放,SVA产品亮相渔阳里。SVA捐赠多种先进视频产品,丰富了纪念馆的展示内容和展示手段。在纪念馆序厅,一幅30米长的巨幅铜板壁画映入眼帘,先进的SVA电视林手法和变化的灯光,让站在序厅任何位置的参观者都能清楚地观看导览片;在四个触摸屏上,参观者可以自由点播革命歌曲,观赏经典革命题材电影,还能通过生动的FLASH动画欣赏革命诗抄。

2004年6月28日,“中国500最具价值品牌”揭晓,SVA品牌以66.22亿元人民币的价值位列家电行业第11位。这是由全球领先的战略管理及信息咨询机构、世界五大品牌价值权威评估机构之一的“世界品牌实验室(WBL)”及全球最具影响力的世界经济组织、被誉为经济联合国的“世界经济论坛(WEF)”共同组织评审并发布的。

2004年10月10日,国家质量监督检验检疫总局在北京公布2004年度国家免检产品及其生产企业名单,广电信息SVA品牌彩色电视机被授予免检资格。

2004年11月13日,由市总工会、市文明办主办,广电集团工会协办的上海市“迎世博、学双语”活动首考仪式——暨“SVA”杯首届上海职业女性“迎世博”英语风采大赛在上海外国语学院举行。

2005年5月20日,第十一届上海电视节组委会与广电集团签订合作协议。根据协议,上海电视节开幕后,节目交易和设备展览中所有的节目将通过SVA高清晰度产品播放,为观众带来全新的数字化体验。

2005年12月,上海广电、宝钢、上汽、上海电气等10家企业,在上海市推进实施品牌战略工作会议上被市政府授予先进制造业十大品牌。

2006年6月12日,上海电视节组委会举行了SVA上广电与上海电视节的合作签字仪式,SVA第三次牵手上海电视节。SVA与上海电视节的合作是文化与企业合作打造国际文化活动的成功范例。6月17—21日,第十二届上海电视节活动隆重举行,电视节的口号是“因为有你,所以精彩”,上广电用SVA液晶彩电的“晶彩”给电视节的“精彩”以出彩的诠释,继续延伸了企业与电视节这一“城市名片”的成功合作,携手打造电视节这一国际文化平台。

2006年6月28日,“2006年中国高清电视市场高峰论坛暨CCID中国高清电视用户满意产品调查结果发布会”召开,广电信息应邀参加论坛,并获得“高清电视用户满意产品奖”和“高清电视用户满意技术创新奖”两项大奖。

2006年7月,“2005年度上海名牌产品”揭晓,SVA品牌多项产品成为新一轮上海名牌,SVA已连续十年入选上海名牌产品,产品种类、涉及企业数量不断增加,其中广电计算机生产的多媒体播放机是2005年新增的名牌产品。

2006年10月,上海市外经贸委公示2005—2006年度“上海市重点培育和发展的出口名牌”。在首批36个“上海市重点培育和发展的出口名牌”中,广电集团SVA家用电器列入其中。

2007年1月25日,SVA平板电视产品在“2007中国消费电子市场年会”上,被评为“2006中国消费电子消费者满意品牌”。

2007 年 2 月 9 日，在“2007 上海品牌年会”上，SVA 彩电荣获 2006 年度“上海市畅销品牌”。

2007 年 5 月 31 日，第十三届上海电视节与广电集团合作签字仪式新闻发布会在上视大厦举行。SVA 成为独家冠名本届上海电视节的合作伙伴。在签字仪式上，文广新闻传媒集团授予 SVA 平板电视“第十三届上海电视节唯一认定平板电视”。2007 年 6 月 11—15 日，SVA 第十三届上海电视节举行，SVA 上广电成为上海电视节的合作伙伴，冠名赞助电视节活动。电视节推出的宣传口号是“新视觉、新主张，SVA 精彩呈现”。

2008 年 2 月，“2007 年度上海名牌企业推荐名单”揭晓，广电集团分别以广电 NEC、广电液晶、广电信息、广电计算机、亿人通信、广电通信、广电凯歌 7 家单位进行申报的 SVA 品牌 10 个系列产品榜上有名，这也是自 1998 年起，SVA 品牌连续十届获得“上海名牌”称号。

2008 年 3 月 6 日，在上海市工商局主办的“上海商标发展工作推进大会”上，SVA 获得第十二批“上海市著名商标”认定。被认定的产品分别为广电 NEC、广电计算机、广电信息三家公司的液晶显示屏、电视机、计算机及多媒体播放机等产品，其中广电 NEC 的液晶显示屏为新增认定产品。这是 SVA 自 2001 年以来第三次荣获著名商标认定。

图 4-4-6　2003 年 1 月，在美国拉斯维加斯举行的国际电子消费品展览会上，SVA 展区引起各国客商注意

图 4-4-7　2004 年 5 月，SVA 全系列高端产品出展武汉国际广播电视信息网络展

图 4-4-8　2005 年 7 月，SVA 在青岛参展以“3C 融合与无缝生活”为主题的中国国际消费电子博览会

图 4-4-9　2005 年 11 月，SVA 参展第七届上海国际工业博览会，以“太平盛世，美丽人生”为主题，展出平板显示领域的最新产品

2008 年 6 月 9 日,SVA 第十四届上海电视节活动隆重开幕,这是 SVA 上广电连续五度携手上海电视节。作为电视节赞助商,SVA 上广电借助上海电视节推广跨度长、宣传密度高、影响范围广等特点,利用活动的新闻性,以"SVA 第十四届上海电视节"方式在电视节所有的"电视、电台、平面、户外"宣传、新闻报道中捆绑传播;还为电视节的所有活动提供 SVA 电视设备服务,现场的影视节目以及颁奖典礼都通过 SVA 的电视机来展现。

图 4-4-10　2008 年 11 月 4—8 日,中国国际工业博览会在上海新国际博展中心举行。SVA 以"新技术、新产品、新生活"为主题,全方位展现了上广电在自主创新产品、产品开发等方面取得的成果

图 4-4-11　2009 年 3 月 21 日,第十七届中国国际广播电视信息网络展览会在北京国际展览中心开幕,SVA 直播卫星机顶盒参展。直播卫星系统乃是重点解决边远地区"盲村"村村通广播电视难题

第五篇

科研开发

概　　述

根据上海经济发展目标，上海广电（集团）有限公司（简称广电集团）作为上海市信息产品制造业的骨干企业，为保持超常规发展，开拓新的跨越式发展空间，在取得较好的经济指标的同时，力求从“高科技”中寻找机遇，以保持较强的市场竞争优势。为此，先后在 1999 年建立广电集团技术中心，2002 年成立广电集团中央研究院，并在上海广电电子股份有限公司（简称广电电子）和上海广电信息产业股份有限公司（简称广电信息）等企业中设立技术开发机构，自上而下建立了一支符合集团发展需要的技术队伍。在数字音视频技术、数字化集成技术、通信网络技术、平板显示技术等领域开展前瞻性技术研发和产业化技术开发，形成超前和当前并进的科技开发局面，取得明显成果，使之成为推进广电集团战略发展和技术创新的重要力量。

第一章　集团技术中心

第一节　背景、目标及体系

一、背景

1997年，在市委和市政府的支持下，广电集团进行战略性资产重组。广电集团提出了恢复性调整、提高性调整和发展性调整三个阶段的变革思路，集团主要经济指标以平均每年30%以上的速度递增，取得了良好的经营业绩和较强的市场竞争优势，作为国家重点支持的大型产业集团，广电集团具备了新一轮发展的优势和基础。

根据上海市经济发展2007年人均GDP超过7500美元的目标和完成“率先基本实现现代化”的要求，广电集团作为上海市信息产品制造业的骨干企业，任务十分艰巨。要继续保持超常规发展，开拓新的跨越式发展空间，只有从“高科技”中寻找机遇。在此背景下，1999年12月28日，广电集团召开技术创新大会。上海广电(集团)有限公司博士后工作站和上海广电(集团)有限公司市级技术中心、国家级技术中心揭牌。广电集团技术中心的成立是广电战略发展和技术创新的重要一环，为广电集团以后的发展起到了重要的推动作用。

二、目标

广电集团技术中心设定的目标为：作为企业技术中心，成为广电集团新产品新技术研究开发的决策咨询中心、项目管理中心，是广电集团对内对外技术交流、合作的基地；信息和技术交流的基地；技术培训、人才培养的基地。技术中心参与集团战略的制定；组织集团各企业开展技术创新活动；研究集团新技术、新产品开发的方向；组织集团各企业开展关键技术攻关；协调集团实现创新产品的产业化，以科技创新带动集团产业升级。

广电集团技术中心的主要任务是：为集团的技术进步，以及国内外市场竞争和自身发展提供强有力的技术支持，承担投资公司以及国家、部、市下达的科研攻关项目，并积极为广电集团开拓高技术领域中新的经济增长点。

三、开发体系

【技术创新梯度开发体系】

广电集团技术中心设置三个层次的技术开发机构，形成梯度开发体系。

第一层次：广电集团中央研究院，为广电集团发展所需核心技术和关键技术的基础研究的技术创新基地以及竞争情报中心。

第二层次：各业务群层面的研发机构根据业务群和市场的需求，进行具有针对性的应用开发。主要包括以数字处理技术为核心的视听类产品研究开发，以设计试制为主的“广电信息技术中心”，研究开发以电真空技术为核心的新型平板显示器件的“广电电子平板显示研究开发中心”，以及主要从事宽带数字网络的技术研究、产品开发、多媒体远程服务和工程实施的广电宽带业务公司。

第三层次：业务单元层面的研发机构则进行产品的生产性技术开发及生产工艺方面的研发。这一层次的开发机构主要有各企业的研发部门和技术中心组成。

【各委员会主要职责】

广电集团技术中心设立三个委员会：管理委员会、技术委员会、投资委员会。

管理委员会的职责是：负责技术中心的日常工作；按照国家对企业技术中心的要求，统计、汇总、上报各种数据；制定技术管理、人才激励等各项制度。技术委员会的职责是：制订中长期发展方向及开发规划；制订近期主要研究开发重大课题计划；认定评审开发成果。投资委员会的职责是：受集团委托，管理集团的科技开发风险基金，与有关科研机构签订资金使用合同；负责集团技术开发资金的投放、回收。三个委员会的人员由集团内部专业人士及外部专家担任，随着集团产业发展的变化而不断调整。技术中心的日常管理由集团科技质量部承担。

【技术管理制度和科研创新战略】

广电集团技术中心成立后围绕集团发展，不断建立和完善各类技术创新开发管理制度，并拟订科研创新发展战略。管理制度有《上海广电(集团)有限公司科技工作管理办法》《上海广电(集团)有限公司人才发展基金章程》《上海广电(集团)有限公司关于建立技术创新激励机制的若干规定》《上海广电(集团)有限公司企业技术中心管理委员会条例》《上海广电(集团)有限公司企业技术中心技术委员会条例》《上海广电(集团)有限公司企业技术中心投资委员会条例》等。这些制度有效地保障了技术中心的运行。2003—2004 年，根据中国加入 WTO 面临的新形势，技术中心又制订了广电集团知识产权战略发展规划，制定了广电集团专利奖励制度，以适应知识经济发展的要求。并编制广电集团设计质量管理体系及相关管理制度、工艺质量体系及相关管理制度，使广电集团的设计质量和工艺质量管理体系上了新的台阶。2005 年，技术中心根据集团 TFT - LCD 产业发展战略，编制 TFT - LCD 研发战略，筹建 TFT - LCD 研发体系，搭建 TFT - LCD 研发平台。2005—2006 年间，根据新的竞争形势和集团发展状况，技术中心重新拟定了“十一五”广电集团科技创新战略，出台了新产品新技术项目鉴定验收办法、重点新产品研发项目管理办法、科技专项经费管理办法等一系列科技规章制度，以规范引导技术创新项目的实施。根据国家关于鼓励科技创新的若干意见和政策，拟制了广电集团科技创新项目奖励办法、广电集团领军人才管理办法、广电集团知识产权管理办法等鼓励科技创新、激励技术人员队伍的系列政策。2007 年，技术中心进行 TFT - LCD 专利战略研究和分析，确立集团 TFT - LCD 技术研发方向及专利申请策略，制定集团 TFT - LCD 专利战略。

第二节　产品开发领域及成果

一、开发领域

广电集团技术中心成立后即明确了以发展数字化信息产品、新型电子显示部件为主体，带动传统家电产业齐飞的产品结构基本思路，由此确定了模拟产品数字化、显示产品平面化、家电产品网络化、生产手段智能化的科技发展方向。

在提升传统产业的同时，广电集团技术中心加速对信息产业、网络建设及网络服务业等领域的研究，以推进广电集团向信息产业的转移，实现数字、网络产品制造与网络建设、服务两大业务的互动发展。

图 5-1-1　1998 年，在广电集团举行的科技文化节上，员工们参观新品展示

【终端显示数字产品业务】

立足于发展数字信息技术和网络技术，以数字电视产业发展为契机，大力推动企业数字音视频产品、网络信息终端产品和新型显示器件产业的发展，重点引导和扶植与高清晰度数字电视、标准清晰度数字电视、数字视盘机、数字信息终端、网络接入产品和新型显示器件有关的新产品开发，目标是形成具有自主知识产权的核心技术和关键技术。

【平板显示产品业务】

继拥有基于传统真空显像管技术的显像管玻壳、彩色真空显像管、彩色电视机等组成的彩电产业链后，广电集团又确立了形成基于新型平面显示技术的等离子显示器件、TFT 液晶显示器件到高端平板显示器、高端彩电等新的高新技术产业链的目标，以进一步适应市场发展的需要。

【信息服务产品业务】

通过同高校及企事业单位的合资合作，开拓远程教育的商业发展模式，把学历教育、培训、医疗等服务扩展到边远地区，以取得更好的社会效益和经济效益。

【宽带网络产品业务】

通过开发宽带系统集成及覆盖全国双向卫星通信网络的建设与试验，以光纤网络、卫星网络互为补充，组建区域化和全国的物理网络平台及多媒体宽带网络交换中心，从而形成完整的三级网络体系架构。

二、开发成果

广电技术中心的研发成果在广电集团的各企业中逐步走向产业化并取得市场成果。

【终端显示产品实现数字化】

数字电视产品群　1999 年完成国家高清晰度电视试制任务后，2000 年又实现了在有线网络中传送与接收高清晰度电视的试验，完成 2001 年 APEC 会议期间数字电视进宾馆的数字电视接收设备研制，并积极开发具有自主知识产权的高清晰度电视地面广播接收机。2002 年，广电集团生产的数字电缆电视机顶盒被选定为上海数字电缆电视商业试播产品,提供给市民使用;上万台地面数字电视广播显示产品被安装在上海的公交车上,播放移动数字电视,成为上海一道风景线。2002年,广电集团在数字电视产业方面已经形成四条发展条线:从数码彩电、标准清晰度彩电到高清晰度彩电;从数字卫星电视接收机、数字电缆电视机顶盒到数字电视地面广播机顶盒;从数字电视高频部件、用户终端部件到多媒体网络关键部件;从LCD、PDP平板显示到DLP、液晶反射投影显示。

图5-1-2 在2001年的新品展示会上,广电数字产品琳琅满目

图5-1-3 2001年,多品种彩电在广交会上引来各国客商

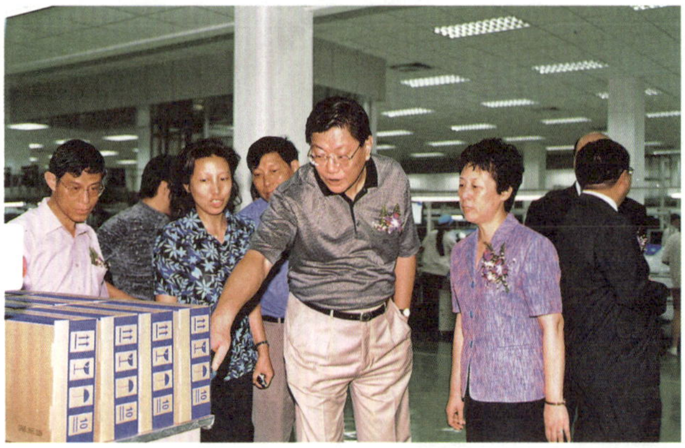

图5-1-4 2002年9月,董事长徐为煊(左五)陪同市领导参观数字电子产品成果展示和数字电视机顶盒生产现场

高端显示产品群 2002年,广电集团成功推出等离子电视机(PDP-TV)、液晶电视机(LCD-TV)和数字光学处理系统背投电视(DLP-TV)等一批高端电视新产品,SVA平板显示产品已在业内率先形成产品系列和产业规模。广电集团在国内第一个推出30英寸液晶彩电,在国际上第一个推出背投DLP彩电,这些产品都处于领先地位。PDP-TV和LCD-TV受到国内外市场青睐,2002年广电信息自主业务新品销售额占主营收入的28%。

高密度光盘产品群 激光视盘机(DVD)进入产业规模生产,2002年广电集团所属企业共生产DVD播放机480万台,约占全球DVD产量的10%。SVA通过集成电路和软件解决方案,致力于DVD播放机、便携式DVD设备以及有望高度增长的DVD录像机和个人硬盘录像机(PVR)市场。2003年11月18日,核心技术完全为中国自主知识产权的EVD影碟机宣告投放市场。

【平板显示产品走向产业化】

根据国家发展纲要,结合广电集团的发展战略,集团确定重点技术方向为平板显示技术、平板上下游配套产品技术、组线技术、数字音视频技术。其中TFT-LCD驱动IC技术、LED背光源技术、大尺寸 TFT－LCD 面板技术、OLED 技术等都分别被列入国家和上海市重点支持项目。这些项目在实施过程中，不仅掌握了相关技术，同时也逐步走向产业化。

2003 年年初，广电集团与日本 NEC 合资的薄膜晶体管液晶显示屏（TFT－LCD）项目签约，并在上半年正式启动。项目总投资 9.6 亿美元，采用世界最先进的第五代技术，形成年产 54 万大片（1 100 毫米×1 300 毫米）的生产能力，相当于 15 英寸液晶显示屏 648 万片。

2004 年，TFT－LCD 生产线建设仅用了 17 个月时间，完成了从打桩到初步量产的过程。9 月 1 日，中国大陆第一块第五代 TFT－LCD 显示屏在广电集团诞生。广电集团再次在国内同行中取得了产业升级的领先优势，标志着广电集团主营产品从传统产业向先进制造业的转变迈出了扎实的一步。其间，广电集团完成新产品新技术开发项目 106 个，其中 22 个项目达到国内领先和国际先进水平，并获得了 10 多项上海市各类科技创新奖项。其中，“SVA 第五代 TFT－LCD 屏”获得第六届上海国际工业博览会金奖；广电集团 TFT－LCD 建设项目刷新中外同类产品线建设史上的两个纪录：一是同等规模建设期最短，二是良品率在 80 天内突破 70%的水平；采用具有中国自主技术标准 AVS，成功设计了解码集成电路芯片。集成电路已经成为广电集团核心技术转化成产品的关键。

图 5－1－5　在“2005 年中国国际消费电子博览会”上，广电 NEC 的 LCD 屏、广电中央研究院的移动数字机顶盒节能器等产品受到商家关注

2005 年，为聚焦 TFT－LCD 产业，建设具有竞争力的光电子产业基地，广电集团成立中央研究院液晶研究所，开启 TFT－LCD 技术研发进程，着力于建立自己的 TFT－LCD 技术开发平台，积累 TFT－LCD 屏自主产品设计能力，形成产品设计的技术团队，以综合利用广电集团内外各种资源，集中力量，实现在 TFT－LCD 产业核心技术领域的突破。

2006 年，广电集团合资成立了集成电路设计公司，成功开发了 TFT－LCD 驱动芯片和时序芯片，并配合 TFT－LCD 屏生产线开发新的系列芯片，为集团的产业链配套服务，集成电路设计平台进入产业化应用阶段。

广电电子的平板显示技术平台也初见成效，引进韩国镀膜封装系统并完成调试，美国的老化测试系统配置了有机升华提纯设备、电子束蒸发台等专用和配套设备。掌握了经典有机发光材料的制作技术，并在提高材料及器件性能方面取得突破，通过中试生产的改造，小批量生产工艺的初步探索已经出现上升的势头，为进入 OLED 产品化和商品化领域打下了扎实的基础。广电电子的平板显示技术平台搭建成功，并成为“上海平板显示工程技术研究中心”，中心拥有较完整的小分子有机电致发光、高分子有机发光、场发射以及无机电致发光显示器件工艺制作及测试设备，不仅为广电集团，同时为上海和长三角地区的平板显示工程技术的研发提供了平台。

2008 年，广电集团开发的 TFT－LCD 时序芯片，已经小批量应用于 TFT－LCD 屏生产线。LED 背光源项目组已经开发出 47 英寸 TFT－LCD 用 LED 背光源，在高色域度、高亮度、低功耗方面表现优异，取得了阶段性成果。引进技术逐步实现了自主设计 TFT－LCD 面板产品、自主设计 TFT－LCD 生产工艺、自主设计并集成 TFT－LCD 生产线。成功开发了系列 TFT－LCD 面板，并投入生产,实现规模销售收入。

广电集团以“绿色、省电、轻薄”的最新技术吸引市场眼球,47 英寸 LED 背光源全高清电视屏能耗可降低 60%以上。26 英寸宽屏液晶面板厚度仅 10 毫米,节电 30%以上。19 英寸液晶电视在市场引起热销。15 英寸触摸屏广泛应用于公共查询等应用领域。3.5 英寸 AMOLED 主动式有机发光显示器处于国内领先地位。还推出开发的 10.1 英寸液晶面板,开始进入笔记本电脑领域。

广电集团面对激烈多变的国内外市场竞争形势,克服困难,开拓进取,全力以赴地推进光电子平板显示核心战略产业,在激烈的市场竞争中坚持走自主创新之路,实现了从 CRT 到平板显示产业的转型,领先进入了 TFT - LCD 液晶面板领域,自主研发了 47 英寸高清液晶屏,并努力打造上游关键材料、中游面板、下游整机及研发中心等完整的 TFT - LCD 产业链。

【信息服务业务得到进一步拓展】

广电集团开发的 Spacecast 远程教育系统,包括一整套网络管理软件和用户应用软件,能按照传统教学模式在网上实施远程教学。该系统采用 IP 的方式传输,节省信道,支持点播、直播等教学方式,方便用户,降低培训成本。用该系统能高质量地开展互动远程教育和远程医疗等宽带服务。与基于视频会议的远程教育系统不同,在 SVA 远程教育系统中,学生数量不受限制,教师与同学可以进行可视提问、讨论,利用双向网进行生动的、大范围的授课,方便地进行交互式的远程教育活动。

广电集团与中国农业大学合资组建的北京中农大网络发展有限公司开展远程学历教育,开设 53 门课程,建立了 10 个专业,共有在校生 8 000 余名,开拓了远程教育的商业发展模式。广电集团与上海卫生局合资的上海卫生远程医学网络有限公司,为上海市 60 多家医院安装了远程教育培训系统,开展了 3 期非学历全科医生和全科护理培训班,共培训 2 000 多人,并将服务扩展到云南、新疆、内蒙等地。广电集团与上海劳动局合作,帮助职业培训指导中心建设覆盖上海市 12 个培训点的卫星远程职业培训网,为全市劳动就业培训 600 人。

广电集团负责运营的上海市“白玉兰远程网”在市政府的支持下开展面向农村、面向西部的非学历培训教育,取得很好的社会效益,并获上海市对口支援先进单位称号。2002 年,又在云南、重庆五桥、西藏等地建立了 52 个培训点,通过卫星远程系统为西部培训教师、农艺师、医护人员等。白玉兰远程网为上海市妇联开展妇女干部培训,建立了市、郊十几个培训网点。开设了“白玉兰经贸合作网”,推介长江沿岸城市投资项目,拥有来自全国各省、市、自治区的投资招商信息一万余条。广电集团承建的上海热线健康频道日平均访问次数达 5 万多次,最高日访问量达 10 万人次。

广电集团在网络建设与网络服务业取得突破性进展:向社会推出 95877 国际互联网络接入服务特服号,正式在全国开展 ISP 服务;同时取得 VSAT(甚小地球天线)卫星经营许可证和网上广播电影电视经营许可证(IPTV),为进一步开拓信息服务经营范围和服务内容提供了条件。

【宽带网络业务加大覆盖面】

广电通讯网络公司承担小区宽带接入网的系统集成,上海科技网公司承担区域性光纤网络的建设与试验,拥有 1 000 余公里光纤的网络,覆盖了除崇明、南汇等偏远郊县以外的上海市全境,成为宽带网络服务提供商(NSP)。广电健洋网络公司承担了覆盖全国双向卫星通信网络的建设与试验。广电集团以光纤网络、卫星网络互为补充,组建本区域和全国的物理网络平台及多媒体宽带网络交换中心,从而形成完整的三级网络体系架构。该网络具有较强的扩充性和灵活性,不受地域和数量限制，传输速度快，质量高；除可建立企业的内联网络外，还可开展远程教育、进行视频会议、数据传输、互联网浏览等。

卫星传输及接收技术开发、实验平台，远程教育软件的开发工作基本完成。数字卫星接收机顶盒样机在平台上接受试验成功，成为集团新的经济增长点，并带动广电集团以 DTH（卫星电视直播）应用服务、卫星接收设备与数字视频设备生产销售为代表的信息产品和服务产业链的发展。家庭网络技术研究平台建设也有成果产生，被 IBM 选定为全世界提供智能家居软件的唯一合作伙伴，捆绑广电集团开发的 SVA ihome 系统软件向美国的开发商销售。安装了广电集团 SVA ihome 系统的网络家庭样板房在美国弗吉尼亚州公开展示。上海的"帝景苑"楼盘样板房采用了广电集团 SVA ihome 系统。广电集团还参加国家家庭网络技术标准起草小组，SVA ihome 系统技术成为这个标准中的主网关技术标准。

SVA 防火墙是广电集团自主开发的性能优异的新一代网络安全产品。针对各种操作系统的漏洞和各种黑客的攻击手法，自行研制开发出一套全新的智能防御核心。SVA 防火墙通过国家信息安全产品认证和中国国家信息安全测评认证中心的认证，并在各大企事业单位和公司得到广泛的应用。

第三节　知识产权和标准工作

一、知识产权

广电集团重视和开展知识产权工作，取得较好成果。广电集团的专利战略实施分为两个阶段。

第一阶段：2002—2004 年，建立健全专利管理制度。把技术创新的各项工作和专利工作相结合，并以此带动广电集团知识产权工作，增强技术研究机构自有知识产权的研究开发能力，组成完整的知识产权开发机制，形成一批自有知识产权的专利、专有技术和著作权。

第二阶段：2005—2010 年，开展专利实施推动工作。利用逐步形成的专利、专有技术和著作权的实施，开拓发展新资源，形成新的经济增长点，提升广电集团可持续竞争能力，逐步使得广电的自主知识产权在国家标准和国际标准中占有一席之地。

2002 年，共申请专利 143 件，其中发明专利 75 件，已经登记的软件版权有 7 件。广电集团先后参加"数字电视标准工作组""等离子显示标准工作组""平板显示标准工作组"等近 10 个国家标准工作小组和"数字音频标准工作组"等 2 个国际标准工作组。同时，在集团内已建立起一支专利工作队伍和网络，对增强集团的核心竞争力起到了推动作用。

2004 年，广电集团企业共申报专利和软件版权 691 件，申请总数是 2003 年的 3 倍。其中发明专利 631 件，实用新型 40 件，外观专利 17 件，软件版权 2 件，集成电路布图 1 件。专利申请已经从国内走向国际，申请 PCT 专利 2 件。

2005—2006 年，广电集团企业共申报专利 936 件，其中发明专利 799 件，占申请总数的 85%，申请专利质量有明显提高。申请 PCT 专利 2 件。历年累计申报专利 2 000 余件，为鼓励集团企业的知识产权申报，激励企业技术人员创造知识产权的积极性，4 年中集团技术中心对集团企业发放专利奖励经费 66 万多元。

2007—2008 年，广电集团企业共申报专利 597 件，其中发明专利 390 件。集团拥有有效发明专利 211 件，申请 PCT 专利 2 件。为鼓励集团企业的知识产权申报，激励企业技术人员创造知识产权的积极性,集团、业务群和企业对技术人员申报专利和软件等知识产权进行了精神和物质奖励。

二、标准工作

2001 年,广电集团开始参加 AVS(数字音视频编解码标准)标准组的工作,并成为该标准组的核心成员。AVS 是国家自主制定的数字音视频编解码标准,是赶超世界其他国家的一个重要领域。广电集团中央研究院一直积极参与国家标准 AVS 的制定和相关技术开发,有两项专利技术被写入 AVS 标准,并在 AVS 标准工作组中担任视频组和实现组的联合组长。广电集团的专利被收入中国 AVS 标准专利池,成为 AVS 专利池管理委员会的成员之一,是 AVS 产业联盟的理事长单位。广电集团对于提升国家在数字音视频领域的竞争能力作出了贡献。2004 年,该标准已经被批准为国家推荐标准。同时该标准被信息产业部列为重点扶持技术,有计划在国内 IPTV(网络电视)和卫星电视直播应用方面推广。

2004 年,广电集团参加了由上海市信息家电行业协会牵头的上海地区《高端彩色电视机的分类规范》起草制订工作。该规范经正式发布并实施。这项工作为上海乃至全国规范高端彩电的技术标准用语、提高高端彩电产品的质量透明度、净化高端彩电市场提供了依据,受到了市场和消费者的欢迎。参加"国际视频压缩标准组织"(JVT)等 2 个国际标准工作组。与清华大学合作提出多项提案;向 JVT 的码流交换工作组提交了 24 个以 SVA 命名的码流,已有一半左右被 JVT 采纳。这是在当时情况下,唯一由中国企业向该组织提出的提案。参加"新一代高密度数字激光视盘系统"(EVD)标准的起草工作;参加"数字电视标准工作组""等离子显示标准工作组""平板显示标准工作组""中国数字音视频编解码技术标准工作组"(简称 AVS 工作组)等近 30 个国家标准、行业标准制定工作组;同时也是这些标准工作组的主要成员。广电集团还建立"专利数据库",该数据库是当时上海企业大型专利数据库之一。该数据库的建立为广电科技人员和管理人员对相关技术领域的发展趋势、竞争对手的动向进行综合统计分析提供了具体手段,为创新技术开发提供了一个重要的基础平台。

2006 年 9 月,广电集团中央研究院推出全球第一台可商用的 AVS 标清转码器后,11 月又推出业界第一台可商用的 AVS 标清编码器。该项目被列为信息产业部电子发展基金项目。

2008 年,由广电集团中央研究院主持制定的两项"机道分离"标准,顺利通过专家组审定,工作取得阶段性成果。"机道分离"是广电中央研究院多年来的研发成果,该技术内含 10 多项知识产权。广电集团旨在将核心技术通过转化为"标准"这种公权利,从而真正实现知识产权与标准的有机结合,提升技术和市场价值。为配合高世代建设,广电集团开展 TFT - LCD 相关专利调查和专利战略制定,并形成相关报告,获得专家好评,并获得 2008 年上海市经信委"优秀项目奖"。

第二章　集团中央研究院

第一节　企 业 定 位

一、背景

2002 年，广电集团的中心任务是“产业升级、走向世界，管理创新、追求卓越”。其中产业升级要求加快新品研发和产业化步伐，加大新一轮投资力度。在新的一轮发展中，广电集团的重点是建立自己的可持续竞争力。

广电集团在重组初期，主要产品为彩色电视机及其配套产业，为提高集团的市场竞争能力，集团提出了对产品及产业进行重组的要求。当时，产业重组有多种选择：一是单纯依靠模仿西方技术，然后以低成本产出的东南亚模式；二是像日本那样深入模拟技术的研究，改进传统产品；三是大胆跟踪和涉足美国等先进国家的最新数字技术，成为中国乃至东南亚一流的信息电子集团。广电集团认真分析了自身特点和电子信息产业发展趋势，立足于充分发挥上海电子工业的产业优势、技术优势和资本优势，决定把集团的产业发展聚焦在世界一流数字技术。基于这样一种前瞻性的观念，广电集团初步确立信息网络产品、家用电器、电子部件和汽车电子为集团的四大重点发展产业，并重点围绕“无线传输”“新型显示”“高密度存储”及“家庭网络”技术等方面加快新产品研发，发展核心技术。

二、成立

中央研究院成立于 2002 年 3 月 29 日，在广电集团重组五周年大会上正式挂牌。中央研究院由美籍华裔博士、埃美奖得主顾大为出任院长。中央研究院作为集团核心技术和新产品的研发基地，承担支撑广电集团战略发展的具有基础性、应用性核心技术的研究和核心产品开发，主要从事数字音视频技术研发，同时也是国家人事部认定的博士后科研工作站、上海市人力资源和社会保障局指定的研究生联合培养基地。

图 5－2－1　2002 年 3 月 29 日，集团中央研究院举行揭牌仪式

广电集团中央研究院的成立，是落实广电集团发展战略、建立广电集团核心竞争能力、实现跨越式发展的重要步骤。中央研究院的建立为广电集团新一轮的科技发展、技术领先、产品创新奠定了组织基础。

中央研究院成立当年有 34 人，其中博士 7 人、硕士 11 人、本科 11 人、其他 5 人，平均年龄 34 岁。历经 7 年发展，中央研究院已初步建立一支专业技术和管理团队。至2009年4月,中央研究院共有在职人员45人,其中技术人员25人、技术管理人员9人、其他人员11人。这些人员中,博士4人、硕士16人、本科19人。

三、任务

中央研究院的建立和发展是具体落实广电集团战略及科技发展战略的迫切需要,是将广电集团建成国际化大集团进程中的重要一环。在成立后的3～5年内,中央研究院的目标是建设成为广电集团各级科技创新组织的技术价值链源头之一,建设成为国内外电子信息产业有影响力的科研机构,成为广电集团核心技术和核心产品的研究开发基地;成为广电集团技术培训和技术交流的中心;成为广电集团技术信息和知识产权的服务平台;拥有一批达到国际领先水平的科研成果;拥有一批国内外一流的科技人才且与国内外著名科研机构有着广泛联系。

中央研究院的功能和职责是:负责承担研究支撑广电集团战略发展的具有前瞻性、基础性和通用性的核心技术;负责承担研究开发具有竞争优势的核心产品,特别是投资力度要求高且具有一定风险和长期探索性的研究产品;负责向集团提供公共技术和信息资源的服务平台,提供项目评价信息资源和技术开发平台资源;负责向集团提供技术交流和技术培训的服务平台。另外,研究院还参与集团项目评估的决策研究和咨询,参与技术创新重大项目的评估和论证,研究并提供知识产权情报和咨询服务,以满足广电集团在科研方面、管理方面和市场方面的多方位要求。

第二节　研究领域

一、研究方向

中央研究院建立的核心技术的重点是"系统技术"和"产品技术"。培育的核心技能重点是"系统整合能力""核心产品开发能力"和"分析决策能力"。

"系统技术"主要是系统技术标准、技术专利、技术论文;"产品技术"主要是概念产品、核心产品、关键产品;"系统整合能力"主要是系统模型、系统策略和方案;"核心产品开发能力"主要是建立相关开发平台(包括技术开发平台,与各方面的合作平台),为广电集团各级技术开发组织服务;"分析决策能力"主要是建立竞争情报系统和相应的数据库,建立专家库及相应的项目评价支持资源,支撑各种分析和决策。

中央研究院在2002—2004年期间,主要以研究系统技术为主。研究的技术有建设无线高频传输技术研究平台,开展模拟电视抗多径技术和数字电视抗多径技术的研究,开发出具有应用价值的具抗多径功能的模拟电视机和地面广播数字调谐器;建设SVA集成电路(IC)开发平台,为高频传输技术、音视频压缩技术的研究、开发提供基础支撑。2005年后,主要以研究产品技术为主。重点研究平板显示图像与数字信号处理技术、TFT-LCD显示屏数字信号处理技术、TFT-LCD显示屏及关键器件、TFT-LCD显示屏图像处理技术、平板化、数字化集成创新技术。

二、研究领域

数字音视频编解码技术、音视频编解码新技术标准、AVS技术的核心算法、基于AVS的发射端(头端)、接收端(终端)产品设计、基于 AVS 的数字电视端到端解决方案。

数字电视技术标准、数字电视机道分离技术、数字电视机卡分离技术、数字电视接口版权保护(UCPS)、数字电视设备条件接收接口规范、平板显示与数字音视频终端设计技术、液晶多媒体播放机、机道分离高清数字电视、数字电视一体机、基于各种标准的数字电视机顶盒。

原理和基础研究、技术标准、核心算法、概念系统;设计平台研究开发、系统设计平台、硬件设计平台、软件设计平台、概念产品、应用产品设计、根据市场设计相应产品。

平板显示图像与平板数字信号处理技术、TFT - LCD 显示屏数字信号处理技术、TFT - LCD 显示屏及关键器件、TFT - LCD 显示屏图像处理技术、平板化、数字化集成创新技术。

第三节　主要研发项目及成果

一、项目情况

2002 年,基本完成模拟电视抗多径干扰的技术研究和产品开发。上半年确定系统方案、试制样机并建立系统,下半年在闵行电视台、上海东方明珠电视塔进行现场测试。

2003 年,搭建数字电视抗多径干扰暨无线传输研究平台,研究数字电视前端和终端抗多径干扰系统。研发数字移动电视接收机,研究数字移动电视系统,设计数字移动电视接收机,完成 DVB - T 笔记本电脑型准备工作;研发图像增强显示集成电路,研究改善平面显示器透亮度、色彩和层次等设计相关的产品,完成了逻辑设计和验证;研究新型压缩算法,在 JVT(国际视频压缩标准组织)提出 1 个提案,在 AVS(中国音视频编解码)提出 9 个提案;开展 TFT - LCD 系统研究,研究 SVA 在此技术领域的发展方向并形成报告。

2004 年,在数字音视频领域,就原理和基础编制数字音视频编解码技术和国际/国家标准、数字电视机卡分离技术和国家标准,并搭建数字移动电视设计平台、嵌入式设计平台和抗多径干扰系统应用平台,研究高清电视系统、数字移动电视、流媒体播放机的产品应用;在数字网络领域,就原理和基础编写家庭数字网络技术国家标准,并就家庭网络的终端产品、家庭媒体中心搭建设计平台;在集成电路设计领域,开展集成电路前端设计,并就图像增强芯片、AVS 解码芯片的应用开展研究。

2005 年,完成对 TFT - LCD 时序控制芯片的评审,完成对第二代图像增强芯片的评审,完成高端液晶电视接收机开发平台的评审,完成 DMB(数字多媒体广播)数字电视接收器的评审,完成 DVB - T(数字视频地面广播)产品产业化开发的评审,完成家庭数字无线多媒体中心的评审,完成 AVS 解码芯片的评审,完成基于嵌入式操作系统 AVS 卫星数字电视接收器的评审,完成高清、网络液晶多媒体播放机的评审,完成便携式多媒体播放器的评审。以上项目同时开展了产业化的推进。

2006 年,根据集团"十一五"科技发展战略中提出的"建立 TFT - LCD 产业开发平台、建立数字电视和 AV(音视频)终端开发平台、建立 OLED(有机电致发光体)产品开发平台、建立家庭网络产品开发平台"四大平台发展的目标,中央研究院在研发方面紧密结合集团核心产业技术发展需要,适时调整工作思路和工作方法,在技术开发与产品开发两个方面实现目标如下:

芯片领域:成功设计出 17 英寸 LCD 时序控制芯片(Tcon IC)和源驱动芯片(Source Driver IC);15 英寸 Tcon 芯片被导入 SVA - NEC 采购测试流程。这些研发成果为 IC 项目整体作为技术投资转移至合资公司、实现整体项目增值奠定了坚实基础。

AVS 领域：AVS 系列产业化项目获得多点成功，开发出 MPEG－2 转 AVS 转码器、AVS 标清实时编码器产业化样机、基于 AVS 编解码的卫星机顶盒与 IPTV 机顶盒样机[在测试中成功实现与 Alcatel(阿尔卡特)、UTStarcom 的 IPTV 系统的集成]，以及基于 AVS 编解码的卫星数字电视与 IPTV 的"端到端"解决方案，并在推进产业化方面获得显著进展，与一些潜在用户建立了良好关系。广电中央研究院一直致力于 AVS 标准制定和相关技术开发，已完全掌握 AVS 标准核心编解码技术，并申请了多项技术专利。继 2006 年 9 月推出业界第一台可商用的 AVS 标清转码器后，11 月又推出业界第一台可商用的 AVS 标清编码器。

数字电视领域：基本形成高、低端液晶电视产品开发平台并举的局面。高端平台基于 Pixelworks 公司的 PW118B 为核心，成功开发出高端宾馆液晶电视、针对美国市场的 ATSC(美国的数字电视国家标准)一体机、针对酒店市场的电脑电视一体机和机卡机道分离一体机；低端液晶电视设计平台基于 Mstar 公司的 5151 和 718 驱动方案，成功设计了基于此方案的样机并开拓市场；数模高频头的设计也在 DTH 项目中完成设计阶段工作，成功设计出 DVB－S(数字卫星广播系统标准)和 ABS－S(中国直播卫星传输标准)两种数字电视接收解调的高频头。

初步建立面向 TFT－LCD 面板的 IC 产品开发平台及 IC 设计工程管理规范，并培养了一批精通驱动 IC 设计的人才。基本建成高、低端液晶电视产品开发平台：完成平台构架所需嵌入式软件和硬件的模块化设计，完成多媒体处理软件、底层驱动软件、用户界面软件、遥控器软件、接口、数模高频头、电源等模块的开发。

继续参加 AVS 工作组，确保中央研究院在 AVS 技术方面的先进性；积极参加 AVS 产业联盟，在 12 月初的产业联盟会议上，广电集团中央研究院副院长当选为新一届轮值主席；作为 AVS 研发单位中第一家推出基于 AVS 编解码的 IPTV 和数字卫星电视完整解决方案("端到端"的解决方案)的厂家，中央研究院积极主动参与各类产业化测试工作，广电集团在产业界的影响越来越大。

此外，中央研究院还积极跟踪和参加 UCPS(数字接口内容保护技术规范)工作组的会议；积极参加信息产业部家庭网络标准工作组和信息产业部电子标准工作组数字电视接收设备机卡分离标准工作组的工作，并开创性地提出机道机卡双分离的技术方案，中央研究院成为国家机道分离、机卡分离标准推进企业中的主要一员。

2007 年，中央研究院共有 6 个项目通过集团评审，确定为集团重点研发项目，并于 4 月进入实质性开发阶段。至 12 月底，6 个重点项目中的 5 项按计划完成。

为推动集团实现 TFT－LCD 产品设计领域的技术整合，2007 年中央研究院就此方面进行了一系列基础工作。上半年启动 TFT－LCD 产品设计系统平台的前期可行性工作，以及与集团相关各企业的沟通协商工作，初步搭建集团 TFT－LCD 产品设计层面的交流平台。年中组织完成"高世代线液晶电视开发平台""TFT－LCD 一体化电源"以及"新一代 TFT－LCD 产品的视频处理引擎"等技术领域的预研工作。基于前期相关工作的积累，在广电集团提出集团整个研发体系将围绕 TFT－LCD 主业进行转型的战略调整后，中央研究院得以较快地向集团提交了转型方案供集团审议通过，方案建议以中央研究院为主体进行集团整个研发体系的调整与重组，这也是中央研究院历经一年的探索对自身发展方向问题、地位与作用问题的解决思路。

2008 年，面临广电集团核心产业调整和研究院技术整合重组，中央研究院参与 G6(第六代 TFT－LCD 平板显示器)项目的技术规划讨论与方案提交工作，在 G6 项目技术方案、项目建设模式、TFT－LCD 产品设计技术等方面提供了技术与数据支撑；就《嵌入式 AVS 标清实时编码器》

《基于自主嵌入式系统的国标地面数电视接收器》《G6 建设期专利布局实施计划》等项目进行了专项研究；进行 TFT - LCD 工艺技术国家工程实验室和数字音视频编解码国家工程实验室的申报。

2009 年，主要的新产品开发项目有基于 G5 面板的国际地面数字电视信道一体机、基于 G5 面板的国际卫星直播模拟和数字电视一体机、基于 G5 面板的网络电视和数字电视一体机、嵌入式 AVS 标清实时编码器、多模式数字电视一体机、视频监控系统。

二、主要研发成果

【自主研发制定 AVS 标准】

图 5 - 2 - 2　集团中央研究院在“2008 第二届中国(国际)数字音视频产业与投融资论坛”上，展示 AVS 最新技术成果

中央研究院自 2002 年开始参与 AVS 工作组，一直致力于 AVS 标准制定和相关技术开发，是最早的 AVS 工作组的成员之一，也是 AVS 产业联盟的发起单位。在 AVS 标准提案、编制到最后被采纳为国家标准的整个过程中，中央研究院在工作组的台前幕后都起到了举足轻重的作用；在 AVS 技术行业活动中，中央研究院先后承办了 AVS 工作组会议和 AVS IPTV 技术组会议，同时参加了国内其他标准工作组，包括信产部通信标准 IPTV 特别工作组、中国移动数字多媒体广播(CMMB)等标准工作组，已是业界一支重要的生力军；在 AVS 标准的产业化应用方面，中央研究院更是为 AVS 标准的产业化应用起到了实质性的推动作用，早在 2004 年 12 月即开始担任 AVS 工作组视频组组长，2005 年加入 AVS 产业联盟，任卫星电视组组长，2005 年作为被授权人代表进入 AVS 专利池管理委员会，并于 2006 年成为新一届 AVS 产业联盟理事会轮值主席。有两项专利被 AVS 标准的第 2 部分采用。中央研究院除了紧跟 AVS 标准，参与 AVS 相关会议，包括 AVS 工作组、AVS 产业联盟、AVS 专利池管理委员会及 IPTV 工作组组织的各次会议和展示、演示会，参与国际标准工作组(ISO/IEC 的 MPEG 和 ITU - T 的 VCEG)的重要例会外，还积极做好 AVS 新产品的研发工作。主要完成的技术和产品的开发，包括第一代 AVS 高清解码芯片、AVS 标准清晰度视频的实时编码器转码器、基于 PC(个人计算机)的 AVS 解码器、复用器、基于 DSP(数字信号处理器)和 AVS 专用解码芯片的 AVS 国标地面数字电视和卫星数字电视机顶盒产品。中央研究院的 AVS 方案/产品投入许多应用试验，其中包括山西电视台主持的基于 AVS 和国标地面广播的数字电视系统测试、四川省广电 703 搬迁工程系统测试、中国广播科学院无线所的基于 AVS 的移动多媒体广播系统测试。在上述应用测试中，SVA 的编码器、转码器的表现均优于国内同类产品。在整个 AVS 产业化过程中，中央研究院成为业界的一支重要的生力军。在编解码领域，AVS 技术的产业化应用项目获得成功，开发出 MPEG - 2 转 AVS 转码器、AVS 卫星数字电视接收器，积累了 AVS 产品研发经验，为 AVS 产品开发打下了基础。

中央研究院历经 6 年发展，AVS 的技术和产品研发已具备雄厚的技术实力与产业化基础。2008 年上半年，研究院将国内率先规模商用 AVS 系统进行数字电视节目广播的三大项目——山西大众移动项目、杭州广电项目、四川广电项目全部收入囊中，相继完成系统方案总体设计、设备集成、系统搭建与调试等工作，正式进入商业试运行阶段。这些项目的进行使得中央研究院的AVS系统初显行业领先者的优势，也意味着研究院的AVS技术基本完成了核心算法与底层技术平台的构建，AVS标清系统更是迈入产业化应用的阶段。中央研究院在AVS技术研发过程中，注重知识产权的保护和积累，在数字音视频编解码技术领域申请发明专利59项，其中授权33项，国际专利2项。同时也产生了领军人物，2007年，中央研究院副院长王国中获中国彩电行业杰出贡献专家；赵海武、李国平获中国标准创新贡献奖一等奖。

【数字音视频技术领域获市场认可】

中央研究院在DTH卫星直播数字电视、液晶多媒体播放机、宾馆电脑电视、国标数字电视等数字音视频技术领域取得了较为突出的成绩，实现了以自主开发的新技术作为竞争要素，获取了市场和客户的认可。在2008年国家广电总局直播卫星机顶盒招标过程中，集中研发力量，克服多种困难进行技术攻关，在全国所有参加竞标的企业中，第一个拿到了广电总局颁发的入网许可证，在2008年7月和8月分别完成300台和700台样机的生产任务，9月开始22 500台的批量生产工作，9月底顺利将产品送到客户手中，获得客户的广泛好评。

【孵化成立集成电路设计公司】

中央研究院于2003年开始进行图像增强处理芯片开发，2005年进行TFT－LCD驱动芯片(Tcon芯片)的研发工作，2006年孵化成立了集成电路设计公司，设计开发TFT－LCD相关芯片，逐步形成TFT－LCD技术开发、产品设计的技术团队，最大限度地集中SVA资源和力量。2006年，自主设计的15英寸TFT－LCD面板Tcon芯片流片成功，通过客户严格的技术和生产认证，进入广电NEC采购测试流程，实现为集团的TFT－LCD产业配套，并开始进行系列TFT－LCD驱动芯片Source与Gate驱动IC的技术方案。TFT－LCD驱动芯片项目已经列入国家发改委专项。

【成立集团中央研究院液晶研究所(分院)】

为适应广电集团产业升级和核心产业发展的战略需要，支撑广电集团TFT－LCD产业发展，2005年广电集团成立中央研究院液晶研究所(分院)，建立TFT－LCD技术开发平台，按照紧密结合集团主流电子产品和主流业务需求的基本原则，开展研发工作，在部分重点研发领域中取得了突破。

中央研究院液晶研究所于2005年开始建设TFT－LCD研发平台，搭建产品设计开发所需软硬件环境，以境外设计开发团队为龙头、以中国大陆的工程师为骨干、以包括广电NEC的制造部门和技术设备部门为基础，启动TFT－LCD技术开发项目。在引进技术的基础上进行消化、吸收和再创新，从三个层次系统地开展研发工作，建立自主技术创新能力。一是大尺寸TFT－LCD面板的设计开发，二是新工艺、新材料开发应用，三是高世代生产线的组线建设能力。同时还开展产业链相关配套技术的开发，包括背光模组、驱动电路芯片等技术的开发。同时，加快新产品开发周期，缩短与日韩优秀企业的差距，在TFT－LCD产业的核心技术领域逐步形成突破，从根本上改变在TFT－LCD技术领域依靠国外技术的局面，支撑TFT－LCD产业自主持续发展，形成核心竞争力。2006年，中央研究院液晶研究所成功开发出47英寸高清电视液晶屏和19英寸宽屏液晶屏，这是中国大陆第一次成功自主开发的 TFT - LCD 屏，在 2006 年中国国际工业博览会上荣获创新奖。

【产业化研发成果取得经济效益】

2005 年，中央研究院根据广电集团提出“面向市场、面向群众”的指导原则，确立了基础研发和产业化研发两大研究方向并举的研发基本原则。以广告机为代表的产业化研发项目取得开门红，开发出的系列产品走入市场。

2005 年，卫星机顶盒项目招标成功。中央研究院全面负责该项目技术开发，开辟了集团内卫星机顶盒的技术研究新领域，负责国家直播卫星数字电视项目研发，帮助上海广电通讯网络有限公司获得入网许可证、生产许可证、销售许可证等，成功招标“村村通”项目，获得陕西、山西、广西、海南、云南 5 省约 55 万元订单，实现销售收入近 2 亿元，利税约达 3 000 万元，成功实现研发成果的产业化。

2006 年，多媒体播放器走向市场，中央研究院的技术成果转化后实现了企业的销售收入。

2007 年，中央研究院共实施了 14 个技术成果产业化开发项目，实现销售收入 162.23 万元，边际贡献 111.49 万元。重点实现了 AVS 项目与 DTH 项目领域的产业化突破。

2008 年上半年，中央研究院将国内率先规模商用 AVS 系统进行数字电视节目广播的三大项目——山西大众移动项目、杭州广电项目、四川广电项目全部收入囊中，相继完成系统方案总体设计、设备集成、系统搭建与调试等工作，正式进入商业试运行阶段。这些项目的进行使得中央研究院的 AVS 系统初显行业领先者的优势，也意味着中央研究院的 AVS 技术基本完成了核心算法与底层技术平台的构建，AVS 标清系统更是迈入了产业化应用的阶段。

第四节　知识产权和标准制定工作

一、知识产权情况

2002 年，开始知识产权的申报工作。在 2002—2009 年，中央研究院累计申请知识产权 276 件，其中专利总数 234 件，发明专利 155 件，实用新型 70 件。外观专利 9 件，软件登记 40 件，集成电路布图专利 1 件，商标 1 件。已授权且有效的知识产权 174 件，其中专利总数 132 件、发明专利 61 件、实用新型 63 件、外观专利 8 件、软件登记 41 件、集成电路布图专利 1 件。

表 5 - 2 - 1　2002—2009 年专利申请情况表　　单位：件

年　份	总　数	专利总数	发明专利	实用新型	外观专利	软件登记	集成电路布图专利	商　标
2002 年	10	10	5	5	0	0	0	0
2003 年	20	19	14	4	1	1	0	0
2004 年	24	20	12	6	2	3	1	0
2005 年	66	62	31	29	2	3	0	1
2006 年	65	44	29	13	2	21	0	0
2007 年	60	52	39	11	2	8	0	0

〔续表〕

年　份	总　数	专利总数	发明专利	实用新型	外观专利	软件登记	集成电路布图专利	商　标
2008年	23	19	17	2	0	4	0	0
2009年	8	8	8	0	0	0	0	0
总　计	276	234	155	70	9	40	1	1

说明：上述专利总数为发明专利数、实用新型数、外观专利数之和。

二、标准制定工作

2002年,中央研究院成立以后,先后参与一项国际标准制定：Advanced Video Coding;两项国家标准制定：机道分离国家标准、数字音视频编解码技术标准(AVS);多项行业标准制定:“机道分离”接收卡及相关接口技术规范、家庭网络系列标准、数字电视接口版权保护(UCPS)、数字电视平板显示器测量方法、有线数字电视机机顶盒机卡分离接口(小卡)、新一代高密度激光视盘系统技术规范、数字音视频接口规范(DIVA)、数字电视设备条件接收接口规范。

第五节　技　术　团　队

历经7年发展,中央研究院初步建立一支专业技术与管理团队。人员从34人最多至97人,2009年平均年龄为36岁。

表5-2-2　2002—2009年中央研究院人员情况表

年　份	总人数(人)	学　历　情　况			平均年龄(岁)
		博士(人)	硕士(人)	本科(人)	
2002年	34	7	11	11	—
2003年	60	9	20	27	31
2005年	97	9	22	44	—
2008年	70	8	32	23	35
2009年	45	4	16	19	36

2003—2009年有两名博士在广电集团设立的博士后工作站中完成相关课题研究出站,成为研究院的核心骨干。2009年在站博士后1名,3名博士后均获博士后科学基金资助。

第三章　广电电子、广电信息的技术开发机构

第一节　广电电子技术开发机构

一、概况

广电电子的技术开发机构为真空平板显示技术研究开发中心(简称平板中心)成立于2000年8月24日。主要研究领域为有机电致发光显示器件研制和场发射电子器件的研发。2005年12月22日,平板中心被认定为上海市企业技术中心。至2008年,平板中心共有研发人员23人,其中高级工程师4人,工程师13人,助理工程师6人。2008年7月7日,与上海大学合作,成立了"上海大学—广电电子平板显示联合工程中心"。

二、研发项目

2002年1月至2004年12月,平板中心承担了2001年国家技术创新项目和上海市引进技术吸收与创新计划项目"有机电致发光显示器OELD开发"。项目总经费:4 025万元(其中政府拨款资助2 000万元),项目负责人:刘逸忠。该项目于2004年5月19日通过专家组验收。

2003年1月至2007年12月,平板中心承担上海市经委"新型平板显示技术开发"项目。项目总经费:2 500万元(其中市经委资助150万元),项目负责人:刘逸忠。该项目于2005年4月28日通过专家组验收。

2003年10月至2005年12月,平板中心承担上海市科委"有机电致发光材料和显示器的研制"项目。项目总经费:2 070万元(其中市科委资助1 050万元),项目负责人:金松。该项目于2006年4月14日通过专家组验收。

图5-3-1　2006年4月,由广电电子承担的市科委重大项目——OLED平板显示器件项目通过验收

2005年6月至2007年12月,平板中心承担上海市经委"平板显示工程技术研发平台的建设"项目。资助经费:60万元,项目负责人:金松。该项目于2007年5月30日通过专家组验收。

2005年12月至2007年11月,平板中心承担上海市科委"有机高分子电致发光显示器件PLED产业化关键技术开发"项目。项目总经费:475.2万元(其中市科委资助130万元),项目负责人:金松。该项目于2008年1月29日通过专家组验收。

2006年1月至2007年12月,平板中心

承担上海市科委“上海平板显示工程技术研究中心”建设项目。项目总经费：9 000 万元(其中市科委资助 3 000 万元)，项目负责人：金松。该项目于 2008 年 1 月 17 日通过专家组验收。

2006 年 6 月至 2008 年 6 月，平板中心承担上海市科委“高效彩色有机电致发光显示器件的研究”项目。项目总经费：50 万元(其中市科委资助 10 万元)，项目负责人：徐洪光。该项目按计划完成。

2006 年 9 月至 2008 年 9 月，平板中心承担 2006 年浦江人才计划 B 类资助项目“高性能有机高分子电致发光显示器件的研制”。项目总经费：64.88 万元(其中浦江人才计划 B 类资助 30 万元)，项目负责人：何钧。该项目于 2008 年 11 月 8 日通过专家组验收。

三、研发成果

截至 2009 年，平板中心共获得政府资助的研发项目和产学研项目 11 项，资助金额达 6 830 万元；共获得授权专利 12 项，其中 6 项为发明专利，专利情况如下：

表 5-3-1 2002—2009 年真空平板显示技术研究开发中心专利情况表

年 份	专利性质	专利数(件)	专 利 名 称
2002 年	实用新型	1	微波硫灯屏蔽罩谐振腔
2003 年	发明专利	2	一种带电阴的场发射电子的阴极部件
			一种有机发光显示器件
	实用新型	1	一种平板真空显示器件的支撑结构
2005 年	发明专利	2	一种平板显示器荧光屏的涂粉制造设备及其方法
			有机发光二极管显示屏的视频驱动系统及其方法
	实用新型	1	无源有机电致发光器件的电极引线
2006 年	发明专利	2	有机电致发光屏电极的制作方法
			一种有机电致发光器件亮度的测试装置
2007 年	发明专利	1	一种有机发光显示装置
	实用新型	1	微波硫灯
2009 年	实用新型	1	掩膜板承座及曝光设备

第二节 广电信息技术开发机构

一、概况

上海广电股份有限公司(简称广电股份)于 1997 年进入广电集团，当时的技术机构名为广电技术开发中心。在此基础上，2002 年上海广电信息产业股份有限公司(由上海广电股份有限公司更名)成立广电信息技术中心。当时主要研发的项目是背投电视机、等离子电视机和液晶显示电视机，这三个项目被称为“三朵金花”。前瞻性研究项目有多媒体电视、智能家电（ihome）等。

二、技术开发成果

1998年，广电股份加快新品开发和实现产业化的速度，全年完成新品开发56种，其中电视类产品32种。金星D2901、D2101等数字化程度已高于市场同类产品。同时，加快卫星接收机、DVD视盘机、数字投影机等数字化产品的开发和研制。

1999年，广电股份技术开发机构共开发彩电新品38种，成功开发有VGA接口的世纪之光系列信息家电、100赫兹隔行扫描和60赫兹逐行扫描的多媒体彩电、银色全平系列彩电等一批高技术含量新品种，在上海彩电节和各大展览会上受到消费者的青睐和有关方面的极大关注。彩电销量达到92.5万台，实现销售额18.13亿元，比1998年提高9.58%。2000年，上海市首次数字高清晰度电视技术演示活动在浦东国际会议中心举行，广电股份自行研制开发的HDTV数字产品在演示活动中亮相并取得成功。2001年元旦，数字高清晰度电视节目（HDTV）在上海试播，广电集团为试播提供了多种HDTV终端产品。

2001年，立项开发项目信息终端类10项，网络设备类2项。专利申请24件。其中用于出口欧洲市场的DVB－S机顶盒、数字电视接收机高频前端模块技术、第一代ST方案HDTV性能改进（机顶盒）、EVD高密度影碟播放机家庭网关技术等项目均完成了研发。广电信息成立平面显示器分公司，主要承接高清晰度数字终端电子产品研发和生产任务，先后设计了世界领先的、高技术的HDRTV数字背投影彩色电视机、PDP等离子彩色电视机和LCD彩色液晶显示器三大系列产品，并开始批量生产，其中HDRTV背投上市后受到社会普遍好评。

图5－3－2　2001年，广电信息技术中心的“数字视音频技术平台”通过国家级项目论证

2002年，具有自主知识产权的EVD数字高清晰度激光视盘播放机实现小批量投产；家庭网关和家庭网络服务平台项目通过市级专家鉴定和市政府验收。广电信息取得专利总计有110件，其中发明专利80件、实用型专利4件、外观专利20件、软件登记6件。申报市经委、市科委及市高新办的市级技术创新项目共12项，其中5项得到正式批准、2项通过鉴定，并得到政府资金支持。

2003年，按不同市场要求和高、中、低不同的产品档次，先后开发了4∶3全新款式、全新电路的50英寸5010型背投、62英寸6209型背投和16∶9、55英寸5508型背投，使DLP背投产品实现系列化。在PDP开发中，不但注重款式设计的多样化，而且开发了新PW171和PW181主芯片，使性能、功能、可靠性上都有了质的飞跃。机芯不但满足国内市场的需求，还满足美国市场、欧洲市场的需求。完成ihome项目的市级验收工作。2003年还完成专利申请157项，批准授权29项。

2005年，广电信息共完成新品开发32种，其中LCD新品12种、PDP新品4种、DLP新品4种、其他新品12种。完成市级科技研发项目验收4种，新立市级项目1种。成立上海广电光显技术有限公司，加快光机技术开发和产业化步伐；成立广电信息商用机器事业部，推进税控机项目的进展。2005 年,获得税控机生产企业资质和生产许可证;完成国内最先进的 5 毫米间距高密度全彩色 LED 显示屏系统的开发;车载 LCD、广告机生产项目也获得较大进展,完成车载 LCD 3 662 台,广告机 26 320 台。

2007 年,随着彩电主营业务的整合,广电信息对下属技术中心的职责进行调整,明确了技术中心的主要职能:制订公司年度新产品发展规划;自主开发平面显示类机芯和外型;配合公司对彩电新品样机进行评审;协助平显分公司做好 OEM/ODM 整机定牌的技术认定、工程机的设计、技术更改以及技术支撑等工作。根据此职能,技术中心完成 M7、M9 机芯的开发,采用 15 英寸、19 英寸广电 NEC 的液晶屏进行批量生产;继续保持与广电光电子公司的技术联络,完成 22 英寸、47 英寸广电 NEC 液晶屏的样机试制工作,跟踪 46 英寸液晶屏的研发进度;完成出口 1.6 万套 M7 机板的供货;配合销售公司,完成 LT3218 工程机设计和 D2101CRT 整机技术认定和技术协议的签订工作。

广电计算机有限公司开发了 3 款 LCD 大屏幕多媒体播放机;广电光显技术有限公司研制的 DLP 光机新品全部用于工程项目整机和电视墙;亿人通信公司自主开发新一代的网络电话机并批量出口到德国、巴西和俄罗斯。

第四章　产 学 研 合 作

广电集团除充分发挥自有的技术开发力量外，还十分注意利用外部优势资源，包括国内顶级科研院所、高等院校和国际信息产业领域内的知名大集团及机构。

第一节　与国内科研院校及单位开展合作

一、广电集团与国内科研院校及单位的合作

1999—2003 年，广电集团与上海交通大学等单位联合中标国家电子发展基金重大项目“模数兼容电视研究”项目；与清华大学合作，共同承担平板显示技术与产品开发国家级项目；与中国科学院签订全面合作协议；与中国电子科技研究院合作开发具有自主知识产权的新一代高密度激光视盘机（EVD）样机并通过专家鉴定；与中国联通、上海文广集团等信息服务业大集团联手，打通更大的产业链，构筑双赢局面；由中国研究院协助广电集团建立中央研究院，针对广电集团重点科研项目开展多种形式的技术合作，帮助培养和引进人才。

图 5-4-1　2001 年 11 月，中科院与广电集团签署合作协议，建立战略合作伙伴关系

2003—2004 年，广电集团与清华大学合作，共同承担平板显示技术与产品开发国家级项目；与中国科学院签订全面合作协议，针对广电集团重点科研项目开展多种形式的技术合作，帮助培养和引进人才；与中国电子科技研究院合作，开发具有自主知识产权的新一代高密度激光视盘机（EVD）系统技术，形成 11 件发明专利和 2 件软件著作权登记，并完成国家级技术鉴定，产品批量上市，技术开始向行业内其他企业许可与输出；与 IBM、中科院、华东师范大学等建立战略合作关系，开展家庭网络技术研究，平台建设初具成效，产品呈现良好市场前景；与清华大学合作在世界最新的视频压缩技术标准方面拥有多项技

图 5-4-2　2006 年 6 月，在集团科技大会上，广电集团与上海交通大学签署《战略合作框架协议》

术专利,向国际视频压缩标准组织(JVT)提出提案;和上海大学、中科院有机所、华东理工大学合作的上海市科教兴市项目“有机电致OLED显示器”成功开发三基色点阵手机外屏,亮相深圳高交会和上海工博会。

2005—2006年,广电集团和上海交通大学签订战略合作协议,在TFT-LCD技术开发、人才培养等方面进行产学研合作,并商讨进一步紧密合作,投资建立广电交大平板显示技术联合研发中心,建成国内一流平板显示技术研究开发基地和开放式实验平台。

2007—2008年,广电集团与清华大学合作研发的“大尺寸LCD电视用LED背光源集成技术”列入国家科技部863计划;与上海大学携手共建的“平板显示联合工程技术中心”在上海大学落成,中心研究团队60多人,实验室面积3 000多平方米,聚集国内先进的有源有机电致发光实验线,以及设备齐全、性能先进的光电显示器件制作、封装、测试与系统集成平台,该中心力求成为国际先进、国内一流的研发中心和人才培养高地,以快速推动科研成果的转化和产业化;和上海交通大学、上海天马合作申报国家“TFT-LCD关键材料及技术国家工程实验室”,得到国家发改委批准,重点围绕信息产业发展对现实技术的需求,开展TFT-LCD关键材料的研究、验证、应用以及相关技术的研发,进行大尺寸液晶面板的研制及性能测试,提升中国液晶显示技术创新能力。

二、广电集团中央研究院与国内科研院校及单位的合作

2006年,广电中央研究院与复旦大学合作完成AVS IPTV演示项目的产学研合作;与上海大学在H.264编解码和IC设计方面开展合作研发。

2008—2009年,广电中央研究院与上海交通大学图像所合作开展TFT-LCD高清显示器120赫兹倍帧处理器研究;与上海交通大学机械与动力工程学院合作开展非旋转式光阻涂布设备内气流模型以及气流对光阻厚度影响的研究;与上海交通大学计算机集成制造研究院合作开展第六代TFT-LCD的Array制造系统建模、仿真及优化研究;与复旦大学材料科学系合作开展面向反射式彩色柔性显示技术的胆甾液晶材料开发研究、高迁移率全透明薄膜晶体管材料及其器件研究、针对TFT-LCD工艺与材料的微分析技术研究;与上海大学电子信息工程系合作开展实时高清AVS编码器、基于自主嵌入式系统应用的国标地面数字电视终端产品研究;与上海大学通信系合作开展3D视音频编码及绘制技术研究。

三、广电电子与国内科研院校及单位的合作

2000—2004年,广电电子与上海大学共同承担信息产业部电子工业生产发展基金项目“有机电致发光显示器OELD”项目。项目总经费:4 000万元(其中发展基金资助100万元),项目负责人:金松。该项目于2005年12月8日通过专家组验收。

2008—2010年,广电电子与上海大学共同承担上海市经信委“广电电子—上海大学平板显示产学研联合平台建设”项目(编号:吸收与创新项目代号103)。项目总经费:6 000万元(其中市科委资助150万元),项目负责人:赵磊。该项目于2011年6月9日通过专家组验收。

2008—2010年,与上海大学共同承担市科委“OLED生产线集成与TFT-OLED产业化关键技术”项目(编号:08DZ1140700)。项目总经费:6 000万元(其中上海市科委资助150万元),项目负责人:赵磊。该项目于2010年12月20日通过专家组验收。

第二节　与国际型大集团及机构开展合作

广电集团与IBM建立战略合作伙伴关系，建立SVA—IBM家庭网络实验室并启动合作项目；聘请北美飞利浦公司原首席科学家担任广电集团中央研究院院长；每年邀请国际信息产业的顶级专家到广电集团讲学。2002年，广电集团承办了由上海市人民政府、中国科学院、中国工程院支持的高水平国际技术论坛“第27届东方科技论坛”，飞利浦公司、CBS公司等许多国际著名公司的CTO和技术代表、ATSC论坛总裁等国际和国内顶级专家就新一代信息技术中的主要热点内容——无线传输技术、高清晰电视技术、数字存储技术进行深入系统的讨论。2005年，广电集团和清华大学、香港应用科技研究院等单位合作开发的大尺寸LCD背光源项目被列入国家科委863计划，得到国家财政大力支持。

图5-4-3　2001年5月，广电集团、广电股份与IBM签订战略协作协议

第五章 获奖情况

第一节 企业荣誉

2001—2006年，广电集团及部分企业在科技创新、发明创造专利、知识产权、质量管理等领域多次获奖。

表5-5-1 2001—2006年企业获奖情况表

年份	奖项	获奖单位
2001年	上海市标准化工作先进企业	上海广电信息股份有限公司
2002年	上海市工业企业知识产权工作先进集体	上海广电(集团)有限公司
		上海乐金广电电子有限公司
	首届“上海科技企业创新奖”	上海JVC电器有限公司
	上海市标准化先进企业	上海广电信息产业股份有限公司
2003年	上海市发明创造专利奖	上海乐金广电电子有限公司荣获“申请优胜奖”
		上海广电数字音像电子有限公司荣获“实施效益奖”
	电子工业质量管理小组活动先进单位	上海永新彩色显像管股份有限公司
		上海夏普电器有限公司
		上海旭电子玻璃有限公司
2006年	信息产业科技创新先进集体	上海广电(集团)有限公司中央研究院

第二节 产品获奖

一、国际工业博览会奖

2002—2008年，广电集团共有17个产品获国际工业博览会奖，其中金奖2个、铜奖4个、创新奖6个、观众最喜欢的消费品(家电类)奖5个。

表5-5-2 2002—2008年国际工业博览会获奖情况表

年份	博览会届次	奖项	获奖展品	获奖单位
2002年	第四届上海国际工业博览会	金奖	42英寸逐行宽屏彩色等离子屏	上海松下等离子显示器有限公司
		铜奖	数字光学反射背投电视墙(DLP)	上海广电信息产业股份有限公司

〔续表〕

年份	博览会届次	奖　项	获奖展品	获奖单位
2002 年	第四届上海国际工业博览会	观众最喜爱的消费品（家电类）	数字高清晰度彩电	上海广电信息产业股份有限公司
			家庭影院：TH－V70	上海 JVC 电器有限公司
			派离克冰箱 BCD282WTX	上海夏普电器有限公司
			变频微波炉	上海松下微波炉有限公司
			LCD－TFT 液晶彩电	上海广电信息产业股份有限公司
2004 年	第六届上海国际工业博览会	金奖	SVA 第五代 TFT－LCD 屏	上海广电（集团）有限公司
		创新奖	AVS 编解码系统	上海广电（集团）有限公司中央研究院
2005 年	第七届上海国际工业博览会	铜奖	LCD 液晶多媒体播放机	
		创新奖	有机电子发光显示 OLED 全彩手机屏模块	上海广电电子股份有限公司
2006 年	第八届上海国际工业博览会	铜奖	55 寸高清数字等离子彩电	上海广电信息产业股份有限公司
			便携式卫星应急通讯系统	上海广电通讯网路有限公司
		创新奖	47 英寸液晶电视屏	上海广电光电子有限公司
			机道分离数字电视	上海广电（集团）有限公司中央研究院
2007 年	第二届中国国际工业博览会	创新奖	基于 AVS 的地面数字无线机顶盒	
2008 年	第三届中国国际工业博览会	创新奖	AVS 地面数字电视一体机	

图 5－5－1　广电集团中央研究院地面数字电视一体机获 2008 年工博会创新奖，国家发改委领导向研究院副院长王国中（右二）颁奖

二、获国家质检总局免检产品称号

2001—2002 年，广电集团共有 4 个产品获国家质检总局免检称号。

表 5-5-3　2001—2002 年获国家质检总局免检产品称号情况表

年　份	产　品	生 产 单 位
2001 年	微波炉产品	上海松下微波炉有限公司
2002 年	“SVA”DVD 视盘机	上海广电数码科技有限公司
	“LG”DVD 视盘机	上海乐金广电电子有限公司
	“SIEMENS”电话机	上海亿人通信终端有限公司

三、获国家质检总局“中国名牌产品”称号

2003 年 9 月 1 日，在国家质量监督检验检疫总局召开的中国名牌暨质量兴市表彰大会上，SVA 牌激光视盘机(DVD)被授予“中国名牌产品”称号。

图 5-5-2　2003 年 9 月，SVA 激光视盘机(DVD)在国家质量监督检验检疫总局召开的中国名牌暨质量兴市表彰大会上被授予“中国名牌产品”称号

表 5-5-4　2003 年获国家质检总局名牌产品称号情况表

年　份	产　品	生 产 单 位
2003 年	SVA 激光视盘机	上海广电数码科技有限公司

四、获上海市名牌产品称号

1998—2003 年，广电集团共有 11 个产品获上海市名牌产品称号，其中 2 个产品进入 50 强，6 个产品进入 100 强，3 个产品被作为推荐产品。

表 5-5-5 1998—2003 年获上海市名牌产品称号情况表

年份	名牌	排名	品牌	产品	生产单位
1998 年	50 强	11	上永	彩色显像管	上海永新彩色显像管有限公司
		20	金星	彩色电视机	上海广电金星电子有限公司
	推荐产品	—	凯歌	船用导航雷达、汽车报警器、应用电视监视设备	上海广电凯歌雷达通讯设备厂
		—	SVA	微机	上海广电计算机有限公司
		—	SVA	超级 VCD 影碟机	上海广电影碟机有限公司
2001 年	100 强	—	SVA	彩电(含等离子、液晶、背投)、液晶显示器、网络安全设备、网络数据通信产品、微机、应用电视监视设备、影碟机及音响、凯歌船用导航雷达、汽车报警器、收放音机	广电集团
		—	上永	彩色显像管	上海永新彩色显像管有限公司
2002 年	100 强	—	SVA	彩电(含等离子、液晶、背投)、液晶显示器、网络安全设备、网络数据通信产品、微机、应用电视监视设备、影碟机及音响、凯歌船用导航雷达、汽车报警器、收放音机	广电集团
		—	上永	彩色显像管	上海永新彩色显像管有限公司
2003 年	100 强	—	SVA	彩电(含等离子、液晶、背投)、液晶显示器、网络安全设备、网络数据通信产品、微机、应用电视监视设备、影碟机及音响、凯歌船用导航雷达、汽车报警器、收放音机	广电集团
		—	上永	彩色显像管	上海永新彩色显像管有限公司

五、上海市优秀新产品奖

1997—2002 年，广电集团共有 36 个产品获上海市优秀新产品奖，其中一等奖 4 个、二等奖 14 个、三等奖 18 个。

表 5-5-6　1997—2002 年上海市优秀新产品奖获奖情况表

年份	奖项	获奖产品	获奖单位	获奖人
1997 年	二等奖	大屏幕彩色电视机集成技术及产品	上海广电股份有限公司技术开发中心金星电视总厂	毛爱光　孙梅平　顾建光　吕泉勇　卫建华　陈晏婴　陈济宏
		金星牌 C7417 型彩色电视接收机	上海广电股份有限公司技术开发中心金星电视总厂	顾建光　李建宏　钱建堂　郑　英　严国良
	三等奖	金星牌 C7417 型彩色电视接收机	上海广电股份有限公司技术开发中心金星电视总厂	顾建光　李建宏　钱建堂　郑　英　严国良
		K218 上海牌 VCD 视盘机	上海广电上录电器有限公司	虞音杰　陈　擎　崔沛然　朱傲齐　朱忆华
		KJB-2A 汽车反劫报警器	上海广电凯歌雷达通讯设备厂	丁文荣　王伟芳
1998 年	一等奖	29 英寸 NF 彩色显像管(73S×701Y22/DC01)	上海永新彩色显像管有限公司	周家春　张洪棣　侯若梅
	二等奖	16 毫米管径直管形荧光灯(T5 荧光灯)	上海真空电子器件股份有限公司	张文龙　胡善杰　李虎喜　薛力强　徐国锐　丁秋方　孙义贤
		金星牌 D2901FZ 彩色电视接收机	上海广电金星电子有限公司	卫建华　储信言　倪沛岳　陈济宏　翁峻青　宋　静　谈嘉敏
	三等奖	超级 VCD K268S	上海广电上录电器有限公司	王青鲁　何关根　王文皓　陆美英　王水桦
		DVD 视盘机 D1999	上海广电上录电器有限公司	陈元勋　王文皓　何关根　郑保弗　陆美英
1999 年	二等奖	M78 多媒体彩管平板荫罩(84 厘米)	上海新芝电子有限公司	汪　森　林　烽　陈颖明　方铁桦　吴志文　孙永萌　项剑超
		MD2910FNZ 金星彩色电视接收机	上海广电金星电子有限公司	毛爱光　孙梅平　李建宏　钱建堂　严国良
		D1999E DVD 数字视盘机	上海广电数字音像电子有限公司	邵　寅　方　明　王文皓　王水桦　钱　江　王洪宾　林开元
	三等奖	WLD-1000 微波硫灯	上海真空电子器件股份有限公司	杨秉华　朱同茂　陈大华　陈筱运　左春兰
		D2908FNZ 型金星彩色电视接收机	上海广电金星电子有限公司	储信言　卫建华　倪沛岳　翁峻青　郑钟强
		DAF3244-ATX 微型数字电子计算机(绿色电脑)	上海广电计算机有限公司	刘剑波　陆锡生　吴　平　孙子建　关　苹
		D2518 金星彩色电视接收机	上海广电金星电子有限公司	顾麒麟　李之勤　倪沛岳　李建宏　戴自力
		D2519 金星彩色电视接收机	上海广电金星电子有限公司	吕泉勇　李卫春　纪　玲　宋　静　闻荣民

〔续表〕

年份	奖项	获奖产品	获奖单位	获奖人
2000年	一等奖	73厘米NF多媒体彩色显像管	上海永新彩色显像管有限公司	周家春　张洪棣　侯若梅　姚　炜　俞之圻　王　群　林青松
	二等奖	T5(16厘米)高功率(54瓦)荧光灯-YZ54RZ16GHO	上海真空电子器件股份有限公司荧光灯分公司	张文龙　胡善杰　孙义贤　徐国锐　朱海峰　居利平　孙　冀
	三等奖	变频磁控管-2M236、2M258、2M261	上海松下电子应用机器有限公司	市川正　胡传本　潜野利行　唐敏渊　王鹤年
		变频、不锈钢内胆烧烤微波炉(NN-K580MFS)	上海松下微波炉有限公司	森下猛　丁康祥　中泽正夫　黄　浩　傅炜昶
		多媒体显示终端(D2933F SVALCD1521)	上海广电金星电子有限公司 上海广电计算机有限公司	翁峻青　钱　江　储信言　史　讯　谢　辉
		WLD-100微波硫灯	上海真空器件股份有限公司	朱同茂
2001年	一等奖	34英寸CPT彩色显像管屏锥玻壳(AS牌CPZ34F68彩色显像管屏ASCFL34F13彩色显像管锥)	上海旭电子玻璃有限公司	吕梦龙　易传生　潘海蜂　陈子洪　于　竣　戴高峰　孙红梅　陈惠杰　李　刚
	二等奖	KP-ES48MG1型背投影彩色电视机	上海索广映像有限公司	赵懿海　汪章杰　李建民　孙学东　顾　润　贺　斌　蒋临渊
		FS-SD550/770/990(R) CD-R/RW(音频格式)兼容播放组合音响	上海JVC电器有限公司	岛崎浩一　龙泽秀之　俞　健　戴　一　庄　骅　谢　斌　陈子斌
		29英寸CPT彩色显像管屏锥玻壳(AS牌CPZ29F61彩色显像管屏和AS牌CFL29I13)	上海旭电子玻璃有限公司	陈志远　吴潮民　杨　健　顾国民　吴　巍　张　意　宋健刚
		29英寸纯平(A68CPBB00X)彩色显像管	上海永新彩色显像管股份有限公司	周家春　张洪棣　侯若梅　姚　炜　俞之圻　时正明
		CTV KV-ES38M90彩色电视接收机	上海索广映像有限公司	陈　雄　汪章杰　杨　浩　赵　琦　李健民　孙学东
	三等奖	DP262逐行扫描、DVD(PDVD)视盘机	上海广电数字音像电子有限公司	刘　旭　方　明　肖阿玲　孙安生　王文皓
		PDA用液晶显示模块	上海广电液晶显示器有限公司	金茂昌　吕耀安　刘坚莺　王学敏　诸裕民
		线缆调制解调器ICM1150	上海亿人通信终端有限公司	宋元琦　陈家兴　林钊杰　陈杰峰　葛　杨
2002年	一等奖	42英寸逐行扫描等离子显示屏	上海松下等离子显示器有限公司	田孝齐　金大玮　李向前　史湘燕　王予翔　彭　辉
	二等奖	DVB-S卫星数字电视接收机	上海广电数字音像电子有限公司	王国中　刘　旭　张　伟　王　震　徐　勇　郑承军　陆张云
	三等奖	高清晰数字光学反射式背投影电视机HDRTV5008A	上海广电信息产业股份有限公司平面显示器分公司	顾荣君　郑永福　李朝阳　王海峰　卫建华

六、上海市科学技术进步奖

2001—2005年,广电集团共有10个产品获上海市科学技术进步奖,其中一等奖1个、二等奖3个、三等奖6个。

表5-5-7 2001—2005年上海市科学技术进步奖获奖情况表

年份	奖项	获奖产品	获奖单位	获奖人
2001年	一等奖	73厘米多媒体彩色显像管(73SX705Y22、73SX706Y22)	上海永新彩色显像管股份有限公司	
	二等奖	H/LJD-760系列舰载导航雷达及ARPA(自动雷达标绘仪)	上海广电凯歌雷达通讯设备厂 清华大学	俞修本 张良臣 王德生 朱敏 张玉婷 薛荣平 秦棣华 杨惠明 张爱蕾 周俭
		微波硫灯的研究和开发	上海真空器件股份有限公司	
2002年	三等奖	SVA牌16 9HD3201FNZ高清晰彩电(含高清数字电视解码器和数字电视接收前端)	上海广电金星电子有限公司	陈晏婴 孙梅平 倪沛岳 张银妹 周国荣 王锦心
2003年	二等奖	34英寸CPT彩色显像管玻壳开发	上海旭电子玻璃有限公司	孙伟 长岛好司 吕梦龙 余进立 郑鹏飞 吴潮民 沈江华 潘海峰 甘粕秀夫 陈立新
	三等奖	家庭服务网络平台	上海广电信息产业股份有限公司	郭斯宏 王国中 李协 陆纯奇 刘福忠 张琼琼 侯志远
2004年	三等奖	42英寸逐行扫描等离子屏	上海松下等离子显示器有限公司	田晓齐 金大玮 李向前 盛庭 彭辉 潘建华 吴海华
	三等奖	ICM2151语音,IWCM2150无线线缆调制解调器	上海亿人通信终端有限公司	陈家兴 何金鹏 徐鹏 葛杨 姜天骏 李怡婷 韦杨芳
2005年	二等奖	数字视音频关键技术的研究及集成应用	上海广电(集团)有限公司中央研究院	侯钢 王国中 赵海武 环翻 倪力锋 汪昕刚 周建军 陈勇 姚赟 赵燕
	三等奖	50英寸数字反射式大屏幕高清晰电视用DLP光机	上海广电信息产业股份有限公司	郑永福 戴贤忠 简彬 周俊杰 丰颖 游晓林 徐正旺

七、上海市发明创造专利奖

2003—2005年,广电集团共有5个产品获上海市发明创造专利奖,其中实用新型奖4个,外观设计奖1个。

表 5-5-8　2003—2005 年上海市发明创造专利奖获奖情况表

年份	奖　项	获奖产品	获奖单位	获奖人
2003 年	实用新型奖	高清晰度彩色显像管和彩色显示器的消磁装置	上海广电数字音像电子有限公司	
2004 年	实用新型奖	多管种彩色显像管单头封口机	上海永新彩色显像管股份有限公司	
2005 年	实用新型奖	一种具有数字相机储存卡播放功能的多媒体彩色电视机	上海广电数字音像电子有限公司	毛爱光
		一种彩色 STN 液晶显示模块	上海广电液晶显示器有限公司	王学敏
	外观设计奖	机壳(LCD-5)	上海广电信息产业股份有限公司	翁力群

八、上海市标准化成果奖

2004—2005 年，广电集团共有 5 项标准获上海市标准化成果奖，其中一等奖 2 个、二等奖 3 个。

表 5-5-9　2004—2005 年上海市标准化成果奖获奖情况表

年份	奖　项	获奖标准	获奖单位	获奖人
2004 年	优秀技术成果一等奖	KDJ1-03 型抗多径干扰解码器(模拟)	上海广电(集团)有限公司中央研究院	侯　钢　王国中　竺海安　张　鹰
	优秀技术成果二等奖	SDTT3-03U 型地面广播数字电视移动接收器(USB 接口)	上海广电(集团)有限公司中央研究院	侯　钢　王国中　宗　凯　张　鹰
2005 年	优秀学术成果一等奖	AVS：合理利用 JVT 标准形成自主知识产权优势项目	上海广电(集团)有限公司中央研究院	赵海武
	优秀技术成果二等奖	Q/YSVA 11-2004 AVS 卫星数字电视接收卡	上海广电(集团)有限公司中央研究院	侯　钢　王国中　赵海武　李国平　陈　勇　诸维佳　李　萍
	学术成果二等奖	AVS 标准系统层介绍及复用的实现	上海广电(集团)有限公司中央研究院	李　萍　赵海武　王国中

第六篇

经营管理

概　　述

上海广电(集团)有限公司(简称广电集团)始终以不断的变革和创新精神谋求企业的发展,并建立与之相适应的管理制度和流程予以保证。在发展过程中,坚持以战略规划为目标,以战略规划管理为起点,逐步完善预算管理、人力资源管理、内部监控管理、产品质量管理等,形成一个从战略制定到战略执行闭环的科学管理流程,使得广电集团在快速变化的市场中得以生存和发展。为进一步加强和完善战略管控,推进平板显示产业的建设和发展,2006 年年底广电集团对管理规范和司务工作制度进行全面修订,编纂了《管理制度汇编》,同时,为确保集团战略目标的实现,对经营活动中存在的风险进行控制,还编纂了《内部控制规定》。这两本制度专辑于 2007 年上半年在集团系统内颁布并实施。

第一章 制度建设

第一节 沿 革

广电集团于1997年3月资产重组后，各项工作进入正常运行轨道。从加强基础管理着手，形成了集团公司管理规范化制度。

一、工作规范修订

1998年，广电集团对工作规范进行修订。修订后的制度分为基类规范、集团公司规范两部分。

基类规范包括：集团公司章程、集团公司组织结构、集团公司机构设置、集团公司部处室职责范围、董事会办公室职责范围、行政办公室职责范围、科技质量处职责范围、项目规划处职责范围、外经处职责范围、经营计划处职责范围、综合运行处职责范围、财务处职责范围、市场处职责范围、研究室职责范围、组织人事部职责范围、监察室职责范围等16项规范制度。

集团公司规范包括：重大决策制度，重要事项报告制度，公文管理制度，公文处理工作规范，督促检查工作规范，集团公司董事会办公室工作规范，集团公司行政工作会议规范，档案管理制度，档案管理和分类管理工作规范，调阅档案的规定，集团公司信息工作规范，安排领导公务活动工作规范，计算机系统管理制度，集团公司行政后勤服务工作规范，集团公司保密安全工作规定，印章管理工作规定，介绍信使用管理工作规定，集团公司直接投资的决策规范，子公司投资决策的管理规范，发展战略规划工作规范，编报年度投资计划工作规范，固定资产投资项目计划管理工作规则，环境保护工作的规定，环境保护改造项目立项规范，质量统计工作规则，质量规划管理规划，出口产品质量许可证申报规范，申报生产许可证规定，科技管理制度，科技发展规划，计划制订工作规范，科技攻关项目管理工作规范，科技成果鉴定的规定，科技成果申报奖励工作规范，高新技术企业认定审核申报工作规范，因公出国(境)和邀请外国人来华事项的管理办法，三资企业审批工作规范，外商投资企业股权变动管理的实施细则，上市股份制公司股权变动管理的实施细则，企业产权出售的实施细则，企业兼并管理的实施细则，企业停产、歇业、破产管理的实施细则，企业资产抵押的管理细则，房地产开发及收益管理的实施细则，房地产业出租管理的实施细则，运营监控制度，企业运营状况测评办法，企业经营目标管理规定，报审报告的实施细则，经营计划管理规范，技术措施项目审批工作规则，军工工作规范，产品进出口管理实施细则，能源管理实施细则，统计工作规范，新产品产业化工作细则，新产品试产细则，劳动工资管理制度，劳动管理工作规范，工资、福利管理工作规范，重大工伤事故调查处理和工伤事故统计报告规则，安全防范工作制度等62项规范制度。

二、战略组织架构咨询

2000年上半年，广电集团在完成三年调整期、迈入新三年发展期的大背景下，聘请国际知名的麦肯锡管理咨询公司作了有关战略和组织架构方面的管理咨询。其间，集团成立了以董事长和总裁为组长、集团部分领导参加的指导委员会,对此项工作进行统一领导和协调,同时组建由麦肯锡咨询专家和广电部分人员组成的专职咨询小组全程参与。在历时 4 个多月的管理咨询过程中,咨询小组对集团整体进行了较为深入的调查和分析,共调研了 36 个单位、45 个产品大类,访谈了 116 人次,对咨询指导委员会做了 4 次专题汇报,同时在较大范围内对集团各级干部进行了三次有关国际经济趋势和企业发展战略的专题讲座。麦肯锡公司把集团所有产业和产品放在全球、全行业链的位置上进行了全面评估和分析,对未来发展战略和远景进行了描述。根据国际经济发展趋势和新技术的广泛应用,以及广电集团自身的能力,麦肯锡公司提出广电集团必须抓住机遇,大步进军信息技术、网络经济,积极开展宽带业务,并将其作为今后五年发展的主要增长点。为确保新战略的顺利实施,麦肯锡公司对广电集团组织架构进行了整体设计和重新整合,为体现扁平、高效原则,并结合国际上一些大公司的有效惯例,引入了董事会专业委员会的设置和最高行政管理机构——常务委员会的体制,从而保证广电集团重大决策的科学性和战略实施的可控性。

对管理流程的重新设计和规范是此次咨询的一个重要部分,麦肯锡公司提出的管理流程是以业务发展战略规划流程为起点,并结合预算流程、人力资源管理流程、企业内部审计流程等,是一个一体化的、集战略的制定者到战略的执行者为一闭环的科学管理流程,使广电集团在一个时期内,采取了由上而下的战略规划流程和自下而上的预算流程紧密结合的方式,建立了战略、规划、投资、预算等质询会制度。通过对各业务群、业务单元的战略规划等方面工作进行严格的质询,通过必要的管理流程和制度,确保预算流程在保证集团的业绩指标上能最大限度地得以实现。人力资源流程对每一个岗位职责进行了详尽的描述,对每个人的责、权、利进行了详细规定,包括个人的职业生涯发展计划和业绩考核。

三、管理流程整合和再造

2000 年下半年,广电集团开始整合组织架构和规范管理流程的工作。第一,合理规范董事会和管理层的分工和制衡,以确保投资者利益的最大化。董事会的主要职责明确为三点:一是最终决定长期发展战略;二是监控经济运行过程,保证公司长期发展;三是评估管理层面,考核主要经营者。还设立了审计、投资发展、考核与薪酬及科学技术 4 个委员会,每个委员会都由董事和专家组成,如考核与薪酬委员会,主要职责是负责总裁和最高层管理人员的任命、评估业绩,并确定薪酬水平;审计委员会则是审核和监督财务汇报体系和财务运营状况,并对公司高层管理人员的行为进行监控。第二,对集团、业务群和业务单元的各自功能和定位作了整合。集团根据各业务群的业务及资本状况,分别采取财务投资管理式、战略建构式、战略管控式和经营式四种不同的管理模式。如宽带业务群,作为一个战略要素是 2000 年新成立的,因宽带属于新兴业务,且所处市场变化迅速,需要业务群优异的功能随时介入协调,保证业务单元的发展和成果。因此,它的管理模式采用战略管控式,使业务群充分起到孵化器的作用。第三,对广电集团和业务群的职能部门设置,坚持扁平化的原则,减少中间环节和边缘节点。如 2000 年上半年广电集团本部的组织架构作了重大调整,按一体化流程设计,对 26 个关键岗位作了具体的岗位描述和任职要求规范管理流程。这个一体化流程设计就是将以自上而下的战略规划流程为龙头,与自下而上的预算流程紧密结合,并辅以相一致的人力资源管理流程,确保集团的整体协调发展。如战略规划的流程设计,明确这个设计流程要坚持 5 个原则:(1) 战略规划是集团发展宏图的体现及细化,是对将来的展望;(2) 集团总裁及业务群负责人拥有"各自"的战略规划;(3) 总裁及集团高层领导要投入大量时间对各业务群提出的战略规划提出严格的质询，以确保目标的可行性；（4）战略规划必须以严谨的市场及形势分析为基础；（5）战略规划每年要进行审核及向前滚动修正，以适应市场变化的需要。

2001 年 8 月，在普华永道咨询有限公司的参与合作下，广电集团开始着手信息化工程建设，进行管理流程再造。通过现状分析、目标设定、流程设计三个阶段，2002 年上半年实现正式运转。在流程建设方面，广电集团财务系统统一了财务表式，建立了内部控制制度并进行了试点；人力资源系统完成了覆盖全集团的人事个人信息系统建设，拟订并实施了集团《推进干部人事制度改革的若干规定》。

第二节　管 理 制 度

一、管理制度汇编

2001 年 7 月，广电集团在对管理流程进行整合，对集团的管理制度、规范进行修改、补充的基础上，经集团董事会和集团常务管理委员会审议，汇编成《上海广电（集团）有限公司管理规范》，所涉及的内容涵盖了战略规划、投资管理、预算管理、人力资源、办事规则、安全保障等方面，以适应广电集团的发展战略及“产业升级，管理创新”各项工作的需要。

2005 年 4 月，广电集团制定了《上海广电（集团）有限公司规章制度管理规定》。共 15 条，对规章制度应遵循的原则、归口管理部门、制定目的、适用范围、具体规范、奖惩办法、施行日期等做出明确的规定，使制定、修改、颁布的规章制度程序科学化、规范化，以保证公司建立健全并有效执行各项规章制度。

二、管理制度的再修订和执行

2006 年 12 月，广电集团为加强和完善集团的战略管控，推进平板显示产业的建设和发展，对现行的管理规范和司务工作制度进行了全面修订，编纂了《管理制度汇编》。同时，为确保集团战略目标的实现，对经营活动中存在的风险进行控制，还编纂了《内部控制规定》。

【管理制度汇编的重新编纂】

2007 年上半年下发并实施的《管理制度汇编》分为三部分。

第一部分是《上海广电（集团）有限公司章程》，这是依照《公司法》，结合集团公司实际情况制定的规定经营管理的基本制度。章程明确，上海广电（集团）有限公司（以下简称“公司”）是由上海市国有资产监督管理委员会、上海汽车工业（集团）总公司、上海工业投资（集团）有限公司、上海文广投资有限公司、上海国际集团有限公司共同出资组建，是具有多个国有投资主体的国有性质的有限责任公司。公司在上海市工商行政管理局依法注册登记，领取营业执照，是企业法人。公司为上海市国有资产监督管理委员会出资监管企业。

第二部分是经营管理规范，有五项基本管理规范。其中包括：战略规划管理规范、预算管理规范、业绩管理规范、投资管理规范和科技与质量管理规范。

战略规划管理规范明确了战略规划是指集团公司中长期的发展计划，是集团公司内部分配资源、制订年度经营计划、预算及业绩考核指标的依据。

预算管理规范明确了预算管理的三个原则,即坚持“效益优先”原则,实行总量平衡,进行全面预算管理;坚持“积极稳健”原则,确保以收定支,加强财务风险管理;坚持“权责对等”原则,增加责任意识,确保预算目标实现。

业绩管理规范明确业绩管理的原则是:业绩至上、效益优先、工效挂钩、优胜劣汰。

投资管理规范规定了投资行为的四个原则:投资行为必须符合国家有关法规及产业政策;投资行为必须符合集团公司发展战略和产业规划要求;有利于形成核心业务,保持集团公司的可持续发展;投资项目必须纳入集团公司或各业务群的年度预算;投资决策权归董事会。

科技与质量管理规范明确了科技与质量管理的原则是促进企业质量工作和产品质量的不断提高,走质量效益型的道路。

第三部分是司务管理制度,这是为了加强集团公司各条线的管理和协调,保障日常管理正常运转而制定的十项基本工作制度。其中包括:委派董事、监事管理规定,重要会议管理规定,信息化管理规定,法律事务管理规定,“SVA”商标、司标管理规定,外事工作管理规定,工作责任问责规定,安全生产管理规定,档案管理规定,信访管理规定等。

图 6-1-1　2007 年 5 月,广电集团正式开始实施《管理制度汇编》《内部控制规定》

【《内部控制规定》的制定】

2007 年上半年,为了对各单位在经营活动中存在的风险进行控制,依据《公司法》、《会计法》、财政部《企业会计准则》、《内部会计控制规范》等法律法规,及《上海广电(集团)有限公司管理制度汇编》各项规范、规定的管理要求,广电集团编纂了《上海广电(集团)有限公司内部控制规定》(以下简称《内部控制规定》)。《内部控制规定》分为三部分。第一部分是内部控制规定,共编入 16 项控制规定。第二部分是内部审计管理规定,包括经济责任审计办法和内部控制审计办法,以上两部分是对《管理制度汇编》中的具体管理规定的补充。第三部分是《管理制度汇编》中的有关管理规范的具体实施办法,包括投资管理规范实施办法和预算管理规范实施办法。

【管理制度的执行】

通过加强战略管控和基础管理,集团制度建设得到提升,集团战略管控和产业协调机制初步建立,研发、人才、信息和融资 4 个平台建设得到不同程度推进。

制定并试行《集团公司委派董事、监事管理办法》和实施细则　明确了集团派出董事、监事的职责和行使职责的途径,体现了集团战略管控的要求和出资方的意志,完善了子公司的法人治理结构。

制定和实施集团产业业务协调规定　由集团公司财务经济部和科技质量部牵头实施,通过联席会议等形式,从加强产业业务合作、发挥集团产业链整体优势的角度,初步形成集团系统主要产业业务协调机制。

加大科技创新力度　召开集团科技大会。制定了集团科技战略和“十一五”期间重点研发方向、重点研发领域和重点研发项目，并制定有关知识产权管理、科技项目奖励和领军人物管理办法等配套激励政策。除TFT－LCD面板和Tcon芯片开发外，还完成一批重点研发项目，如：市“科教兴市”项目“有机电致发光显示器(OLED)”研究项目完成节点工作目标并通过上海市科学技术委员会验收；集团中央研究院具体承担的国家数字电视编解码标准(AVS)已被批准为国家标准；基于AVS技术的产业化工作也取得显著进展。重点推进国家“电子信息产品污染控制管理办法”的实施，并加大对自主知识产权工作的力度，组织质量与标准化培训，加强计量检查、产品质量和服务监控工作。全年集团主控企业共申请专利136项，其中发明专利74项，登记软件版权28项。

推进人力资源管理 通过实施人力资源咨询项目，修订了集团各部室和岗位职责，根据完善业绩管理和动力机制建设的要求，制定了集团本部、业务群和子公司、业务群下属企业三级业绩管理和薪酬管理实施细则，并在集团公司本部部门经理以上人员中进行了试行。集团与上海交大签订了战略合作框架协议，联合组织平板显示专业培训班，并申报上海市联合培养研究生基地。全年共组织各级领导干部、精益生产管理、新会计准则、质量标准法规、董监事管理、青年干部、技术工人、本部员工办公自动化等各类培训22项，参加人数1 551人次。

全面梳理集团公司制度体系 修订、形成五大管理规范和十项司务工作制度，完成集团公司内部控制规定的制定和员工手册修订工作。加强财务监督，组织实施了各项审计和历史问题、不实资产的清理。启动了集团公司本部工作问责制度，对集团本部职能部门因未及时、正确履行职责而发生的工作过失进行责任追究，促进了集团本部干部、员工工作质量和责任意识的提高。结合上级要求，在集团系统内开展了关键岗位、重要环节制度执行情况自查和产权交易过程中商业贿赂自查自纠等监督工作，使集团各级企业在管理上的问题得到了查处和整改。

开展精益管理和精益生产工作 5家重点单位针对在成本、工艺、设备、人力资源等管理方面的问题确定了课题与项目，通过改进措施的实施，进一步强化了精益生产的思想，促进了管理的提升。

加快集团数据化管理进程 实施集团BI(商业智能)决策支持系统二期项目建设，使数据范围由财务实际数据扩充到财务所有数据、经济运行所有数据、科技与质量管理所有数据。企业范围由原来的23家扩充到109家，基本形成集团完整的企业数据库；功能与展现形式也有了更多的改善。

加强市场和品牌工作 成立集团市场部，着手于市场分析研判和集团品牌推广工作。2006年成功组织了中国国际工业博览会参展工作，获得两项创新奖、两项铜奖和优秀组织奖。还对集团系统海外企业的管理渠道和要求进行了明确，确定了管理原则，明确了管理渠道和要求。

第二章　战略规划管理

第一节　决策机制及流程

一、决策机制

广电集团通过成立多元投资主体，建立了现代企业制度框架及科学的决策管理机制。按《公司法》规定，公司设立了股东会和董事会，明确了股东会是公司的权力机构，行使决定公司的经营方针和投资计划；选举和更换董事；批准董事会和监事会报告：批准公司年度财务预算、决算方案和利润分配方案及修改公司章程等11项职权。各股东单位从关注自身投资出发，进而对公司重大决策和经营活动的积极参与，各抒已见，同时投资主体的多元化使董事会成员来自各投资主体，相互之间不存在管理上的隶属关系，从而能够减少成员的顾虑，使其敢于发表意见，使董事会成为真正的决策机构，集团的重大决策不再"一言堂"。投资主体多元化，更是形成了股东会、董事会与高级管理人员意见的多重有机结合，三方之间建立了相互制衡的约束机制。投资主体的明确，使得决议、执行、监督三个管理层面更加清晰，为集团科学决策提供了切实有力的保证。

二、决策管理流程

2000年，在麦肯锡管理咨询公司对广电集团的管理现状进行咨询的同时，广电集团制定了战略规划流程细则，对战略规划决策实施管理。流程中规定：集团总裁是集团五年战略规划的启动者，并指导业务群总经理主持制订业务群的五年战略规划。集团分管战略规划工作的副总裁是该项工作的直接推进者，战略发展部是该项工作的责任部门。董事会最终批准战略规划。

细则规定：广电集团战略发展规划的制订必须以科学严谨的态度，充足、大量的信息，国际、国内市场竞争的形势，自身发展的优势为分析基础。集团总裁直接主持解决集团战略规划制订的重大事宜；集团战略发展部对集团战略规划进行专题研究，对现状进行分析并解决战略中的部分问题；业务群总经理协助集团战略发展部，为集团战略规划制订提供积极建议；业务群战略发展部负责起草业务群战略规划；集团总裁召开质询会，对各业务战略规划逐一质询，审核各业务群战略规划；集团董事会召开质询会，对集团及业务群战略规划进行质询；集团战略发展部根据董事会质询会的质询、要求，修改集团战略规划，最终形成集团战略规划文本，并报总裁审阅；总裁审核经质询会后的最终战略规划文本并报董事会；董事会最终批准集团战略规划。在战略规划制订期间，董事会下属的投资与发展委员会就集团战略规划做好如下工作：一是辅助总裁在战略规划方面的工作；二是对集团战略规划的提案向董事会提供参考意见；三是与总裁就战略规划的目标和举措进行沟通和谈判；四是审核集团重大投资计划；五是召开质询会，对集团及业务群战略规划进行质询。战略规划每年要进行审核及滚动修正，以适应市场变化的需要，五年规划(包括滚动修订)的第一年目标必须是当年的经营计划、目标。集团战略规划于每年7月初启动制订(修订)，至10月底全部完成。

广电集团五年战略规划具体包括：集团五年战略目标；分析宏观经济环境和行业发展对集团的影响；集团现状，包括各业务群、主要业务单元的现状，趋势分析；集团未来五年业务重组、发展哪些新业务行业及主要战略举措；集团财务目标预测；主要资源需求预测；总结和前一年战略规划的差异。

2002年，广电集团进一步强化法人治理结构和决策程序，通过正在实施的信息化业务流程改造系统，加强集团对下属企业的决策控制和管理力度。一是在集团公司和下属业务群（上市公司）两个层面完善法人治理结构，进一步发挥董事会在科学决策上的作用，提高独立董事意见在董事会影响力，通过专家委员会的支持，提高董事会在重大事项上的决策水平和力度。二是对于新成立企业要按现代企业制度建立，把符合市场化要求的法人治理结构建设列为重要的申报审查内容。同时，要以集团内先进的合资企业为参照，对新建企业文化建设要有一个比照实施的申报方案。三是加强对科学决策的三个功能的支持：第一个是专家支持。通过投资决策专家委员会和预审考核专家委员会，在决策层和经营层加强专家支持体系的建设。第二个是情报支持。在整合集团内外资源基础上建立集团情报体系。第三个是调研支持。建立深度和宽度相结合的集团内部调研体系，建立挂职调研等制度，使之与集团专设的经营策划力量衔接起来。同时明确集团相关管理部门对各业务群及业务单元战略规划制订的决策和战略规划实施监控。

第二节　制度管理

一、管理规范

2001年和2005年，广电集团分别制定并完善了公司的规章制度管理规定。2006年下发的战略规划管理规范进一步明确战略规划的制订原则：结合自身实际，依据国内、国际外部环境，具有前瞻性和可行性；长远目标与近期目标相协调，集团公司目标与业务群目标相一致，定性与定量相结合。

战略规划的管理范围包括集团公司、业务群和直属业务单元。董事会是战略规划的最终审批机构。董事会科技与投资发展委员会负责对战略规划提出质询、修改意见，为董事会的战略决策提供支持。总裁专家委员会为总裁的战略决策提供支持。战略发展部是集团公司战略规划的职能部门。

主要管理内容如下：一是愿景和目标。由董事长、经营管理班子和业务群负责人共同讨论确定集团公司的愿景和目标。二是战略环境分析。对战略规划有重要影响的经济、政治、社会、文化、技术、行业现状和发展趋势等外部环境的深入分析，是制订战略规划的依据。三是企业能力分析。通过与主要竞争对手或行业领先者比较，对运营、营销、研发、人力资源、投融资等自身能力进行分析，找出自身发展的优势、劣势，是制订战略规划的核心。四是确定阶段性目标。根据集团公司的愿景和目标，确定集团公司五年战略目标。五是制订战略举措。制订保障战略目标实现的营销、运营、研发、投资、融资、人力资源、质量等具体量化目标和措施。出现业务或资产调整，需制订新业务开拓规划，制订原有或退出业务及资产、人员的处置办法，进行费用测算。六是财务测算。战略规划需测算销售收入、成本、费用、利润、资产收益率、现金流、资金需求量、投融资方式和金额等主要财务指标。

战略规划制订需自上而下、上下结合，经过反复论证、质询，履行相关程序后确定。战略发展部会同相关部门提出集团公司整体战略发展框架和主要目标，提交总裁办公会审议通过。根据集团公司的整体发展框架，业务群制订实施规划，职能部门制订职能规划。战略发展部分析、评价、整理汇总业务群实施规划和职能部门职能规划，形成集团公司整体战略发展规划初稿。总裁办公会质询、审核集团公司整体战略规划，提出修改意见，上报董事会。董事会审批集团公司整体战略规划。各职能部门、业务群、直属业务单元在制订年度工作计划编制预算、确定业绩考核指标时，需将集团公司战略规划作为依据和基础。

集团公司通过《投资管理规范》和《预算管理规范》对战略规划的实施进行管控。战略发展部、业务群根据外部环境、自身资源和能力的变化，结合战略规划实施情况，对战略规划进行年度滚动修订。

二、管控要求

2006年下发的投资管理规范对战略规划管理的管控又作了明确：

【管理范围】

集团公司直接投资项目；集团公司参股和控股的业务群及业务单元的投资项目；总投资额500万美元(含500万美元)以上的中外合资、合作投资项目；总投资额1 000万元人民币以上(含1 000万元)的投资项目；需集团公司给予资金担保的投资项目；备案和核准项目为集团公司立项的研发项目；按照政府的有关规定，必须由集团公司转报的其他投资项目。

【管理机构】

董事会对投资项目行使最终决策权，董事会科技与投资发展委员会对重大投资项目进行质询和提供书面投资意见。经战略发展部审核通过的投资项目，由战略发展部组织集团公司有关部门评审。战略发展部是集团公司投资管理的职能部门，负责投资项目的管理。集团公司委派的董事、监事，根据《上海广电(集团)有限公司委派董事、监事管理规定》，履行董事、监事的职责，对业务群、直属业务单元、控股业务单元的投资行为实施监控。

【管理内容】

编制集团公司年度投资计划。投资项目的预审推荐、申报和受理，项目审查与评估、审批。协调投资项目的筹资。监控和协调项目实施。组织项目竣工验收。

【投资项目管控流程】

项目发起单位向战略发展部提交项目预审请示和可行性报告。战略发展部对项目预审请示和可行性报告进行预审，报分管副总裁阅审，根据预审和阅审意见，向项目发起单位出具预审意见书。项目发起单位正式提交立项请示、可行性报告及相关文件；战略发展部对请示、可行性报告及相关文件进行审核；财务经济部、市场部分别提供财务分析数据和市场分析数据。战略发展部组织项目评审会，对项目的可行性进行评审。集团公司相关部门、项目发起单位、分管副总裁等参加评审。根据项目的性质和投资规模，必要时可请集团公司外的专家参加项目审会。

【集团公司参股和控股的业务群及业务单元投资项目】

总投资额 100 万美元以下(含 100 万美元)的中外合资、合作投资项目,总投资额在 300 万元人民币以下(含 300 万元人民币)的投资项目和参股的中外合资企业用自有资金进行技术改造项目由集团公司战略发展部备案;总投资额 100 万美元以上且低于 500 万美元(含 500 万美元)的中外合资、合作投资项目和总投资额在 300 万元人民币以上且低于 1 000 万元人民币(含 1 000 万元人民币)的投资项目由集团公司战略发展部核准,并报集团公司分管副总裁批准;总投资额在 1 000 万～3 000 万元人民币的投资项目,由战略发展部审核,总裁专家咨询委员会评审,经总裁办公会讨论通过,报送董事长批准。总投资额超过 500 万美元的中外合资、合作投资项目,超过 3 000 万元人民币的投资项目和需集团公司给予资金担保的投资项目经总裁办公会讨论通过后由董事会科技与投资发展委员会评审出具书面投资意见,并上报董事会批准。

【集团公司直接投资项目】

总投资额低于 500 万美元(含 500 万美元)的中外合资、合作投资项目和总投资额低于 3 000 万元人民币(含 3 000 万元人民币)的投资项目由集团公司战略发展部组织集团公司有关部门(必要时可邀请外部专家)评审后,经总裁办公会讨论通过,报送董事长批准。总投资额超过 500 万美元的中外合资、合作投资项目和超过 3 000 万元人民币的投资项目和需集团公司给予资金担保的投资项目经总裁办公会讨论通过后由董事会科技与投资发展委员会评审出具书面评审意见,并上报董事会批准。战略发展部根据评审意见出具项目评审意见书,项目发起单位按评审意见执行。战略发展部跟踪项目的实施进度,在重要节点,组织集团公司相关部门对项目的实施,特别是对国家拨款项目和具有大量技术、设备引进的中外合资、合作项目及技术改造项目的实施,进行评审和验收,并出具相关报告。

第三节 战 略 规 划

一、“十五”战略规划

2000 年,集团上下认真回顾重组三年的工作,分析集团面临的困难和挑战,经过三个多月集团和各业务群的交流融合,编制了《广电集团 2001—2005 年的战略发展纲要》(简称《纲要》),提出了全集团今后五年的奋斗目标和主要任务。这是集团进入 21 世纪的第一个五年规划,是对未来的展望,也是总体目标的细化。

【《纲要》制定背景】

1997 年年初,市委、市政府对广电集团的战略性重组,给广电集团注入了新的活力。在政府政策支持下,三年中,破产企业 5 家,兼并企业 1 家,核销银行呆坏账 15 亿元人民币,消化、分离富余员工 1.8 万人,通过剥离、重组、破产等形式减轻了历史包袱。在股东方支持下,又新注入了 8.2 亿元人民币资本金。集团资产负债率从 1997 年的 67.4%下降至 1999 年的 60.8%。所有者权益增加 21.4%。净资产收益率提高 17.1%。市委、市政府对广电集团资产重组的决策和股东方的大力支持,为集团奠定了稳定发展的基础。

通过三年阶段性调整,广电集团改制改组了 38 家企业和工厂,集团主要经济指标以平均每年

30%以上的速度递增,大部分企业保持了良好的市场竞争优势,取得良好的经营业绩。广电股份、真空电子两个上市公司的经营状况不断改善,恢复了在资本市场的融资功能。集团整体取得了良好的发展势头,连年位居中国“电子百强”前列,社会形象显著提高,综合实力明显增强。

1997—1999 年,广电集团固定资产投资 30 亿元人民币。集团系统新建企业 20 家,其中中外合资企业 9 家,海外企业 4 家,培育了信息网络、汽车电子、新型平板显示器件等新兴产业群体,形成和积累了制造业规模生产的基础和经验。三年吸引外资 1.5 亿美元,合资企业成为集团主要的经济增长点。1999 年合资企业销售额、利润比 1997 年分别增长 74%和 144%。主要合资企业投资回报显著,4 家企业的年利润可达 5 亿元人民币以上,为集团三年调整改革提供了经济和技术的来源。集团和国际跨国大公司、高科技设计公司建立的技术合作联盟,为数字化家电和网络信息产品发展垫铺了台阶。

同时,国家信息产业的发展,也为广电集团的发展带来了良好机遇。三年中建立了广电信息技术公司和广电健洋网络公司,在“三网合一”(广播电讯网、邮电通信网、计算机网)系统集成、远程教育、远程医疗方面取得了成效。集团作为上海独家获得国家批准在全国 19 个省市许可经营 ISP(网络接入服务)、ICP(网络内容服务)的单位,通过收购“上海科技网”拥有了自主的城域有线网络。并与外省市和中西部地区建立了信息网络策略联盟,为集团参与中西部开发迈出了重要一步。

【《纲要》基本内容】

主题:以“发展是硬道理”为主题,以深化改革和科技创新为动力,通过管理创新、产业升级,不断提高全体员工的“双文明”水平并相应增加职工实际收益,为两个文明建设贡献更大的价值。

总体目标:广电集团从传统家电制造企业发展成为融二、三产为一体的大型电子信息企业。

基本内容:以数字信息技术改造传统模拟技术产品、进行以产业结构调整为核心的各项结构调整为主线,完成管理创新、产业升级两个任务。

三大转变:一是由引进和参股合资为主转变为引进合资和自主开发并举,大步加快培育自身核心技术,提高控股企业比例和竞争力。二是由非强品牌转变为造就自身强品牌和 OEM(定牌加工)/ODM(定牌设计及制造)、EMCS(电子制造及客户服务)并举,推进产业发展。三是由单纯制造业转变为制造业和服务业并举,以信息服务业带动制造业。

四大业务板块:

宽带业务:大力发展宽带 ISP 和 ICP,重点发展“三网合一”、系统集成、网络运营服务和宽带内容服务。

成品业务:重点发展网络终端和互联设备制造,发挥制造业基础的优势,形成电子产品 OEM/ODM 强大加工能力,与电子商务发展互相促进。通过应用数字化、信息化、网络化技术对传统家电产品进行改造和提升,对现有家电企业进行纵向和横向整合,加快对汽车电子产业的培育,同时对市场进行营销整合,形成 SVA(上广电)强品牌的销售新体系。

器件业务:重点发展信息终端的新型显示器件,寻求规模与效益的最佳结合,选择发展绿色照明产业。

海外业务:通过联动整合,实现信息产业前沿技术开发、OEM 订单承接和产品国外销售三大功能。

【五项措施】

一是以技术创新为动力,建立具有开发企业核心技术和 ODM 能力的多元化梯次型技术开发体系。

二是发挥历年技术引进改造形成的制造业基础的相对优势，大力发展 OEM/ODM，形成 EMCS 产业。

三是继续坚持吸引外资，重点发展对外技术合作，参与国际风险投资，提高集团核心竞争力。

四是不断探索体制和机制改革，大胆推行以期权、期股为主要内容的经营者和员工的激励机制，构筑人才新高地，形成拴心留人的环境机制，培育争相创新的氛围，营造优胜劣汰的机制。

五是加强党的领导和思想政治工作，创造个性鲜明的企业文化，为《纲要》实施提供坚实有力的思想和组织保证。

二、“十一五”战略规划

2005 年，集团战略、科技、财务、人力资源等职能部门通力协作，以市场发展趋势为导向，结合集团实际和麦肯锡信息库资源，编制了方向明确、目标清晰的集团“十一五”发展规划。

【总体目标】

集团“十一五”规划的目标，是以发展 TFT－LCD 产业为核心战略，致力于形成以平板显示器件为核心的从材料、器件到成品强有力的产业链。广电集团品牌成为平板显示行业知名品牌，广电集团成为全球平板显示行业的国际性公司。

【具体量化指标】

到 2010 年，TFT－LCD 面板占全球市场份额 7％以上，FPD 销售额占集团主营业务销售额的 90％以上，SVA 品牌 FPD 产品国内市场份额达到 15％，进入国内市场排名前三位；全面建成国家级“平板显示产业基地”，形成完整的 TFT－LCD 产业链，上游材料本地化采购率达到 80％以上；基本形成消化吸收再创新的研发机制，具有 TFT－LCD 新线组线能力、核心产品(屏)设计能力、IC 设计能力，拥有若干项关键技术的自主知识产权。规划还提出了分年度努力目标，作为“十一五”期间的考核依据。

第四节 战略规划实施

一、战略管控

广电集团“十五”规划明确要大力发展平板显示产业，“十一五”规划又提出以发展 TFT－LCD 产业作为核心战略。

在推进 TFT－LCD 产业链发展的过程中，广电集团加强战略管控和基础管理，推进法人治理结构并梳理管理流程，初步建立集团战略管控和产业协调机制，研发、人才、信息和融资四个平台建设得到不同程度推进。

【法人治理结构】

2005 年制定并试行《集团公司委派董事、监事管理办法》及其实施细则，明确了集团派出董事、监事的职责和行使职责的途径,体现了集团战略管控的要求和出资方的意志,完善了子公司的法人治理结构。

【业务协调机制】

2005年制定和实施集团产业业务协调规定,由集团公司财务经济部和科技质量部牵头实施,通过联席会议等形式,从加强产业业务合作,发挥集团产业链整体优势的角度,初步形成集团系统主要产业业务协调机制。

二、规划实施

随着核心投资项目的努力推进,广电集团产业升级格局基本形成。2003年,集团确定的发展以TFT-LCD为核心的新型平板显示产品有了实质性进展。TFT-LCD生产线建设在市委、市政府的关心和支持下,仅用了17个月,完成了从打桩到初步量产的过程,2004年9月1日,中国大陆第一块第五代TFT-LCD显示屏在广电NEC诞生。集团TFT项目刷新了中外同类产品建设史上的两个纪录:一是同等规模建设期最短,二是良品率在80天内突破70%的水平。广电NEC合资项目建设成功,连同先前已经建成的国内唯一一条含屏的PDP生产线,集团再次在国内同行中取得了产业升级的领先优势,标志着集团主营产品从传统产业向先进制造业的转变中迈出了扎实的一步。

广电集团"建成国内领先、世界一流的光电子产业研发和制造基地"的战略决策,得到了市政府的有力支持。2004年年底,市委、市政府把发展光电子产业列入《上海市优先发展先进制造业行动方案》,批准了集团《关于加快上海光电子产业若干问题的请示》。

2005年,集团加快推进产业升级,全力推进TFT-LCD产业链建设。在激烈的市场竞争中,加快优势资源向建设以TFT-LCD面板为核心的上下游配套产业链集中,努力保持产业调整期间的平稳过渡。

【扩产改造】

广电NEC完成五代线扩产改造项目并建成投产,月产能从年初52K大片提高到90K大片,产品品种从原来3种(15英寸、17英寸、26英寸)增加到5种(15英寸、17英寸、19英寸宽屏、20.1英寸、26英寸),成为中国大陆生产能力最大的第五代TFT-LCD生产工厂。

【产业链配套项目】

TFT-LCD产业链上、中、下游的主要配套项目取得重要进展。上海旭电子玻璃有限公司完成玻璃基板(后道工序)生产线改造并开始供货;广电光电子与日本电气硝子和住友商事合资的玻璃基板合资工厂签约并开始土建;广电电子与日本富士胶片的彩色滤色膜合资工厂签约;广电集团与美国楷登公司合资的集成电路合资公司签约并开业,自主研发的Tcon芯片进入产业化阶段。

【合作共建】

广电集团、广电信息、广电电子与京东方科技集团、昆山经济技术开发区、龙腾控股的TFT-

LCD 产业联合谈判获得重要进展，三家六方签订合作意向书，拟以各方拥有的五代 TFT－LCD 的资产共同组建专业化公司，计划于 2007 年上半年完成联合。

图 6－2－1　2007 年上广电、京东方和昆山龙腾签署 TFT 产业合资合作意向书

【基建准备】

完成上海平板显示产业基地规划整体方案和基地公共设施施工图设计，开始基础设施建设准备。上海平板显示产业基地申报国家级电子信息产业园已获上海市信息委审议通过并上报国家信息产业部。

【研发队伍】

建立起一支 TFT－LCD 面板自主研发队伍，基本建立了面板研发的软硬件平台，形成可以同时开发两款面板产品的能力；年内先后完成 19 英寸宽屏（8 毫秒）显示器屏（客户样机）和中国大陆第一款 47 英寸宽屏高清液晶电视屏（试验样机）的自主开发。

【业务发展】

下游整机业务也有所提升，广电信息全年完成平板显示类产品 718 万台，比 2006 年增长 210%，其中 LCD 产品 74.8 万台，历史上首年超过传统 CRT 整机业务。

由于平板显示产品的挤占、取代，传统电视机产业快速进入衰退期。广电集团 CRT 产品（整机和显像管）在 2005 年全年减少收入 17.1 亿元，显像管产业陷入严重的经营困境。广电 NEC 于 7 月竣工投产，全年实现销售收入 26.17 亿元，弥补了 CRT 产品销售下降的缺口，使集团产业转型得到相对平稳的过渡。

同时，广电集团加大业务整合力度，提高运行质量，集中资源发展核心业务，使建设 TFT－LCD 产业链为重点的集团发展战略得以顺利地实施。结合股权分置改革，集团公司对上海永新彩色显像管股份有限公司等 3 家与广电电子战略发展方向不符的企业资产进行收购，优化了广电电子的资产，保护了流通股东的利益，提高了广大社会流通股股东对建设 TFT 上游产业的信心，使广电电子以 85.93%的赞成率通过股权分置改革方案；集团还完成了夏普模具、广电海拉和中农大等 11 家企业股权转让、资产剥离，处置歇业企业 14 户，对集团销售公司资产进行了清理。广电信息积极准备进行股权分置改革，集中优势资源重点发展 SVA 品牌的 FPD 终端产品；广电通讯提高运营质量，较好完成了年度预算的利润目标。承接集团对发展 TFT 产业的支持，广电集团顺利完成了股权结构调整，在市委、市政府和大股东上汽集团的全力支持下，集团注册资本由 20.9 亿元扩大到 34.54 亿元，增强了进一步发展的实力。

2007 年，广电集团会同闵行区完善了上海市平板显示产业基地总体规划。5 月底经国家信息产业部批准，“国家（上海）平板显示器件产业园”在上海莘庄工业区成立。

2008 年，受全球经济寒潮影响，液晶面板市场需求减弱，广电 NEC 五代线经营形势也因此出现逆转，由上半年产销两旺和盈利转变为下半年产销急剧萎缩和亏损。广电集团按照“以我为主、开放合作”的原则，依靠自身技术团队，吸取国际同行的先进经验，制订了高世代生产线技术方案，通过加强与主要生产设备和材料供应厂商的交流,组织力量进行高世代线面板产品的设计开发等工作,整合成立了广电中央研究院液晶技术研究所(简称SLT),作为集团高世代线建设技术方案的实施主体和平板显示技术开发的平台,直至随着全球TFT-LCD产业的进一步急剧变化而实行了该产业的调整。

第三章　财 务 管 理

第一节　预 算 管 理

2000 年，广电集团在实施《会计法》《会计准则》《财务通则》的基础上，制定《预算实施细则》等制度，明确了预算管理的有关规范程序。

一、预算编制

集团公司的预算编制流程于每年 9 月开始正式启动；每年 9 月 1—3 日，由集团董事会根据集团整体规划设定初步集团财务业绩指标；集团最高领导层根据董事会要求和集团战略规划，经讨论后，制定集团总体财务业绩期望目标，并通过财务总监下达给集团公司财务部；集团公司财务部根据集团总体财务业绩指标会同集团各有关职能部门进行分解、初定各业务群的期望财务指标，并于 9 月 6—8 日下达年度预算编制指导思想和要求（面向业务群）；各业务群负责人根据总部要求，结合业务群具体特点设立本业务群预算目标并指令和主持业务群财务部门着手编制年度预算工作，并将相关分解指标下达各业务单元负责人；各业务单元负责人领导本业务单元财务部根据上级要求和本业务单元实际，汇总下属经营部门计划后，制定本业务单元预算，并上报业务群总经理；经逐级上报，各业务群总经理于 9 月 20—25 日前将各业务群下一年度预算初稿上报集团公司财务部；集团公司财务部根据集团财务目标与各业务群预算情况于 9 月 25—30 日前编制集团年度预算初稿完毕，并将初步意见反馈各业务群，同时，上报集团公司总裁；预算编制流程完成以后即进入预算制定流程。

二、预算制定

预算制定流程在预算编制流程结束以后开始启动；在每年 10 月 10 日以前，各业务群总经理根据在预算编制流程中所上报初稿以及集团财务部意见，在预算质询会以前向集团公司呈报修改后的预算编制；在预算制定流程中的预算质询会于每年 10 月 10—20 日由集团公司组织召开；预算质询会是集团公司对各业务群/业务单元下一会计年度预算进行质询，及各业务群/业务单元总经理向集团总部陈述意见的会议；在预算质询会期间，各业务群总经理根据集团要求向质询会陈述本业务群预算编制情况，各业务群财务部和关键业务单元总经理按需参与质询会；并陈述本业务单元计划和预算差异根据；集团最高领导层根据质询会情况对业务群/业务单元预算逐一质询；集团最高领导层对各业务群和关键业务单元预算经充分质询以后经会议讨论提出初步意见，其间，集团公司财务部根据质询情况，应向集团领导提供专业分析和相应意见；集团公司财务部根据集团最高领导层意见，在修正各业务群预算目标以后，将意见反馈给各业务群总经理；各业务单元总经理根据质询会及业务群负责人（财务部）要求，对年度财务预算进行修正，并将修正意见上报业务群；各业务群总经理，根据质询会要求与集团财务部意见，修正所编制的年度预算，并上报集团；集团公司财务部将各业务群的预算计划汇总修正后，将集团年度财务预算方案上报集团总裁。集团总裁将预算结果上报董事会并经批准后，于每年 11 月底将形成的最后确定文本，由集团总裁下达各业务群总经理，必须坚决执行，完成预算内各项经济指标。

三、预算执行

预算执行、监控、管理贯穿于整个会计年度；每个会计年度中，每季度结束后第一周上半周，业务单元财务部门负责人需将本业务单元预算执行情况上报(重点监控企业每月上报 1 次)；业务群财务部必须在每季度结束后，第一周末将本季度业务群预算执行情况汇总并上报业务群总经理；业务群总经理于每季度末后一月的 15—18 日需将本季度业务群预算执行情况向集团总裁汇报，并参与考核会；集团总裁每季度对各业务群进行逐一考核，并在实际业绩和预算差异过大时进行干预；集团公司财务部为集团预算管理的常设机构和常规报表汇总机构，各业务群财务部必须将每季度预算执行情况同时上报集团公司财务部。常规报表按规定每月准时上报集团公司财务部；集团公司财务部经理参加集团对各业务群预算考核会，并向集团总裁提供财务分析和建议；集团公司财务部根据预算执行情况，按期向集团总裁汇报各业务群和集团整体预算执行情况；集团公司财务部可以对各业务群及各业务单元抽查和查阅全部会计资料；各业务群、各业务单元财务部应向集团公司财务部及时真实地提供各类有关会计原始材料并积极配合。

《预算实施细则》制定以后，广电集团在预算的制定、实施、纠偏、监控等方面加强了工作力度：一是建立了预算管理监控体制和手段，总裁办公会议专门确立了例会制度，分季度对预算执行状况进行具体研究，协助业务群寻找运行过程中的薄弱环节以确定纠正偏差的方法，推动预算计划和指标的落实。二是强化了产业化责任制，提高新业务考核指标在集团总裁和主要业务群负责人的业绩合同中的分值比重，使各级经营者目标明确、责任到位，全面推进产品结构调整进程。三是利用计算机软件对预算执行情况进行监控。

第二节　资 金 管 理

2000 年，广电集团制定《资金收支管理规范》和《资金收支管理规定》，明确资金收支管理原则、收支平衡、内部制约、主要业务收支规程等资金管理要素。

一、资金收支管理原则

一是统一管理原则。集团公司本部、各业务群和各业务单元的财务部门是本企业资金的主管机构和本企业资金收支活动的结算中心，有分公司等分支机构存在的企业，分公司等分支机构的资金最终管理权仍在该企业的财务部门，所有企业不准账外设账，不准存在各种形式的账外资金。二是计划管理和收支平衡原则。对资金收支实行计划管理，制订资金收支计划的原则是量入为出，收支平衡。收支平衡的要求包括对资金总量的平衡，经常性项目的收支平衡，非经常性项目的收支平衡，一个会计年度的收支平衡和一个战略规划期的收支平衡，集团公司本部，业务群和业务单元各自平衡等收支平衡的要求。三是互相制约和内部牵制原则。本规定制定的另一目的是：规范在资金收支环节上各行为人和责任者的行为并形成互相制约和牵制关系，保证应收的资金能够及时，足额收取,应付的资金能修按规定的程序和齐全的审批手续及时付出,闲置的资金能够得到安全、有效的处置,或有的支付事项能够得到完全的控制,违规的行为能够及时发现并得到迅速的纠正和处理,从而以规范的形式,事先防止可能产生的管理失误和擅权、越权行为,保证集团公司资金的安全和完整。

二、收支平衡

一个战略规划期的收支平衡是战略发展规划的重要组成部分,由集团公司的战略发展规划予以设定,并随战略规划的确认而被常务管理委员会、董事会所确认。一个战略规划期的资金收支平衡必须是资金的全面平衡,即总量平衡、经常性项目下的平衡和非经常性项目下的平衡,需要以贷款解决收支不平衡时,以资产负债率的战略要求限定最高负额。在年度预算设定的范围内,集团公司本部的收支平衡会每季度召开一次,时间不晚于季前一周,在一般情况下,收支平衡会由财务总监主持,遇有重大收支事项时请总裁参加,参加收支平衡会的集团公司职能部门有战略发展部、经济运行部、总裁办公室和财务部,分管副总裁按需参加会议。会前,财务部经理须草拟次一季度的收支平衡预案。会后形成的收支平衡方案和书面纪要呈报总裁,在一般情况下无需批准。在季度收支平衡方案设定的范围内,月度的收支平衡由财务部经理负责,在发生例外的情况导致短期内收支严重不平衡时,财务总监和总裁可按需介入。在一个时期内发生资金无法平衡并难以以贷款解决的情况下,集团公司有限的资金要优先保证公司本部的日常开支和经常性项目支出,非经常性项目支出按项目重要性次序依次满足。集团公司系统每一个独立的核算单位都必须建立自己的资金收支预算平衡模型,并做到收支平衡。

三、内部制约

在财务部门内部,至少要配备两人以上的人员,出纳人员不得兼任记账,也不得编制现金和银行存款调节表,必须由除出纳员外的专门人员保管空白支票、汇票和本票等重要票据,保管空白票据的人员不能同时保管印鉴章,预留于银行的印鉴章必须超过两枚,且分别由两人以上保管,提取和存入大宗现金和大面额支票、汇票和本票时,必须由两人以上同行。审批经济业务的领导人员不得从事经济业务的实际操作,各级拥有审批权限的领导人员在各自被授权的范围内审批经济业务,不得擅权和越权,对大宗的资金支出必须有主管领导人员和财务总监或总会计师的联签手续。

四、主要业务收支规程

主要业务收支规程分别规定了股利和利润分配业务、土地、房屋租赁和物业管理业务、证券投资业务、银行存贷款和还贷业务、贷款担保业务、土地置换和开发业务、附属单位收支业务、投资业务、本部经费日常收支业务等收支规范程序。

上述资金管理制度制定后,集团对资金的管理得到提升。建立了重大资金使用逐级报告制度,并清理不必要的银行账户,建立资金流量月报制度,在建立财务计算机网络管理的基础上,对资金流进行监控。

第三节 基础管理

一、信息管理系统

2000年开始,广电集团围绕“十五”规划,着重加强财务基础管理。逐步利用计算机软件对预算执行情况进行监控。集团公司已实现基于企业资源计划(ERP)系统模块下的本部财务预算和核算计算机化,对三级公司61家业务单元进行了面对面的财务数据采集、录入指导,将进入集团和股份公司两个层面会计报表合并账套的系统测试,使得广电集团和股份公司的领导和管理部门在许可权限内,可以直接从Oracle数据库中获取被采集单位当月的财务报表,并能获取比财务报表更进一步的财务信息,还可以运用Oracle系统所提供的财务分析功能,进行多角度的财务分析,为预算完成情况的分析提供财务数据。2002年3月,广电集团管理信息化项目一期工程正式上线试运行。这是自2000年集团通过战略咨询确立先进的管理理念后,为加强管理创新而采取的一项重要举措。目的是通过业务流程重整来建立科学的管理方式,并通过信息管理系统加以实施。整个管理信息系统涵盖了集团总部的财务管理等相关内容。财务方面的改进重点集中在五大目标流程,即整合的预算和计划流程、财务与管理报告流程、现金管理框架、投资管理流程和内部审计流程。2000年7月,集团又对三级合并会计报表的数据采集工作进行了动员、培训布置,为进一步推进此项工作打下了良好基础。据集团财务部和审计稽查部对前一阶段上报数据情况抽查表明,财务数据采集运作状况良好,及时率不断提高,正确率均达90%。集团又与股份公司财务部联合对所属数据采集单位分别召开了专题会议,通报数据上报情况,并再次进行了面对面的业务指导,为集团顺利进入Oracle数据库的数据采集打下了基础。同时股份公司和集团两个层面会计报表合并账套的系统测试也已进行。合并会计报表信息化管理实际意义越来越明显,完全实行后,集团和股份公司的领导和管理部门在许可权限内,可以直接从Oracle数据库中获取被采集单位当月的财务报表,并能获取比财务报表更进一步的财务信息,还可以运用Oracle系统所提供的OFA财务分析功能,进行多角度的财务分析,为预算完成情况的分析提供财务数据。

二、财务管理体系

2000年始,根据广电集团行业特点,从集团、股份公司到每个单体企业,建立了一整套的财务预决算管理制度,从基础管理系统、控制系统、预警系统及决策支持系统等四个方面,健全和完善财务管理体系,保证和支持经营和投资活动的正常开展。一是基础管理系统:从严格会计基础管理入手,保证财务和会计数据的准确性、及时性和完整性,适应发展的需要;二是控制系统:通过财务预算执行情况,通过一系列工作规范和实施细则等进行监控,包括经济运行监控、资金运行监控和投出资本监控等通过经常的成本分析、财务分析和经济指标分析对经济活动实行监控,为保证控制系统运行畅通,集团逐步实行了财务集权,在一些重点企业实施财务总监、产权代表或财务主管委派制,实行有条件的垂直财务管理;三是预警系统:为建立起逐步完善的稽查、反馈系统,通过有效的预警提示,对一些重大的经济活动和投资决策或进行变更,或是加大这些活动的力度;四是决策支持系统:从整体提高对财务决算制度和加强经济运行监控的重要性认识,在财务预决算编制过程中,协调、检查决算过程,行政一把手亲自抓,对一些项目中的重要科目(如应收账款、投资收益、重要成本变动及现金流量等)做到心中有数。

第四章　内　控　管　理

第一节　内控运行体系

在制订战略发展规划的同时，广电集团同步构建内控运行体系。这一内控体系的基本框架是“一条主线、三个机制”。一条主线，即对企业调整、资本运作、生产经营的全过程实施规范化、网络化、系统化监控。三个机制：一是体外监督机制。集团董事会的出资方代表相互间不存在管理上的隶属关系。他们对董事会的决策起着实质性的制衡作用，避免“所有者缺位”和一家国有大股东“一锤定音”的状况。监事会主席由市政府为广电集团配置专职的监事会主席，财务总监实行委派制，两个股份上市公司和一大批合资企业和国有有限公司，均按照这一现代企业制度框架进行完善，建立起产权纽带清晰、经济责任明确、监督考察体系到位的监督制约机制。二是动态防范机制。按照“防患于未然”的思想，建立了经济信息审核、监事会巡视监察、企业轮流审计、效能监察、绩效考核等制度，让资本运作与生产经营过程的重要结点始终处于监控范围。三是合力协调机制。建立了纪委、监察、审计、监事会、组织部门联席会议制度，定期召开监督网络会议，协调监督工作，在组织上形成监督制约的“有机”整体，强化监督和管理。

第二节　财　务　监　控

一、监控计划和步骤

2001 年，广电集团制订财务监控要点及实施步骤，并开展实施，对集团全面经济活动实施内控，涉及集团各部门及各业务群和业务单元。

财务监控是以预算为主线，包括资金、利润、其他重要资产等各方面的预算。

【监控要素】

资金，包括经常项目、资本项目；收支利润，包括收入、成本、费用各要素；物流，重点是采购环节、营销环节；重要经营资产的处置及不良资产的情况。

【主要监控内容】

投资监控　投资监控主要体现事前、事中、事后三阶段。事前阶段：项目可行性论证过程须规范，项目建议书、项目可行性报告须完备。事中阶段：把控投资决策程序的民主化——决策由集体讨论决定，对派出董事应明确其职责；投资决策程序的科学化——决策程序有归口部门、技术、法律、财务等方面专家参与。事后阶段：业务群按时上报投资额、投资进度、效益情况分析等资料，集团归口部门按可行性报告跟踪投资项目投资进度、资金走向、效益回报情况，对投资决策程序进行流程审计，验证程序运作是否规范。

营销环节监控　主要体现四大流程、五大要素。四大流程为计划管理流程、库存与实物移动管理流、资金结算、价格管理流程。五大要素为流程、凭证、信息、物流、批量。监控内容为32字：规范流程、单据同步、静态反映、动态联网、先进先出、经济批量、分级管理、垂直监控。

资金流监控 分三个阶段进行。阶段一：清理原开设的过多的银行账户；确定直属企业不得随意开户原则；严格控制下属企业融资行为；建立资金流量月报制度；集团设置内部统一的现金流量表；通过内部现金流量表、年初现金预算，监控资金来源及走向、建立重大资金使用逐级报告制度。阶段二：建立最高存款限额制度，限额以上要求存入结算中心；通过计算机网络建立，实时监控下属企业资金动向。阶段三：统一银行融资方向，向广电集团财务部一头结算方向发展。

财务监控 设考核保障、组织保障、职责保障、硬件保障、审计保障。考核保障是指在经营者业绩合同中，增加管理系数考核内容。组织保障是实施财务总监委派制，对下属股份公司派专职财务总监。职责保障是明确集团各部门在监控体系中的职责。硬件保障是选用国外先进管理型计算机网络系统，建立重要经济指标预警机制。审计保障是建立集团审计稽查部、业务群审计部、业务单元稽查室三级审计网络，集团审计稽查部按授权对集团下直属企业、股份公司、股份公司下属重要公司进行审计稽查，审计结果与经营者年终业绩考核挂钩。

【监控体系实施步骤】

步骤一：达到近期目标，一年内管理创新初见成效。步骤二：达到中期目标，两年内为企业高速发展提供管理保证。步骤三：管理监控达到国内领先水平。一是基本达到投资监控要求，完善有关规章制度，明确集团向股份公司、合资企业派出董事的职责，着手进行营销环节、管理创新、规范各项业务、单据流程、建立静态反映体系和预警指标，缩短反映间隔，着手准备计算机财务网络平台建设，在充分了解情况基础上提出管理要求，着手进行资金流监控初步准备，派出财务总监、财务主管。二是建立计算机网络系统，实现实时监控，基本完成营销环节管理创新，对物流管理摸索一条新路；在汲取经验基础上着手进行采购环节的管理创新，摸索一套关于筹资、资金使用结算的新的管理监控方法。三是完成采购环节的管理创新，并将成功经验渗透其他各环节，通过财务公司建立，利用计算机网络，对资金流实现集团统一运作，实时监控。

二、监控内容

完善有关财务监控，尤其是投资营销的规章制度，进一步规范业务流程；向股份公司派出财务总监、部分企业派出财务主管；明确派出董事职责，法律财务专家参与决策，使投资决策民主化、科学化、规范化；以预算为基础，对生产经营营销环节建立静态反映指标体系，尽量缩短反映报告时间，及时掌握下属企业基本运行情况；建立重要财务指标预警机制，及时掌握异常情况；建立计算机网络系统，实现对生产经营情况、物流、资金流的实时监控；重大资金使用逐级报告制度，严格资金管理；清理不必要的银行账户，严格资金管理；设计内部统一现金流量表，建立资金流量月报制度；对相关企业、相关制度进行流程审计、财务审计，对流程执行情况经济运行质量进行监督；在及时取得信息基础上，加强对集团物流管理监控，保证物流快速、高效、存货有较强的变现能力。

第三节　内控约束机制

一、约束机制

广电集团成立后，随着改革的深入，为保证经济工作健康持续地得到发展，在1997—2000年期间，着力研究和探索，不断地完善自我约束，规范从集团到三级公司三个层面的管理流程，侧重于以下四个方面：

重大事项报告制　为规避不必要的经营风险和金融风险，对经济工作中一些重大事项，必须依据重要性，逐级上报。如：巨额经济合同、重大经营成本变动、重要资产抵押、贷款担保等，必须事先书面报告，得到批准后才可实施。否则，主要经营者要承担资产损失的风险责任。

重大项目决策制　由于信息电子行业的特点和技术发展的巨大变化，广电集团每年都有一些大的引进项目和合资项目，这些项目都达到几百万、几千万美元，甚至是几亿美金项目的投入。为保证这些项目的顺利进行，从立项、谈判、签约到项目建设和竣工，建立了一套严格、科学的决策程序。

采购管理　由于家电及电子整机行业特点，材料成本通常要占总成本的60%左右，有些产品甚至高达70%～80%，因此，通过有效的约束机制，不断地降低采购成本，对效益和成本控制有十分重要的意义。集团总结和推广了金星电子、上录电器等单位的先进经验，要求把谈判、定价、采购和验货几个关键环节进行合理的分离，并通过电子化管理，使之始终处于有效的监控之中。

投出资本管理　广电集团几年来同诸多跨国公司合资共建了一批合资企业，这些合资企业抢占市场能力强，产品技术含量高，而且有一套严格的管理制度，对广电集团的发展起了很大的作用。但合资企业毕竟是不同投资主体合资的一个经济实体，中方对合资企业的管理，不同于对一般国有企业可以直接下指令并通过下发文件的管理方式。为保证国有投入资本的安全性，集团在大量调研和几年来对合资企业加强管理中的经验和教训，制订了《加强对中外合营企业管理暂行条例》，就产权代表的责任、重大事项及财务监控等作了严格的规定，共七章二十八条，特别对中方董事和中方高级人员重大事项报告等作了严格规定。

在运行监控机制方面，集团加强了监控组织体系建设，加强投资和利润审计，特别是投资决策、投资建设和投资回报的过程化监控。比如，2001年集团在重新整合内部审计流程时，将审计工作计划的制订、审计工作的准备、审计工作的实施、审计报告的提出以及后续审计工作等各个阶段进行了明确的区分，并对在各个不同的阶段中总裁、常务管理委员会、集团审计部、审计工作小组、各业务群审计部以及被审单位的工作职责和阶段要求进行了明确的规定，通过规范化的流程控制以确保运行监控的顺利实行。同时，集团认真抓好合资企业的监控，完善和严格执行了集团制定的管理条例。此外，集团初步建立了企业内部制约机制，抓住对重点企业、重要环节、重大制度的监控；在加强内部监审的同时，还充分发挥监事会等监控作用，进一步健全了法人治理结构。

二、内控管理

根据广电集团内控管理要求，集团审计稽查部在各企业抓好落实，2004年在系统内推广学习永新彩管内控工作的做法。

在销售与收款业务循环的内部控制上,永新彩管通过制定《销售与应收账款管理规定》《价格管理规定》《风险控制管理规定》等,并与个人业绩考核挂钩,实现销售与应收款的内部控制。与集团一般内资企业相比,在控制力度上具有以下做法:一是授权控制。董事会决定公司的总体授信额度;信用风险评估委员会每年终评定客户的信用等级和授信额度,报总经理批准执行;超额度由总经理特批,但不突破信用总额;每月市场部按静态和动态信用额度编制"发货金额控制表",经计财部审核,报主管副总审批后,方可发货;开据销售发票必须按批准的"开票申请书"。二是不相容职责分离的控制。接受销售订单、收款与发货职能分离;批准赊销、开出发票与收取货款职能分离;销售和收款与记账职能分离。整个制度强化了批准权与执行权的分离、执行权与监督权的分离、实物保管权与记录权的分离。三是凭证和记录的控制。在销售、发货、收款的整个业务循环中,制订了16张内部表格,通过表式间的钩稽关系,上道控制下道,互相牵制,对整个交易活动实行全过程、完整、正确的记录控制。四是最低售价和信用额度的控制。计财部审核市场部提出的最低销售价格,必须根据成本因素,报总经理审批后执行;对客户提供信用额度,必须考虑增加销售带来的边际贡献应大于占用资金的机会成本和估计产生坏账的损失。永新彩管强化内部控制带来了可观的经济效益:2002年实现销售43亿元,比2001年增20%,应收账款则下降20%,周转次数9.5次,比2001年提高58%;2003年销售44亿元,比2002年增长2.7%,应收账款下降7.2%,周转次数10.3次,比2002年提高8.4%。

在采购与付款业务循环的内部控制上,永新彩管通过制定和执行《材料采购与付款管理规定》《价格管理规定》《合同管理规定》《货币资金管理规定》,实行采购与付款的内部控制。材料成本年年压缩,2004年上半年比年初又下降了5 600万元。永新彩管的几种内控做法:一是采购计划的预算控制。每月的A、B类材料采购计划编制,必须依据五个部门的7个年月度计划、4个定额资料和实际的库存信息。A、B类以外的采购计划和计划变更,必须由资材部申请,计财部审核,总经理或授权分管的副总经理批准。二是采购价格的控制。A、B类材料,资材部根据市场情况分析提出最高采购价格建议,计财部提出成本综合因素意见,报总经理批准。在最高价控制下,按比价原则,采用招标方式。A、B类以外材料,采购价未增长,采用比价原则;采购价增长,按A、B类材料审批流程。月采购计划执行中,实际价高于批准价,需总经理或授权分管副总经理批准。公司设立价格审议小组,对超计划、超授权和计划外的各种交易进行价格审议,按管理权限分别处理。三是供应商选择的控制。供应商的选择体现两个单位购入的竞争原则,同时在保证质量、供应的基础上体现流动和淘汰机制。四是信息管理系统控制。实行物资管理信息系统,材料的采购计划、订单及执行、材料入库、领用、实时库存的信息,通过共享方式实现互相监督和控制。五是付款控制。严格执行月度货币资金收支计划和审批流程。六是监督控制。计财部负责公司价格执行情况的监督,检查违反价格法规和公司管理制度的行为,提出处理意见报送总经理,并建有价格管理奖惩制度。

三、内控制度

2007年,广电集团为保证新的战略目标的有效实施,从加强风险控制出发,制定了《内部控制规定》,分为三部分。第一部分是内部控制规定,共编入16项控制规定:(1)《筹资内部控制规定》;(2)《风险投资内部控制规定》;(3)《固定资产和无形资产投资内部控制规定》;(4)《会计系统内部控制规定》;(5)《货币资金内部控制规定》;(6)《销售及收款内部控制规定》;(7)《信用管理内部控制规定》;(8)《采购及付款内部控制规定》;(9)《存货内部控制规定》;(10)《生产成本及期间费用内部控制规定》;(11)《进出口业务内部控制规定》;(12)《资产减值准备的计提与核销内部控制规定》;(13)《对外担保内部控制规定》;(14)《财产保险内部控制规定》;(15)《内部交易控制规定》;(16)《合同内部控制规定》。第二部分是内部审计管理规定,包括经济责任审计办法和内部控制审计办法,以上两部分是对《管理制度汇编》中的具体管理规定的补充。第三部分是《管理制度汇编》中的有关管理规范的具体实施办法,包括投资管理规范实施办法和预算管理规范实施办法。在预算管理规范实施办法中,进一步明确了管理范围、预算管理机构、预算内容、预算管理的流程,并在2007年4月下发。5月在广电集团系统内召开制度培训会议,就《内部控制规定》的实施进行讲解和工作部署。

第五章 人力资源管理

第一节 人力资源规划及制度

1998年，在广电集团制订的一体化计划流程中，详细制订了人力资源一体化管理规划及流程，以满足集团发展战略所提出的未来人才需求计划和培养计划。

人力资源一体化管理流程主要包括总体规划（年度实施计划）制订流程、连续性员招聘流程、员工培训流程、员工绩效考核流程、员工职业发展生涯计划设计流程、向各业务群派遣高级管理人员流程等。

一、人力资源规划

2002年，围绕集团未来五年的战略发展规划与目标任务，为满足新的发展产业对未来人才的总体需求，构筑广电集团富有全面竞争力的人才高地，在集团一体化人力资源管理规划中，提出了为使广电集团在未来五年间成为上海高科技行业中具有吸引力和活力的就业单位的人力资源管理目标：以每年15%～25%的增长率，培养储备起100名集团高级经营者队伍及相应比例的后备干部队伍，同时包含有一定数量全球性经营人才的增长比例；以每年25%～35%的增长速度，促进集团内各业务群分步、滚动地拥有起一支不少于1 000名能为集团所宏观掌握与调控的、以项目经理和学科带头人为核心的专业人才队伍；集团及各业务群以15%～20%的比例完成对现有人员的结构性整合与优化配置；培养、造就与掌握集团级百名高级技术型生产技师队伍。

根据上述目标，制订了行动方案：建立并不断提高集团统一的人力资源信息管理系统，确保对人力资源管理工作的开展提供全面、系统、动态的信息支持；指导各业务群及相关企业完成对分配、激励制度上的改革，重点突出和强调其在薪酬、激励等方面与业绩的结合程度；完善对各业务群经营者和本部的业绩合同及年度工作目标的制订和考核；争取有更多的、有条件的高新技术企业能成功实施股权激励或要素参与分配的试点工作，积极创立具有正向激励作用的人才开发机制；结合国家相继出台的各项社保改革政策，加大对各类补充社会商业保险的投入力度，提高员工福利；建立员工对话机制，完成集团级后备干部、关键岗位员工建库和职业发展生涯设计工作；按要求完成年度招聘计划目标，控制适当比例的流动率；规范并严格执行已确定的年度培训计划，建立必要的人才储备机制。

确定的工作重点：一是加强激励机制。在已经建立的关键岗位年薪制的基础上以关键业绩指标（KPI）为基础，建立更加科学的薪酬福利体系；2002—2003年分步推进集团内各业务群及本部试行股权激励与要素参与分配的工作，2004年后，在全部的高新技术企业全面推广与应用；在确保经济效益的同时，结合国家相关政策，实现对员工的福利有较大幅度的提高，同时，增加各类补充社会保险的力度；2005—2010年，使广电人的收入水平具有令人兴奋的增长，真正完成人才工作的市场化和国际化转变。二是明确业绩导向。建立并完善以绩效评估为核心工作内容的业绩管理体系，倡导以业绩为导向的价值趋向目标，制订并推广以签订业绩合同为主要形式的绩效管理模式；根据管理权限，分层逐级完成对管辖范围内人员的绩效评估、核心能力管理和在集团内不断加以推进等方面的工作。

在2005年制订的“十一五”人力资源发展战略规划中，围绕集团的“建设成为世界一流的平板显示产业基地”的总体目标，提出了以全力构建广电集团业绩至上的人才价值体系为人才战略目标，和坚持以业绩管理为核心，坚持市场化和专业化两个导向的工作要求。

“十一五”人力资源战略重点推进思路：一是建立适应光电子产业发展需要的国际化、市场化的人力资源管理平台；二是建立和健全人力资源管理各专业模块；三是形成人力资源管理的制度化、规范化、标准化作业流程；四是建立人力资源战略规划的审核、考核制度，体现广电的业绩至上文化。

“十一五”人力资源战略重点推进的工作：(1) 建立符合现代企业需要的战略管控型人力资源管理体系；(2) 以全球化视野形成一支实现战略需要的核心人才队伍；(3) 梳理和建立职系、职等薪酬体系，兼顾外部竞争性、内部公平性、历史继承性；(4) 光电子产业尽早考虑和探索管理层持股方案；(5) 业绩考核指标与战略规划、预算管理紧密结合，优化业绩考核流程；(6) 形成业绩考核结果应用机制，考核结果将成为职位升降的主要依据之一；(7) 建立健全对职业经理人的考核、培养、任免等管理制度体系强化“以成败论英雄”的业绩文化，形成能上能下、能进能出的用人机制；(8) “十一五”中期实现激励体系市场化；(9) 支持战略的培训系统成为人力资源二次开发的主渠道。

二、业绩管理规范

2006年广电集团制定了《业绩管理规范》，业绩管理是考核者对被考核者工作的绩效进行评价的过程，内容包括业绩单位的划分、业绩合同的管理、业绩合同的履行、业绩合同的考核、业绩薪酬的确定等内容。被考核者为业务群、直属业务单元主要负责人和本部员工。业绩管理贯彻“业绩至上、效益优先、工效挂钩、优胜劣汰”的原则。

管理规范明确广电集团人力资源委员会是业绩管理的领导机构，其职能是审定业绩管理方案；审批业绩单位划分结果；审批和调整集团公司对业务群、直属业务单元的业绩考核目标；审定和调整业绩考核结果；审批业绩薪酬与激励草案；其他应由人力资源委员会确认的事项。人力资源部是集团公司业绩管理的职能部门。

管理内容为业绩考核单位的确定；根据企业的经济规模和战略影响度两个要素，采用业绩单位划分模型来划分业绩考核单位；业绩考核单位的划分和调整，根据业绩管理进程的需要而进行；业绩合同管理；业绩合同的内容：业务群和直属业务单元行政主要负责人的业绩合同，包括财务类指标和非财务类指标两个方面考核内容；业务群和直属业务单元党组织主要负责人的业绩合同包括财务类指标和党群工作两个方面考核内容；本部员工的业绩合同，包括集团公司分解下达到部门/个人的关键业绩指标和自主性业绩指标；各项考核指标的具体内容、权重、考核要求和时间；业绩合同的签订；业绩合同的履行：被考核者组织实施业绩合同确定的目标，包括对业绩目的分解和考核，提出落实业绩目标的措施，当不可抗力的因素造成环境条件发生重大变化，致使原业绩合同确定的目标无法实现时，由被考核者提出调整业绩目标的申请，按业绩目标调整程序确认后，被考核者履行调整后的业绩目标；业绩合同的考核；业绩薪酬的确定：人力资源委员会根据业绩合同的考核结果，确定被考核者的业绩薪酬。

上述规范由广电集团在2007年上半年颁布实施。

第二节　人才队伍建设

一、人员结构

截至1997年年底,广电集团职工总数为2.7万人,各类专业技术人员有4 198人,占职工总数的15.5%。其中,工程技术专业人员有229人,占各类专业技术人员总数的54%;经济管理专业人员有1 129人,占26.9%;财会专业人员有298人,占7.1%;高级专业技术人员有285人,占6.8%;中级专业技术人员有1 458人,占34.7%;硕士生有63人,占1.5%;本科生有904人,占21.5%;年龄30岁以下有1 032人,占24.6%;31～40岁的有1 336人,占31.8%;41～50岁的有1 300人,占31%。

截至2001年12月31日,广电集团职工总数27 578人,各类专业技术人才2 134人。其中,在中层管理岗位工作的383人。高级职称155人(其中正高级1人),中级职称681人,初级职称692人。研究生45人,本科生352人。

截至2002年12月31日,广电集团职工总数25 717人,其中,高级职称283人,中级职称2 331人,初级职称2 253人。硕士及以上人员264人。

截至2004年12月31日,广电集团职工总数27 506人,专业技术人才5 287人。其中,在管理岗位工作的2 412人。高级职称311人(其中正高级10人),中级职称1 249人,初级职称2 109人。博士27人,硕士172人。研究生275人,大学本科1 634人。享受国务院政府特殊津贴8人。

截至2005年12月31日,广电集团职工总数23 829人,专业技术人才4 722人。其中,在管理岗位工作的2 054人。高级职称266人(其中正高级10人),中级职称1 423人,初级职称1 393人。博士20人,硕士166人。研究生280人,大学本科1 701人。享受国务院政府特殊津贴7人。

截至2008年12月31日,广电集团职工总数31 808人,专业技术人才3 821人。其中,在管理岗位工作的1 560人。高级职称180人,中级职称806人,初级职称876人。博士34人,硕士227人。研究生296人,大学本科1 454人。享受国务院政府特殊津贴2人。

二、人才培养和引进

【产业发展初期人才培养和引进】

1998年,广电集团各类专业技术人员占职工总数的15.5%,总体上有了一支人才队伍的基础:其中40岁以下的青年专业技术人员占了56.4%(30岁以下占24.6%),有一批朝气蓬勃且有一定经验的青年专业人员,成为人才结构的支撑点。

但从产业所需的专业情况看,当时广电集团音视频产业虽有发展,主要的人才知识还处于模拟技术水平,在新发展的数字技术积累方面还比较薄弱,缺少知识复合型专业人才。面对新型显示器产业的发展,人才队

图6-5-1　广电集团召开青年干部座谈会

伍就显得紧缺。为加快人才队伍的建设，在当时阶段实施了以下措施：

内部培养专业技术人才　与上海大学联手办学。根据设计公司和开发中心所承担的任务及该公司现有人员的专业知识层次，举办了电子信息系统专业研究生班，设计公司有 6 人参加了学习，开发中心有 7 人参加了与技术有关的单课学习。与上海第二工业大学合作成立了人才培训基地。根据金星电视总厂人员结构状况和生产现场管理、短期新品开发的需要，请该校为技术开发部门讲授电子技术的信息及理论，同时为金星电视总厂培养电子工程专业本科生，并联合开出了此专业的高复班，参加人数有 35 人。把年轻干部送出去学习。为培养新一代经营管理人才，将 40 岁以下的领导干部送到各院校进行工商管理研究生班学习。有 9 位青年领导干部参加了上海财经大学、华东师范大学等院校的研究生班学习，他们的平均年龄为 35 岁；与上海交通大学联合开办外语培训班。结合集团公司合资企业较多的情况，在青年管理人员中普及外语，为向合资企业委派中方领导干部而培训储备人才。

社会化引进人才　1997 年 6 月，集团召开大型招聘人才专场。进场人数达 2 000 人，应聘人数达千人，录用人数计 50 多人。1998 年上半年，通过各种途径设摊，应聘人数有 3 000 多人次，面试人数 1 118 人，录用人数 149 人。其中博士生 1 名，硕士生 2 名。同时，通过市人事局职能部门、厂长经理公司、经营者人才公司、中国国际技术智力合作公司等渠道，建立人才需求网络，通过他们寻找高层次人才。1999 年，广电集团正式设立博士后工作站。当年，广电集团及所属企业引进博士生 6 名，硕士生 36 名，以及青年教授等一批各类优秀人才。

培养后备干部　广电集团重组后就十分重视对青年干部的培养。对广电股份、真空电子、金星电视总厂、设计公司及集团本部的青年干部进行了认真分析，并在一定的范围内进行推荐，听取各方面意见，建立了近 60 人的重点后备干部队伍，及时选送青年干部到党校、管理学院学习政治、工商管理知识、业务培训，使青年干部充实现代科技管理知识，加强党性锻炼。同时加大对青年干部正规学历培训的力度，提高集团公司、重点企业青年干部的学历层次。集团公司部门负责人和股份公司领导班子中的青年干部中有 60%都参加了工商管理硕士班的培训。在此基础上，有计划、有步骤地在上下级之间、企业之间、部门之间、党政之间进行交流，使青年干部在不同的环境中得到锻炼。并从合资企业挑选优秀的青年人才，充实到国有企业中来，把现代企业管理机制带到国有企业，实践证明这是选拔青年干部的一个途径。

【产业转型发展中人才培养和引进】

为了实现从一个单一的家电制造业成为信息产业的制造和服务提供商的产业转型，在管理上广电集团提出了创新的目标。2000 年开始，广电集团花大力气对发展战略、人力资源、财务预算三大管理流程进行重组，将人力资源规划作为实现发展战略的组织保证，同时将其纳入财务预算计划，使人力资源开发工作在资金上获得了保证。集团人力资源部每年要精心制订人力资源年度规划，提交集团常务委员会进行质询，最终形成与集团发展战略相符合的方案。并且结合市场的变

图 6-5-2　2001 年，工业系统召开推进人才高地建设交流会现场

化,不断地对人力资源远期规划进行滚动修正,使其与发展战略规划紧密结合,体现规划的可操作性。

外部引进人才 广电集团加大人才引进和人才机制建设的力度,包括:建立了人才引进的多种渠道,并运用个人素质综合表,科学地进行人才测评,从管理能力、思想品德、智体等各个方面对人员进行评测,通过定量的分析对人才进行综合评价。同时,对人力资源管理流程进行了重新整合,从招聘、培训、评估和薪酬等方面对集团公司、业务群及业务单元各层面均进行了重新设定,取得了良好效果。2000年6月,广电集团向社会进行16个岗位的招聘,由于岗位描述清晰,标的明确,有500多应聘者踊跃报名。广电集团从1997年至2000年,博士从无到有,已有30多名,硕士比1997年增长50%以上,本科学历人员比1997年增长近50%。在考核激励机制方面积极推动包括期权奖励等在内的全方位激励机制。进一步扩大竞争上岗、择优录用选拔经营者、推行任期制的做法。对专业技术骨干人才采用了实绩与研究成果及成效相结合的综合考核体系。根据各个岗位所需的技能,设计了灵活的职位评价体系,并使该系统与市场接轨,结合国际最优做法,编写职位说明书,设计职位等级系统,同时根据职位等级系统确定薪酬水平和薪酬构成,为每一个职位设定关键业绩指标(KPI),并编写、协商和签署业绩合同和个人素质考评表。

2001年11月,在工业系统召开的推进人才高地建设工作现场交流会上,广电集团党委书记、董事长徐为煽作了题为《加强人才队伍建设实现跨世纪战略目标》的经验介绍。重点介绍了四方面的经验:第一,人力资源规划是实施集团一体化管理流程的重要保证。第二,要解决引进的方法问题,敢于引进高素质、高层次的人才。第三,要突破机制,不同的对象采用不同的激励机制。第四,注重自身人才方面的发掘和培养。

在之后的三年中,一大批新企业、新项目为集团广纳贤才提供了良好平台。DRTV、PDP等一批国家级的重点项目陆续启动,集团以此为契机,大量引进各类人才,在一些主要大项目中,共引进1 300余人,其中不乏大量的专用技术、市场开拓、经营管理人才。广电通讯公司当时作为集团新建的宽带业务群,引进了150余人,硕士以上学历占20%,本科以上学历占67.7%,平均年龄为28岁。

广电集团通过创新思路、多角度地集聚跨地区、跨国籍、跨行业的有用人才为我所用,充分利用好“外智”。几年中,共引进10多名留学生,其中大部分被企业委以重任。广电集团还尝试引进外籍经营者或专家,从个体引进发展到团队引进,以此不断提升企业国际化运作水平。至2002年4月,有8家公司聘请了30位外籍或香港、台湾地区人士任总经理、销售副总、技术总监等要职。

系统内部培养 在产业转型的进程中,传统的产业队伍同样需要提升综合素质,适应大集团产业发展的需要。广电集团对此采取了有针对性地引进、培养双管齐下的策略,实现人才队伍建设质的突破。在系统内初步建立了人才培养制度,在永新彩管等重点企业中建立了人才培养基地,为有潜力的后备型各专业人才提供了不同层次的学习深造机会,并为后备人才提供相应的实际岗位锻炼与轮岗锻炼机会。广电集团还与上海交通大学等联合培养数字技术专业硕士研究生,与海运学院联合培养英语人才。广电信息与上海大学合作,对所属基层企业50多名领导干部进行工商管理专业的系统培训。广电集团同时注重强化员工的培训,提高员工的整体素质和管理能力。连续几年实施“万名职工技术登高”活动,推动员工和干部队伍素质的整体提高。集团本部和主要子公司管理机构的培训投入分别占工资总额的10%和4.4%,平均每年培训1.5万人次。

培养后备干部 为加快青年后备干部的培养,2002年,广电集团由人力资源部在系统内组织了第一届青年干部培训班,有20多位青年干部参加了培训。培训从加强思想政治理论修养、了解市场需求、拓宽专业知识结构方面等方面展开，结合各自的工作实践展开讨论和交流。2004 年，广电集团第二届青年干部培训班开班，本次青年干部培训体现了“酝酿推选严谨、选拔范围广泛、自主管理创新、岗位变动率高”的四大特点。2005 年，广电集团举办了第三届青年干部培训班，进一步加快在推进广电集团新一轮发展中对青年干部培养的步伐。

【打造平板显示产业技术团队】

随着新型平板产业的发展，广电集团为构建一个具有发展潜力的平板显示技术开发平台，加快对人才队伍和后备干部的培养。2005 年 12 月 23 日，成立了“广电集团中央研究院液晶研究所”，“液晶研究所”也是广电光电子公司的组成部分(光电子公司科技中心)。主要目标是建立自主开发 TFT - LCD 面板产品能力。根据广电集团战略发展规划，在 TFT - LCD 产业领域，广电集团在未来的几年中实现自主设计和生产 TFT - LCD 产品，自主设计和实施 TFT - LCD 生产工艺，自主设计和建设 TFT - LCD 生产线。经过几年的努力，“液晶研究所”相继完成了自主设计 15 英寸、15.6 英寸、19 英寸、47 英寸等面板产品，其中 15 英寸、15.6 英寸、19 英寸已经是广电 NEC 生产的主力产品。47 英寸产品成为中国大陆首块自主开发液晶面板，并获得 2006 年工博会创新奖。2007 年，广电集团组织了下属的中央研究院、广电光电子、广电 NEC 等单位技术骨干，成立了 TFT - LCD 高世代生产线技术筹备组，研究 TFT - LCD 生产工艺，设计 TFT - LCD 高世代生产线，积聚了近 70 位 TFT - LCD 工艺设计和生产线设计的团队。2008 年 12 月 17 日，“广电集团中央研究院液晶技术研究所”成立大会在广电会展中心召开。

三、激励机制

为进一步营造人才成长和留住人才的环境，1999 年，广电集团一方面大力引进人才建立“人才发展基金”，建立博士后工作站，组织“引进国外智力、管理人才”活动 12 人次，尤其注重通过高科技项目和重点项目从市场引进人才。另一方面，坚持“责、权、利”统一，大胆改革现行的分配制度，调动人员积极性。在经营机制上，在真空股份、销售中心、金星公司等一些重点企业实施经营者年薪制等激励机制、严格资产经营责任制，确保国有资产保值增值；在产品开发机制上，以新品产业化为重点，以市场效益为开发成果的衡量标准，采取给予相应较高报酬、包括技术股权等办法，对技术出成果、市场出效益的产品开发人员进行重奖，拉大分配的差距，充分调动了科技人员的积极性。2000 年，实质性启动包括期权奖励等的全方位激励机制，进一步扩大竞争上岗、择优录用选拔经营者、推行任期制的做法。对专业技术骨干人才采用了实绩与研究成果及成效相结合的综合考核体系。根据各个岗位所需的技能，设计了灵活的职位评价体系，并使该系统与市场接轨，结合国际最优做法，编写职位说明书，设计职位等级系统，同时根据职位等级系统确定薪酬水平和薪酬构成，为每一个职位设定关键业绩指标(KPI)，编写、协商和签署业绩合同和个人素质考评表。业绩合同由三个基本部分组成：一是 KPI 类别，主要包括运营类指标、效益类指标、组织类指标三个部分；二是 KPI 指标，包括投资资本回报率、税前利润、自由现金流以及营运资本、生产成本等七个方面；三是根据 KPI 各类指标的重要性确定各自的权重。2001 年，集团围绕重点高科技项目吸引和培养各类人才，并实施按销售收入比例提成、对特殊贡献者一次性重奖、股权激励、技术参股等多种模式，把市场效益作为衡量开发成果的直接标准，从动力机制上做文章，调动科技人员的积极性。

2004年后,广电集团倡导“业绩至上,效益优先”的理念,确立了以业绩管理为核心,以市场化和专业化为导向,建立责、权、利平衡发展的人力资源管理平台构建原则,在子公司中实施业绩管理办法,突出以业绩为核心的激励机制。

第三节　员 工 培 训

一、培训中心

1998年5月,广电集团成立上海广电(集团)有限公司培训中心(以下简称培训中心),以加强对各类人员的培训工作。培训中心属非法人资格的独立核算机构。培训中心负责集团公司系统的教育培训和教育管理工作,承担干部的教育培训、工人的技术培训、员工的政治教育、学历教育再就业技能培训、转岗培训及职业技术学校的管理等职能。日常管理机构为广电集团人力资源部。

【制定《上海广电(集团)有限公司培训中心管理暂行办法》】

为进一步提升集团系统全员素质,集中有效资源,充分发挥各公司及培训机构作用,2004年12月广电集团制定了《上海广电(集团)有限公司培训中心管理暂行办法》(以下简称暂行办法),并于2005年1月下发。

暂行办法明确:培训中心分管两个集团培训基地,协同市技师协会管理市技师协会广电分会,协同市职业技能鉴定中心管理158职业技能鉴定所。

培训职责　集团培训中心的职责就是根据市劳动保障局及有关职能部门的精神,结合集团发展战略对员工的素质要求,指导培训基地和各子公司的职后培训工作;协调各子公司(上市公司所属企业的管理由集团会同该公司共同协调)、培训基地对培训的需求征询、培训计划的制订、培训计划的落实;发挥技师协会、技能鉴定所158所的作用,服务于集团系统各企业、学校和广大员工。

培训内容　职前教育:由上海广电信息技术学校和上海广电电子技术学校,结合市场要求,实行自主办学,向企业、社会输送合格的技术工人。职后教育:技术工人提升等级的培训。一是在高级技师、技师技术工人中接受继续再教育;二是从技师队伍中,培养适合相关专业的高级技师;三是在高级工技术工人队伍中,加大技师的培训力度;四是在中级工技术工人队伍中,依据各专业技术等级设置,使高级工的比例有较大提高;五是在初级工技术工人队伍中,普遍达到中级工水平;六是技术工人岗位实行全员培训(新进员工、劳务工等),达到岗位基本的初级工技术等级水平。

拓展管理人员业务培训:根据集团管理人员的总体状况,在选择公共培训课程的同时,结合集团新产业发展的特点,加强对管理人员新技术、新知识的培训,不断开拓新的思路,有效提高工作水平和工作效率。

培训计划管理　根据集团年度培训工作目标,培训中心会同两个上市公司和培训基地共同研究,每年分解培训目标和落实培训措施,按管理权限下达培训考核指标,强化培训目标过程管理,并纳入企业年度业绩考核的目标之一。

培训工作程序　一是年度培训需求征询与分析。二是确定培训工作目标和任务。三是培训目标分解。四是各职能部门具体落实措施。五是工作例会,跟踪进度。六是培训中心会议,专题研究。七是开展统计分析总结需求工作。

【制定《关于技术工人职业技能培训考评鉴定工作的管理细则》】

为规范集团技术工人职业技能培训考评鉴定工作，根据上海市职业技能鉴定中心的工作要求，从集团实际出发，确保技术工人职业技能培训考评鉴定工作的有效进行，2005 年 4 月培训中心制定了《上海广电（集团）有限公司关于技术工人职业技能培训考评鉴定工作的管理细则》。

机构 培训中心暨 158 职业技能鉴定所，158 职业技能鉴定所也归市职业技能鉴定中心管理。下设广电职业技能培训鉴定两个基地（广电信息技术学校、广电电子学校）。

管理职责 一是根据市职业技能鉴定中心的工作要求，结合集团发展战略对员工的素质要求，指导技能培训、鉴定基地和各子公司开展职后教育工作；协调各子公司（上市公司所属企业的管理由集团会同该公司共同协调）、培训基地对培训的需求征询、培训计划的制订、培训计划的落实；服务于集团系统各企业、学校和广大员工。二是在上海市职业技能鉴定中心的授权下，在集团人力资源部具体工作组织下，按照有关规定和实施办法，具体承接和组织在规定范围职业（工种）的职业技能鉴定工作。三是根据集团产业发展的要求，不断开发具有行业专业技术特长的特有工种，完善与之相配套的鉴定标准和场所，并积极争取市职业技能鉴定中心的指导和支持，形成培训、考证一条龙服务模式，更好地服务于企业、服务于员工。四是完善职业技能鉴定考评员队伍的建设和管理，强化对现有考评员的专业继续教育和后备考评员的培养工作，使之形成一支与各专业鉴定相匹配的考评员队伍，有助于更好地发挥鉴定所自身的功能。五是实施日常管理职责，制订集团技术工人技能提升规划和计划；组织协调年度培训计划的落实；等级工技能项目的开发、鉴定和培训、考核等组织工作；建设一支符合集团发展的技术工人队伍和在职培训教师队伍；研究和确定培训中心的运行管理制度。

队伍管理 一是专业教师队伍的管理。会同两个培训基地，重点结合集团产业发展要求，设置相应专业课程，通过专业理论培训、实习基地培训、公开授课、教师评定等途径，培训一支具有专业理论知识和实战经验的专职教师队伍。二是鉴定考评员队伍的管理。按照市职业技能鉴定中心的要求，重点强化鉴定考评员继续教育工作，通过业务交流、方法探讨、新技术专题讲座等形式，不断提升自身专业技能水平，完善和改进对现行职业技能专业的鉴定考评内容方式等，以提高技能鉴定考评工作的针对性；并积极开发新的职业技能鉴定项目，争取市职业技能中心政策上的支持，以满足社会和集团产业发展需要。

二、职业技能培训及竞赛活动

【职工教育培训状况】

2005 年 8 月，集团人力资源部对下属企业中开展员工教育培训工作情况进行了征询。征询分为技术工人等级分类、学历结构、年龄分布、职工教育费用提取使用情况、培训部门的设置、企业目前主要培训的内容以及对集团培训工作的建议等七个方面的内容。

技术工人分类情况：从业人员 21 607 人。其中高级技师 42 人，占 0.2%；技师 104 人，占 0.5%；高级工 470 人，占 2.2%；中级工 2 502 人，占 11.6%；初级工 4 140 人，占 19.2%。

学历情况：硕士以上 198 人，占 0.9%；本科 2 488 人，占 11.5%；大专 2 695 人，占 12.5%。

年龄情况：企业内 35 岁以下的员工约占员工总数的 60%以上，36～45 岁的员工约占员工总数的 25%以上。

职工教育经费提取和使用情况：从征询情况来看，所有企业都能按照国家规定，按比例提取职工教育经费。有部分企业采取实付制,以实际的发生额给予报销。

培训部门的设置情况:由于企业的规模不同,大部分企业将培训工作职能设在人事部门,由专人负责该项工作;还有小部分企业将培训职能归在行政办公室,并有人兼管此项工作。总体上能做到企业培训工作有人做,未出现空白点。

培训内容及师资情况:随着企业产品技术升级和设备更新换代,新的培训专业课程存在断层现象。如机电一体化专业、液晶显示技术、高端电子产品的维修技术、自动插件机及贴片机维修、注塑成型等专业类。

【职工技能大赛及培训活动】

开展职工技能大赛活动是提高促进广电产业发展的客观要求。2008 年 12 月,广电集团在广电信息培训中心召开了集团职业技能竞赛活动动员大会及培训开班仪式。集团工会、团委、通广协会及相关单位领导和教师、学员代表出席了会议。会议由集团人力资源部主持。本次职工技能竞赛活动得到了各子公司的积极响应,有 13 家单位 279 名参赛选手参加电子设备装接工(中、高级)竞赛活动。竞赛规定:凡竞赛成绩合格的选手,可获得相应等级的国家职业资格证书,位于本职业等级参赛选手成绩前 10%的,可直接晋升高级工(必须持有初级工等级证书)。对所有参赛选手以 10%、20%、70%的比例确定一、二、三等奖,给予相应奖励(成绩合格)。对获得高级工竞赛前 10 位选手授予“技术能手”称号,同时,设立团体组织一、二、三等奖。

图 6-5-3　2009 年,职工在进行职业技能实操比赛

图 6-5-4　2009 年,广电集团召开职工技能竞赛总结表彰会,10 名员工获“广电集团技术能手”称号

2009 年 1 月 22 日,集团在广电信息培训中心举行了职工技能竞赛的中级工和高级工理论知识考试。集团系统有 233 名学员参加了考试,出席率达到 98%,其中高级工班为 85 人,出席率达到 100%;中级工班为 148 人,出席率达到 96%。另外,有 207 名学员成绩合格,合格率达到 89%。

2009 年 2 月 28 日、3 月 1 日,又举行了本次职业技能竞赛的实操比赛(中、高级),199 名选手参加了比赛,其中高级工 74 人参加,合格率为 100%,中级工 125 人参加,合格率为 97.6%。在这次实操比赛中,中级工考核内容为电话机装配、检测与调试,高级工考核内容是产品安装与整机安全、功能检测。比赛中,参赛选手利用竞赛组提供的印版、图纸、工具,独立操作和调试机器,充分发挥了自己的专长和专业,展现了自己的实力。广电集团对本次竞赛中获得成绩前 10 名的学员予以了表彰、奖励和晋级。

第六章　质 量 管 理

第一节　质量管理工作

一、质量管理体系建设

广电集团自成立起，坚持管理创新，1997 年建立了一整套的质量管理体系，加强质量管理，“严”字当头，向管理要效益。

在加强质量管理过程中，广电集团十分重视企业质量管理体系的建设。2003 年，在 39 家生产销售企业中有 37 家获得 ISO9000 认证。其中 33 家获得 ISO9000：2000 版认证。

2004 年，广电集团下属所有正常运营的工业企业中有 80％以上通过了 ISO9001：2000 质量管理体系认证，并通过年度审核，其中 SVA 品牌产品企业全部通过 ISO9001：2000 质量管理体系认证。为加强对 SVA 品牌产品质量的监控，集团在 SVA 商标授权使用审查要求方面突出强调了对质量的要求，已建立质量审核评价体系，并开始试行。

2005 年，建立集团研发质量管理体系及相关制度、规范。制定《上广电新产品开发质量保证体系基本框架》。

2006 年，从加强质量管理的基础性工作着手，制定了 SVA 战略质量管理导则和 SVA 质量管理体系指南，为下属企业质量管理提出了指导性战略原则和质量管理体系建设的基本要求。同时重新构建了 SVA 新产品开发管理流程及运作体系，注重强化技术创新工作中的知识管理。另外，集团认为，标准化工作是质量管理的基础性工作，针对下属企业在标准化管理工作中缺乏系统性的现象，建立了集团标准化管理制度，完成了《集团标准化管理办法》的制定工作。该管理办法的内容包括对企业标准化工作的总要求、企业标准化工作原则、对组织机构和职责的规定、企业标准的制定要求、企业产品标准备案、企业标准采标、标准信息沟通、企业参与外部标准制定、标准的实施和监督、产品标志管理、商品条码管理、企业标准化管理等多个方面。为强化对集团 SVA 品牌产品生产企业的质量管理，集团进一步完善了 SVA 品牌产品企业质量管理体系审核标准并定期组织对 SVA 品牌企业的质量管理体系实施周期复审。

2007 年，广电集团向下属企业发布了《上海广电集团质量管理体系指南》，通过该指南的宣贯以及随后进行的执行情况调查与整改，健全和完善了集团下属企业的质量管理体系，使集团下属各主要企业 100％建立了通过权威机构审核的 ISO9000 质量管理体系。在强化产品认证和标准化方面：广电集团加强了对下属企业产品的 3C 认证和其他强制认证的管理，2007 年中，凡需要强制认证的产品都通过了相关的认证并获得证书才投放市场，同时，各类产品都符合《电子信息产品污染控制管理办法》和欧盟 ROHS 指令中对有毒有害物质含量的要求，部分企业还专门购买了相关测试设备，确保产品符合国内外相关标准，保证了消费者的生命健康和财产安全。广电集团还成立了在科技质量部领导下的专利标准化研究室负责标准化工作，迅速准确地收集相关标准信息。集团积极参加国家/国际标准的制定，参加了 7 个标准工作组的工作，主持和参与制定了 70 余项标准。2007 年上半年，广电集团制定科技与质量管理规范，进一步明确质量管理的范围、机构、内容、流程等。

2008年,集团根据以平板显示产业为核心的战略格局,进一步加强和督促各级企业质量管理体系建设和质量改进工作,严格执行质量管理制度。利用商标授权审核机会对广电计算机公司体系进行抽查,督促协助广电三井和销售公司着手建立质量管理体系,落实广电信息为防止液晶电视自燃对所有出厂产品增加“隔离耦合器”的改进措施。同时在广电NEC开展了“百日会战”,促进了主要产品合格率的提升。

二、质量管理培训

广电集团多次在系统内组织开展质量培训和交流活动。2003年,组织企业领导学习产品质量法律责任;组织六西格玛基本知识培训;组织松下微波炉、永新彩管和三星真空的质量经理开展走出去、请进来的互访交流活动;组织研讨集团2003—2005年质量管理战略规划。同时,为加强质量成本管理工作,两次举行研讨、多次修改《质量成本管理工作指南》,并最终形成《质量成本管理要求》标准。

2004年,广电集团组织领导层开展质量知识培训。先后组织了《SVA质量管理和质量文化》研讨会和《动态质量管理》高级管理人员质量培训,通过学习质量管理的先进理念,分析了集团质量管理的现状和存在的问题,并讨论改善的对策和建议,研讨形成了符合SVA企业文化要求的SVA质量文化。同时开展注册质量工程师继续教育活动。以培训加项目实践的方式开展继续教育活动,通过培训使员工真正提高改进质量的专业技能。

2005年和2006年,广电集团着重组织质量与标准化法律法规培训。针对下属企业存在对质量与标准化法律法规要求不清楚或重视不够的问题,2005年共组织举办了两期培训,2006年组织了一期培训,培训对象均为各企业总经理与分管质量的领导。为检验培训效果,培训过程还安排了书面考试,通过考试,了解到了企业管理者对质量与标准化法律法规的了解程度和认识的盲点与误区,为以后开展针对性的培训和提升企业管理者对标准化工作重要性的认识起到了促进作用。同时,2006年还共组织了四次对国家“电子信息产品污染控制管理办法”及相关标准的培训和研讨活动,以使企业准确理解其中的要求,便于执行。

2007年,广电集团推进开展了注册质量工程师认证培训活动,督促鼓励下属企业选派中级质量工程师参与质量管理工作,以加强对专业人员的培养。

第二节　质量管理活动

一、质量管理年活动

2002年,广电集团推行“管理质量年”。落实在产品质量工作上,重点是建立新产品设计评价标准和产品制造过程中每个环节的质量评价标准。建立评价组织,明确监控方式,形成制度,落实责任人,进行考核。产品质量保证体系贯穿设计、工艺、供应、制造、销售及售后服务的全过程,强调一丝不苟、精益求精,适当引进先进的调试设备,建立质量可追调制度。通过层层把关把一次开箱率和早返率累计控制在最低范围。具体内容如下:

【健全规范服务管理体系和管理制度】

在“上海工业家电产品全行业规范服务”达标的基础上，把行之有效的做法提炼为制度规范，纳入管理体系。

【降低成本向管理要效益】

每个企业制定降低制造成本和管理费用的目标和实施措施，把预算目标分解到每道工序、每位员工，让员工明了自己的努力方向和目标。

【推进管理信息化工作】

2002年起，集团公司本部率先实施管理信息化，为解决信息透明度、决策时效性、监控与服务等问题提供便利。一季度完成培训、系统总成、正式安装；二季度基本熟练操作。系统内三级单位按照集团的要求，把经营信息正确、即时地输入计算机系统，使流程管理在计算机信息化平台的支持下发挥应有的功效。两个上市公司在积极配合集团公司本部实施管理信息化的同时，于2002年内适时导入管理信息化项目，在集团范围内从根本上将现代信息技术所提供的各种潜能发挥出来。

【改变工作作风，提高工作质量】

“管理质量年”不仅仅针对产品质量，更重要的是提高全体从业人员的工作质量。集团公司本部建立了定期走访基层进行调查研究的工作制度，对集团经济运行状况保持高度的敏感。集中每一个部室的力量，深层次地研究一些问题。包括：大集团规划申报材料的内部论证、集团内重置企业、产业的调整和整合可行性、如何保证2005年阶段性工作目标的实现、解剖一个国内先进企业寻找广电的差距等。

【推广六西格玛管理】

在质量管理年中，广电信息部分合资企业推行了六西格玛管理。上海索广映像有限公司通过选派人员赴索尼地区总部及中国总部研修，请索尼六西格玛专家来公司举办培训班等方式，使部长以上高层管理干部均通过了“冠军”课程的培训；设计开发、品质保证、整机制造、CRT制造部门的主要科长及部分系长通过了“黑带”课程的培训；在生产基层则进行了相应的“绿带”“黄带”等培训，为公司六西格玛活动的开展奠定了人力资源基础。

上海西门子移动通信有限公司的六西格玛管理在本公司的工程及生产领域的应用取得效果。例如，生产部门关于提高PCB印刷电路板丝网印刷生产过程能力指数的项目就是一个很好的实例。长期生产过程能力指数过低，造成PCB印刷电路板板丝网印刷过程中大量的浪费，为此生产部门成立六西格玛管理攻关小组来解决这一问题。在此项目中，小组成员分析了丝网印刷的工艺流程，使用鱼骨图找出影响生产过程能力指数的原因，分析了测量系统的稳定性，绘制柏拉图，找出问题的关键原因为锡膏材料的不稳定。随后六西格玛管理黑带成功地运用实验设计方法（DOE）来鉴别两种不同种类的锡膏材料的适用性。发现关键工艺参数为印刷速度、压力指数、底部支撑及清洁次数。就每一参数，取高端和低端设定。通过DOE分析确定了影响过程的各参数的主次顺序，并正确定义了锡膏种类及各参数值的较佳组合。由此，使过程能力指数提高30％。

上海乐金广电电子有限公司将六西格玛作为一种新的质量管理方法进行广泛推广。公司把培训作为六西格玛活动的开端,邀请了韩国方面的六西格玛专家来公司进行首批培训。参加培训的主要为公司管理层人员。通过培训,初步建立了一个六西格玛基础体系,并且在公司内开始项目试运营,成立了六西格玛推进小组,对公司相关活动进行管理。在普及了六西格玛的基本概念后,公司选择了一定的项目进行六西格玛改善活动,并在各个部门都展开了运用六西格玛进行优化工作。刚开始,六西格玛在公司运营时主要针对工程品质方面的项目,如今这种管理方法已延伸开来,从品质到服务、企业营销、产品设计、技术开发等各个方面,成功地带动了整个公司的发展,将"零缺陷""高品质"的精神渗透到公司的每一个环节中。在项目的运营过程中,将先进的工作方法和电脑技术应用到一个简单的流程模式 DMAIC 中,通过追求零缺陷运行和改善流程达到使顾客满意的快速突破性改善,以达到每一个环节的不断改善的战略目标。

二、质量管理月活动

广电集团历来重视每年 9 月的质量月活动,旨在通过强化追求卓越质量的意识和理念宣传、增进对顾客需求的理解、加强对员工知识技能的培训、着力解决几个关键性的质量问题,提升集团的质量竞争力。

2003 年 9 月 4 日,广电集团质量月活动领导小组召开会议,会议通报了 SVA 品牌 DVD 产品获得中国名牌的情况,部署了质量月活动的各项工作,成立了集团质量状况调查工作领导小组。集团常务副总裁、质量月活动领导小组组长顾培柱出席会议并讲话,会议由集团副总工程师、质量月活动领导小组副组长张一钧主持。

该年质量月活动的主题是加强质量管理,降低质量成本。总的指导思想是以集团 2003 年经济工作的要点为指导,全面加强质量管理,大力强化质量成本管理。以质量月为契机,进一步抓好质量管理的基础工作。在质量月活动前夕,集团为了宣传《产品质量法》实施十周年,帮助企业管理者了解产品方面的法律责任,树立重视产品开发、生产和销售服务过程中产品法律责任的意识,特举办了《产品法律责任》专题培训。

在质量月活动中,集团重点开展了四项工作。一是进行质量状况调查的宣传、贯彻和培训工作,各单位确定专人负责本企业质量状况调查工作;二是检查试点单位质量成本管理工作开展的情况,并进行质量成本管理工作的经验交流,研讨试点企业质量成本管理工作中需改进的问题,并出台集团质量成本管理草案;三是抽查重点产品生产企业的质量改进状况和实物质量状况,在 9 月下旬对集团高端视频产品生产企业进行一次质量工作检查,促进高端产品质量管理工作的进一步提升;四是筹划在 10 月中旬召开质量月工作总结会议,并表彰质量工作的先进集体和个人。其间,9 月 1 日,在国家质量监督检验检疫总局召开的中国名牌暨质量兴市表彰大会上,SVA 牌激光视盘机(DVD)被授予"中国名牌产品"称号,这是集团推进 SVA 品牌战略后获得的第一个国家级名牌产品荣誉。

围绕质量月主题,广电信息开展多项活动,其中包括:高端产品质量测评调查活动,了解顾客意见和市场需求,为不断改善提高产品适应性和技术服务提供依据;进行第三次高端产品提高改进跟踪检查,进一步巩固高端产品质量;抓好高端产品技术服务培训,协助技术服务体系建设,尽快构筑高端产品技术服务平台;继续"3C"强制认证工作检查,进一步规范"3C"认证标志使用;组织"合资企业六西格玛管理导入介绍会",引进先进的质量管理方法和理念,促进中资企业质量管理不断完善、持续提高。

广电电子重点是在落实质量月各项工作的同时，进行公司系统的质量工作调查，并将在调查的过程中，把总结出的好做法、先进经验在公司系统内进行推广。各单位根据集团的要求，结合自己的实际，制订出各自的质量月活动计划，并通过加大宣传力度、开展 QC 小组活动、查找质量问题等形式，进一步强化员工的质量意识。

永新彩管也在质量月活动中取得欣喜成效，永新彩管技质部徐臻撰写的论文入选第 17 届亚洲质量研讨会。9 月 22 日，“首届亚洲质量网大会暨第 17 届亚洲质量研讨会”举行，国内优秀企业代表和质量管理方面的专家、学者及日本、印度、韩国等 11 个国家和地区的代表出席会议。永新彩管技术质量部徐臻提交的质量论文被大会录取为优秀论文，同其他 20 多家中国企事业代表一起被邀请代表中国宣读论文。

松下电子全面开展了一年一度的质量“强化月”活动。本次活动旨在强调品质的重要性并提高品质意识，增强对品质活动的再检查、再检讨。松下电子的管理层认识到，从源头抓好质量能更好地实现公司的可持续发展，因此在重视产品生产过程的同时，加强对全体员工的质量培训，提高质量意识；而生产一线的员工，也将“人人是质量的创造者，人人是质量的受益人”贯穿于工作的始终，使公司产品质量稳中有进。

2004 年 9 月的质量月活动，广电集团提出的主题是“追求卓越质量，提升企业价值与尊严”。在质量月中开展七项活动。具体内容是：开展“人人关注质量，人人创造质量”主题活动，包括举办质量征文活动和征集质量改进的合理化建议；各级团组织按团市委要求，组织“青年岗位能手”评选和“青工技能振兴计划”大赛；组织一次质量成本分析活动，重点对销售中心实施新的质量成本统计方法后的质量成本情况进行分析；举办“统计抽样检验和统计过程控制（SPC）”（专业班）培训，参加对象主要是集团内已取得注册质量工程师（初级/中级）资格的员工；组织一次彩电特殊故障机分析，找出特殊故障机发生的根本原因，提出预防措施；组织专家、领导听取广电 NEC 关于质量管理体系建设情况的报告，对其质量管理体系需要完善的地方提出指导和建议；组织一次“SVA 质量管理和质量文化”研讨会，学习质量管理的先进理念，研讨符合 SVA 企业文化要求的 SVA 质量文化。

图 6－6－1　2001 年 10 月，索广映像管理制造部员工在开展“漏检率”改善竞赛活动中进行品质信息交流

图 6－6－2　2004 年 11 月，永新彩管员工在实施精益生产项目

2005年9月的广电集团质量月活动主题是:“追求卓越质量,提升质量竞争力”,强化对顾客需求的理解,加强对员工知识技能的培训,着力解决几个关键性的质量问题。为帮助企业领导了解卓越管理的模式及要求,于9月中旬组织开展了由各企业领导参与的《卓越绩效评价准则》国家标准的宣传贯彻活动。

图6-6-3　2008年3月,松下等离子整机车间员工认真学习新品结构原理,努力掌握新品工艺要领

三、QC小组活动

由市总工会、团市委、市质量协会主办,中国联通上海分公司协办的“联通杯”QC小组成果擂台赛,于2004年9月18日降下帷幕。来自上海大众等51家著名企业的58个QC小组同台竞技,经过两天白热化的激烈竞争,最后永新彩管电子枪科“压枪工程攻关”小组技压群芳,荣获二等奖。

2005年,在全国电子信息行业第二十五次质量管理小组暨质量信得过班组代表会议上,永新彩管精益办的徐芳代表电子枪制造科小组、精益求精小组、精益攻关小组等三个QC小组进行了讲演,获得较好成绩。在本次会议上,永新彩管是获奖最多的企业之一,其中,永新彩管获“质量管理小组活动先进单位”称号,技质部经理刘兆祥获“质量管理小组活动优秀领导者”称号,人力资源部经理助理凌晨获“质量管理小组活动优秀推进者”称号,电子枪制造科小组的“29英寸单聚焦电子枪压枪合格率的提高”、精益求精小组的“提高33英寸电子枪合格率”、精益攻关小组的“解决21英寸绿粉中心掉条不良”等三个课题获优秀质量管理小组一等奖。总装进口设备攻关小组的“消除电子枪‘会聚杯自动焊机’气缸与夹具经常性突发碰撞损坏故障的探索”课题获优秀质量管理小组二等奖。

旭电子玻璃“登峰”QC小组提出的口号是“提升产能,追求卓越”,他们对产品缺陷中主要的问题采取了一系列的对策,并遵循PDCA循环的程序,减少不良品的发生,坚持和巩固已取得的成果,达到了提高品质和增产的目的。在全国电子信息行业第二十五次质量管理小组暨质量信得过班组代表会议上,旭电子玻璃制造2部制造4课“登峰”小组荣获“国家级质量信得过班组”光荣称号,制造2部制造3课获QC小组活动一等奖,并获质量信得过班组发表第一名。

松下微波炉的主要产品为LC式及变频式微波炉,在品质管理中常年坚持开展QC小组活动,做到组织落实,课题明确,对策有力,收到了明显的效果。其中,“变频先锋”QC小组在2005年中国电子信息行业第二十五次质量管理小组暨质量信得过班组代表会上荣获“质量管理小组一等奖”。

四、精益管理

为提升质量管理水平,自2005年开始,广电集团开展了对《卓越绩效评价准则》国家标准的宣贯工作,并为在集团范围内推广实施卓越绩效评价标准进行了探索,首先选择在几个主要业务企业推行精益生产管理。

2006年,广电集团在系统内开展了精益管理和精益生产推进工作,取得比较显著的成效。广电信息平显分公司以制造部、资材部、品质部三大部门为切入点，在降低成本和提高主结构件成品合格率和 LVDS 排插线上机合格率的基础上，将生产能力提升了 30%；广电电器将生产日进度准时率作为研究课题，使生产日进度准时率从上半年的平均 80%提升至年底的 92%；广电 NEC 围绕 55KS→60KS 的能力提升，展开多方位、多层次的缩短工艺时间、降低生产成本、提高成品良率的活动；永新彩管将品质改善、成本革新、设备改善、SQM 推行、资金平衡、全员活动六大课题贯穿始终，提高了管理效率；广电液晶克服市场需求萎缩与业务整合的不利因素，开展了现场 5S 推进、OEE 系统使用与维护、效率提升三大活动。

2006 年，广电集团共有十项企业管理创新成果获奖，其中二等奖 4 项、三等奖 6 项。获二等奖的是：广电 NEC 的《消化吸收，自主创新，实现企业高效运行》、亿人通信的《从研发创新到产品升级》、广电信息物业分公司的《基于集成优势的创新管理实践》、广电电器的《企业转型的创新与实践》。获三等奖的是：海昌国际的《优化贸易流程以效益为核心的管理创新》、索广电子的《建立世界第一的摄录一体机制造集团》、松下等离子的《压力管理在创新实践中的应用》、广电电子的《以企业为核心的自主创新研发体系的探索与实践》、乐金广电的《构筑学习型企业，打造世界第一的 DVD 品牌》、松下微波炉的《实施目标成本推进法，追求企业利益最大化》。

第七篇

调整转型

概　　述

20 世纪 90 年代，中国彩电工业经过近 20 年的快速发展，已建立起以整机为主体，彩管、玻壳和其他元器件为支撑的相对完整的工业体系。1998 年，全国彩电产量 3 300 万台，出口 328 万台，国产品牌在国内市场的占有率达到 81.47%，社会拥有量达 2 亿台，确立了彩电生产第一大国的国际地位。然而，彩电工业在 90 年代后期，面临着严峻的市场竞争和挑战。主要表现在：国内彩电生产低水平重复建设问题严重，使新品开发滞后与传统产品老化的结构性矛盾日趋突出，结构调整步履维艰。由于生产过剩、库存增加、创新薄弱，企业必然将降价销售作为参与市场竞争的首选策略，出现了大范围的彩电降价，部分产品价格几近生产成本线，行业效益受到明显影响。

上海广电（集团）有限公司（简称广电集团）面对当时日益激烈的市场竞争形势，结合企业的实际情况，走上了重组以后第一次以调整为主旋律的调整转型发展之路。在这次调整转型中，广电集团及时采取了积极推进彩电技术创新、加快彩电生产结构调整两项措施来加以应对，推进了数字高清电视的发展。从 20 世纪 90 年代到 21 世纪初，彩电技术从模拟到数字化高清、从显像管（CRT）到新型平板显示技术的替代，促使彩电工业发生了深刻的技术革命。尤其是从 2003 年起，TFT－LCD 液晶平板显示彩电在国内市场上初露端倪，到 2008 年在销售量上决定性地超过显像管彩电，引发了广电集团第二次以产业升级转型为主旋律的调整转型发展之路。

2003 年年初，广电集团未雨绸缪地提出了“以液晶项目为新的切入点，大力发展新型平板显示器件及其终端产品，加快形成从器件、成品到系统集成服务的强有力的产业链和产品品牌，全力建设世界级的平面显示制造基地”的发展战略，正式启动了从 CRT－TV 产业链为代表的传统产业向以 TFT－LCD 为核心的现代高科技产业转化。

2005 年 12 月 2 日，广电集团成立了全面转型指导委员会和全面转型工作推进小组。指导委员会的主要任务是负责对转型方案和重大事项进行决策，工作推进小组的主要任务是负责转型工作的推进、协调和检查。与此同时，还成立了三个专业工作组：培育核心能力工作组、业务优化组合工作组、完善组织管理体系工作组。

广电集团实行全面转型发展的三个方面举措：一是优化业务模型，实施差异化的 TFT－LCD 战略，优化 CRT 产业结构，妥善运作其他非核心业务，根据消费电子产品平面化、网络化、数字化和集成化的趋势，重新优化成品产品组合。二是建立核心能力，沿价值链大幅度提高集团在研发、生产和销售方面的核心竞争能力。三是改善组织基础与管理体系，加强集团的管控能力，提高业务群竞争力，建立与市场接轨的人力资源管理体系和业绩至上的企业文化。同时，广电集团确定了实现传统家电制造企业向综合电子信息企业转型、单纯制造业向产品制造和系统集成、增值服务相结合的企业转型、本土化企业向国际化企业转型的三大发展目标。

第一章　产业结构调整

第一节　彩电技术创新与产业结构调整

一、挑战与机遇

20 世纪 90 年代中期，随着市场竞争日趋激烈，彩电行业出现产品销售价格下降、库存增加的局面，大部分彩电生产企业的经济效益大幅滑坡，而且出现严重亏损。譬如：1994 年，广电集团下属上海广电股份有限公司（简称广电股份，2001 年 6 月更名为上海广电信息产业股份有限公司，简称广电信息）主导产品金星彩电的产销量为 126 万台，实现销售收入 39.26 亿元，净利润 1.07 亿元，净资产收益率 10.62%，每股收益 0.213 元。然而，1995 年金星彩电的产销量开始快速下滑，到 1996 年年底，当年生产金星彩电仅 40 万台，广电股份主营业务亏损达 1.77 亿元，每股收益为 −0.317 元，资产负债率达到 82.7%，与其配套的上海真空电子股份有限公司（简称真空电子，2001 年 6 月更名为上海广电电子股份有限公司，简称广电电子）也陷入了很大的困境，主营亏损也近 4 000 万元。主要原因如下：

【技术开发能力薄弱】

中国虽然是世界彩电生产第一大国，但是在 IC、数字技术、信息家电的核心系统、软件等方面，没有一项属于自己的专利。由于彩电行业的整体技术含量不高，缺乏自有知识产权的核心技术，因而无法形成行业进入门槛，新企业不断介入，造成彩电生产低水平重复建设。由于彩电市场用户需求层次的多样性，没有一家企业的产品能够覆盖所有消费者需求，而任何一个新进入彩电市场的企业，只要选取适当的规模、满足特定的消费者需要，就能够占有一定的市场份额，这也是彩电市场趋于饱和、价格竞争惨烈而仍有企业不断进入这个行业的原因。

【市场价格严重扭曲】

彩电生产低水平重复建设导致供过于求，关键技术（如芯片、新型彩管）未能掌握，使企业只能以做大规模、降低成本、降价促销的方式抢占市场份额，使成本与价格之间严重扭曲。53 厘米彩电价格跌破 1 000 元，基本无利可图；64 厘米彩电价格跌破 2 000 元，只能保本；只有 74 厘米以上才有 10%～15%的毛利率。从而误导了彩电市场发展的方向，企业把有限的资源放在发展生产规模上，在技术创新、市场开发上投入不足，造成企业效益逐年下降、发展后劲不足的局面。彩电行业虽然一度形成价格联盟，试图遏制价格竞争，但是彩电供大于求已成定局，如果不提升彩电产品的技术含量，不增加产品的附加值，彩电价格就难以回升到正常水平。

【市场需求发生变化】

从 20 世纪 90 年代后期开始，模拟视频技术向数字视频技术的转变给中国彩电业带来新的机遇。数字视频技术一方面使得电视机声音及图像效果大为改善；另一方面在数字视频技术支持下的数字影碟机市场迅速启动,客观上刺激了对大屏幕彩电的需求。据市场统计,1998年,74厘米彩电的购买比例已高达38.65%,比1997年高出8个百分点;到1999年10月,64厘米及以上的大屏幕彩电已占总产量的52%,首次超过中小屏幕彩电,数字化、大屏幕彩电成为市场购买的首选目标。国内和国际产业发展环境的变化,数字化进程的加快,都要求不断推进彩电企业的改革与发展。

针对以上问题,广电集团及时采取积极推进彩电技术创新、加快彩电生产结构调整两项措施加以应对,推进了数字高清彩色电视机产业的发展。

二、技术创新

2002年1月1日,中国数字电视正式播出。上海是中国数字电视三大试播城市之一,广电信息以数字电视试播为契机,在试播之前就加大彩电技术的创新开发力度,进行数字电视及相关技术的研发与产业化,掌握了多项核心技术,获得一批科技成果,走出了一条以核心技术打造数字电视产业链的创新发展新路,为上海数字电视发展作出了贡献。

【彩电技术创新主要举措】

构成三级技术开发体系　为了保持新技术、新产品的长期持续性,广电集团设置了三个层次的技术开发机构,形成了梯度开发体系。第一层次,设立集团中央研究院及其海外研发机构,使之按照集团的发展战略,成为集团发展所需核心技术和关键技术基础研究的技术创新基地。第二层次,各业务群层面的研发机构根据业务群和市场的需求,进行具有针对性的应用开发,主要包括以数字处理技术为核心的视听类产品研究开发等。并成立数字电视终端产品和杭州实验室,承担数字电视核心技术及产业化的研发任务。第三层次,业务单元层面的研发机构进行产品的生产性技术开发及生产工艺方面的研发。这一层次的开发机构最贴近市场,针对千变万化的消费市场,迅速作出反应,设计开发出适销对路的产品并立即投产,满足市场的需求。

图7-1-1　中共上海市委常委、副市长蒋以任(左二)、上海市政府副秘书长、市经委主任黄奇帆(左一)等在广电集团了解新品开发情况

实施产学研相结合模式　广电集团十分注重产学研结合带动产业发展。广电集团在国家电子发展基金重大项目"模数兼容电视研究"项目中与上海交通大学等单位联合中标。广电集团与清华大学共同承担的平板显示技术与产品开发国家级项目取得阶段性成果。广电集团与清华大学联合开发,共同参与制订新一代视频压缩标准H.264/AVC工作组JVT组织的工作。广电集团与中国科学院签订全面合作协议,并先后与天津大学、福州大学、南京邮电学院、复旦大学及上海大学等建立了合作关系。同时,广电集团还与国际信息产业领域内的顶级企业集团进行技术合作,聘请信息产业领域的国际知名科学家担纲学术带头人,其中聘任世界一流科学家、原

飞利浦公司首席科学家顾大为先生担任广电集团中央研究院院长。

参与数字电视有关标准制定　为了提升在数字电视领域的话语权和掌握最新技术动向，广电集团积极参与数字电视有关标准制定工作，不但参与上海地方行业协会的标准制定，还参与国家标准的制定。先后参加“数字电视标准工作组”“等离子显示标准工作组”等近10个国家标准工作小组和2个国际标准工作组。通过积极参与数字电视标准制订和数字电视系统开发和试验，带动了广电集团数字终端产品的开发。

【拥有一批数字电视技术自主知识产权】

经过持续几年的技术创新，广电集团已经拥有了一批数字电视技术的自主知识产权。

其一，广电集团掌握了数字电视机顶盒技术：单向和双向有线数字电视调谐器技术；地面无线(DVB－T，VSB)数字电视调谐器技术；数字电视数据广播接收技术；数字电视有条件接收技术(同密、多密)；数字电视中间件技术等。

其二，广电集团掌握了等离子电子制造的6大关键核心技术：显示屏驱动与控制、专用视频接口电路、专用主电源、专用结构设计、整机开发等，是国内唯一能够生产等离子整机的厂商，也是世界上首台内置电视调谐器的等离子电视制造厂商。

其三，广电集团掌握了DVT－5288有线数字电视接收机的主要技术指标：(1) 支持Nagra条件接收；(2) 完全符合DVB－C/MPEG－2标准；(3) 输入频率：51～858兆赫兹；(4) QAM解调，符号率支持3.6～6.952兆点/秒；(5) 高保真立体声输出；(6) 一个RS－232C通讯接口；(7) 400个节目可存储、可编辑；(8) 一个支持ISO7816－3标准的IC卡读卡器(可扩展到两个)；(9) 支持RS－232接口升级以及远程升级软件；(10) NTSC/PAL自动识别，视频可缩放(1/4～2倍)、可捕捉等。

另外，广电集团还掌握了数字电视配套的高频头、软件等核心部件的研发与生产，PDP、TFT－LCD、DLP等高端彩电显示器件的生产技术和移动数字电视显示器件的开发与生产，同时掌握了数字电视的卫星、地面、有线和网络IP接收机顶盒的系统开发和生产技术。

【形成数字电视产业链】

21世纪初，技术比较成熟且能用于数字电视产品开发的平板显示器主要包括：液晶显示器TFT－LCD、等离子显示器PDP、投影显示器DLP。显示器件是平板数字电视的关键，数字平板显示电视的成本主要由平板显示器决定。经过调整发展的广电集团在这方面已经形成了一定的产业优势。

2001年12月11日，广电集团和日本松下合资建立的上海松下等离子显示器有限公司产品下线。2002年，广电集团成功推出一批数字电视高档“显示器”，主要有等离子电视机(PDP－TV)、液晶电视机(LCD－TV)和数字光学处理系统投影彩电(DLP－TV)等一批高端电视新产品，SVA平板显示产品已在业内率先形成产品系列和产业规模。广电集团在国内第一个推出30英寸液晶彩电，在国际上第一个推出背投DLP彩电，这些产品都处于领先地位。2003年年初，广电集团与日本NEC等公司合资的薄膜晶体管液晶显示屏(TFT－LCD)项目签约，开始着手建设液晶显示屏生产线。广电集团形成了从基于新型平面显示技术的等离子显示器件、TFT液晶显示器件到高端平板显示器、高端彩电的高新技术产业链。

【成功开发数字电视机机顶盒】

广电集团陆续开发出数字卫星电视接收机顶盒DVB－S、DVB－C等产品。特别是广电集团

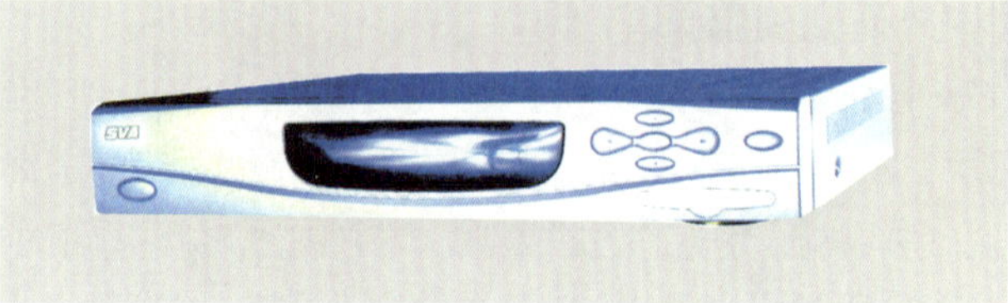

图 7-1-2　DVB-C 机顶盒(STB)

与上海全景数字技术有限公司(提供中间件)共同开发的 DVT-5288 有线数字电视接收机顶盒,被上海有线网络公司确定为上海市数字电视进网产品,2003 年生产 5 万台,为上海形成数字电视接收机顶盒产业化奠定了基础。

三、结构调整

1996 年以后,随着整个彩电市场的大幅度降价,城乡居民的彩电普及率迅速提高。据国家信息中心的调查,截至 1998 年年底,城镇彩电普及率为 100.8%,农村彩电普及率为 27.2%。在拥有电视机的家庭中,23%的城镇家庭、17%的农村家庭拥有 2 台以上彩电。因此,虽然城镇彩电市场已进入饱和期,彩电销量有所萎缩,但是,以彩电为代表的耐用消费品正逐步成为农村家庭消费的主流,农村市场仍处在快速增长期,作为最广大的市场,市场潜力有待进一步开发。另外,随着高清晰度数字电视的发展,彩电将以其高技术、高性能、高质量进入千家万户。所以,国内彩电市场供大于求只是一种阶段性、结构性过剩,待开发的市场容量和发展空间还很大。为此,广电集团决定集中精力致力于调整企业结构,优化产品结构和市场结构。

【组建金星电视总厂】

上海电视一厂、上海无线电四厂、上海无线电十八厂是广电集团旗下三家主要彩电生产企业。原先三家品牌分散销售,不仅重复管理、相互竞争,而且管理方式不同、销售渠道不同、企业文化不同,特别是各厂均有几亿元资产在销售流转过程中,应收账款庞大,资产风险很大。所以,早在广电集团资产重组之前的 1995 年,广电股份通过以资产为纽带调整存量,将三家企业的生产能力组合建立了金星电视总厂。同时,以调整转制为契机,进一步置换、优化资产分布结构,扶植新的管理机制,促进新的增长点,组建了广电开发中心、销售中心、服务中心、注塑中心、模具中心。此外,船用雷达、洗衣机、微波炉、电话机等一系列专业化生产单体也陆续成为独立企业。凯歌汽车电子设备厂、广电计算机公司、凯歌雷达厂等一批从原母体企业破产中剥离出来的中小企业,面对来自市场的生存压力,以灵活的新品策略、成本策略和销售策略主动适应市场要求,在"有所为,有所不为"中涅槃重生,赢得了生存和发展的主动权。

【重建企业运行机制】

金星电视总厂成立以后,广电股份对原来的管理方式、组织结构、运行机制也进行了改革,逐步重建了相匹配的生产方式、组织结构和运行机制,并给企业带来了三个变化:

按订单组织生产　为了适应市场竞争的需求,金星电视总厂对采购、生产、管理等资源进行有效整合,对原有的彩电生产流水线进行技术改造,形成具有可重组的、模块化的、高度柔性化的生产流水线,以满足客户的个性化要求,按订单组织生产的生产线。2002 年,广电信息已经建成数字音像、飞亭电器两个 OEM/ODM 基地,形成 200 万台 CRT 彩电、200 万台 TFT 彩电、200 万台机顶盒和 30 万台 PDP、DLP 背投的生产能力。

形成扁平化管理结构　广电信息成立"信息终端营业本部"和"网络设备营业本部",一批发展型企业分别划入两个营业本部。同时，明确公司本部职能部门和营业本部的"条""块"管理关系，积极推进两大业务板块的迅速发展；进而成立 EMCS（工程制造和客户服务）本部，逐步和世界一流的现代化生产管理方式接轨。

强化动态管理模式　广电股份对战略、财务、人力资源三大业务流程进行重新描述、分析、确定和再设计，实行"动态"管理模式，确立了以利润为目标，实行全额分成、销售利润双挂钩、利润定额包干、利润增长分成、减亏承包等 6 种不同的激励形式，把企业经营者的经济收入与企业经营状况、经营规模、经营风险和经营责任挂起钩来。

四、主要成果

【彩电市场占有率不断提升】

通过资产重组和机制转换，广电集团确定"守住上海市场，稳住华东市场，走向全国市场，逐步开辟海外市场"的销售战略，迅速在全国建立了 40 多个销售机构、500 个直销网点，变铺底销售为现款销售。1997 年销售彩电 80 万台，比 1996 年增长 62%；库存压缩 13 万台，应收账款压缩 3 亿元；"金星"彩电在上海的市场占有率从 1996 年的 9%上升到 1997 年年底的 25%。1997 年完成彩电新品开发 29 项，超过前三年彩电新品开发的总和；彩电新品销量占整个产销量的 80%。同时，数字技术开发也取得了进展。1998 年，数字化多媒体彩电、DVD、SVCD 和多媒体信息终端等产品相继开发成功，并推向市场，以金星 D2901 等为代表的一批数字彩电在市场上刮起了"数字风"，受到了广大消费者的青睐。1998 年的上海彩电节，在曲阳路上的商务中心，"金星"数码彩电两天就售出 479 台，雄踞 20 个参展品牌之首。解放日报等媒体相继刊发《"金星"又亮起来了》《又见"金星"亮晶晶》等专题报道。

【数字电视新品研发速度加快】

广电集团资产重组以后，加快了彩电新技术新产品的研发以及产品结构的调整步伐，先后确立了 DRTV、无线宽带接入设备、企业信息网络建设、DVB 生产设备技术改造等一批与发展战略相匹配、达到国际一流水平的发展项目。在高清晰度数字终端电子产品的研发和生产方面，已经完全掌握高端视频产品的核心技术，先后研发生产出技术先进、视角宽广的 TFT 系列彩电和高清晰度数字光学反射式背投电视，并率先切入 PDP 等离子产品领域，制造出全球第一台内置式 PDP 等离子彩电，这些成为广电集团引以为豪的"三朵金花"。

图 7-1-3　SVA 的 LCD1521 内置 TV 液晶数字彩电

图 7-1-4　SVA 等离子 PDP 数字电视

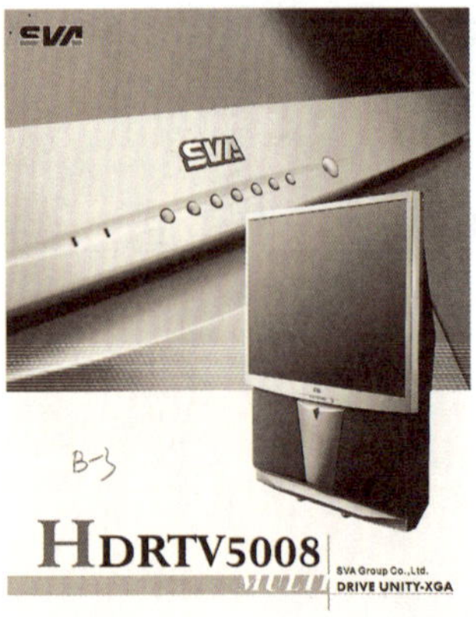

图 7-1-5　SVA 奇镜 DLP 背投彩电 HDTV5008

图 7-1-6　SVA 的 MD2936FZ 精细显示多媒体彩电

广电集团数字彩电新品开发和产品上市的主要事件如下：

冠名“SVA”品牌的数字新品上市　2001 年 1 月，广电集团在迎新世纪新品推介会上宣布：向上海市场推出一批高清晰度、数字化、信息化、网络化、拥有国家专利权的视频类产品以及相配套的外接设备。这些产品与设备主要包括受到市场瞩目的 HD2936FZ“精解像”彩电、HDTV3201FNZ“大境界”高清晰度数字彩电、BOOK-PC“家 e”小型电脑、高清晰度数字接收机顶盒、SDP-2000 数字式投影机等一系列产品。其中，“精解像”彩电可直接作为电脑显示器，该产品质量稳定，外观高尚，品质优良，上市价格又相对较低，是一款价廉物美的新型彩电。同时，为了更好地区分数字化、信息化、网络化音视频产品与常规音视频产品，广电集团决定上市的数字化、信息化、网络化音视频产品均以“SVA”为产品品牌冠名。

HDTV 数字彩电亮相 APEC 会议　2001 年 4 月，为了使参加当年 APEC 会议的外国首脑能在下榻的各大宾馆收看到上海的最新数字电视节目，上海市有关部门在上海国际贵都大饭店举行上海市数字电视系列产品推介会。在推介会上，广电集团展出最新的数字高科技电视系列产品，其中有 HDTV 高清晰度彩电、DRTV、LCD 液晶显示器、平面触摸查询机、微型计算机、BOOKPC、DVD、DLP 投影仪等，引起众多与会者的极大兴趣和关注。广电集团以 APEC 会议为契机，不仅使出席 APEC 会议的国家元首和部长能看到上海最新的数字电视节目，同时也为迎接 2002 年 1 月 1 日的上海数字电视正式播出进行准备。

广电平面显示器分公司建立　2001 年 5 月 11 日，广电股份为了加快平面显示产品产业化步伐，成立平面显示器分公司。分公司由原上海广电设计开发有限公司、广电股份 DRTV 项目组、广电金星电子有限公司技术开发中心三方抽调骨干人员组成。公司主要任务是开发新型显示终端产品并形成产业化，使平面显示产品产业化有一个强有力的组织结构，该公司承担起产品结构升级、设计与生产结合、适应性人才培养等方面任务。

2001 年上海数字电视展示周　2001 年 7 月 30 日，由上海市计划委员会、信息办、商务委员会和文广影视局联合主办，上海交通大学高清数字技术创新中心承办的“2001 年上海数字电视展示周”在徐家汇汇金广场隆重开展。广电集团作为此次展会的主要参展商之一，展出的产品包括 LCD 液晶彩电、DRTV 高清彩电、PDP 等离子彩电等，并假展示周之际，开展产品、服务推介与展示活动。展示周活动标志着上海数字电视产业发展进入了一个更高的阶段，数字电视产品成为新的消费热点。

等离子显示器(PDP)实现量产　2001 年 12 月 11 日，上海松下等离子显示器有限公司等离子显示产品(PDP)顺利下线。该项目是 2001 年上海市政府重大项目之一,从项目谈判到厂房的设计、建设及工程的开工、管理,中日双方倾注了大量的精力。公司于 2001 年 1 月成立,2 月开始厂房打桩,在不到 10 个月的时间里就完成公司搬迁、设备的安装和调试,11 月进行产品试生产,完成整机组装 60 台,12 月生产 600 台。

SVA 光学背投彩电上市　2002 年 3 月,SVA 的 HDRTV5008 大屏幕高清晰数字光学反射式背投电视机顺利上市。光学背投彩电引入的最新概念是纯数字光成像方式和全数字微镜反射芯片(DMD),这两种手段的成像方式类似照片的像素成像原理,可以不存在传统背投的扫描线。微镜反射率超过 90%,投影出的图像亮度和对比度高,色彩鲜艳,极为清晰完美,业内人士将其称之为彩电的革命性突破。这种光学反射式的背投彩电,完全避开前两代投影管背投彩电亮度不足、画面闪烁等弱点,以一种高亮度且均匀、高清度且柔和、画面鲜艳而无闪烁的全新彩电形象露面,其效果接近电影胶片放映效果。

早在 1998 年 5 月,上海广电设计开发公司(广电股份平面显示器分公司前身)就将数字光处理背投影电视(DLP－TV)作为国家重点攻关项目上报国家科学技术委员会。项目攻关期间,项目组成员借鉴了国外光机技术分辨率高、体积小、价格低、寿命长的特点,创造性地将国外正投光机技术应用到背投电视上,而且获得了成功。经过项目小组一年多的艰苦工作,由广电集团自主设计、自主研发的第三代背投电视——数字光处理背投影电视样机于 1999 年 12 月研制成功,并通过国家科委的成果鉴定。2000 年,数字光学反射式背投影电视机正式投入产业化。

图 7－1－7　2001 年,港汇广场 SVA 新品展销

SVA 三大系列数字彩电竞争力提升　2002 年 9 月,第六届上海彩电节开幕当天,广电集团宣布:SVA 高清晰数字光学反射式背投电视机(DLP－TV)、等离子数字电视机(PDP－TV)、液晶彩色电视(TFT－TV)三大系列产品价格全面下调。这并不意味着广电集团参与低价位竞争,而是广电集团已经具备参与高端竞争的实力,其主要基于生产规模的优势和产品成本的下降。为此,广电集团制定了以先进科学技术为依托、以高端的数字和网络电子产品为研发和生产方向的目标,在引进和采用世界先进技术和装备的同时,扩大与跨国公司的合作,拥有自己的等离子彩电核心元器件和整机生产基地,并具有长期积累的核心技术、完整的产业链以及由此形成的规模生产效应三大优势,在性能价格比上具备较强的竞争力。

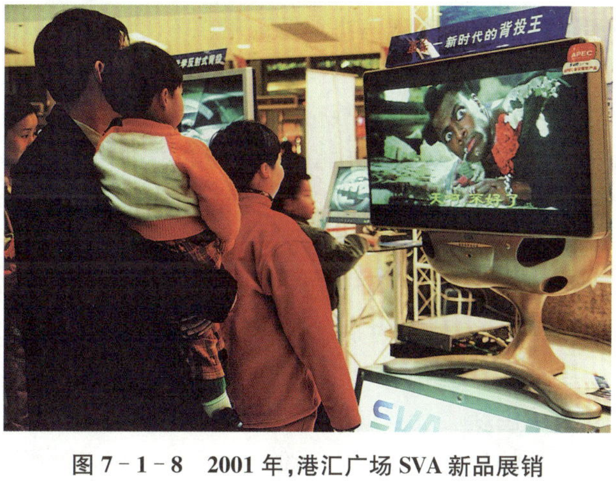

图 7－1－8　2001 年,港汇广场 SVA 新品展销

数字光学反射式背投影电视机(DLP－TV)、液晶电视机(TFT－TV)和等离子电视机(PDP－TV)“三朵金花”的上市,不仅有力推进

了国内彩电市场消费由低端向中高端的转型,也确立了广电集团在彩电高端领域的引导作用。同时,广电集团还开发出拥有自主知识产权的新一代高密度数字激光视盘系统(EVD)、打造出全球首台涵括自动延时及刻录功能的高端DVD接收机和播放机,使得广电集团在数字电视领域处于领先地位。

【产业转型步伐不断加快】

彩电市场长期低迷的主要原因是市场供求失衡的结构性过剩。为此,广电集团不仅致力于企业结构、产品结构的调整,更是加快技术创新,促进产业转型。

产业转型的发展战略 2001年年初,广电集团制订了"产业转型、技术升级"的发展战略,即在技术上,从模拟技术向数字技术转变;在经营上,从单纯的产品制造商向产品制造和技术服务并举转变;在产业上,从单一的普通家电产品向信息终端、网络设备产品转变。与此同时,广电股份、真空电子双双更名为广电信息、广电电子,而且都成功增发新股,为全面有效地实施集团的战略目标提供了必要的资金支撑。

产业发展的重点 2001年年初,广电集团明确要紧紧抓住信息服务、网络产品、数字技术带来的发展机遇,对以传统家电制造为主的产业结构进行调整和实现产业升级的发展战略,并确定"宽带业务群、成品业务群、器件业务群、海外业务群"为广电集团的主要业务。

宽带业务群主要利用广电集团的19个省市ISP运营证,通过"三网合一"系统集成和宽带ISP接入服务,与网络服务商进行策略联盟,带动网络产品的销售,同时推动建立电子采购和电子销售的电子商务平台和在宽带上的娱乐、教育、健康网站项目建设。

成品业务群任务是加快模拟电视向数字电视(HDTV)的推进,同时整合生产能力,形成OEM强大加工能力。数字音视频产品类重点投资数字液晶反射式投影电视(DRTV),开发研制HDTV、可录式DVD、数字光处理投影机等产品。宽带网络产品主要加快机顶盒、电缆调制解调器(Cable Modem)互联网语音服务(VOIP)、网络交换机和路电器、无线接入设备、移动通信终端及设备的研制和生产,并加快培育汽车电子产业规模,提高一级市场配套率。

器件业务群是重点发展信息终端的新型显示器件,加快传统彩色显像管(CRT)向大屏幕、全平面的发展,初步建成液晶显示器(LCD)、等离子显示器(PDP)、真空荧光显示器(VFD)等新型平板显示器件的生产基地,同时推动T5、LED等新型光源的推广和应用;并加快FAHED、OELD等显示技术和其他新一代光源的研究和开发。

海外业务群重点是要迅速增强广电集团海外研发和销售机构的实力,加强网点建设、分工定位和管理监控。实现信息产业前沿技术开发、OEM订单承接和产品国外销售三大功能,发挥"窗口"和"基地"作用,并积极寻求广电集团传统产业的梯度外向型转移,加快建立海外销地产基地。

产业转型的五大战略 2003年,广电集团为了加快从CRT-TV显示产业链为代表的传统产业向以TFT-LCD液晶面板为核心的高端显示产业转化,确定了五大战略。

产业发展战略。以LCD、PDP、DLP为代表的高端显示产品的成功上市为契机,继续提升SVA平板显示产品在全国市场的占有率,并以PDP、VFD、STN-LCD为代表的平板显示器件开始规模量产,与日本NEC合资生产的第五代TFT-LCD项目启动,加快建设中国最大平板显示器件制造基地,形成世界级的制造基地和产业规模。

技术创新战略。将广电集团中央研究院建成核心技术、关键技术的孵化器和创新源;建立全新的技术创新体系,形成技术研究、新技术应用到产品开发的三级技术开发的完整体系,重点突破数字电视的核心技术及核心部件的设计平台以及平面显示技术的开发平台。

国际化发展战略。确立以 SVA 高端产品推向发达国家市场为主，以传统产品向发展中国家梯度转移的海外战略定位，同时继续向发展中国家实施传统产业和产品的梯度转移，利用现有的生产能力，寻求新的市场，求得资源的最佳配置。

品牌与市场发展战略。与日本三井物产开始全面战略合作，标志着广电集团通过国际商业资本发展自主产业和品牌的市场新战略已经开始实施。

管理创新战略。通过重组业务流程，初步完成企业信息化建设，下属公司也开始使用 ERP 系统，为管理创新打造基础平台。此外，独立董事的加入和董事会下属各专门委员会的成立和独立运作，进一步完善了企业法人治理结构。

至此，广电集团在企业发展的又一重要关头，瞄准了以“数字、信息、网络”为标准的产业发展方向，决心在信息产业领域谋求生产力的新一轮发展。

第二节　信息服务产业结构调整

作为信息服务产业领域的宽带网络业务群是广电集团整体发展战略不可或缺的重要组成部分。广电集团认为，宽带网络业务群对于集团实现传统家电制造企业向综合电子信息企业转型，单纯制造业向产品制造和系统集成、增值服务相结合的企业转型，本土化企业向国际化企业转型这三大目标将发挥越来越重要的作用。

一、“三网合一”系统建设

所谓“三网合一”是指电信网、有线电视网、互联网通过技术改造，其技术功能趋于一致，业务范围趋于相同，网络互联互通、资源共享，能为用户提供语音、数据和广播电视等多种服务。广电集团是上海地区最先实现“三网合一”的企业。

1999 年 4 月，广电集团建立专门从事信息服务业务的上海广电信息技术有限公司，隶属于广电股份。2001 年 4 月，更名为上海广电通讯网络有限公司(简称广电通讯)。广电通讯在完全空白的业务基础上，以“三网合一”为切入点，在俐玛小区、香港丽园小区、金星苑成功实施“三网合一”系统，业务启动以后也带动公司的快速发展，促使广电通讯从最初的“三网合一”概念到广电有线网络集成商，发展成为集 IT 产品和服务、网络运营、产品分销为一体的 ICT 服务企业。公司业务遍及全国，在北京、天津、沈阳、西安、成都、南京、杭州、武汉、福州、广州等地设立有分公司和办事处，销售额从 1999 年的 197 万元发展到 2002 年的 1.6 亿元。同时，广电通讯在科技研发创新上，自主研发了智能小区信息系统、电话回传视频点播系统、Cable modem、SVA 防火墙 2000、HFC 网络管理系统、宽带计费及客户管理系统、宽带网络终端业务支撑系统、流媒体资源管理系统、办公自动化系统(OA)、网站信息发布与管理系统、视频会议系统、城市景观系统等新技术新产品，并有 6 项软件进行著作权登记，形成了 4 个完整的解决方案。

1999 年 7 月 23 日，广电通讯与中国建设银行上海市分行签订银企合作协议，全面推进“三网合一”系统建设。《文汇报》以《上海三网合一获重要进展》为题进行报道；《新华每日电讯》以《上海推出三网合一系统》为题，报道广电集团推出“SGIT 三网合一系统”的消息；《经济参考报》以《三网合一上海广电梦先圆》为题，对广电集团的“SGIT 三网合一系统”进行报道。另外，《解放日报》《通信产业报》《上海经济报》等都对广电集团的“三网合一”进行了报道。

1999 年 12 月，在第一届上海国际工业博览会上，广电集团展示了“三网合一”系统和视频会议系统,具体功能如下:(1) 有线电视接入;(2) 社区特色信息服务;(3) VOD 点播;(4) Internet 接入;(5) 网络管理;(6) IP 电话;(7) Internet 上网等。并提供高品质电视机、音响设备、摄像机、有线电视接入等设备,以体现三网合一的整体效果。

2000 年 1 月 17 日,广电通讯与上海石油化工股份有限公司联合开发石化有线宽带网络合同签字仪式在国际会议中心举行,标志着公司进入有线网络产业化升级改造行业。随后,广电通讯的系统集成业务逐步壮大,2000 年 12 月进入 VOD 酒店运营业务,2001 年 5 月进入互联网接入(ISP)业务,2002 年 1 月进入产品销售领域,全面代理 AVAYA 产品。至此,广电通讯已经初步形成了 IT 服务和 IT 运营的业务方向。

广电通讯"三网合一"业务的迅速发展,在信息服务行业引起轰动,也有力地支持了广电集团旗下两家上市公司广电股份和真空电子的扩股融资工作。

二、远程教育和远程医疗业务

2000 年 3 月,广电集团与广电电子共同出资收购上海健洋医疗设备有限公司,并更名为上海广电健洋网络有限公司(简称广电健洋)。广电健洋主要从事多媒体信息网络建设及相关产品的技术(包括计算机及相关硬件、软件)的开发、生产、销售、服务,医疗及教育信息系统、管理系统、诊断系统(硬件、软件)的开发,相关产品及设备的设计、生产、销售、服务,医疗及教育计算机信息服务。该公司无论是早期研发的 X 刀、血氧保护度仪器、医院病史管理系统,还是后来的医学影像系统、远程医疗系统,都是当时国内第一、世界领先的技术和概念。尤其是第一套自主开发的远程医疗系统——HIV-97 远程医疗咨询系统,通过上海市科委鉴定,认为已达到国际同类产品先进水平,被认定为上海市高新技术成果转化项目。另外,具有国际先进水平的 SPACECAST 系统,在全国率先试行以交互式的第三代远程教育模式向西部地区辐射。

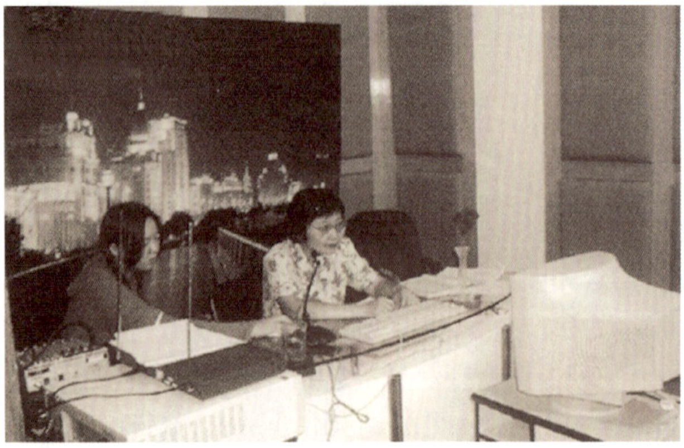

图 7-1-9　广电健洋远程教育培训服务老师在上课

2000 年 12 月 26 日,上海市白玉兰远程网正式开通。广电健洋通过网络资源,整合了上海市的医疗资源,白玉兰远程网在全国十几个省市拥有 300 多个用户点。到 2001 年,上海市近 60 家区县中心以上的医院都连接在广电健洋公司的远程医学网上,这样,外省市任何一家医院只要配备了广电健洋系统,就能通过白玉兰远程网共享上海 60 家医院的医疗资源。

三、准运营级宽带城域网络

2000 年 11 月,广电集团、上海科技投资公司共同出资收购上海科技网,成立了上海科技网络通信有限公司(简称上海科技网),这是广电集团第一家城域数据网络通信企业。

上海科技网是上海市科委于 1995 年建立的宽带 ATM 试验网络平台,主要从事宽带网络接入服务。广电集团于 2000 年年底接手时的上海科技网,完全是一个试验网络,设备陈旧,结构不合理，稳定性极差，每天故障几十次，虽有几十个单位用户，但没有任何合约关系，出口带宽 12 兆，网络速度极慢，用户抱怨很多。

上海科技网经过两年多不懈努力，在缺乏网络运营管理人才、运营经验和建设资金的环境下，将一个纯科研试验网建设成为一个准运营级的宽带城域网络。出口带宽从 12 兆升级到 134 兆，主干带宽从 155 兆升级到 622 兆，网络设备硬件、软件版本全面升级，网络运行率达到 99.5%，单位用户也从几十家发展到近 300 家。

四、宽带业务整合与管理重组

2002 年 9 月，广电集团宽带业务群进行“业务整合，管理重组”的改革工程。整个改革过程实现了三个层面重组：一是资本重组，整个业务群内部形成一个统一的决策管理平台（广电通讯），实施整个业务群的决策、计划、组织、领导和控制，对所属企业进行有效的监控、考核和评估。二是业务重组，宽带业务群将紧紧围绕信息家电、企业信息化和远程教育与远程医疗三个方面开展工作。三是管理架构重组，在所属企业中开展管理流程重建，以法人治理结构为原则，结合企业信息化建设的要求，利用企业实施 ERP 的契机，对管理体系进行规范，力求提高管理效率、管理水平，降低管理成本，为企业发展提供强有力的保障。

2004 年，广电通讯通过以上业务重组和管理重组，整体购并广电健洋，直接控股上海科技网（占 80%股份）。同时，广电通讯还控股参股投资了北京中农大网络发展有限公司、上海卫生远程医学网络有限公司、北京白玉兰广电网络有限公司、上海闵行广电科技发展有限公司、盐城广电信息发展有限公司、上海广电财经技术有限公司、山东健洋卫生发展有限公司等公司，并在北京、成都、武汉、广州、南京等地设有业务平台。

广电通讯在资本整合之后，注册资金将达到 3.5 亿元人民币。在原有的业务基础上，还将拥有覆盖上海地区 1 000 多公里的全光纤城域网和覆盖全国的双向卫星通信系统，发挥“天网”与“地网”的优势互补，使公司真正成为涵盖网络基础建设、网络应用服务、网络内容服务以及供应链服务的一体化 IT 企业，为电信、广电、企业、政府提供更为全面、更为有效的 IT 整体解决方案。

第三节 光电子产业链形成

21 世纪初，中国彩电工业遭遇到一场“创造性毁灭”带来的危机：显像管显示技术被以液晶面板为主的平板显示技术逐步替代。液晶平板显示彩电从 2003 年起在国内市场上初露端倪，到 2008 年在销售量上以绝对优势超过显像管彩电。这场液晶平板显示器替代显像管的风暴迅速摧毁中国彩色显像管工业。中国八大彩管厂——咸阳彩虹、北京松下、深圳赛格三星、深圳赛格日立、佛山汤姆逊、长沙 LG、南京华飞、永新彩管在平板显示器的冲击下，于 2007 年都先后停产关闭。广电集团所属的永新彩管于 2007 年 9 月 10 日停产，与其配套的旭电子玻璃于 2007 年 7 月 31 日停产，新芝电子紧随其后于 8 月 1 日停产。

2003 年年初，广电集团提出了“以液晶项目为新的切入点，大力发展新型平板显示器件及其终端产品，加快形成从器件、成品到系统集成服务的强有力的产业链和产品品牌，全力建设世界级的平面显示制造基地”的发展战略，并正式踏上了从 CRT－TV 产业链为代表的传统产业向以 TFT－LCD 为核心的现代高科技产业转化的转型之路。

一、TFT－LCD 薄膜晶体管液晶显示器项目

广电集团 TFT－LCD 薄膜晶体管液晶显示器项目的建设与发展，是广电集团在 2003 年之后着力推进的一项重点业务。

【建设 TFT－LCD 薄膜晶体管液晶显示器项目获批】

2003 年 9 月 26 日，国务院批准广电集团关于建设 TFT－LCD 薄膜晶体管液晶显示器项目的可行性报告，原则同意该项目享受国家超大规模集成电路产业优惠政策。10 月 24 日，中共上海市委召开专题会议，听取广电集团关于 TFT－LCD 薄膜晶体管液晶显示器项目情况汇报。10 月 27 日，商务部批准上海广电投资管理有限公司与日本电气株式会社设立中外合资经营企业上海广电 NEC 液晶显示器有限公司(简称广电 NEC)。

【上海广电 NEC 液晶显示器有限公司揭牌】

2003 年 12 月 28 日，广电 NEC 揭牌开业。该公司投资建设的国内第一条第五代薄膜晶体管液晶显示器生产线，可年产 54 万张 1 300 毫米×1 100 毫米玻璃基板。合资公司由上广电和日本 NEC 共同投资，广电集团控股 75%。作为中华人民共和国成立以来电子行业投资规模最大、跨入门槛最高的项目，合资公司运用世界上最成熟的第五代 TFT－LCD 生产技术和研究技术，生产用于液晶显示器、笔记本电脑、液晶电视等的显示屏及模块。可按客户需要加工成 15～23 英寸的各种规格的液晶显示屏，最大可生产 59 英寸的液晶显示屏。按 15 英寸换算，可年产 652 万个显示屏。

【广电 NEC 项目土建工程基本竣工】

2004 年 5 月 12 日，广电 NEC 举行了工艺设备安装启动仪式，标志着广电 NEC 的土建工程工

图 7－1－10　广电 NEC 设备吊装

作基本结束，建设重点从此由大规模的厂房建设转向了生产设备的安装调试。从 5 月 12 日开始，S1 生产线、22.5 K 生产线的各类生产设备将源源不断地运抵工厂，进行安装调试。该公司设备部、制造部、动力部等相关部门在公司日籍管理人员、NEC 支援人员、设备厂家支援人员等相关专家的协助下，加快设备的安装调试进度，以确保当年 10 月进行试生产的目标。

【首套 MPA 曝光设备顺利就位】

2004 年 5 月 18 日，TFT－LCD 项目第一套 MPA 曝光设备由气垫式温控减震平板拖车运载，送达广电 NEC 建设工地阵列厂房。MPA 曝光设备在运输过程中需要恒温恒湿条件和严格的防震

图 7－1－11　广电 NEC 首套露光设备到达

图 7－1－12　广电 NEC 首套露光设备进行 24 小时调试

措施，由专用的气垫式温控减震平板拖车全程运输，海上运输时减震车也一起装船。在陆路运输时，减震平板拖车必须保持30公里的时速行驶，沿途不能减速停车。因为MPA露光设备诸多的特殊储运要求，上海海关和商检部门同意到现场查验。5月18日晚8点，减震平板车自港口海关开出后，由警车前后开道，一路无阻，所经道路岔口被全部封掉，禁止任何车辆和行人通过，历经3个半小时，于晚11点30分，安全抵达莘庄工地阵列厂房。5月20日上午，上海海关和商检部门来洁净厂房进行现场开箱查验，这在国内是不多见的。因其严格的净化度要求，搬入口提前做好了清洁准备，禁止任何无关人员进出或靠近，搬入台用清水冲刷过，并铺好塑料薄膜，吊车起吊MPA曝光设备后自搬入台直接进入洁净厂房。

【首次生产工艺调试启动】

2004年7月15日，广电NEC首次生产工艺调试正式启动，这是继5月12日设备搬入启动后又一个重要计划节点。从7月7日开始投入近10个LOT(200片基板)，阵列的成膜等单机设备情况较好，基本符合工艺参数要求。7月12日进行首次生产工艺调试启动审查，评定人员一致认为相关条件合格，同意进行首次工艺调试试运行。首次工艺调试为期15天，调试情况进行顺利，8月底所有设备的单机调试工作基本完成。

【第一块TFT－LCD屏点灯成功】

2004年8月10日下午4点35分，广电NEC 0次工艺试投第一块TFT－LCD屏点灯实验成功，标志着广电NEC第五代薄膜晶体管液晶显示器S1生产线第一批22.5 K设备具备了制作TFT－LCD屏的能力。首块TFT－LCD屏点灯成功，说明广电NEC各方面已经具备了生产第五代TFT－LCD产品的能力。

图7－1－13　第一块TFT－LCD屏点灯成功

【首批第五代液晶屏成功诞生】

2004年9月1日，广电NEC第一批无缺陷的TFT－LCD屏在模块厂房成功完成。S1生产线采用了世界上最先进的第五代生产线设备，并采用了世界上最前沿的4块掩膜板工艺和ODF工艺，第一批屏是一次试投的制品，共产出9块无缺陷的屏。当天即挑选5块屏送往广电信息制作成整机。至此，中国大陆首条第五代TFT－LCD生产线制造的第一批显示屏成功诞生。

【TFT－LCD薄膜晶体管液晶显示器项目竣工】

2005年11月8日，广电NEC举行TFT－LCD薄膜晶体管液晶显示器项目竣工仪式。广电NEC由第一桩到第一屏仅用两年时间，15英寸液晶屏销量已占国际市场四成，居第一位；上海市“十一五”发展规划将平板显示产业作为重点发展的支柱产业，为了提升产业的整体竞争力，广电集团决定在莘庄工业区内建立“上海平板显示产业基地”。

二、TFT－LCD 液晶面板用玻璃基板项目

2006 年 5 月 27 日，广电集团所属上海广电光电子有限公司（简称广电光电子）与日本国电气硝子株式会社（NEG）、住友商事（中国）有限公司合资的电气硝子玻璃（上海）广电有限公司（简称电气硝子玻璃）合资签约仪式，在上海西郊宾馆举行。电气硝子玻璃总投资 4 550 万美元，注册资本 1 550 万美元。其中日本电气硝子、广电光电子、日本住友商事和住友商事（中国）有限公司分别持 65％、20％、12.5％和 2.5％的股份，合资公司落户在上海莘庄工业区的平板显示产业基地内，专业从事 TFT 液晶面板用玻璃基板的生产以及相关的研发和销售。

2006 年 11 月 28 日，电气硝子玻璃举行奠基仪式并打下第一根桩，这标志着生产 TFT－LCD 液晶面板上游关键配套产品的 TFT－LCD 液晶用玻璃基板项目正式开始建设。该公司生产的第五代 TFT－LCD 液晶玻璃基板产品为国内 TFT－LCD 面板生产企业和上游彩色滤光片（CF）生产企业配套。日本电气硝子株式会社是世界三大 TFT－LCD 液晶显示器基板玻璃制造厂商之一，此次广电集团与日本电气硝子强强合作，填补了国内 TFT－LCD 液晶用玻璃基板生产的空白，改变了原来完全依靠国外进口玻璃基板的状况。

2007 年 4 月 18 日，电气硝子玻璃举行最后的钢结构吊装和上梁仪式，至此完成了总面积约 12 700 平方米主体厂房的结构施工（2 月 7 日已完成了厂房桩基工程和验收），随即转入相关机电设备安装工程施工，并于 7 月开始进行生产工艺设备安装调试。

2007 年 9 月 1 日，电气硝子玻璃开始全线设备联动调试，并进入试生产状态，9 月 20 日全线联动调试基本成功，向广电 NEC 提供第一批认定样品，10 月 1 日开始正式量产，第一期产能为每月加工 14 万片第五代 TFT 液晶用玻璃基板。电气硝子玻璃可为中国大陆的 TFT－LCD 面板生产企业和上游彩色滤光片生产企业配套，成为 TFT－LCD 产业链建设中的重要环节。

三、TFT－LCD 模块工厂项目

2006 年 6 月 22 日，广电光电子与台湾宝成集团的全资子公司 Mindtech Investments Ltd. 签署协议，双方在上海平板显示产业基地内合资成立上海广电元盛电子有限公司，专业生产 TFT－LCD 模块；同时，广电光电子对 Mindtech 在昆山独资的模块工厂——元盛电子（昆山）有限公司增资入股。两家模块工厂的总投资均为 9 500 万美元，注册资本额均为 3 500 万美元，广电光电子均占股 60％。

两家工厂主要为中国内地各液晶电视整机企业以及华东地区的 OEM/ODM 代工厂提供模块产品。其中，上海合资工厂主要生产用于液晶电视的大尺寸 TFT－LCD 模块，昆山合资工厂主要生产用于显示器和笔记本电脑的大尺寸 TFT－LCD 模块。为加强产业链上下游之间的联系，广电光电子、Mindtech、广电 NEC 和昆山龙腾光电四方还签订了《CELL 买卖基本合同确认书》。

四、TFT－LCD 液晶面板用彩色滤光片（CF）项目

2006 年 2 月 6 日，广电电子和日本富士胶片株式会社共同签订了彩色滤光片项目合作意向书。

2006 年 8 月 22 日，广电电子和日本富士胶片株式会社在上海西郊宾馆正式签署彩色滤光片项

目的合营合同和章程,正式宣告上海广电富士光电材料有限公司(简称广电富士)成立。广电电子与日本富士携手进入广电集团 TFT－LCD 上游产业的建设。

2006 年 12 月 29 日,国家发改委向上海市发改委出具项目核准批复,CF 项目申请报告核准工作完成。2007 年 4 月,CF 项目获得国家商务部批准,同年 4 月 12 日完成公司工商登记,获得上海市工商局颁发的营业执照,此时,广电富士正式成立,并进入 18 个月的项目建设期。

2007 年 7 月 25 日,广电富士举行了奠基仪式。经过 111 天的努力,完成了 5.8 万平方米主体厂房的结构封顶,又经过了 111 天的奋斗,完成了 2.2 万平方米的洁净车间的施工。在项目规划阶段,筹建组人员不断优化设计方案,从生产线布置、物流走向、运营成本等各个方面进行方案比较和可行性论证。最终,厂房建筑面积比可行性报告缩减了 1.2 万平方米,厂房高度也从 4.5 米降低到 4.2 米,同时还优化了动力系统的配置和工艺布局,最终生产线从原先的 70 K/月的产能提高到 80 K/月,产品品种从原先生产一个品种调整为同时生产两个品种,为在激烈的竞争中赢得市场打下了基础。

2008 年 4 月,广电富士完成第一期工艺设备的安装调试,6 月完成一期设备的冷调和热调。

2008 年 7 月 31 日,广电富士第一款彩色滤光片样品试制完成,并送客户广电 NEC 进行认定。产品认定工作的完成,标志着广电富士已经具备了 CF 量产的能力。

五、上海平板显示产业基地成立

2004 年年底,广电集团提出新一轮发展的战略目标:全面推行广电集团的改制转型,积极实施 CRT 产业链的调整,加快推进从传统的 CRT 产业升级到以 TFT－LCD 为核心的平板显示产业的产业升级,全力打造具有国际竞争力的光电子产业基地。

2005 年 11 月 8 日,广电集团在广电 NEC 举行上海平板显示产业基地成立暨广电 NEC 竣工仪式。上海市委主要领导、市政协主席、国务院信息化工作办公室等领导出席。

【上海平板显示产业基地】

上海平板显示产业基地位于上海市沙港以东、华宁路以西、金都路向南至新规划的西八河以南街坊路内,总面积约 2.2 平方公里。该基地由广电集团为主体,打造以 TFT－LCD 面板为核心的上、中、下游产业链,并建立研发机构。基地内规划建设基板玻璃、彩色滤光片、偏光片、特种化学材料等上游企业,建设两条五代以上 TFT－LCD 生产线以及液晶电视、液晶显示器、笔记本电脑等下游企业。预计基地项目总投资 60 多亿美元、吸引外资 25 亿美元,销售额将超过 100 亿美元。

【国家(上海)平板显示器件产业园】

2007 年 6 月 4 日,信息产业部发文同意,上海平板显示产业基地所在的上海市莘庄工业区成为国家电子信息产业园,具体名称为:国家(上海)平板显示器件产业园。

信息产业部指出,国家电子信息产业园是产业规模、技术水平、骨干企业数量在电子信息产业某一特定领域处于国内领先水平的产业聚集区域,具有突出的产业特色。信息产业部表示,将支持产业园的建设和发展,各产业园的建设也应坚持科学发展观,充分发挥比较优势,不断调整优化产业结构,增强自主创新能力,提升综合竞争力。

【习近平视察国家(上海)平板显示器件产业园】

2007 年 6 月 19 日下午，中共上海市委书记习近平，市委副书记、市长韩正和市委常委徐麟、常务副市长冯国勤等市领导在闵行区调研时，视察了国家(上海)平板显示器件产业园及广电 NEC。市国有资产监督管理委员会党委书记、主任杨国雄，市经济委员会主任王坚等委办领导陪同视察。习近平在调研时强调，上海正处在改革发展关键时期，要以一往无前的勇气、克难攻坚的胆识和先行一步的锐气，站在新起点、抢抓新机遇，谋求新发展、实现新突破。他指出，要着力提高先进制造业竞争力，积极推进产业集群发展，发挥先进制造业对区域经济增长的重要支撑作用；要加快发展附加值高、资源消耗少、产业链长的生产性服务业，优化布局，集聚发展；要大力推进校区、园区、城区三区联动发展，加快促进科技成果产业化，聚焦优势领域关键技术，形成一批带动产业发展的核心技术，在探索三二一产业共同发展方面走出一条切实可行的道路。

【国家(上海)平板显示器件产业园揭牌】

2007 年 8 月 27 日，国家(上海)平板显示器件产业园揭牌仪式在广电 NEC 举行。国家信息产业部副部长娄勤俭，中共上海市委常委、副市长杨雄出席仪式并为产业园揭牌。揭牌仪式上，信息产业部综合规划司司长莫玮宣读信息产业部批文；闵行区委书记孙潮和广电集团党委书记、董事长徐为煺分别致辞；闵行区区长陈靖和广电集团总裁顾培柱签署《关于共同建设国家(上海)平板显示器件产业园的合作框架协议》，双方将遵循“合作、创新、务实、效率”的原则，由下属主体单位共同成立产业园区开发管理机构，充分发挥各方资源优势和特长，共同促进产业园区发展、产业集聚和 TFT－LCD 产业链的形成，将产业园建设成为中国领先、具有国际影响力的平板显示器件制造和研发基地。

第二章　企业结构调整

第一节　广电集团企业结构重组

一、企业结构重组背景

广电集团重组时，所属企业产品门类多，企业摊子大，有资产关系的 200 多家企业中，多数产品没有市场，经营出现困难。下属两大上市公司广电股份和真空电子也陷入极大的困难。1996 年，广电股份亏损额达到 1.77 亿元，真空电子也每况愈下。中共上海市委、市政府在对广电集团重组时采取了六项针对性的措施，充分利用上海的整体优势和国家有关政策为广电集团的重新崛起注入活力和生机，其中第三项是实现债务重组，优化集团资产。

广电集团抓住资产重组带来的重大机遇，利用政策优势，拉开了深化企业内部改革、企业结构重组的序幕。

二、企业结构重组目标

市委、市政府对广电集团采取的三大重组举措是“增资、减债和分流”，广电集团充分利用这三大举措，根据“有所为，有所不为”和国有经济“有进有退”的原则，按照搞活两家上市公司的方针，在广电股份和真空电子内选择若干企业实施兼并，采取部分破产和部分兼并的组合操作办法，对企业和产品进行大范围的重组。对真空产业进行大规模的产业改造，将无效益、无市场的企业空壳化，把有效资产剥离重组到新的企业，重点发展有市场前景的产品；对家电行业中原来比较分散的配套加工生产线重新整合，组建新的 SMT 贴片中心等公司。对曾经享誉全国的上海无线电四厂（简称上无四厂）、上海无线电十八厂（简称上无十八厂）实施破产，对上海电子管厂和上海录音器材厂实施收购。

1998 年 3 月，广电集团召开干部大会，分析形势，提出今后三年的发展方向，研究改革和发展中的重大问题，确立了全面推进广电集团快速发展的方向。按照现代企业制度的要求和搞活上市公司的方针，对两家上市公司实现机制转换，进一步增强上市公司实力。

第二节　广电信息企业结构调整

一、启动企业结构调整

广电股份早在 1992 年改制设立并于 1993 年上市。广电集团进行资产重组前，广电股份已出现危机，1996 年年底总负债达 38.87 亿元，资金状况严重恶化，企业陷入恶性循环。1997 年，广电集团资产重组给广电股份的发展带来了千载难逢的机遇。按照市委和市政府指示，广电集团向广电股份注入有效资产，推动广电股份实施资产重组，重振金星品牌，推动广电股份克服困难，求得发展。广电股份启动了全面系统的企业结构调整工作。

广电股份通过置换处理不良资产，注入优质资产，减轻了公司债务，明显提高了资产质量。公司顺利稳妥地完成对上无四厂、上无十八厂、上海录音器材厂等企业的出售工作，确保了有效资产的交割，进一步加强了对固定资产的管理，防止了国有资产新的流失。同时对一些在调整中新设立的生产单体进行积极探索，使其由公司的全资子公司逐步演变成有多个投资主体的有限责任公司，成为真正自负盈亏、自谋发展的市场竞争主体。

二、上无四厂、上无十八厂出售及破产

1997 年 4 月 1 日，广电股份召开第二届董事会第五次会议，一致同意将全资子公司上无四厂、上无十八厂的资产出售给广电集团。上无四厂、上无十八厂所有人员由广电集团负责安置管理。4 月 6 日，广电股份和广电集团签订产权转让合同。其中第一条“产权转让标的与价款”是：甲方(广电股份)将所属的上海无线电四厂、上海无线电十八厂的全部产权以人民币 108 621.26 万元有偿转让给乙方(广电集团)。

【上无十八厂破产】

上无十八厂始建于 1966 年 6 月，主要产品为飞跃牌彩色、黑白电视机。因企业销售收入逐年下降，企业亏损增加，至 1996 年年底已严重资不抵债。1997 年 4 月 8 日，上无十八厂向广电集团递交破产申请报告。4 月 9 日，广电集团给予批复，同意上无十八厂的破产申请，要求其向管辖法院提出企业破产申请，系以债务人名义诉请企业破产，考虑到实际情况，拟不申请破产整顿，提请法院依法直接宣告破产。4 月 16 日，上海市第一中级人民法院民事裁定：宣告上无十八厂破产。

【上无四厂破产】

上无四厂成立于 1962 年，产品主要有凯歌牌彩色电视机和黑白电视机。1993 年，企业的生产经营活动已陷入困境，严重资不抵债，1995 年企业停止生产。1997 年 4 月 11 日，上无四厂向广电集团递交破产申请报告。4 月 11 日，广电集团给予批复，同意上无四厂的破产申请，要求其依法向管辖法院提出企业破产申请，系以债务人名义诉请企业破产，考虑到实际情况，拟不申请破产整顿，提请法院可依法直接宣告破产。5 月 15 日，上海市徐汇区人民法院民事裁定：上无四厂申请破产一案进入破产还债程序。同时，上海市徐汇区人民法院《关于同意上海无线电四厂破产清算组委托交易破产财产的批复》：同意将审计评估的机器设备、房屋建筑、部分存货、无形资产及长期投资等破产财产在上海产权交易所挂牌上市。

【上无四厂、上无十八厂厂名停止使用】

1997 年 5 月 4 日，广电集团下发文件《关于停止使用上海无线电四厂、上海无线电十八厂厂名的通知》至广电股份：上无四厂、上无十八厂因严重资不抵债，分别由徐汇区人民法院、上海市第一中级人民法院宣告破产，并已进入清算程序。请即通知你公司有关子(分)公司及销售部门对未外发的产品标签及宣传广告品、说明书进行认真清理，消除上无四厂、上无十八厂厂名。在公共场合亦立即停止使用上述两个厂厂名。

三、上海录音器材厂出售及破产

【上海录音器材厂出售】

上海录音器材厂建立于1951年,主要产品是录像机、摄录一体机、音响、收录机等电子产品。1992年股份制改制时,企业潜亏9 800万元,已经资不抵债。1997年企业被迫全面停产。

1997年8月15日,广电股份召开第二届董事会第八次会议,同意将全资子公司上海录音器材厂的资产出售给广电集团,并向广电集团上报《关于出售上海录音器材厂的请示》。9月10日,广电集团董事会通过关于购买上海录音器材厂的决议,由广电集团出资购买上海录音器材厂。10月21日,上海市国有资产管理办公室批复广电集团:同意广电股份出售上海录音器材厂,要求贯彻市委文件精神,通过资产重组,将有效资产注入广电股份,并用足用好政策,逐步提高整个集团的资产质量,优化资本结构。

【上海录音器材厂破产】

1997年11月14日,广电集团向上海市经委提出书面报告,对上海录音器材厂实施破产。原因是上海录音器材厂负债4.66亿元,资产负债率为98.2%,拟请纳入本市1998年度试点城市企业兼并破产工作计划。11月18日,广电股份上报《关于上海录音器材厂被收购及破产清算的请示》,提出上海录音器材厂由广电集团收购并实施破产清算的预案。实施步骤:(1)由广电集团整体收购上海录音器材厂的资产,同时带入该厂的全部债务及全部人员;(2)收购后的上海录音器材厂由广电集团委托广电股份代管,托管期间,广电股份按广电集团要求,负责做好上海录音器材厂不良资产的净化工作;(3)拟于1998年上海录音器材厂进入破产程序,进行清算还债,清算资产上市交易,在无其他单位接盘的情况下,由广电股份托盘收购。

1999年7月28日,上海录音器材厂资产总值严重资不抵债,无力偿还到期债务,向广电集团提出破产申请。8月12日,广电集团对上海录音器材厂破产申请给予批复,同意上海录音器材厂破产申请,要求其依法向管辖法院提出企业破产申请,系债务人名义诉请破产保护;法院受理后,考虑到实际情况,拟不申请破产整顿,提请法院可依法直接宣告破产。

四、金星电视总厂改制

1998年,为进一步理顺股份公司与企业的资产关系,规范企业行为,增强上市公司的实力和活力,广电股份将金星电视总厂改制为多元投资的有限责任公司——上海广电金星电子有限公司。

1998年10月6日,广电股份向广电集团提出请示,将金星电视总厂改制为多元投资的有限责任公司——上海广电金星电子有限公司。改制后广电股份以原金星电视总厂存量资产出资90%,广电集团出资10%。10月12日,广电集团对广电股份《关于金星电视总厂改制为有限责任公司的请示》给予批复,同意将金星电视总厂改制为上海广电金星电子有限公司。12月10日,广电集团下发《关于同意组建上海广电金星电子有限公司的批复》,同意金星电视总厂改制为上海广电金星电子有限公司,并由广电集团、广电股份共同投资组建。

五、上海广联电子有限公司成立

1999年，广电信息对原录像器材厂进行解体，对其原经营的三块业务（贴片、冲压、小电机装配）进行调整。在调整过程中，广电股份预测到在电子产品生产中，贴片加工应用广泛，发展潜力较大，决定成立新公司，发展贴片加工产业。5月2日，上海广联电子有限公司成立。广电信息将原录像器材厂的贴片加工业务并入上海广联电子有限公司，然后通过公司增加投资，进口一部分贴片加工设备，大力发展公司的贴片加工业。广电信息开始有计划地扶植具有经营发展潜力的企业。

六、其他企业结构调整

【上海三相电机有限公司股权转让】

上海三相电机有限公司（简称三相电机）是由原广电股份和日本国三相电机株式会社于1985年9月共同投资组建的合资企业，广电股份占5%股权，日本国三相电机株式会社占95%股权，主营业务为生产销售空调器配套用电机和其他各种电机、带电泵类产品及电气机器的小家电应用产品。鉴于广电信息经营业务和策略的调整，以及三相电机的实际经营状况，三相电机董事会于2007年2月作出决议，同意广电信息转让其所持有的三相电机5%的股权。上海联合产权交易所于2007年9月20日出具了《产权交易凭证（A类）》，广电信息将所持有的三相电机5%股权转让给日本国三相电机株式会社的产权交易行为合法有效。股权转让后，上海三相电机有限公司成为外商独资企业。

【上海广信旭电机有限公司提前终止合营】

上海广信旭电机有限公司（简称广信旭）是由原广电股份、香港信兴中国投资有限公司、日株式会社锦和日株式会社旭电机制作所共同投资组建的中外合资企业，成立于1994年10月。广信旭的总投资为100万美元，注册资本为75万美元，其中广电股份出资24万美元，占32%；日株式会社旭电机制作所出资33万美元，占44%；香港信兴中国投资有限公司出资12万美元，占16%；日株式会社锦出资6万美元，占8%。广信旭经营范围为生产各类马达及相关零部件，销售自产产品。2003年，因广信旭的产品市场需求发生变化，连续三年出现较大亏损。2007年3月9日，广信旭召开董事会，一致同意公司提前终止合营，并办理清算解散手续。8月1日，广信旭向广电信息提交《关于上海广信旭电机有限公司提前终止合营的请示》。9月30日，广电信息向广电集团提出《关于上海广信旭电机有限公司提前终止合营的请示》。10月26日，广电集团向上海市外国投资工作委员会提出《关于上海广信旭电机有限公司提前终止合营、实施清算的请示》。11月16日，上海市外国投资工作委员会批复，同意广信旭提前终止合资合同、公司章程。

【上海广联电子有限公司等三家公司股权转让】

2007年6月20日，上海市国资委就《关于上海广电（集团）有限公司以协议转让方式转让上海广联等三家公司股权的请示》，给予《关于上海广电（集团）有限公司国有股权转让的批复》，同意广电集团将持有上海电视电子进出口有限公司50%的国有股权、持有上海广电计算机有限公司49%的国有股权、持有上海广联电子有限公司25%的国有股权转让给广电信息的可行性方案。

【上海广电飞跃照明电子器材厂股权转让】

上海广电飞跃照明电子器材厂成立于1993年6月，是广电信息下属的全资企业，主营电子镇流器生产加工。根据广电信息战略规划的要求，将上海广电飞跃照明电子器材厂100%股权通过上海联合产权交易所挂牌出让。2006年11月30日，广电信息向广电集团提出《关于转让上海广电飞跃照明电子器材厂全部股权的请示》，拟先将该厂的房地产资产剥离转让给广电信息，然后对该厂的整体资产进行审计评估，以经过上海市国资委备案通过的评估净资产值作为转让100%股权的底价，通过上海联合产权交易所公开挂牌转让。2007年1月4日，广电集团对广电信息《关于转让上海广电飞跃照明电子器材厂全部股权的请示》给予批复，同意广电信息通过市场机制转让拥有的上海广电飞跃照明电子器材厂全部股权。

【广电信息管理分公司清理管辖企业】

2001年4月，广电信息根据产业调整需要，成立上海广电信息产业股份有限公司管理分公司，对一些非核心产业、不符合产业发展的企业，进行大规模调整，管理分公司承担处理和操作非核心产业的退出，一批企业进入管理分公司，实施关停并转。

上海广电凯歌家电生产线设备厂歇业　上海广电凯歌家电生产线设备厂(简称生产线厂)成立于1996年10月，由上海广电凯歌实业有限公司全额投资。2001年8月，生产线厂划归管理分公司管理。2004年8月20日，管理分公司上报广电信息《关于凯歌家电生产线设备厂清理歇业实施方案的请示》。8月27日，广电信息予以批复，同意生产线厂歇业。12月15日，上海市税务局第二财税分局核准生产线厂注销税务登记。2005年7月11日，上海市工商行政管理局闵行分局下发准予生产线厂注销工商登记的通知书。

上海广电网络系统有限公司歇业　上海广电网络系统有限公司(简称网络公司)成立于1994年11月。广电股份占总股本的96%，广思新技术公司占总股本的4%。2005年3月，网络公司划归管理分公司管理。2005年7月13日，管理分公司上报广电信息《关于上海网络系统有限公司申请工商注销的请示》。8月5日，广电信息予以批复，同意网络公司注销申请。8月24日，上海市工商行政管理局徐汇分局下发准予网络公司注销工商登记的通知书。

上海广电凯歌服务公司歇业　上海广电凯歌服务公司(简称服务公司)成立于1984年10月，由上海广电凯歌实业有限公司全额投资。2003年6月，服务公司划归管理分公司管理。2003年6月23日，管理分公司上报广电信息《关于上海广电凯歌服务公司歇业的请示》。7月18日，广电信息予以批复，同意服务公司歇业。2005年8月11日，上海市徐汇区核准服务公司注销税务登记。10月20日，上海市工商行政管理局闵行分局下发准予服务公司注销工商登记的通知书。

上海凯歌国际贸易有限公司歇业　上海凯歌国际贸易有限公司(简称凯歌国贸)成立于1994年12月。广电股份占总股本的80%，凯歌实业有限公司占总股本的20%。2001年8月，凯歌国贸划归管理分公司管理。2005年2月4日，管理分公司《关于上海凯歌国际贸易有限公司歇业的请示》上报广电信息。3月9日，广电信息予以批复，同意凯歌国贸歇业。8月16日，上海市浦东新区税务局外高桥保税区分局核准凯歌国贸注销税务登记。10月20日，上海市工商行政管理局浦东新区分局下发准予凯歌国贸注销工商登记的通知书。

上海广星电子有限公司歇业　上海广星电子有限公司(简称广星电子)成立于1999年8月。广电股份占总股本的80%，上海广电数字音像有限公司占总股本的20%。2001年8月，广星电子划归管理分公司管理。2004年12月8日，管理分公司上报广电信息《关于上海广星电子有限公司税务注销申请的请示》。12 月 30 日，广电信息予以批复，同意广星电子歇业。2005 年 1 月 11 日，上海市税务局第二财税分局核准广星电子注销税务登记。6 月 17 日、18 日、19 日在《青年报》上刊登公司歇业公告。10 月 28 日，上海市工商行政管理局下发准予广星电子注销工商登记的通知书。

上海广电凯歌洗衣机厂歇业　上海广电凯歌洗衣机厂（简称洗衣机厂）成立于 1996 年 4 月，由广电信息全额投资。2001 年 10 月，洗衣机厂划归管理分公司管理。2004 年 8 月 9 日，管理分公司上报广电信息《关于上海广电凯歌洗衣机厂歇业申请的请示》。8 月 27 日，广电信息予以批复，同意洗衣机厂歇业。11 月 19 日，上海市税务局第二财税分局核准洗衣机注销税务登记。2006 年 3 月 8 日，上海市工商行政管理局闵行分局下发准予洗衣机厂注销工商登记的通知书。

上海凯歌禄达电子有限公司歇业　上海凯歌禄达电子有限公司（简称凯歌禄达）成立于 1993 年 1 月。广电信息占注册资本的 45%，韩国禄达有限公司占注册资本的 50%，禄达电子（香港）有限公司占注册资本的 5%。2005 年 3 月 21 日，凯歌禄达董事会决议，对公司实施终止清算。凯歌禄达向管理分公司提交实施清算的申请。8 月 10 日，上海市外国投资工作委员会下达《关于上海凯歌禄达电子有限公司提前终止公司合同、章程的批复》。2006 年 5 月 30 日，凯歌禄达报告清算工作全部结束。

上海广电模具成型有限公司歇业　上海广电模具成型有限公司（简称模具公司）成立于 1993 年 12 月，属管理分公司管辖的调整企业。2005 年下半年已为空壳企业。2006 年 9 月 5 日，管理分公司上报广电信息《关于上海广电模具成型有限公司税务注销申请的请示》。9 月 19 日，广电信息作出批复，同意模具公司办理注销税务登记手续。

上海广电设计开发有限公司歇业　上海广电设计开发有限公司（简称设计开发公司）成立于 1997 年 6 月 22 日。广电股份占 60%股权，广电集团占 40%股权。2006 年 4 月 19 日，管理分公司上报广电信息《关于上海广电设计开发有限公司歇业工作安排的请示》。12 月 20 日，广电信息作出批复，同意设计开发公司清算后即歇业。12 月 29 日，广电集团对广电信息实施设计开发公司清算歇业给予批复，同意对设计开发公司实施歇业清算。

上海广电凯歌无线电厂歇业　上海广电凯歌无线电厂（简称凯歌无线电厂）属管理分公司托管企业。2003 年已列入歇业企业范围，企业已空壳化。2008 年 11 月 27 日，管理分公司上报广电信息《关于凯歌无线电厂歇业申请的请示》。12 月 9 日，广电信息作出批复，同意凯歌无线电厂歇业，并办理工商登记注销手续。

第三节　广电电子企业结构调整

一、企业结构调整背景

1986 年 12 月 25 日，上海市电真空工业公司经上海市人民政府经济体制改革办公室批准，改制为上海真空电子器件股份有限公司（简称真空电子）。真空电子成立之时，以资产为纽带，把上海灯泡厂、上海电子管厂、上海电子管二厂、上海电子管四厂、上海显像管玻璃厂等 5 家国有大中型企业合并为一个法人实体。20 世纪 80 年代末至 90 年代初，真空电子先后投资建立永新彩管、旭电子玻璃、新芝电子等公司，以发展彩色显像管产业。90 年代中期以前，真空电子以黑白显像管为主导产业，90 年代中后期，以彩色显像管为主导产业。1996 年，显像管行业市场出现大幅滑坡，产品价格一路暴跌，使真空电子的经济效益陷入困难境地。1997 年 3 月，广电集团资产重组，为真空电子走出低谷营造了良好的外部环境。重组后的广电集团根据“一要明显减轻负债,二要明显补充流动资金,三要明显提高资产质量,四要明显增强企业活力”的宗旨,制订了真空电子重组方案,对一批已不适应市场要求的以黑白显像管产业为代表的企业进行了调整与重组。真空电子在资产重组、债务重组和资产经营等方面开展了一系列工作。

二、确定以产品为单位的分厂体制

1997年,真空电子开始转换机制探索新路,确定以产品为单位的分厂体制。公司试行工厂、分厂二级管理的生产经营体制框架,确定了上灯厂所属的钨钼、显像管、电子枪、零模等以及电子管二厂所属的显像管日光灯等以产品为单位的分厂体制,为今后地域调整后建立以产品为单位的分公司体制创造了条件。由于公司母体主营产品黑白电视机与显像管已进入产品的衰退期,对企业来说,亏损经营、资金周转不灵等问题突出。上半年,显像管玻璃厂、电子管二厂、电子管厂基本停工。下半年,公司加快调整产品结构布局和生产组织体系,上海灯泡厂土地置换工作形成方案,制订实施计划,加快土地置换工作的进程;将电子管二厂的黑白显像管生产线、上海灯泡厂的电子枪生产线和海燕无线电厂的黑白整机装配线等有效资产集中起来,组建成电器分公司,尽力延长老产品的生存寿命,使公司赢得更多的发展时间和空间。同时赋予电器分公司新机制,产、供、销一体化,自行确定人员、组织结构和机制,自行决定分配形式,实行边筹建、边生产模式,争取更好地生存和发展。11月1日,电器分公司显像管生产线开始试生产,1998年1月1日正式生产。真空电子同时盘活老厂内的剩余资产,分层、有序地进行资产运作,对显像管玻璃厂两条黑白玻壳生产线、电子管四厂黑白显像管生产线进行转移,上海灯泡厂黑白显像管生产线寻找合作伙伴,其所在的武宁路35号地块于11月底与上海复星公司签订联合开发协议,并做好电子管厂的资产被收购工作。

【上海电子管厂的出售和兼并】

1997年4月26日,真空电子召开第三届董事会五次会议,就真空电子向广电集团出售上海电子管厂事宜进行讨论。会议认为,广电集团购买上海电子管厂是向真空电子注入有效资产、推动真空电子实施资产重组的重要举措。会议同意将上海电子管厂资产出售给广电集团,所有人员由广电集团负责安置管理。

1997年9月10日,广电集团董事会通过关于购买上海电子管厂的决议。10月21日,上海市国有资产管理办公室对真空电子出售上海电子管厂予以批复,要求通过资产重组,将有效资产注入真空电子。

1998年4月20日,真空电子召开第三届董事会九次会议,就真空电子兼并上海电子管厂、享受国家兼并政策、实现公司低成本扩张事宜进行审议。会议通过表决同意兼并上海电子管厂预案。

1998年12月16日,上海市经委批复同意真空电子兼并上海电子管厂。

1998年12月21日,真空电子召开“上海电子管厂享受免息停息兼并政策”会议。市经委、财政部驻上海市财政监察专员办事处、中国人民银行上海分行、中国银行上海市分行、中国农业银行上海市分行、广电集团、真空电子等各方人员参加会议。会议达成一致意见:(1)真空电子兼并上海电子管厂已列入“一九九八年全国兼并破产和职工再就业工作计划”,并经全国兼并破产和职工再就业工作领导小组批准。(2)真空电子对上海电子管厂的资产进行重组,同时投入资金进行技术改造，对人员进行合理分流，并按照现代企业制度的要求，进行体制改革和机制转换。(3) 真空电子兼并上海电子管厂属优势企业兼并困难国有企业。

三、企业结构调整突出主业

1998 年，真空电子确立两大新的管理体系——企业组织体系和资产管理体系。通过对原有企业组织体系的调整，形成“生产、经营”和“消化、稳定”分开的两个相对独立的企业组织系统。一是将原有工厂内有效的生产经营“挖”出来，建立以电器分公司为主的若干个生产经营型的“新厂”，由电器分公司托管，形成以电器分公司为主体的老产品生产经营系统，其主要任务是生产经营，继续发展。二是停产后的上海灯泡厂等一系列以消化、稳定工作为主的“老厂”，其主要任务是处理资产，包括 2 条黑白玻壳生产线、3 条黑白显像管生产线、1 条 14 英寸彩色显像管生产线以及上海灯泡厂、上海电子管厂等设施。通过对原有资产管理体系的重组，形成了“存量资产盘活”和“增量资产投入”两个相关联的资产管理系统。存量资产盘活以清理为基础，以变现为手段，以减少损失、资产保值增值为目的，重点是土地房产、闲置设备、呆滞物资、对外投资和应收账款。增量资产投入以盈利为根本目的，以合资或合作为主要方式，以新型显示和绿色照明为主。真空电子同时开始清理整顿对外长期投资项目，对 38 家投资企业和各厂 48 个行政三产进行清理整顿。清理后，13 家歇业、11 家合并、8 家转制、8 家投资体理顺投资关系，2 家由公司收回、6 家暂保留。经过清理，明晰了三产的产权关系，制止了三产由于亏损造成的出血点；一部分有发展前途的三产通过转制，成为独立承担经营风险的市场竞争体。

1999 年，老厂调整是公司整个结构调整中的一个重要内容。上半年，真空电子完成电子管三厂、四厂的进一步调整工作。年底前，上海灯泡厂、海燕无线电厂、电子管二厂的调整也基本结束，相继搬入电子管四厂办公。实施调整后，五个老厂的流动资产、债权债务划归公司清债组管理，固定资产划归设备分公司管理，物业、后勤、动力站房和厂区安保等服务职能由始安房产物业分公司具体承担。对分公司的管理模式进行了积极探索，制订了钨钼分公司和零模分公司的转制方案，钨钼分公司转制为真空电子与海昌公司投资的有限责任公司。

2000 年，真空电子完成三产的合并和转制。所有三产合并为 1 家，纳入子公司管理渠道。电子管厂和显像管玻璃厂进入人员调整和场地调整，电子管厂资产清理完毕，兼并工作顺利完成。

2004 年，真空电子改革和调整逐步深化，按照突出主业、精简高效的原则，对非主业及缺乏市场竞争优势和能力的老企业、老产品进行调整。车灯、照明公司经营活动全部停止；真空显示器件公司调整工作进入实施阶段；公司通过出让上灯钨钼公司部分股权，和厦门钨业股份有限公司共同组建上海虹广钨钼科技有限公司。

四、进入 CRT 企业调整

2007 年 6 月 22 日，广电集团成立 CRT 产业调整领导小组。6 月 25 日召开第一次领导小组和工作小组联席会议，会议对 CRT 产业调整所涉及的人、财、物的处置和可能出现的问题及风险进行了充分讨论。7 月 2 日—9 日，领导小组和工作小组分别听取永新彩管、旭电子玻璃和新芝电子所作的调整框架，并进行了讨论和补充。广电集团决定，2007 年年底前对集团系统 CRT 器件三家企业，即永新彩管、旭电子玻璃、新芝电子实施停产调整，并就实施调整步骤作出部署：旭电子玻璃和新芝电子提前终止经营,实施清算。7月,旭电子玻璃、新芝电子全面停产。永新彩管先进行产业梯度转移,发挥技术优势和设备资源优势,以租赁或合作经营的方式实施产业调整。9月10日,永新彩管全面停产。此次调整是广电集团加快CRT产业向平板显示产业转型步伐的一个重要组成部分。

【永新彩管停产】

2007年8月22日,广电集团召开董事会,同意上海广电资产经营管理有限公司(简称广电资产)经营层提出的《关于停止产品生产的提案》。广电集团决定于9月10日停止永新彩管产品的生产,就停产后的资产处置作了详细方案。(1)产成品处置:9月8日—9月30日对成品库存进行盘点,做到账实相符,除34英寸纯平彩管不能实现销售外,其他彩管在11月底之前销售完毕;10月1日—2008年1月31日,按公司《资产处置管理规定》,对材料进行出售,于2008年1月底之前完毕,对不能销售的化工材料,按照环境要求进行处置。(2)固定资产的处置:2007年7月3日,永新彩管L3线(29英寸显像管生产线)与常州宝马机电有限公司签订《彩色显像管生产线设备租赁合同》,9月1日—10月31日,拆除L3线设备搬迁至常州天马工厂,由其自主经营,永新彩管提供技术支撑。

2008年12月17日,永新彩管党政联席会议讨论通过L3资产处置,并于2009年2月19日向广电资产提交《上海永新彩色显像管股份有限公司关于L3生产线固定资产处置的请示》。

2009年3月2日,广电资产召开2009年第二次董事会(临时)会议,以通讯表决的形式通过《关于我司托管企业上海永新彩色显像管股份有限公司L3生产线固定资产经评估后进行处置的议案》决议,同意永新彩管启动对L3生产线固定资产的评估,同意将经公开挂牌、招商,但难以整体变现的L3生产线专用设备及部分通用设备进行快速处置、拆零处置,经评估后以不低于评估值的价格,通过投标竞价和拍卖方式进行变现。

【旭电子玻璃停产】

广电电子于2006年12月15日就受让旭电子玻璃40%的股权与日本旭硝子株式会社签订股权转让协议,2007年完成股权转让。2007年7月,旭电子玻璃正式停产。旭电子玻璃另一股东广电SGEG公司(广电集团全资子公司)承诺,旭电子玻璃固定资产和土地在今后的实际变现过程中,如果实际变现价格低于2007年12月31日账面净值从而影响到本公司权益时,广电SGEG公司将在旭电子玻璃清算时以其持有的25%旭电子玻璃的股权相对应的可分配财产补偿公司。

第四节 上海广电资产经营管理有限公司成立

一、背景

1997年的资产重组使广电集团进入全新发展阶段。经过几年调整改革、企业重组,广电集团发现,非核心业务占用了集团和上市公司大量的资源和精力。为集中精力和资源发展平板显示产业,提高非核心业务的经营管理效率,开始进行产业梯度转移工作,着手进行资产处置、人员转岗和房地产资源开发。通过产业转移,将非核心业务资产以投资或合作的方式转移到相对具有区位优势、资源优势、体制优势和政策优势的地区发展;通过资产处置,实现闲置、有效资产的变现;通过人员转岗，实施人员安置分流；通过房地产资源开发，盘活企业房地产资源，释放资源效益。

2005 年 12 月 26 日，广电集团根据战略发展和产业调整需要，成立了上海广电资产经营管理有限公司。广电资产主要负责广电集团非核心业务的经营管理和管理服务，通过对拨入非核心企业的产业经营、资产经营、人员分流安置，盘活存量资产，减少管理费用，提高经济效益，为广电集团的产业转型和实现战略目标作贡献。

2006 年 4 月 1 日，广电资产正式运营。其主要经营范围是：资产经营管理、实业投资、货物及技术的进出口业务，商务咨询，电子产品、电器产品及设备生产和销售，计算机技术服务、技术咨询及技术转让。

二、战略定位和功能定位

2007 年 1 月 9 日，根据广电集团“十一五战略规划”，广电资产也制订了“十一五战略规划”，明确了战略定位和功能定位。

【战略定位】

通过资产资本运作集中经营管理广电集团内非核心企业，集中经营管理集团内房地产资源，集中经营管理平板显示产业园区服务业，集中经营管理集团内劳动力资源，并为集团提供资产资本运作服务的集团内非核心业务经营和管理的现代服务业公司。

【功能定位】

广电集团产业更新调整的平台——剥离和吸收集团和上市公司非核心企业和非核心业务。

广电集团非核心业务运营的平台——对进入的非核心企业进行经营管理，减少亏损提高效益；对进入的非核心股权进行变现，减少损失，回笼资金；对难以维持的企业进行资产重组，实施梯度推移、资产变现，房地产开发，降低重组成本，释放资源效益。

广电集团房地产集中经营管理载体——根据集团授权集中管理集团公司房地产产权，从产权和利益上理清集团同上市公司的关系。通过置换和托管方式经营管理上市公司房地产、物业业务，形成集团房地产经营管理中心。

广电集团劳动就业管理中心——集中管理集团非在岗人员，搭建集团系统劳务输出平台。

三、运营成果

根据广电集团对广电资产提出的统一管理非核心业务的要求，广电资产自成立后通过划转、剥离和托管方式吸收集团非核心业务，加强对吸入的非核心业务的管理和运营。对控股且能正常运营的企业通过加强管理，减少亏损提高效益；对非控股的企业股权和资产变现，减少损失，回笼资金：对控股且丧失经营能力的企业进行资产重组。

【吸收和剥离集团非核心业务】

自 2006 年成立至 2007 年，根据广电集团战略发展要求，广电资产吸收和调整了 12 家企业。

表 7-2-1　2006—2007 年广电资产吸收和调整企业情况表　　单位：万元

序号	子公司名称	注册资本	投资比例	资产总额	负债总额	净资产	主营收入	净利润
1	上海广电通讯网络有限公司	15 000	52%	33 923	19 248	13 896	14 252	27
2	上海广电进出口有限公司	1 000	50%	2 819	1 743	975	1 827	−25
3	上海广电长岱饮用水有限公司	25（美元）	48%	110	133	−23	70	−2
4	上海广电国际贸易发展有限公司	1 500	60%	3 278	2 287	504	2 044	−264
5	上海广电移动通讯有限公司	100	20%	31	23	7	0	−13
6	上海广电设计开发有限公司	500	40%	453	470	−17	8	−17
7	上海广电数码科技有限公司	500	51%	4 465	7 347	−2 881	660	−636
8	广电日生人寿保险有限公司	30 000	50%	25 443	2 871	22 573	2 527	−3 809
9	上海申花足球俱乐部有限公司	5 000	33%	28 743	23 842	451	11 697	2
10	上海夏普电器有限公司	6 325（美元）	30%	154 779	128 453	26 326	318 378	−3 973
11	上海广电集团销售有限公司	3 000	90%	86 653	202 088	−115 435	83 080	−34 555
12	上海广泰电子器材有限公司	500	60%	1 010	902	108	0.17	−127
	合　计			341 707	389 407	−53 516	434 543.17	−43 392

【逐步吸收上市公司非核心业务】

2008—2010 年，广电资产共吸收 27 家上市公司非核心业务。

表 7-2-2　2008—2010 年广电资产吸收 27 家上市公司非核心业务情况表

序号	企业名称	注册资本（万元）	投资比例（%）	所属企业	企业性质	吸收时间
1	广电信息物业分公司		100	广电信息	房产类	2008 年
2	广电信息管理分公司		100	广电信息	人员管理类	
3	飞跃房地产开发公司	550	100	广电信息	房产类	
4	上海始安房产管理有限公司	9 500	96	广电电子	房地产类	
5	广电忠麟电子企业有限公司	210	51	广电信息	非核	2009 年
6	上海传真机公司	6 087	73	广电信息	非核	
7	上海广电模塑有限公司	700	49	广电信息	非核	
8	上海广电飞跃照明电子器材厂	420	100	广电信息	非核	
9	上海三相电机有限公司	542	5	广电信息	非核	
10	广电凯歌无线电厂	300	100	广电信息	非核	
11	广电飞跃微波炉厂	880	100	广电信息	非核	

〔续表〕

序号	企业名称	注册资本（万元）	投资比例（%）	所属企业	企业性质	吸收时间
12	广电教育设备有限公司	105	51	广电信息	非核	2009 年
13	上海凯歌汽车电子有限公司	230	100	广电信息	非核	
14	广电模具成型有限公司	922	100	广电信息	非核	
15	飞隆家具厂	134	51	广电信息	非核	
16	上海工业品配备有限公司	5 710	9	广电信息	非核	
17	广东高路华电视机有限公司	9 530	5	广电信息	非核	
18	上海虹广钨钼科技有限公司	2 500	32	广电电子	非核	
19	上海广电股份有限公司浦东公司	1 000	100	广电信息	贸易类	2010 年
20	上海广电对外合作公司	172	90	广电信息	贸易类	
21	广电飞跃实业有限公司	150	67	广电信息	贸易类	
22	凯歌国际贸易有限公司	213	100	广电信息	贸易类	
23	广电股份有限公司供销公司	570	100	广电信息	贸易类	
24	广电凯歌实业有限公司	1 050	95	广电信息	贸易类	
25	上海广电电子进出口有限公司	300	90	广电电子	贸易类	
26	上海海昌国际有限公司	5 000	90	广电电子	贸易类	
27	上海扬子江投资发展有限公司	9 630	81	广电电子	投资类	

【稳步推进广电集团非在岗人员管理】

集团系统非在岗人员众多，与非核心业务调整密切相关。广电资产对广电集团非在岗人员实施集中统一管理，形成一个集政策、培训、再就业、帮困于一体的管理机制。通过集中管理，相关工作更趋一致性和专业性，在构建和谐稳定的企业发展环境的同时，进一步降低管理成本。

【为上市公司资产重组、体制改革和业务调整提供服务】

表 7－2－3　2006—2009 年广电资产受让股权情况汇总情况表

序号	时　间	企业名称	占股比(%)	出让方	转让方式	状　况
1	2015 年 12 月	广电电子电器分公司、管理分公司	—	广电电子	协议转让	仍持股
2	2006 年 9 月	中国华录信息产业有限公司	8	广电信息	协议转让	仍持股
3	2006 年 9 月	北京海问创业新技术投资管理有限公司	23.50	广电信息	协议转让	已转出
4	2006 年 9 月	上海广信旭电机有限公司	32	广电信息	协议转让	已清算注销
5	2006 年 9 月	上海广电房地产有限公司	25	广电信息	协议转让	已清算注销

〔续表〕

序号	时 间	企 业 名 称	占股比(%)	出让方	转让方式	状 况
6	2006 年 9 月	北京阜国数字技术有限公司	45.89	广电信息	协议转让	清算中
7	2007 年 12 月	申银万国证券股份有限公司	500 万股	广电电子	协议转让	已转出
8	2009 年 12 月	上海始安房产管理有限公司	100	广电电子真空显示器件公司	协议转让	仍持股

【2006—2009 年资产处置工作】

2006 年完成电器分公司和管理分公司的设备资产清点工作。配合广电信息、广电电子两家上市公司股改工作，完成“五加一”股权置换项目的产权交易(广电资产受让广电房产 25%的股权、北京海问 23.5%的股权、广信旭电机 32%的股权、北京阜国 45.89%的股权，广电集团向广电信息转让持有的广电通讯 47%的股权)。启动嘉汇达公司 30%的股权转让工作，完成意向挂牌(该项股权系电气集团名义持有，广电集团实际持有)。完成零陵路 332 号地块转让工作的意向谈判，与徐汇区土地中心达成补偿广电集团 2.25 亿元的意向。

2007 年，完成电器分公司位于欧阳路 196 号地块内的部分固定资产的处置与外移。完成申花足球俱乐部“3+2”股权转让善后工作(补做电气集团、广电信息分别受让广电集团所持申花俱乐部 20%、2%股权的产权交易程序并完成工商登记，由 3 家国有股东变更为 5 家国有股东)。完成电器分公司、管理分公司设备资产清点及交接工作。完成旭电子玻璃、广联电子、广电计算机股权转让的产权交易工作(广电电子受让日本旭硝子株式会社转让的旭电子玻璃 40%的股权、广电集团向广电信息转让持有的广联电子 25%的股权、广电集团向广电信息转让持有的广电计算机 49%的股权)。

2008 年，完成永新彩管 5 家对外投资企业清算歇业的方案；11 家工会三产企业的调整方案；L1、L2 线及 L3 线电子枪设备及金属零件设备处置方案；L4、L5 生产流水线公开拍卖处置方案；备品备件、电子枪材料、化工材料、产成品等流动资产的处置方案；电子枪设备、高低压柜、锅炉、机床等部分固定资产处置方案。永新彩管公开竞价处置资产 225 项，回笼资金 2 565.08 万元。完成新芝电子资产拍卖方案，新芝电子公开竞价处置资产 45 项，回笼资金 1 051.86 万元；备品备件公开拍卖 1 项，回笼资金 40.68 万元；电缆线公开拍卖 1 项，回笼资金 356.69 万元。永新彩管、新芝电子资产处置项目至 2008 年年底已实际完成 284 项，实际回笼处置资金合计 6 953.49 万元。

第三章　人员结构调整

第一节　广电集团重组后的人员结构调整

1997 年，在上海国资企业实行改革调整的大背景下，广电集团在加快资产重组、推进机制转换的同时，对企业的组织结构实行了战略性调整。对上海无线电四厂、上海无线电十八厂平稳地进行了破产，并对广电股份和真空电子的改革调整发展、进一步减轻负担给予各方面的支持。20 世纪 90 年代中后期，国有企业用工制度尚处于深化改革阶段，大部分职工的思想观念受计划经济的影响较深，较难适应社会主义市场经济体制下新的劳动就业观念，给下岗分流工作造成一定难度，为平稳推进老国企的产业调整任务，开展再就业工程的意义十分重大。

一、广电集团人员分流及再就业帮困

【职工下岗分流情况】

上海广电（集团）有限公司再就业服务中心（分中心）于 1996 年 7 月由上海市再就业工程办公室正式批准建立。1997 年 11 月，广电集团在系统内发出《关于推进再就业工程的意见》（见附录一），就职工在企业改革调整过程中的再就业工作提出具体意见和推进要求。各级组织和领导干部高度重视再就业工作，关心职工疾苦，仔细研究落实下岗职工的安置问题，创造再就业机会，妥善安置下岗职工，使这项工作平稳进行。1997 年年底，累计进再就业中心工作站下岗职工 13 000 多人，累计安置下岗职工就业 8 400 多人，减轻了企业包袱，职工也找到了新的就业途径。1998 年，广电集团对滞留在再就业中心工作站的托管人员以及 1999 年新进再就业中心工作站的人员开展分流出中心工作站的工作。至 9 月底，有 99%左右的下岗职工平稳分流出中心工作站。

1996 年，广电集团曾有职工 3.4 万人，1997 年实现资产重组后，通过人员分流，到 1998 年职工减为 2.2 万人。

在大批职工下岗分流的进程中，上海市分阶段、有重点地推进社会保障制度改革，初步形成以基本保险、补充保险、社会保险、社会救助为主要内容，覆盖全社会的社会保障体系，并在 1999 年下发《关于再就业工作中劳动关系处理若干问题的通知》。通知明确，“进中心协议的期限最长不超过两年。”“对应进而不愿进入再就业服务中心或已在社会上找到其他工作的富余职工，企业可以停止发放基本生活费用，从停止发放基本生活费用之月起一年内仍不进中心的，企业可解除劳动合同，并按《上海市劳动合同规定》第三十一条第一款支付经济补偿金。”

上海广电（集团）有限公司再就业服务中心（分中心）于 1999 年 12 月 30 日申请撤销。三年中，在市委、市政府及市各职能部门的重点支持、关心和指导下，先后有 17 240 名下岗职工进入再就业中心。通过转岗培训、分流安置，17 240 人依法、按期、平稳出了中心，达到 100%出中心率。

统计到 2002 年 2 月止，广电集团有非在岗人员 8 240 人，占集团员工的 30%左右。其中，协保人员 6 385 人，内退人员 386 人，行业丧劳人员 248 人，市丧劳人员 106 人，征地农民工 122 人，停薪

留职 218 人,其他人员 775 人。2005 年,有非在岗人员 8 135 人,2006 年有非在岗人员 8 213 人,2007 年有非在岗人员 7 872 人,2008 年有非在岗人员 5 794 人。

【再就业和帮困工作】

协保人员社会保险费用缴纳 根据上海市的总体要求,协保人员的社会保险费用由企业为其一次性缴到退休。按照 2000 年的缴费标准,共计缴费 1.4 亿元左右,由广电集团统一支付。

大龄协保补助政策 考虑到大龄协保人员的就业困难,广电集团在 1998 年制定相关的补助政策:凡协保人员年龄女满 42 足岁、男满 52 足岁,可享受每月 280 元的生活补贴,由各单位自行支付。

其他人员帮困费用 对家庭生活困难等诸多原因的其他人员给予生活补助,广电集团系统内每月用于生活补助 200 万元左右,由各单位自行支付。

工会补充医疗保障 广电集团工会积极参加市职保会推出的三项补充医疗保障计划,以增强职工抵御大病、重病医疗风险的能力,提高职工自我医疗保障水平。2001 年,广电集团职工总人数为 27 000 人,其中下岗、协保人员 7 458 人,均纳入三项补充医疗保障计划,共补贴 44.7 万元。

工会帮困送温暖活动 集团系统各级工会在党政领导的大力支持下,积极开展扶贫帮困送温暖活动。1997—2002 年 6 年间,集团系统合计帮困 102 936 人次,金额 1 214.6 万元。其中,1997 年共帮困 87 415 人次,金额 153.5 万元;1998 年共帮困 18 846 人次,金额 266.7 万元;1999 年共帮困 21 177 人次,金额 253.4 万元;2000 年共帮困 19 856 人次,金额 214.9 万元;2001 年共帮困 18 111 人次,金额 211.3 万元;2002 年共帮困 9 072 人次,金额 114.8 万元;2005 年共帮困 7 492 人次,金额 128.89 万元;2008 年共帮困 5 303 人次,金额 141.78 万元。同时集团工会继续出资为 3 263 名下岗协保人员提供了《特种重病互助医疗保障计划》。

二、真空电子人员分流及再就业帮困

【职工下岗分流及再就业工作】

根据广电集团对再就业工作的要求,结合企业调整需要,真空电子在 1997 年先后成立再就业工作分中心以及各厂的再就业工作站,加大职工再就业工作的力度和规范管理。

图 7-3-1 2008 年,广电电子管理分公司工作人员细心为服务对象查找资料

1997 年,真空电子范围共有 3 244 名职工下岗进站。到年底,总进站人数达 7 814 人;总出站人数 4 504 人,其中当年出站 3 611 人,年底滞留站内人数 3 310 人。在建立分流进站的同时,公司加强培训安置的管理机制,开展对下岗待工人员的再就业培训,开设电脑班、会计上岗培训、摩托车修理等各类培训班,提高职工的再就业能力。加强劳动力信息管理,做好下岗人员深入细致的思想工作,帮助他们转变择业观念。1997 年,由再就业分中心安置分流的劳务输出人员达 700 余人(不含办理提前退休和承诺退休的人员),安

置率达 19.5%。1998 年进站 1 644 人，出站 3 532 人，年末滞留站内 1 422 人，减轻了真空电子的人员负担。

1997 年年底，真空电子人数 9 602 人，到 1998 年年底为 7 823 人，净减 1 779 人；1997 年年底在岗人数 4 560 人，1998 年年底在岗人数 2 640 人，净减 1 920 人。净减工资性支出约 1 550 万元。

图 7－3－2　2008 年，广电电子管理分公司管理人员认真学习政策，千方百计为职工解决困难

【非在岗人员管理】

成立管理分公司　企业职能调整是真空电子整个结构调整中的一个重要内容。2000 年上半年，真空电子完成电子管三厂、电子管四厂的调整工作。年底前，上海灯泡厂、海燕无线电厂、电子管二厂的调整基本结束，各留守机构相继搬入电子管四厂集中办公。实施调整后的 5 个工厂（以下简称老厂），其流动资产、债权债务划归公司清债组管理，固定资产划归设备分公司管理，物业、后勤、动力站房和厂区安保等服务职能由始安房产物业分公司具体承担。老厂的主要职能明确是管理非在岗人员及退休人员。当时，有非在岗人员 5 253 人，退休人员 8 712 人（按 1999 年 7 月 1 日统计口径），非在岗人员按 1∶150 的比例配备管理人员，退休人员按 1∶500 的比例配备管理人员。通过调整，老厂工作的管理职能进一步集中，编制人员大幅减少，调整前五个老厂共有人员 300 多人，集中办公后人员精简到 68 人，办公地点在电子管四厂。随后，成立广电电子管理分公司，实施对上述职能的集中管理。

管理分公司进入广电资产　2006 年 4 月 1 日，广电集团把广电电子管理分公司划归为广电资产管理。当时进入广电资产的有非在岗人员 4 120 人及退休人员 9 262 人。2006 年有非在岗人员 3 808 人，退休人员 9 106 人。2007 年有非在岗人员 3 230 人，退休人员 9 684 人。共有 13 类人员根据不同的政策和要求由管理分公司进行管理，有管理人员 96 人。非在岗人员中，有企业内部退养 871 人，协保人员 1 861 人，征地农民工 170 人，工伤、残疾人员 315 人，丧老、残疾人员 315 人，企业内部丧老人员 265 人，病休人员 1 人，离岗人员 95 人，外借人员 8 人，再就业特困人员 38 人，留职停薪人员 98 人，其他人员 29 人，退休人员 9 684 人。全年共发生费用 23 367 114 元。

三、广电股份人员分流及再就业帮困

【职工下岗分流及再就业工作】

早在 1996 年，广电股份已成立再就业服务中心及 6 个工作站，并落实专人负责。通过建立再就业服务中心，转换用工机制。各级领导以高度的责任感，认真细致稳妥地做好此项工作，使得调整工作得以顺利进行。上无四厂、上无十八厂的管理人员进行了大量艰苦细致的调整研究，对每个员工的现状进行分析，尽最大努力妥善安排，保证下岗人员顺利进入再就业服务中心，在岗员工也安心工作。进入再就业服务中心的人数有 5 158 人，占公司总人数的 38%。进入再就业中心后再出中心人数为 1 462 人，占进中心总人数的 28.34%，其中提前退休 1 271 人，解除合同、调离外系统 125 人。另外还有 1 552 人作劳务输出等安排，占进中心总人数的 30.08%。待岗人员 2 144 人，占

图 7-3-3　在企业调整中,广电信息下属企业的部分员工在咨询分流、协保等政策

图 7-3-4　广电信息本部党支部开展“双结对”活动

进中心总人数的 41.56%。

1997 年,为进一步抓好“再就业工程”,以转变职工就业观念为抓手,广电股份提出“安置一人,温暖一家”的工作方针,尽最大努力妥善安排,帮助待岗职工尽快找到就业出路。通过开发多种渠道、多种途径,有计划开展多种形式培训,创造就业机会,压缩公司二产从业人员,提高全员劳动生产率和员工整体素质。至 1997 年 10 月末总人数为 8 997 人,在册人数为 6 109 人,进再就业服务中心人数为 2 888 人,全年累计净减人数为 1 205 人。

1998 年,广电股份通过社会支持和下属合资企业的支持,为下岗人员创造再就业的机会,使一批下岗职工重新走上工作岗位。全年累计进站下岗人员 1 185 人,解除托管协议出中心人员 2 604 人,累计安置 6 830 人。在拓宽就业渠道的同时,实施结对帮困送温暖工程,保证了大局的稳定。

2001 年 4 月,广电股份成立管理分公司。管理分公司的主要任务是受广电股份的委托,对下辖的广电凯歌实业有限公司、广电飞跃实业有限公司、广星电子有限公司、凯歌无线电厂等 10 多家调整型企业实施“关、停、并、转”,直至空壳撤销,以及实施人、财、物的集中统一管理,以“单一”企业管理模式实施对多个壳体企业的集中有效管理。

截至 2009 年 5 月,管理分公司共有管理对象 11 230 人,其中在岗人员 35 人、下岗人员 11 195 人。这些人员中,飞跃实业在岗人员 9 人,下岗人员 3 737 人;凯歌实业在岗人员 9 人,下岗人员 4 716 人;数字音响在岗人员 8 人,下岗人员 1 166 人;集团销售在岗人员 5 人,下岗人员 249 人;金星电子在岗人员 4 人,下岗人员 1 362 人。

管理分公司于 2009 年下半年由广电资产接受管理。

【帮困工作】

广电信息(广电股份于 2001 年 6 月更名)和下属企业在深化改革、促进发展的过程中,把确保稳定放在突出位置,对下岗、协保人员加强职介和帮困,满腔热情地为有困难的员工排忧解难,开展了各种形式的帮困活动。

2002 年,全年职介推荐人数为 1 056 人,其中被外单位录用 242 人;重点对困难职工进行帮困,2002 年帮困补助近 3 000 人次,医疗救助 61 人,春秋季助学 625 人次,元旦、春节送温暖 1 038 人,高温送清凉、慰问 1 162 人。此外还为退休职工办理补充医疗保险,参保人数 5 750 人,参保率为 97.9%。

2003 年元旦、春节送温暖 1 523 人次，金额 32.61 万元；春、秋季助学 818 人次，金额 137 650 元；补助特困职工 1 117 人次，金额 302 830 元。对因大病、重病及长期患病而因病致贫的职工实施“医疗救助”156 人次，救助金额 90 540 元。还为 7 445 名退休职工办理了补充医疗保险的参保工作，参保金额 288 500 元。积极为就业困难职工“帮困送岗位”，全年为协保特困人员及职工家属、子女职介推荐 878 人次，职介成功 294 人次，做到“安置一人，温暖全家；帮助一人，解困一家”。

2004 年元旦、春节送温暖 607 人次，金额 9.68 万元；春、秋季助学 699 人次，金额 12.76 万元；补助特困职工 816 人次，金额 25.39 万元；对因大病、重病及长期因病致贫的职工实施“医疗救助”288 人次，金额 9.3 万元；开展高温慰问 1 600 人次，金额 6 万元。公司和各基层单位还继续开展献爱心“一日捐”活动，捐款达 11.3 万元。

2005 年，面对大规模的主营产业结构调整，公司上下齐心协力，积极拓展就业岗位，业内企业共提供 590 个就业岗位，确保了调整工作的顺利进行。年内，公司和各企业坚持开展送温暖、春秋季助学、医疗救助等帮困救助活动，帮困解难达 4 458 人次，补助金额 79.6 万元。

2006 年，通过开展元旦春节帮困送温暖、春秋季助学、实施医疗救助等活动，累计慰问补助 4 223 人次，补助金额 72.8 万元。

2007 年，通过开展元旦春节帮困送温暖、春秋季助学、实施医疗救助等活动，累计慰问补助 2 785 人次，补助金额 77.5 万元。

第二节　产业转型后的人员结构调整

由于全球 CRT 行业快速衰退，市场竞争加剧，销售数量和销售价格大幅下降，单位万元产值能耗不断上升，广电集团涉及 CRT 显像管制造的有永新彩管、旭电子玻璃和新芝电子三家企业，2006 年单位万元产值能耗较 2004 年分别上升了 40%、38%和 82%，能耗和环保问题显得尤为突出。为落实市政府关于“节能减排企业的战略调整”的目标，实施产业升级，改变经济增长方式和可持续发展的战略，广电集团在 2007 年对三家企业实施整体停产调整，其中对 4 686 名员工进行了分流安置。

一、永新彩管员工分流安置

永新彩管成立于 1987 年 12 月，曾经取得非常好的经济效益。由于 CRT 逐步被平板显示所替代，CRT 产业开始面临高亏损、高能耗的局面。按照上海市政府“四个率先”的精神和节能减排的要求，CRT 产品已不再符合上海市产业结构调整的发展方向。

随着新型平板显示产业的迅速崛起，CRT 产业呈逐年下滑态势，特别是 2005 年以来，受整体性的产业衰退和市场萎缩的强大冲击，永新彩管的产品销售价格急剧下滑，销量大幅下降，经济效益亏损巨大，下滑的速度和幅度超出预想。仅 2005 年、2006 年和 2007 年上半年，公司两年半累计亏损已接近 10 亿元。基于以上政策及市场影响，董事会授权经营班子经公司例会讨论，决定于 2007 年 9 月 10 日起停止生产。至停产日，永新彩管共有员工 2 682 人，其中合同工 1 342 人，劳务工 1 340 人。在听取上级部门意见和收集企业员工诉求的基础上，依据国家及上海市有关劳动法律、法规和政策，结合公司实际情况制定了《上海永新彩色显像管股份有限公司员工分流方案》，并按方案实施人员分流安置工作。

【分流安置工作阶段】

前期准备 根据集团对CRT调整产业战略性退出的要求，由永新彩管召开董事会，对调整过渡期的生产、资产、人员等方面做出安排。

2007年6月22日，广电集团成立CRT产业调整领导小组。党委书记、董事长徐为煺任组长，副总裁马坚泓任常务副组长，党委副书记聂建华、工会主席江兵任副组长，集团主要职能部门及二级公司主要领导任组员。针对调整所涉及的各个主要方面，相应成立6个专业工作小组并明确职责。即资产处置小组、人员安置小组、产业调整规划小组、产业梯度转移和对外合作工作小组、稳定工作小组、生产线安全停产协调小组。广电集团把永新彩管、新芝电子的调整工作交广电资产具体负责，旭电子玻璃的调整工作由中方投资单位广电电子具体负责。广电集团及广电资产抽调一批有调整工作经验的干部成立调整工作专业对口小组，派驻调整企业对口指导工作。企业对各类人员的基本情况做好摸底清理统计工作。同时聘请上海市劳动咨询事务所，对CRT调整过程中劳动关系处理和实施给予全面帮助指导。

方案制定 上海市劳动咨询事务所就永新彩管调整中人员等情况与企业进行深度沟通，研究起草永新彩管人员分流方案。广电集团组织对方案进行讨论，并听取工会意见。企业根据方案对各类人员的各类费用进行测算和评估，以及做好各类相关文字资料的准备工作，对方案实施中可能引起的矛盾进行专题分析，制定对策，做好预案。方案确定后，报市有关行政部门审核备案。

组织宣传 企业结合实际，组织安排各层面开展劳动法律法规宣传教育工作，收集员工思想动态，听取职工意见，发挥各部门党员、干部和骨干作用，按照先易后难、稳步推进的要求，研究制订人员分流方案实施推进计划，报主管公司和广电集团备案。

方案实施 永新彩管作为合资企业在当时没有建立职代会建制。在企业宣布停产后，职工情绪反应激烈，提出要求召开职代会，希望停产调整和人员分流安置这一涉及企业经营和职工切身利益的重大问题经职代会通过。因当时永新彩管没有职代会建制，无法满足职工这一要求，为此职工情绪激烈。10月16日，党委书记、总经理姚炜，副总经理谢兵，人力资源部副经理凌晨等，在会议室就停产原因、分流方案以及一些历史遗留问题，包括无法召开职代会等，与职工代表进行对话沟通。广电集团和广电资产的领导也在厂区广场与职工进行接触和沟通。沟通直至次日凌晨2点。最后，双方在“以现有的工代会代替职代会职能，工代会代表人数不够的，由各部门选举补足”上，基本达成一致并形成书面意见。

从2007年9月10日始至2008年3月，近7个月的人员分流安置工作基本结束。其间，企业成立了应急突发事件处理工作小组，对不稳定或可能引起的过激行为及时做好预案工作。仅就维稳情况来说，规模性的人员集聚有30多次，其中，上报市里的较大规模的集聚有11次，最后都得到有效化解。

岗位安排是推进人员分流的一个重要工作内容。为了给职工创造再就业的机会，永新彩管向每位职工发放岗位需求意向征询表，了解职工的就业意向。广电集团在系统内拿出100多个岗位，并通过市国资委开设职介专场，共为职工推介各类岗位992个，其中普通操作工岗位269个、技术工岗位581个、班组长岗位128个、管理及专业人员岗位14个。前后共有150名员工通过推荐被录用。

【工作步骤】

建立“三位一体”决策机制和工作机制 从实施调整一开始，广电集团就牵头组建了由广电集团、广电资产和永新彩管三个层面组成的“三位一体”的调整工作领导小组和工作小组，形成与调整工作相对应的决策机制和工作机制。在整个调整过程中,“三位一体”的决策机制和工作机制以法律为依据,同时紧密结合企业和职工实际,及时讨论、决策相关事项或措施,稳妥把握调整推进的工作节奏,特别是对调整工作的关键环节和敏感节点——方案的确定和公布、召开工代会等,以及在化解大规模集聚和突发性矛盾时,都是及时研究,强化预见性。在人员分流方案的研究和制定时,由广电集团领导主持、广电资产和两家企业主要领导参加、三个层面的职能部门共同参与讨论。同时,在市国资委领导和专业部门的高度关注和直接指导下进行,自始至终是慎之又慎。首先,通过法律咨询以确保各条款具有法律依据,确保方案在法律的框架内;其次,要求企业根据实际情况制定相应的方案。上下多方征求意见,注重法、理、情结合,方案前后修改了18次才定稿,最终形成总的原则基本一致、符合企业实际、具有操作性的人员分流方案。

岗位推荐与分流工作同步进行　在实施调整的初始阶段,职工中出现不稳定状况,其中一个很大的因素,就是在面对突然失去岗位后,有相当一部分职工对自己到社会上去寻求再就业缺乏信心,心理上出现了较强烈的不适应和不安全感,并由此产生出较强烈的偏激情绪,甚至过激行为。在调整频频出现不稳定状况的关键时刻,在市国资委的支持和广电集团领导的直接主持下,永新彩管有序开展了较大规模的岗位推荐工作,市国资委和广电集团都提供了大量的岗位资源,并组织多次岗位推荐和面试活动,分阶段、一批批地带领职工去应聘。永新彩管还充分调动各自的社会资源,积极寻求岗位资源,带领职工走上社会寻找再就业机会。岗位推荐工作的广泛开展,顺应了职工对岗位的实际需求,体现了以人为本,一定程度上成为分化职工集聚和突出矛盾的转折点。

发挥党员队伍和干部骨干队伍作用　在调整过程中,永新彩管根据企业实际情况,党组织注重发挥党员队伍和干部骨干队伍的作用,党员和干部骨干成为推进人员分流、维护大局稳定的主要力量。在设计调整计划时,坚持每月一次的党员组织生活会排入工作内容。及时进行党员纪律教育,沟通信息情况,有关政策让党员先知道,规范党员在调整和维稳中的行为。同时注意发挥中层干部及骨干的作用,在化解突出矛盾过程中,多次组织干部骨干上门进行家访,对一些困难职工则是尽心尽力地为他们解决分流安置中的实际问题、岗位问题。对一些情绪激烈的职工,更是多次进行思想疏导工作,取得他们对企业调整的理解,并引导他们从解决问题的角度,正确对待各类历史遗留问题,积极寻找解决问题的结合点。在应对突发事件的处理中党员和干部骨干始终挺在前头,有效化解了规模性的职工集聚。

发挥工会桥梁作用　在企业调整中,工会的工作平台发挥了积极的作用,特别是在职工集聚最严重的时刻,工会通过组织家访、谈心,多层面、多形式的帮困,通过宣传相关政策、讲解法规政策、公布工作进展等,逐步地、深入地引导职工要结合企业没有职代会机构的实际,正确理解和认识企业调整的民主程序问题,有效地在职工和企业之间搭建了沟通平台,最后促成在通过企业工代会机制履行民主程序上与关键人员和广大职工达成基本一致,既有效起到了突出矛盾缓解地带的作用,又相对地履行了民主程序,推动了分流方案的实施。

充实一线工作力量　针对不同阶段的工作特点及需要,充分调动和整合公司系统的工作资源,充实工作第一线力量。建立了广电资产与永新彩管的专题会议制度。根据调整工作计划安排和工作节点,对前段工作执行情况进行检查,对需要解决的问题进行决策。遇到重要问题或关键情况,及时决策、及时应对、及时组织实施。组建了企业现场工作小组。组成了由集团系统有关人员和管理分公司、电器分公司领导中以具有调整工作经验的人员参加的派驻现场工作小组,深入现场帮助做职工的疏导工作。同时,组成由公司各部门人员参加的现场轮值小组,负责信息的搜集、相应的协调和疏导工作。两个工作小组的工作,增强了企业现场的接待和思想疏导工作力量,有效地增强了上下工作的协调和信息的沟通。及时充实加强两家企业领导班子的力量。在调整工作进入实质性启动后,广电资产党委及时任命富有调整工作经验的管理分公司领导以永新彩管领导班子成员的身份直接深入调整现场,做职工的思想疏导工作,化解突出矛盾。

二、旭电子玻璃员工分流安置

旭电子玻璃成立于1994年12月,1996年11月建成投产,是一家中日合资企业,专业生产的彩色显像管玻壳是广电集团系统CRT彩色显像管制造中的上游产品。由于受宏观政策和市场影响,生产经营发生重大变化,董事会决定于2007年7月31日起停止生产。调整工作在广电集团的统一指导下,由中方投资单位广电电子负责,并与旭电子玻璃一起组织实施。至停产日,有员工1 676人,其中合同工422人,劳务工1 254人。

旭电子玻璃在停产调整、人员分流安置工作中,不断优化分流方案,发挥党员和各级干部的积极作用,坚持以《劳动合同法》为根本依据,坚持了"法、理、情"的综合运用,坚持了职代会和工会的民主程序,使全过程的各类矛盾得到稳妥处理,人员分流安置工作得到完成。

在广电集团指导下,根据依法办事、保障职工合法民主权益、确保调整工作稳定有序进行等原则,分流方案前后18次修改。旭电子玻璃有职工代表71人。在大量前期准备工作的基础上,在各有关方面的支持配合下,2007年12月29日,旭电子玻璃召开职工代表大会,会上详细介绍了旭电子玻璃职工分流方案及方案形成的过程,经过与会代表的充分讨论,最终方案以多数票同意获得通过。分流方案经董事会批准生效后及时送达全体员工,2008年1月1日至4日在公司张榜公示,1月5日至25日实施。

三、新芝电子员工分流安置

新芝电子成立于1993年2月,1994年7月建成投产。基于CRT产业的急剧滑坡,新芝电子董事会决定于2007年8月1日起停止生产。至停产日,新芝电子有员工330人,其中劳务工166人,合同制职工为164人。依据国家和上海市有关劳动法律、法规规定,公司制定了员工分流方案,经董事会批准并于2007年11月31日至12月21日实施。

广电集团在系统内外多次组织岗位推介,共有35名员工被推荐单位录用。

四、广电电子电器分公司员工分流安置

广电电子电器分公司(简称电器分公司),组建于1997年8月,2005年4月起由广电资产实施管理。由于市场原因,黑白显像管、黑白电视机产品市场每况愈下,上游供应商及下游厂家也纷纷停产、转产,电器分公司亏损逐年增加,2004年亏损890万元,2005年亏损1 800万元,经营难以为继。基于以上情况,广电资产在征得广电集团同意后,于2006年5月至2007年1月对电器分公司实施调整,其中对人员进行分流安置。

【职工人员构成情况】

电器分公司有职工841人,与企业的劳动关系分别为无固定期限合同工553人,有期限合同47

人，协保返聘 141 人，其他劳务人员 100 人。人员年龄偏大：平均年龄 46.7 岁。其中，男性员工平均 48.5 岁、女性员工平均 44 岁。文化程度偏低，技能单一。各类困难职工多，约占调整人数的 35%。

【调整安置工作原则】

千方百计帮助职工创造转岗条件，鼓励有能力的职工走向市场实现转岗，全力保障无力转岗的困难职工的基本生活。通过双方协商，以职工自愿选择的办法来调整安置。广开就业渠道，妥善转岗安置，实施有情操作，依法合理协商，稳妥有序推进。

【调整实施步骤】

时间安排：2006 年 5 月—2007 年 12 月

实施步骤：共分三个阶段，第一阶段是整机工场人员分流安置；第二阶段是像管工场及动力保障部门人员分流安置；第三阶段是电子枪工场及部门管理人员分流安置。

【调整安置办法】

推荐安置转岗，协议解除劳动合同，协议离岗待养。至 2007 年年底基本完成电器分公司人员的分流安置。

五、广电信息平显分公司在生产转移中的员工分流安置

由于长期以来，企业在新品开发、物料采购、生产制造等各个运营环节缺乏竞争能力，广电信息的主营业务一直处于市场弱势地位，市场边缘化状态未得到根本性改变。随着市场竞争的日益加剧，仅依靠广电信息平显分公司(简称平显分公司)自身能力难以从根本上改变经营亏损的局面。

根据集团和公司自身战略转型的要求，为了全力推进以 TFT 为代表的平板显示产业的发展，改变主营业务经营亏损的现状，广电信息以“效益优先、持续发展”的经营理念，2007 年对主营业务进行整合，将平显分公司搬入上海广电电器有限公司(简称广电电器)，一套班子两块牌子，劳动关系不变，人员交叉上岗，有效资源共享。平显分公司搬迁后，利用广电电器的场地进行生产经营，内部进行统一管理，从而达到整合机构、精简人员、降低成本、共享资源的目的。

在搬迁调整过程中，由于生产场地迁移和机构整合，有部分职工无法被吸纳上岗，广电信息成立平显分公司人员转移工作小组，提出《关于平显分公司生产转移中劳动关系处理的指导意见》，并召开职代会代表团组长联席会议，报告平板业务转移的有关情况。平显分公司按照有关法律、法规和民主程序，制定了《平显分公司富余人员安置分流办法》，于当年 1 月 25 日召开职代会，报告平板业务转移的有关情况，并通过平板业务转移后富余人员分流方案，妥善处理好人员分流工作，使得主营业务调整得以顺利进行。

第八篇

企业文化

概　述

上海广电(集团)有限公司(简称广电集团、上广电)经过资产重组和调整发展，2001 年进入了“产业升级、管理创新”的新阶段。为了确立 SVA 品牌形象，推进广电集团的发展战略，塑造与之相适应的 SVA 企业文化就成为一项十分迫切的任务。于是，从 2001 年年初开始，广电集团开展了持续数年的 SVA 企业文化推进活动。

由于广电集团是先有子公司，后有母公司，旗下子公司都是具有几十年历史的老企业，为了整合各企业在长期经营活动中形成的企业文化，广电集团根据产业发展的需要，对原有的企业文化进行筛选和提炼，形成了具有广电集团特色的核心价值观“需要就是价值”、企业精神“创新每一天”及其一整套的企业文化理念。同时，广电集团将企业文化建设和企业发展目标相结合，以统一核心理念、价值观为出发点，自上而下地宣传推进 SVA 企业文化，使广大职工理解其深刻涵义，形成共同追求的目标和理念，成为企业发展的凝聚力、战斗力和竞争力。

第一章　企业文化推进

第一节　背　　景

2001年是21世纪的开局年，也是广电集团实施“十五”规划的第一年。广电集团作为一个从事信息电子类产品制造和信息技术服务的高科技企业大集团，重组后的产业发展已经进入快车道，技术升级、产业转型、员工构成及其知识、思想、思维方式和个性的变化，在客观上既形成了对新的企业文化的需求，也为新的企业文化的导入提供了必要条件。在这种历史背景下，企业文化不仅是企业持续发展和调动员工积极性的精神动力和智力支撑，而且是企业跨上一个新的发展平台的必然选择。为此，广电集团加快对企业“文化力”的开发和利用，一个自上而下的企业文化推进活动全面展开，目标是创建一个具有上广电特色的SVA文化系统。

2001年10月14日，在广电集团第一轮企业文化培训班上，集团公司党委书记、董事长徐为熗详细阐述了建设和整合广电集团企业文化的背景和重要意义。

广电集团经过重组和三个阶段的调整之后，已经进入“产业升级、管理创新”的新阶段，未来五年广电集团必须实现两大目标：一是确立SVA品牌形象，并把SVA品牌做大做强；二是在产业结构上，把控股企业和非控股企业的比例从2001年的1.3∶8.7提升到4∶6，即控股企业比例要达到40%。为了达到这两个目标，广电集团必须提升技术竞争力、市场竞争力和管理竞争力。然而，企业核心竞争力的提升迫切需要塑造优秀的企业文化，才能完成广电集团的历史使命。

中国加入WTO后，信息电子类产品制造和信息技术服务行业的竞争变得更加激烈，然而，广电集团在各方面都处于起步阶段，与强势企业相比存在很大差距，更重要的是从整体上看，广电集团的企业文化还存在很多不足，如：封建闭塞、夜郎自大，缺乏团队精神，不是用价值链而是用权力链进行连接，缺乏开拓与创新等现象还不同程度地存在，如果不进行整合和提升，客观上会阻碍企业的发展，就难以参与世界竞争，就难以在竞争中获胜。所以，更加需要从上到下形成共同追求的目标和理念，做到上下一致推动企业核心竞争力的发展。

国家已经制定了扶植企业大集团的策略，广电集团也名列其中，大集团的发展战略也少不了优秀企业文化的支撑。在这一系列情况下，要实现广电集团在“十五”规划期间的发展目标，塑造与之相适应的企业文化就成为一项十分迫切的任务。

第二节　顶层设计与培训研讨

一、顶层设计

【建设目标与建设途径】

2001年年初，广电集团党委在年度工作报告中提出，要全方位建设SVA企业文化。明确指出，SVA企业文化可以分为：精神文化，即企业核心理念，共同的价值观；组织文化，即团队精神、学习型组织的氛围和构架、管理模式和流程等；制度文化，即管理规范和管理制度。同时，提出了当年企业文化的建设目标,是要确立企业文化的基本要素,包括核心理念系统的表述,形成广电集团员工基本行为规范和企业识别系统(CIS)。

在工作报告中,集团公司党委要求各企业在文化建设中做到以下三个结合:

SVA 企业文化建设和精神文明建设相结合。要把以“管理与创新”为主题的精神文明建设与加强企业管理、建立现代企业制度、提高经济效益结合起来,及时总结推广在全系统有影响的典型。

SVA 企业文化建设和工会、共青团工作相结合。集团工会要通过建立健全职代会制度,确保职工民主权利落到实处,积极满足职工物质和精神需求;共青团组织要深入开展“号手活动”和“创新创效活动”,在生产服务实践中体现企业文化的示范作用。

SVA 企业文化建设和企业发展目标相结合。要以统一核心理念、价值观为出发点,逐步建设符合广电集团实际的、代表信息技术发展趋势的企业文化,在工作起步阶段,要自上而下地重点宣传“创新每一天”的核心理念,使职工理解其深刻涵义,真正使广电集团的企业和职工面对市场经济,在思想上有充分准备。

【首提“创新每一天”】

2001 年 2 月 10 日,广电集团在年度干部大会上,首次正式提出“创新每一天”的核心理念。广电集团作为一个从事信息电子类产品制造和信息技术服务的高科技的企业大集团,信息产业又是当今发展最快的高科技产业,其产业的基本特征就是创新。为此,广电集团党委在年度干部大会上,首次正式提出将“创新每一天”作为 SVA 文化的核心理念,并强调指出:要争取抢占信息技术和信息产业的制高点,一定要加快对企业“文化力”的开发和利用,充分尊重员工的个性、愿望和创新精神,努力创建一个优秀的具有广电特色的企业文化系统。

二、培训研讨

【干部培训】

第一期企业文化干部培训　2001 年 10 月 14 日,广电集团举办第一期企业文化建设干部培训班。在培训班上,党委书记、董事长徐为熄进一步阐述了建设 SVA 企业文化的重要意义,集团职能部门分别介绍了企业文化的概述以及广电企业文化的框架和内涵。广电集团要求将企业文化宣讲活动向广电信息、广电电子、集团直属企业及各基层企业延伸,促使企业文化推进活动自上而下地全面展开。

第二期企业文化干部培训　2001 年 10 月 26 日,为了将企业文化培训向各业务群延伸,广电集团举办第二期企业文化建设干部培训班。广电信息、广电电子和集团直属企业的负责人参加培训,集团职能部门分别介绍了上广电企业文化的概述、框架及内涵。会议明确指出,由于各个企业现状的差异,整合和推进企业文化要做到:既重整合、更重融合;分层教育、有序推进;系统思考、全面体现;分类指导、力求客观,最后做到共同推进和建设 SVA 企业文化。

【文化研讨】

“SVA 与我”文化研讨　2002 年 8 月,广电集团举行首次企业文化大型研讨活动。8 月 5 日,人文领域的著名学者、台湾怡安管理顾问公司董事长陈怡安教授在广电集团召开的“SVA 与我”企业文化报告会上作了主题演讲,他用生动的事例阐述了文化的含义,并对 SVA 企业文化中的核心理念进行了分析和诠释。8 月 6 日，广电集团在银星皇冠假日酒店召开“企业价值观与共同愿景研讨会”，陈怡安教授作为广电集团特聘的企业文化顾问主持研讨会，并与出席会议的 40 余名领导干部就 SVA 企业文化的推进方式、价值体现、困难与问题展开了互动式的研讨。党委书记、董事长徐为煺在研讨中指出，企业文化建设要在认知、认同的基础上，逐步做到行知、行同。

图 8-1-1　陈怡安教授(左二)和与会者交流企业文化建设体会

“企业文化核心理念与愿景共识”研讨　2002 年 9 月 11—14 日，广电集团举行了“企业文化核心理念与愿景共识”研讨会。党委书记、董事长徐为煺首先作了题为《我们走过的这段路》的演讲，指出要实现大集团的战略目标、真正把 SVA 做成世界著名品牌的差距所在。陈怡安教授作了“激发团体共愿的力量”“组织发展的行程和能动力”“核心价值的意义与动力”等主题报告，引介并展示了全面性问题的解决方法和理论。在研讨过程中，与会者通过分组讨论、实务作业、案例分析、主题演讲等形式，体悟建立共识的过程和价值，激发广大干部职工为广电集团的发展贡献自己的创意和智能，提高管理与经营的责任性和荣誉性。

企业文化践行策略规划研讨　2003 年 2 月 20—23 日，广电集团与台湾群仁管理顾问公司合作，在江苏吴江红顶度假村举行“企业文化践行策略规划研讨会”。会上，党委书记、董事长徐为煺首先发表进一步推进企业文化建设的演讲，提出了“海纳百川、务实进取、诚信创业、协力创新”的价值追求。陈怡安教授在研讨会上作了主题演讲，他从企业发展和经营现实谈到领导者的期待，从企业体的发展行程谈到问题的探讨和厘清，从问题的症结谈到全面解决问题的途径。与会者本着“共同愿景、共同勾绘，共同问题、共同解决”的思想分组进行讨论，并提出全员企业文化共识、现代企业管理体系、核心技术开发等方面的问题，同时提出了解决问题的有效提案。

企业文化推进践行研讨　2003 年 11 月 11 日，广电集团与台湾群仁管理顾问公司合作开展企业文化推进践行研讨活动。在研讨活动中，广电信息、广电电子等单位进行了交流发言，陈怡安教授在研讨中前后作了两次主题演讲。党委书记、董事长徐为煺就 SVA 企业文化践行提出了要求：一是要明确用户的需求是企业行动的标准，既要知道消费者需要什么，更要能够创造，这样才能将“您的需要，我们创造”的口号落到实处；二是激发人才的潜能是广电实现跨越式突破的基础，企业文化要落在实处，主要体现在企业能否吸引人，留住人，能否去激发人的创造力上；三是领导素质是企业变革的关键，各级领导要将观念真正转化为实效，领导素质是关键，否则超越、价值、行动就是空话；四是完善体制是能否持续发展的保障。

【种子选手培训】

企业文化种子选手培训　2003 年 4 月 3—5 日，广电集团举行“企业文化种子培训活动——培训师的起点”的培训。华东师范大学副教授严文华给大家作了《提升你的教练能力——从倾听和反馈开始》的演讲。参加培训的种子选手共 23 名，大家通过分组讨论、实务作业、案例分析、主题演讲等形式，感悟挖掘和整理文化培训的基本要素和基本方法，了解和掌握有效沟通的态度、方法和关

图 8-1-2　广电集团企业文化种子队赴海尔学习考察

键，学习和掌握 SVA 企业文化的基本理念和宣讲内容。

企业文化种子队赴海尔、海信学习取经　2003 年 9 月初，由广电集团本部及各业务群选派的 18 名企业文化种子队员一行，赴青岛海尔、海信进行企业文化建设学习考察。种子队首先来到海信集团，参观海信的展示室和生产车间，了解海信的历史、品牌和市场、质量和管理等方面的情况，并与海信的领导就企业文化建设展开了深入的研讨。随后，又前往海尔集团，先后参观海尔产品陈列室和海尔科技馆，并实地感受了海尔的企业精神、企业作风和管理理念。此次企业文化考察之行，为广电集团在更高层次、更广领域推进 SVA 企业文化建设提供了新的借鉴和思考。

经过三年(2001—2003 年)的企业文化推进活动，广电集团确立了企业文化的基本理念和基本要素，对以企业精神"创新每一天"为核心的基本理念进行了诠释，并将这些基本理念融入制度建设之中，通过识别系统的整合，形成了完整的 SVA 识别系统，制定了《上广电(SVA)员工行为准则》(见附录二)，创作了司歌《追求卓越——SVA 之歌》(见附录三)，编撰了《创新每一天——SVA 企业文化理念系统介绍》《上广电(SVA)员工行为准则员工读本》等企业文化建设书籍。由此，SVA 企业文化建设进入了广泛宣传和深入践行阶段，广电集团从上到下为了追求共同的目标和理念，开展了全员参与的企业文化推进活动。

第三节　融入制度与推行实施

2004 年，广电集团 SVA 企业文化建设进入制度文化的深化阶段，其目的在于将文化落实于员工行为、体现于员工绩效。

一、文化理念融入管理制度

2004 年，广电集团加大制度文化的建设力度，在高效率的流程基础上建设企业规章制度。各部门在审视现有制度的基础上，利用 OA 流程梳理机会，新增了一批制度，减少了管理真空，使各项管理工作做到有章可循。同时，根据已有制度的执行情况和新形势要求，对原有制度进行了修订，以提高制度的可操作性。在制度修订中，广电集团十分注意将 SVA 企业文化理念和企业管理制度融合在一起。

2007 年，为了适应产业发展，加强战略管控，进一步加强制度文化建设，推进平板显示产业的建设和发展，实现经济增长方式的重大转变，广电集团对现行的管理规范和司务工作制度进行了全面修订，编纂了《管理制度汇编》与《内部控制规定》，并于 2007 年 5 月正式颁布实施。2008 年 12 月，广电集团党委又编撰了《党群工作制度汇编》。

【管理制度汇编】

《管理制度汇编》分为三部分。第一部分是《上海广电(集团)有限公司章程》,是依照《公司法》,结合集团公司实际情况制定的规定经营管理的基本制度;第二部分是经营管理规范,是依据《上海广电(集团)有限公司章程》,为加强集团公司战略管控而制定的具有指导性的五项基本管理规范;第三部分是司务管理制度,是为了加强集团公司各条线的管理和协调,保障日常管理正常运转而制定的十项基本工作制度。

【内部控制规定】

《内部控制规定》分为三部分。第一部分是内部控制规定,共编入16项控制规定;第二部分是内部审计管理规定,包括经济责任审计办法和内部控制审计办法。以上两部分是对《管理制度汇编》中具体管理规定的补充;第三部分是《管理制度汇编》中有关管理规范的具体实施办法,包括投资管理规范实施办法和预算管理规范实施办法。

【党群工作制度汇编】

《党群工作制度汇编》收录了集团近年来制定和修订的部分党群工作制度,包括党办宣传、组织(人事)、纪检监察、工会工作等4大类15项管理规定。《党群工作制度汇编》下发至各企业,要求各企业党组织认真学习,遵照执行,从而使基层党群工作更加制度化、规范化。

二、推行实施《上广电(SVA)员工行为准则》

广电集团企业文化建设的重头戏是围绕SVA企业文化的核心理念和共同价值观,制定推行《上广电(SVA)员工行为准则》。

【行为准则颁布与实施要求】

为了规范公司员工在经营、管理、业务往来和海内外经济合作活动中的行为,广电集团围绕实现“世界的上广电,卓越的SVA”的共同愿景,制定了《上广电(SVA)员工行为准则(试行)》。其经过广电集团高层多次讨论,反复修改后定稿。根据广电集团企业文化建设工作的总体部署,《上广电(SVA)员工行为准则(试行)》于2005年1月1日起试行。

2004年12月25日,广电集团党政下发了《关于印发〈上广电(SVA)员工行为准则(试行)〉的通知》,指出:员工行为准则的制定和实施是集团企业文化建设从认知、认同到行同总体部署的要求,是全面提升全体员工素质、激发员工潜能、推动广电集团新一轮发展的迫切需要;要求:各企业要认真贯彻执行员工行为准则,经过培训推广、制度对照修订、跟踪检查、总结推广及全面实施等阶段,要把员工行为准则的实施推进作为一项重要工作来抓,要本着促进规范管理、以人为本和提升SVA形象的原则,突出重点、强调效率、加强交流、广泛参与,通过员工行为准则的实施推进,全面提升广电集团员工的综合素质。

【实践准则倡议书】

2005年2月25日,广电集团一届四次职代会向全体员工发出《实践〈准则〉要求、做SVA优秀员工倡议书》(简称《倡议书》),指出,随着新型光电子产业的兴起,上广电的发展正面临重大的发展机遇,产业将发生根本性的转化,体制机制也将面临深刻的变革和转型,同时对职工素质也提出了更高的要求。所以,全体职工要积极实施推行《上广电(SVA)员工行为准则》(以下简称《准则》)。

《倡议书》要求广大职工:一是潜心学习,认同《准则》内涵。全体职工要积极参加各类培训和学习,不断加深对《准则》内容的理解和领会,熟知《准则》提出的基本原则和各项要求的具体内容,把握《准则》的内涵与外延,形成对SVA行为文化的认知和认同。二是身体力行,实践《准则》要求。全体职工要结合本职岗位,把《准则》的要求落实在行动中,规范言行举止,增强组织力和执行力,面对企业改革发展,要静下心来认真钻研业务,全身心投入工作,体现出一流的业务能力和技术水平。三是注重长效,细化《准则》标准。全体职工要根据岗位的特点细化《准则》的要求,将《准则》的各项要求,渗透到企业管理的各项制度中去,融入岗位职责和工作标准中去,形成长效机制,使《准则》更具操作性,更加规范化、制度化。

【《上广电(SVA)员工行为准则员工读本》】

2005年3月25日,《上广电(SVA)员工行为准则员工读本》(简称《员工读本》)正式在企业内部发行。《员工读本》对《准则》的4条基本原则和11条具体准则进行了简明扼要的诠释,并辅以案例、寓言和漫画等形式,是一本兼具通俗性和可读性的读本。

党委书记、董事长徐为熄专门为《员工读本》写序,他寄语全体员工:市场竞争表面上是企业之间的竞争,实质上是员工队伍综合素质的竞争,因此要以制度规范人,以责任说服人。古人云:“格物、致知,诚意、正心,修身、齐家、治国、平天下”。概括起来就是“内德外功”,只有把自己内在的品德修养好了,才能把外在的事业做好。

【《上广电(SVA)员工行为准则》培训】

2005年3月25—26日,广电集团举办领导干部学习贯彻《上广电(SVA)员工行为准则》培训班。培训班强调,颁布和实施《准则》的重要目的是要通过规范员工行为,提升员工的综合素质,增强企业的核心竞争能力。归纳起来就是进一步提升广电企业文化建设的需要,是建立具有国际竞争力的光电子产业基地的需要,是积极稳妥地搞好转型变革的需要,是更好地凝聚人才、建设优秀团队的需要。在培训班上,与会干部在党委书记、董事长徐为熄的带领下,齐声宣读承诺书,并在书写《承诺书》的条幅上签名,表达了带头贯彻执行《准则》的信心和决心。

图8-1-3　广电物业进行员工行为准则培训

2005年4月12日,广电集团工会举办工会干部学习贯彻《上广电(SVA)员工行为准则》培训班。各基层工会主席、女职工委员主任、经审委主任等近百人参加培训。在培训班上,纪委书记、工会主席江兵作了《准则》的动员和宣讲。他要求工会干部模范执行《准则》、积极推行《准则》。第一要学习好《准则》,不仅要抓好班组长和工会干部的培训,而且要协助党委搞好全员培训。第二要宣传好《准则》,要充分利用黑板报、广播、宣传栏、网络等工会宣传阵地,全方位展开宣传,做到人人皆知。第三要维护好《准则》,要制定相应的制度，引导和帮助广大职工树立真正的市场经济意识，养成良好的行为规范，发挥职工群众在经济建设中的主力军作用。

2005年4月19日，广电集团举办企业骨干学习贯彻《上广电（SVA）员工行为准则》培训班。广电集团下属各企业负责《准则》培训和推进的骨干共70余人参加培训。党委副书记马坚泓作了培训动员，培训班对《准则》4项基本原则和11项具体准则进行了导读。学员们还对各自企业正在推行或计划推行《准则》的方法进行了交流和探讨。

第二章　SVA 文化理念系统

第一节　SVA 文化由来

广电集团重视企业文化建设的一个重要原因，是广电集团 1997 年的资产重组，不仅是一种产权方式的变换，而且也是一种企业经营理念和企业文化的彻底更新。多元化的投资主体和现代企业制度的建立，不仅是企业资本结构的改变，而且对整个企业的运作，在理念、制度、行为和整个物质产品结构上都会带来明显的转变。为此，必须建设具有"内生性"的企业文化，要让良好的企业文化渗透到各个领域和环节，起到强有力的整合作用。这是建设 SVA 企业文化的真正动因。

SVA 最初是上广电的企业标识，为"Shanghai Video & Audio"开头字母的组合。在 SVA 企业文化建设中，经过广大干部和职工的理解和提炼，对 SVA 赋予了新的内涵：

S 代表超越(surpass)，是精神。企业要发展，就要不断地超越；要超越，就要不断地创新；只有坚持创新，才能超越自我，超越过去。上广电以此提炼的企业精神是"创新每一天"。

V 代表价值(value)，是核心。企业不仅要创造产品价值，更要创造员工价值；企业不仅要创造有形价值，更要创造无形价值。上广电以此提炼的企业宗旨是"创造价值、满足需求、追求卓越"；经营哲学是"需要就是价值"。

A 代表行动(action)，是准则。千里之行始于足下，只有行动才能实现价值。上广电以此提炼的企业作风是"重在创新，贵在行动"。

根据 SVA 体现为超越、价值和行动三方面含义，进而形成了整个 SVA 企业文化理念系统，其中包括企业精神、经营哲学、企业宗旨、管理理念、企业作风等核心理念，也就是 SVA 文化的核心理念。

第二节　企 业 精 神

一、诠释

"创新每一天"(innovating everyday)是上广电的企业精神，也是上广电在激烈的市场竞争中求生存、求发展的必然选择。"创新"意味着想象力和创造力的综合发挥，体现在突破传统、创造新意、领先一步、超前发展；"每一天"意味着强调创新的时效性、紧迫性和坚韧性；"创新每一天"表达了广电人只争朝夕、坚韧不拔的拼搏精神和夯实基础、营造优势、创造未来的信念。

二、主要含义

"创新每一天"是一项系统工程，主要包括以下内容：

一是观念创新，广电要实现新一轮发展的目标，最重要的是要打破过去的思维定式和条条框框，用新思维、新观念去运作企业。

二是组织创新，要根据现代企业制度的要求，以人为本，建立全新的企业过程，营造学习型组织，使企业组织结构更加适应市场经济的需要。

三是管理创新，要创造一个以信息技术为支撑、以SVA文化为引导、以现代企业制度为方向的具有上广电特色的科学管理模式。

四是技术创新，要在技术上领先一步，要明确市场需求是技术创新项目的决策前提，市场实现程度则是检验技术创新成功与否的最终标准。

五是服务创新，要倡导"以优质服务提升价值"的理念，树立新的服务意识，创造新的服务手段，开辟新的服务空间，满足新的服务需求。

六是价值创新，要不断地激活员工的价值感，才能为社会创造出新的物质和精神财富，才能满足社会日益增长的需求。

第三节　经营哲学

一、诠释

"需要就是价值"(demand means value)体现了上广电的经营哲学。该理念的逻辑性在于：需要是因，价值是果，只有满足了需要，才能体现价值。该理念的辩证性在于：需要和价值是辩证统一的，没有需要，价值就不能得以激活和体现；离开了价值，需要就不能得以肯定和度量。该理念的物质性在于：需要表现为对物质的欲望，价值是精神上的认可，价值的起源产生于需要，体现了物质是第一性的哲学概念。

企业的价值是源于股东、员工、社会增值的需要，上广电"需要就是价值"的理念是企业的核心理念，该理念要求每一位员工在思考问题、解决问题、总结问题时都要以此为出发点。于是，就形成了上广电的企业宗旨：创造价值、满足需求、追求卓越。

二、主要含义

"创造价值"的含义：上广电的企业价值体现于股东、员工和社会价值的增加，企业、股东、员工和社会之间形成了相互依存、共同发展的价值链体系。

"满足需求"的含义：上广电的企业要满足股东投资增值和员工职业发展的需求；上广电的产品和服务要满足市场和用户的需求；上广电的员工要满足企业发展对高素质员工的需求。

"追求卓越"的含义：上广电的价值导向是要树立强烈的竞争意识，要以满足客户需求和提高客户的满意度为企业过程的最终目标，在做事情、做产品、做服务、做人等各个方面都要力求卓越，做到创新无止境。

第四节　企业作风

一、诠释

上广电的企业作风是"重在行动，贵在创新"。该理念强调了"行动"是实现目标的必要前提，是途径、是手段。只有通过“行动”,才能达到目标。

“重在行动”也体现了上广电的速度文化,这是实现高效率的根本动力,上广电倡导“重在行动”的作风,也就是追求“言必行、行必果”的行动境界。

二、主要含义

“贵在创新”给予“行动”以激励和推动,“行动”需要创新力的正确推动,从而实现具有创新思想的有效行动。“创新”体现了动力机制,是实现目标的不竭动力。所以,“行动”与“创新”是辩证的统一。“行动”离不开“创新”驱动;“创新”要依靠“行动”实施。推行“重在行动、贵在创新”的企业作风,体现了上广电的经营哲学和创新精神。

为了更好地践行“重在行动、贵在创新”的企业作风,上广电还要求广大干部大力弘扬“三业”精神:一是在专业岗位上要爱业,要有过硬的电子技术开拓和创新的本领,不断开发满足社会需要的产品;二是在职业道德上要敬业,提倡兢兢业业、一丝不苟,不断完善满足用户的需求;三是在事业理想上要创业,要在信息产业的发展中,不断地满足社会日益增长的需求。

第三章　员工行为准则

广电集团通过发掘、总结、提炼、升华，形成了得到员工广泛认同的企业理念。这些理念必须通过员工的自觉行为来履行，才能真正体现其价值。由此，2005 年 1 月 1 日，广电集团正式实施推行《上广电(SVA)员工行为准则(试行)》(简称《准则》)。

第一节　基 本 原 则

《准则》中的基本原则是员工职业行为的指导思想，也就是职业精神。职业精神与员工的职业行为是紧密相联的，它是上广电文化体系的重要组成部分，充分体现了上广电文化理念的内涵，反映出上广电高科技产业的特征。

上广电员工职业精神的内涵主要体现在"海纳百川、求实创新、敬业精业、追求卓越"四个方面。其中，"海纳百川"是上广电员工的职业境界，"求实创新"是上广电员工的职业作风，"敬业精业"是上广电员工的职业态度，"追求卓越"是上广电员工的职业理想。这四个方面分别从特定方面反映上广电职业精神的特定本质和基础，同时又相互配合，形成严谨的上广电职业精神模式。

一、职业境界——海纳百川

由于上广电从传统制造业向以新型平板显示为代表的现代高科技产业转变，这种转变需要有一种能把先进理念和有效资源化为己用的机制和文化，需要具备"海纳百川"这样的胸怀和气度。

"海纳百川"被定为上广电员工的职业境界，有三层寓意：

强调了"广"意　它要求员工具有宽广的胸怀和气度，尊重人，团结人，善于发现他人的亮点，善于利用各种资源，而不为已有的成绩所陶醉，真正做到博采众长、兼容并蓄、精华荟萃。

体现了"深"意　它要求员工树立创新无极限，学习无止境的思想境界。只有不断地否定自我，才会有层出不穷的创意，才会有更新的目标，才会创造出企业长盛不衰的奇迹。

突出了"变"意　"纳"必有"吐"，通过吐故纳新，这时的企业和员工团队已不是原来意义上的江川，而是一个虚怀若谷、相容渗透、勇于变革、敢于超越，升华为"海"的新企业、新团队。

二、职业作风——求实创新

以行动求实效、以创新促发展，是上广电努力营造的企业氛围。它要求员工实事求是，求真务实，脚踏实地地做好每件事；同时又要勤于思考，敢于突破常规，不断探求新的思路和方法，并把创意转化为成果。强调"求实创新"的职业作风，体现了上广电的经营哲学和创新精神。

"求实创新"被定为上广电员工的职业作风，体现了三个要点：

创新就是"今天比昨天做得更好"　即使在极其平凡的岗位上，也往往蕴藏着极大的创新机会。只要永不满足已经取得的成绩，充分地发挥自己的潜能，不断地找出存在的问题和不足，不断总结、不断改善,力争把自己所从事的工作做得更准确、更迅速、更有效、更完美,这就是创新表现。

必须树立全员创新意识 要建立企业的创新体系,形成一种创新的氛围,增强企业的创新能力,使每个员工的思想活跃起来,并且使这种活跃的思想得到及时的交流。这样,一个人的创新点子就会成为一个企业的财富,一个运作中的创新之作,就会导致全过程的大丰收。

宽容创新过程中的失败 “失败乃成功之母”,只有创新才能释放员工的想象力。因此,要努力孕育创新契机,使每个员工都能敢于突破思维定式,用新思维、新观念、新方法去从事本职工作,做到创造新价值,满足新需求。

三、职业态度——敬业精业

敬业是员工对自己所从事的职业的尊重和热爱,具体体现在企业员工有明确的目标选择,有朴素的价值观,有敢于创新、敢于负责、忘我投入的态度;精业是员工对本职工作的好学和钻研,具体体现在企业员工具有善于学习、刻苦钻研、精于业务的精神。这是上广电倡导的职业态度。

“敬业精业”被定为上广电员工的职业态度,表现在三个方面:

尊重自己所从事的职业 主要特征是恪尽职守、兢兢业业,工作起来总能精力充沛、全力以赴,有较强的能动性、创造性和自我表现的动力。

有明确的目标和强烈的使命感 主要特征是把自身的职业生涯和企业的目标联系在一起,而不是局限在狭隘的自身利益中。即使在做一件最微不足道的事情,都认为是有意义的、有目标的,而且不断地朝更高的目标前进。

具备持续自我更新的能力 主要特征是善于学习,并将学习到的东西迅速转化为行动的能力。不仅要强化职业责任,端正职业态度,还需要努力提高职业能力。因此,唯有学习、学习再学习,精业、精业再精业,才能在工作中做到游刃有余、潇洒自如。

四、职业理想——追求卓越

“追求卓越”是上广电企业精神“创新每一天”的集中体现,也是广电员工应该树立的职业理想。它要求员工求精求新,充分发挥自身的才能,不断地改善和提高,把自己所从事的工作做得更准确、更快捷、更有效;要设立高标准,工作创一流,努力超越他人和自我。

“追求卓越”被定为上广电员工的职业理想有三点价值导向:

“追求卓越”要体现在岗位上,落实在行动中 每个员工在本职岗位上,要树立“做任何一件事情不可能达到最好,只有争取更好”的意识,不仅要善于思考、培育突破性的思维方式,更重要的是勤于行动,敢于打破习以为常的东西,这样才会有创新,才会有进步,才能追求卓越。

“追求卓越”要有不安于现状,敢于迎接挑战的勇气 一个有使命感的员工,肯定是一个有理想、有目标的员工。他不会安于现状,而是时时刻刻有自我加压、自我拓展和追求卓越的动力。同时,他会勇敢地迎接各种挑战,并努力地战胜它,从而实现自己的目标。

“追求卓越”要树立自信心,不断发掘自身的潜力 追求卓越是对每一个员工而言的,每个人都有长处或短处,不能以短处而自卑,而要发觉自己的长处,把潜藏在自身中的价值发掘出来,发扬光大。如果做到这样,整个团队就是一个不断向上、追求卓越的团队。

第二节　行 为 准 则

一、遵纪守法

员工必须严格遵守国家法律法规、社会公德，严格遵守业务活动所在地的相关法规，严格遵守公司规章制度、职业规范。在各类业务活动中要诚实守法，不得使用非法、不公平或不道德的手段。

守法：自觉遵守国家的法律法规，是一个公民的基本义务；遵纪：严格遵守企业的规章制度，是员工应该具备的基本素质。一名合格的员工，必须在国家法律法规和企业规章制度的约束下进行生产经营活动。

【践行要求】

第一，作为上广电员工，有义务学习和掌握企业中的各项规章制度、职业规范以及国家的各项法律、法规，争当一名模范的法律、规章的学习者。

第二，作为上广电员工，应自觉遵守公司的各项规章制度，包括遵守生产工艺纪律；同时，也应自觉遵守国家和地区的相关法律，争当一名模范的法律、规章的执行者。

第三，作为上广电员工，应时刻维护国家的法律法规和企业的规章制度，积极抵制一切有法不依、有章不循的行为，努力树立企业在市场中的良好信誉和形象，争当一名模范的法律、规章的维护者。

二、诚实守信

员工要恪尽职守，保证实现契约和承诺，要实事求是，说实话、做实事、求实效，认真做好每件事。

诚实，就是说话、做事表里如一，真诚不虚假；守信，是指说话、做事遵守诺言，重信誉，说到做到，做了做好。即每个员工在生产经营活动中要对自己的“言”“行”负责。

【践行要求】

第一，说真话。忧喜同报，不仅要报告经营活动中出现的成绩，更要敢于报告出现的问题。如：财务人员就是不做假账；质量管理人员就是敢于揭示质量问题，并采取有效措施进行补救。

第二，干实事。在经营活动中，员工应了解真实情况，分析具体矛盾，解决实际问题。在生产过程中，诚信就是自觉遵守各项规章制度、严格按工艺流程进行操作，既不制造有缺陷产品，更不隐瞒缺陷，或将不合格产品流入下道工序。

第三，担责任。员工要对企业赋予的职能负责，对自己的工作成果负责，对团队的合作者负责。诚信就是敢于承担责任，不推诿他人。

第四，守契约。遵守契约包括员工与企业签订的劳动合同、保密合同等各类合同。

三、用户至上

员工要充分了解用户的需求，倾听用户意见，把用户的要求当作工作的目标。竭尽全力以优质产品供应市场、以优质服务满足用户,为用户创造价值。在企业内部也要树立“下道工序是上道工序的用户”的理念。

用户是企业经营活动的对象,包括外部用户和内部用户;用户至上,就是在生产经营活动中,满足用户的需求高于一切。

【践行要求】

第一,关键是要解决并致力于引导用户的需求,时刻保持与用户的密切联系和沟通。既要关注用户的现实需求,又要注重用户的潜在需求,只有两者的有机结合,企业才能高效发展。

第二,树立“精益求精”的质量意识和“用户至上”的服务理念。建立不制造缺陷、不传递缺陷、不接受缺陷的工作体系;形成拉动式的、环环相扣的内外用户链,确保产品质量和工作质量。

第三,把握和认同用户关系,即每个岗位、每个环节,都必须明确自己的用户及其为用户所承担的责任。在企业外部,市场消费用户是“衣食父母”;在企业内部,下道工序是上道工序的用户。内部用户的满意既是提高产品质量和工作质量的前提,也是外部用户满意必不可少的基础和保证。

四、效益优先

员工要以企业效益最大化为思考问题和行为判断的首要原则。开展各项工作都要有成本意识,提倡勤俭节约,合理利用资源,努力以最小投入实现最大产出,创造更大效益;同时要讲求效率,力求在最短时间内把事情做好。

效益是减去投入后的有效产出,表现为以较小的投入获得较大的产出,效益包括经济效益和社会效益。效率是指单位时间内完成的工作量,表现为用较少的劳动生产出较大的价值。效率是产生效益的基础,效益是效率的体现。

【践行要求】

第一,员工要有效益优先意识,通过提升自己的业务能力,在生产经营活动中,合理使用资源,降低成本,产生最佳效益。

第二,员工要根据效益优先原则,分清轻重缓急,合理安排工作,高质高效地完成各项任务。

第三,员工要严格按照工作流程和管理规范操作,通过规范的工作,提高团队的效率,进而实现效益最大化。

五、团队精神

员工要牢记自己是团队的一员,团队的成功是个人价值实现的基础。当利益发生冲突时,个人利益服从于团队利益;要以正直和开放的心态,给予同事信赖与尊重,客观公正地理解、评价同事的工作;相互帮助、彼此激励,追求成功,共享成果。

团队就是一个集体。团队精神是团队成员在共同价值观的指导下,为了企业的利益和目标而相互协作、尽心尽力工作的意愿和作风,是将个体利益和整体利益相统一而实现团队目标的高效率的工作状态。

【践行要求】

第一，热爱团队。企业员工要真正产生与组织荣辱与共的感情，站在团队的立场，事事以团队利益为重，时时为团队着想。

第二，融入团队。在团队中真正做到人人平等，公平公正地对待每位团队成员，发挥能力上的差异和特长，合理组合产生团队的综合优势。

第三，服从团队。将自己视为团队的一员，树立大局观，服从于团队的安排，执行团队的要求，做到团队利益要高于个人的利益。

六、学习进取

员工要积极主动地学习新理念、新知识、新技能，认真参加各类培训；同时要取长补短，相互学习，尤其要向先进员工看齐；要善于学习，更要注重实践，并在实践中检验学习的成果，提高个人的素质和能力，以适应企业的发展和环境的快速变化。

学习就是获取知识和积累知识，是对客观规律的认识和把握，是提高素养和掌握技能的过程；学习是一种思维方式、一种习惯、一种心态；学习需要进取和实践的勇气。

【践行要求】

第一，学习是提升员工自我竞争能力的唯一选择。要树立终身学习的观念，要有学习的紧迫感，要围绕企业发展的需要，不断地吸收、处理外界信息，接受先进的适应发展的新知识、新理念，提高应变能力，强化发展能力。

第二，学习是提高创新能力的过程。要善于思考，向一切可以学习的人和事学习。学习不仅是学知识，更是学习运用知识的能力。要有“学习无处不在，学习无时不有”的学习态度，养成开放接纳包容的学习习惯，要有针对性地学，学而有效，学以致用。

第三，学习是促进个人发展和体现价值的途径。要珍惜和把握学习的机会，要意识到，学习的越多，个人发展的空间与表现的舞台就越大，个人的价值就越大。

七、维护品牌

员工要像爱护生命一样珍视品牌，言行举止应维护和升华品牌形象，并把品牌意识融入研发、生产、销售、服务的行动中。

品牌是用于区别于其他企业或商品的名称、词句、符号、设计等元素的组合。品牌是有价值的，是企业的无形资产。

【践行要求】

第一，上广电员工要树立品牌意识，保持品牌的质量，自觉维护品牌形象，不能做有损于品牌的事，不能说有损于品牌的话。

第二，上广电员工的言行举止必须与 SVA 的品牌承诺保持一致。SVA 的品牌承诺是高品位的设计、高质量的制造、高可靠的产品、高素质的服务。

第三，上广电员工要注重在生产经营活动中维护品牌形象，提升品牌价值。

八、廉洁自律

员工在对内对外交往中应廉洁自律,企业资产仅可用于正常经营活动,任何人不得利用企业资源谋取私利。保护企业资产免受损失是员工的应尽职责。

廉洁:清廉,清白,与“贪污”相对;自律:自我约束,自觉地遵守法律法规;廉洁自律,就是在生产经营活动中要自觉地用法律法规约束自己,保持自己的清白。

【践行要求】

第一,员工的廉洁自律,要从自己的职位做起,不搞以权谋私,以职谋私,以岗谋私;特别是在利益面前,要公私分明,不能为了个人利益而损害企业利益。

第二,员工在内外交往的过程中,不可避免地会涉及企业的各种资源。从企业来讲,会通过相应的规章制度和运行机制来确保资源和资产不受损失;而从员工来讲,就是要有较强的自律意识,自觉抵挡各种诱惑,不可以直接或间接地为“我”所用,为己谋利。

第三,员工要忠诚于企业,在生产经营活动中,要以企业利益为重,尽力保护企业资产免受损失。

九、注重礼仪

员工要加强个人修养,培养文明素质,理解和执行企业的礼貌礼仪的各项规定。着装仪表、言行举止、精神风貌要体现良好的个人修养和企业形象。

礼仪就是礼节、仪表。礼仪包括个人的仪容、举止、表情、服饰、谈吐、待人接物等,从对象上看,礼仪还包括个人礼仪、公共场所礼仪、待客与作客礼仪、餐桌礼仪、馈赠礼仪、文明交往等。

【践行要求】

第一,增强礼仪、礼节、礼貌意识,坚决杜绝不文明的举止言行。

第二,以“敬人、自律、适度、真诚”的原则进行人际交往,做到仪表整洁端庄、谈吐自然诚恳、举止大方得体、待人礼貌真诚。

第三,理解和执行企业的礼貌礼仪的各项规定,体现良好的个人修养和企业形象。

十、保护环境

上广电将保护环境作为自己的重要社会义务和责任,提供符合环保、安全标准的服务与产品是企业的承诺。员工要认真执行企业环境保护的标准、制度和要求。

保护环境,就是保护自然环境,防止其受到破坏或污染,合理利用资源,改善人类劳动和生活的环境。

【践行要求】

第一,员工保护环境,体现在意识上。员工要保持高度的环保意识和资源意识,一切按照标准和制度去做。要充分认识到，人类生存的环境越来越严峻，保护环境不仅是政府和企业的事，也是每个员工的事。保护环境，就是保护人类自己。

第二，员工保护环境，体现在工作上。员工要严格按照国家和企业有关保护环境的制度、要求和标准去做，严格按规定的操作程序和工作流程去做，绝不能做违反环保和浪费资源的事。

第三，员工保护环境，体现在日常的行为习惯上。要从身边做起，从小事做起，从培养良好的行为习惯做起。比如，节约用水、节约用电、节约用纸、不浪费饭菜等。要把这些节约和不浪费，提升到节省资源、保护环境，树立企业形象、衡量个人素养的高度来认识。

十一、保守秘密

员工应珍惜企业有形、无形资源，在提供或使用资源时，应获得授权且用途正当。员工要严格保守企业和客户的商业信息和秘密，不得擅自泄露。

商业秘密主要是指不为公众所知悉、能为权利人带来经济效益、具有实用性并经权利人采取保密措施的技术信息和经营信息。

【践行要求】

第一，员工要有较强的保密意识，承担保密义务。

第二，员工在经营活动中，要妥善保管涉及商业秘密的文件或材料，规范操作，确保其安全性。

第三，员工不要随意地向无关人员泄露企业的商业秘密，更不能为谋取私利而故意出卖企业的有关信息。

第四章　企业文化活动及报刊

第一节　文明单位创建

广电集团坚持“两手抓”，把精神文明建设与物质文明建设放在同等重要的位置，创建文明单位工作与中心工作紧密结合；注重提升企业的整体素质，树立良好的上广电形象、SVA 品牌；创建力度不断加大，职工广泛参与，“两个文明”建设协调发展，工作成效比较明显，为改革和经营业务创造了良好的氛围，促进了企业的良性发展。

一、组织领导

1997 年，广电集团资产重组以后，为了进一步健全精神文明建设的组织领导和整体规划，广电集团党委成立精神文明建设委员会。徐为煾为主任，崔振佳为常务副主任，刘鸿超、顾培柱等为副主任，江兵、郇培斐、钱佩勇、沈巍、王长崧、张锻、王旭、马祖飞等为委员。

办公室设在宣传部。

广电集团党委强调，各级党组织要高度重视文明单位创建工作，充分认识到加强精神文明创建工作的重要性；规范制度，探索企业精神文明创建工作的长效机制；以教育为先导，活动为载体，不断丰富创建内容，创新工作方法，注重创建实效；加强组织领导，营造良好的工作氛围，提供良好的工作保障，形成既适应企业发展要求，又适合职工发展需求的精神文明创建工作新思路、新机制、新办法。

二、创建要求

广电集团党委要求各级党组织从实现集团发展战略目标的高度出发，把企业精神文明创建工作摆到党政组织和领导干部的重要议事日程上，贯穿于企业经营管理的全过程。努力做好以下五个方面工作：

努力做到“四个统一，两个互为”。精神文明建设和物质文明建设统一规划，统一布置，统一检查，统一落实；互为促进，互为提高。要把精神文明实事项目建设作为重要内容，作为企业领导干部年终考核的重要指标。

坚持以人为本，努力做到“四个联系，两个共同”。精神文明创建活动与企业品牌建设相联系，与企业精神、企业文化的培育和塑造相联系，与做好员工思想政治工作、保持企业稳定相联系，与提升员工业务技能和综合文明素质相联系；共同发展，共同进步。

加强创建方式方法探索和软硬件投入的力度。各企业要延伸创建单位的广度，挖掘创建内容的深度，使企业精神文明创建工作成为一项看得见、摸得着、贴得近的有效工作，力争使创建活动能够为广大职工所接受和欢迎。

坚持党政工团齐抓共管，形成网格化管理。创建工作要覆盖所有企业单位和全体员工，坚持年初有计划、年中有检查、年底有总结，及时交流创建活动经验体会的工作制度，推广好的做法，树立好的典型，使创建工作上台阶。

认真规划好新一轮创建活动的两年规划和年度实施计划。各企业要重视工作制度的健全和规范，积极探索可行的运行机制和有效的保障机制，通过努力使集团系统内有更多的企业获得市级文明单位称号。

三、创建实践

通过创建文明单位活动的深入、持续开展，极大地提升了广电集团所属企业的综合素质，越来越多的单位跨入上海市文明单位的行列。从1999年至2009年，广电集团所属企业参加了六届上海市文明单位的申报评选活动，共有90家次获评上海市文明单位。

表8-4-1　1997—2009年广电集团获历届上海市文明单位称号企业情况表

届　次	获奖时间	获　奖　单　位	数　量
第九届上海市文明单位（1997—1998年）	1999年4月	上海永新彩色显像管有限公司 上海广电金星电子有限公司 上海夏普电器有限公司 上海旭电子玻璃有限公司 上海索广电子有限公司 上海JVC电器有限公司 上海真空电子职业技术学校 上海广电飞跃照明电子器材厂 上海电视电子进出口公司	9家
第十届上海市文明单位（1999—2000年）	2001年4月	上海永新彩色显像管有限公司 上海旭电子玻璃有限公司 上海广电金星电子有限公司 上海夏普电器有限公司 上海索广电子有限公司 上海JVC电器有限公司 上海广电飞跃照明电子器材厂 上海真空电子职业技术学校 上海电视电子进出口公司 上海索广映像有限公司 上海新芝电子有限公司 上海松下微波炉有限公司 上海建伍电子有限公司	13家
第十一届上海市文明单位（2001—2002年）	2003年4月	上海广电数字音像电子有限公司 上海索广映像有限公司 上海索广电子有限公司 上海JVC电器有限公司 上海广联电子有限公司 上海广电凯歌雷达通讯设备厂 上海建伍电子有限公司 上海广电飞跃照明电子器材厂	18家

〔续表〕

届　次	获奖时间	获　奖　单　位	数　量
第十一届上海市文明单位(2001—2002年)	2003年4月	上海旭电子玻璃有限公司 上海永新彩色显像管股份有限公司 上海松下微波炉有限公司 上海松下电子应用机器有限公司 上海始安房产管理有限公司 上海广电电子学校 上海新芝电子有限公司 上海广电电子股份有限公司电器分公司 上海广电房地产有限公司 上海电视电子进出口有限公司	18家
第十二届上海市文明单位(2003—2004年)	2005年4月	上海索广映像有限公司 上海索广电子有限公司 上海JVC电器有限公司 上海广联电子有限公司 上海广电通信技术有限公司 上海广电飞跃照明电子器材厂 上海西门子移动通信有限公司 上海亿人通信终端有限公司 上海乐金广电电子有限公司 上海广电信息产业股份有限公司物业分公司 上海松下微波炉有限公司 上海永新彩色显像管股份有限公司 上海旭电子玻璃有限公司 上海始安房产管理有限公司 上海广电电子学校 上海新芝电子有限公司 上海广电液晶显示器有限公司 上海松下等离子有限公司 上海海晶电子有限公司 上海广电房地产有限公司 上海电视电子进出口有限公司	21家
第十三届上海市文明单位(2005—2006年)	2007年4月	上海西门子移动通信有限公司 上海索广电子有限公司 上海广联电子有限公司 上海亿人通信终端有限公司 上海广电信息产业股份有限公司物业分公司 上海乐金广电电子有限公司 上海索广映像有限公司 上海广电通信技术有限公司 上海松下等离子显示器有限公司 上海松下微波炉有限公司 上海海昌国际有限公司 上海广电电子学校 上海始安房产管理有限公司 上海电视电子进出口有限公司 上海广电通讯网络有限公司	15家

〔续表〕

届　　次	获奖时间	获　奖　单　位	数　量
第十四届上海市文明单位(2007—2008 年)	2009 年 4 月	上海松下等离子显示器有限公司 上海松下微波炉有限公司 上海广电电子学校 上海始安房产管理有限公司 诺基亚西门子通信(上海)有限公司 上海乐金广电电子有限公司 上海广联电子有限公司 上海亿人通信终端有限公司 上海索广电子有限公司 上海广电信息产业股份有限公司物业分公司 上海索广映像有限公司 上海广电通信技术有限公司 上海广电通讯网络有限公司 上海电视电子进出口有限公司	14 家

第二节　群　众　活　动

广电集团坚持开展形式多样的群众性文化娱乐体育活动,把它作为企业文化建设的重要平台和提高全员文化素质的载体之一,营造健康向上的和谐氛围,丰富员工业余生活,凝聚人心,保障了企业各项工作的顺利开展。

一、首次 SVA 司旗升旗仪式

2002 年 6 月 27 日上午 8 时 30 分,广电集团在上海广电金星电子有限公司(田林路 140 号)广场隆重举行首次 SVA 司旗升旗仪式。随着雄壮的国歌声,五星红旗在中间的旗杆上高高升起;当 SVA 司歌奏响时,白底蓝字的 SVA 司旗和上海名牌旗从两边同时升起。此后,广电集团所属企业都在厂区升起了 SVA 司旗。

二、主题征文

为了进一步推进广电集团的企业文化建设,深化创建文明工作,弘扬员工先进事迹,提升员工队伍的综合素质,为上广电新一轮发展营造一种团结向上、奋发有为的氛围,广电集团举办了一系列的主题征文活动。

【我心目中的 SVA】

2002 年 5 月,广电集团工会举办了以《我心目中的 SVA》为主题的征文活动。征文活动要求反映广电集团资产重组五年来的辉煌成绩,企业改革、发展中的重要事件,推进企业文化建设的典型案例,在工会工作、班组建设、创建文明、职工素质工程建设中的优秀人物和事例,员工中的好人好事,对企业发展的思索和建议,对广电未来的憧憬和畅想等。征文活动共收到征文 34 篇,《上广电》

报开辟了专栏,刊登了 14 篇获奖征文。

【敬业、精业,心系 SVA】

2003 年 4 月,广电集团工会举办以"敬业、精业,心系 SVA"为主题的"西门子杯"征文活动。该活动由集团工会主办,《上广电》报协办,上海西门子移动通信有限公司提供赞助。征文活动要求围绕广电的企业文化,阐述"敬业、精业"对广电新一轮发展的重要意义;立足企业发展,对员工中的"敬业、精业"事迹进行褒扬;对如何塑造新时代的广电职业精神建言献计。征文共收到稿件 26 篇,有 8 名作者获奖,《上广电》征文专栏刊出 20 篇。

【用心创意、亮出智慧】

2008 年 9 月,广电集团举办以"用心创意、亮出智慧"为主题的 SVA 品牌传播语征集活动。征集活动共收到员工作品 930 件,征集小组从中筛选出 55 件作品,并匿名刊登于 SVA 网站和《上广电》报进行投票。投票活动得到各企业领导和员工的高度关注,从集团领导到普通员工都积极参与。截至 11 月底,共有 2 100 名员工参与了网上或网下投票活动。依据投票结果和专家意见,征集小组共选出 10 件入围决赛作品。2009 年 3 月 12 日,SVA 品牌传播语决赛暨颁奖仪式在上广电会展中心举行。经过紧张激烈的竞赛,上海广电信息电子销售公司叶青创作的"视有界　心无限"脱颖而出,获得最具创意奖。创意专家邵隆图应邀作了题为《体验铸就未来》的演讲。

三、摄影书法

为了丰富员工文化生活,提升文化修养,培养高尚情操,广电集团组织广大员工开展各种主题的摄影书法活动。

【"上海、广电、我的家"摄影比赛】

2002 年 11 月,广电集团举办"上海、广电、我的家"摄影比赛。经过广大摄影爱好者的踊跃投稿,编辑部陆续收到广电各企业摄影爱好者精心拍摄的 50 余幅作品,经过有关专家的审慎评选,最

图 8-4-1　"上海、广电、我的家"摄影比赛一等奖作品《加油》

图 8-4-2　"上海、广电、我的家"摄影比赛二等奖作品《我为阿姨做贺卡》

终产生了 1 个一等奖、2 个二等奖、3 个三等奖及若干优秀奖和入围奖。上海乐金广电电子有限公司金庆诚的作品《加油》获得一等奖。

【上广电文化理念书法摄影展评】

2003 年 8 月，广电电子“上广电文化理念书法摄影展评”活动在上海旭电子玻璃有限公司“工人之家”举行。这次书法、摄影展评活动旨在进一步宣传 SVA 文化理念，扩展对上广电文化理念的认知面。活动得到各单位的支持和广大书法摄影爱好者的积极参与。从 100 多幅参选作品中选出的 50 多幅书法作品、11 家单位的 12 块摄影展板参加展评。参展作品具有主题鲜明、字体形式丰富多彩、水准较高的特点，受到参评者的高度评价。最后评选出十佳书法作品奖，上海旭电子玻璃有限公司、上海海晶电子有限公司、上海新芝电子有限公司获摄影作品奖。

【职工书法比赛】

2005 年 5 月 26 日，广电集团工会举办首届职工书法比赛。广电集团总裁顾培柱担任书法比赛评委会顾问，并为本届书法展题词：“海纳百川”。为保证比赛的公平公正，特邀请上海书法家协会副主席钱茂生等有关专家组成评委班子。在比赛现场，有的职工当场挥毫书就上广电员工的行为基本原则；有的职工用工整的笔墨书写出“宁静致远”“天道酬勤”“与其临渊羡鱼不如退而结网”等词句。最后，钱茂生还点评了参赛作品，并与参赛者共同切磋书法技艺。经评委评审，上海旭电子玻璃有限公司胡纪文获一等奖。

图 8－4－3　广电集团首届职工书法比赛

【“创新、跨越、新发展”职工摄影比赛】

为了纪念改革开放 30 周年，广电集团工会于 2008 年 10 月举办以“创新、跨越、新发展”为主题的职工摄影比赛和巡展。广大职工踊跃参与，共有 600 多幅照片参加比赛，经过筛选，有 200 幅照片参加巡展。展出照片分为“产业发展、企业文化、多彩生活”三个板块，从不同侧面展示了上广电产业发展的轨迹和成就，真实生动地反映了广大干部职工敬业精业的精神风貌。为了激励广大员工的摄影热情，让更多员工分享摄影的快乐，广电集团工会组织基层工会主席、专家组对职工参赛的“多彩生活”摄影作品进行评选，最终评选出一等奖 1 名、二等奖 2 名、三等奖 5 名、优胜奖 20 名。上海三星广电电子器件有限公司蒋文明的作品《奥运火炬手》获得一等奖。

四、体育活动

广电集团针对青年员工热情、活跃、自信的特点，充分发挥各级工团组织群体优势和组织优势，通过开展各种类型的体育比赛活动，不仅丰富了员工的文化生活，而且增强了员工的团队精神、协作精神和进取精神，有力地推进了集团的企业文化建设。

【“SVA 卓越杯”乒乓赛】

首届“SVA 卓越杯”乒乓球比赛 2004 年 9 月 3—4 日，广电集团工会在张德英乒乓中心，组织了由广电电子、广电信息、广电集团本部、广电中央研究院、广通网络五个单位约 300 人次参加的“广电集团首届‘SVA 卓越杯’乒乓球比赛”。经过运动员两天的激烈角逐，广电电子、集团本部、广电信息分获男女混合团体前三名；广电信息夏八中、广电电子刘萍分获男女单打第一名。本次活动得到集团各级党政工领导的支持和配合，整个比赛现场既隆重热烈，又紧张有序，体现了广电员工团结拼搏的团队精神。

第二届“SVA 卓越杯”乒乓球比赛 2006 年 11 月 18 日，广电集团工会、团委联合举办广电集团第二届“SVA 卓越杯”乒乓球比赛。工会主席江兵主持了开幕仪式，党委副书记马坚泓致开幕词，总裁顾培柱和马坚泓为比赛开球。经过 7 个多小时的激烈角逐，广电信息、广通网络、直属联队分别荣获团体第一、第二、第三名，刘勤华、刘萍分获男女单打第一名。

图 8－4－4 第三届“SVA 卓越杯”乒乓球赛

第三届“SVA 卓越杯”乒乓球比赛 2008 年 12 月 21 日，广电集团工会在闵行区体育中心举办第三届“SVA 卓越杯”乒乓球赛。党委书记王强为比赛开球。集团本部、广电信息、广电电子、广电资产、中央研究院、广电 NEC 和上海夏普联队共 6 支参赛队 70 余名选手进行了激烈角逐。广电电子、广电信息、广电资产分获团体前三名；广电 NEC 王建荣、亿人通信陆慧琴分获男女单打第一名。

【“健康活力”体育活动】

2004 年 7 月，广电信息工会、团委联合开展“健康在职工，活力在广电”为主题的系列活动，其中包括消防灭火、拔河、乒乓球比赛、自行车慢骑等比赛。“健康活力”各项比赛项目引起员工很大兴趣，大家团结协作，力争第一。

图 8－4－5 广电信息“健康活力”乒乓球比赛

图 8－4－6 广电信息“健康活力”拔河比赛

【“西门子杯”篮球赛】

2004 年 11 月，广电集团团委举办首届“西门子杯”篮球联赛。广电集团本部、西门子移动等 19 支参赛队参赛。集团党委书记、董事长徐为煸为首轮比赛开球。

【奥运会火炬传递】

2008 年 6 月 7—8 日，北京奥运会火炬传递至广西南宁、百色，经北京奥运会赞助商三星(中国)投资有限公司名额分配，上海三星广电电子器件有限公司的 4 名员工幸运地成为火炬手。其中，三星广电电子开发部蒋文明、工务环境部部长王敏华分别为南宁站第 99 棒、第 160 棒火炬手；人事部柳颖、工务环境部王国桢分别为百色站第 11 棒、第 112 棒火炬手。在热烈的“为奥运加油！”“为中国加油！”喝彩声中，4 名火炬手顺利完成了火炬传递。

图 8-4-7　SVA 首届篮球赛，广电集团党委副书记马坚泓为冠军队颁奖

图 8-4-8　蒋文明的作品《奥运火炬手》获“创新、跨越、新发展”职工摄影比赛一等奖

五、文艺汇演

广电集团积极组织群众性的文艺汇演活动，旨在活跃、丰富职工业余文化生活，凝聚人心，振奋精神，提升员工的企业归属感、荣誉感。

【广电集团成立十周年庆文艺汇演】

2007 年 4 月 24 日，在欢庆的锣鼓声中，千余名员工齐聚上海东方艺术中心，共同庆祝广电集团资产重组十周年。为广电集团发展作出贡献的先进集体和个人代表在掌声中登台领奖；来自基层企业的表演团队献上了自编的歌舞，掌声、笑声此起彼伏，东方艺术中心歌剧厅洋溢着春天的气息。

【改革开放30周年歌会】

2008年10月17日晚,市国资委在上海国际体操中心举办了主题为“坚定改革信念、勇攀发展高峰”的大型歌会,隆重纪念改革开放30周年。广电NEC近百名员工和长江计算机公司员工组成一个歌唱方阵参加了歌会。

第三节 《上广电》报

《上广电》报创办于2001年1月,是上海广电(集团)有限公司主办的内部刊物,也是集团沟通信息、交流学习和传播企业文化的主要载体。《上广电》报持有上海市连续性内部资料准印证(B)第0102号。

一、办报宗旨

《上广电》报的办报宗旨是:“立足广电、面向员工、服务经济、推进发展”。《上广电》报创办以后,紧紧围绕企业经济工作,大力宣传上广电的发展趋势,传递企业的发展信息,充分发挥了宣传群众、动员群众、鼓励群众的作用,成为各级企业领导和广大员工了解广电、宣传企业、发扬先进、陶冶情操的重要窗口,也是影响力最大、受众面最广、最受领导和员工喜欢的大众传媒载体。《上广电》报创办之后,先后获得“上海市优秀企业报”“上海市最佳企业报”“全国优秀企业报”等称号。

二、内部管理和通联工作

《上广电》报注重内部管理和通联工作,形成了比较完整的通联网络,编辑部有90余名业余记者,分为3个记者站,并不定期地对记者进行业务培训。同时还制定了采访、编辑、请示、稿件、稿费等管理流程。由于一直坚持实行严格的考核制度,保证了报纸的正常出版。《上广电》报共计出版发行了202期,其间从未停刊或延期出版,而且,没有发现重大差错,错别字发生率控制在5‱以内,在领导和员工中形成了良好的影响。发行量从创刊初期的2 300份上升到5 000份,报纸发行采取邮政局统一分发、邮寄的办法,发行至所有基层企业的每个班组。

三、荣誉奖项

2002—2009年,《上广电》报在广电集团党政领导的支持下,在上海市记协企工委的关心指导下,不仅受到企业广大干部和员工的喜欢和信赖,同时也得到了企业报同仁的广泛好评,在全国和上海市的各类评选中,连续获得了各种荣誉称号。

表8-4-2 2002—2008年《上广电》报获奖情况表

获奖时间	奖项名称	颁奖单位
2002年11月	上海市优秀企业报	上海市新闻工作者协会
2002年12月	中国企业内部报刊优秀版面奖	中国企业联合会、 中国企业家协会

〔续表〕

获奖时间	奖 项 名 称	颁 奖 单 位
2004 年 9 月	中国百佳优秀企业内刊特等奖	中国内刊工作者大会
2004 年 11 月	上海市优秀企业报	上海市新闻工作者协会
2006 年 11 月	上海市优秀企业报	上海市新闻工作者协会
2006 年 12 月	全国优秀企业报	中国企业报协会
2007 年 11 月	上海市二十佳企业报	上海市新闻工作者协会
2008 年 4 月	通讯一等奖：《“巾帼”擎起一片天》(作者顾燕) 图片一等奖：《耐心的志愿者和坚强的特奥运动员》(作者张国威) 消息二等奖：《通宵值守献真情　保障通信显功力》(作者孙德华)	上海市新闻工作者协会 企业报工作委员会
2008 年 10 月	通讯一等奖：《衔接空中生命救援通道》(作者夏军) 摄影一等奖：《众志成城》(作者张国威) 摄影二等奖：《争分夺秒抢通空中救援“生命线”》(作者周和生)	中国经济报刊协会 中国企业报协会 中国企业报社
2008 年 11 月	上海市最佳企业报	上海市新闻工作者协会

第九篇

党群工作

概　　述

上海广电(集团)有限公司(简称广电集团)紧紧抓住资产重组机遇,深化企业改革,经过调整、提高和发展三个阶段,一心一意搞产业,聚精会神抓发展。广电集团党委始终围绕经济发展中心,把握好改革、发展、稳定的大局,发挥政治核心作用。在推进党建工作中,通过"三讲"学习教育、保持共产党员先进性教育、学习实践科学发展观等一系列党内学教活动,提高领导班子的政治素质和党员队伍的纯洁性。坚持抓好干部队伍建设、党员队伍建设和企业文化建设,开展树立先进、讨论价值等活动,引导干部群众思想观念的更新,推进工作行动上的执行。根据广电集团自身及投资企业的特点,探索多元投资及合资企业党建的新模式,积极发挥工会、共青团组织的作用。党组织的创造力、凝聚力和战斗力得以增强,从政治上、思想上和组织上为广电集团的发展提供保证。

第一章　党组织

第一节　集团党组织

一、集团党委

广电集团资产重组后，集团党委在围绕经营活动开展党的工作的同时，重视党组织架构的建立和完善，以确保各级党组织对企业重大问题参与决策和保证监督作用。根据高效、精简的原则，广电集团党委下设党委办公室、宣传部、干部部和组织部。

1997年4月，中共上海市委决定：徐为熜任广电集团党委书记，崔振佳任广电集团党委副书记、纪委书记。市工业党委同意：王成明、顾培柱、江兵任广电集团党委委员。

1997年5月，市工业党委同意邬培斐任广电集团纪委副书记。11月，广电集团党委同意江兵、宋涛、马祖飞为广电集团纪委委员。

1998年1月，广电集团党委接市工业党委文件，同意李慈祖为广电集团党委委员。

1999年9月，中共上海市委决定：王成明任广电集团党委副书记。

2002年2月，中共上海市委决定：顾培柱任广电集团党委副书记，江兵任广电集团纪委书记。

2003年10月，市国有资产监督管理委员会党委批准：马坚泓任广电集团党委副书记。

2004年2月，广电集团党委讨论，报市国资委党委同意，决定：高兰英为广电集团党委委员。

2004年12月，市国资委党委讨论同意：增补蒋松涛为广电集团党委委员。

2007年4月，市国资委党委决定：聂建华任广电集团党委副书记。

2007年10月12日，在广电集团领导干部会议上，市国资委党委书记、主任杨国雄宣读市委、市政府、市委组织部和市国资委党委有关文件：徐为熜由于年龄关系，不再担任集团领导职务。王强任广电集团党委书记。

2008年8月22日，市国资委党委决定：聂建华任广电集团纪委书记。

表9-1-1　1997—2009年广电集团党委正、副书记任职情况表

姓　名	职　务	任职时间
徐为熜	党委书记	1997年3月—2007年10月
崔振佳	党委副书记	1997年3月—2002年1月
王成明	党委副书记	1999年9月—2002年8月
顾培柱	党委副书记	2002年2月—2007年10月
马坚泓	党委副书记	2003年10月—2007年4月
聂建华	党委副书记	2007年4月—2009年10月
王　强	党委书记	2007年10月—2009年12月

表9-1-2　1997—2009年广电集团纪委书记任职情况表

姓　　名	职　　务	任　职　时　间
崔振佳	纪委书记	1997年3月—2002年1月
江　兵	纪委书记	2002年2月—2008年8月
聂建华	纪委书记	2008年8月—2009年10月

二、基层党组织及党员基本情况

广电集团设立党委、党总支、党支部等党组织结构,并根据集团发展、改革和调整的需要,及时进行调整。同时,认真制定组织发展的工作制度和计划,重视新党员的组织发展工作,加强对入党积极分子的教育培养,按照积极慎重的原则发展新党员。

表9-1-3　1997—2008年广电集团系统党组织结构情况表

年　　份	党委(个)	党总支(个)	党支部(个)
1997年	21	14	219
1998年	21	15	210
1999年	20	16	215
2000年	21	15	210
2002年	24	18	210
2003年	17	19	202
2004年	19	21	199
2005年	19	22	199
2006年	21	25	213
2007年	19	27	215
2008年	21	24	186

表9-1-4　1997—2009年广电集团系统党员及入党积极分子基本情况表

年　份	党员(人)	发展党员(人)	申请入党(人)	积极分子(人)
1997年	4 317	152	1 009	652
1998年	4 013	133	937	592
1999年	3 997	136	826	573
2000年	3 976	107	908	553
2002年	3 950	94	967	588
2003年	3 936	95	1 089	636

〔续表〕

年　份	党员(人)	发展党员(人)	申请入党(人)	积极分子(人)
2004 年	3 931	95	1 082	615
2005 年	3 815	84	710	649
2006 年	3 736	117	1 034	545
2007 年	3 373	217	672	246
2008 年	3 038	57	685	217

三、宣传教育及日常党建活动

【宣传教育工作】

组织干部开展理论学习　坚持党委中心组学习制度，保持干部的思想理念与党的路线方针政策相一致；引导干部群众围绕广电发展，联系实际，树立信心，提高执行能力。

2002 年党的十六大闭幕后，广电集团党委中心组迅速开展了学习、贯彻和落实党的十六大精神的活动。把党的十六大精神贯彻到各项工作中去，加快建设具有国际竞争力的大集团步伐。在中心组学习中，集团党委书记、董事长徐为煸在发言中讲道：作为一名企业领导干部，对《十六大报告》中归纳的“十条基本经验”感受很深。广电集团在近 6 年的改革发展中，正是以“发展是硬道理”和“三个代表”重要思想为主线，抓住产品结构调整、管理体制改革、人才队伍建设、科技开发和新产品产业化等重点，一步一个脚印，基本形成一套产业发展的新格局和良性循环的新机制，为后三年高速发展奠定了扎实的基础。要用党的十六大精神总结广电重组以来的基本经验，深入研究下一步工作，要按照《十六大报告》中提出“发展要有新思路，改革要有新突破，开放要有新局面，各项工作要有新措施”的要求规划下一步工作。同时要求广电集团需要以新的局面扩大开放，一方面，要在增强实力的基础上，在更大范围内扩大与国外大公司的战略伙伴关系，形成优势互补、互利的双赢局面，在发展新项目时，力求以发展主控业务为主要目标，大胆聘请境外人士参与经营管理；另一方面，还要大力开拓海外市场，使 SVA 成为一个世界品牌。

2003 年，广电集团自上而下地开展了一场回顾资产重组 6 周年的活动，以进一步引导干部群众正确认清形势，理清思路，树立发展信心。党委书记、董事长徐为煸在动员会讲话中指出：广电的发展过程中有很多典故，应该成为广电的财富。他要求，一是要以新的观念回顾总结重组以来各个阶段的历程，体现三个“紧扣”，即紧扣“三个代表”重要思想，紧扣“新型工业化道路”的要求，紧扣“世界的上广电，卓越的 SVA”的目标，通过回顾广电的发展历程，做到“总结经验，发扬成绩，纠正错误，以利再战”。二要进一步提炼出广电的企业文化、企业精神、企业魂。要提炼出广电的创新精神、团队精神、敬业精业精神，体现出广电的风貌，使得大家热爱广电，增强事业的凝聚力，使得大家看清目标，共同努力奋斗。各级党组织对回顾工作非常重视，制订实施计划，积极组织推进，使回顾活动呈现三大特点。一是注重结合本企业实际。广电信息将回顾活动与落实全年预算目标和开展“管理现状、管理问题”自查活动有机结合。通过回顾总结，树立企业精神，找出问题和不足，确立做大、做强的目标，以提高干部的团队意识和整体意识。广电电子将回顾活动与正在开展的“学习与创新”主题教育活动紧密结合，为进一步提高广大干部的思想水平、战略能力和综合素质起到了积极作用。二是注重升华企业精神。广电电子积极倡导“开拓创新、知难而上”的精神,从而激发了广大干部员工的精神状态,提高了自觉性、责任感和事业心;加强了对先进管理制度的建设和执行、督查;提高了企业的整体执行能力。广电信息针对基础管理“差一口气”现象,要求广大员工“从我做起,从基础做起,从现在做起”,脚踏实地做好当前的工作,真正树立起“一丝不苟、精益求精”的职业精神。宽带业务群正处于资源整合过程中,通过回顾活动总结创业过程中的成功经验,挖掘宽带业务群独特的企业精神,并通过普及教育增强新老员工的归属感。三是同新一轮发展目标紧密结合。宽带业务群通过有成效的回顾,对制定发展目标起到积极的指导作用。广电信息、广电电子把发展战略研讨作为六年回顾的主要工作之一。随着 6 年回顾活动的纵深发展,将回顾成果提升到文化和精神的高度,有力推动了各项工作的开展。

2006 年,集团党委向下属党组织发出《关于认真学习宣传贯彻党的十七大精神的实施意见》,要求各级党组织把学习宣传贯彻党的十七大精神作为当前和今后一个时期的首要政治任务,并抓好三个层次的学习宣传。一是突出抓好领导干部的学习。集团公司、业务群和基层企业的学习中心组成员,要采用各种形式,认真研读党的十七大文件,要按照胡锦涛总书记在上海视察时提出的“紧紧围绕着力转变经济发展方式、着力推进改革开放、着力促进社会和谐、着力加强党的领导”要求,展开四个专题的学习。即着力转变经济发展方式,提高经济发展的质量和效益;着力推进改革开放,切实打通制约经济发展的瓶颈;着力促进社会和谐,加强企业社会责任建设;着力加强党的领导,巩固和发展先进性教育活动的成果等四个专题。二是精心抓好广大党员的学习。各级党组织要紧密联系本企业的工作实际和党员的思想实际,精心组织好广大党员的学习。通过学习,要重点把握党的十七大报告确立的重大理论观点、重大战略思想、重大工作部署,使广大党员全面了解党的《十七大报告》的丰富内容,系统掌握党的《十七大报告》的精神实质;重点把握党章修正案的主要内容,切实把党章学习好、遵守好、贯彻好、维护好,重点把握基层党建的基本要求和任务,进一步巩固和发展先进性教育活动的成果,充分发挥广大党员的先锋模范作用。三是面向群众,开展广泛深入的宣传。各基层党组织及宣传部门要围绕企业的生产经营和职工的思想热点,面向广大职工群众,利用《上广电》报、上广电网站以及基层企业中的简报、宣传栏、黑板报等宣传媒体,开展深入浅出、形象生动、内容丰富、形式多样的宣传,帮助广大职工了解党在新时期的行动纲领和大政方针,引导广大职工理解党的十七大精神、拥护党的十七大精神,以更加饱满的热情和坚定的信心投身到企业的改革发展中去。

2008 年,集团党委紧紧围绕学习贯彻党的十七大精神和市委九届三次全会精神,紧贴集团生产经营、改革发展、和谐稳定的中心工作,开展思想宣传工作,为集团战略规划的执行提供良好的舆论保障。同年,集团共计召开了 12 次领导干部大会,其中包括传达市委九届三次全会精神、党风廉政建设会议、党的十七大精神辅导报告会、科学发展观辅导报告会、劳动合同法辅导报告会以及抗震救灾事迹报告会等。通过这些学习报告会,各级干部进一步了解集团面临的形势与任务,加强了对 TFT 产业链建设的舆论宣传,增强了发展信心,提高了干部的责任意识、危机意识和大局意识。同时,还组织了 13 次党委中心组学习,为保证学习效果,党委采取了每次确定一个学习讨论主题,由中心组成员中一位领导重点准备中心发言,其他领导参与讨论的方法,使得每次中心组学习都能主题鲜明,内容丰富,讨论热烈,形成共识。

以企业文化建设为抓手开展群众工作　一是分层分级扩大企业理念培训,提升职工对广电企业理念的认同,理解其深刻涵义;二是大力宣传员工实践企业理念的典型;三是紧扣企业实践,开展企业文化的交流研讨、专家点评等活动。2005 年,在集团上下推出了《上广电(SVA)员工行为准则》(简称《准则》),党委重点推进以《准则》为主的干部培训,提出干部带头执行,由上至下逐级示范的要求。很多合资企业党组织把《准则》的要求融合入本企业的员工守则中,使行为准则中提倡的原则和标准得到员工的广泛认同和认知。

图 9-1-1　广电集团开展企业文化践行研讨会

在开展企业文化的活动中,广电集团党委书记、董事长徐为煸于 2005 年 9 月 9 日、13 日分别在广电信息、广电电子作了题为《求真务实,提高自身素质;两个面向,增强竞争意识》的党课报告。报告紧扣发展主题,联系广电实际,深入浅出地阐述了广电在发展道路上的成绩和教训,要求广大党员干部在市政府大力发展光电子产业的重大机遇面前,在企业面临全面转型的形势下,把握机遇,求真务实,面向市场,面向群众,不断提高自身素质,不断增强竞争意识。徐为煸指出:广电的企业文化起步并不晚,但是,广电的文化理念还没有完全融合到每个员工的自觉行动中去。因此,广电集团要想实现"十一五"规划的目标和全面转型的各项任务,加强企业文化建设,形成良好的企业文化氛围是个关键。一方面必须靠严明的纪律和完善的制度作保证,另一方面必须靠企业各级领导干部的带头作用去影响群众,并在员工队伍中养成习惯,形成企业性格,从而,使广电的企业文化建设化虚为实,不断升华,使之成为经济发展的动力支持和精神支柱。

广电电子企业文化建设领导小组发出"关于进一步推进企业文化建设,深化星级员工活动"的通知,并对活动的开展作了具体布置。深化星级员工活动包括四方面的内容:一是以"需要就是价值"为主题,站在企业发展的角度,结合部门和岗位的实际,在员工中广泛开展价值大讨论;二是以"企业发展和我的价值"为主题,广泛开展征集能体现 SVA 核心理念和员工的价值追求的员工格言活动;三是以各单位开展星级员工活动的推进情况和实际成效为主题,召开一次星级员工活动信息发布会;四是对各单位在企业文化建设过程中的先进事迹、经验以及员工中的思想火花或亮点进行总结和提炼,并在员工中进行广泛宣传。

广电信息围绕如何实现突破性发展,为了解决实际工作中的"浮躁心理"和"差一口气"问题,开展了"加快广电新一轮发展,树立'一丝不苟、精益求精'职业精神"的员工大讨论活动。在大讨论活动中,党委注重群策群力,找准症结,在方法上注重"海纳百川,全员参与",提高了职工对企业的认同感,职工的主人翁意识得到加强。

党委办公室定期召开宣传思想工作例会,每季度召集二级业务群和重点企业宣传干部沟通交流会,沟通工作信息,分析职工思想,总结交流经验,研究布置工作,为各级党委有针对性地开展职工思想工作提供第一手资料。

建立《上广电》报加强舆论宣传　《上广电》报是广电集团党委开展思想舆论宣传教育的重要载体。2001 年 1 月,广电集团与广电股份联合主办《上广电》报。8 月,该报升格为广电集团企业报,主要由广电集团宣传部管理。成立了由崔振佳、徐明龙、吴冀南、沈巍、蒋靖、胡峰关、龚关璋 7 人组成的编委会,崔振佳任主任,徐明龙、吴冀南任副主任。主编:龚关璋;副主编:夏军。下设直属企业记者站、广电信息记者站、广电电子记者站,并确定"立足广电、面向员工、服务经济、推进发展"的办报宗旨。自 2001 年 1 月至 2009 年 8 月,共出版《上广电》202 期。每期分发到基层班组。其间,

《上广电》报围绕广电集团改革调整发展的主要工作目标和任务，坚持积极正确的舆论导向，大力宣传重大经营活动，倡导企业文化，成为广电集团对外宣传的窗口和凝聚员工的桥梁。比如，在2003年回顾总结集团资产重组六周年活动中，《上广电》报开设图片专栏和报道，展示集团发展的轨迹。在集团发展TFT平板显示产业期间，结合干部群众的高度关注，《上广电》报开辟了产业链建设专栏，着重宣传了广电NEC百日会战、广电富士项目建设等方面的情况，引导广大干部职工心系主业发展，为集团产业链发展营造积极向上的舆论氛围。同时，党委积极宣传产业建设中的先进典型，运用典型的力量抓好示范引导，发挥榜样的示范激励作用。又如，2008年在《上广电》报上开展了纪念改革开放30周年的征文活动，通过多层次、多视角，全面展示集团改革开放以来建设发展成果，宣扬锐意改革、不断创新的精神风貌。纪念征文活动得到了广大职工群众的响应和共鸣，评选出一批有质量的优秀征文，对于进一步坚定做强国资国企信心起到了积极的宣传作用。

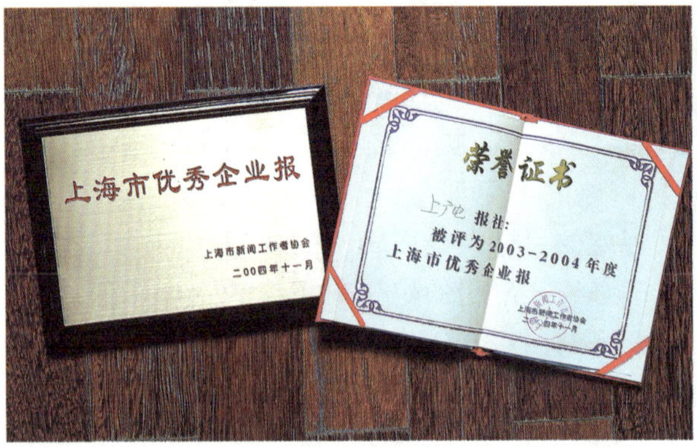

图9-1-2　《上广电》报被评为2003—2004年度上海市优秀企业报

图9-1-3　2005年3月，《上广电》报创刊100期会议上，首批优秀记者上台领奖

【日常党建活动】

党支部"双达标"活动　开展党支部达标、党员先进性达标的"双达标"活动，是广电集团党委加强党的基层建设的重要抓手。2002年，广电集团党委全面修订了党支部、党员的达标标准，完善"达标、评价、激励、保证"体系，引导各级党组织一手抓达标先进典型的培育，一手抓薄弱环节的治理，体现新形势下党员教育和管理的科学性。同时，注重"班长工程"建设，2002年广电集团党委获得上海市"推进'班长工程'先进党组织"荣誉称号。

图9-1-4　2001年，集团党委召开"双达标"活动推进工作会议，徐为焜(左一)、崔振佳(左二)与宝钢宣讲员亲切交谈

2003年上半年，广电集团党委把"凝聚力工程"建设作为企业党建工作的抓手，制定了贯彻意见，丰富了多年来在基层党组织中广泛开展的"双达标"活动内涵。重点抓两方面工作：一是以新一轮发展为契机，广泛开展形势任务教育，激励职工在新的创业中实现自身价值；二是关心帮助困难职工，切实解决实际困难。包括：

新增就业岗位 2 000 个，筹集资金确保困难职工子女上学费用，并从多方面帮助解决职工的实际困难。

“树组工干部形象”讨论 2003 年下半年，广电集团党委重点开展“树组工干部形象”活动，经过学习讨论、查找问题、听取意见、制定措施，使组工干部认识到公道正派理念在干部队伍建设和凝聚力工程中的重要意义，为广电集团下一步发展改革提供了思想准备。

“让人民高兴、让党放心”活动 2004 年 5 月，为贯彻落实市委组织部关于开展“让人民高兴、让党放心”的通知精神，进一步加强领导班子和干部思想政治建设，广电集团党委在两家上市公司、直属单位以及部分重点企业的领导班子中开展“让人民高兴、让党放心”活动。活动重点是围绕科学发展观、政绩观的学习，统一思想，讨论和制定新时期好班子、好干部的标准，树立典型，学习推广。按照广电集团党委的部署，各级党组织结合企业自身特点，运用党委中心组学习、干部集中学习、组织生活等方式开展大讨论活动，认真分析和仔细查找本级和所属企业领导班子和干部队伍在思想政治建设方面存在的突出问题，增强活动的针对性和有效性。努力做到“三个结合”：一是与凝聚力工程、树组工干部形象活动和制度文化建设等结合起来，提高干部的决策力、执行力和组织力；二是与学习郑培民、赵为民、李斌以及集团评选的各类先进代表的“敬业、精业”精神相结合，在员工中树立新时期好干部的典范；三是与树立科学的发展观和正确的政绩观相结合，不断提高企业领导班子成员的综合素质，加快推进广电集团发展，重点确保 TFT－LCD 项目建设进度。

在“好班子、好干部”标准的讨论中，广电集团党政班子率先发扬民主作风，对照先进典型事迹，寻找自身存在差距，提出改进措施。部分领导参加两家上市公司领导班子的讨论。在讨论中，大家从“三个代表”重要思想和树立科学的发展观、正确的政绩观的理论深度出发，围绕企业经济工作，结合企业所面临的产业结构调整的行业特色，广电集团和两家上市公司领导班子分别制定出“好班子、好干部”的具体要求和标准。在此基础上，广电集团党委经过多次讨论，形成包括经营业绩良好、注重团队建设、决策民主、亲和力强、公开公正任用干部、勤政廉洁在内的 5 条“好班子”标准，即企业中的“好班子”应具有超前的市场理念，要研究理解政策、把握形势，富有创新和开拓精神，钻研业务、精益求精，诚信经营，廉洁自律，以人为本，民主管理，两个文明齐抓共管；4 条“好干部”标准为政治意识强、业务素质高、民主作风好、廉洁自律严，即“好干部”必须具备强烈的进取心、责任心和创新能力，要倾听不同意见，不断学习，带领团队共同进步。

在“让人民高兴、让党放心”活动中，经过群众推荐、组织审定，评选出广电集团“好班子”2 个，分别是永新彩管、广联电子；“好干部”2 名，分别是索广映像副总经理张坚白、广电液晶总经理金茂昌。

加强和改进党建工作研讨和调研 2004 年 11 月，广电集团党委召开加强和改进党建工作研讨会，研究在新一轮发展中党建工作面临的新情况、新问题以及加强和改进党建的总体思路和工作措施。来自广电集团系统各企业的党群组织负责人参加研讨会。

广电集团党委副书记、总裁顾培柱作会议动员。党委副书记马坚泓介绍前一阶段集团党委开展党建工作调研的情况。党委书记、董事长徐为煸结合广电新一轮发展的机遇、形势、任务以及存在的主要问题，谈了学习党的十六届四中全会精神的体会。他指出，广电集团正面临产业快速发展与相对落后的生产基础之间的矛盾，要在光电子产业赢得成功，必须形成自己的产业链，必须迅速提升管理、研发、市场等各方面的能力。他要求各级党组织按照党的十六届四中全会精神要求，认真思考和研究如何提高企业党组织的执政能力。一要切实加强领导班子建设，提高干部队伍素质。领导干部要善于通过提炼企业宗旨和价值观，抓住企业精神建设的核心、企业管理的灵魂；要不断提高自身素质，更多地以非权力的影响力体现出干部人格的魅力；要成为思想的大师，更要成为行动的大师,倡导严于律己、身体力行的作风,在群众中起表率作用。二要注重加强组织体系的配置。党建工作要按照法人治理结构的要求,从政治、经济、文化三个角度入手,研究如何调整组织设置,创新工作载体。三要切实抓好党风廉政建设,加强制度建设。要通过推进党内制度建设,保证党的纪律的执行,体现"科学执政、民主执政、依法执政"的要求。

2006年上半年,广电集团党委再次对所属28家企业的党建工作进行调研,并根据市委组织部、市国资委党委《关于进一步加强和改进国有和国有控股企业党建工作的意见》的精神,制定集团党委《关于创新党的建设工作的指导意见》。提出五大措施:一是加强领导班子建设,完善业绩管理机制。主要有加强领导班子成员的思想道德建设、规范和完善领导班子的决策机制、完善对领导干部业绩考核的评价体系、加强对青年干部的培养教育等。二是加强人才高地建设,构筑选拔培养机制。TFT－LCD产业的发展对人才队伍建设提出了新要求,各级党组织要进一步提高人才建设对广电集团产业发展重要意义的认识,健全人才队伍建设的工作体系,加大培养吸纳人才的力度,认真细致地做好各类人才的思想政治工作。三是加强党员队伍建设,规范教育管理机制。要以党章学习为重点,开展党员的思想道德建设,同时,要进一步探索研究新形势下党员管理的新模式、新方法,充分发挥全体党员在广电集团产业发展、全面转型、自主创新中的先锋模范作用。四是加强基本制度建设,探索党建长效机制。要建立健全党建工作制度,形成党员先进性建设的长效机制。进一步规范集团党建工作制度,并指导各级党组织开展对党建基本工作制度的制定或修订工作,同时要加强对制度执行情况的检查监督,使党建工作逐步纳入科学化、经常化、制度化、规范化管理的轨道。五是加强党风廉政建设,建立健全惩防体系。各级党组织要根据集团党委下发的关于贯彻实施《关于贯彻落实中共中央〈建立健全教育、制度、监督并重的惩治和预防腐败体系实施纲要〉的实施意见》的要求,建立健全教育预防机制、制度防范机制、权力制约监督机制、考核评价体系和依法惩治机制。建立健全集团系统教育、制度、监督并重的惩治和预防腐败体系,以党风促政风、带民风,营造和谐的党群干群关系。

党支部示范点创建活动　2008年,根据市国资委党委对企业党建抓基层、抓基础的总体要求,广电集团系统党组织积极开展党支部示范点创建活动,5月上旬,集团党委副书记聂建华带队对各业务群、重点企业进行调研,对创建工作的具体做法和存在问题进行了分析。8月底9月初,广电集团党委又召开两次党支部示范点创建活动交流座谈会,党委书记王强、党委副书记聂建华等参加座谈,听取了15家创建党支部的情况介绍。集团党委对创建活动的初步成果给予了充分肯定,并着重对创建做法、经验提炼、制度积累、典型培育等方面工作进行了具体指导。这些党支部的工作重点:一是通过推进企业的重点项目建设,充分发挥党支部的战斗堡垒作用和党员的先锋模范作用,并在项目建设中培育出一批青年骨干;二是通过党支部、党员目标承诺上墙、上网公示,提高党员的先进性意识,并主动接受群众的监督;三是充分发挥工团等群众组织作用,关爱和稳定劳务工队伍,营造和谐的文化氛围。这些党支部的示范重点在于通过开展各种主题活动,如:"和群众交知心朋友"等活动,开展"党员示范区""示范岗"和志愿服务点等活动,提高党员队伍的责任意识,进一步巩固党员先进性教育成果,维护企业发展改革稳定的大局。

【保证改革发展调整工作稳定推进】

在深化改革、促进发展的过程中,广电集团党委始终把确保稳定放在突出位置。从广电集团重组后的人员结构调整到随着产业转型后的人员结构调整,集团党委认真规划,精心组织,稳步推进,加强对人员调整工作的领导。确保调整工作在稳定的环境中顺利实施。在CRT产业调整中,广电集团党委坚持做到：一是思想上高度重视。广电集团专门成立维稳工作领导小组和工作小组，加强对维稳工作的统筹协调。事前对领导力量、工作队伍、工作方案、重点对象、资金和政策进行认真分析，确保调整工作在稳定受控状态下推进。二是工作上加强对人员分流的领导。从政策咨询、方案制订、民主程序、群众接待、群访处置等方面做了大量深入细致的工作，按照合法、合情、合理的原则，维护职工的合法权益，积极主动地关心弱势群体，帮助他们排忧解难，开展职业介绍，减少调整分流的思想阻力，确保调整工作顺利进行。三是措施上加强对应急预案的落实。在做好调整企业职工思想工作的同时，认真做好稳定工作应急预案的制订，做到健全组织，明确责任，落实措施，一旦发生不稳定的事件，即能应急处置，及时妥善化解矛盾，从而保证了 CRT 产业的有序调整。

进一步加大对信访稳定工作责任目标的落实。2008 年年初，广电集团党委根据市国资委党委有关贯彻《中共中央国务院关于进一步加强新时期信访工作的意见》和国务院《信访条例》的工作要求，全面推进《信访工作目标责任书》的落实，建立健全信访领导工作责任制。集团党委结合本系统信访稳定工作实际，针对各业务群和企业的特点制订了信访稳定工作责任目标书，在充分听取各业务群和相关企业意见的基础上，与各业务群和企业党政领导签约，将信访稳定工作责任目标落到实处，确保集团改革调整在稳定的环境中得到推进。

四、纪律检查

【完善制度】

2002 年，广电集团党委把预防和治理腐败作为党风廉政建设工作的重点，通过“三重一大”等制度的实施，把党风廉政建设与严格企业管理制度结合起来，把党纪政纪条规和经济工作纪律融入企业管理流程，坚持重大问题集体讨论的原则，进一步完善企业监督约束机制。

2004 年 2 月，中共中央发布《中国共产党党内监督条例（试行）》和《中国共产党纪律处分条例》。广电集团纪委召开纪检监察工作会议，纪委书记江兵在报告中指出，2004 年纪检监察工作有五个方面重点：一是认真开展党风廉政教育，增强党员领导干部廉洁自律的自觉性。重点是抓好两个条例的学习贯彻执行。二是进一步推进制度建设，切实加强企业资产的有效监管。重点推进“三重一大”集体决策制度、重要经济运作环节监督管理制度、企业改制转制过程中监督管理制度、新体制条件下领导干部廉洁自律制度和各项党风廉政制度的建设。三是加强信访工作制度和违纪违法案件查处，维护依法执纪的严肃性。四是认真贯彻党风廉政建设责任制，努力形成党风廉政建设的整体合力。五是加强纪检监察队伍的自身建设。

2006 年，广电集团党委为了推进企业党风廉政建设和反腐败工作的深入开展，着力从源头上预防和治理腐败，根据中央颁布的《建立健全教育、制度、监督并重的惩治和预防腐败体系实施纲要》、中共上海市委关于贯彻《实施纲要》的意见精神，结合广电集团实际，制定并印发了《关于贯彻落实〈实施纲要〉的实施意见》（简称《实施意见》）。

在《实施意见》中，集团党委提出了贯彻落实《实施纲要》、构建惩防体系的五大任务。一是建立健全教育预防机制。开展以领导干部为重点的反腐倡廉的宣传教育。二是建立健全制度防范机制。加强党内监督基本制度建设，包括建立健全规范的企业管理制度，强化“三重一大”制度执行，完善干部选任管理制度等。三是建立健全权力制约和监督机制。加强对领导班子、重点环节和重点部位权力行使的监督，整合监事会、纪检、监察、审计等监督力量，坚持监督工作联席会议制度，提高监督的整体效能。四是建立健全考核评价体系。建立权责一致的责任机制,坚持“谁主管、谁负责”的原则,建立完备的考核机制,把落实党风廉政建设责任制和集团《实施意见》提出的各项任务作为对各级领导班子、领导干部考核的重要组成部分。五是建立健全依法惩治机制。继续以查办企业领导干部滥用权力、谋取非法利益、违反廉洁自律规定、侵害职工合法权益的违纪违法案件为重点,严肃查处违反“四大纪律”“八项要求”“五不许”以及廉洁自律规定的案件;严肃查处在企业物资采购、基建工程、财务管理、干部任免以及失职渎职方面造成国有资产严重流失等违纪违法案件;建立对案发企业提出整改建议,责成案发企业完善管理的制度,加强管理、堵塞漏洞。

【抓好制度执行】

在加强党风廉政建设的工作中,集团党委坚持以教育和制度执行入手。2002 年,在党员领导干部中开展牢记“两个务必”教育,用郑培民等人的先进事迹进行示范教育,用反面典型案例开展警示教育,要求各级领导干部提高民主生活质量,防止骄傲自满,始终保持谦虚谨慎、艰苦奋斗的优良作风。纪委通过参与集团管理流程,发挥好监督保证作用,与集团监事会、行政部门密切配合形成了有效的工作运行机制。

在 2004 年集团纪检监察工作会议上,与会纪检监察干部观看了纪检监察战线先进人物梁雨润的先进事迹报告资料片。集团纪委书记江兵肯定了 2004 年纪检监察工作的五个重点:一是认真开展党风廉政教育,增强党员领导干部廉洁自律的自觉性,重点是抓住两个条例的学习贯彻执行;二是进一步推进制度建设,切实加强企业资产的有效监管,重点推进“三重一大”集体决策制度,重要经济运作环节监督管理制度,企业改制、转制过程中监督管理制度,新体制条件下领导干部廉洁自律制度和各项党风廉政制度的建设;三是加强信访工作制度和违纪违法案件查处,维护依法执纪的严肃性;四是认真贯彻党风廉政建设责任制,努力形成党风廉政建设的整体合力;五是加强纪检监察队伍的自身建设。

2005 年,集团党委开展对“一把手”廉洁自律、依法经营、诚实守信的教育,以正反典型教育党员干部提高廉洁自律的意识。落实《建立健全教育、制度、监督并重的惩治和预防腐败体系实施纲要》,制定下发了广电集团五项党内监督制度,同时,在集团系统内树立了朱立平等一批先进党员干部的典型,进行宣传,倡导按制度办事、靠制度管人、用制度律己的习惯和良好氛围,进一步完善企业党风廉政建设责任制。

2006 年,集团党委首先从抓党员领导干部的思想道德建设着手,先后举办两期党员领导干部“加强企业廉政建设”报告会,进一步增强全体党员领导干部廉洁自律、廉政勤政的自觉性。其次,抓好市党风廉政建设干部大会精神的学习传达。召开两次广电集团系统党风廉政建设领导干部大会,针对上海市发生的社保资金案,联系集团实际,对有关情况作了通报,对进一步加强企业党风廉政建设提出了带好头、带好班、带好队的要求。再次,抓好惩防体系制度建设。召开专题会议,布置落实集团《关于贯彻落实中共中央〈建立健全教育、制度、监督并重的惩治和预防腐败体系实施纲要〉的实施意见》的有关要求和措施,明确惩防体系建设的目标和任务。第四,抓好查案办案工作。对个别企业中发生的党员或管理人员违反党纪国法的案件进行认真查处,避免了国有资产的损失,教育、警示了广大党员干部。

2007 年 7 月,集团党委召开党风廉政干部大会,集团公司、业务群领导班子成员及中层干部、各企业党政负责人参加会议。会上集团党委副书记聂建华传达了中共中央有关文件的精神,与会人员还观看了警示片《贪欲之害》,集团纪委书记江兵就集团系统集中开展警示教育工作提出了进一步要求。要求重点抓好四个方面的工作：一要抓好学习，重点要认真学习胡锦涛总书记“6·25”重要讲话、吴官正同志在中纪委七次全会上的讲话、习近平同志在市第九次党代会上的报告等。同时，要根据市纪委的统一安排，组织党员干部观看警示教育片，参观廉政档案展览。二要抓好引导，要加强对警示教育活动的领导和引导，端正态度，从正面吸取教训，使教育取得实实在在的效果。三要抓好结合，要把警示教育活动与加强企业“四好班子”建设结合起来，与加强制度建设结合起来，与深化领导干部廉洁自律工作结合起来，认真抓好中纪委《关于严格禁止利用职务上的便利谋取不正当利益的若干规定》的贯彻执行。四要抓好落实，主要是要落实到领导班子在警示教育活动中的责任上，落实到有的放矢的整改措施上，落实到完善相关体制机制的制度上，使警示教育的实际意义落实在日常工作中，体现在广大干部的行动上。

2008 年 4 月，广电集团召开干部大会。纪委书记江兵就开展贯彻落实中央纪委“七个不准”专项工作作了部署。党委书记王强就贯彻落实市国有企业党风廉政建设和反腐倡廉工作会议精神、做好“七个不准”专项工作提出了要求。要求企业领导干部按照“七个不准”的要求逐条对照检查，自查自纠，抓紧整改，对严重违反“七个不准”要求，又刻意瞒报、不进行自查自纠的必须严肃查处。要围绕生产经营的重大事项和关键环节，加强对权力运行的制约和监督，凡是涉及“三重一大”事项，都要由企业领导班子集体研究决定，决不允许个人或少数人擅自决断。要狠抓落实，进一步加强监督检查和查信办案工作。具体抓好三方面工作：一要加大对“三重一大”制度执行情况的监督检查力度；二要加大对违反“七个不准”要求的查信办案工作力度；三要加强企业党风建设和反腐倡廉工作的组织保障，确保专项工作取得实效。

五、相关制度

广电集团党委的职能制度自 1997 年资产重组后陆续得到完善。2007 年形成的制度体系如下：

【党委工作制度】

共 8 章 32 条。第一章为总则，明确中共上海广电(集团)有限公司委员会(简称党委)是完成党的各项任务的政治核心，领导集团公司的党建工作、纪检工作、思想政治工作(含精神文明和企业文化建设，下同)和工会、共青团等群众组织，隶属于中共上海市国有资产管理委员会党委(简称国资委党委)领导，日常的党建、纪检及思想政治工作服从国资委党委及主管部门的安排。

第二章为机构设置。党委由 5～7 名委员组成，经国资委党委任命产生，每届任期 5 年。党委书记由中共上海市委任免，副书记由国资委党委任免。党委下设党的纪律检查委员会(简称纪委)，由 5～7 名委员组成，由党委任命产生，每届任期五年。纪委书记由国资委党委任免，副书记由党委任免。集团党委下设党委办公室、组织部、宣传部等工作机构，具体负责处理集团党委的日常事务。

第三章为工作职责。一是宣传和执行党的路线、方针、政策，宣传和执行党中央、上级组织和本组织的决议，保证监督集团公司和下属企业认真贯彻党和国家的各项方针政策、上级党组织和党委的各项决议。二是保证监督经营管理者依法经营，公平竞争；保证监督决策者和经营者正确处理国家、集团公司、职工(股东)三者利益关系；保证国有资产与集团公司发展同步增值；支持董事会和经营管理层依法行使职权，努力完成集团公司所承担的任务。三是对集团公司的重大问题提出意见和建议，通过法定程序参与董事会、监事会对重大问题的决策。四是坚持党管干部、党管人才的原则，按照规定的程序参与属集团公司管辖干部的任免。五是加强党的思想、组织、作风建设，搞好党性党风教育,充分发挥基层党委的政治核心作用、党支部的战斗堡垒作用和党员的先锋模范作用,监督党员切实履行义务,保障党员的权利不受侵犯。六是领导并负责做好思想政治工作、精神文明建设和企业文化建设,努力提高职工队伍的思想道德素质和科学文化素质。七是加强党风廉政建设,监督党员干部和集团公司所属工作人员严格遵守党纪国法,严格国家的财政经济法规和人事制度,遵守集团公司的各项规章制度,不得侵占国家、集体和群众的利益。八是领导同级纪委和工会、共青团等群众组织,推荐纪委、工会、共青团组织的负责人,协调各组织之间的关系,发挥纪委、工会、共青团组织的积极作用。

第四章为工作制度。包括党委会、中心组学习会、政工例会、党委书记例会制度,民主生活会制度,干部任用制度。

第五章为思想政治工作。党的思想政治工作是指将党的路线、方针、政策和集团公司的发展战略通过宣传鼓动、说服教育的方式,渗透到各项工作之中,确保各项任务顺利完成的思想保证。党委对思想政治工作起领导作用。思想政治工作必须紧紧围绕经济工作展开,为确保经济目标的实现和生产经营工作的完成提供强有力的精神动力和思想保证。

第六章为党的纪律检查工作。纪律检查工作是指在党委和上级纪委的领导下,对党员进行遵守纪律的教育,作出维护党纪的决定;检查和处理下属党组织和党员违反党章和党的其他法规的案件,决定或取消对案件中党员的处分;受理党员的控告和申述的重要工作。纪委的工作职责是:维护党章和其他党内法规,联系实际,经常对党员进行遵纪守法的教育;检查各级党组织和党员贯彻落实党的路线、方针、政策和决议的情况;协助党委加强企业廉政建设,在深入开展党风廉政建设和反腐败斗争中发挥组织协调作用;检查、处理下属党组织和党员违反党章和其他党内法规的案件,按照有关规定决定或取消对这些案件中党员的处分;受理党员的控告和申诉,保障党章所规定的党员权利不受侵犯。党委每年专题研究集团纪委工作 1～2 次。党委每年组织各级领导干部开展党风廉政教育 1～2 次。

第七章是党委对同级工会、共青团组织实行领导,指导和帮助他们根据各自的章程开展工作,发挥工会、共青团组织中党员的先锋模范作用,密切各级党组织与群众的联系。党委每年专题研究工会、共青团工作 1～2 次,讨论研究工会、共青团工作中的重大问题,协调好党组织与群众组织、群众组织之间、群众组织与其他组织、部门的关系。

第八章为附则。

【中心组学习规定】

共为六个方面内容,包括参加对象、责任人及责任部门、学习时间、指导思想、学习内容和学习要求。明确参加对象是党政领导班子成员,纪委、工会、团委、党委办公室、组织部、宣传部、董事会办公室、总裁办公室负责人。党委书记是抓好中心组学习的第一责任人,党委办公室(宣传部)是中心组学习的责任部门。中心组学习一般每月一次,每次不少于 3 小时,学习内容为“三个代表”重要思想、树立科学发展观、构建社会主义和谐社会和新时期党的建设理论;国家颁布的相关法律、政策,党中央、国务院、市委和市政府的重要会议及文件精神;国内外政治、经济、科技动态,优秀企业的成功经验。

【政工例会规定】

共为六个方面内容。六个方面包括参加对象、会议召开、会议内容、工作机构、保密制度和其他。明确参加对象为党委书记、副书记，纪委书记、工会主席、团委书记，人力资源部和党群部门负责人。会议原则上每月召集一次；会议由党委副书记主持。会议内容为围绕集团公司发展改革中心工作，结合行政工作重点，布置和落实党委会确定的各项思想政治工作、党群工作和相关的组织人力资源工作，明确实施内容、责任人、工作进度；确定业务群、直属业务单元党组织的年度工作目标和实施进度，以党群工作任务书形式下达，并实施跟踪考核，考核结果与行政和主要负责人的业绩挂钩；通报、讨论和决定阶段性和临时性的相关工作，协调工作内容和步骤；检查各项工作落实情况。党委办公室为政工例会的工作机构。

【党委书记例会规定】

共为六个方面内容，包括参加对象、会议召开、会议内容、工作机构、保密制度和其他。明确参加对象为党委书记、副书记，业务群党委书记，党委办公室和组织部的负责人。会议原则上每季召集一次。会议内容为学习传达党中央、中共上海市委、市国资委党委有关会议与文件精神，联系集团公司实际，提出党委贯彻落实的意见；总结部署党委年度或重点工作，检查汇报各业务群党委贯彻党委年度或重点工作的实施情况；研究探索集团公司在组织实施中长期规划、改革转型、年度行政重点工作中出现的新情况、新课题，发挥党组织的政治核心作用，提出保证集团公司行政目标实现的措施；研究探索集团公司在党的建设、思想政治工作、精神文明建设、企业文化建设、工会和共青团工作中出现的新情况、新课题，提出改进与改善的措施；通报交流各业务群党委在贯彻实施党委部署的工作中的做法、体会。党委办公室为党委书记例会的工作机构。

【关于各级领导班子民主生活会的管理规定】

共为七个方面内容，包括目的意义、范围对象、会议召开、基本内容、准备工作、会议要求及其他。明确召开领导班子民主生活会的目的意义：一是解决领导班子自身问题、加强党内监督、提高领导干部思想水平和党性修养的有效途径；二是增强领导干部党性锻炼、建设高素质干部队伍的重要措施；三是严肃党的政治纪律的具体体现。领导班子民主生活会的范围是集团公司、各业务群及各直属业务单元党组织（党委、总支、支部）委员及同级党员领导班子成员，非党领导班子成员应为列席对象。民主生活会每年一次。会议由党组织书记召集和主持。会议的基本内容为贯彻、执行党的路线、方针、政策和决议的情况；加强领导班子和党组织自身建设，实行民主集中制的情况；艰苦奋斗，清正廉洁，遵纪守法的情况；坚持群众路线，改进领导作风，深入调查研究，密切联系群众的情况；根据上级明确指定的内容及其他重要问题。会议召开前的准备工作：党组织委托纪委、组织部门广泛征求党内外群众对领导班子及其成员的意见和建议，并分析整理成文字报告，向党政主要领导汇报。党政主要领导要根据上级党组织的要求和群众的反映，确定本次民主生活会的会议主题或重点解决的问题；党政主要领导对经分析整理的党内外群众对领导班子及其成员的意见和建议，应在会前以适当的方式反馈给有关领导本人，沟通需在民主生活会上说明或检查的问题，以便会议时对照检查，有针对性地开展批评和自我批评；党组织职能部门（组织部）应提前 10 天将民主生活会的日期、主题、听取意见的汇总材料报送上级纪委和党委组织部（集团公司党委组织部应一式四份报送市国资委党委领导人员管理处）。会议要求：坚持“团结—批评—团结”的优良传统，充分发扬民主，积极开展思想斗争。自我批评要严以律己，襟怀坦白，联系思想、工作实际和廉洁自律情况进行自查自纠。相互批评要坦诚相见，从团结的愿望出发，实事求是，以理服人。按照民主集中制的原则，维护大局，严守纪律。党组织的主要负责人和党员行政主要领导对开好民主生活会负有主要责任。会议结束时,对民主生活会情况做出评价和总结,指出不足,提出要求。民主生活会后应落实的工作:各级党组织对党内外群众普遍关注或反映较大的问题,民主生活会后要制定整改措施,切实加以解决;民主生活会后15天内,各级党组织应将民主生活会报告(书面和电子版各一份)、会议记录复印件(包括个人书面发言材料)报送上级纪委、党委组织部(集团公司党办应一式四份报送市国资委党委领导人员管理处)。报告的主要内容包括开展批评与自我批评的情况,检查出的问题和整改措施,需上级党组织帮助解决的问题等。

【关于干部任用管理规定】

共为五个方面的内容。

(1) 集团公司任免、聘任、委派的干部职务:任免集团公司党委职能部门负责人、工会副主席、团委负责人、本部党总支负责人;聘任集团公司行政职能部门负责人、集团公司分支机构负责人;委派股份公司的股东代表、集团公司投资的全资子公司的董(监)事及正副董事长、合营公司的我方董(监)事及正副董(监)事长、中外合资公司的我方董事及正副董事长、海外公司董(监)事及董事长。

(2) 集团公司党委批准(任命)党群组织的干部职务:批准股份公司、集团公司投资的全资子公司、合营公司、中外合资公司、集团公司分支机构的党组织正副书记、纪委书记、工会主席候选人;任命以上五种类型新组建企业的党组织正副书记、纪委书记等,需要增补的党组织正副书记或纪委书记。

(3) 集团公司提名(推荐)的干部职务:提名股份公司的董(监)事、正副董(监)事长、总经理、财务总监;推荐股份公司的副总经理、总会计师、总工程师、董事会秘书等公司副职干部;集团公司投资的全资子公司、海外公司的正副总经理、总会计师、总工程师等公司副职干部;集团公司投资的合营公司我方正副总经理、总会计师、总工程师等公司副职干部;集团公司投资的中外合资公司我方正副总经理及高级管理人员。

(4) 集团公司核准同意的干部职务:经集团公司党委书记、副书记核准同意后方可任用的干部职务包括股份公司的职工代表董(监)事候选人、各业务群(广电光电子公司、广电信息公司、广电电子公司、广电通讯公司、广电资产管理公司)财务部及组织人事部门正职;各子公司领导班子成员及集团公司各部门负责人兼任经济实体的职务(以上为第1款);经组织(人力资源)部核准同意后方可任用的干部职务包括非集团公司直接投资的重点企业党政正职;非集团公司投资的投资总额在1 000万(含1 000万)美元以上的中外合资公司的我方董(监)事和正副董事长、正副总经理及高级管理人员、党组织正副书记、纪委书记、工会主席候选人(以上为第2款)。

(5) 集团管理权限内干部管理和任用基本程序:关于干部任用的提名,集团管理权限第1—3条范围内的干部任用由集团公司党委、董事长、总裁、其他集团领导提名;组织(人力资源)部建议;子公司党委、董事会、总经理和其他领导提名或推荐;员工推荐、个人自荐。集团管理权限第四条范围内的干部任用,主要由子公司党委、董事长、总经理和其他领导提名;组织(人力资源)部建议;关于日常管理,按照“谁投资,谁管理”的原则,集团管理权限第1—3条范围内干部的任用及日常考核由集团组织(人力资源)部负责进行,集团有关领导进行任用谈话;集团管理权限第4条范围内干部的任用及日常考核,由各子公司组织(人力资源)部为主负责进行,集团组织(人力资源)部参与,各子公司有关领导进行任用谈话。关于基本任用程序,任免(批准)的干部经有关方面提名后,需经集团公司党委会讨论同意后发文任免;聘任、委派的干部经有关方面提名后,需经集团党委会讨论同意，由总裁聘任或委派。以上干部的变动，均由总裁在实施任用前负责通报总裁办公会议成员。关于提名（推荐）的干部，股份公司的干部经有关方面提名后，需经集团公司党委讨论后，总裁推荐至股份公司提名委员会讨论同意后，由股东大会选举或由董事会聘任；其他四类企业的干部经有关方面提名后，需经集团党委会讨论同意，由总裁负责推荐至该企业和董事会。以上干部的变动，均由总裁在实施任用前负责通报总裁办公会议成员。关于核准同意的干部，经有关方面提名后，第四条第1款需报集团党委书记、副书记签署同意意见，第四条第2款需经主管书记签署同意意见后，由集团组织（人力资源）部起草任免文件。

第二节　党内主题教育实践活动

一、“三讲”学习教育活动

按照中共上海市委的部署，广电集团党政领导班子从2001年4月20日—5月19日开展“三讲”（讲学习、讲政治、讲正气）学习教育活动。在市“三讲”指导检查组的具体指导下，在“三讲”学习教育活动中，广电集团党委先后召开职工代表、工会干部、纪监干部、民主党派、企业党政领导和本部员工6个座谈会，61名同志受邀参加。下发并回收征求意见表121份，征求意见300余条。在座谈会和意见征求表中，干部职工对集团党政领导班子的工作给予了较高评价和肯定。

图9-1-5　2001年，广电集团召开“三讲”学习教育动员大会，党委书记徐为媗（左一）作动员报告，指导检查组组长罗关龙（左二）作重要讲话

图9-1-6　在“三讲”学习教育动员大会上

广电集团领导班子在“三讲”学习教育活动中认真贯彻中央关于国企“三讲”学习教育的一系列重要精神，紧密结合企业和班子的实际，紧扣查找和解决影响集团改革发展的突出问题这个主题，以提升集团领导班子及成员的整体素质，尤其是思想政治素质，提高驾驭市场经济的能力和集团经营管理水平为目标，抓住认真开展理论学习、找准突出问题、制订整改方案三个步骤，加强领导，精心组织，顺利地完成了学习教育活动的各项任务，取得以下三方面成效：

第一，通过学习理论提高领导班子的思想政治素质。在“三讲”学习教育的每一个步骤中，集团党委始终把学习理论贯穿始终，着力提高搞好国有企业的信心和责任感。特别是在“三讲”学习教育的准备和学习理论阶段，通过读书自学、集中辅导和讨论，大家认真学习“三讲”学习教育必读的篇目，联系集团实际围绕“增强政治意识，坚持两个文明一起抓”“坚持改革发展，不断创业创新”“发扬党的优良作风，树立领导干部新形象”三个专题进行讨论。“三讲”学习教育进入第三步骤时，正值中共中央政治局委员、国务院副总理吴邦国视察广电集团，又值国家经济贸易委员会在上海召开宝钢集团联合重组经验座谈会，领导班子把传达贯彻中央领导讲话精神和会议要求与“三讲”学习教育结合起来，许多人不但认真读完规定的文章，还写了读书笔记和发言提纲。集中学习讨论时没有一人请假，形成了认真读书的氛围。通过学习取得几个方面的提高：一是进一步坚定了搞好国有企业的信心，进一步提高了对国有企业改革长期性、艰巨性的认识；二是进一步明确了深化现代企业制度建设的方向；三是进一步增强了转变作风、密切联系群众的自觉性。

第二，认真回顾反思，找准影响集团改革发展的突出问题。一是广泛听取群众意见。在第一步骤中，通过座谈会、意见征求表，征询意见300余条，为领导班子及其成员找准突出问题、寻找思想根源、制订整改方案奠定了良好基础。二是提高认识，自觉反思。根据群众意见，集团党委就查找主要问题召开两次专题会议，分析出影响集团发展三方面的突出问题：一是广电集团核心竞争力不强。在传统家电业向数字家电、信息技术产业转型过程中，产业、技术等在市场上都还缺乏竞争力。二是内部管理还不够到位。广电集团尽管已经建立多元投资的法人治理结构，但内部管理不规范、效率不高等问题仍很明显。三是干部、人才队伍不适应。在人才数量和质量上，还跟不上集团快速发展的要求。据此，集团党委认真进行总结，针对查找出的问题，从大处着眼，查找思想原因，挖掘思想根源。在个人总结时，不少同志结合自己，从党性锻炼、思想素养和确立正确的思想方法等深层次查找原因，承担责任。三是开好民主生活会。在民主生活会前，班子成员间开展相互谈心活动，大家都主动将自己的总结材料送到班子其他人手中，征求意见、交换看法。民主生活会上，大家敞开思想，畅所欲言，站在全局的角度，既不回避矛盾，进行尖锐而深刻的批评；又与人为善，提出建议。民主生活会气氛活跃，并取得了实效。

第三，制订整改方案，巩固“三讲”学习教育成果。根据查找出的突出问题，广电集团认真制订整改措施。班子在经过反复讨论后，首先提出整改工作“四个着重解决”的原则。一是着眼于领导班子整体素质的提高，着重解决思想作风方面存在的主要问题；二是着眼于加强对全局性、前瞻性、战略性问题的思考和研究，着重解决影响集团发展的关键性问题；三是着眼于集团整体管理水平的提高，着重解决干部职工反映比较集中的措施落实问题；四是着眼于“三讲”学习教育成果的巩固，着重解决建立长效机制问题。在此基础上提出了初步的整改措施。集团班子对初步的整改方案先后讨论4次，并再次通过座谈会、征求意见表广泛听取群众意见。干部群众在肯定方案措施具体、总体上符合集团实际的前提下，殷切希望集团班子能抓好落实，在时间、责任等问题上真正到位，并及时协调解决执行中发生的情况，使整改目标变成现实。整改方案经过5次修改，提出4个方面内容、21项主要措施和具体目标，并按难易程度确定了近期整改、建章立制、调查研究三个层次的整改任务。

“三讲”学习教育活动在一个月的时间里保质保量地完成学习理论、查找问题、落实整改三个步骤的工作。在整个活动中，市“三讲”办和市工业党委领导多次来广电集团检查指导，市工业党委的几位领导还亲自作学习专题辅导，提出明确要求，为广电集团把握正确方向，严格工作要求，掌握工作节奏，健康有序地推进“三讲”学习教育活动提供了有效保证。

二、保持共产党员先进性教育活动

根据中共上海市委、市国资委党委的决定，2005年年底前，广电集团在全体党员中开展以实践“三个代表”重要思想为主要内容的保持共产党员先进性教育活动。市国资委党委派出督导组，集团成立党员先进性教育活动领导小组和办公室。集团教育活动共分三批进行，第一批为集团本部（含中央研究院）党组织，第二批为集团直属子公司及业务群本部党组织，第三批为业务群下属基层党组织。每一批先进性教育活动分为三个阶段，即动员和学习阶段、分析评议阶段、整改和提高阶段。

广电集团第一批先进性教育活动自2005年1月27日开始，至2005年6月中旬结束。第二批先进性教育活动自2005年7月23日开始，至2005年11月底结束。第三批先进性教育活动也按要求开展，顺利完成三个阶段的任务。

图9-1-7　2005年，广电集团本部先进性教育动员大会现场

【基本做法】

准备工作迅速到位。组建教育活动领导小组及其下设办公室，明确工作安排和各自分工。举办各业务群、直属单位先教工作人员培训班，要求各参教单位紧密联系广电集团改革转型目标和企业自身实际，突出先进性的要求、制订实施方案，立足所要解决的突出问题，正确处理好先进性教育活动与当前各项工作的关系，做到“两不误，两促进”。

精心组织发动和学习。第一，层层发动，统一思想，提高党员自觉意识。第二，领导带头，典型引路，营造良好学习氛围。在教育活动中，各企业注重领导带头，加大学习引导力度。广电集团党委书记、董事长徐为煰分别在广电信息、广电电子作了题为《求真务实，提高自身素质；两个面向，增强竞争意识》的党课报告。广电信息、广电电子公司党委都开展了以“学身边人”为主题的学习先进党员事迹活动，通过开展学习身边的优秀共产党员事迹，激励全体党员找准差距、奋发向上。第三，深化讨论，及时总结，明确党员先进性具体要求。各单位党员在大讨论中，对照中央六项基本要求，结合党章、结合党课、结合广电改制转型的目标、结合“好班子、好干部”标准、结合《上广电（SVA）员工行为准则》以及各自企业实际，领导干部通过中心组学习做到带头讨论，把自己放进去查找思想上的差距，把每个党员都组织和引导到大讨论中来，着力建立长效机制。

找准突出问题进行分析评议。第一，广泛征求意见。通过向全体员工、部分群众发放征求意见表、召开老干部和党外人士座谈会、设置意见箱、开通热线电话、开展个别访谈等形式，广泛征求对企业领导班子的意见，找出存在的突出问题。第二，严格程序要求，确保评议质量。集团先进性教育活动办公室对下属企业进行专题培训，用样本示范，明确详细要求，广大党员全心投入，认真履行写、听、讲、改党性分析材料的步骤。通过组织党员开展重温入党誓词、岗位职责等活动，按照不同岗位党员保持先进性的具体要求，从理想信念、宗旨观念、组织纪律、思想作风和工作作风等方面认真查摆问题，分析存在问题的根源，提出整改方向，每人都写出1 500字以上书面党性分析材料，部分领导干部的党性分析材料达到4 000余字。各党支部书记对本支部党员党性分析材料逐一进行审核把关，集团督导组、公司联络组也分别对公司和各单位党政班子成员的党性分析材料进行审核把关。

切实做好整改。第一，体现整改决心，认真制订方案。各单位在领导班子、党支部、党员三个层面制订整改措施和方案，针对突出问题，坚持求真务实，科学制订方案，建立责任体系，认真进行整改。

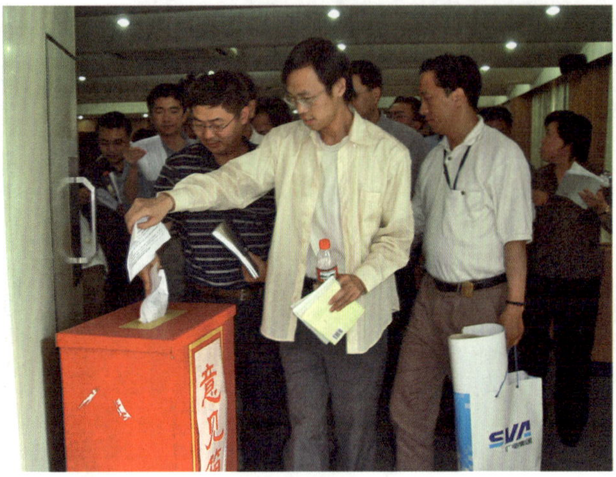

图 9-1-8　广电集团在先进性教育中听取群众意见

同时,强调制度建设,建立长效机制,突出两个重头戏:一是党的建设和党员教育管理常抓不懈的工作机制;二是按照"高兴、放心、凝聚、覆盖"的总体要求,强化主题实践活动和"双结对"活动的长效机制。第二,突出整改重点,抓好整改落实。个人整改与组织整改相结合,着力解决党员队伍存在的突出问题,重点解决党组织建设的薄弱环节,形成党建工作长效机制。班子整改与群众要求相呼应,着力解决影响改革发展稳定中的突出问题,重点解决群众对班子建设的突出意见。各企业在《整改方案(意见征求稿)》形成以后,按照有关规定广泛征求意见,充分体现"开门搞教育"的要求。第三,通报整改情况,认真组织群众满意度测评,实行群众监督。集团本部和各公司都召开领导班子整改方案和整改情况通报会,并就本单位先进性教育活动进行了群众满意度测评。在组织群众满意度测评工作中,参加测评率达到 98%以上。从汇总情况看,群众满意率普遍达到 95%以上。

【活动成效】

增强了党员的党性意识。通过教育活动,广大党员对新时期党员先进性标准有了更深刻、更具体的理解。尤其是通过对党员先进性具体要求的大讨论,使广大党员认识到新时期的党员不仅要有坚定的理想信念,还要在自己的岗位上体现出先进性。

提高了党组织的影响力。各单位在开展先进性教育活动时,紧密联系实际,通过合理化建议、技术革新、技术攻关等活动,针对企业的关键问题"抓突破",根据企业的特点"办实事",广大党员在先进性教育活动中发挥了突出的作用,在主控企业、在合资企业、在困难企业、在管理型企业,党员成了企业中最优秀的员工,党员队伍成了企业中最有战斗力的一支力量。

党群关系进一步融洽。企业中形成"企业突破党员有责,群众有难党员有责"的氛围。各企业广泛开展"党支部与困难群众结对""效益好的企业和公司范围内的离岗职工结对"的"双结对"活动。为确保"双结对"工作长期有效地开展,不少公司还通过建立"结对帮困卡"制度,建立了"双结对"长效机制。

"求真务实"的思想作风得到体现。一些影响改革发展稳定的突出问题得到初步解决。在先进性教育活动中,广电集团党委提出"求市场之真,务群众之实"的 10 字方针,领导班子成员首先是带头人、示范员。领导班子成员分工负责,责任到人,班子内部形成了通力合作的团队精神,以及"不唯上、不唯书、只唯实"的工作氛围。建章立制工作推动了集团管理工作的制度化、流程化进程。在整改工作中,领导班子通过加强制度和流程的制订,对以往制定的各种制度、规章作了重新梳理,为建立科学的管理体制打下了基础。

三、学习实践科学发展观活动

根据市国资委党委统一安排,广电集团学习实践科学发展观活动从 2009 年 3 月开始,至 2009

年 8 月结束。参加本次学习实践活动的范围是：集团及所属三级以上各级企业党员领导班子成员、全体党员，本单位中层以上非党员干部列席参加学习实践活动。

图 9－1－9　2009 年，广电集团召开学习实践科学发展观活动动员大会

【活动安排】

活动分为两个期间和三个阶段。

活动准备期，时间为 3 月上中旬。主要内容为召开党委中心组学习、党委会、干部会等形式，及时传达中央、市委、国资委党委关于学习实践活动的有关精神和要求；同时按照上级要求组建工作机构。集团、业务群及重点企业党组织组建活动领导小组及领导小组办公室、工作组、联络组等工作机构，明确各组职责、具体负责人员和工作人员。集团、业务群及重点企业建立党员领导干部联系点。

第一阶段为学习调研阶段，时间在 3 月中旬—4 月下旬。主要内容为结合本单位实际，组织学习调研，在认真学习中共中央有关文件的基础上，把深入调研与深化学习结合起来，紧扣科学发展这个主题，认真查找影响本单位科学发展的突出问题。通过开展问卷调查、下发意见征询表、领导人员联系点活动、召开干部职工座谈会等方式，深入基层、深入实际、深入职工群众进行调查研究，主动征求党内外干部职工对本单位改革发展各项工作的意见与建议。领导干部针对初步梳理的突出问题，认真写好调研报告。在此基础上，组织领导干部和全体党员围绕制约本单位科学发展的问题进行解放思想讨论。通过讨论，进一步加深广大党员特别是党员领导干部对科学发展观的理解，切实增强忧患意识、责任意识和机遇意识，进一步开阔眼界、开阔思路、开阔胸襟，在集团如何坚持科学发展、正确实施产业调整、推进主营产业建设等重大问题上形成共识。

第二阶段为分析检查阶段，时间在 5 月上旬—6 月中旬。主要内容为联系本单位工作和党员领导人员各自分管工作的实际，认真检查在贯彻落实科学发展观方面的突出问题，开好领导班子专题民主生活会，深入分析查找原因，总结经验教训，形成领导班子贯彻落实科学发展观情况的分析检查报告。在此基础上，组织开展好群众评议。

第三阶段为整改落实阶段，时间在 6 月下旬—8 月中旬。主要内容为针对梳理出来的问题制订整改措施，制订整改落实方案，积极加以解决。按照科学发展观要求，努力在解决影响和制约本单位科学发展的突出问题和职工群众反映强烈的突出问题上取得实效，逐步形成长效机制。

总结测评期，时间在 8 月下旬。主要内容为各级企业党组织组织职工群众对学习实践活动进行满意度测评。测评内容包括两个方面：一是对解决突出问题的满意度，二是对学习实践活动实际效果的满意度。根据测评情况，进一步完善整改落实措施，进一步抓好整改落实。

【活动要求】

2009 年 3 月 13 日，广电集团党委召开学习实践科学发展观活动动员大会。市国资委学习实践活动指导检查组第一组组长肖义家出席会议并讲话。广电集团学习实践科学发展观活动领导小组组长、党委书记王强作动员报告，领导小组副组长、党委副书记聂建华对学习实践活动进行具体部署,领导小组副组长、副总裁马坚泓主持会议。市国资委学习实践活动指导检查组第一组副组长余亮坤出席会议。

王强在动员报告中主要讲了四点意见：一是深刻认识开展深入学习实践科学发展观活动的重大意义,进一步增强做好工作的责任感和使命感,着力在一些关键问题上有所突破。二是准确把握开展深入学习实践科学发展观活动的基本要求,进一步增强工作的针对性和有效性。三是认真组织、积极推进学习实践科学发展观活动扎实有序开展,尽力做到学习调研要求要深,分析检查要求要透,整改工作要求要实。四是切实加强组织领导,确保取得实际成效,把开展学习实践活动作为推动各项工作的动力。

肖义家在讲话中代表市国资委党委指导检查组提出三点要求：一要深刻认识开展好第二批学习实践活动的重大意义,增强责任感和使命感;二要正确把握学习实践活动的主要原则和目标任务;三要做到要求真务实,坚持从本单位的实际出发,确保学习实践活动取得实效。肖义家强调,学习实践活动要在思想、实践和制度三个方面取得直观的效果,重点是在五个方面取得实际效果：要确保企业经济的平稳健康发展;要针对企业存在的突出问题制订切实的措施;要在解决突出问题中发现典型,总结经验,形成亮点;要在学习实践中形成科学合理的体制机制;要在创建党建标杆方面取得成效。

【活动成效】

4月29日,广电集团召开学习实践活动解放思想大讨论成果交流会。党委书记王强主持会议。市国资委学习实践活动指导检查组第一组副组长余亮坤出席会议。

会上,集团党政班子成员围绕学习实践科学发展观的收获体会,结合自身的工作实际作了交流发言。财务总监余莉萍就"建立健全内控体系,促进企业的科学发展"谈了体会;副总裁马坚泓结合集团面临的调整改革形势,对如何落实以人为本、统筹兼顾、和谐稳定的科学思想发表了意见;副总裁蒋松涛结合对中小屏业务的调研,表达了对发展 TFT-LCD 产业的思考;党委副书记聂建华围绕维稳工作面临的形势和任务,提出了当前维稳工作应该达成的共识;总裁傅新华联系自己的工作实际,指出了学习实践科学发展观的重要性以及切实解决本企业、本部门的突出问题;党委书记王强针对如何加强思想政治工作、发挥党的核心作用,阐述了把广大干部职工的思想和行动统一到科学发展观要求上来,认真做好集团调整改革工作的具体要求。

广电集团党委在组织开展学习实践活动中,坚持"进度服从质量、活动促进工作"的原则,取得了一定的成效。

一是学习贯穿始终,共识不断深化。集团公司及各业务群和重点企业在统一思想的基础上,认真制订了民主生活会的主题,认真梳理了制约和影响企业发展的突出问题,认真撰写了领导班子的分析检查报告。同时,对企业改革调整和企业今后发展方向进行了深刻的反省和思考,深化了学习调研的成果,为整改落实阶段打下了较好的基础。如：广电信息领导班子在分析检查阶段中,通过调研、民主生活会等形式,在思想观念上形成了危机意识、主动出击求生存意识、强化企业党建工作意识等共识。大家普遍意识到当前企业生存、发展的压力很大,企业领导班子只有解放思想、转变观念才能走出困境、促进发展。

二是突出实践特色,确保活动质量。在学习实践活动第二阶段,集团党委突出实践特色,坚持"进度服从质量、活动促进工作"的原则。广泛听取干部群众意见,防止民主生活会偏题跑调。例如,广电电子听取了18家子分公司党政纪领导及部分公司本部中层干部的意见和建议,广电信息在会前召开了多个座谈会，听取了48位来自本部和所属企业同志的意见，并将听取的意见经过疏理，集中向班子反馈。同时，为了防止民主生活会偏题跑调，集团公司及各业务群和重点企业的主要领导分别与班子成员进行谈心，相互交换意见，达成共识，班子成员还联系工作实际和要求，分析了自身存在的问题和不足，撰写了发言材料。在广泛听取意见的基础上，集团公司及各业务群和重点企业根据自身的实际情况，确定了民主生活会主题。班子成员在会上都能开诚布公地谈问题，深刻剖析主客观原因特别是主观原因，达到了进一步解放思想、增进团结、统一认识的目的，为形成高质量的分析检查报告奠定了坚实基础。同时深入分析检查，严格把好分析检查报告的质量关。为了形成有分量、有针对性、高质量的分析检查报告，集团公司及各业务群和重点企业的主要领导亲自主持分析检查报告的起草工作，并经多次讨论修改，才形成较为全面、成熟的分析检查报告。各企业都严格按照了集团党委关于分析检查报告的书写要求，从形成思想共识、查找突出问题、分析主要原因、制订改进措施和加强班子建设等五个方面着手，做到了五个写清楚，即把形成的共识写清楚、把突出的问题写清楚、把主客观原因写清楚、把措施写清楚、把今后发展的方向写清楚。各单位都十分重视分析检查报告的务实性，与企业当前的经济工作、党建工作紧密结合。如：广电NEC党委通过分析检查报告对突出问题的梳理、分析，制订了一系列企业在当前金融风暴下如何保持生存、发展的具体措施。在写好分析检查报告后组织群众开展评议。着重对科学发展观的认识深不深、问题查找准不准、原因分析透不透，发展思路清不清、制订的工作措施行不行等五个方面进行了评议。各级企业选择了来自不同层面的群众代表参加评议，使评议工作更具代表性。经统计，集团公司及各业务群和重点企业的群众评议都取得了比较好的结果，评价“很好”和“较好”的都在90%以上。

三是注重统筹兼顾，达成初步成效。集团公司及各业务群和重点企业党组织在完成第二阶段各项规定动作的同时，还十分关注与全年党政重点工作的衔接，努力做到“两不误，两促进”。譬如：广电信息党委引导各企业把活动和党支部示范点创建工作、“心系企业、共渡难关”合理化建议征集活动以及“即知即改”项目推进等工作有机结合起来。引导各企业党政工团各级组织积极谋划、组织、开展好合理化建议征集活动，为企业经营管理、人才队伍建设、产品质量提升等工作提供支持。又如：中央研究院党委以学实活动带动基础党建工作，七一前夕，发展新党员两名，组织党员参加重温入党宣誓活动，激发党员在当前调整改革形势下严格要求自己，并和合资企业党支部建立了学习对子。集团各级党组织还把学习实践活动与调整重组各项工作有机结合起来，一方面抓分析检查阶段各环节工作的落实，另一方面抓企业调整、人员分流和维护稳定工作不松懈。在这期间，集团系统没有出现因托管重组而引起的重大不稳定因素，各企业尤其是调整企业的干部职工的思想尽管受到较大冲击，但在各级党政的努力下，基本保持平稳，基本做到了集团党委提出的“思想不松、队伍不散、工作不乱”的要求，体现出了学习实践活动的成效。

8月27日，广电集团召开深入学习实践科学发展观活动总结大会。党委副书记聂建华主持会议。会上，广电信息、广电电子和广电资产作了交流发言，党委书记王强作总结报告。市国资委指导检查组第一组组长肖义家出席并讲话。

王强在总结报告中回顾了学习实践活动的主要做法和特点，阐述了学习实践活动的主要成效和体会。他指出，深入学习实践科学发展观活动，既是当前一项重大的政治任务，也是一项需要长抓不懈的重要工作，必须持之以恒地深入开展，不断巩固和扩大学习实践活动的成果。首先，要进一步夯实贯彻落实科学发展观的思想基础，继续加强政治理论学习，进一步加深对科学发展观科学内涵、精神实质和根本要求的学习理解，提高党员领导干部的理论水平和政治素养。其次，要进一步强化贯彻落实科学发展观的工作力度,扎扎实实地把整改方案确定的重点工作任务落到实处,确保整改落实工作取得实效。第三,要进一步加强和改进党的建设,要增强党建工作的针对性和实效性,充分发挥基层党组织的战斗堡垒作用、领导干部的模范带头作用、党员的先锋模范作用,为改革发展提供坚实的组织保障。

肖义家在讲话中充分肯定了广电集团学习实践活动的做法和成果,肯定了广大党员干部良好的精神状态。主要体现在三个方面:一是认真遵循各阶段的要求,做到了“四个抓”,就是抓早、抓实、抓深、抓细。二是突出重点,做到了“三个坚持”,就是坚持领导干部带头,发挥表率作用;坚持边学边改,突出实践特色;坚持做到党员参加,发动群众参与。三是把握活动质量,注重活动实效,进一步提高了党员干部对实施改革调整的自觉性,进一步提高了广大职工对改革调整的认同度,进一步促进了集团改革调整各项工作的稳步推进。他提出四点要求,一要把学习实践活动的目标作为党内学习教育的长远目标和任务,逐步实现“党员干部受教育、科学发展上水平、人民群众得实惠”的目标。二要把学习放在十分重要的位置,进一步提高贯彻实践科学发展观的自觉性,努力在解放思想上迈出新步伐,在坚持改革开放上实现新突破,在推动科学发展上取得新进展,在促进社会和谐上见到新成效。三要巩固成果,善始善终抓好整改落实工作,努力把学习实践活动办成群众“满意工程”。四要注重提高,积极为今后党内集中教育积累经验,提供指导和借鉴。

第三节　党建工作特色

一、形成多元投资主体企业党建工作运行机制,充分发挥党组织的政治核心作用

1997 年 3 月,广电集团资产重组后,成为上海第一家按照规范的现代企业制度要求建立的国有多元投资主体大型企业集团。在产权结构、产业布局、组织体制等方面都发生重大变化的情况下,广电集团党委及下属各级党组织以改革创新的精神,在企业党组织的地位、作用、运行模式等方面进行积极探索,初步形成了多元投资主体企业党建工作运行机制,使党组织的政治核心作用得到充分发挥。主要有以下四个方面特点:

图 9-1-10　2003 年,纪念建党 82 周年大会颁奖现场

【建立企业党建工作的政治保证体系】

广电集团改制为多元投资法人治理结构以后,对党建工作提出了许多新的课题。多元投资主体的形成,要求企业党组织把工作着力点集中到提高企业经济效益上,把促进资产保值增值作为主要工作目标;按劳分配和按生产要素分配的结合,利益格局的多元化,要求企业党组织认真处理好在经济利益调整中产生的矛盾;职工就业方式的多样化,要求企业党组织深入到劳动关系领域并充分发挥作用;企业运行机制的变化,内部管理的

加强，要求企业党组织调整工作模式和活动方式，从整体上提高党员队伍和干部队伍的综合素质。在这种情况下，集团党委认为，建立现代企业制度是国有企业组织形式的创新，是企业经营机制的转变，但它并没有改变社会主义制度下国有企业的性质，坚持党对国有企业的政治领导是现代化企业制度的应有之义。在建立现代企业制度过程中，必须坚持和加强党的领导，努力改进党对多元投资主体企业实施政治领导的方式。

建立与多元投资法人治理结构相适应的党的领导体制　根据多元投资主体企业的特点和运行规则，党委书记、董事长由一人兼任，总裁兼任党委副书记。领导干部的“双向进入、交叉任职”，为党组织参与企业重大问题决策、有效实施政治领导，提供了组织上和制度上的保证。一方面，党委会可以把有关决定以预案形式提交董事会讨论通过，直接参与重大问题的决策；另一方面，在董事会作出重大决定后，党组织可以及时发动党员、干部和职工贯彻落实。

建立党组织把关定向的企业团体决策机制　在多元投资法人治理结构下，集团的决策机制已从企业内部的自我决策，走向内外相结合的决策；从单一投资主体的单体决策，走向多元投资主体的团体决策。在这种决策机制面前，党组织把参与决策的重点放在提高决策的准确率、减少失误率上。为此，党委建立了两项制度：一是建立党委会的超前议事制度，为参与董事会决策做充分准备。二是建立专家咨询、论证制度，按照国际惯例，有效运用市场资源为企业决策服务，提高决策的科学性。同时，党组织改变了对重大问题的决策思路，从过去的直接拿主意、作决策，转到重视对决策程序的监控上来。在监控过程中，切实抓好三个阶段的工作：在决策准备阶段积极开展调研工作，摸清情况，形成资料，做到心中有底。在决策确立阶段积极参与方案制订，控制程序，提出意见和建议。在决策实施阶段动员所属各级党组织和干部、员工，保证董事会决策的贯彻，并广泛收集情况，做好信息反馈，帮助董事会进一步完善决策。

【建立以转变思想观念为重点的思想保证体系】

一是把加强理论武装、转变思想观念作为做好各项工作的前提，贯穿企业改革的全过程。集团党委每年都以上党课的形式，坚持对企业内部各级领导干部深入进行党的方针政策教育，党委主要领导把集团面临的形势任务、机遇挑战和对策措施等原原本本地告诉大家。同时提出各个阶段的工作目标和中心任务，要求广大干部、员工结合形势任务，树立市场观、竞争观、效益观。二是开展主题实践活动，展现共产党员精神风貌。广电集团下属企业广电金星电子公司一度濒临困境，公司党委以“让金星重新亮起来”为主题，发动党员参与改革，在企业最困难的时候，以党员的聪明才智和奉献精神，把广大职工凝聚起来。一年后，金星彩电在产品开发、成本管理、产品质量上获得突破，重新夺回市场。广电集团下属旭电子玻璃的党员，每人胸前佩戴共产党员徽章，在职工和外方面前亮出自己的身份，展示先进的风貌，接受群众的监督。佩戴红徽章的人成为中方员工中最能吃苦的人、技术最过硬的人、责任心最强的人，日方管理人员称赞“戴红徽章的中国员工最优秀”。三是不断加强和改进企业文化建设。现代企业制度需要一支高素质的职工队伍。集团党委通过企业文化这一载体，把专业岗位上要爱业、职业道德上要敬业、事业理想上要创业的“三业”精神渗透到每一个职工，融入工作的各个方面。在职工队伍结构发生重大变化后，集团党委把企业发展目标和职工内在要求联系起来，寻找工作的结合点。1998 年，通过工会、团委组织广大职工开展科技文化艺术活动，举办“科技文化节”，营造广电职工奋发进取的精神风貌。1999 年开始，根据集团发展性调整和产业升级目标，从培养知识工人角度，开展“万名职工技术登高活动”，提高职工技术技能等级，使职工向技能型和智力型发展。

【构建以“人才战略”为主要载体的组织保证体系】

一是根据现代企业制度的要求，完善企业内部管理体制，推进干部的分层分类管理，推进对经营者选拔、任用、激励、制约、考核和监督等方面的企业人事制度改革，加大组织配置与市场配置相结合的力度，全面推行产权代表委任制和公司经理聘任制，确保董事长对总经理、总经理对副总经理的提名权。二是拓宽人才引进渠道，按照“能上能下，能进能出”的市场化模式，实行社会化的用人机制。1997年开始，按照双向选择的原则，广电集团从全国各地招聘引进大批各类优秀人才，其中包括海外回国留学人员、外籍人士和一批博士、硕士，初步形成了一支文化层次较高、结构合理，具有较高专业水平的人才队伍。在企业内部实行模拟人才市场，建立“人才库”，造就一支高技术、复合型、应用型全面发展的员工队伍。对高新技术专业人才，广电集团建立了人才发展基金，为引进人才提供资金支持。三是改革分配制度，充分发挥激励作用。实行企业领导成员年薪制，具备条件的企业试行经营班子持股、股票期权分配。试行按生产要素进行分配，技术股权参与分配，并实行薪酬和业绩合同考核管理办法。四是现有干部队伍的培养提高。广电集团在复旦管理学院开办现代工商管理知识培训班，有计划地选送年轻干部报考在职工商管理和其他专业研究生学习深造，选派年轻干部到集团培训基地参加学习，经受锻炼，加快人才队伍成长。

【构建经济运行过程的监控制约体系】

集团在制定发展战略时，同步构建监控制约体系。这一体系的基本框架是“一条主线、三个机制”。一条主线，即对企业调整、资本运作、生产经营的全过程实施规范化、网络化、系统化监控。三个机制：一是体外监督机制。集团董事会的出资方代表相互间不存在管理上的隶属关系，他们对董事会的决策起着实质性的制衡作用，避免“所有者缺位”和由一家大股东“一锤定音”的状况。监事会主席由市政府为广电集团专职配置，财务总监实行委派制，两家上市公司和一大批合资企业及有限公司，均按照现代企业制度框架，建立起产权纽带清晰、经济责任明确、监督考察体系到位的监督制约机制。二是动态防范机制。集团党委注意把加强管理和监督约束融合起来，围绕重大决策、重点经营活动、重要人事安排和大额资金使用，从制度和程序上规范完善，监督“关口”前移。先后建立并严格执行经济信息审核、监事会巡视监察、企业轮流审计、效能监察、绩效考核等制度，使资本运作与生产经营的各个关键环节始终处于严密的监控之中。三是合力协调机制。集团党委和行政把组织人事、纪检监察、财务审计的力量进行有效整合，建立纪检、监察、审计、组织部门和监事会联席会议制度，在组织上形成监督制约的有机整合。纪检、监察、审计部门参与干部考核工作。

广电集团党委对多元投资主体企业党组织如何发挥政治核心作用的探索和实践得到上级组织的重视和认可。2000年5月14日，中共中央总书记江泽民在上海主持召开党建工作座谈会，广电集团党委副书记崔振佳就以上内容在会上作了题为《积极探索多元投资主体企业党组织发挥政治核心作用的新途径》的交流发言。2001年5月11日，中共中央组织部专门印发了《广电集团党委关于积极探索多元投资主体企业党组织发挥政治核心作用的新途径》，就广电集团党委在新形势下积极探索国有企业党组织政治核心作用的有效方法和途径给予肯定，并作为经验希望各地认真借鉴。2001年6月18日，中共上海市委组织部发文表彰上海市基层党建工作优秀成果，广电集团党建工作经验作为党建工作实践创新成果受到表彰。

二、合资企业党建特色活动

1999 年，广电集团党委对合资企业发挥党组织政治核心作用的途径方法和加强管理做了系统分析和总结，形成《关于加强合资企业党建工作若干意见》，集团行政同时下发《加强中外合资企业管理暂行条例》，促进了合资企业的两个文明建设。在合资企业坚持“三同步”的原则，即企业党政工组织同步建立、班子同步配备、工作同步运行；推行“三公开”的做法，即党组织公开挂牌、党务干部公开身份、党组织公开活动。合资企业党建的成功经验，为广电集团的发展奠定了坚实的思想基础、组织基础和经济基础。

2001 年，广电集团有合资企业 35 家，党员 776 名。2008 年，广电集团下属合资企业调整为 33 家，党员 1 096 人。随着企业的发展和党员队伍的变化，经过探索和实践，形成了合资企业党建工作的特色，为合资企业的健康发展注入了动力。

松下等离子党委创新工作方法和主题活动内容如下：一是工作方法上有创新。在组织上实施科长、书记双肩挑的组织体制；在沟通上建立党内活动信息通报机制。在与日方管理者商议行政工作时，经常通报党群工作，说明党组织在企业中的作用和地位，以及对企业发展的重要性；在发挥作用上注重在生产骨干和技术骨干中培养发展党员，让党员成为骨干，让骨干成为党员，使党的先进性得到充分体现，党的影响力在群众中不断增大，凝聚力不断增强。二是主题活动有创新。2005 年上半年，松下等离子进行大规模的设备改造和工艺调整，从而影响到上半年的生产，同时，又面临 PDP 售价急剧下滑等严峻挑战。在这种形势下，党组织开展了“企业发展求突破，凝聚群众办实事”主题活动，实施“发挥三方面模范作用”的创新方案。一是发挥党员领导干部作用，带头签订公司经营目标承诺书；二是发挥党支部书记、科长作用，每位党支部书记、科长带头立下保证实现部门目标的军令状；三是发挥党员作用，每个党员在自己的岗位上带头完成工作任务。制造党支部在党员中确定目标任务书，即党员中层干部承诺部门目标指标，党员担当承诺岗位工作目标，党员工人承诺岗位生产目标。目标任务书在组织生活会上下达到每一位党员。在实施过程中，党支部注重做好对党员的分类指导工作，完善具体方案，实施达标措施，掌握计划进度。年中，党支部对党员目标任务书进展情况进行中途检查。检查工作主要采用听取党员汇报的形式，对党员在落实目标任务书过程中出现的问题，党支部对其工作责任进行问责，做好诫勉谈话。年底，党支部对党员目标任务书的完成情况开展交流、点评和总结，并评选出先进党员。

索广电子党委开展以人为本的凝聚力工程：索广电子党委在干部业绩考核小组中起到关键性作用，党委书记、副总经理任组长，工会主席、总务部长和一名日方高级管理人员任副组长，每年对中外管理干部进行业绩考核，决定分配和职务的升降。同时党委通过工会定期举办员工恳谈会、员工咨询日活动，分别与总经理、副总经理、部长们面对面交流，倾听员工心声。员工现场提出问题，职

图 9-1-11　2001 年 6 月，索广党委组织党支部在生产岗位上开展“双优”活动

能部门部长亲自答复说明。通过恳谈会、咨询日活动收集的心声,公司改善了员工福利、休息室、盥洗室、食堂餐饮等,为员工提供了更为舒适的工作和生活环境。同时,关注员工工作、生活的平衡,精神、物质的平衡,从“育、娱、食、住”四方面关爱员工。(1) 育:创建“索广大学”。与外部学历教育机构协作,将学历教育引入公司,让员工不出公司就可接受大专教育,并辅助以学费报销、奖学金等激励措施鼓励一线员工参加。(2) 娱:创建每年一次的“家庭日”项目。由公司出资,邀请远在外省的员工家属来公司参加为期二天的活动(包括公司参观、联谊会、上海一日游等),不仅让家属们了解索尼产品的高品质,更感受到来自企业的家庭温暖感。(3) 食:公司食堂每年举办美食节。四川菜、淮扬菜、湖南菜、本帮菜轮番上阵,员工在家乡美食中品尝到了“公司为我着想”的关注和温暖。从初期的员工餐品种改善逐步向厨房设备的更新、就餐环境改善、服务提高等方面转化,通过炊饭机的购入,由蒸煮改变为炊煮,从根本上提高了米饭的口感和品质。之后又实施供餐窗口和就餐大厅的大改造,使员工的就餐环境和服务得到更高的提升,食堂也从供餐理念向餐饮服务理念的转变,得到员工实实在在的好评。除此以外,企业还组织员工旅游、改建员工食堂及浴室、创办《今日索广》、开办图书馆、开展“立足本职、岗位贡献”活动等,增强了员工凝聚力。为此,索广电子总经理铃木贤在应邀参加党员新春联谊会时,特别宣读了一份致全体党员的公开信,表达了对企业党委的充分信赖,肯定了党员在生产中的骨干作用。

图 9-1-12　旭电子公司佩戴党员徽章的员工在生产中

图 9-1-13　2001 年,旭电子玻璃成型系党员都是关键岗位的成员,发挥了“一个党员一面旗”的作用。图为 2001 年 7 月与班组人员合影

永新彩管党委组织开展职工大讨论:永新彩管党委在企业的一期、二期、三期建设与日常生产中,坚持围绕企业的方针目标,进行“目标、精神、观念、制度”的教育,年年坚持不断线。每年结合实际,组织大讨论。运用各种形式宣传员工在生产、建设、发展中涌现出的先进事迹与“闪光点”,用身边的事教育身边的人,使“上永人”的形象让员工看得见、摸得着、学得到,大大激发了员工的工作热情。

旭电子玻璃党委发挥党员的旗帜作用:旭电子玻璃党组织建设实行“三公开”,旗帜鲜明地开展“一名党员一面旗”活动。发展党员工作有目标、有措施,并作为一项系统工程来抓,使得优秀员工不断充实党员队伍,党员先进性的风貌在岗位上得到充分体现,党员成了企业发展的骨干力量,在合资企业树立了共产党员的高大形象。

第二章　群众组织

第一节　工会组织

一、工会代表大会

1998年3月20日，上海市总工会批复，同意广电集团第一次工会代表大会和广电集团工会第一届委员会、经费审查委员会第一次全体会议的选举结果：由卜振春等17位同志组成的广电集团工会第一届委员会、毛永安等5位同志组成的广电集团工会第一届经费审查委员会。由卜振春、邬培斐、刘训芳、李慈祖、林华勇、周克明、崔振佳7位同志组成的广电集团工会第一届委员会常务委员会：崔振佳任主席，李慈祖任常务副主席，邬培斐、林华勇任副主席，林华勇任经费审查委员会主任。

2003年3月28日，广电集团工会第二次代表大会在上海海鸥饭店召开。工会主席江兵代表广电集团工会第一届委员会作了题为《为建成"世界的上广电、卓越的SVA"发挥工会组织桥梁纽带作用》的工作报告，会议选举产生新一届工会委员会和经审委员会。市人大常委会副主任、市总工会主席陈豪，市工业党委书记吴明出席会议。会议选举产生广电集团工会、经审会第二届委员会和广电集团出席上海市工会第十一次代表大会的代表。新产生的广电集团工会第二届委员会召开第一次全体会议，以无记名投票方式选举产生广电集团工会常委会成员（按姓氏笔画为序）：马培雄、邬培斐、刘训芳、江兵、林华勇、周克明、郑来生；选举江兵为主席，邬培斐、林华勇为副主席；林华勇在广电集团工会二届一次经审会上当选经审委主任。

2008年12月18日，广电集团工会第三次代表大会在上海好望角大酒店召开。出席会议的正式代表122名，列席代表40名，特邀代表9名。市总工会党组副书记、副主席肖堃涛，市总工会组织部长杜乃根出席会议。大会审议通过了聂建华代表集团工会第二届委员会所作的工作报告，审议通过了集团工会第二届委员会的财务工作报告，审议通过了集团工会第二届经费审查委员会的经审工作报告。会议选举产生集团工会第三届委员会和经费审查委员会。新产生的工会第三届委员会召开第一次全体会议，选举产生了常委会，选举聂建华为主席，吴昌明、何军为副主席；何军在集团工会三届一次经审会上当选为经审委主任。

二、职工代表大会

2002年8月20日，广电集团第一届职工代表大会第一次会议在上海好望角大酒店召开。出席会议的正式代表应到120人、实到代表112人。集团工会主席江兵主持会议。党委书记、董事长徐为煺讲话。市工业党委书记吴明、市总工会副主席李毓毅出席会议并致词。会议听取和审议了集团行政工作报告；审议通过了《广电集团职工代表大会实施细则》《广电集团厂务公开实施细则》《广电集团行政与工会平等协商的有关规定》《广电集团集体合同》《广电集团职工代表大会专门工作小组工作细则》。

2003年8月23日，广电集团第一届职工代表大会第二次会议在上海好望角大酒店召开。集团党委书记助理马坚泓主持会议。会议听取和审议了常务副总裁顾培柱所作的上半年经济工作报告；审议通过了《广电集团职代会民主评议干部实施细则》；听取了工会主席江兵所作的《关于执行广电集团一届一次职代会决议情况的报告》，党委书记、董事长徐为煾作了以《充分发挥广大职工在广电新一轮发展中的主力军作用》为主题的讲话。

2004年2月12日，广电集团第一届职工代表大会第三次会议在上海好望角大饭店举行。工会主席江兵主持会议。党委书记、董事长徐为煾讲话。会议听取并审议了总裁顾培柱所作的《广电集团2003年经济工作回顾和2004年经济工作打算》；党委副书记马坚泓通报了《广电集团党委2003年工作总结和2004年工作要点》；会议审议通过《广电集团第一届职工代表大会第三次会议决议》。

图9-2-1　2005年，集团工会召开一届四次职代会

2005年2月25日，广电集团第一届职工代表大会第四次会议在上海好望角大饭店召开。工会主席江兵主持会议。总裁顾培柱作经济工作报告。党委副书记马坚泓通报党委工作情况。党委书记、董事长徐为煾讲话。会议向全体上广电员工发出《实践〈准则〉要求，做SVA优秀员工》的倡议。

2006年2月10日，广电集团召开第一届职工代表大会第五次会议。工会主席江兵主持会议。党委书记、董事长徐为煾，监事会主席、党建督察员崔志仁出席会议并讲话。会议听取了副总裁蒋松涛所作的关于广电集团“十一五”战略规划纲要的报告；听取了党委副书记马坚泓所作的广电集团全面转型方案的报告；审议了总裁顾培柱所作的行政工作报告。马坚泓还通报了集团党委2005年工作情况和2006年工作要点。

2007年3月16日广电集团召开第一届职工代表大会第六次会议。工会主席江兵主持会议。党委书记、董事长徐为煾讲话。会议听取并审议了总裁顾培柱所作的《广电集团2006年经济工作总结与2007年经济工作计划》的报告，通报了《广电集团党委2006年工作回顾和2007年工作要点》以及《2006年广电集团厂务公开情况》。

2008年2月1日，广电集团在广电会展中心召开干部大会暨第一届职工代表大会第七次会议。工会主席江兵主持会议。市人大代表、集团副总工程师侯钢传达了市十三届人大一次会议精神，市政协委员、广电光电子副总经理杨荣华传达了市政协十一届一次会议精神，总裁傅新华作了经营工作报告，党委书记王强讲话。

三、女职工委员会

广电集团第一届女职工委员会于1998成立，由邬培斐任主任。第二届女职工委员会于2003年成立，由邬培斐任主任。第三届女职工委员会于2009年成立，由何军任主任。集团女职工委员会的主要职能为组织女职工积极投身企业的创新和发展，开展女职工的先进评选活动，指导企业女职工组织开展日常工作，做好女职工特殊权益的法律法规的宣传工作，实施工会女职工干部的培训，起草集团女职工特殊权益专项集体合同（草案）并负责审核基层单位女职工特殊权益专项集体合同文本，推进其签订与履行，做好女职工特殊权益求助热线的接听解答和处理反馈、开展姐妹帮姐妹爱心牵手专题活动等。

为规范基层女职工委员会组织，2005 年，集团工会向各单位下发了《关于规范工会女职工组织同步组建工作的办法》和《关于开展签订女职工特殊利益专项集体合同的通知》，转发了专项集体合同的版本，基层企业认真予以落实，广电信息、广电日生、电器分公司等单位在修改集体合同时，专门将女职工特殊利益维护或作为一个章节或作为附件，有的甚至作为女职工专项集体合同和集体合同一起签订。同年，根据市总工会要求，征集了女职工工作法。新芝电子、乐金广电、广电电子等 19 家单位总结了工作法，有 12 家单位上报市总工会。有 4 家单位上报了论文和调研报告，有 1 家单位、1 名个人被推荐上报了上海市五一巾帼奖集体和个人。2007 年，集团工会女职工委员会坚持“组织起来、切实维权”的工作方针，发挥好女职工组织在建设和谐企业中的作用，围绕集团的新产业，在女职工中开展“建功新产业、巾帼绘和谐”主题活动。激励广大女职工为企业发展作出贡献。同时建立女职工劳动保护专项合同检查制度，集团工会女职工委员会参与职工代表巡视活动，从源头上维护女职工的特殊利益。2008 年，围绕主题活动，在女职工中开展了立功竞赛、合理化建议、节约金点子排行榜等活动，引导女职工争当学习型、知识型、技能型、复合型人才。同时推进女职工特殊权益保护专项集团合同的签订和履行，建立了女职工维权投诉信箱和求助热线。

四、群众工作

【开展经常性职工思想教育】

根据集团党委的统一部署，2005 年，集团工会把推行实施《上广电（SVA）员工行为准则》（简称《准则》）作为开展经常性职工思想教育、提高职工队伍素质的一项重要工作来抓。充分发挥工会组织体系优势，运用好工作载体，形成宣传网络，积极开展各类培训，组织知晓率竞赛。通过系列活动，提高了广大职工对上广电新一轮发展中员工德、能、勤、绩、廉、礼六方面行为规范的认识，形成了人人学习《准则》、个个实践《准则》的氛围。经过层层考核，实现了工会干部知晓率达 100％、合同制员工知晓率达 70％、劳务人员知晓率达 50％的目标。2007 年，通过科技文化节、集团资产重组十周年文艺汇演等大型活动，激励广大职工敬业精业、追求卓越，营造和谐的企业氛围。在纪念改革开放 30 周年活动中，在员工中大力宣传改革开放 30 年来所取得的成就。组织员工参加百人歌咏队、征文活动和参观改革开放 30 周年成果图片展示等活动，在群众中起到了积极的引导和教育作用。

【万名职工技术登高活动】

1999 年，广电集团工会从维护企业整体利益和维护职工根本利益出发，结合广电系统合资企业多、规模大的特性，开展了“立足岗位、苦练成才、创新业绩、迎新世纪”为主题的“广电集团万名职工技术登高”活动。在活动中，努力构筑“培训、比赛、考核”三位一体的工作机制。

1999 年 6 月至 2000 年 3 月，广电集团工会先后举行无线电装接和调试修理、计算机操作、电工、钳工、电子玻璃制造等九个工种的比赛，同时提出“职工技术等级要实现‘翻一番，减一半’”的目标（“翻一番”为高级工、技师比例达到 20％；中级工比例达到 50％；“减一半”为初级工比例从 70％减到 30％左右）。各级工会全面发动、全员参与、全方位开展万名职工技术登高活动，促进了广大职工观念更新，激发了广大职工学科学、学技能、学知识的积极性和工作创造性。

在活动中，集团工会注重三个结合：一是把开展技术登高活动与增强职工创新意识相结合，全力提高职工技术创新素质，同时在员工中确立科技是第一生产力、知识资本和可持续发展的观念，把职工技术创新素质作为推动企业发展的重要动力。二是把开展技术登高活动与技术创新相结合，推进产业升级、管理创新和职工技术等级提升。集团工会建立“科技开发基金”，开展科技创新竞赛活动，同时利用现有的培训基地和社会资源对职工进行大规模的职后教育培训，并且参与行政的分配制度改革，督促行政抓好激励考核环节，形成人才能进能出的机制。三是把开展技术登高活动与合理化建议相结合，提升了企业的市场竞争能力，推动了产业快速发展。

集团工会通过“万名职工技术登高”“建功新产业、当好主力军”“评选十佳班组”等活动，提升了员工综合素质，促进了企业的经济发展。

【培育劳模树立典型】

发扬劳模精神，以先进典型引领，是广电集团工会工作的重要抓手。2002 年，广电销售中心彩电维修工、技师季凡荣获双奖：全国“五一”劳动奖章、上海工业十大工人标兵。季凡是一名普通的彩电维修工，从一名普通工人成长为工人技师。在近 20 年的售后服务工作中，他刻苦钻研技术，练就了一套过硬的彩电维修技能。他利用业余时间编写的一系列具有较强实用性的彩电维修资料，成了广大维修工的好帮手。他还自己设计了“彩电维修查询系统”软件，方便了维修工的查询和资料更新。以他的名字命名的“季凡热线”，更是成了维修工的求援电话，大大提高了彩电上门维修的质量和效率，提升了企业信誉。他在很平凡的岗位上做出了不平凡的成绩，成为时代的先锋，他那种埋头苦干、兢兢业业的爱岗敬业精神，善于学习、勤于思考的求索精神，企业至上、勇于奉献的精神，成为上广电全体员工学习的楷模。

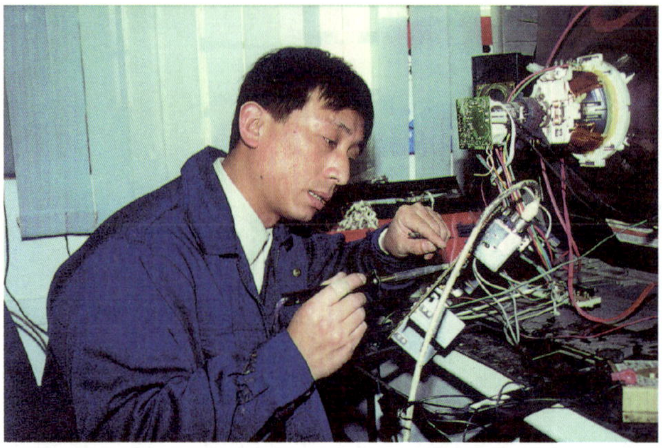

图 9-2-2　上海工业十大工人标兵季凡在工作中

广电集团工会每年通过举办先进表彰会、“迎五一”劳模先进座谈会等多种形式，树立广电职工的时代形象，形成了学先进、赶先进、当先进的氛围。

【开展岗位立功竞赛活动】

2005 年，广电集团工会根据集团发展战略目标，围绕建设平板显示产业基地和企业发展中心工作，以推进职工素质工程为重点，开展技术攻关、劳动竞赛、一岗多能、先进工作法和“上星级、创品牌”活动。在活动中注重做好分类指导。广电 NEC 工会牵头组织制造部 620 人开展标准操作法竞赛，使直通合格率达到 95%，公司工会对先进班组和个人进行奖励。松下等离子工会围绕提高员工整体素质，以适应高科技生产经营发展的节奏，在员工中积极推行“岗位操作指导员”，使员工的操作水平和产品质量普遍得到提升，从月产 5 000 台提高到 24 000 台、合格率从 68%提高到 95%。广电电子工会在前几年开展星级活动的基础上，开展了“学《准则》、上星级、创特色”活动，并在活动过程中注重抓好结合点，培育形成了一批先进典型事例，在班组中进行推广。

【创新民主管理形式】

健全职工代表巡视制度，拓宽职工群众民主参与的渠道。广电集团工会坚持贯彻“组织起来、切实维权”的工作方针，通过建立健全职代会制度、组织职工代表巡视、开展厂务公开、推进平等协商、签订集体合同等途径，发挥工会组织和职工在企业发展重大问题上的参与、管理、监督作用。2005年后，广电集团及上市公司工会均实行了职工代表巡视制，多次组织部分职工代表到各家企业进行巡视检查。重点了解《准则》的推行实施、广电TFT项目的建设、CRT产业链整合等方面的情况。同时，职工代表对安全生产、劳动保护、防暑降温、建立健全平等协商集体合同制度、厂务公开民主管理推进、女职工特殊权益保障、职工教育经费使用等方面的情况，进行实地检查。在巡视中，职工代表认真查阅有关资料，召开职工座谈会，听取并收集职工对企业和集团工作的评价和意见。同时，集团还召开职工代表巡视报告会，集团总裁出席会议并回答职工代表的提问，通过巡视和对话，双方对集团改革发展稳定的各项重点工作形成共识，增加理解。

图9－2－3　2005年，集团工会组织开展职工巡视活动

【拓展平等协商、集体合同内容】

通过充实完善平等协商、集体合同的内容，努力构建维权的新格局。例如，针对职工教育经费使用过程中存在一线职工使用比较少的状况，广电电子五次与行政平等协商形成了《关于教育经费使用的几点意见》，使教育经费的使用向普通员工倾斜。广电信息首次签订的集体合同内容覆盖面就较宽，其中职工教育经费的使用，经工会与行政多次协商达成协议。即企业应根据国家规定，按照职工工资总额的1.5%足额使用职工教育培训经费，主要用于本单位对在职人员和重新就业人员所实施的政治、文化、科学、技术、业务、安全等方面的教育培训，企业高级管理人员的学历培训费用不在职工教育经费中开支，企业用于引进项目、技术改造项目的技术培训费用，应在项目中列支。

【在调整中维护职工权益】

集团工会主动参与调整企业改革方案的咨询和修改，对涉及职工切身利益的条款提出建议，为调整企业法律咨询提供帮助，分类指导调整企业做好帮困方案、开展集体协商、履行好有关民主程序、收集职工思想动态，到现场做好职工疏导工作，充分发挥工会在协调工作中的积极作用。如：集团工会积极主动参与休斯公司企业关闭涉及解决职工劳动关系问题的协调，关注平显公司分流人员，永新彩管、旭电子玻璃、新芝电子职工思想动态，参与大丰电子调整方案制订和修改，并征询市总工会等有关方面建议。在此基础上，集团工会先后下发《关于切实加强调整企业工会工作的通知》《关于企业工会资产、三产处置的通知》，形成了《调整企业职工动态》《对调整企业职工提出问题解答及法律政策依据》《工代会、非公企业职代会、公有制企业职代会职权》《永新、新芝、旭电子等单位帮困总量情况汇总》《永新、新芝、旭电子等单位工会特殊困难员工补助办法》《永新、新芝、旭电子等单位工会资产经费一览表》《永新、新芝、旭电子等单位工会三产资产情况一览表》《调整企业工会、三产财产摸底情况进度落实表》《调整企业工会、三产财产摸底情况》《永新、新芝、旭电子等调整企业所应履行的民主程序》等材料。

【做好各项帮扶工作】

集团工会坚持完善多层次的职工保障机制,建立和完善各类互助保障计划,并通过“一日捐”“冬送温暖,夏送清凉”等活动,为职工办实事、做好事。制定下发了《职工保障工作暂行规定》,做好各项帮扶工作。各级工会对患大病、重病和个人医药费支出较大的生活困难职工建立帮困动态档案,通过各种渠道,给予帮困。组织职工参加市总工会开设的退休职工、在职职工住院补充医疗保障计划、在职职工特种重病保障计划、女职工团体互助特种保障计划以及其他商业保险等,开展爱心助学、结对帮困、“一日捐”等活动。自 2004 年至 2008 年五年中,参加“一日捐”人数达 85 148 人次,捐款 132.69 万元。慰问困难职工 46 848 人次,发放慰问金 955.73 万元、医疗帮困卡 11.30 万元。

【组织开展有益职工身心健康的活动】

广电集团工会成立以来,围绕增强职工的凝聚力组织开展各项有益职工身心健康的活动,丰富职工业余文化生活。例如,2005 年,为纪念全国总工会和上海市总工会成立 80 周年,举办了职工书法比赛、工运知识竞赛题,组队参加上海市职工乒乓球比赛等;2007 年,在广电集团重组 10 周年期间,组织职工文艺汇演,自编、自导、自演,展示广电职工积极向上的热情和艺术才华。2008 年,为纪念改革开放 30 周年,展示广电职工敬业精业的职业精神和才艺风采,集团工会举办了以“创新、跨越、新起点”为主题的广电集团纪念改革开放 30 周年职工摄影展。摄影展分为“产业发展、企业文化、多彩生活”三个板块,从不同侧面展示了上广电产业发展的轨迹和成就,生动形象地反映广大干部职工敬业精业的精神风貌。

第二节　共青团组织

一、共青团代表大会

共青团上海广电(集团)有限公司第一次代表大会于 1997 年 11 月 29 日至 30 日召开。广电集团党政工和团市委有关领导出席会议并讲话。大会听取和讨论了马祖飞代表广电集团团代会筹备组所作的《认清形势、明确责任、抓住机遇、团结奋斗,为实现广电事业跨世纪发展而努力》的工作报告;选举产生由马祖飞、冯彪、张波、何军、罗兵、陶巍华、蒋靖(按姓氏笔画为序)7 人组成的共青团上海广电(集团)有限公司第一届委员会。马祖飞当选团委书记,何军、蒋靖当选副书记。

1999 年 6 月,刘军任广电集团团委副书记(主持工作),2001 年 1 月任广电集团团委书记。

2003 年 11 月 7 日,来自广电集团系统各企业的 107 名团员代表出席了共青团上海广电(集团)有限公司第二次代表大会。团市委常委、青工部部长李华,集团监事会主席王清华出席会议,集团工会主席江兵向大会致贺词,党委副书记马坚泓出席并讲话。会议审议通过了刘军代表集团第一届团委向大会作的题为《勤于学习、勇于实践、务实进取、开拓创新,为广电集团的跨越式发展奉献青春》的工作报告。会议选举产生了由王巍、朱美玲、李慧、赵晓锋、夏皓凯、倪三花、徐佳慧、郭玲、梁山、程曦、简彬(按姓氏笔画为序)11 人组成的共青团上海广电(集团)有限公司第二届委员会。

赵晓锋当选团委书记。

2008 年 2 月 29 日，共青团上海广电（集团）有限公司第三次代表大会在广电会展中心隆重举行。仪电集团党政工主要领导以及团市委青工部副部长陆浩出席会议。会议审议通过了赵晓锋代表集团第二届团委所作的工作报告。会议选举产生了由吉蓓、李慧、吴雍毓、张琪、张蓉、单振青、赵晓锋、姚海琪、薄文玺（按姓氏笔画为序）9 人组成的共青团上海广电（集团）有限公司第三届委员会。赵晓锋当选团委书记，薄文玺当选团委副书记。集团工会主席江兵向大会致辞。会议明确集团团委今后五年的工作任务是：紧紧围绕平板显示产业发展的战略目标，以经济工作为中心，以坚持服务广电改革发展、服务青年成长为主线，以深入开展创新创效活动为载体，求真务实、开拓创新，团结带领广大团员青年为加快广电平板显示产业发展而努力奋斗。团市委青工部副部长陆浩在讲话中，充分肯定了广电集团团委在开创共青团事业新局面中取得的丰硕成果。他指出，广电集团大力发展以 TFT－LCD 为核心的平板显示产业，为广大团员青年展示才华、提高能力提供了广阔的舞台，是难得的成长机遇。共青团组织要坚持“团要管团”，加强有效覆盖，创新工作思路，更有效地凝聚青年、服务青年，再立新功。集团党委书记王强在讲话中，代表集团党政对大会的召开表示热烈祝贺，对集团团委过去四年所取得的工作成果表示充分肯定。并要求各级团组织要以本次团代会为契机，深入学习贯彻党的十七大精神，明确肩负的使命和重担，充分发挥生力军和突击队作用；要坚持服务大局、服务青年，加强自身建设，充分发挥桥梁纽带作用；各级党组织要切实加强对共青团工作的领导，努力营造有利于青年成长和共青团作用发挥的良好环境。

2009 年 2 月，姚海琪任广电集团团委副书记（主持工作）。

二、主要活动

【开展服务特色活动】

青年技术服务队一直是广电集团共青团组织的特色品牌项目。自 1978 年首先打出旗帜以来，在发展中不断壮大，成为开展企业两个文明建设的一支生力军。在新的历史时期赋予新的内涵，服务队活动已从单纯的学雷锋做好事，向既满足人民群众生活的基本需求又服务于企业中心工作转移，取得了良好成效。为了更好地塑造广电的企业形象，1997 年，广电股份团委在公司党委的统一领导下，与工会联手推出“精心、尽心大行动”系列便民服务活动。多名青年技术服务队员主动放弃休息日，顶着烈日，冒着大雨，辗转全市各地块，先后参加了“序幕大行动”“迎七一大行动”“八一拥军”“尊师敬教”“国庆敬老”等活动。他们主动热情地向顾客介绍新品，耐心细致地为用户服务，展现了新一代广电青年的精神风貌，塑造了广电产品的良好形象，有力推动了“金星”彩电的市场重振计划。许多服务队员在参与服务活动过程中经受了锻炼，增长了才干，逐渐成长为业务骨干。

图 9－2－4　2004 年，广电集团召开五四表彰暨青年成才实践活动动员大会

【深化"共青团号"活动】

广电集团团委自1997年成立以来，以争创"共青团号""青年岗位能手"等为抓手，大力提倡青年学习钻研精神和创新精神，满足青年渴望成才的需求，推动企业两个文明建设，深得各级党政领导支持和青年的欢迎。永新彩管、上海夏普、上海西门子通信、JVC公司、旭电子玻璃、凯歌雷达厂等单位团组织，紧紧围绕企业生产经营，广泛开展"5S活动""QC小组活动""ISO9002"评审及"ISO9002"认证等工作，不仅创造了良好的经济效益，人才效益也十分明显。不少单位通过制订详细的活动方案，积极争取纳入企业人才培养计划的大循环中，使活动的开展在资源上、政策上得到保证。在保持"共青团号"工作成绩的基础上，广电集团团委重点加强了两方面的工作。一是拓展"共青团号"活动的工作覆盖面，继续向合资企业延伸。二是抓好"共青团号"活动的规范化、机制化建设。针对活动开展过程中遇到的困难和出现的问题，集团团委制定了《关于加强"共青团号"、"岗位能手"创建活动管理的意见》，推动基层创建工作向规范化、机制化方向发展。

【培养青年科技团队】

为顺应广电集团的发展需要，集团团委在开展"共青团号"活动的同时，有意识地向培养"科技团队"倾斜，赋予活动新的内涵，增加它的科技含量，使团队建设成为科技新高地的中坚力量。同时以培养"青年小诸葛"为方向，开展"青年岗位能手"工作，充分体现青年技术能手的作用，使青年中学技术、用技术的风尚得以体现，使"青年岗位能手"和"青年技术能手"互为融合，锻炼培养一批技术含量高的企业青年"岗位能手"。还组建青年企业家协会和青年科技人员协会，为集团发展积蓄技术力量。

【重视党建带团建工作】

党建带动团建的发展是团工作取得成效的重要因素。各单位团组织结合企业的中心工作，开展团内的各项活动，并积极向党组织汇报团的工作和进程，使团的工作融入企业的发展。推荐优秀的青年入党和推荐优秀青年走上重要岗位是共青团工作的重要内容，各单位团组织在建立党章学习小组的基础上，积极与单位组织部门沟通，加强对青年骨干的考察，培养他们对党的热爱，建立"推优"档案，不断为党组织输送新鲜的血液，并将团的骨干推荐到企业的重要岗位，向企业输送各类人才。

【创新共青团工作活动载体】

围绕广电集团平板显示产业发展的大战略，集团团委按照"在政治上主动引导青年、在事业上主动培养青年、在生活上主动关心青年"的工作方法，围绕产业发展的新形势、新任务、新要求，大力推进青年育才工程、青年建功工程和文明建设工程，使一大批青年成为广电集团加快平板显示产业发展中的骨干力量。

第十篇

企业选介

概　　述

上海广电（集团）有限公司（简称广电集团）于 1997 年从上海仪电控股（集团）公司分离出来并实行资产重组，2009 年与上海仪电控股（集团）再次重组。1997—2009 年，广电集团直接投资企业 30 家，包括两家上市公司：上海广电电子股份有限公司（简称广电电子，600602SH、900901SH）、上海广电信息产业股份有限公司（简称广电信息，600637SH）。集团旗下拥有宽带增值服务、信息产品制造、光电子显示器件制造、海外事务四大业务群体，与众多国际著名公司建立 40 多家合资合作企业。

本篇分上市公司、主要企业、企业总览三个章节，记载了广电集团下属主要企业。第一章对广电电子、广电信息两家上市公司的改制背景及行业发展地位等进行介绍。第二章分广电电子业务板块企业、广电信息业务板块企业、新型平板业务板块企业、信息服务业务板块企业等四个小节，选取有代表性的企业进行简要介绍。第三章是广电集团直属企业、广电电子、广电信息下属主要企业名录。从中可以大致了解广电集团涉足的传统电视机制造、新型平面显示器制造、信息产品制造商和信息服务提供商的所属企业概貌。

第一章　上 市 公 司

第一节　上海广电电子股份有限公司

上海广电电子股份有限公司原名上海真空电子器件股份有限公司，成立于1986年12月，注册资金117 294万元人民币。1987年1月，公司作为首家试行股份制的国有大中型企业，向社会发行A股股票，是国内最早上市的“老八股”之一。A股简称：真空电子，A股代码：600602。1992年1月，公司又率先获准向境外发行B股，成为中国B股第一家。B股简称：上电B股，B股代码：900901。2001年，上海真空电子器件股份有限公司更名为上海广电电子股份有限公司，A股简称更名为“广电电子”，公司主业由单纯真空电子器件转变为以新型显示器和绿色照明为主。

一、公司改制情况

1986年12月25日，作为全国国企改革的试点，原行政性的上海市电真空工业公司经上海市人民政府经济体制办公室批准，正式进行改制。1987年1月，诞生了上海第一家由全民所有制企业转变为股份制企业的上海真空电子器件股份有限公司，这是中华人民共和国成立以来国有企业改制为股份制企业的第一家，此举开创了中国国有企业改革的先河。1986年改制时，真空电子有五个大中型全民所有制企业，即上海灯泡厂、上海电子管厂、上海电子管二厂、上海电子管四厂、上海显像管玻璃厂和一个研究所，主要生产显像管和电光源两大类产品，是全国电真空行业的重点骨干企业。当时，为适应全国彩电工业发展的需要，国家电子工业部和国家计委批准在上海建设一个年产100万只18英寸彩色显像管项目，这一项目至少需要5亿元投资。根据中外合资法的规定，注册资本不得低于总投资的1/3，且公司在合资企业的股权比重为75%，根据这一规定，公司自筹资金必须达到1.35亿元。当时，公司下属工厂没有这个能力单独投资这样的项目。经上海市政府有关部门与公司共同研究，决定以其中五个工厂为基础，组成资产经营一体化的经济实体，同时公开向社会发行股票(A股)，募集项目所需的部分资金5 000万元，就此诞生了上海真空电子器件股份有限公司。1988年，上海电真空器件研究所和电子管三厂先后加入公司。1989年，公司承包经营上海101厂。1991年年底，公司中止对上海101厂的承包经营，并购买其有用资产，成立上海海燕无线电厂。由此，真空电子的所属单位为“七厂一所”。

二、真空电子A股

1987年1月22日，上海真空电子器件股份有限公司经中国人民银行上海市分行批准，在《文汇报》刊登发行股票公告，以柜台交易为途径，首次向社会发行A股14.5万股个人股，1988年4月26日发行12.5万股，1989年2月28日发行22.1万股，每股面额100元。1990年12月，上海证券交易所成立时，该公司成为上海证券交易所第一批八家上市公司之一，股票简称“真空电子”，史称“老八股”的“龙头股”；它以51.09万股流通股，每股面额100元，占整个上海证券交易所股票流通总量的60%以上,被称为"航空母舰"。真空电子的注册资本金共2亿元(200万股)。其中,原5个工厂的国有资产约1.5亿元,为国家股;公开发行股票5 000万元(面值),50万股,其中约200万元(面值)为外单位认购的法人股,约4 800万元(面值),为社会居民包括公司职工个人认购的个人股。真空电子用首次发行A股募集资金,于1990年投资建设上海市1号工程上海永新彩色显像管有限公司(简称永新彩管)项目,永新彩管很快发展为全国高新技术百强企业之一,改变国内彩管严重依赖进口的局面。真空电子实现了从黑白显像管向彩色显像管的产业升级,同时经营规模也有了突飞猛进的扩张。1999年11月25日,真空电子经中国证监会批准,在《上海证券报》刊登增发新股招股意向书,公开发行1.29亿股新股(A股),其中,64 093 230股(约49.7%)向原有A股流通股股东按照10∶4的比例配售,64 906 770股(约50.3%)向机构投资者(战略投资者和证券投资基金)网下配售;每股面额1元;发行价为10.18元/股。1999年12月8日,增发新股(A股)圆满完成,共募集资金12.78亿元。募集资金主要投资PDP、LCD和VFD等新型平板显示器件项目。

三、真空电子B股

1992年1月15日,真空电子经中国人民银行上海市分行批准,在《文汇报》刊登增资发行人民币特种股票(B种股票)招股说明书。真空电子增资发行B股100万股,发行价为420元人民币/股(认购时以美元支付,兑换率为5.926 2元人民币=1美元),每股面额人民币100元,实际募集资金6 750万美元,公司总股本增至人民币3亿元,募集资金主要投资彩色显像管玻壳等项目。1992年2月21日上午9点30分,在上海证券交易所交易大厅,"上电B股"以72美元开盘,成为中国历史上第一单成交的B股。"上电B股"的发行被记入中国金融改革开放的史册。从引进外资的角度来看,除中外合资、中外合作等形式,通过发行B股探索筹措海外资金的一种新形式,迈出了中国资本市场国际化的重要一步。真空电子通过发行B股募集的资金,成功引进技术和设备,解决了彩管配套的玻壳生产问题。

四、主要产业

20世纪90年代中后期,真空电子以彩色显像管为主导产业。在这一时期,通过股票发行,向社会公开募集资金,相继投资建设一批项目,促进公司彩管产业得到迅速发展。永新彩管、上海旭电子玻璃、上海新芝等在20世纪80年代末至90年代初投资建设的项目,经过不断投资、改造,开始取得较好的收益,彩管产业逐步成为新的支柱产业。此外,公司还与国外大公司合资建设松下微波炉、松下磁控管等合资公司。90年代末,公司抓住产业调整、产业升级的机会,对一批不适应市场要求的以黑白显像管产业为主的企业进行调整重组。1998年,在发展彩管产业的同时,公司已确定将新型平板显示器件作为重点发展产业。1999年12月,真空电子完成增发新股(A股)工作,为公司主业向新型平板显示产业升级奠定了基础。

五、行业地位

从生产规模和产量来看,真空电子在同行业排名并不居前,但是真空电子的彩色显像管产品规格最齐全,大屏幕彩管比重最高,连续六年在行业中效益最好,科技含量位居同行业全国第一,并拥有国内第一条34英寸彩管生产线，在国内光电子行业中占有独特的、不可替代的地位。尤其在优化产品结构、提高技术含量、发展高新技术产品方面，真空电子有诸多有利条件和坚实基础。真空电子凭借多年与国外先进企业的合作经验，凭借先进的管理和出色的经营业绩取得国外企业的认可和信任。经过谈判，公司与美国 Photonics 公司就引进 PDP 技术，与日本 SUMCON 公司就 STN－LCD 技术，与日本 NEC、伊势等公司就 VFD 薄膜技术达成合作协议，这是真空电子产品升级换代的宝贵机遇，也是中国光电子行业发展不可多得的机遇。引进上述先进技术，并与国际著名企业形成紧密合作关系后，真空电子在光电子行业的地位得到实质性提高，成为光电子行业举足轻重的企业。真空电子募集资金投向的八大项目建成投产，使其成为国内唯一获得国家资本金支持开发生产等离子彩色显示器的公司，成为国内最先进的中高档超扭曲液晶显示器厂家，是国内唯一一家能够生产微波硫灯的公司和国内规模最大的 T5 荧光灯生产基地，以之为基础，真空电子发展成为行业的龙头企业。2002年《数字商业时代》杂志第8期发布新一届“中国科技100强”排行榜，广电电子名列第55位；在企业规模方面，广电电子以40.59亿元主营收入名列第4位。

第二节　上海广电信息产业股份有限公司

上海广电信息产业股份有限公司的前身是中国电子行业大型一类骨干国有独资企业——上海广播电视(集团)公司，1992年8月，经上海市人民政府批准改制设立上海广电股份有限公司(简称广电股份)，由广电集团控股，占股63.94%，这是中国电子信息行业的大型骨干企业。1993年3月16日，广电股份在上海证券交易所挂牌上市。A股简称：广电股份，股票代码：600637。2001年6月，上海广电股份有限公司更名为上海广电信息产业股份有限公司，A股简称更名为“广电信息”。

一、公司改制情况

1992年8月，经上海市人民政府批准，将原上海广播电视(集团)公司的核心层改制为股份制公司，注册资金总额为45 922万元。改制后的广电股份英文注册名称为 SHANGHAI VIDEO & AUDIO ELECTRONICS CO.，LTD.(简称 SVA)。公司拥有国家一级企业：上海电视一厂、上海无线电四厂、上海无线电十八厂等，国家二级企业：上海录音器材厂等。所属企业上海电视电子进出口公司、上海广电供销公司和上海广电对外技术合作公司等，均具有进出口自营权和销售服务的基础。公司拥有“金星”“飞跃”“凯歌”“上海”(上录)等国内著名商标，1993年，金星牌、飞跃牌、凯歌牌电视机全部荣获国家商业部“金桥奖”。经过持续不断的技术引进、技术改造，公司所属全资企业拥有各种先进设备、仪器1万余台(套)，其中进口精密设备400余台，并拥有30余条电子产品整机生产线。各企业均拥有 CAD、CAM 计算机辅助设计系统。公司还拥有电视技术、应用电视、船用导航雷达、音频技术等研究所，公司综合技术水平居国内先进水平，名列中国工业技术开发实力百强第12位。1993年，公司被评定为上海市高新技术企业。公司先后有24个产品荣获国家银质奖，53个产品获电子工业部和上海市优质产品奖。

二、广电股份 A 股

1992年7月，广电股份经中国人民银行上海市分行批准发行股票，采用社会募集方式设立。

1993年3月16日在上海证券交易所挂牌上市。股票简称：广电股份，股票代码：600637。2001年6月8日，公司更名为上海广电信息产业股份有限公司。公司总股本745 284 077股，其中国家股476 551 603股，占63.94%；法人股83 455 055股，占11.20%；社会公众股(A股)185 277 419股，占24.86%。

三、主要产业

广电信息主要从事音视频家电产品、电子通信产品的生产和销售，并长期致力于电子通信产业的发展，是一家集家用电器、信息电子制造商、供应商、服务商于一体的中国电子信息行业的大型骨干企业，在全国家电行业和电子行业有相当的知名度，也是上海市家电和电子行业的支柱企业。经过多年产业调整，广电信息所属公司发生很大改变，拥有上海广电金星电子有限公司、上海广电股份有限公司平面显示器分公司、上海广电股份有限公司销售中心、上海广电计算机有限公司等数十家子公司，并同索尼、西门子、夏普等跨国公司建立良好的长期合作关系，相继成立上海索广映像有限公司、上海西门子移动通信有限公司等21家合资公司。同时，广电信息建有三个专业化的技术研究中心，并在美国设立高科技的研发机构，独立享有多项核心技术和知识产权，使企业科技水平与世界科技发展保持同步。广电信息还拥有汽车电子、网络与通信终端、音视频产品及其他家用电器等四大门类产品，这些产品通过广电信息庞大的销售网络销往全国和世界各地。

四、行业地位

广电信息是中国电子信息行业的大型骨干企业之一，长期坚持“数字化、信息化、网络化”的产业发展方向，完成从模拟到数字、从低端到高端、从单纯的家电制造向集信息产品制造和信息服务为一体的高科技企业的转换。DLP背投、PDP等离子电视机、LCD液晶电视机三大高端主营产品在国内市场形成领先优势，并在国际市场形成一定竞争能力。同时，公司在宽带无线网络接入设备、网络交换及安全设备等领域中居国内领先地位。广电信息通过投资参与组建上海广电NEC液晶显示器有限公司，形成以广电NEC公司为核心的从液晶显示技术研发、生产到自有品牌营销的国内首条完整光电子产业链。

第二章　主 要 企 业

第一节　广电电子业务板块企业

一、上海永新彩色显像管股份有限公司

上海永新彩色显像管股份有限公司成立于 1987 年 12 月，由广电电子、永新彩管（香港）有限公司、上海久事公司、上海电气（集团）总公司、上海工业投资（集团）有限公司合资经营。公司占地面积 14.7 万平方米，建筑面积 16.6 万平方米，是国家“七五”期间立项建设的彩色显像管生产、销售、研究、开发的大型骨干企业之一。永新彩管注册资金 131 381 万元。其中，广电电子投资 59 121.45 万元，占 45％；永新彩管（香港）公司投资 32 845.25 万元，占 25％；上海久事公司投资 6 569.05 万元，占 5％；上海电气（集团）总公司投资 31 531.44 万元，占 24％；上海工业投资（集团）有限公司投资 1 313.81 万元，占 1％。公司是以开发、生产彩色显示器件为主的技术密集、知识密集型特大企业，主营产品有 47 厘米、54 厘米（FS）、64 厘米（FS）、73 厘米（NF）、M78 厘米、W76 厘米（16∶9）等系列彩管和多种型号全平面彩管。2000 年最高销售总额 54 亿元，最高利润总额 5.01 亿元，最高产量 485 万只。

二、上海旭电子玻璃有限公司

上海旭电子玻璃有限公司成立于 1996 年 11 月，由广电电子、日本旭硝子株式会社、日本丸红株式会社、上海久事公司共同投资，是专业生产彩管玻壳的合资企业，主要产品为彩色阴极射线管用玻壳。大屏幕彩管和彩显管玻屏项目是上海市 2001 年重大工程建设项目。上海旭电子玻璃有限公司总投资 23 615 万美元，注册资本 8 069 万美元。其中，广电电子出资 2 420.7 万美元，占 30％；日本旭硝子株式会社出资 2 420.7 万美元，占 30％；日本丸红株式会社出资 2 017.25 万美元，占 25％；上海久事公司出资 1 210.35 万美元，占 15％。

三、上海海晶电子有限公司

上海海晶电子有限公司成立于 1993 年 5 月，是广电电子下属的中美合资企业，注册资本 500 万美元。其中，广电电子占 67％，美国 VECO INC 公司占 26.5％，上海真空显示器有限公司占 6.5％。海晶公司早前已具有 30 年生产液晶显示器的历史，是国内最早进入 LCD 领域的三家企业之一，在行业内具有一定知名度。合资后公司建有 LCD 和 LCM 两条生产线，年生产 LCD 2 000 万只、LCM 200 万只，产品的数量、品种和技术含量不断提高，主要生产中高档 TN 和 STN 系列产品以及 COG、TAB 模块。产品广泛应用于家用电器、衡器、通信、健身医疗器材、仪器仪表以及汽车和军事等所需要显示的领域。公司具有一流的 LCD 和 LCM 生产设备和成熟的生产工艺，并有严格的质量及环境管理体系，自 2000 年起相继通过 ISO9001、ISO14001 和 ISO/TS16949 体系认证。

公司与海尔、上汽、帅康、小天鹅以及松下、日立、西门子、LG、飞亚特、北方电讯等国际上多家知名企业有业务往来。

图 10-2-1　上海海晶电子有限公司

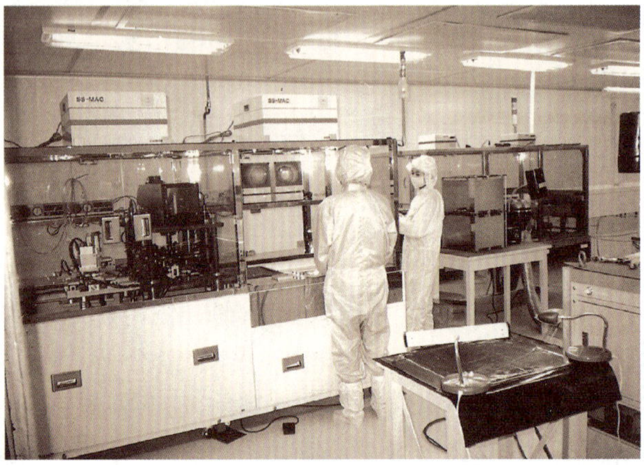

图 10-2-2　海晶电子生产现场

四、上海广电液晶显示器有限公司

上海广电液晶显示器有限公司成立于 1999 年 11 月 18 日，由广电电子、日本三井物产株式会社和神田工业株式会社共同投资成立。投资总额 2 991 万美元，注册资金 1 794.6 万美元。其中，广电电子占 70%，日本三井物产株式会社占 25%，日本神田工业株式会社占 5%。公司从事开发、设计、生产中小尺寸、中高分辨率 STN-LCD 和 TAB、COG 模块以及相关的平板显示器的制造和销售，产品适用于移动电话、寻呼机、PDA、手持终端、OA、掌上游戏机、工业自动化、车用仪表等。公司凭借全自动的前道生产设备、先进的后道生产设备以及专业检测分析设备，成为中国内地最具竞争力的 LCD 厂家之一。公司研发、设计、制造如 COB、TAB、COG 技术的各种型号的 LCD 屏及模块，主要应用于中文寻呼机、移动电话、PDA、车载仪表、IC 公用电话终端等设备，设计间

图 10-2-3　上海广电液晶显示器有限公司

隙最小可达 10 微米。公司主要客户有 UT 斯达康、中兴通讯、康佳、厦新、波导和海尔等。2003 年 3 月，公司研发成功第一款彩色 STN；2004 年 6 月，第一款 TFT 产品研发成功并在年底迅速转为量产；2005 年 3 月，研发成功第一款双彩 STN，4 月，摄像头产品成功出台。随着在市场中的快速成长，公司年销售额从初始的几千万元逐步提升至 5 亿元。公司分别通过 DNV 的 ISO9001、QS9000 体系认证，2004 年 12 月通过上海市高新技术企业认定。

图 10－2－4　广电液晶生产线

五、上海三星真空电子器件有限公司

上海三星真空电子器件有限公司成立于 2001 年 6 月，由广电电子与三星 SDI(香港)有限公司共同出资。注册资金 3 200 万美元，广电电子投资 45%，三星 SDI(香港)投资 55%。公司是专业开发、制造和销售薄膜真空荧光显示屏(VFD)的企业，产品从创立初期的 PANEL VFD 的单一类别发展成为拥有 PANEL VFD、CIG VFD、MOD－ULE VFD 的全部 VFD 产品系列，囊括所有 VFD 产品领域的高、精、尖技术产品，产品广泛应用于音响、影碟机、家用电器、衡器、工业仪表等领域，赢得诸多中外著名顶级客户青睐，如欧洲的 PHILIPS、Thomson、Vestel 等；日本的 SHARP、Matsushita、Alpine、Alps、Asahi、Casio、Hitachi 等，韩国的 LG、KENWOOD 及国内的海尔、步步高等。公司自创立以来，先后顺利通过 QS9000 和 ISO14000 体系认证，并于 2005 年 2 月一次性获得 ISO/TS16949 体系认证。

六、上海松下微波炉有限公司

上海松下微波炉有限公司成立于 1994 年 8 月，由上海扬子江电子有限公司和日本松下电器产业株式会社、日本松下住设机器株式会社合资组成。上海扬子江电子有限公司由上海真空电子器件股份有限公司、南京三乐电器总公司、成都国光电子管总厂合资组成，注册资金 16 亿日元，上海扬子江电子有限公司占 40%，松下电器产业株式会社占 25%，松下住设机器株式会社占 35%。公司专业从事微波炉开发和生产。松下微波炉以引进日本松下先进技术为基础，把抗菌、蒸汽烧烤、蒸汽感应、变频、三重安全防泄漏等先进技术应用于微波炉生产，每年向市场提供几百个新产品，满足不同国家和地区广大消费者的需求。公司生产的微波炉和相关产品被国家质量检疫总局认定为免检产品，通过世界上 70 多个国家和地区销售方面的所有规则和标准的认证。松下微波炉有 80%的产品出口东南亚、美洲、大洋洲、欧洲、中东、日本及俄罗斯等 40 多个国家和地区，并连续多年被上海市政府评为出口创汇百强企业，还先后获得上海市高新技术企业、上海市先进技术企业、全国外商投资双优企业等荣誉称号，同时还是海关 AA 类管理企业、商检一类管理企业。

七、上海百嘉电子有限公司

上海百嘉电子有限公司成立于1990年，是上海最大的薄膜开关、装饰面板、汽车仪表标度盘专业生产企业，是中国电子丝网印刷业非常优秀的企业之一。公司注册资金132.8万美元，其中，广电电子占75%，美国VECO INC公司占25%。1991年，百嘉电子开始从事薄膜开关、电脑键盘开关的OEM来料加工开始，在充分消化吸收丝印先进技术的基础上，不断融入自己的技术创新成果，并以丝印技术工艺为平台，拓展开发其他门类的产品。公司致力于推动“家电类装饰面板”“工业控制类装饰面板”“汽车仪表标度盘”三大类产品的发展，不仅配套于外资企业在中国内地的工厂，不少门类产品还返销美国、日本等国家。2003年起，百嘉电子进军汽车零件行业，为本田汽车仪表、雪铁龙汽车空调面板配套标度盘和面板。2006年“汽车仪表标度盘”产品开始为上海通用、延锋伟斯通等批量配套。百嘉电子于2000年取得了UL认证，2001年取得ISO9002认证，2005年取得ISO14001认证，并于2005年10月导入ISO/TS16949体系。

图10-2-5　上海百嘉电子有限公司

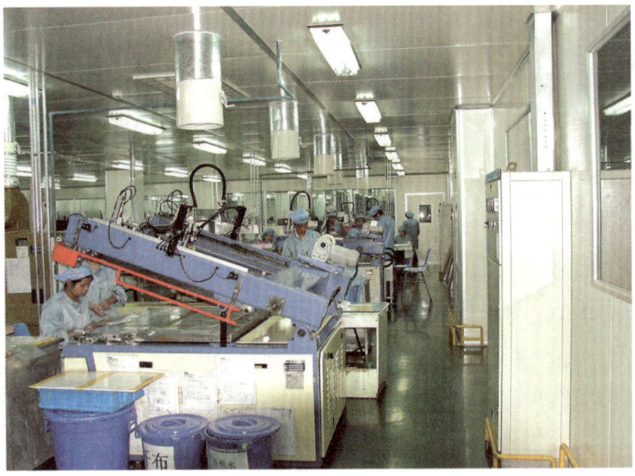

图10-2-6　百嘉电子生产线

八、上海广电电子股份有限公司电器分公司

上海广电电子股份有限公司电器分公司原名上海真空电子股份有限公司电器分公司，成立于1997年10月30日，是真空电子通过结构调整，在原有专业生产黑白电子枪、显像管和电视机专业厂基础上重新组建的。注册资本5 000万元。电器分公司是广电电子下属的分公司，主要生产电视机用显像管与电子枪及其家电及电子产品、销售自产产品。主营产品有5.5英寸～17英寸各种规格的电子枪、黑白显像管、黑白监视管、扁平管、黑白电视机、TFT彩色液晶系列等60余个品种的完整产品系列。电器分公司黑白电子枪年生产能力360万支，黑白显像管年生产能力200万只，黑白电视机和TFT系列产品年生产能力40万台(套)，后又开发数码相机、DVD播放机、成套开关电源等。集收音、录音/CD、电视为一体的5.6英寸电视机经批量生产在国内外销售。公司为“人民”“海光”“海狮”等品牌黑白显像管，“SVA”“金星”“凯歌”“飞跃”等品牌电视机提供配套服务，公司通过CE(EMC+LVD)、SASSO、FCC、FDA、CCEE等多个国际认证。

九、上海松下等离子显示器有限公司

上海松下等离子显示器有限公司成立于2001年1月，是广电集团、上海工业投资(集团)有限公司、广电电子和日本松下电器产业株式会社共同投资成立的合资企业，注册资金7 000万美元，中方占49%，日方占51%。公司年设计生产能力为24万只PDP，净资产约14亿元，生产的彩色等离子显示器是全球最先进的大屏幕自发光平板显示器件之一，它具有显示屏幕大、重量轻、厚度薄、全数字、视角宽、辐射小、亮度高、对比度强、高清晰和不受磁场干扰等特点，产品曾荣获上海国际工业博览会家电产品类金奖，市场占有率保持国内第一。松下等离子从工程设计起步到综合厂房完工，从SP1设备安装工程起步到SP2设备的验收完毕，历经3年时间。2004年、2005年连续两年实现赢利，产品质量达到松下本部水平，产品产量达到设计能力的120%。2006年1月，松下等离子进行设备改造和生产工艺调整，一季度开始生产新一代等离子电视机，是一款更轻、更薄、更亮、更节能的高性价比产品。

十、上海松下磁控管有限公司

上海松下磁控管有限公司的前身是上海松下电子应用机器有限公司，成立于1994年7月6日，公司坐落在浦东张江高科技园区A4－1地块，占地面积2万平方米。由上海扬子江电子有限公司和日本松下电子应用机器株式会社合资组成。上海扬子江电子有限公司是由上海真空电子器件股份有限公司、南京三乐电器总公司、成都国光电子管总厂合资组成，公司注册资金10.5亿日元。其中，上海扬子江电子有限公司占40%，日本松下电子应用机器株式会社占60%。2005年10月25日，上海松下电子应用机器有限公司更名为上海松下磁控管有限公司。松下磁控管公司是国内最大的集设计、制造、销售各种家用微波炉用磁控管和相关电子电气产品及其零部件的企业，年产能力达到1 200万只家用微波炉用磁控管。公司先后取得ISO14001、ISO9002、OHSMS等体系认证，产品销售市场不断扩大，由国内进入美国、日本、英国等国家，参与国际同行业的竞争。

十一、上海广电住金微电子有限公司

上海广电住金微电子有限公司成立于2004年5月，是由广电电子与日本株式会社住友金属微电子共同投资组建的合资企业，注册资金1 620万美元。其中，广电电子占30%，日方占70%。广电住金地处青浦区青浦工业园区，是首个进入广电集团平板显示产业链的上游配套项目。主要经营液晶显示器和电视、笔记本电脑、彩色等离子显示器、手机及其他电子电器用PCB模块的设计、开发、制造及销售，具有国内一流的PCB模块开发、设计技术和规模生产的能力。2005年，广电住金由3条生产线增至6条生产线，产量达到416 K，超过设计能力38.67%，产品合格率达到99.8%。公司通过ISO9001体系认证，并获得上海市电子仪表质量审核所颁发的《质量管理体系认证合格证书》。

十二、上海上灯钨钼制品有限公司

上海上灯钨钼制品有限公司的前身是上海灯泡厂钨钼车间，成立于1951年6月19日，注册资金 2 500 万元人民币。1996 年年底,上海灯泡厂钨钼车间变更为上海上灯厂钨钼分厂。1998 年年初,上海上灯厂钨钼分厂变更为上海上灯钨钼制品分公司。2000 年 1 月,上海上灯钨钼制品分公司变更为具有独立法人资格的上海上灯钨钼制品有限公司。2004 年 11 月,上海上灯钨钼股权与国内钨业龙头企业厦门钨业股份有限公司合作,公司更名为上海虹广钨钼科技有限公司。1953 年国庆前夕,上灯厂拉出中华人民共和国的第一根钨丝,开创了我国钨钼制造业的先河。1997 年,该厂工程师王菊珍在钨钼车间试制成功世界上第一根钨铈电极,获得国家发明奖一等奖,“人民牌”钨钼制品从此蜚声海内外,成为市场上一个响亮的品牌。公司产品有钨、钼丝、杆钨锑电极灯丝、热子丝、自丝等八大类共 350 多个,主要客户有上海飞利浦照明、奇异嘉宝公司及日本牛尾公司等。2001 年 9 月,公司入驻江桥工业园区,从日本引进的钨钼生产设备调试成功,正式投入生产。

第二节　广电信息业务板块企业

一、上海广电金星电子有限公司

上海广电金星电子有限公司的前身是上海电视一厂。1996 年,上海电视一厂经重组合并为上海广电股份有限公司金星电视总厂,注册资金 35 000 万元。1998 年,更名为上海广电金星电子有限公司,地处漕河泾新兴技术开发区,厂区界定占地面积 9.5 万平方米,是生产金星牌彩色、黑白电视机的专业工厂。1980 年引进日本日立 20 万台彩电生产线及全套质量保证系统,通过引进、消化、吸收、创新,产品实现了多元化,彩电生产能力达到 100 万台,曾连续 5 年产品销售额居全国电子工业之首。金星牌电视机全部采用国际先进标准,产品销往中国城乡各地和欧美、东南亚等几十个国家。企业属于国家大型骨干企业,是国家首批一级企业,先后被评为国家一级计量单位、国家一级节能企业、国家一级档案管理企业和国家安全级企业,并荣获国家质量管理奖。

二、上海广电通信技术有限公司

上海广电通信技术有限公司的前身是上海广电凯歌雷达通讯设备厂,成立于 1992 年 2 月,注册资金 1 400 万人民币。坐落在漕河泾新兴技术开发区,占地约 6 667 平方米,建筑面积 7 999 平方米。自 20 世纪 60 年代开始,广电通信专业从事雷达产品的研制和生产,主要包括“凯歌牌”系列电子产品雷达通信设备(船用导航雷达、自动雷达标绘装置、导航兼直升机引导雷达、船舶导航系统工程、电子海图)、电话机、发光二极管显示屏、户内外综合显示系统及公共安全防范工程服务。产品连续多年被推荐为“上海市名牌产品”,曾被评为“上海市名牌产品 100 强”企业,先后有三个型号雷达获国家银质奖,多种产品获部优质奖、国家优秀产品奖、上海市优质产品奖。广电通信是上海市高新技术企业,全国雷达行业协会导航雷达分会理事长单位。

三、上海广电数字音像电子有限公司

上海广电数字音像电子有限公司成立于 1997 年 7 月,注册资金 3 000 万人民币,是由广电

集团和广电信息共同投资组建的有限责任公司，企业位于漕河泾新兴技术开发区田林路140号。公司是专业从事音视频电子产品的设计制造企业，主要经营电子与信息网络产品、视屏产品、视听产品、激光读写产品、数字调谐器、数字通信与接收产品、计算机硬件及外围设备、广播电视及音像设备、电教产品、安防技术产品、办公智能设备研发制造等。

图 10－2－7　上海广电数字音像电子有限公司 DVD 生产车间

四、上海广联电子有限公司

图 10－2－8　上海广联电子有限公司生产线

上海广联电子有限公司成立于1999年8月，注册资金2 000万元人民币。坐落于漕河泾新兴技术开发区，是广电信息下属企业，主要从事通信网络、汽车电子、音视频、平板显示等各类电子产品的高精密度电路板的SMT表面贴装，轴向、径向自动插件，焊接调试加工和各种电子产品组件的加工。广联电子拥有美国MPM UP－2000印刷机、日本JUKI株式会社KS－1700全自动丝网印刷机，德国西门子多型号贴片机、日本JUKI株式会社多型号贴片机，美国ELEC－TROVERT、日本ETC、ANTOM回流焊炉组成的STM表面贴装生产线。同时还拥有日本欧姆龙公司光学检查仪、德国phoenix的pcba|ana|yser160X光检查仪、日本TESCON在线测试仪组成的检测系统。可表面贴装从0.6毫米×0.3毫米微小器件至55毫米×55毫米大型器件，可贴装0.3毫米间距的QEP、BGA、CSP、0201等高精度器件。公司拥有10条SMT表面贴装生产线，贴装能力为每日700万点，还有6条手插焊接装配生产线(其中4条为无铅波峰焊接生产线)和3条总装生产线，具备各类电子产品从SMT贴片开始到成品的综合加工能力。公司主要客户有欧美地区、日本、韩国等国外厂商，还有国内知名的合资企业和大型国企30多家，加工的产品主要有通信网络、电脑、DVD、复印机、电视机、楼宇音视频通信、空调机、洗衣机、电动工具等各类电子产品的主控板。

五、上海广电电器有限公司

上海广电电器有限公司的前身是上海飞亭电器有限公司，成立于1984年12月。广电电器注册资本为1 925万元，隶属于广电信息。公司注册地在松江高科技园区，坐落于沪松公路1878号。广电电器有4条电视机整机生产装配线，具有年产200万台CRT电视机的产能和与规模相适应的ERP管理体系，以视频类产品为基础，开展多种经营和加工模式，产品主要出口西班牙、加拿大、法国、比利时、荷兰及东南亚等地,与美国、法国、韩国等国际知名大公司建立了经济和技术合作关系,年出口创汇 1 000 万美元,是长三角地区产能规模最大、设备最先进、产品研发能力最强、具有雄厚经济实力的视频类产品加工、生产、出口基地。2005 年,广电电器通过 CRT - TV 生产战略转移改制为新生代企业,从原来的国集联营企业转变为国内合资企业,并被列为上海市高新技术企业。2005 年相继通过 ISO9001、ISO2000、ISO14000 体系认证,污染防治管理体系认证,DELL 等国际著名需方认证质量保证体系认证。

图 10 - 2 - 9　上海广电电器有限公司

六、上海索广映像有限公司

上海索广映像有限公司成立于 1995 年 12 月,由日本索尼(中国)有限公司控股、广电信息、广电电子共同投资组建的合资企业,注册资金 1.025 亿美元。上海广电股份有限公司占 20%,上海真空电子器件股份有限公司占 10%,索尼投资占 70%。索广映像于 1996 年 12 月正式投产,是中国第一家彩电、彩管配套厂家。前 10 年,公司主要生产索尼贵翔平面特丽珑彩色电视机、彩色显像管及 DRC 数码精密显像技术彩色电视机和背投彩电,是整机彩电、显像管、关键件一条龙生产的大型视像产品企业。之后,公司以日本索尼的先进技术为支撑,不断引进大屏幕彩电技术、高分辨显示技术、视频领域的最新科技,成为国内唯一可生产 21、25、29、34、38 英寸系列平面彩电和 41、43、48 英寸及最大屏幕 61 英寸液晶彩电的厂家。在市场产品需求不断变化中,公司不断对产品结构进行调整,扩大生产门类,先后引进消化和制造数字电视液晶显示器、液晶背投影显示器等高清晰显示产品;液晶前投影机、网络摄像机、电视会议系统等网络和计算机外部设备;激光视盘录编设备、数字磁带录编辑设备、广播级摄录一体机等专业广播电视节目制作设备。索广映像还获得 ISO9001、ISO14001 和 OHSMS18001 体系认证,是上海市建设工业新高地先进企业、上海职工最满意企业和外商投资双优企业。

七、上海索广电子有限公司

上海索广电子有限公司成立于 1993 年 9 月,是由广电信息与日本索尼株式会社共同投资的合资企业，注册资本 1 600 万美元。中方占 30%，日方占 70%，于 1994 年 2 月正式投产。公司主要生产索尼 DV 摄像机、DVD 摄像机和与此配套的 DV、DVD 摄录一体机机芯等系列产品。索广电子以“成为世界第一（摄录一体机）的制造集团”为企业的发展方向，构筑与国际采购、销售接轨的管理体系，增强企业在国内外两大市场上的竞争能力，凸现出良好的发展势头。公司跻身于中国 500 强企业，连续多年位于上海市外资企业出口创汇总额前列。公司通过 ISO9001、ISO14001、OHSMS 等体系认证；荣获中国优秀企业、全国出口先进企业、全国双优企业、上海市高新技术企业、上海市外商投资先进技术企业和上海市工业企业最佳企业形象单位，同时还获得上海海关信得过企业和上海市税收 A 类企业等称号。

八、上海乐金广电电子有限公司

上海乐金广电电子有限公司成立于 1995 年 8 月，由广电信息、乐金电子（中国）有限公司以及韩国 LG 电子株式会社共同投资的中外合资企业，注册资本为 1 357 万美元。广电信息占 30%，乐金电子（中国）有限公司占 25%，韩国 LG 电子株式会社占 45%。公司位于浦东新区金桥出口加工区，是一家集研发、生产和销售于一体的专业化制造 A/V、数字类产品的高新技术企业。公司产品涉及录像机，激光影碟机，激光影碟刻录机，数字录放机，数字照相机，数字音视频编解码设备，大容量光、磁盘驱动器，电脑产品及光驱机芯，激光头等音频视频电子产品。乐金广电致力于新一代整机的自主开发，设计开发中心投入资金高达 1 500 万元，引进了大量先进技术仪器和新工装设备，配置了 PCB 印刷线路板同路设计用的 CAD 工作站系统及 CAD 数字视频分析仪、杜比音频分析仪、属自存储示波器、DVD 视频分析仪等大批精密仪器、仪表设备。经过多年努力，乐金广电 DVD - Player 的销量达到世界第一，并在其他产品的销售及开发上同样取得优异成绩。产品销往 47 个国家和地区，产品出口比例占 90%以上。曾名列上海市百强企业，上海市外商投资企业第 18 位，并获得上海市政府颁发的出口创汇金奖。

第三节　新型平板业务板块企业

一、上海广电 NEC 液晶显示器有限公司

上海广电 NEC 液晶显示器有限公司于 2003 年 12 月 28 日成立，注册资金 500 亿日元（约合 4.17 亿美元）。由广电集团和日本 NEC 共同投资，其中广电集团控股 75%。广电 NEC 建设的国内第一条第五代薄膜晶体管液晶显示器生产线是中华人民共和国成立以来电子行业投资规模最大、跨入门槛最高的项目，运用世界最成熟的第五代 TFT - LCD 生产技术和研究技术，生产用于液晶显示器、笔记本电脑、液晶电视等的显示屏及模块。可按客户需要加工成 15 英寸至 23 英寸各种规格的液晶显示屏，最大可生产 59 英寸液晶显示屏，按 15 英寸换算，可年产 652 万个显示屏。

二、上海广电富士光电材料有限公司

上海广电富士光电材料有限公司成立于 2007 年 4 月 12 日，是由上海广电光电子有限公司、SGEG AMERICA，INC. 共同投资经营的中外合资企业，是中国内地首家也是唯一一家五代线

TFT－LCD用彩色滤光片生产厂商，位于上海市莘庄工业园区内，总规划占地面积约7.8万平方米，生产能力达95 K/月。项目总投资2.67亿美元，注册资本1亿美元，其中上海广电光电子有限公司出资占82.76％，SGEG AMERICA，INC.出资占17.24％。2008年7月31日广电富士第一款样品试制完成并送客户认定，彩色滤光片(CF)项目进入收官阶段。2013年9月，公司更名为上海仪电显示(材料)有限公司。

三、电气硝子玻璃(上海)广电有限公司

2006年5月27日，广电集团所属上海广电光电子有限公司与日本国电气硝子株式会社(NEG)、住友商事(中国)有限公司合资的电气硝子玻璃(上海)广电有限公司合资签约仪式，在上海西郊宾馆举行。合资公司落户于莘庄工业区的平板显示产业基地内，专业从事TFT液晶面板用玻璃基板的生产以及相关的研发和销售。合资公司总投资4 550万美元，注册资本1 550万美元。其中日本电气硝子占65％，广电光电子占20％，日本住友商占12.5％，住友商事(中国)有限公司占2.5％。11月28日，TFT－LCD液晶用玻璃基板项目打下了第一根桩，这标志生产TFT－LCD液晶面板上游关键配套产品的电气硝子玻璃正式开始建设。2007年10月1日，电气硝子玻璃正式投产，10月完成批量第五代TFT－LCD玻璃基板(按15英寸换算，为2.2万个显示屏)的生产和销售，标志TFT－LCD用液晶玻璃基板首次在中国内地实现了加工量产，填补了国内TFT－LCD液晶用玻璃基板生产的空白，改变了原来完全依靠国外进口玻璃基板的状况，对广电集团TFT－LCD产业链的建设发展具有十分重要的意义。

第四节　信息服务业务板块企业

一、上海广电通讯网络有限公司

上海广电通讯网络有限公司成立于1999年4月，注册资本1.5亿元人民币，是上海市高新技术企业和软件企业。作为广电集团宽带业务的代表企业，该公司发展成为大型综合IT服务提供商。广电通讯设有信息技术、产品销售、网络应用、卫星网络和科技网五大业务板块：信息技术分公司是专业从事高科技制造业、政府、广电等领域的系统集成、网络建设、应用软件、信息安全等技术的研究和开发，同时作为业务咨询专家和专业的系统集成商，帮助客户整合业务流程和信息系统，实现业务和系统一体化，向客户提供全面的IT服务；产品销售分公司是专业从事IT产品增值分销的业务单元；网络应用分公司是专业从事宽带网络应用服务的业务单元，以上广电卫星基地和地面宽带网络为依托，研发出一套完整的“天地合一”的综合性网络服务平台，包括远程会诊系统、远程教育系统、视频应用系统、酒店视讯服务系统等；卫星网络分公司是专门负责上广电卫星通信基地的管理及其运营业务的业务单元；科技网络通信公司是上海及周边地区大型宽带网络运营商。广电通讯还拥有“天网”卫星通信网、“地网”光纤城域网和白玉兰远程网。公司在北京、南京、广州、成都、杭州、西安等地设有分支机构，业务遍及全国各地。2008年，四川汶川发生强烈地震，广电通讯凭借在卫星应急通信及远程医疗领域的优势，在第一时间里打通空中救助的“生命通道”，受到上海市总工会的嘉奖，荣获“工人先锋号”称号。

二、上海科技网络通信有限公司

图 10－2－10　上海科技网络通信有限公司

上海科技网络通信有限公司成立于 1995 年，是上海及周边地区大型宽带网络运营商，简称 NSP，注册资本 2 亿元人民币，拥有大规模的城域宽带网络平台——上海科技网。上海科技网是"九五"期间上海市政府实施的三项科技标志性工程之一，是国内最早建设的城域宽带网络平台。上海科技网在上海市区拥有光缆近 2 000 公里，覆盖了整个上海地区及部分周边地区，拥有 50 多个分布层节点和众多的接入节点，形成了大规模的城域宽带网络平台。上海科技网是上海市政府、市人大、市政协，市科委、市经委、市国资委、市卫生局等组织的主要互联网宽带接入服务提供商。上海科技网主要提供的业务有 Internet 宽带接入服务，采用 FTTB＋LAN 接入方式，提供从 512 Kbps 到 100 Mbps 流量的宽带接入；虚拟专网 VPN 服务，利用自身网络资源，为用户提供可灵活管理、安全可靠、高速的虚拟专用网络；数据中心 IDC 服务，提供高质量、安全可靠、专业化的数据存储、主机托管、虚拟主机、企业邮局等服务；宽带增值服务，提供高质量的 VOIP、视频会议、移动信息等增值服务。

第三章 企业总览

第一节 广电集团直属企业名录

1997—2009 年，广电集团共有 10 家直属企业，其中包括两家上市公司：广电电子、广电信息。集团旗下拥有宽带增值服务、信息产品制造、光电子显示器件制造、海外业务等。

表 10－3－1 1997—2009 年广电集团直属企业情况表

企业名称(全称)	注册资金(万元人民币)	成立时间	企业现状	备注
上海广电资产经营管理有限公司	20 000	2005 年	重组	与仪电控股重组
广电日生人寿保险有限公司	30 000	2003 年	股权转让	
上海科技网络通信有限公司	20 000	1995 年	重组	与仪电控股重组
上海广电三井物贸有限公司	16 555	2002 年	股权转让	
上海广电房地产有限公司	6 000	1992 年	重组	2009 年 11 月 27 日转让，更名为“上海仪电物业管理股份有限公司”
上海广电光电子有限公司	430 000	2006 年	重组	与仪电控股重组
上海广电信息产业股份有限公司	45 922	1992 年	重组	与仪电控股重组
上海广电电子股份有限公司	117 294	1986 年	重组	与仪电控股重组
上海广电国际贸易发展有限公司	1 500	2001 年	重组	与仪电控股重组
上海广电集团销售有限公司	3 000	2001 年	出售	广电信息向广电集团出售销售公司

第二节 广电电子企业名录

广电电子的产业由单纯真空电子器件转变为以新型显示器和绿色照明为主，产业变动带来企业变更。以下是广电电子下属 37 家企业一览表。

表 10－3－2 1997—2009 年广电电子下属企业情况表

企业名称(全称)	注册资金	成立时间	企业现状	备注
上海永新彩色显像管股份有限公司	131 381 万元人民币	1987 年 12 月	歇业	
上海海昌国际有限公司	5 000 万元人民币	1997 年 12 月	存续	
上海真空显示器件有限公司	8 100 万元人民币	1993 年 6 月	存续	2015 年转让给仪电资产

〔续表〕

企业名称(全称)	注 册 资 金	成立时间	企业现状	备　注
上海海晶电子有限公司	2 880.6 万元人民币	1993 年 5 月	破产清算	
上海旭波实业有限公司	50 万元人民币	1995 年 3 月	注销	
上海扬子江投资发展有限公司	96 300 万元人民币	1992 年 12 月	存续	
上海旭电子玻璃有限公司	68 002.4 万元人民币	1996 年 11 月	注销	
上海始安房产管理有限公司	9 500 万元人民币	1996 年 2 月	存续	2009 年转让给仪电资产
上海管三玻璃厂	307 万元人民币	1995 年 1 月	存续	
上海汤姆斯机车有限公司	500 万美元	1995 年 1 月	破产	
上海松下微波炉有限公司	4 674 万元人民币	1994 年 8 月	正常经营	
上海松下磁控管有限公司	184 300 万日元	1994 年 8 月	注销	
香港万林电子有限公司	6 000 万元人民币	1989 年 7 月	注销	
上海微波技术工程有限公司	50 万元人民币	1995 年 4 月	注销	
上海电视电子进出口公司	3 000 万元人民币	1988 年 6 月	存续	2012 年减资退出
上海广电液晶显示器有限公司	1 794.6 万美元	1999 年 11 月	注销	
上海广电音响电子有限公司	500 万元人民币	1999 年 9 月	注销	
上海松下等离子显示器有限公司	7 000 万美元	2001 年 2 月	注销	
三星真空电子器件有限公司	3 200 万美元	2001 年 6 月	注销	
上海上灯钨钼制品有限公司	2 500 万元人民币	1951 年 6 月	转让	
上海真空数字技术发展有限公司	600 万元人民币	2000 年 9 月	注销	
上海真空特种光源有限公司	500 万元人民币	2000 年 3 月	注销	
上海广电投资管理公司	80 000 万元人民币	2003 年 6 月	注销	
上海嘉汇达房地产开发经营有限公司	3 000 万美元	1993 年 12 月	注销	
上海百嘉电子有限公司	132.8 万美元	1990 年	存续	2015 年转让给仪电资产
上海广电 NEC 液晶显示器有限公司	500 亿日元	2003 年 11 月	注销	
上海广电电子照明有限公司	500 万元人民币	2000 年 1 月	注销	
上海广电电子进出口有限公司	300 万元人民币	2004 年 2 月	注销	
上海广电住金电子有限公司	1 620 万美元	2004 年 5 月	注销	
上海广电光电子有限公司	4 300 000 万元人民币	2003 年 1 月	注销	
上海广电富士光电材料有限公司	10 000 万美元	2007 年 4 月	正常经营	
上海仪电电子工程管理有限公司	1 000 万元人民币	1999 年 11 月	正常经营	
上海昌海德通端接件有限公司	140 万美元	2000 年 9 月	注销	全资子公司的子公司
上海廿一世纪电子设备有限公司	250 万元人民币	1998 年 3 月	转让	全资子公司的子公司

〔续表〕

企业名称(全称)	注 册 资 金	成立时间	企业现状	备 注
上海海成技术装备有限公司	300 万元人民币	1998 年 5 月	转让	全资子公司的子公司
上海海成机械制造有限公司	200 万元人民币	2001 年 6 月	转让	全资子公司的子公司
上海广汇物业管理服务有限公司	300 万元人民币	2004 年 3 月	转让	全资子公司的子公司

第三节 广电信息企业名录

广电信息坚持以“数字化、信息化、网络化”为产业发展方向，多年来完成从模拟到数字、从低端到高端、从单纯的家电制造向集信息产品制造和信息服务为一体的高科技企业的转换。以下是广电信息下属 38 家企业一览表。

表 10-3-3 1997—2009 年广电信息下属企业情况表

企业名称(全称)	注 册 资 金	成 立 时 间	企业现状
上海广电光显技术有限公司	4 000 万元人民币	2006 年 2 月	正常经营
上海广电计算机有限公司	1 470 万元人民币	1996 年 10 月	歇业
上海乐金广电电子有限公司	1 357 万美元	1995 年 8 月	正常经营
上海索广电子有限公司	1 600 万美元	1993 年 9 月	正常经营
上海索广映像有限公司	10 258 万美元	1995 年 12 月	正常经营
上海西门子移动通信有限公司	1 亿欧元	1993 年 5 月	股权转让
上海亿人通信终端有限公司	600 万德国马克	1995 年 5 月	正常经营
上海广电信息电子销售有限公司	5 000 万元人民币	2005 年 12 月	歇业
上海广电忠麟电子企业有限公司	821.67 万美元	1995 年 12 月	股权转让
上海广电电器有限公司	1 924.768 9 万元人民币	1984 年 12 月	歇业
上海电视电子进出口有限公司	3 000 万元人民币	1988 年 6 月	正常经营
上海广电金星电子有限公司	35 000 万元人民币	1996 年	歇业
上海广电数字音像电子有限公司	3 000 万元人民币	1997 年 7 月	歇业
上海广联电子有限公司	2 000 万元人民币	1999 年 8 月	正常经营
上海凯歌禄达电子有限公司	210 万元人民币	1993 年	歇业
上海 JVC 电器有限公司	500 万美元	1992 年 9 月	合同提前终止
上海建伍电子有限公司	1 350 万美元	1994 年 6 月	股权转让
上海广电飞跃实业公司	150 万元人民币	—	歇业
上海广电飞跃照明电子器材厂	420 万元人民币	1993 年 6 月	歇业
上海广电凯歌实业公司	150 万元人民币	—	歇业
上海大丰电子有限公司	70 万美元	1993 年 6 月	股权转让

〔续表〕

企业名称(全称)	注 册 资 金	成 立 时 间	企业现状
上海广电凯歌雷达通讯设备厂(上海广电通信技术有限公司)	1 400 万元人民币	1992 年 2 月	正常经营
上海广电通讯网络有限公司	15 000 万元人民币	1999 年 4 月	正常经营
上海科技网络通信有限公司	2 亿元人民币	2000 年 11 月	正常经营
上海辰美电子有限公司	30 万美元	1993 年 4 月	歇业
上海广电股份浦东有限公司	35 000 万元人民币	1992 年 10 月	股权转让
上海传真机公司(上海仪电信息网络有限公司)	6 087 万元人民币	1992 年 12 月	正常经营
上海广电模塑有限公司	700 万元人民币	1996 年 4 月	股权转让
上海广电对外技术合作有限公司	171.8 万元人民币	1985 年 11 月	歇业
上海三相电机有限公司	542 万美元	1993 年 12 月	股权转让
上海广电锦和创意企业管理有限公司	8 000 万元人民币	2007 年 5 月	股权转让
上海闵行广电科技发展有限公司	7 000 万元人民币	2001 年 6 月	股权转让
上海广电创库科技有限公司	120 万美元	2001 年 4 月	股权转让
上海广电智邦科技有限公司	1 800 万美元	2002 年 1 月	股权转让
北京阜国数字技术有限公司	3 050 万元人民币	2002 年 3 月出资入股	股权转让
上海广电应确信有限公司	1 500 万美元	2001 年 4 月	歇业
SVA－RUBA 电子有限公司(中国和阿联酋共同在巴基斯坦投资企业)	800 万美元	2001 年 10 月	正常经营
SVA－RUBA 模塑有限公司(中国和阿联酋共同在巴基斯坦投资企业)	600 万美元	2005 年 4 月	股权转让

第十一篇

人　物

概　　述

本篇分人物简介、劳动模范和人物表三章。

收录“人物简介”一章的主要是上海广电（集团）有限公司（简称广电集团）历任正、副职负责人，录入“劳动模范”一章的主要是全国、上海市劳动模范（个人、集体）获得者。人物表收录的主要是广电集团董事会、监事会负责人以及高级管理人员的任职情况，出席全国、上海市重要会议的代表，市级以上单项荣誉称号获得者，以及获得国家、上海市和广电集团有关荣誉奖的外籍人士。

第一章　集团负责人简介

本章主要收录自 1997 年 3 月起曾担任广电集团董事长(副董事长)、党委书记(副书记)、监事会主席、总裁(副总裁)、纪委书记、财务总监等人员情况。(排列按任职时间先后为序)

第一节　正 职 负 责 人

徐为熜　1946 年 9 月出生,汉族,籍贯浙江平湖,全日制大学,高级工程师、高级经济师。1968 年 12 月参加工作,1982 年 10 月加入中国共产党。1997 年 3 月至 2007 年 10 月任广电集团党委书记、董事长。

历任上海无线电一厂技术员、车间主任、副厂长、厂长,上海电子元件公司总经理、党委副书记,上海市仪表电讯工业局副局长兼上海广电股份有限公司董事长、总经理,上海仪电控股(集团)公司总裁、党委副书记,广电集团党委书记、董事长。

曾当选中共上海市第八、九次代表大会代表。2005 年当选上海先进制造业领军人物。

顾培柱　1947 年 9 月出生,汉族,籍贯上海市,在职大专,高级经济师。1968 年 8 月参加工作,1973 年 3 月加入中国共产党。1997 年 4 月至 2007 年 9 月历任广电集团副总裁、常务副总裁、总裁、党委副书记。

历任海电子管二厂车间副主任、动能科副科长、办公室主任、党委书记助理、副书记,上海电子管六厂厂长,上海电子管二厂副厂长,上海真空电子器件研究所党委书记,上海灯泡厂厂长、党委副书记,上海真空电子器件股份有限公司副董事长、常务副总经理、董事长、党委副书记、书记,上海仪电控股(集团)公司干部处处长、组织处处长、统战处处长、人事部经理、老干部办公室主任,广电集团副总裁、常务副总裁、总裁、党委副书记。

曾当选上海市第十二届人民代表大会代表。

王清华　1944 年 5 月出生,汉族,籍贯浙江嘉善,文化程度大专。1962 年参加工作,1966 年加入中国共产党。2002 年 4 月至 2005 年 5 月任广电集团监事会主席。

历任上海五金机械公司建筑五金批发部党支部书记,上海五金机械公司副总经理、党委书记,上海商业一局组织处处长、党委副书记,上海一百集团党委书记、副董事长。

崔志仁　1950 年 8 月出生,汉族,籍贯江苏无锡,全日制大学在职硕士。1968 年 9 月参加工作,1973 年 3 月加入中国共产党。2005 年 7 月至

2009 年 8 月任广电集团党建督察员、监事会主席。

历任上海天原化工厂党委书记、厂长，上海市化工局党委副书记，上海化工控股(集团)有限公司党委副书记、副董事长，上海华谊(集团)公司党委副书记、副董事长、总裁，上海机械设备成套(集团)有限公司党委副书记、总裁，广电集团党建督察员、监事会主席。

后任上海锦江国际(集团)有限公司、上海光明食品(集团)有限公司监事会主席。

王　强　1955 年 3 月出生，汉族，籍贯浙江绍兴，在职研究生，高级政工师、高级经济师。1972 年 12 月参加工作，1974 年 11 月加入中国共产党。2007 年 10 月至 2009 年 12 月任广电集团党委书记、副董事长。

历任上海合成橡胶厂团委副书记、书记，上海橡胶工业公司团委副书记，上海市化工局团委副书记，上海塑料工业公司组织科科长，上海市化工局团委书记，上海胶鞋六厂党委书记，上海胶鞋公司党委书记、副总经理，上海华谊(集团)公司党委副书记兼上海回力鞋业有限公司董事长，上海华谊(集团)公司党委副书记、副董事长，广电集团党委书记、副董事长。

后任上海仪电控股(集团)公司党委副书记、总裁，党委书记、董事长。

傅新华　1963 年 12 月出生，汉族，籍贯江西南昌，全日制研究生、理学博士，高级工程师。1992 年 12 月参加工作，2007 年 10 月至 2009 年 10 月任广电集团总裁、董事。

历任上海轮胎橡胶(集团)股份有限公司信息中心科员，广西玉柴机器股份有限公司信息中心主任、管理部副经理、公司总经理助理，上海轮胎橡胶(集团)股份有限公司总经理助理，上海乘用轮胎厂副厂长，上海大中华橡胶厂厂长，上海轮胎橡胶(集团)股份有限公司副总经理，上海市经济委员会高新技术产业办公室主任、技术进步处处长，上海市经济委员会副主任，广电集团总裁、董事。

后任上海市经济和信息化委员会副主任。曾当选第十、十一、十二届全国政协委员。

第二节　副职负责人

崔振佳　1950 年 1 月出生，汉族，籍贯江苏常熟，工商管理硕士。1968 年 8 月参加工作，1970 年 12 月加入中国共产党。1997 年 3 月至 2002 年 1 月任广电集团党委副书记、纪委书记。

历任上海仪表电讯工业局党委委员、人事干部处处长，上海仪电控股(集团)公司纪委书记，上海广电股份有限公司党委书记，广电集团党委副书记、纪委书记。

后任上海光通信公司党委书记、总经理，上海工业投资(集团)有限公司党委书记。

刘鸿超　1937年6月出生，汉族，籍贯辽宁大连，在职大学，高级工程师。1963年8月参加工作，1976年6月加入中国共产党。1997年3月至1998年4月任广电集团副总裁。

历任南京国营七二〇厂技术员，上海无线电四厂技术员、技术组副组长、车间技术主任、设计科科长、总工程师办公室工程师、副厂长、副总工程师，上海仪表电讯工业局科技处负责人、副局长，上海仪电控股(集团)公司副总裁，广电集团副总裁。

钱佩勇　1945年8月出生，汉族，籍贯江苏无锡，高级经济师，1968年12月参加工作，1984年5月加入中国共产党。1998年10月任广电集团副总裁。

历任上海无线电四厂工艺科技术员、工程师，部品科副科长、科长，上海无线电四厂厂长；上海仪表电讯工业局生产处处长，上海仪电控股(集团)公司管理部经理。1997年3月至1998年10月任上海仪电控股(集团)公司总经济师兼经济运行部部长，1998年10月任广电集团副总裁。

2004年8月7日因病逝世。

陈　鸿　1954年4月出生，汉族，籍贯江苏，工商管理硕士。1971年10月参加工作，1986年4月加入中国共产党。2000年4月至2005年8月任广电集团副总裁。

历任上海仪表电讯工业局供应站仓库保管员、业务员、副经理，上海仪表电子工业供销公司总经理助理，上海仪表(深圳)实业公司副总经理，上海仪表电子进出口公司总经理兼党委书记，上海广电股份有限公司副总经理兼销售中心总经理，广电集团副总裁。

后任上海电气国际经济贸易有限公司党委书记、总经理，上海机电股份有限公司党委书记、总经理，上海电气集团股份有限公司首席投资官，上海机电股份有限公司党委书记、董事长、总经理。

宋　涛　1943年8月出生，汉族，籍贯上海松江，全日制大学本科毕业。1968年7月参加工作，1985年8月加入中国共产党。2001年4月至2005年2月任广电集团财务总监。

历任上海仪表烘漆厂股长，上海自动化仪表公司副总会计师、部门经理，上海自动化仪表股份有限公司董事、总会计师，广电集团副总会计师，上海广电信息产业股份有限公司董事、总经理，广电集团财务总监。

郑铸东 1963年8月出生，汉族，籍贯浙江宁波，系统开发工学博士。1987年7月10日参加工作，1983年10月10日加入中国共产党。2001年6月至2005年6月任广电集团副总裁。

历任北京航天工业部710所软件工程师，日本CRC综合研究所主任工程师，日本富士通株式会社高级工程师，广电集团投资发展部项目经理，上海广电通讯网络有限公司总经理兼党支部书记，上海科技网络通信有限公司总经理兼党支部书记，广电集团总裁助理、副总裁。

后任香港亚洲数字媒体有限公司高级副总裁，加拿大盈创有限公司中国区总裁兼首席代表，中国卫通集团有限公司总工程师，中国华录集团有限公司副总工程师，航天数字传媒有限公司总经理、董事长。

江　兵 1948年2月出生，汉族，籍贯浙江奉化，在职大专，高级经济师。1968年8月参加工作，1971年11月加入中国共产党。2002年2月至2008年8月任广电集团纪委书记，2003年3月至2008年8月任广电集团工会主席。

历任上海无线电三十厂党支部副书记，上海电视工业公司宣传科副科长、教育科副科长，上海真空器件工业公司教育科科长，上海显像玻璃厂党委副书记，上海真空电子器件股份有限公司劳动人事部经理、党委副书记、监事会主席、副总经理，广电集团组织部部长、人力资源部经理、党办主任、纪委书记、工会主席。

马坚泓 1965年11月出生，汉族，籍贯江苏苏州，全日制大学在职硕士。1988年7月参加工作，1991年10月加入中国共产党。2003年10月至2007年4月任广电集团党委副书记，2007年4月至2009年10月任广电集团副总裁。

历任上海永新彩色显像管有限公司科长、部经理、党委书记，广电集团党委书记助理、组织部部长、人力资源部部长、党委副书记、副总裁。

后任上海仪电控股(集团)公司党委副书记，上海申迪(集团)有限公司党委副书记、纪委书记，上海市国资委党委副书记、纪委书记，上海市安全生产监督管理局局长，上海市应急管理局局长。

蒋松涛 1957年12月出生，汉族，籍贯江苏武进，在职本科，高级经济师。1976年4月参加工作，1981年6月加入中国共产党。2003年10月至2009年12月任广电集团副总裁。

历任上海长江农场员消防队干事、派出所干事；上海无线电十六厂保卫科副科长、党总支书记助理；上海电子元件公司经打办干事、劳资科副科长；上海无线电八厂党委副书记、纪委书记、副厂长；上海电子元件公司副总经理；上海信德企业发展有限公司副总经理兼上海国际实业有限公司董事、总经理，兼苏州信德广场购物中心董事、总经理；广电集团投资发展部经理、总裁助理兼战略发展部经理、副总裁。

后任上海仪电控股(集团)公司副总裁。

聂建华　1954年11月出生，汉族，籍贯湖北大悟，在职中央党校大学。1969年11月参加工作，1972年1月加入中国共产党。2007年4月至2009年10月任广电集团党委副书记、纪委书记、工会主席。

历任中国人民解放军陆军三十四师高炮营战士、班长、营部书记，陆军三十四师司令部炮兵科参谋，陆军十二军司令部炮兵处参谋、高炮团副参谋长，陆军十二集团军司令部炮兵指挥部参谋，步兵三十六师高炮团参谋长，陆军十二集团军司令部炮兵指挥部副主任，上海陆军预备役高射炮兵师高炮三团团长、师参谋长、师长兼上海警备区副参谋长，广电集团党委副书记、纪委书记、工会主席。

后任上海久事（集团）公司党委副书记、纪委书记。

余莉萍　1962年5月出生，女，汉族，籍贯浙江余姚，在职本科。1983年7月参加工作。2008年8月至2010年7月任广电集团财务总监。

历任上海轻工控股（集团）公司副总会计师，上海市益民食品一厂（集团）有限公司副总裁，广电集团财务总监。

后任上海光明食品（集团）有限公司副总裁。

第二章　劳动模范和集体简介

本章主要收录自 1997 年 3 月起，广电集团获得上海市劳动模范和上海市劳动模范集体荣誉称号的个人、集体简要事迹。

第一节　上海市劳动模范

一、1998—2000 年度

孙　伟　上海旭电子玻璃有限公司常务副总经理、党委书记，1998—2000 年度全国五一劳动奖章、上海市劳动模范称号获得者。曾获得 1996—1997 年度上海市劳动模范称号。

孙伟作为中日合资企业的中方管理者，经常走访用户，积极掌握市场第一信息，通过与用户的沟通，获得用户信赖，使公司销售收入平均年增长幅度达到 21.5%。在他的努力下，旭电子玻璃扩建了生产大屏幕彩屏的 SA30 池炉和 SA32 生产线，先后开发了 14 英寸、15 英寸、17 英寸高清晰度彩显玻壳和 29 英寸镜面彩管玻屏，形成玻屏 6 种规格 26 个品种、玻屏 5 种规格 14 个品种的生产规模，占据国内市场 25%的份额。同时，作为一名党务工作者，他善于将国外先进的经营管理体制与发挥党组织的政治核心作用相结合，形成了合资企业党建工作“三公开”特色：党的组织公开、党的活动公开、党员身份公开，并将党员空白班组从 75%下降到 5%，有力推动了企业生产经营的稳步发展。

周家春　上海永新彩色显像管有限公司总经理兼党委副书记，1998—2000 年度上海市劳动模范称号获得者。曾获得全国劳动模范称号、全国五一劳动奖章。

周家春是上海永新彩色显像管有限公司的主要创始人之一。他亲自筹划、组织了公司一期到四期的工程建设。在 10 年时间里，公司从单品种年产 100 万只 18 英寸彩管发展为具备 8 个品种、年产 500 万只彩管的生产能力；总资产额年均增长率达 19.21%，总资产利润超过 13%，是全国同行业平均水平的一倍以上，并实现创利5亿元的历史最高纪录。周家春善于突破与创新，创立了“只设一个长，只抓一个头，一级管一级，横向环套环”的具有永新特色的管理模式；领导科技人员开发出29英寸全平管和国内首创的32英寸(16∶9)HDTV彩管，完成29英寸和32英寸多媒体彩管研制，改造了引进的3个品种彩管，并开发形成派生管40余种，使引进的4条生产线产量从280万只提高到500万只，合格率从80%提高到95%以上，为公司高速发展作出重要贡献。

郑豪杰　上海广电健洋网络有限公司总工程师，1998—2000年度上海市劳动模范称号获得者。

郑豪杰在科技开发方面的成果累累。他负责的HIV-97远程医疗咨询系统总体设计和系统软件开发得到多项认可：通过上海科委科学技术成果鉴定，被定为“达到国际同类产品的先进水平”、上海市高薪技术成果转化项目；得到上海市医药管理局生产许可证。这套系统推广到全国，网络用户多达286家，成为公司主营业务的重要组成部分。另外，根据用户需求开发成功的Spacecast远程教育系统，率先应用独特的视频和卫星通信技术、因特网技术，给医院、学校的学术教育与交流提供方便，能真正实现教师和学生交互，该系统成功应用于上海全科医学学习班培训、劳动局职业培训中心培训，为开展医学、教育咨询的技术服务提供了重要网络平台。

季　凡　上海广电销售中心彩电维修员，1998—2000年度上海市劳动模范称号获得者。1999年获得“上海市建设工业新高地先进个人”荣誉称号。

季凡在平凡的维修岗位上创下了不平凡的成绩。由他名字命名的“季凡热线”，因专为维修人员解决难题而在业界有很高的知名度；他亲自编写的软件“金星彩电专家诊断系统”，通过因特网传向全国各地金星彩电维修站并深受欢迎；他编写的《金星彩电维修大全》一书，因其较强的实用性而赢得全国彩电维修员的一致好评；具有较强针对性的《近期金星彩电故障实例汇编》《“皮夹子”大全》充分体现了季凡的维修实力，使他多了“维修大师”“校长”的“头衔”。季凡“不撞南墙不回头”“只准做好再做好”的一贯秉性，不仅使他练就一套彩电维修硬功夫，获得技师职称，而且还获得公司科技创新大奖，为维护上广电品牌的知名度作出了贡献。

翁峻青　上海广电金星电子有限公司技术开发中心电路设计师。1998—2000年度上海市劳动模范称号获得者。曾获得上海市工业系统“学李斌十佳标兵”、上海市新长征突击手标兵、上海市杰出青年岗位能手、全国优秀共青团员等荣誉称号。

翁峻青参与“金星”第一代数码彩电的设计开发工作，他参与设计的成果令人赞叹，其中，

D2901FZ 数字彩电获上海市优秀新产品成果二等奖、上海市重点工业产品质量攻关成果奖、国家优秀新产品成果奖，并在 1998 年上海彩电节上创下销量第一的佳绩；“晶品D2908FNZ”全屏彩电提升了“金星”彩电的技术等级；与国外跨国公司实验室合作开发的彩色电视机 D2933F 是国内首家运用 UOC 技术开发成功的“一片芯”彩电，是当时世界上集成度最高的产品，成为“金星”家族又一高科技精品；34 英寸数码彩电被上海浦东国际机场选用，成为新机场首航式上的亮点。

冯　珏　女，上海广电液晶显示器有限公司工程师，1998—2000 年度上海市劳动模范称号获得者。曾获得上海市三八红旗手。

在担任制造部经理时，她负责生产管理技术，能够及时分析解决生产线出现的问题，结合实际搞小改小革，在完成生产任务的同时将产品合格率由原来的 70%提升到 75%；在担任老线技术部经理时，她在病床上也不忘攻克升级产品——点阵式 64×128STN，使产品开发速度由每年 60 只增加到 360 只；在担任新线技术部经理后，她经常利用业余时间消化外方技术资料，发现有不适应生产的地方及时向外方提出，使新线技术部成为市场开拓的有力支撑者。同时，她还挑起培养技术人员的重任，编制培训计划，辅导新进大中专生学习 CAD 设计、线路设计等，使他们很快成为技术生力军。

二、2001—2003 年度

李朝阳　上海广电信息股份有限公司平面显示器分公司副总工程师，2001—2003 年度上海市劳动模范称号获得者。2003 年度“全国信息产业系统劳动模范”获得者。

李朝阳是公司平面显示项目的技术带头人，在他的带领下，项目组完成了 DLP、PDP、LCD 三大类平面显示系列十多个新品的开发。李朝阳勇于创新，解决了许多关键性技术难题，为广电的产业转型、技术升级作出了显著贡献。DLP 项目是国家“九五”计划攻关项目，为了不影响项目开发进度，李朝阳突破思维定式，毅然提出在美国 Infocus 公司正投影技术上进行背投影电视的开发。他组织项目组成员夜以继日地查阅大量的技术资料，做了大量技术认证和试验，攻克了光引擎驱动、高速数字图像处理以及整机抗干扰、抗电磁、抗辐射、安全保护等一道道被国外同行认为不可能逾越的技术难关，实现了把正投影机技术用在背投影电视上的目标，保持了 DLP 项目的开发进度和先进的技术水平。另外，李朝阳自主设计了一套信号处理和转换电路的软、硬件系统，成功解决了机内干扰等问题，使上广电成为国内首家自主开发并能大批量生产内置电视接收 PDP 产品的企业。

顾德庆　上海永新彩色显像管股份有限公司总经理，2001—2003 年度上海市劳动模范称号获得者。2003 年度“全国信息产业系统劳动模范”获得者。

顾德庆以强烈的事业心、高度的责任意识和以彩管事业为己任的信念，充分调动公司新老领导的积极性，注意倾听职工意见和建议，坚持以人为本、严格管理，通过加强设备保养，促进稳产高产，加强市场预测，降低生产成本，竭尽全力使 2002 年企业的经营效益快速回升，全年产量比 2001 年提高 23.25%，销售比 2001 年增长 20.75%，出口比 2001 年增长 40%，工业总产值比 2001 年提高 30.33%，利润达到 1.27 亿元，全面超额完成董事会确定的经营指标。2003 年上半年，在彩管价格一路下滑、销售因“非典”疫情受阻的困难条件下，他坚持管理持续改进、持续提高，亲自带队到绵阳、广东、山东等地，积极打开销路、扩大市场，千方百计地落实全年销售计划，使生产经营取得较好业绩，1—6 月销售收入达到 22.91 亿元，利润超过 1 亿元，在销售收入因价格下滑而下降的情况下，仍完成上半年的利润目标。

季　凡　上海广电销售中心彩电维修员、工人技师，2001—2003 年度全国五一劳动奖章、上海市劳动模范称号获得者。曾获得 1998—2000 年度上海市劳动模范、“十大技术工人标兵”荣誉称号。

季凡在彩电技术日新月异的形势下，总在寻求新的创新和突破。比如，数字彩电技术采用总线控制，所有功能都放在储存块里，一旦损坏数据将全部丢失，彩电将无法使用，如果换新的储存块，必须用专门设备将功能数据重新“写”进去。他利用大量业余时间查阅资料，反复进行实验，成功发明了“储存块拷贝器”，可以将生产单位设在储存块中的数据存到电脑里，不仅简便了彩电维修工序，而且节省了时间和成本。另外，他还对高端彩电的数据进行了电脑编程，通过设备逐点测量数据，编制电脑仿真程序，在成功采集所有机型数据后，只要学会程序的使用方法，就能对高端彩电进行升级维修。

姚小波　上海电视电子进出口公司总经理，2001—2003 年度上海市劳动模范称号获得者。

姚小波积极贯彻落实广电集团关于扩大海外市场的战略决策，带领员工陆续拓展了美国、俄罗

斯、墨西哥、欧盟等市场。2003 年,出口创汇、销售收入、上缴利润三项指标比 2002 年分别增长 46%、42%和 30%,进出口总额为 1.15 亿美元,创历史新高。他善于组织业务部门根据实际情况制订进出口策略,利用出访、广交会等机会,与重点客户加强联络和服务,形成业务员围着客户转、管理部门围着业务转、公司围着市场转的经营机制。在他的出色管理下,公司连续多年进入上海出口百强企业行列,被市政府授予出口贡献奖、市经委授予工业系统自营出口先进企业,还多次被授予 A 类纳税信用单位、海关信得过企业,连续获得三届"上海市文明单位"称号。

张洪棣 上海永新彩色显像管股份有限公司副总经理,2001—2003 年度上海市劳动模范称号获得者,闵行区第九届人大代表。

作为永新彩管的主要创建者之一,张洪棣具体组织、指导、实施了永新彩管累计投资超过 30 亿元的彩色显像管一期至五期工程的建设,使公司在成立后的 16 年里,产品从单一品种年产 100 万只 18 英寸球面彩色显像管,发展到年产 700 万只彩色显像管的生产能力。他在全面负责企业生产管理过程中,坚持深入一线,每年完成的大小技改项目达到 200～300 项,显著提高了企业的赢利能力和市场竞争力。

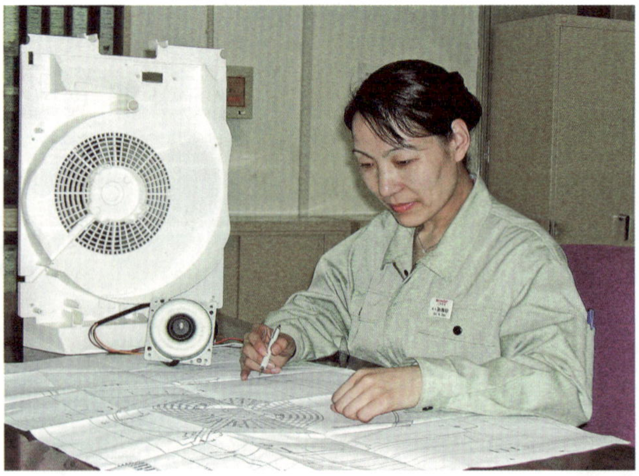

孙雅珍 女,上海夏普电器有限公司技术课课长,2001—2003 年度上海市劳动模范称号获得者。

孙雅珍自进入上海夏普空调技术部从事空调产品的设计、开发工作后,为了更好地吸收消化日本的先进技术,刻苦钻研业务,发奋学习日语,在较短的时间内就能与日本技术专家进行交流,很快掌握了当时先进的空调变频技术、电脑模糊技术,并参与了国内第一代数字变频空调的设计开发,填补了国内市场空白。为了使中国制造的空调走向世界,孙雅珍还挑起了研制和开发出口美国 GE 公司的一体化空调的艰巨任务,她组织带领全课人员进行研制开发,每次产品进行试运作,她总是亲赴流水线装配产品,了解每一个细节问题,攻克一个又一个技术难关,使上海夏普的空调产品以优异的品质畅销美国市场,为上海夏普每年出口创汇 6 000 万美元立下功劳。

王国中 广电集团中央研究院副院长，2001—2003年度上海市劳动模范称号获得者。

王国中先后负责并参与完成各类重大科技开发项目近20项，共获得上海市新产品奖、科技进步奖等7项，其中的最高奖项为“国家科技进步二等奖”。累计发表专业论文22篇、主编或参编技术专著4本。他承担或完成的有高清晰度数字电视(DVB－S)、数字家庭网络、数字高密度光盘播放机(EVD)等多项国家和市级科技开发项目；参与国家标准AVS的制定和开发，并且形成多项专利。其中，DVB－S打入国际市场，取得较好的社会效益和经济效益。这些项目的研发成功，大大提高了广电集团在这一领域的核心竞争能力。作为分管研发的副院长，他重视研究院的科学管理和制度建设，制定了一系列切实可行的项目管理制度，使研究院在成立短短两年时间内就运作有序、成果倍出。

郑永福 上海广电信息产业股份有限公司平面显示器分公司设计一部副部长、产品设计师，2001—2003年度上海市劳动模范称号获得者。

郑永福善于将国内外先进技术融于自己的项目开发中，他负责的新产品开发技术水平都处于国内领先地位，多次被评为上海市优秀产品成果奖。他所承担的DRTV(50英寸背投影彩色电视机)项目主设计工作技术含量高，综合了微镜显示、精密光学机械、高速图像处理及图像显示格式转换三方面技术。他在负责DLP背投系列产品总体设计时，把年轻人推到设计的前沿，将自己长期积累的经验毫无保留地传给他们。

谭伟嘉 上海海晶电子有限公司机修工，2001—2003年度上海市劳动模范称号获得者。

谭伟嘉从事设备维修工作20多年，爱厂如家，全心全意在设备维修岗位上勤勤恳恳、任劳任怨地工作。他对老一代的液晶生产线设备的性能十分熟悉，一旦发生故障能做到手到病除。2002年，海晶电子在搬迁过程中涉及300多台设备、1 000多件附件，其中大多是进口精密设备和仪器，日方开价搬迁费用30万美元。为了节省搬迁费用，谭伟嘉大胆接受挑战。他查阅大量的资料，细心摸索设备的性能并记录下各项数据，从电气原理到设备的运转规律，对进口设备进行逐一分解，详细记录在电脑中，制订一套前工序关键进口设备的拆卸、安装及调试的具体方案，确保全部设备按期搬迁安装到位，调试运转成功，不仅为公司节约一大笔开支，而且没有影响生产正常运转，确保企业各项任务的顺利完成。

三、2004—2006 年度

环　翾　广电集团中央研究院院长助理，2004—2006 年度上海市劳动模范称号获得者。曾获得上海市五一劳动奖章。

环翾先后负责或参与完成数字地面无线高清机顶盒、LCD 液晶多媒体播放机、大屏幕多媒体播放机产品开发平台等多个科研和产品开发项目，申请专利 26 项。作为项目负责人，他积极承担科研重担，善于营造良好的工作氛围，他设计的方案在性能和成本上都更具竞争力。面对项目中的研发难题，环翾和他的项目组坚持不懈直至攻克难关。多媒体播放机产品从无到有，并不断增加新的功能，不断丰富产品系列：液晶面板尺寸覆盖 10 英寸、15 英寸、17 英寸、19 英寸、32 英寸，存储媒质从本地 CF 卡存储到网络存储，视频格式覆盖了标清和高清，显示从单一视频到视频与实时信息相结合，控制上引入 GSM 远程控制。多媒体播放机系列产品为集团创造了新的经济增长点，为集团实现产值过亿元。

翁峻青　上海广电信息产业股份有限公司平面显示器分公司副总经理，2004—2006 年度上海市劳动模范称号获得者。曾获得上海市劳动模范、上海市工业系统“学李斌十佳标兵”、上海市新长征突击手标兵、上海市杰出青年岗位能手、全国优秀共青团员等荣誉称号。

2005 年翁峻青从技术开发岗位调至公司商务部，他带领团队积极拓展外贸市场，承接加工订单，当年就使经历重大调整的平显分公司出口创汇 4 500 余万美元。2005 年下半年，他接任技术中心主任职务后，再次对组织架构进行调整，针对客户需要研发出相适应的产品，使生产能力在 2004 年基础上大有提高，外贸加工能量加大。2006 年担任平显分公司副总经理，面对重重困难，他带领公司各部门实现产值 12 亿元，完成平显类产品产量 62 万台，完成销售收入 4 900 万美元；完成台湾唯冠加工产品 35 万台，计销售收入 4 900 万美元；内销产品 4 万台，计 2 亿元，2006 年完成外贸订单 1 亿美元。

杨 恺 上海百嘉电子有限公司总工程师，2004—2006 年度上海市劳动模范称号获得者。

杨恺作为一名技术工作者，始终刻苦钻研，勇攀高峰。2006 年某国际著名公司亚太技术中心开发的印度汽车仪表，因当地供应商不能达到设计要求，百嘉电子承接了该项产品任务。杨恺带领其他工程师，在菲林设计、模具设计及产品工程师的通力合作下，7 天完成模具，10 天提供样品，并得到国外客户的最终确认，该产品成为公司的拳头产品。杨恺带领开发采用 FORMING 高压成型技术和 IMD 模内成型技术的产品，其中 GM18 三维汽车仪表标度盘应用到上海通用的别克君越车型，这是中国自行开发设计的 FORMING 三维汽车仪表标度盘的首次应用。此外，杨恺还主持开发"EL 场致发光在三维成型中的应用""一种可见光激发的平面红外发射片的制造方法"等多项专利技术，并成功申报国家专利。

钱佩娜 女，上海广电通信技术有限公司雷达工程技术员，2004—2006 年度上海市劳动模范称号获得者。

钱佩娜长期从事海军舰船导航系统装配试验和设备改装、安装、修理、调试等任务，负责雷达监视器的维修和技术攻关。为了确保海军舰船各项战备任务和试航工作，她以工作为先，克服个人困难，做到个人利益服从于部队装备工作的需要，仅 2005 年累计出差上舰工作 198 天。工作中她对自己严格要求，从不因为自己是女性而提出特殊要求；技术上她虚心好学、精益求精。她工作业绩突出，先后完成多条舰船的雷达安装、调试、修理工作，并多次受到企业和军方的嘉奖，使企业与部队保持了长期的协作关系，生产订单不断，为企业赢得每年 200 万元的经济效益。工作之余她还关心企业后备技术力量培养工作，参与青年员工培训，讲解雷达工程安装调试技术，热心培养接班人。

李 峰 上海广电通讯网络有限公司网络应用分公司副总经理，2004—2006 年度上海市劳动模范称号获得者。

李峰作为网络应用分公司主管技术的副总经理，带领技术队伍进一步提高 SPACECAST3.0 版远程教育软件系统的音视频传输质量，开发远程教育平台的管理功能，应用在白玉兰远程网对口智力扶贫中，获得用户的认可和好评。他积极跟踪高新技术，使公司自主开发的 SPACECAST3.0 远程教育系统获得上海新产品证书，得到国家对新产品开发的奖励。他采用先进的项目管理方法，完成劳动局职业指导中心家用电子产品维修工实训平台的建设项目，为上海高技能人才培训创造了一个具有先进水平的培训基地。他主动参加新疆医科大学的项目前期洽谈、需求调研、方案设计、上海卫生局应急指挥视频系统等多个项目的前期技术支持，并获得成功。他还注重技术团队的建设，为增强企业综合竞争能力作出了贡献。

张兴旺 上海永新彩色显像管股份有限公司工段长，2004—2006 年度上海市劳动模范称号获得者。

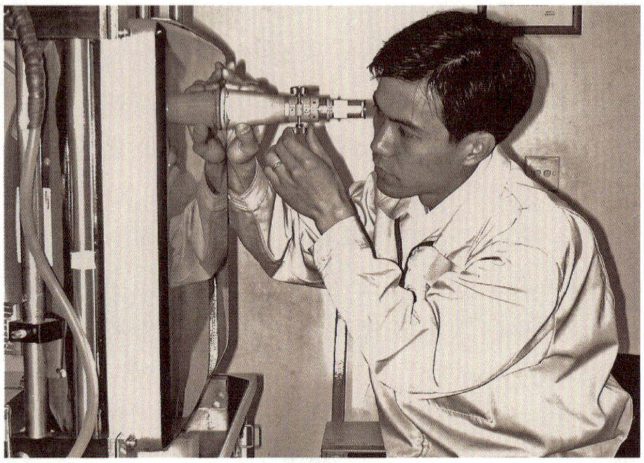

张兴旺从 2003 年开始着手平板荫罩设计工作，几乎承担了技术中心所有管型开发荫罩设计工作，他开发相关的设计软件，并对平板荫罩的设计进行标准化。在工作中，他敢于和常规说“不”，设计了多个管型的透镜，积累了丰富的整管品质改善经验。在解决 21PF－TA 设计过程中三线量不良问题时，张兴旺大胆提出设计曲面绿束 Wedge 透镜来改善三线量的方案。他利用双休日加班加点，自行编写一个设计绿束 Wedge 透镜的程序，经验证效果良好。2006 年永新彩管处在前所未有的经营困难时期，29PF－TA 项目是 2006 年公司工作的重中之重，张兴旺作为该项目负责人，带领组内成员常常在现场忘我工作，实现年底量产，为公司技术创新作出很大的贡献。

第二节　上海市劳动模范集体

一、1998—2000 年度

上海广电金星电子有限公司技术开发中心 获得 1998—2000 年度上海市劳动模范集体荣誉称号。

上海广电金星电子有限公司技术开发中心十分注重开发适销对路、紧贴市场、满足用户需求的产品，为实现广电彩电技术的全面数字化作出很大的贡献。

1998 年，开发中心开发的第一代应用数字技术、具有高画质、带有 DSP 音响效果的 D2901FZ 彩电诞生，这是应用飞利浦 TDA8844 单片技术开发的高品位机芯，体现了世界彩电发展的最新潮流。在当年的上海彩电节上，D2901FZ 彩电销售量独占鳌头，获得国家级优秀新产品奖。此后，他们相继开发了一系列国际先进、国内领先的数字化彩电：D2912FNZ 是国内第一家研发成功并上市的具有开关机拉幕功能的数字彩电，成功吸收、消化、运用多项数字技术；MD2910FNZ 是他们开发的第一代多媒体彩电，该产品成功运用先进的倍行频、倍场频技术，画面无闪烁，清晰自然，可作为计算机显示器使用；MD2930FNZ 是他们开发的第二代多媒体彩电，该产品以 MD2910FNZ 为技术平台，加入维纳斯网络浏览器，具备上网浏览功能；PCTV 彩电是国内第一家推出的电脑电视一体化彩电，顺应了彩电数字化、信息化发展的趋势，使彩电具有更广泛、更灵活的使用范围。2000 年，开发中心又研制成功运用先进的逐行扫描技术，使电视画面更清晰明锐的 DPTV 彩电和能显示高清晰度画面、接受全数字信号的 HDTV 彩电，为之后开播全数字、高清晰度电视节目做好了产品准备。

上海索广映像有限公司整机制造部 B3 线　获得 1998—2000 年度上海市劳动模范集体荣誉称号。

整机制造部 B3 线建于 1998 年年初，由中方技术人员运用 SONY 生产革新的概念进行设计建造，专门生产 SONY 大屏幕平面彩色电视机。

B3 线班组随着 B3 线的建成而诞生，班组成员大多是来自浦东的“征地工”，对电子技术一窍不通，经过索广映像的专业培训，他们很快掌握了基本操作要领。但是，SONY 产品向来讲究高品质，任何质量问题都要“一板一眼”加以解决，为此 B3 线班组开展了技术练兵活动，而且设立了“一专多能”看板，帮助员工尽快把握各项技术要领，要求每位员工通过互相学习，至少会操作 2～3 个岗位，促使 90％以上的员工会操作 2 种以上的岗位，从而增大了生产线上人员安排的机动性，同时，也提高了员工的责任心和整机技术水平。B3 线班组达到 34 英寸平面彩电班产量 150 台/日，29 英寸平面彩电班产量 180 台/日，工程不良率始终稳定在 1.0％以内，并实现月 QC 抽检“零不良”，市场反馈率保持在 0.5％的水平。

上海旭电子玻璃有限公司第二制造课成型系　获得 1998—2000 年度上海市劳动模范集体荣誉称号。

第二制造课成型系是显像管玻壳生产的核心班组，共有员工 39 名，他们常年在 50℃以上的高温下工作，工作环境非常艰苦，但他们的成绩却令人瞩目。在安全生产方面，取得连续 40 万小时无工伤事故的优异成绩；在产品质量方面，解决了长期困扰公司的 CDT（彩色显示管）屏内面凹坑问题，使凹坑发生率从 15％降到 1％以下，产量计划完成率始终保持在 110％以上。他们还积极参与新品种的开发，努力提高产品技术含量，其中 25J 玻屏的开发获得上海市优秀 QC 课题奖。尤其是成型系的 7 名共产党员，真正发挥了“一个党员一面旗”的作用，他们在生产线关键岗位上，为保证生产的正常运转和产品质量，凭着高度的责任心和精湛的技术，充分发挥了先锋模范作用。正是拥有了以第二制造课成型系为代表的一批优秀员工和先进集体，旭电子公司产销形势良好，2000 年税前利润达到 6.3 亿元，并进入国内玻壳制造业的前列。

二、2001—2003 年度

上海松下微波炉有限公司技术部开发设计一科　获得 2001—2003 年度上海市劳动模范集体

荣誉称号。

技术部开发设计一科主要承担微波炉总体设计开发，包括外观设计、结构设计、部品规格认定、产品品质评价、降低成本部品的应用及品质改善部品的应用等工作。2001—2003年累计开发20个系列479个机种，分别出口日本、欧洲等国家和地区，并通过出口方的第三方安全认证。他们好学上进、敬业精业，几年中积累了许多微波炉部件制造过程中的控制及设计经验。2001年开发的1.2CFT系列机种被全美消费者杂志选中，并在很长时间内占据首位；2002年开发的OTR机种在工博会上受到了上海市领导关注，在市场上受到众多消费者青睐；他们研发的“250项目”，产品国产化设计率由44%上升到75%，公司支付日方设计开发费也从2001年的3 000万元下降到了2 000万元，公司产品和质量连续3年在市场上受到好评，销售额名列前茅。

上海JVC电器有限公司计画仓库 获得2001—2003年度上海市劳动模范集体荣誉称号。

计画仓库牢固树立“为制造服务，为全公司服务”的思想，确保占整个公司90%以上的物流畅通。计画仓库的工作标准是：千点无差错——在库管理库存准确率达到99.7%；与零部件争分夺秒——大物部品在库准确率达到99.7%。他们从受付、出库、入库、在库四个环节入手，将库存资产从1 430万美元降至974万美元以下，在库日数也从24天降至17天，还完成高达100万人民币的部品活材任务。在班组建设中，计画仓库追求每个岗位的高效率，运用“听、看、议、考、赛”五种方式，努力提高员工素质，形成人人会使用电脑共享信息的工作氛围；每个员工都富有责任心和爱心，2003年，全组爱心募捐2万元。

上海索广映像有限公司显像管部1#生产线涂屏工程C班 获得2001—2003年度上海市劳动模范集体荣誉称号。

显像管部1#生产线涂屏工程C班的18位员工，平均年龄25岁。这个以当地员工为主体的年轻集体提出的工作口号是：“没有最好，只有更好。”涂屏工程是CRT制造的“心脏”，是世界先进水平特丽珑显像管制造的关键工程，为保证“心脏”功能达到最佳状态，在CRT部开展的“4+1”活动中，他们走在最前面，全员参与各项阶梯管理，并推出班组“小循环”的管理模式，运用 6σ 管理手段，进行耐压改善活动，使工程耐压相关不良率下降 87%，该项目获得索尼本部颁发的 6σ 优秀奖。全体组员还齐心协力创造单班合格涂屏数 408 只，12 小时单班数 603 只，FI 漏检率控制在 0.3%以下的好成绩，为 CRT 部连续四年获得索尼最佳市场品质奖作出了贡献。

上海广电电子股份有限公司电器分公司电子枪总装班　获得 2001—2003 年度上海市劳动模范集体荣誉称号。曾获得上海市文明班组、集团“青年文明岗”、“共青团号”，广电电子三八红旗集体等荣誉。

电子枪总装班在小组质量管理上突出一个“严”字，把检查标准原定的仪器误差从 10 格缩小到 5 格表标；在日常班组管理上强调一个“细”字，创建生产线专线运作法，做到每批出场的电子枪运作有序、落实到人。在现有设备能力每月只能完成 25 万支的现状面前，她们想方设法扩大必要劳动时间，将月产上升到 35 万支，平均每月超产 20%，达到分公司组建后电子枪生产能力最高水平。

三、2004—2006 年度

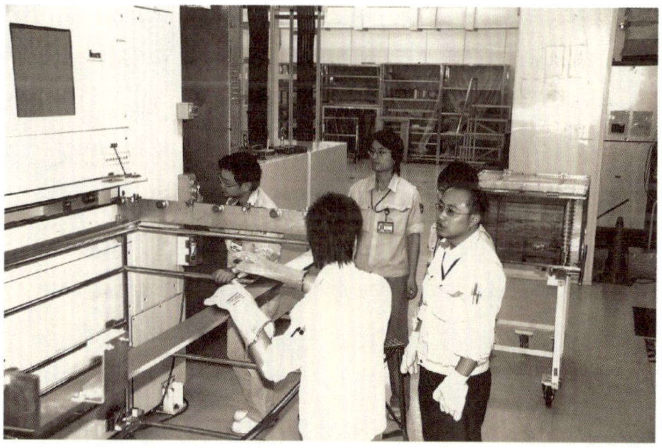

上海松下等离子显示器有限公司氧化镁(MgO)蒸着工序班组　获得 2004—2006 年度上海市劳动模范集体荣誉称号。

氧化镁(MgO)蒸着工序是等离子显示屏(PDP)制造工艺中的关键工序，曾是公司生产的瓶颈口。原先 MgO 设备单次维护耗时约 22 小时，面对挑战，该班组员工会同工艺技术科反复实验，最终通过“冷泵再生”步骤，使单次维护时间降至 12 小时，全年可多生产 21 100 多只 PDP，为公司提高整体生产效率作出了贡献。为了降耗，该班组员工对 MgO 所有材料按设备、材质和使用频率的不同，分类摆放，并为每个材料配上“身份卡片”，实现了有效管理，节约了大量资金。同时，MgO 班组员工与工艺技术工程师共同努力，使 MgO 工序一半以上的材料使用寿命得到不同程度的延长，一些材料得到“再生使用”。通过班组员工的共同努力，2006 年，MgO 蒸着间接材料库存减少 20%，材料消耗降低 50%，节省费用约 120 万元。

上海西门子移动通信有限公司海外项目部　获得 2004—2006 年度上海市劳动模范集体荣誉称号。

海外项目部分为海外移动服务分部(MSA)和海外项目资源分部(GPR)。整个海外项目部分布在美国、德国、俄罗斯、阿富汗、泰国、巴西、阿尔及利亚等 26 个国家和地区工作，遍及欧、亚、非、

北美、南美五大洲。2006年,海外项目部提供海外现场优化项目32个,以及多个对外远程支持项目和培训海外工程师项目。海外项目部自2005年成立后,向海外提供的规模化、系统化专业服务,赢得西门子总部和分公司以及外国运营商各方的普遍赞誉,奠定和巩固了西门子移动在西门子全球移动网络服务的领先地位,更为重要的是该项目部用自己的行动,改变了许多国家对于中国是否能提供与高科技产业相关的国际化一流专业服务的疑问,赢得多方尊重。

上海广电(集团)有限公司中央研究院流媒体事业部 获得2004—2006年度上海市劳动模范集体荣誉称号。

流媒体事业部主要负责跟踪参与信源编码国际、国内标准以及研发相关产品。该部开发的主要产品有AVS编码器、转码器和各种类型的机顶盒解决方案。AVS编码器和转码器的开发成功,对中国自主制定的信源编解码标准AVS具有重大意义,它们解决了AVS格式节目制作问题,是AVS推广应用中必不可少的关键设备。另外,还开发了卫星、有线、地面以及IPTV等各种形式的机顶盒样机、PC接收卡和PC上的解码核心软件等,这些产品和方案对AVS的推广也具有十分重要的意义。该部累计申请发明专利37项,获得授权14项;PCT 2项已进入国家阶段;申请软件著作权登记18项,授权15项。

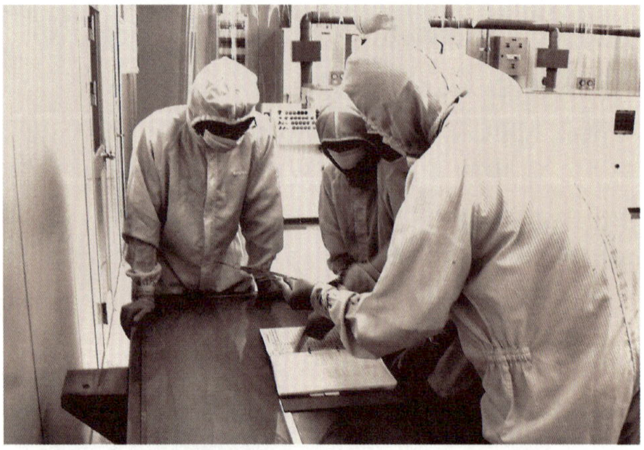

上海广电电子股份有限公司平板显示技术研究开发中心OLED项目组 获得2004—2006年度上海市劳动模范集体荣誉称号。

OLED项目组成立于2002年,是从事新型平板显示OLED技术和产品研发的重要部门,研发人员16名。项目组承担着国家科技部863计划、国家信息产业部、国家经济贸易委员会、上海市政府、市经济委员会、市科学技术委员会下达的多项平板显示领域的开发项目,开发项目多,科技含量高。先后成功开发市场主流的1英寸和1.5英寸彩色OLED显示模块,主要性能指标达到或接近国际先进水平。申请国家专利22项,发表国内外专业论文数十篇,并制定国内最早的OLED企业标准三项。多项科研成果先后通过国家及上海市的项目验收鉴定。在2005年上海国际工业博览会上,“有机电致发光显示OLED全彩手机屏模块”获得科技创新奖。

第三章 人物表

本章以列表形式，主要收录了广电集团董事会、监事会负责人以及高级管理成员的任职情况，收录了自1997年3月起广电集团产生的市级以上重要会议代表或领导机构成员、市级以上单项个人或集体荣誉称号获得者，以及获得国家友谊奖、上海市荣誉市民、上海市白玉兰奖、广电集团荣誉奖的外籍人士或境外人士。（列表以时间先后为序）

第一节 广电集团董事会、监事会、高级管理成员任职表

一、广电集团董事会正、副董事长任职表

表 11-3-1 1997—2009年广电集团董事会正、副董事长任职情况表

姓　名	职　务	任职时间
徐为煸	董事长	1997年3月—2007年10月
郁子冲	副董事长	1997年3月—1999年10月
胡茂元	副董事长 副董事长(主持工作)	1999年10月—2007年10月 2007年10月—2009年12月
王　强	副董事长	2007年10月—2009年12月

二、广电集团监事会正、副主席任职表

表 11-3-2 1997—2009年广电集团监事会正、副主席任职情况表

姓　名	职　务	任职时间
徐建国	监事会主席	1997年3月—1998年10月
张成钧	监事会副主席	1997年3月—2004年5月
赵定玉	监事会主席	1998年10月—2002年4月
王清华	监事会主席	2002年4月—2005年5月
杜承平	监事会副主席	2004年5月—2005年12月
崔志仁	监事会主席、党建督察员	2005年7月—2009年8月

三、广电集团高级管理成员任职表

表 11-3-3　1997—2009 年广电集团高级管理成员任职情况表

姓　名	职　务	任　职　时　间
王成明	副总裁 总裁	1997 年 3 月—1999 年 9 月 1999 年 9 月—2002 年 8 月
顾培柱	副总裁、常务副总裁 总裁	1997 年 3 月—2003 年 10 月 2003 年 10 月—2007 年 9 月
傅新华	总裁	2007 年 10 月—2009 年 10 月
刘鸿超	副总裁	1997 年 3 月—1998 年 4 月
钱佩勇	副总裁	1998 年 10 月—2004 年 8 月
陈　鸿	副总裁	2000 年 4 月—2005 年 8 月
宋　涛	财务总监	2001 年 4 月—2005 年 2 月
郑铸东	副总裁	2001 年 6 月—2005 年 6 月
蒋松涛	副总裁	2003 年 10 月—2009 年 12 月
马坚泓	副总裁	2007 年 4 月—2009 年 10 月
余莉萍	财务总监	2008 年 8 月—2010 年 7 月

第二节　全国和上海市代表

一、全国重要会议代表或领导机构成员

表 11-3-4　1998—2008 年全国重要会议代表或领导机构成员情况表

日　期	姓　名	当　选　名　称	所属单位、职务
1998 年 3 月	周家春	第九届全国人民代表大会代表	真空电子副董事长
2003 年 5 月	刘　军	共青团第十五次全国代表大会代表	广电集团团委书记
2003 年 6 月	江　兵	中国工会第十四次全国代表大会代表	广电集团工会主席
2008 年 3 月	傅新华	中国人民政治协商会议第十一届全国委员会委员	广电集团总裁、董事
2008 年 5 月	袁　野	中国工会第十五次全国代表大会代表	广电集成电路公司系统设计部经理

二、上海市重要会议代表或领导机构成员

表 11-3-5 2002—2008 年上海市重要会议代表或领导机构成员情况表

日 期	姓 名	当 选 名 称	所属单位、职务
2002 年 5 月	徐为煰	中共上海市第八次代表大会代表	广电集团党委书记、董事长
2002 年 5 月	蔡涵芳	中共上海市第八次代表大会代表	广电电子副总经理
2003 年 1 月	顾培柱	上海市第十二届人民代表大会代表	广电集团党委副书记、常务副总裁
2003 年 1 月	李玉丹	上海市第十二届人民代表大会代表	广电集团董事会办公室主任
2003 年 1 月	李 俪	上海市第十二届人民代表大会代表	广电数字音像党委书记
2003 年 1 月	季 凡	上海市第十二届人民代表大会代表	广电集团销售有限公司彩电维修工
2003 年 1 月	杨荣华	上海市第十届政协委员	广电集团中央技术研究院副院长
2003 年 5 月	赵晓锋	共青团上海市第十二届委员会候补委员	上海永新彩色显像管有限公司团委书记
2003 年 6 月	郑豪杰	上海市工会第十一次代表大会代表	上海广电健洋网络有限公司
2003 年 6 月	孙红梅	上海市工会第十一次代表大会代表	上海旭电子玻璃有限公司工程师
2003 年 6 月	丰 颖	上海市工会第十一次代表大会代表	上海广电设计开发有限公司高级设计师
2003 年 6 月	郑来生	上海市工会第十一次代表大会代表	索广映像工会主席
2003 年 6 月	邬培斐	上海市第十二次妇女代表大会代表	广电集团工会女职工委员会主任
2003 年 6 月	李玉丹	上海市第十二次妇女代表大会代表	广电集团董办主任
2007 年 4 月	徐为煰	中共上海市第九次代表大会代表	广电集团党委书记、董事长
2007 年 4 月	丰 颖	中共上海市第九次代表大会代表	广电信息技术中心机芯室电路主设计师
2008 年 5 月	江 兵	上海市工会第十二次代表大会代表	广电集团工会主席
2008 年 5 月	李 俪	上海市工会第十二次代表大会代表	广电 NEC 工会主席
2008 年 5 月	季 凡	上海市工会第十二次代表大会代表	广电销售中心彩电维修工、工人技师
2008 年 5 月	金 波	上海市工会第十二次代表大会代表	广电光电子有限公司技术总监

第三节 获奖个人或集体

一、全国五一劳动奖章获得者

表 11-3-6 1998—2008 年全国五一劳动奖章获得者情况表

日 期	姓 名	获 奖 名 称	所属单位、职务
1998 年 4 月	周家春	全国五一劳动奖章	真空电子副董事长
2001 年 5 月	孙 伟	全国五一劳动奖章	旭电子玻璃副总经理、党委书记

〔续表〕

日　期	姓　名	获 奖 名 称	所属单位、职务
2002年5月	季　凡	全国五一劳动奖章	广电销售中心彩电维修工、技师
2008年5月	环　翾	全国五一劳动奖章	广电集团中央研究院院长助理

二、上海市五一劳动奖章获得者

表11-3-7　2006—2009年上海市五一劳动奖章获得者情况表

日　期	姓　名	获 奖 名 称	所属单位、职务
2006年5月	环　翾	上海市五一劳动奖章	广电集团中央研究院数字电视开发室主任
2008年5月	环　翾	上海市五一劳动奖章	广电集团中央研究院院长助理
2008年5月	张　建	上海市五一劳动奖章	广电NEC显示屏工程部部长
2009年4月	仲登祥	上海市五一劳动奖章	广电集团中央研究院技术管理部部长

三、上海市三八红旗手获得者

表11-3-8　2001—2009年上海市三八红旗手获得者情况表

日　期	姓　名	获 奖 名 称	所属单位、职务
2001年3月	丰　颖	上海市三八红旗手	广电设计公司高级设计师
2001年3月	冯　珏	上海市三八红旗手	广电液晶制造部、技术部经理
2001年3月	董　琴	上海市三八红旗手	真空电子电器分公司像管工场场长
2001年3月	吴　雁	上海市三八红旗手	金星电子电性能测试室主任
2003年3月	刘小菡	上海市三八红旗手	广电信息技术中心副主任
2003年3月	丰　颖	上海市三八红旗手	广电信息平显分公司项目主管
2003年3月	孙红梅	上海市三八红旗手	旭电子玻璃熔解课调和系系长
2005年3月	刘英华	上海市三八红旗手	广电NEC制造部模块科副科长
2005年3月	杨　磊	上海市三八红旗手	索广映像商品设计部系长
2005年3月	安湘燕	上海市三八红旗手	松下等离子制造二科科长
2007年3月	袁　野	上海市三八红旗手	广电集团中央研究院算法组组长
2007年3月	钱佩娜	上海市三八红旗手	广电通信技术公司工程技术人员
2007年3月	史道君	上海市三八红旗手	乐金广电蓝海革新部部长
2009年3月	于晓菁	上海市三八红旗手	广电集团中央研究院办公室
2009年3月	高亚南	上海市三八红旗手	索广映像工会干部

四、上海市三八红旗集体获得者

表 11－3－9　2003—2009 年上海市三八红旗集体获得者情况表

日　期	姓　　名	获 奖 名 称	所属单位
2003 年 3 月	新芝电子女职工委员会	上海市三八红旗集体	新芝电子
2005 年 3 月	永新彩管技质部材料管理班组	上海市三八红旗集体	永新彩管
2005 年 3 月	广电集团工会女职工委员会	上海市三八红旗集体	广电集团本部
2007 年 3 月	海晶电子制造二部贴片组	上海市三八红旗集体	海晶电子
2009 年 3 月	松下等离子制造三科整机组装一班	上海市三八红旗集体	松下等离子

五、上海市新长征突击手获得者

表 11－3－10　2001—2009 年上海市新长征突击手获得者情况表

日　期	姓　名	获　奖　名　称	所属单位、职务
2001 年 5 月	蒋　靖	上海市新长征突击手	广电股份团委书记、企业文化部部长
2001 年 5 月	张　泓	上海市新长征突击手	海晶电子团总支书记、商务部副经理
2001 年 5 月	竺海安	上海市新长征突击手	广电金星电子技术开发中心电路设计师
2001 年 5 月	张曙峰	上海市新长征突击手	索广映像团委书记、整机制造部系长
2003 年 5 月	倪三花	上海市新长征突击手	广电电子电器分公司团委书记
2003 年 5 月	丁　蕾	上海市新长征突击手	永新彩管团委副书记
2005 年 5 月	王　巍	上海市新长征突击手	广电电子团委书记、人力资源部副经理
2005 年 5 月	徐　勇	上海市新长征突击手	广联电子工程师
2007 年 4 月	华　登	上海市新长征突击手	广电通讯系统工程师
2007 年 4 月	李　慧	上海市新长征突击手	广电信息团委书记
2009 年 4 月	吴雍毓	上海市新长征突击手	松下等离子团委书记

六、上海市新长征突击队获得者

表 11－3－11　2003—2009 年上海市新长征突击队获得者情况表

日　期	姓　　名	获 奖 名 称	所 属 单 位
2003 年 5 月	广联电子工艺技术科	上海市新长征突击队	广联电子
2005 年 5 月	广电液晶 LCD 前工段摩印帖班组	上海市新长征突击队	广电液晶
2009 年 4 月	广电集团中央研究院流媒体事业部	上海市新长征突击队	广电集团中央研究院

第四节　获得国家、上海市、广电集团荣誉奖的外籍或境外人士

一、国家友谊奖获得者

表 11－3－12　2001—2003 年国家友谊奖获得者

日　期	姓　名	国　籍	奖　项	所属单位、职务
2001 年 10 月	仲田光雄	日本	国家友谊奖	旭电子玻璃总经理
2003 年 9 月	彼德·博格	德国	国家友谊奖	西门子移动总经理

二、“上海市荣誉市民”称号获得者

表 11－3－13　2002 年“上海市荣誉市民”称号获得者情况表

日　期	姓　名	国　籍	奖　项	所属单位、职务
2002 年 8 月	彼德·博格	德国	上海市荣誉市民	西门子移动总经理

三、上海市白玉兰荣誉奖、纪念奖获得者

表 11－3－14　2001—2007 年上海市白玉兰荣誉奖、纪念奖获得者情况表

日　期	姓　名	国　籍	奖　项	所属单位、职务
2001 年 8 月	本乡正行	日本	上海市白玉兰荣誉奖	JVC 电器总经理
2001 年 8 月	陆　诚	德国	上海市白玉兰纪念奖	西门子移动执行副总裁兼首席商务官
2002 年 8 月	藤田长一	日本	上海市白玉兰纪念奖	索广映像总经理
2003 年 9 月	藤田长一	日本	上海市白玉兰荣誉奖	索广映像总经理
2003 年 9 月	谷部健二	日本	上海市白玉兰纪念奖	索广电子总经理
2004 年 9 月	森下猛	日本	上海市白玉兰纪念奖	松下微波炉前任总经理
2004 年 9 月	卢光锡	韩国	上海市白玉兰纪念奖	乐金广电董事长兼总经理
2007 年 9 月	铃木秀幸	日本	上海市白玉兰纪念奖	索广电子总经理

四、广电集团荣誉奖获得者

表 11－3－15　1998—2008 年广电集团荣誉奖获得者情况表

日　期	姓　名	国　籍	奖　项	所属单位、职务
1998 年 2 月	石川肇	日本	广电集团荣誉奖	索广电子 CAV 工场长
1999 年 3 月	宫沢良治	日本	广电集团荣誉奖	JVC 电器工场长
1999 年 8 月	小出英德	日本	广电集团荣誉奖	索广电子制造部长
2000 年 12 月	福井丰正	日本	广电集团荣誉奖	索广电子第一制造部部长
2000 年 12 月	长岛好司	日本	广电集团荣誉奖	旭电子玻璃生产统括部部长
2001 年 12 月	角文雄	日本	广电集团荣誉奖	索广电子管理部部长
2002 年 5 月	藤井	日本	广电集团荣誉奖	索广映像像管制造部部长
2002 年 9 月	森下猛	日本	广电集团荣誉奖	松下微波炉总经理
2003 年 10 月	岩崎清孝	日本	广电集团荣誉奖	索广电子董事兼企划部部长
2004 年 8 月	施岳志	美国	广电集团荣誉奖	亿人通信总经理
2004 年 8 月	朴宗善	韩国	广电集团荣誉奖	乐金广电物动管理部长
2005 年 9 月	明石进一	日本	广电集团荣誉奖	广电 NEC
2005 年 9 月	木塚隆文	日本	广电集团荣誉奖	广电 NEC
2005 年 9 月	木下胜行	日本	广电集团荣誉奖	广电 NEC
2005 年 9 月	町田亨	日本	广电集团荣誉奖	广电 NEC
2005 年 9 月	吴根泳	韩国	广电集团荣誉奖	广电乐金
2005 年 9 月	西启介	日本	广电集团荣誉奖	广电日生
2006 年 9 月	铃木秀幸	日本	广电集团荣誉奖	索广电子总经理
2006 年 9 月	黎财宜	中国台湾	广电集团荣誉奖	广电忠麟副总经理
2007 年 2 月	刑部昭彦	日本	广电集团荣誉奖	松下等离子总经理
2007 年 2 月	森川洋一	日本	广电集团荣誉奖	松下等离子工艺技术科科长
2007 年 11 月	金尚珉	韩国	广电集团荣誉奖	乐金广电董事长兼总经理
2007 年 11 月	冲津雅浩	日本	广电集团荣誉奖	夏普电器总经理
2007 年 11 月	田明久	日本	广电集团荣誉奖	松下等离子总会计师
2007 年 11 月	野口高広	日本	广电集团荣誉奖	广电住金董事兼总经理
2007 年 11 月	萩原晋	日本	广电集团荣誉奖	索广电子技术开发中心、DEVICE 制造部部长
2008 年 10 月	陈奕儒	中国台湾	广电集团荣誉奖	广电光电子科技中心阵列设计部经理
2008 年 10 月	李旻炯	韩国	广电集团荣誉奖	三星广电总经理
2008 年 10 月	洪春茂	中国台湾	广电集团荣誉奖	亿人通信总经理

〔续表〕

日期	姓名	国籍	奖项	所属单位、职务
2008年10月	木下义章	日本	广电集团荣誉奖	上海夏普生产事业统辖
2008年10月	吕理煌	中国台湾	广电集团荣誉奖	广电NEC产品技术部部长

说明：广电荣誉奖是根据上海市人民政府外事办公室关于对外国专家奖励的有关规定，以及广电集团的实际情况，为积极稳妥做好对外商投资企业外籍雇员的表彰工作，经征得市政府有关部门同意，从1998年起设立的奖项，用以奖励广电集团下属合资企业中工作表现优秀的外籍员工或境外员工。

专　记

一、SVA 与上海足球联姻

上海广电(集团)有限公司(简称广电集团)资产重组后,在推进"发展、调整、提高"各项工作中,十分注重企业核心价值观的培育,注重企业的社会影响力和社会责任。在拓展市场、塑造 SVA 品牌、树立集团整体形象的进程中,加强跨产业联动,通过参资上海申花 SVA 文广足球俱乐部有限公司、冠名上海女足等传播和扩大 SVA 品牌影响力,对推进上海精神文明建设起到积极作用。

【上海申花 SVA 文广足球俱乐部有限公司成立】

上海申花 SVA 文广足球俱乐部有限公司的前身是上海市申花足球俱乐部,成立于 1993 年 12 月 10 日。是上海申花(集团)公司按照"企业主办、政府支持、社会关心"组建的具有独立法人资格的经济实体,拥有申花足球俱乐部队、青年队和少年队,并在上海市足球协会、中国足球协会注册。根据中国足协关于足球俱乐部体制改革的要求,1999 年 2 月 25 日经上海市工商局核准,成立上海申花足球俱乐部有限公司。

图专-1-1 2001 年 12 月 19 日,上海申花 SVA 文广足球俱乐部成立大会

2001 年,在上海市委、市政府、市体育局和市足协领导的关心下,由广电集团、上海文化广播影视集团(简称文广集团)、上海市黄浦区国有资产总公司(简称黄浦国资公司)等三家单位对上海申花足球俱乐部有限公司进行重组,成立上海申花 SVA 文广足球俱乐部有限公司,12 月 19 日在上海国际新闻中心举行成立大会暨揭牌仪式。

成立大会暨揭牌仪式由文广集团副总裁、上海申花 SVA 文广足球俱乐部有限公司副董事长朱咏雷主持,副市长周慕尧、市政府副秘书长王荣华等出席。上海市足球协会秘书长卢申宣读《上海市足球协会关于同意成立上海申花 SVA 文广足球俱乐部的批复》;周慕尧和文广集团总裁叶志康为上海申花 SVA 文广足球俱乐部有限公司、上海申花 SVA 文广足球俱乐部揭牌;中国足球协会副主席、上海市体育局局长金国祥宣读中国足球协会贺信;王荣华最后讲话。

按市场运作模式重组成立新的申花足球俱乐部是上海产业发展的内在需要。一方面足球产业的发展需要经济和管理的支撑,需要文化、传媒产业的推动;另一方面工业的发展,特别是中国加入世贸组织后,对于正处于产业升级、管理创新阶段的广电集团,也是产业发展中一次大的跨越。广电集团在拓展市场、塑造 SVA 品牌、树立大集团形象的进程中,需要传播力和影响力都很强大的足球运动来推动,由工业和文化产业集团参与重组申花足球俱乐部,有利于上海工业、文化传媒和体育产业的联动发展,为此,广电集团也把足球产业作为战略产业来推动和发展。

新俱乐部的成立标志着在中国足球 8 年职业化进程中创下辉煌成绩的申花足球俱乐部进入一个新的发展阶段。俱乐部的两位新东家——广电集团和文广集团,是上海工业的主导企业和文化产业的主导事业单位。广电集团总资产超过300亿元,销售收入超过400亿元,是一家以制造业和服务业为龙头的企业,年营业收入位居上海第二,在全国电子信息行业中名列前茅,是国家重点扶持的大集团。文广集团不仅拥有东方明珠上市公司,还有包括广播台、电视台、网络和报刊在内的多家新闻媒体,是一家集文化、媒体和经营实体于一身的大型文化事业单位。两家公司共同投资足球俱乐部,旨在为新的俱乐部带来资金、媒体宣传和管理上的三重优势,是中国足球职业化进程中首次以工业和文化产业同时介入体育产业的全新模式。

上海申花SVA文广足球俱乐部有限公司重组成立后,俱乐部更名为上海申花SVA文广足球俱乐部,球队则称上海申花SVA足球队(简称上海申花)。

【申花俱乐部股权结构及变动情况】

上海申花SVA文广足球俱乐部有限公司(以下简称申花俱乐部)成立于2001年12月。注册资金3 000万元,其中,广电集团出资1 875万元(其中为黄浦国资公司垫资375万元),占50%,文广集团出资1 125万元(其中为黄浦国资公司垫资225万元),占30%,黄浦国资公司占20%(干股)。

2003年1月,根据董事会决议,申花俱乐部注册资金增加至5 000万元,其中,广电集团增资1 250万元,文广集团增资750万元,黄浦国资公司增资0元。增资后,广电集团占55%,文广集团占33%,黄浦国资公司占12%(干股)。

2004年,申花俱乐部股东会作出决议,将广电集团持有的20%股权以1 000万元价格转让给上海电气(集团)总公司(简称上海电气),同时将广电集团持有的2%股权以100万元价格转让给上海广电信息产业股份有限公司(简称广电信息)。调整后的股权结构为广电集团持股33%,文广集团持股33%,上海电气持股20%,黄浦国资公司持股12%,广电信息持股2%。市国资委批复同意。2007年10月,在上海联交所进行了产权交割。

【申花俱乐部人员任职情况】

2001年12月4日,申花俱乐部在广电集团召开第一次股东会。会议同意由广电集团推荐的王成明、钱佩勇、孙玉焕,文广集团推荐的朱咏雷、楼世芳,黄浦国资公司推荐的陈希安,共同推荐的金国祥、郁知非,担任第一届董事会董事。同意由广电集团推荐的宋涛、黄关荣,文广集团推荐的李保顺,共同推荐的吴鸿玫,担任第一届监事会监事。是日,申花俱乐部在广电集团召开第一届董事会第一次会议。会议推选王成明为董事长,朱咏雷、郁知非为副董事长;聘任楼世芳为总经理。

2001年12月12日下午,申花俱乐部第一届董事会第二次会议在上海电视台(威海路298号)31楼会议室召开。会议确定徐根宝为球队主教练人选;同意建立董事会办公室,以加强股东、董事、监事和经理层的联系,承担董事会筹备及董事长交办的工作。董事会办公室由广电集团戴金宝、朱旭组成,戴金宝兼任董办主任。

2003年1月29日,申花俱乐部在文广集团(北京东路2号)二楼会议室召开董事会。因王成明工作调动,会议通过由广电集团党委书记、董事长徐为熄任申花俱乐部董事长。

2005年1月21日,申花俱乐部在广电集团(金都路3800号)410会议室召开董事会。决定聘任广电信息原党委书记吴冀南为申花俱乐部总经理,楼世芳不再担任总经理职务。

【申花俱乐部球队文化建设】

用先进的足球理念管理运作俱乐部和球队,积累和沉淀俱乐部独有的文化底蕴,促进俱乐部的思想文化建设，提高俱乐部的内在实力，是申花俱乐部成立后的工作目标。

重塑球队精神　2002 年，面临新的队伍、新的人员、新的教练和新的领导班子，申花俱乐部提出新球队要实现五个新：塑造新精神、形成新风格、培育新球星、打出新成绩、取得新效益，要弘扬奋力拼搏、团结协作，能打硬仗、善打硬仗的精神。

2003 年，文化建设在申花俱乐部全面展开。一是“2003　足球·上海论坛”在上海成功举行，使俱乐部真正感受到世界足球前进的脉搏，也让世界了解了中国。二是与拥有悠久历史和广大球迷读者群的专业报纸《足球》报合作创办国内第一份队报《申花队报》，全方位展示上海城市形象。俱乐部自行策划、编辑、撰稿的内容通过《足球》报向全国传播，影响力与日俱增。三是建立每月一期的官方队刊《蓝豹》，构架起俱乐部、球队与社会的桥梁，全方位展示俱乐部资讯动向、台前幕后及文化理念，这成为国内甲级球队中运作最规范、内容质量最丰富的球队刊物，受到各界关注和球迷的喜爱。四是建立俱乐部官方网站。借鉴国外先进足球俱乐部经验做法，网站信息容量大，时效迅捷，为各路媒体和球迷提供了解俱乐部的窗口。在抗击“非典”时期，俱乐部官方网站发挥出极其重要的沟通作用。五是全年开展“提高职业球员综合素质”系列讲座和主题活动。俱乐部积极策划、精心安排各档讲座内容，从各个领域为球员开辟接受知识、开阔眼界、提高认识的学习平台，球员受益匪浅。六是学习中国男子乒乓球队精神。借着在东方绿舟封闭集训机会，俱乐部邀请中国男乒与球队进行交流座谈，学习中国乒乓球队长盛不衰的成功经验。七是强化守法与纳税意识。针对中国体育界高薪一族的职业足球运动员，俱乐部财务总监曹志华通过“守法纳税”讲课，帮助球员树立依法纳税意识，作为公众人物要维护俱乐部形象，维护上海城市形象。八是学习航天精神。组织球员参观上海航天局，让申花球员学习航天精神，争当优秀球员，提高职业球员的综合素质。

俱乐部还通过各种形式多样的主题活动，寓教于乐。如召开以“以同舟共济、鹏程万里”为主题的“起航”出征誓师会、以“十年磨砺，打造百年申花”为主题在上海植物园种下“申花林”、开展申花 10 周年庆典、举行球迷向申花球星赠书活动、发行“申花 10 周年”纪念邮票等。

申花俱乐部自成立后，始终把“让申花足球成为上海的城市名片”作为文化建设的努力目标，不仅在赛场上体现团结拼搏、顽强奋发的申花精神，更是在赛场外提倡健康文明、积极进取的体育精神，使俱乐部成为城市文明的窗口之一。

会旗和队徽　会旗和队徽是一支球队身份的象征，是球队最重要的标志之一。自上海申花足球俱乐部成立后，俱乐部会旗和队徽历经多次演变。

第一版　　第二版　　第三版

图专-1-2　俱乐部队徽图案

1993年12月10日,国内第一家完全脱离体育运动委员会的职业足球俱乐部——上海申花足球俱乐部诞生,俱乐部会旗、队徽也随之诞生。会旗、队徽图案整体为盾牌形状,以蓝、红、白色为主色调。最上方为上海申花足球俱乐部英文词组,左上方为申花集团"领先一步"的标志,左下方为装饰色块,右方图案象征体育竞技奋勇向上的精神。会旗、会徽图案颜色为申花企业文化传统色。

2001年,俱乐部对使用七年之久的队徽进行"革命性"改动,用动物界速度之王猎豹的图案取代申花集团"领先一步"的标志。把球队比作世界上跑得最快的动物——猎豹,体现成为绿茵场上强者的内在精神原动力,和立志成为世界一流俱乐部的王者霸气。

2002年年初,重组后的申花俱乐部启用第三版会旗、队徽图案。在队名后加上"SVA"和"SMEG"字样;强调"猎豹"精神,将"猎豹"下方俱乐部英文缩写"SFC"首字母"S"改成三种颜色,代表SHENHUA、SVA和SMEG的首字母。

队歌 2002年3月7日,申花俱乐部在上海虹口足球场新闻中心召开新闻发布会,推出新队歌《快乐每一天》。这是申花俱乐部重组以后在原俱乐部企业形象识别系统基础上进行整体形象包装和品牌塑造,向社会推出全新形象的重要举措。新队歌《快乐每一天》由上海著名作曲家左翼健作曲,歌唱家廖昌永主唱。

在新队歌中,作为俱乐部宣传口号的"快乐每一天"用英文反复哼唱,配上轻快、明朗的旋律,奔放的节奏和朗朗上口的歌词,足球的快乐在歌曲中得到充分表达和渲染。

附:申花队歌《快乐每一天》(2002年版)歌词

HAPPY EVERY DAY 噢 HAPPY EVERY DAY
快乐快乐快乐快乐 快乐每一天
噢 HAPPY EVERY DAY 噢 HAPPY EVERY DAY
快乐快乐快乐快乐 快乐每一天
梦想离我们并不遥远
希望永远燃烧在我们心间
放飞曾经许下的诺言 灿烂着每一片 绿草蓝天
(合)啊 放飞曾经许下的诺言 灿烂着每一片 绿草蓝天
(合)噢 HAPPY EVERY DAY 噢 HAPPY EVERY DAY
快乐快乐快乐快乐 快乐每一天
领先一步就是 豹的誓言
冬去春来呼啸 风的信念
真情相拥滚烫的双肩 酣畅着每一次 英雄再现
(合)啊 真情相拥滚烫的双肩 酣畅着每一次 英雄再现
(合)啦……啦…… 啦…… 啦…… 啦……
噢 HAPPY EVERY DAY 噢 HAPPY EVERY DAY
快乐快乐快乐快乐 快乐每一天

【冠名上海上视女足】

2001年4月7日,上视SVA女足的冠名签字仪式在上视大厦举行。广电股份总经理陈光平和上视女足俱乐部总经理沈永毅在协议上签字,上海市文广局局长叶志康、上海电视台台长朱咏雷、广电集团董事长徐为煸、总裁王成明、广电股份常务副总经理孙玉焕等领导以及上视女足主教练马良行和全体队员出席了签字仪式。

上视女足是中国女子足坛的劲旅，2000 年实现了历史性的“大满贯”，上视女足还培养出孙雯等一批声名显赫的女国脚，为祖国赢得了很高的荣誉。广电股份于 2001 年已进入全国电子行业百强企业，正在向信息产业转轨，新的市场需要新的形象，SVA 品牌需要全面推广。因此，广电股份和上视女足的合作是强强联手、优势互补的体现。

【社会影响】

申花足球队比赛成绩 2001 年年底，申花俱乐部重新聘请徐根宝出任主帅。此后，上海有线 02 足球俱乐部并入申花俱乐部，留学巴西的上海申花青年队亦学成回国。球队补充杜威、孙祥、王珂、殷锡福等年轻球员，而球队原有核心申思、祁宏、吴承瑛等先后转会到升入甲 A 联赛的同城对手上海中远，上海足坛形成两强争霸的局面。

2002 年年初的中国足球超霸杯，上赛季联赛亚军上海申花以两回合总比分 3∶1 击败上赛季联赛和足协杯双冠王大连实德，获得超霸杯冠军。但在之后的甲 A 联赛中，由于赛季前队伍调整，上海申花状态有所下滑。联赛 11 轮后，俱乐部任命助理教练吴金贵为新主帅。赛季末球队以 9 胜 5 平 14 负的战绩，名列联赛第 12 位。

2003 年，申花俱乐部加大投入，引进德国球员约格·阿尔贝茨、塞尔维亚球员德杨·佩特科维奇、国内球员张玉宁等。杜威、于涛、孙吉、孙祥等年轻球员也逐渐成长为球队的主心骨。在主教练吴金贵带领下，上海申花以 28 战 17 胜 4 平 7 负的成绩，力压上海国际、大连实德等劲旅，夺取赛季甲 A 联赛冠军(后因足坛打黑风暴，2013 年 2 月该成绩被剥夺)；吴金贵与申花外援约格·阿尔贝茨分获联赛最佳教练奖和最佳球员奖；申花外援索尔·马丁内斯与沈阳金德的阿尤、深圳健力宝的李毅三人以 14 个进球一起获得联赛最佳射手奖。

2004 年，球队遭遇一系列动荡。年初，由于原主帅吴金贵出任国家队助理教练，上海申花状态下滑。同年 3 月，俱乐部聘请英国籍教练霍华德·威尔金森出任球队技术总监并履行主教练一职，与其签订 3 个月+7 个月的工作合同。此后，球队助理教练贾秀全出任代理主教练。6 月，上海申花在国际足球对抗赛中以 2∶0 战胜来访的 AC 米兰。10 月，贾秀全被球队解聘。后俱乐部聘请俄罗斯籍教练瓦列里·涅波姆尼亚奇出任主教练，原主帅吴金贵回到申花俱乐部出任副总经理。赛季末球队以 4 胜 10 平 8 负的战绩，位列中超联赛倒数第三。

2005 年，球队留任俄罗斯籍主帅瓦列里·涅波姆尼亚奇。是年，上海申花在客场 1∶0 击败香港杰志队，获得沪港杯赛冠军。赛季末球队以 26 战 15 胜 8 平 3 负的成绩，获得中超联赛亚军。

2006 年，吴金贵重回球队主教练岗位。是年，上海申花在主场 1∶0 战胜香港澎马流浪队，获得沪港杯赛冠军。同年亚冠小组赛，因同组的两支球队(泰国省电力局和印度尼西亚坡西普拉)赛前弃权，上海申花在主客场两胜越南隆安后，历史上首次闯入亚冠八强。但球队在中超联赛中功亏一篑，以 28 战 14 胜 10 平 4 负的成绩，获得亚军，与冠军失之交臂。

2007 年 2 月 8 日，新赛季中超联赛开赛前，上海申花与上海联城共同召开记者会，公布由上海联城俱乐部主席朱骏斥资收购上海申花，并将上海申花 SVA 文广足球俱乐部与其名下的上海联城足球俱乐部合并，组建了新的“上海申花队”。新球队名称仍为上海申花。2007 年赛季，球队获得联赛第四名。此外，球队获得 A3 联赛冠军，并因为 3∶0 战胜韩国冠军城南一和而创下了中国球队对韩国球队的最大胜绩。2008 年 2 月，俱乐部正式更名为“上海申花联盛足球俱乐部”。

2008 年赛季，俱乐部做出更换主帅的决定。2007 年后期第三次出任上海申花主帅的吴金贵离任,第三次进入球队的贾秀全接任主帅。换帅后的上海申花打出多场惊心动魄的比赛,但在最后一轮未能把握机会,主场被逼平,与冠军失之交臂,获得球队15年联赛历史上第八个亚军。

表专-1-1 2002—2009年上海申花甲A及中超赛事战绩一览情况表

赛季	联赛	场次	胜	平	负	进球	失球	净胜球	积分	排名	足协杯
2002年	甲A	28	9	5	14	37	41	−4	32	12	第二轮
2003年	甲A	28	17	4	7	56	33	23	55	—	第二轮
2004年	中超	22	4	10	8	28	37	−9	22	10	半决赛
2005年	中超	26	15	8	3	41	23	18	53	2	1/4决赛
2006年	中超	28	14	10	4	37	19	18	52	2	1/4决赛
2007年	中超	28	12	10	6	35	29	6	46	4	—
2008年	中超	30	17	10	3	58	29	29	61	2	—
2009年	中超	30	12	9	9	39	29	10	45	5	

实行会员制管理 在抓球队成绩之外,抓好球迷组织是申花俱乐部又一项重要工作,以实行会员制为核心内容,申花球迷为球队创造了激情热烈的主场气氛,成为城市一道亮丽的风景线。

为稳定球迷队伍,2003年,申花俱乐部借鉴国外知名足球俱乐部会员制运作方式,在国内率先推出自己的会员制,并向社会公布会员制细则。2月10日,俱乐部首次面向社会推行会员制,2003年共招募会员3 499名,2004年预备会员500多名,其中团体会员1 877名、社会会员1 622名。此后,上海国际、北京现代、陕西国力等俱乐部也相继推出会员制。申花俱乐部在实施会员制的一年里,取得显著的效果:一是套票销售与球迷入会相结合,稳固现场球迷的阵容。2003年赛季上海申花的主场比赛,无论刮风下雨,无论赛事精彩程度如何,总有3 000多名会员到场助威。二是套票管理更加严格,方法更加科学。为了更好地保障会员的正当权益,采用整张套票的方式,做到"一表、一卡、一票、一座"。联赛开始之后继续招募会员,但采用更为严格的"准入制":社会个人入会至少需有一名会员介绍;对于学生会员,除上述要求之外,还必须留存本人"两证"复印件(身份证、学生证)。三是集中看台,统一服装。经过多次协调,将申花各大球迷组织集中在一起,并统一球迷服、围巾,现场气氛与往年相比上了一个台阶。四是"铁杆"球迷和俱乐部的关系更加亲近。通过会员热线、会员接待日等渠道,球迷可以更加直接的方式向俱乐部反映自己的心声,俱乐部也可以了解球迷的需求。合理区分会员和一般球迷的层次,会员可以享受更加优惠的待遇,俱乐部也通过会员制培养了稳定的消费群体。五是掌握大量的会员资料。俱乐部建成一套较为完善的会员资料管理信息系统,得到一批不可多得的客户资源。六是建立了一批合作关系。通过组织俱乐部、球队、会员的社会活动,如共建"申花林"、参观航天局、发行申花十年纪念邮品、电影招待会等,与上海植物园、市航天局、市邮政局、上海影城等单位建立良好的合作关系,为以后会员活动提供了新的场所。

进一步完善会员制,让申花球迷有家的感觉。由于会员制工作取得初步成效,社会公众形象得到了很大提升。2004年,茵宝公司成为俱乐部新的赞助商,会员制工作更是突出"创新""精品""务实"三个特点,在以下几方面进行具体推进:一是每月一次球迷与俱乐部总经理、主教练、运动员的常规见面活动;二是不定期举办"足球知识讲座"或专题研讨会,普及足球知识,探讨足球理论;三是与电视台合作举办各种足球专题节目，如赛前、赛中、赛后的评球论球，足球知识类竞赛，访谈类节目，评选优秀会员、球员、申花足球小姐、足球先生等；四是建立申花荣誉室，以图片、奖杯、文字等形式，展示申花“十年风雨路”及其海派足球文化；五是办好“申花足球影视厅”，制作播放各类足球运动节目，定期对社会公布播放内容，这逐渐成为品牌和定时定点播放场所；六是将会员分为社会个人会员、社会团体会员、股东团体会员、学生团体会员、职工团体会员等五种，按不同类型加强对球迷组织的业务指导和管理。

图专-1-3 2004年5月，申花SUA文广足球俱乐部举行系列慈善活动

举行系列慈善活动 2002年4月11日19时，“蓝天下的至爱，球场上的真情——申花SVA文广足球俱乐部慈善系列活动之慈善义卖活动”在港汇广场举行。吴承瑛、谢晖、虞伟亮、毛毅军、杜威、曲圣卿、王珂等7名申花球员，与上海体育院校7名品学兼优但家境贫困的在校学生一同上台。球员们把装着学生一年学费，更是申花球员一份真诚心意的信封一一交到学生手中。为了感谢社会各界多年的支持，回报广大球迷长期的厚爱，从4月开始，申花俱乐部举行一系列慈善活动，让申花足球不但给球迷带来快乐，更给社会带来爱心、带来真情，如在每个主场比赛日开设福利看台，对受助学生、老年人、军烈属、残障人士、无偿献血者和下岗工人等社会群体免费提供球票等。

2003年，面对突如其来的“非典”灾害，申花俱乐部组织开展“抗非典、献爱心”募捐活动，号召全体球员和衷共济，献出爱心，表达对战斗在抗击非典第一线医务工作者的崇高敬意和战胜疾病灾害的信心。31.5万元捐款被转交给上海红十字会，为上海申花树立了良好的公众形象。

随着申花俱乐部的社会影响不断扩大，俱乐部的运行为上海工业、文化传媒和体育产业的联动发展作出了探索和贡献。同时，上视SVA女子足球队也在2003年获得全国女子足球联赛冠军，使得广电集团SVA产品的知名度通过与上海足球界的联姻，得到了广泛的传播。

二、SVA 五度携手上海电视节

由国家广电总局和上海市人民政府主办、上海市文化广播影视管理局和文广集团承办的上海电视节自 1986 年起举办，成为上海乃至中国一项重要的国际文化活动。2004—2008 年，广电集团连续五年与上海电视节组委会合作，通过与上海电视节组委会开展合作，参与上海电视节这一国际文化活动，在传播和扩大 SVA 品牌影响力的同时，支持上海文化事业，回馈社会，共同推动上海精神文明建设。

【广电集团连续五年参与上海电视节】

2004 年 5 月 20 日，第十届上海电视节组委会与广电集团合作签约仪式在上视大厦举行。文广集团常务副总裁朱咏雷、广电集团党委副书记马坚泓等出席签约仪式。SVA 作为本次电视节的主赞助商，冠名了电视节开幕式、闭幕颁奖晚会、闭幕酒会、国际节目交易和影视设备展览会、广场商场影视精品欣赏等一系列电视节最重要的活动，并获得了电视、平面、广播、户外等诸多形式的广告资源，成功地将 SVA 产品的高端形象与中国最高规格电视节的国际形象结合起来，不仅增加了 SVA 品牌的美誉度，也加深了与会人员和广大消费者对 SVA 品牌的了解。

2005 年 5 月 20 日，第十一届上海电视节组委会与广电集团签订合作协议。广电集团党委副书记马坚泓等出席签约仪式。

2006 年 6 月 12 日，第十二届上海电视节组委会与广电集团签订合作协议。上海广电信息产业股份有限公司总经理姚小波代表广电集团出席签约仪式新闻发布会。

2007 年 5 月 31 日，第十三届上海电视节组委会与广电集团合作签字仪式新闻发布会在上视大厦举行。上海电视节组委会执行副秘书长唐丽君和广电集团总裁助理邱益中签署合作协议，签字仪式上，上海文广集团授予 SVA“第十三届上海电视节合作伙伴”荣誉称号及“第十三届上海电视节唯一认定平板电视”荣誉称号。在所有上海文广集团旗下的本届电视节宣传平台上以冠名形式即“SVA 第十三届上海电视节”形式出现。文广新闻传媒集团总裁黎瑞刚、广电集团总裁顾培柱出席签字仪式。

图专-2-1　2007 年，广电集团总裁顾培柱(左三)和文广集团总裁黎瑞刚(右三)在东方卫视主播台前合影

2008 年 4 月 29 日，第十四届上海电视节组委会与广电集团签订合作协议。协议就广电集团 SVA 广告回报内容和方式作了详细的规定。作为“忠实的伙伴”，SVA 成为第十四届上海电视节整体冠名合作伙伴。SVA 除了借助上海电视节推广跨度长、宣传密度高、影响范围广等特点，利用活动的新闻性，以“SVA 第十四届上海电视节”方式在电视节所有的“电视、电台、平面、户外”宣传、新闻报道中捆绑传播；并为电视节的所有活动提供 SVA 电视设备服务，所有现场的影视节目以及颁奖典礼都通过 SVA 的电视机来展现。

【广电集团参与的各届电视节基本情况】

第十届上海电视节　2004 年 6 月 5 日至 9 日在上海举行。共有 44 个国家和地区、1 028 家中外影视公司、3 513 位中外来宾、592 位中外记者及上千万观众参与各项活动。举办四大主体活动，包括“白玉兰”奖国际电视节目评选暨优秀节目展播、国际影视节目市场、国际广播影视设备展览会暨国际广播技术研讨会和“白玉兰”国际电视论坛。突出三大特点：一是国际成分，参加“白玉兰”奖国际电视节目评选活动的报名节目中，由国外电视公司选送的节目达 249 部，占总量的 73.4%。二是市场运作，国际影视节目市场和国际广播影视设备展览会两大支柱活动都以如何发展中国电视产业为核心内容展开。三是专业程度，广泛邀请来自世界几十个国家的影视公司、电视台参与各类活动。广电集团是国内 65 家参与商之一和主赞助商。

图专-2-2　第十届上海电视节组委会与 SVA 合作签约仪式在上视大厦举行

第十一届上海电视节　2005 年 6 月 12 日至 16 日在上海举行。包括“白玉兰”奖国际电视节目评选、国际影视节目市场、国际广播影视设备展览会、国际广播影视技术研讨会、“白玉兰”国际电视论坛、国际新媒体产业论坛等 8 项大型活动。来自 32 个国家和地区共 282 部作品报名参加本届电视节纪录片及电视剧“白玉兰”奖评选。最终，来自 8 个国家的 9 位“白玉兰”奖国际评委将最佳人文类纪录片和最佳自然类纪录片分别授予以色列纪录片《检查站》和日本纪录片《黑山——日本神秘的水世界》；韩国电视剧《生活如歌》获得最佳电视剧和最佳导演两个奖项；中国湖北电视台拍摄的《船工》获得纪录片评委会大奖；日本广播协会提供的《最后的礼物》获得电视剧评委会大奖。第十一届上海电视节“白玉兰”奖颁奖典礼在东方电视台演播大厅举行。

本届电视节开幕后，节目交易和设备展览中所有节目通过广电集团 SVA 高清晰度产品播放，为观众带来全新的数字化体验。

第十二届上海电视节　2006 年 6 月 17 日至 21 日在上海举行。来自 40 个国家和地区的 205 家影视公司和电视台选送 365 部报名节目，比上一届增加 23%，其中，国外报名节目占 74%。来自韩国、美国、法国、以色列、荷兰、日本和中国的 10 位著名影视导演、演员和制片人等组成“白玉兰”奖国际电视节目评选委员会的实力阵容。

广电集团作为第十二届上海电视节的主赞助商，与主办方的合作包括：合作新闻发布会、闭幕式、户外广告、平面广告、网络广告等，实际回报数量均高于协议数量。电视节宣传口号是“因为有你，所以精彩”，上广电用 SVA 液晶彩电的“晶彩”给了电视节的“精彩”又一次出彩的诠释，继续延伸企业与电视节这一“城市名片”的成功合作，携手打造国际文化平台。6 月 18 日，电视节开幕式暨庆典在上海大舞台举行，上海广电信息产业股份有限公司董事长张坚白等出席。6 月 21 日晚，“白玉兰”颁奖典礼暨闭幕式在东方电视台演播剧场举行，广电集团党委副书记马坚泓出席，并作为嘉宾为最佳自然类纪录片《树女皇》获奖者颁奖。

第十三届上海电视节 2007年6月11日至16日在上海举行。本届电视节延续一贯的交流平台作用，全面展示中国电视产业近几年取得的成绩以及未来的发展态势。包括四大主体活动，即“白玉兰”国际电视节目评选、国际影视节目市场、国际新媒体与广播影视设备市场以及“白玉兰”国际电视论坛。来自39个国家和地区的275家影视公司和电视合选送节目参加“白玉兰”奖评选。选送作品类型涵盖电视电影、纪录片、动画片以及电视连续剧，其中后两项为新创单元，旨在更全面地提升电视节的交流平台作用。

第十三届电视节倡导“新视觉、新主张”全新理念，强调大众参与和互动的特色主题，与广电集团发展平板显示产业提出的“新起点、新跨越”的主题不谋而合，愈加体现双方合作的紧密与贴合。通过文化品牌与产品品牌相结合，共同打造享誉国际的城市文化名片，在强化电视节专业性、前瞻性和互动性特色的同时，进一步提升上海城市文化的形象。

第十四届上海电视节 2008年6月9日至13日在上海举行。529部电视作品报名参评“白玉兰”奖，比上一届增加22%，境外节目占60%。国际影视节目市场、新媒体与广播影视设备市场有300多家影视机构参展，境外展商占40%以上，85%的展商已连续参加三届以上；专业买家超过500位，境外买家占25%以上。2008年是中国电视事业50周年“华诞”，而此前的汶川大地震给中国人民带来巨大的苦痛，为此，电视节组办方取消开幕酒会、文艺演出等所有娱乐性活动，以“我们在现场——媒体的责任”论坛形式取代往届的开、闭幕式。论坛结合电视媒体在抗震救灾中的表现，从专业角度对媒体责任进行深层次思考。同时，本届电视节还以中国电视诞生50周年为契机，回顾电视发展的辉煌岁月，展望电视发展的美好前景。

由于一年一度的上海电视节与上海国际电影节同步举行，因此SVA的不少产品也经允许用于国际电影节，从而扩大了对产品的宣传和其影响力。

【SVA品牌在上海电视节上的传播案例】

广电集团(SVA)在第十四届上海电视节上的广告回报有多种体现形式。

置入式回报 电视节国际评委记者见面会、官方新闻发布会背景板醒目位置体现SVA冠名以及LOGO。

图专-2-3 电视节评委记者见面会背景板醒目位置体现SVA冠名以及LOGO

图专-2-4 电视节官方新闻发布会背景板醒目位置体现SVA冠名以及LOGO

媒体回报 电视节宣传片中后缀 5 秒标版共 800 次，播出频道：SMEG 所属新闻综合、东方卫视、娱乐、艺术人文、纪实、外语频道。40 集电视电影、纪录片展映节目播出前 5 秒冠名广告，播出频道：电视剧、纪实频道。在东方明珠移动电视和东方播出的含 5 秒 SVA 祝贺标版的冠名电视节宣传片 1 000 次。电视节广播宣传片中后缀 5 秒标版 800 次，播出频道：990、792、音乐台、交通台。《国际影视节目市场场刊》封面体现 SVA 冠名，封三、内页跨页整版硬广告两页。电视节《每日新闻》内页 2 页整版 SVA 硬广告(2018 年 6 月 13 日)。

图专- 2 - 5 “白玉兰”颁奖仪式暨电视节闭幕式背景板体现 SVA 冠名

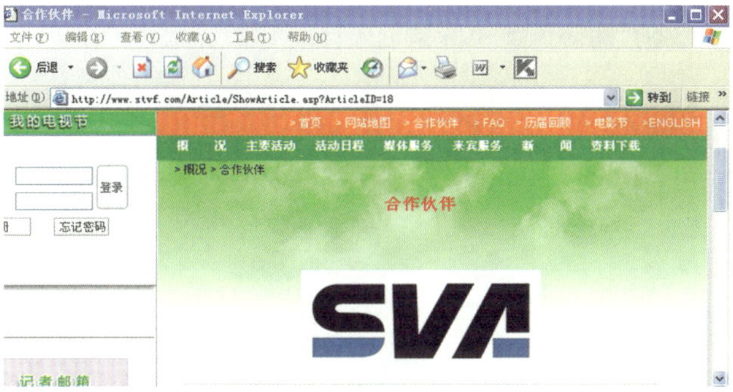

图专- 2 - 6 电视节官网显著位置体现 SVA 冠名并实现连接

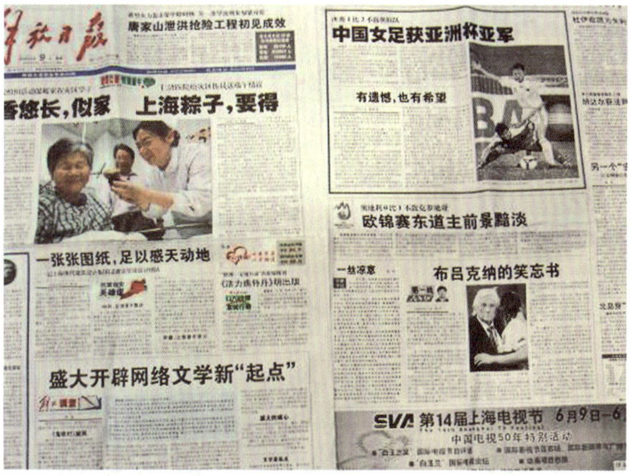

图专- 2 - 7 《解放日报》《文汇报》《每周广播电视报》等多家重要媒体刊登电视节公益广告，体现 SVA 冠名及 LOGO

图专- 2 - 8 电视节《会刊》封三、封底、内页彩色整版三页广告

户外回报　市中心重要地铁安装 SVA 冠名的电视节公益广告灯箱，站名：常熟路、衡山路、莘庄、静安寺、南京东路、世纪大道。市中心繁华段延安路高架 SVA 宣传旗 200 面。延安高架电讯大楼广告牌电视节宣传画面显著位置体现 SVA 的 LOGO。虹桥机场、浦东机场电视节宣传旗上显著位置体现 SVA 的 LOGO。浦东机场 2 块电视节宣传画面的路牌体现 SVA 冠名及 LOGO。虹桥机场 1 块电视节宣传画面的顶楼广告牌体现 SVA 冠名及 LOGO。新国际博览树立大型 SVA 中心广告牌。

图专-2-9　南京西路广电大厦前两块公益广告牌体现 SVA 冠名本届电视节

图专-2-10　地铁中山北路站安装的电视节公益广告灯

图专-2-11　虹桥机场出发到达处 8 只灯箱电视节宣传画面体现 SVA 冠名及 LOGO

图专-2-12　新国际博览中心 5 米×8 米大型 SVA 广告牌 1 块

三、广电集团技术援助汶川救灾

在2008年汶川特大地震抗震救灾工作中，广电集团积极组织广大干部职工全力投入抗震救灾，视灾情为命令，视时间为生命，奔赴灾区一线，千方百计提供通信援助，保证灾区通信畅通，在关键时刻体现了广电集团强烈的社会责任意识。

【开展赈灾募捐，形成爱心暖流】

在汶川特大地震发生后，广电集团积极组织广大干部职工，在第一时间开展向灾区募捐活动。

2008年5月12日，四川省汶川县发生8级特大地震，造成重大人员伤亡和财产损失。消息传来，牵动着全体上广电人的心。

5月13日，广电集团党政发出《关于开展向四川地震灾区募捐活动的通知》。要求各级党组织立即行动起来，组织发动全体员工开展向地震灾区的募捐活动；各子公司要认真落实下一阶段各项任务，以实际行动支援地震灾区人民的救灾恢复工作；要积极关心家在灾区的务工人员生活工作情况，主动帮助他们解决实际困难。通知明确，募捐活动时间从5月13日到5月20日，以业务群、直属企业和集团本部为单位，将所募捐款登记造册，由集团统一送到上海市有关部门。

5月15日，广电集团党委下发《关于做好集团受灾员工家属伤亡统计工作的通知》，要求各级党组织认真做好受灾员工家庭伤亡情况统计，主动关心他们的家庭情况，帮助他们解决实际困难、渡过难关。

5月16日，广电集团党委召开业务群和直属企业党组织书记会，专题研究赈灾救援工作。会议听取各企业关于抗震救灾工作的汇报，集团党委要求加强对家在灾区的务工人员的关心力度，建议专门为这部分员工进行一次募捐活动。同时，要关心工作在抗震救灾第一线的员工，密切关注他们在灾区的情况，主动关心他们的家庭，解决他们的后顾之忧，鼓励他们更好地为灾区人民工作。

广电集团系统企业、员工踊跃捐款，集团公司、广电信息、广电电子、广电NEC、电气硝子等企业共捐款558万元，员工捐款126.63万元。第一次捐款共计684.63万元通过上海市红十字会、市慈善基金会和市总工会转交四川地震灾区。同时，为帮助家在灾区的员工克服困难，集团工会及各级工会又动员广大员工进行第二次捐款，共计29.76万元。截至5月26日，广电集团系统的企业、员工共计捐款714.39万元。

在募捐活动中，员工的爱心感人至深。有的员工远在巴基斯坦工作，得到消息后，立即委托家人同事捐款；有些退休员工纷纷赶往单位进行募捐；有些下岗协保员工也慷慨解囊，献出爱心。很多员工还前往献血站自愿献血，由于献血人太多，不少员工留下联系方式，随时准备为灾区人民捋袖献血。

各企业也纷纷行动，支持灾区抗震救灾工作。如：电气硝子玻璃原定5月21日举行开业典礼，5月12日汶川特大地震发生后，合资公司的中日双方一致决定，延期举行开业典礼，并将节约下来的经费用于抗震救灾，向中国红十字会捐款20万元。索广电子、松下微波炉在得知汶川地震消息后，立即召集川籍员工座谈，企业领导获知有员工家里房屋受损后，当即表示公司将尽力为他们解决困难，并为他们灾后重建提供帮助。广电忠麟在地震后第一时间贴出了募捐倡议书，希望广大员工伸出热情援手,公司领导带头捐款,并得到广大员工积极响应。上海夏普、索广电子等企业为帮助员工与在灾区的亲人联系,免费为他们提供长途专线电话,让这些员工随时和家中保持联系,安心工作和生活。另外,松下微波炉、上海西门子等企业还为家在灾区的员工发放电话卡,希望他们多和家里联络,既了解灾情,更送去对亲人的关心。广电电器召开抗震救灾专题会议,了解家在灾区的员工情况,并安排干部进行随访,得悉川籍员工曹志立家里房屋全部坍塌、急需回家处理时,公司立即发放慰问金,千方百计帮他买到返家的火车票。

【奔赴现场提供通信援助】

"5 · 12"特大地震导致四川汶川县通信基础设施全面瘫痪,5 月 13 日,国家安监总局将广电通讯卫星网络分公司提供的、原用于四川煤矿安全监控的"应急救援卫星通信系统"紧急调至四川德阳地震救灾现场。广电通讯得悉后,在第一时间进行技术对接,保障卫星设备转移后通畅使用。"应急救援卫星通信系统"将德阳县灾情实况通过视频、图像方式向外传送,使指挥部门及时掌握灾情,为营救灾区人民生命赢得了宝贵时间。

图专-3-1 广电集团卫星通信系统急抵四川绵阳,广电通讯领导为前往人员送行

5 月 14 日,四川卫生厅急电,要求广电通讯立即提供技术和人员支持,保证四川卫生厅应急指挥中心和前线指挥所音视频通信畅通。

5 月 14 日,上海市卫生局急函,为做好本市与地震灾区远程医学会诊工作,请广电通讯对四川省阿坝州人民医院、四川省人民医院等站点给予重点保障和 24 小时技术支持,以确保远程医学会诊工作正常开展。

5 月 15 日,市卫生局紧急要求广电通讯在成都为上海市卫生局应急指挥中心单独设立一套卫星双向通信设备,要求 17 日清晨安装完毕并开通。

5 月 16 日,中国电信四川分公司网络运行维护部紧急请求广电通讯,支援 10 套卫星小站用于恢复阿坝州受灾严重地区的通信。

5 月 16 日,四川灾区原紧急调配的卫星应急通信保障车,由于带宽限制无法发挥作用,紧急向广电通讯提出申请,给予卫星通道宽带支持。

……

面对上述需求,广电通讯立即启动应急预案,火速成立卫星通信应急小分队,兵分三路,加入抗震救灾主战场的救援行动。

第一路:上海四川两地联动,连接沪川应急指挥通道。为及时抢通上海市卫生局和派驻四川抗震救灾支援医疗队的卫星通信应急联系,5 月 16 日,广电通讯网络应用分公司工程部华登、陈犇在上海与已经入川援助的周和生、殷海彬进行联合攻关调试,经过 24 小时连续奋战,翌日 8:30 设备成功调试完毕。

在重灾区,周和生、殷海彬冒着余震危险,随同上海医疗救援队,携带移动卫星通信设备,在绵阳的安县和晓坝等地进行巡检和通信保障后,又同上海卫生监督防疫组在德阳什邡会合,赶往师古镇进行救援和应急通信工作。5 月 20 日下午 2 点，上海市卫生局副局长夏毅在上海通过卫星小站系统，联络到驻扎在德阳什邡市师古镇的上海疾控防疫组，与上海市卫生局徐建光局长进行工作交流，上海市政府副秘书长沙海林与防疫组进行通话，实现三方音视频连接，保障会议正常进行，上海市卫生局对广电通讯提供的服务表示满意。

图专-3-2　现场调试卫星通信系统

第二路：跟随四川省医疗队，保障灾区和省卫生厅联络。作为第二路人员，陆爱兵、周和生两人于 15 日抵达成都后，当天赶赴四川省卫生厅应急指挥中心，修复 16 楼楼顶的固定站。次日凌晨 1 点半，在便携站和固定站之间双向连通，四川省卫生厅卫星应急系统链路打通。随即，陆爱兵随四川省卫生厅医疗队深入重灾地区汶川映秀镇，提供卫星应急通信保障。沿途经历数次余震和山体塌方。18 日，陆爱兵在距离映秀镇十多公里的漩口镇，架起卫星通信系统，连好视频设备，接通与四川卫生厅的视频会议，漩口镇负责人与四川省卫生厅应急办取得联系，视频效果非常令人满意。

5 月 19 日下午 2 点，陆爱兵又随队抵达映秀镇。他用随身携带的“背袱式卫星通信设备”将现场情况及时传送到四川省卫生厅应急指挥中心。随队前往的阿坝州卫生局领导和四川省卫生厅接通视频，及时汇报情况，将急需物资清单通过邮件上报。事后，四川省卫生厅表示，在没有通信信号的映秀，真正感受到卫星通信设备的巨大作用。

第三路：开通远程医疗会诊系统，确保危重伤员得到及时救助。汶川特大地震发生后，广电通讯所属上海卫生远程网络有限公司在最短时间内帮助四川省阿坝州人民医院开通远程会诊系统，实现双向互通。

5 月 14 日，广电通讯开通上海华山医院、上海胸科医院专家与阿坝州人民医院医生的卫星通信医疗咨询链路，当天咨询诊断 9 例危重病人。中央电视台“抗震救灾众志成城”节目播出上海华山医院与阿坝州人民医院通过远程会诊系统进行远程会诊的片段。《新民晚报》《劳动报》《解放日报》等各大媒体也于当日报道上海开辟远程医疗救助第二战场的情况。

此后，广电通讯所属卫生公司又接通瑞金医院远程会诊系统。5 月 22 日上午 9 点瑞金医院实时会诊开始。瑞金医院血液科与呼吸科两位教授分别为阿坝州人民医院的两例病人进行会诊。

5 月 22 日，广电通讯向地震灾区增派通信技术援助力量，由总经理黄金刚率第二批技术援助队赶赴四川抗震救灾第一线。广电集团党委副书记聂建华等领导到机场为他们

图专-3-3　华山医院全体救护人员通过广电通讯卫星通信设备向上海卫生局汇报工作

送行，并嘱咐队员们注意安全，早日凯旋。5 月 24 日下午，黄金刚率队到四川省人民医院进行通信保障工作，正逢国务院总理温家宝到省人民医院检查工作。温家宝亲切接见包括广电通讯技术援助队在内的所有医护工作者和后勤保障人员。

在汶川特大地震抗震救灾行动中，广电通讯拥有的卫星通信网、白玉兰远程网、上海科技网等技术平台和自主研发的设备在应急指挥、远程会诊、通信保障、便民服务等方面发挥积极作用，得到各级政府部门和灾区同胞的高度评价，也得到各级领导接见和各大媒体争相采访，企业价值在承担社会责任中得到体现，在社会公众面前展示出良好的企业形象。

【表彰先进，弘扬社会责任】

为表彰先进，弘扬正气，6 月 26 日，广电集团在广电会展中心举行抗震救灾事迹报告会。报告会上，广电通讯介绍了在抗震救灾中应急技术支援队抢通空中救援通道的先进事迹；广电通讯网络应用分公司总经理吴继行、广电通讯卫星网络分公司项目经理陆爱兵、广电通讯总经理黄金刚从不同角度讲述在抗震救灾中的亲身经历和真切感受。

图专-3-4　上海广电通讯有限公司部分员工受到表彰

会上，广电集团党委副书记聂建华宣读表彰决定。广电集团党政授予上海广电通讯网络有限公司“广电集团抗震救灾先进集体”荣誉称号，授予刘建忠、钱涛、张伟锋、周和生四人“广电集团抗震救灾优秀共产党员”荣誉称号，授予陈犇、陆爱兵、殷海彬三人“广电集团抗震救灾优秀员工”荣誉称号。广电集团党委书记王强、总裁傅新华、监事会主席崔志仁和市国有资产监督管理委员会党群处领导为先进集体和个人颁奖。

附 录

一、上海广电(集团)有限公司关于推进再就业工程的意见(试行)

为了认真贯彻上海市人民政府办公厅转发的《关于推进本市再就业工的四个政策意见的通知》,加大“出站”力度,促进企业转制,推进广电(集团)公司再就业工程,现结合本公司实际情况提出以下实施意见:

一、积极引导有上岗能力的职工尽快走向市场

1. 对女性35足岁以下男性40足岁以下的有上岗能力的已进入再就业服务中心的原固定制职工,应积极引导和鼓励他们走向劳动力市场。职工辞职或调离本行业与原企业脱离劳动关系的可一次性给予奖励,即进入再就业服务中心后三个月内办妥退工手续的可给予一次性奖励2 000元;六个月内办妥退工手续的可给予一次性奖励1 000元(各工作站按实际支付的奖励费用的三分之二向再就业服务中心申请核拨)。同时各企业应按《上海市劳动合同规定》给予经济补偿。

上述年龄段的原固定制职工,一般滞留在再就业服务中心的时间不超过半年。若超过半年的,再就业中心不再向工作站下拨其待工生活费、门诊医疗费及养老保险费(一九九七年六月底以前进站的于一九九八年一月起停止下拨费用),其费用则由所在企业自负。

2. 允许上述年龄段的少数职工办理停薪留职手续,职工与企业签订停薪留职协议的同时解除托管关系。停薪留职期限一般不低于五年,期满可续签,但原则上不得回原企业上岗。停薪留职期间,职工生活费自理,不享受其他福利待遇。职工应向企业交付接本市社保局每年公布的上一年度月平均工资的25.5%养老统筹费及5%个人缴费部分,5.5%医疗保险,1%失业救济金,企业按养老金缴费基数的60%和本市规定的一定比例记入个人账户。以后缴费比例提高则按本市规定予以调整补缴。(公积金代缴纳按市规定比例另计)

3. 各再就业服务分中心和工作站应积极组织行业劳动力市场,努力提供新的就业岗位,帮助职工竞争上岗,并鼓励其与用人单位建立新的劳动关系。对女性35足岁以上男性40足岁以上自谋职业、辞职或调离本行业与原企业脱离劳动关系的职工,可给予一次性的奖励:进再就业服务中心后三个月内离开的奖励4 000元;六个月内离开的奖励3 000元;九个月离开的奖励2 000元;十二个月离开的奖励1 000元(各工作站按实际支付奖励费用的三分之二向再就业中心申请核拨)。同时各企业可给予一定的经济补偿。

4. 上述托管职工已在劳务输出,且月劳务收入超过行业上年度月平均工资的(1996年度按月620元标准掌握,以后每年四月份调整一次),不再保留其待工生活费。

二、关于原合同制职工

企业按规定从社会招用的原合同制职工下岗待工或已进入再就业服务中心托管的,因企业经济情况发生变化,可按市有关规定予以终止或解除劳动合同,并按《上海市劳动合同规定》给予经济补偿。

三、关于协议保留劳动关系

1. 协议保留劳动关系政策适用的人员为已进入再就业服务中心托管的一九五七年十二月三十一日前出生的男职工和一九六二年十二月三十一日前出生的女职工。

2. 已进入再就业服务中心，并在发文之日起的第一个月内与单位签订协议保留劳动关系的，可一次性奖励2 000元；第二个月内签约的可奖励1 000元；第三个月内签约的可奖励500元。新下岗人员进入再就业服务中心后一个月内签约的奖励2 000元；二个月内签约的奖励1 500元；三个月内签约的奖励1 000元；四个月内签约的奖励500元。

3. 签订协议保留劳动关系的职工原则上不享受待工生活费和其他福利待遇。但签约后可一次性发给本人剩余托管期按月平均205元计发的基本生活费(各工作站附签约人员协议书和《劳动手册》复印件，按实际支付费用的三分之二向再就业服务中心申请核拨)。

4. 签约人员在履行协议期间的门急诊医疗费原则上自理。但签约单位可按每月70元的标准在本人剩余托管期内给予按规定报销，各工作站每月按实际支付费用的三分之二向再就业服务中心申请核拨。

5. 签约人员在履行协议期间的住院医疗费用除由医疗保险基金承担的部分外，其余费用由企业和协议人员协商承担。签约人员到其它用人单位从事劳务的，原由单位承担的医疗费用转由劳务使用单位承担，签约单位可提供住院医疗保险凭证。

6. 签订协议保留劳动关系的人员中，已由各分中心(工作站)推荐介绍集体劳务输出的，如在原集体劳务协议中有"部分保留或全部保留待工生活费"的约定的，从其约定，直至劳务期满。

7. 签约人员在履行协议期间，要求与原企业解除劳动关系的，签约单位可给予一定的经济补偿费。

8. 签订协议保留劳动关系人员在履约期间就业一旦发生困难，要求组织帮助的，各再就业服务分中心(工作站)和职业介绍机构应积极提供二次就业机会，帮助其再就业。在待工期间，如生活水平低于上海市城市居民最低保障线的，经企业核实可凭签约人员的《劳动手册》给予补助。

9. 对符合条件的托管职工中，原已办理离岗挂编、离岗不离编、退养等手续的，应与企业和再就业服务中心再签订协议保留劳动关系，原双方承诺的权利和义务继续有效。但不再享受本意见第三条的第2、3、4款的规定。

10. 被列为沪府办(1997)26号文重点帮助的各企业再就业特困职工，采取协议保留劳动关系的办法，即由再就业特困职工与其原企业、再就业服务中心三方签订再就业特困职工保留劳动关系协议书。其养老、医疗保险费用由原企业负责缴纳；其退休前就业和基本生活保障由地区负责；到达退休年龄，由原企业办理退休手续。

四、关于从事非正规就业的政策

1. 职工从事非正规就业，原则上应与原单位解除劳动合同，企业可按规定给予经济补偿。托管职工与单位解除劳动关系的，再就业服务中心可将其托管期剩余待工生活费和门急诊医疗费拨付给地区，用于资助其养老、医疗费的初期缴纳。

2. 职工从事非正规就业未与企业脱离劳动关系的，符合签订协议保留劳动关系条件的应与企业、再就业服务中心签订协议保留劳动关系。

五、关于下岗待工尚未进入再就业服务中心的职工

1. 原固定制职工已下岗待工但未办理进再就业服务中心托管手续的，应抓紧时间办理。如在本意见下达之月起三个月内仍未进站的，从第四个月起停发待工生活费及福利待遇。停发待工生活费及福利待遇满三个月后仍未进站托管的，则按市劳动局(96)14号文予以解除劳动合同。

2. 凡在企业结构调整转制中下岗的职工，应在下岗待工之月同时办理进入再就业服务中心托管手续，逾期不办理的，按本条第1款规定办理。

六、破产企业的职工安置按照国家和本市有关破产规定执行。

七、其他

1. 本意见从一九九七年十一月一日起施行。

2. 本意见未涉及事项按国家和本市有关规定执行。

上海广电（集团）有限公司

一九九七年十一月一日

二、上广电(SVA)员工行为准则(试行)

为实现“世界的上广电，卓越的SVA”的共同愿景，规范公司员工在经营、管理、业务往来和海内外经济合作活动中的行为，特制定《上广电(SVA)员工行为准则》(以下简称《准则》)。

实现我们的愿景目标，维护、提升SVA的信誉是上广电所有员工的共同责任。(上广电员工是指上广电直接和间接控股企业的员工)

1. 基本原则

“海纳百川、求实创新、敬业精业、追求卓越”是上广电指导员工行为的基本原则，也是实现“需要就是价值”核心理念的基本保证。

1.1　海纳百川

以集大成的气度吸纳资本、技术、管理、人才、文化等资源，是上广电提升综合竞争力应具有的宽广胸怀。

员工要胸襟开阔，相互理解、宽容和支持；兼容并蓄，不断汲取新的知识和技能；博采众长，善用各种资源。

1.2　求实创新

以行动求实效，以创新促发展，是上广电努力营造的企业氛围。

员工要实事求是，求真务实，脚踏实地地做好每件事；同时又要勤于思考，敢于突破常规，不断探求新的思路和方法，并把创意转化为成果。

1.3　敬业精业

爱岗尽责，忠于事业，一丝不苟，精益求精地做好各项工作，是上广电倡导的职业精神。

员工要有危机意识，珍惜岗位，热爱工作，勇于承担责任，尽心尽职地做好工作；同时要刻苦钻研，善于学习和总结，不断提高业务能力，以适应岗位和企业发展的需要。

1.4　追求卓越

永不满足，争先创优，力求今天做得比昨天更好，是上广电的价值导向。

员工要求精求新，充分发挥自身的才能，不断地改善和提高，把自己所从事的工作做得更准确、更快捷、更有效；要设立高标准，工作创一流，努力超越他人和自我。

2. 行为准则

2.1　遵纪守法

员工必须严格遵守国家法律法规、社会公德；严格遵守业务活动所在地的相关法规；严格遵守公司规章制度、职业规范。在各类业务活动中要诚实守法，不得使用非法、不公平或不道德的手段。

2.2　诚实守信

员工要恪尽职守，保证实现契约和承诺，要实事求是，说实话、做实事、求实效，认真做好每件事。

2.3　用户至上

员工要充分了解用户的需求，倾听用户意见，把用户的要求当作工作的目标。竭尽全力以优质产品供应市场、以优质服务满足用户，为用户创造价值。在企业内部也要树立“下道工序是上道工序的用户”的理念。

2.4　效益优先

员工要以企业效益最大化为思考问题和行为判断的首要原则。开展各项工作都要有成本意识，提倡勤俭节约，合理利用资源，努力以最小投入实现最大产出，创造更大效益；同时要讲求效率，力求在最短时间内把事情做好。

2.5　团队精神

员工要牢记自己是团队的一员，团队的成功是个人价值实现的基础。当利益发生冲突时，个人利益服从团队利益；要以正直和开放的心态，给予同事信赖与尊重，客观公正地理解、评价同事的工作；相互帮助，彼此激励，追求成功，共享成果。

2.6　学习进取

员工要积极主动地学习新理念、新知识、新技能，认真参加各类培训；同时要取长补短，相互学习，尤其要向先进员工看齐；要善于学习，更要注重实践，并在实践中检验学习的成果，提高个人的素质和能力，以适应企业的发展和环境的快速变化。

2.7　维护品牌

员工要像爱护生命一样珍视品牌，言行举止应维护和升华品牌形象，并把品牌意识融入到研发、生产、销售、服务的行动中。

2.8　廉洁自律

员工在对内对外交往中应廉洁自律，企业资产仅可用于正常经营活动，任何人不得利用企业资源谋取私利。保护企业资产免受损失是员工的应尽职责。

2.9　注重礼仪

员工要加强个人修养，培养文明素质，理解和执行企业的礼貌礼仪的各项规定。着装仪表、言行举止、精神风貌要体现良好的个人修养和企业形象。

2.10　保护环境

上广电将保护环境作为自己的重要社会义务和责任，提供符合环保、安全标准的服务与产品是我们的承诺。员工要认真执行企业环境保护的标准、制度和要求。

2.11　保守秘密

员工应珍惜企业有形、无形资源，在提供或使用资源时，应获得授权且用途正当。员工要严格保守企业和客户的商业信息和秘密，不得擅自泄露。

3. 附则

3.1　各企业应在本《准则》的基础上，制订本企业的实施细则和相应的管理制度。

3.2　上广电直接和间接控股的合资（合作）企业，在制定相应管理制度时应充分考虑合资方的文化和地区差异。

3.3　本《准则》的解释权归上海广电（集团）有限公司。

3.4　本《准则》自二〇〇五年一月一日起试行，试行的具体部署和步骤由上海广电（集团）有限公司规定。

三、追求卓越——SVA之歌

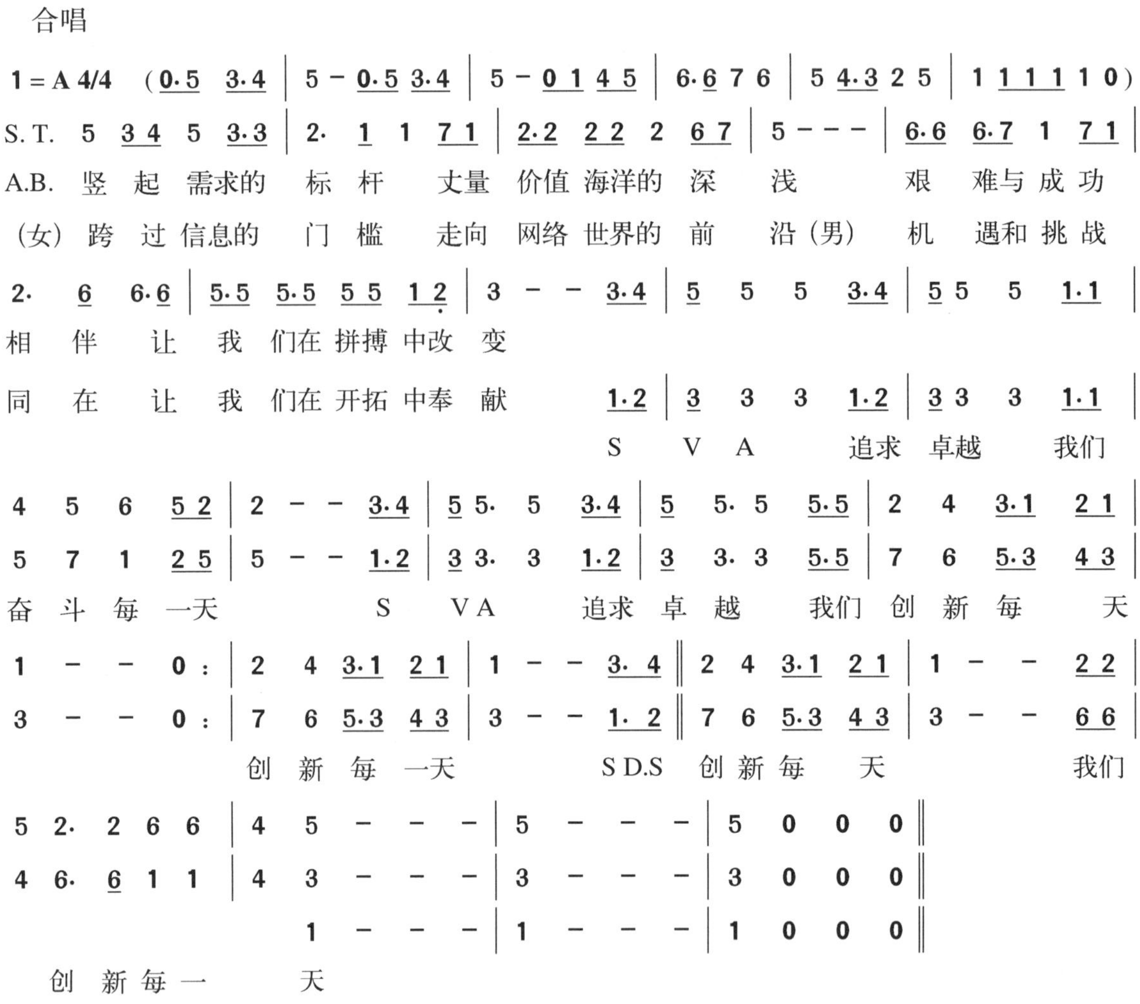
合唱
1 = A 4/4
S. T.
A.B. 竖 起 需求的 标 杆 丈量 价值 海洋的 深 浅 艰 难与 成 功
（女） 跨 过 信息的 门 槛 走向 网络 世界的 前 沿（男） 机 遇和 挑 战
相 伴 让 我 们在 拼搏 中改 变
同 在 让 我 们在 开拓 中奉 献
S V A 追求 卓越 我们
奋 斗 每 一天 S VA 追求 卓 越 我们 创 新 每 天
创 新 每 一天 S D.S 创 新 每 天 我们
创 新 每 一 天

索　　引

说明：
一、本索引按表格索引形式制作。
二、索引按表格在正文出现的顺序排列。
三、索引标目后的阿拉伯数字表示该标目所在页码。

表格索引

编后记

《上海市级专志·上海广电(集团)有限公司志》(简称《广电集团志》)是上海市第二轮地方志编纂规划中市级专志之一。2015年1月,上海仪电(集团)有限公司(简称仪电集团)成立地方志编纂委员会,并组建仪电集团地方志办公室。2月5日,仪电集团召开地方志编纂工作启动动员大会,对《广电集团志》编纂工作作出全面部署。3月,《广电集团志》编纂工作在上海市地方志办公室的具体指导下全面展开。

按照上海市地方志编纂工作相关要求,《广电集团志》编纂人员在仪电集团地方志办公室人员的帮助协调下,通过查阅历史档案、走访基层单位、约谈相关人员等方法收集原始资料,制作了近500万字的资料卡片及长编,收集了300多幅历史照片;与此同时,编纂人员分头进行总述、大事记、11个篇章及专记的撰写。前后历经4年多时间,《广电集团志》初稿于2019年8月基本完成,全志共计78.4万字,收录照片297张,实现《广电集团志》编纂工作从撰写转入评审阶段。

2019年9月2日和30日,仪电集团地方志办公室先后召开两次《广电集团志》内部评审会议,听取和收集修改意见。2019年12月30日,仪电集团地方志编纂委员会召开会议,原则通过《广电集团志》内审稿。2020年1月,《广电集团志》评议稿提交市地方志办公室;4月上旬,市地方志办公室组织11名地方志书评审专家对《广电集团志》进行书面评议,并获得一致通过。2020年8月19日,市地方志办公室召开《广电集团志》审定会,以上海市政协原主席蒋以任为组长的与会专家一致同意通过审定。2020年12月22日,《广电集团志》通过市地方志办公室验收。

经过五个寒暑的努力,在仪电集团的领导关心和市地方志办公室的具体指导下,《广电集团志》终于众手成志。在本志书出版之际,谨向所有关心、支持、帮助、参与《广电集团志》编纂工作的各级领导、评审专家和相关人士致以崇高的敬意,并表示由衷的感谢!

由于编纂工作时间紧、要求高,原始资料缺失严重,为《广电集团志》编纂工作带来很大困难,加之参与编纂工作的同志缺乏修志经验,水平有限,本志书内容难免有疏漏之处,敬请读者批评指正。

《上海广电(集团)有限公司志》编纂办公室

2021年4月

图书在版编目(CIP)数据

上海市级专志. 上海广电(集团)有限公司志 / 上海市地方志编纂委员会编 .— 上海 ：上海社会科学院出版社，2021
ISBN 978-7-5520-3641-1

Ⅰ.①上… Ⅱ.①上… Ⅲ.①上海—地方志②广播电视—企业集团—概况—上海 Ⅳ.①K295.1 ②G229.275.1

中国版本图书馆 CIP 数据核字(2021)第 139184 号

上海市级专志·上海广电(集团)有限公司志

编　　者：上海市地方志编纂委员会
责任编辑：张　晶
封面设计：严克勤
美术设计：霍　覃
出版发行：上海社会科学院出版社
上海顺昌路 622 号　邮编 200025
电话总机 021-63315947　销售热线 021-53063735
http://www.sassp.cn　E-mail:sassp@sassp.cn
排　　版：南京展望文化发展有限公司
印　　刷：上海中华商务联合印刷有限公司
开　　本：889 毫米×1194 毫米　1/16
印　　张：27.75
插　　页：21
字　　数：784 千
版　　次：2021 年 9 月第 1 版　　2021 年 9 月第 1 次印刷

ISBN 978-7-5520-3641-1/K·615　　定价：400.00 元